日・週・月・年

おととい	**前天**	qiántiān	チエンティエン
昨日	**昨天**	zuótiān	ヅゥオティエン
今日	**今天**	jīntiān	ジンティエン
明日	**明天**	míngtiān	ミィンティエン
あさって	**后天**	hòutiān	ホウティエン

先週	**上星期**	shàng xīngqī	シャアン シンチィ
今週	**这个星期**	zhège xīngqī	ヂョァガ シンチィ
来週	**下星期**	xià xīngqī	シア シンチィ

先月	**上月**	shàng yuè	シャアン ユエ
今月	**这个月**	zhège yuè	ヂョァガ ユエ
来月	**下月**	xià yuè	シア ユエ

おととし	**前年**	qiánnián	チエンニエン
去年	**去年**	qùnián	チュィニエン
今年	**今年**	jīnnián	ジンニエン
来年	**明年**	míngnián	ミィンニエン
再来年	**后年**	hò	

毎日	**毎天**	mě	
毎週	**毎个星期**	mě	
毎月	**毎个月**	měi ge yuè	メイ ガ ユエ
毎年	**毎年**	měi nián	メイ ニエン

Daily
Japanese-Chinese-English
Dictionary

デイリー
日中英
辞典 [カジュアル版]

三省堂編修所 [編]

三省堂

© Sanseido Co., Ltd. 2017
Printed in Japan

[装画] 青山タルト
[装丁] 三省堂デザイン室

まえがき

　近年，日本アニメのブームがわき起こったり，和食が世界遺産に登録されたりと，日本の文化・芸術が世界的に注目を集めています。それに伴い，海外からの観光客や日本での留学・就労をもとめる外国人が増えています。そして，2020 年の東京オリンピック・パラリンピックをきっかけとして，多くの日本人がさまざまな言語や文化背景をもつ人たちをおもてなしの心で迎え入れようとしています。

　2002 年より刊行を開始した「デイリー 3 か国語辞典」シリーズは，ハンディかつシンプルで使いやすいとのご好評をいただき，増刷を重ねてまいりました。このたび，より気軽にご利用いただけるよう，『デイリー日中英辞典 カジュアル版』を刊行いたします。これは，同シリーズの『デイリー日中英・中日英辞典』より「日中英部分」を独立させ内容を見直し，付録として「日常会話」や「分野別単語集」を盛りこんだものです。

　本書の構成は次の通りです。くわしくは「この辞書の使い方」をごらんください。

◇日中英辞典…

　日本語に対応する中国語がひと目でわかります。分野別単語集と合わせ約 1 万 4 千項目収録しました。見出しの日本語には「ふりがな」に加え「ローマ字」も示し，語義が複数にわたるものなどには（　）で中見出しを設けました。中国語にはピンインとカタカナ発音，また英語にはカタカナ発音を示しました。

◇日常会話…

　テーマや状況別に，よく使われるごく基本的な表現をまとめました。中国語と英語の音声は無料ウェブサービスで聴くことができます。

◇分野別単語集…

　「職業」「病院」など，分野別に関連する基本的な単語をまとめました。

　おもてなしにもご旅行にも，シンプルで引きやすい『デイリー日中英辞典 カジュアル版』が，読者のみなさまのコミュニケーションに役立つよう，心より願っています。

　　2017 年初夏

三省堂編修所

この辞書の使い方

【日中英辞典】

○日本語見出し
- 日常よく使われる日本語を五十音順に配列した
- 長音「ー」は直前の母音に置き換えて配列した

  例：**アーモンド** → ああもんど　　　**チーム** → ちいむ
- 見出し上部にふりがなを付け，常用漢字以外の漢字も用いた
- 見出し下部にローマ字を付けた

  例：**上達（する）** → joutatsu(suru)　　**長所** → chousho
- 語義が複数あるものなどには（　）で中見出しを設けた
- その他かっこ類については「記号一覧」を参照されたい
- 熟語見出しについては見出しを〜で省略した

○中国語
- 見出しの日本語に対応する中国語の代表的な語句を示した
- 該当する中国語の語句だけでなく，ものを数える場合に用いる量詞や目的語の例なども適宜示した。かっこ類については「記号一覧」を参照されたい
- 中国語にはピンインとカタカナ発音を示した
- 声調はピンインに示した

  例：ā　第1声（高く平らに）
  　　á　第2声（高く昇る）
  　　ǎ　第3声（低く抑える）
  　　à　第4声（一気に下げる）
- 離合詞（動詞＋目的語に分離できる語）のピンインには、分離可能な位置に'を付した

  例：**会う　見面**　jiàn'miàn

○英語
- 見出しの日本語に対応する英語の代表的な語句を示した
- 原則的にアメリカ英語とした
- 冠詞・複数形などの詳細な表記は原則的に割愛した
- 英語には可変要素を除きシンプルなカタカナ発音を示した
- カタカナ発音ではアクセントのある部分は太字で示した
- 可変要素と日本語がそのまま英語になったものについてはイタリック体で示した

  例：*one　one's　oneself　miso　sake*

【日常会話】
- 「あいさつ」「食事」「買い物」「トラブル・緊急事態」の4つの場面別に，よく使われる日常会話表現をまとめた
- 日中英の順に配列し，同じ意味を表す別の表現は / で区切って併記した

・中国語のカタカナ発音などは日中英辞典に準じた

【分野別単語集】
・分野別によく使われる語句をまとめた
・日中英の順に配列し，英語は㊤で示した
・中国語のカタカナ発音などは日中英辞典に準じた

◆記号一覧

（　）　　省略可能・補足

〔　〕　　量詞

　　　例：**アーモンド** 〔**颗**〕**扁桃**

　　　補足

　　　例：**孫** 〔息子の〕**孙子** 〔娘の〕**外孙子**

《　》　　目的語の例示

　　　例：**経つ** **过**《**时间**》

　　　語順の指示

　　　例：**稀に** **很少**《**＋动词**》

［　］　　置き換え可能

　　　例：**乾[干]す**

▼　　　　離合詞の分離点

中国語のカタカナ発音表記について

カタカナ発音を付した目的は次の通りである

・ピンインに習熟していない読者の便を図る
・ローマ字読みをしたり英語の綴りのように読んだりすると誤りやすい表記に注意を向ける
・中国語音の聴覚印象とピンイン表記のずれに注意を向ける

　カタカナだけでは、中国語の細かな音の区別を表現することは不可能である。あくまでも中国語音の正式な発音表記であるピンインを理解するための補助的手段とされたい

○カタカナ発音表記の原則

・無気音 b, d, g を「バダガ…」、有気音 p, t, k を「パタカ…」で表記した
・音節末鼻音の -n と -ng はいずれも「ン」で表記したが、例えば man「マン」に対して mang は「マァン」のように、両者が似通っている場合は直前の母音を小さいカナで表記した
・母音 ü は「ュィ」と 2 文字で表記したが、唇を絞り込む短母音である
・反り舌音の zh-, ch-, sh- は、原則として「ヂャ／ヂュ／ヂェ／ヂョ／ヂォ、チャ／チュ／チェ／チョ／チォ、シャ／シュ／シェ／ショ」で表記した

○誤りやすい発音の例

- -ian は「イエン」、-iang は「イアン」
- -en は少し奥寄りの「エン」、-eng は唇を丸めない「オン」
- mai は「マイ」
  ★「メイ」と読まないよう注意
- cong は「ツォン」
  ★「コン」と読まないよう注意
- zi, ci, si は唇をやや横に引いて「ヅー ツー スー」
  ★「ヅィ ツィ スィ」と読まないよう注意
- hu は唇を丸めて口の中を大きく開け、喉の奥から「ホ」と発音
  ★「フ」と読まないよう注意。huan は「フアン」でなく「ホワン」が近い
- アル化（語尾に"儿"が付くこと）により、音が変わる場合や読まない文字が生じる場合がある

  例： **一会儿** yíhuìr 　　○イーホァル　　×イーホゥイル
  　　　一点儿 yìdiǎnr 　　○イーディァル　　×イーディエンル

日	中	英

あ，ア

アーティスト
あーてぃすと
aatisuto

艺术家
yìshùjiā
イーシュウジア

artist
アーティスト

アーモンド
あーもんど
aamondo

〔颗〕扁桃，巴旦杏
〔kē〕biǎntáo, bādànxìng
〔クァ〕ビエンタオ，パァダンシィン

almond
アーモンド

愛(する)
あい(する)
ai (suru)

爱
ài
アイ

love
ラヴ

合鍵
あいかぎ
aikagi

后配的钥匙
hòupèi de yàoshi
ホウペイ ダ ヤオシ

duplicate key
デュープリケト キー

相変わらず
あいかわらず
aikawarazu

仍旧，照旧
réngjiù, zhàojiù
ルォンジウ，ヂャオジウ

as usual
アズ ユージュアル

愛嬌のある
あいきょうのある
aikyounoaru

可爱
kě'ài
クァアイ

charming
チャーミング

合い言葉
あいことば
aikotoba

口令
kǒulìng
コウリィン

password
パスワード

アイコン
あいこん
aikon

图标
túbiāo
トゥビアオ

icon
アイカン

挨拶(する)
あいさつ(する)
aisatsu (suru)

(打)招呼
(dǎ) zhāohu
(ダァ) ヂャオホ

greeting; greet, sa-
lute
グリーティング，グリート，
サルート

アイシャドー
あいしゃどー
aishadoo

眼影
yǎnyǐng
イエンイィン

eye shadow
アイシャドウ

相性
あいしょう
aishou

〜がいい

合得来
hédelái
ホァダライ

(be) compatible
with
(ビ) コンパティブル ウィズ

日	中	英
～が悪い	合不来 hébulái ホァブライ	(be) incompatible with (ビ) インコンパティブル ウィズ
あいじょう **愛情** aijou	爱 ài アイ	love, affection **ラヴ**, ア**フェ**クション
あいず **合図** aizu	信号 xìnhào シンハオ	signal, sign **スィ**グナル, **サ**イン
～する	发出信号 fāchū xìnhào ファアチュウ シンハオ	give a signal **ギ**ヴ ア **スィ**グナル
あいすくりーむ **アイスクリーム** aisukuriimu	〔杯／盒〕冰激凌 〔bēi/hé〕bīngjīlíng 〔ベイ／ホァ〕ビィンジィリィン	ice cream **ア**イス ク**リー**ム
あいそ **愛想** aiso		
～が尽きる	嫌弃 xiánqì シエンチィ	(get) fed up with (ゲト) **フェ**ド ア**プ** ウィズ
～のよい	和蔼 hé'ǎi ホァアイ	affable, approachable **ア**ファブル, アプ**ロウ**チャブル
あいた **空いた** aita	空，没有《东西》 kòng, méiyou ... コン, メイヨウ…	empty, vacant **エン**プティ, **ヴェ**イカント
あいだ **間** aida	空间，中间 kōngjiān, zhōngjiān コンジエン, ヂォンジエン	space ス**ペ**イス
あいづちをうつ **相槌を打つ** aizuchiwoutsu	点头称是 diǎntóu chēng shì ディエントウ チョン シー	chime in with **チャ**イム イン ウィズ
あいて **相手** aite	伙伴 huǒbàn ホゥオバン	partner **パー**トナ
（相対する）	对方 duìfāng ドゥイファァン	other party **ア**ザ **パー**ティ

日	中	英
(ライバル)	対手 duìshǒu ドゥイショウ	rival ライヴァル
あいでぃあ アイディア aidia	主意, 構思 zhǔyi, gòusī ヂュウイ, ゴウスー	idea アイディーア
あいてぃー アイティー aitii	信息技術 xìnxī jìshù シンシィ ジィシュウ	information technology インフォメイション テクナロジ
あいどくしょ 愛読書 aidokusho	愛看的書 ài kàn de shū アイ カン ダ シュウ	favorite book フェイヴァリト ブク
あいどる アイドル aidoru	偶像 ǒuxiàng オウシアン	idol アイドル
あいにく 生憎 ainiku	不巧, 偏巧 bùqiǎo, piānqiǎo ブゥチアオ, ピエンチアオ	unfortunately アンフォーチュネトリ
あいはんする 相反する aihansuru	相反 xiāngfǎn シアンファン	(be) contrary to (ビ) カントレリ トゥ
あいま 合間 aima	空儿 kòngr コル	interval, leisure インタヴァル, リージャ
あいまいな 曖昧な aimaina	含糊, 曖昧 hánhu, àimèi ハンホゥ, アイメイ	vague, ambiguous ヴェイグ, アンビギュアス
あいろん アイロン airon	〔把/只〕熨斗 〔bǎ/zhī〕yùndǒu 〔バァ/ヂー〕ユィンドウ	iron アイアン
あう 会う au	見面 jiàn'miàn ジエンミエン	see, meet スィー, ミート
あう 合う au	合適 héshì ホォアシー	match, fit, suit マチ, フィト, スート
あうとぷっと アウトプット autoputto	輸出 shūchū シュウチュウ	output アウトプト

日	中	英
あうとらいん **アウトライン** autorain	提纲，概要 tígāng, gàiyào ティーガァン，ガイヤオ	outline **ア**ウトライン
あえて **敢えて** aete	敢，勉强 gǎn, miǎnqiǎng ガン，ミエンチアン	dare to do デア トゥ ドゥ
あえる **和える** aeru	拌 bàn バン	dress ド**レ**ス
あお **青** ao	蓝色 lánsè ランスァ	blue ブ**ルー**
あおい **青い** aoi	蓝 lán ラン	blue ブ**ルー**
（未熟な）	不成熟 bù chéngshú ブゥ チョンシュウ	inexperienced イニクス**ピ**アリアンスト
あおぐ **扇ぐ** aogu	扇 shān シャン	fan **ファ**ン
あおじろい **青白い** aojiroi	苍白，灰白 cāngbái, huībái ツァァンバイ，ホウイバイ	pale, wan ペイル，**ワ**ン
あおる **煽る** aoru	煽动 shāndòng シャンドン	stir up ス**ター ア**プ
あか（い） **赤（い）** aka (i)	红（色） hóng(sè) ホン（スァ）	red **レ**ド
あかじ **赤字** akaji	赤字，亏空 chìzì, kuīkong チーヅー，クゥイコン	deficit **デ**フィスィト
あかす **明かす** akasu	揭露，揭发 jiēlù, jiēfā ジエルゥ，ジエファア	disclose ディスク**ロ**ウズ
あかちゃん **赤ちゃん** akachan	小宝宝，小娃娃 xiǎobǎobǎo, xiǎowáwa シアオバオバオ，シアオワァワ	baby **ベ**イビ
あかみ **赤身**　（肉の） akami	瘦肉 shòuròu ショウロウ	lean **リー**ン

日	中	英
<ruby>明<rt>あかり</rt></ruby>かり akari	〔盏〕灯 〔zhǎn〕dēng 〔ヂャン〕デゥン	light, lamp ライト, ランプ
<ruby>上<rt>あが</rt></ruby>る agaru	上 shàng シャァン	rise, advance ライズ, アドヴァンス
（緊張する）	怯场 qièchǎng チエチァァン	get nervous ゲト ナーヴァス
<ruby>明<rt>あか</rt></ruby>るい akarui	明亮 míngliàng ミンリアン	bright, light ブライト, ライト
（明朗な）	明朗 mínglǎng ミンラァン	cheerful チアフル
（精通している）	熟悉, 通晓 shúxi, tōngxiǎo シュウシ, トンシアオ	(be) familiar with (ビ) ファミリャ ウィズ
<ruby>空<rt>あき</rt></ruby>き aki	空隙, 缝儿 kòngxì, fèngr コンシィ, フォル	opening, gap オウプニング, ギャプ
（空席）	空座位 kòng zuòwei コン ヅゥォウェイ	vacant seat ヴェイカント スィート
（欠員）	缺额, 空缺 quē'é, kòngquē チュエウァ, コンチュエ	vacancy ヴェイカンスィ
～部屋	〔间〕空屋子 〔jiān〕kòng wūzi 〔ジエン〕コン ウゥヅ	vacant room ヴェイカント ルーム
<ruby>秋<rt>あき</rt></ruby> aki	秋天 qiūtiān チウティエン	autumn, fall オータム, フォール
<ruby>明<rt>あきらか</rt></ruby>らか akiraka		
～な	明显, 分明 míngxiǎn, fēnmíng ミンシエン, フェンミン	clear, evident クリア, エヴィデント
～に	明显, 分明 míngxiǎn, fēnmíng ミンシエン, フェンミン	clearly クリアリ

日	中	英
あきらめる **諦める** akirameru	**想开，死心** xiǎngkāi, sǐ'xīn シアンカイ，スーシン	give up, abandon ギヴ アプ，アバンドン
あきる **飽きる** akiru	**厌倦** yànjuàn イエンジュエン	(get) tired of (ゲト) タイアド オヴ
あきれる **呆れる** akireru	**惊讶，发愣** jīngyà, fā'lèng ジンヤァ，ファアルオン	(be) bewildered by (ビ) ビウィルダド バイ
あく **悪** aku	**恶** è ウァ	evil, vice イーヴィル，ヴァイス
あく **空く** aku	**空（了）** kòng (le) コン (ラ)	become vacant ビカム ヴェイカント
あく **開く** aku	**开，开启** kāi, kāiqǐ カイ，カイチィ	open, begin, start オウプン，ビギン，スタート
あくい **悪意** akui	**恶意** èyì ウァイー	malice マリス
あくしつな **悪質な** akushitsuna	**恶劣，坏** èliè, huài ウァリエ，ホアイ	vicious ヴィシャス
あくしゅ **握手** akushu	**握手** wòshǒu ウオショウ	handshake ハンドシェイク
〜する	**握手** wò'shǒu ウオショウ	shake hands with シェイク ハンヅ ウィズ
あくしゅう **悪臭** akushuu	**恶臭** èchòu ウァチョウ	bad smell バド スメル
あくせいの **悪性の** akuseino	**恶性** èxìng ウァシィン	malignant マリグナント
あくせさりー **アクセサリー** akusesarii	**首饰** shǒushi ショウシ	accessories アクセソリズ
あくせす(する) **アクセス(する)** akusesu (suru)	**接近，访问** jiējìn, fǎngwèn ジエジン，ファアンウェン	access アクセス

日	中	英
アクセント akusento あくせんと	重音 zhòngyīn ヂョンイン	accent **ア**クセント
欠伸 akubi あくび	哈欠 hāqian ハァチエン	yawn **ヨ**ーン
悪用(する) akuyou (suru) あくよう(する)	濫用 lànyòng ランヨン	abuse ア**ビュ**ーズ
握力 akuryoku あくりょく	握力 wòlì ウオリィ	grip strength グリプ スト**レ**ングス
アクリル akuriru あくりる	丙烯 bǐngxī ビィンシィ	acrylic ア**ク**リリク
明け方 akegata あけがた	拂晓，一大早儿 fúxiǎo, yídàzǎor フゥシァオ，イーダァヅァオル	daybreak **デ**イブレイク
空ける akeru あける	空出，腾 kòngchū, téng コンチュウ，テゥン	empty **エ**ンプティ
明ける　　(夜が) akeru あける	天亮 tiān liàng ティエン リアン	The day breaks. ザ **デ**イ ブ**レ**イクス
開ける akeru あける	打开，掀 dǎkāi, xiān ダァカイ，シエン	open **オ**ウプン
上げる ageru あげる	抬，举 tái, jǔ タイ，ジュィ	raise, lift **レ**イズ，**リ**フト
(与える)	给，送 gěi, sòng ゲイ，ソン	give, offer **ギ**ヴ，**オ**ファ
揚げる ageru あげる	炸 zhá ヂャア	deep-fry **デ**ィープフライ
顎 ago あご	下巴，下颌 xiàba, xiàhé シアバ，シアホァ	jaw, chin **ヂョ**ー，**チ**ン
憧れ(る) akogare (ru) あこがれ(る)	憧憬，向往 chōngjǐng, xiàngwǎng チォンジィン，シアンワァン	yearning; aspire to **ヤ**ーニング，アス**パ**イア トゥ

日	中	英
あさ **朝** asa	**早晨，早上** zǎochen, zǎoshang ヅァオチェン，ヅァオシャァン	morning モーニング
あさ **麻** asa	**麻布** mábù マァブゥ	linen リネン
あさい **浅い** asai	**浅** qiǎn チエン	shallow シャロウ
あさごはん **朝御飯** asagohan	**早饭** zǎofàn ヅァオファン	breakfast ブレクファスト
あさって **明後日** asatte	**后天** hòutiān ホウティエン	day after tomorrow デイ アフタ トモーロウ
あさひ **朝日** asahi	**朝阳，朝晖** zhāoyáng, zhāohuī ヂャオヤン，ヂャオホウイ	morning sun モーニング サン
あさましい **浅ましい** asamashii	**卑鄙，可耻** bēibǐ, kěchǐ ベイビィ，ファチー	shameful シェイムフル
あざむく **欺く** azamuku	**瞒哄，欺骗** mánhǒng, qīpiàn マンホン，チィピエン	cheat チート
あざやかな **鮮やかな** azayakana	**鲜明，鲜艳** xiānmíng, xiānyàn シエンミン，シエンイエン	vivid ヴィヴィド
（見事な）	**巧妙** qiǎomiào チアオミアオ	splendid スプレンディド
あさり **浅蜊** asari	**蛤仔** gézǐ グァヅー	clam クラム
あざわらう **嘲笑う** azawarau	**讪笑，嘲笑** shànxiào, cháoxiào シャンシアオ，チャオシアオ	ridicule リディキュール
あし **足・脚**（足首から先） ashi	〔只／双〕**脚** 〔zhī/shuāng〕jiǎo 〔ヂー／シュアン〕ジアオ	foot フト
（全体）	〔条／双〕**腿** 〔tiáo/shuāng〕tuǐ 〔ティアオ／シュアン〕トゥイ	leg レグ

日	中	英
～の裏	脚掌 jiǎozhǎng ジアオヂァァン	sole ソウル
あじ **味** aji	味道，滋味 wèidao, zīwèi ウェイダオ，ヅーウェイ	taste テイスト
あじあ **アジア** ajia	亚洲 Yàzhōu ヤァヂョウ	Asia エイジャ
あしくび **足首** ashikubi	脚腕子，腿腕子 jiǎowànzi, tuǐwànzi ジアオワンヅ，トゥイワンヅ	ankle アンクル
あじけない **味気ない** ajikenai	乏味，没意思 fáwèi, méi yìsi ファアウェイ，メイ イース	dull, uninteresting ダル，アニンタレスティング
あしすたんと **アシスタント** ashisutanto	助理，助手 zhùlǐ, zhùshǒu デュウリィ，デュウショウ	assistant アスィスタント
あした **明日** ashita	明天 míngtiān ミンティエン	tomorrow トモーロウ
あしば **足場** ashiba	脚手架 jiǎoshǒujià ジアオショウジア	scaffold スキャフォルド
あじみする **味見する** ajimisuru	尝尝味道 chángchang wèidao チャァンチャァン ウェイダオ	taste テイスト
あじわう **味わう** ajiwau	品尝，寻味 pǐncháng, xúnwèi ピンチャァン，シュインウェイ	taste, relish テイスト，レリシュ
あす **明日** asu	明天 míngtiān ミンティエン	tomorrow トマロウ
あずかる **預かる** azukaru	保管，保存 bǎoguǎn, bǎocún バオグワン，バオツゥン	keep, take charge of キープ，テイク チャーデ オヴ
あずき **小豆** azuki	红小豆 hóngxiǎodòu ホンシアオドウ	red bean レド ビーン

あ

日	中	英
あずける **預ける** azukeru	**存放，寄存** cúnfàng, jìcún ツゥンファン, ジィツゥン	leave, deposit リーヴ, ディパズィト
あすぱらがす **アスパラガス** asuparagasu	**芦笋，石刁柏** lúsǔn, shídiāobǎi ルゥスゥン, シーディアオパイ	asparagus アスパラガス
あすぴりん **アスピリン** asupirin	**阿司匹林** āsīpǐlín アァスーピィリン	aspirin **ア**スピリン
あせ **汗** ase	**汗** hàn ハン	sweat スウェト
あせも **汗疹** asemo	**痱子** fèizi フェイヅ	heat rash **ヒート ラ**シュ
あせる **焦る** aseru	**焦急，着急** jiāojí, zháojí ジアオジィ, ヂァオジィ	(be) in a hurry, (be) impatient (ビ) イン ア **ハ**ーリ, (ビ) インペイシェント
あそこ **あそこ** asoko	**那边，那儿** nàbiān, nàr ナァビエン, ナァル	that place, there **ザ**ト プレイス, **ゼ**ア
あそび **遊び** asobi	**游戏** yóuxì ヨウシィ	play プレイ
あそぶ **遊ぶ** asobu	**玩，游戏** wán, yóuxì ワン, ヨウシィ	play プレイ
あたい **価・値** (値段) atai	**价格** jiàgé ジアグァ	price, cost プライス, **コ**スト
(価値)	**价值** jiàzhí ジアヂー	value, worth **ヴァ**リュ, **ワ**ース
あたえる **与える** ataeru	**给** gěi ゲイ	give, present **ギ**ヴ, プリ**ゼ**ント
あたたかい **暖[温]かい** atatakai	**暖和** nuǎnhuo ヌワンホゥオ	warm, mild **ウォ**ーム, **マ**イルド

日	中	英
あたたまる **暖[温]まる** atatamaru	暖和 nuǎnhuo ヌワンホゥオ	(get) warm (ゲト) **ウォ**ーム
あたためる **暖[温]める** atatameru	**热** rè ルァ	warm (up), heat **ウォ**ーム (**ア**プ), **ヒ**ート
あだな **仇名** adana	**外号，绰号** wàihào, chuòhào ワイハオ，チュオハオ	nickname **ニ**クネイム
あだぷたー **アダプター** adaputaa	**适配器** shìpèiqì シーペイチィ	adapter ア**ダ**プタ
あたま **頭** atama	**头，脑袋** tóu, nǎodai トウ，ナオダイ	head **ヘ**ド
（頭脳）	**头脑** tóunǎo トウナオ	brains, intellect ブ**レ**インズ，**イ**ンテレクト
あたまきん **頭金** atamakin	**定钱** dìngqián ディンチエン	deposit ディ**パ**ズィト
あたらしい **新しい** atarashii	**新** xīn シン	new **ニュ**ー
あたり **当たり** atari	**打中** dǎzhòng ダァヂォン	hit **ヒ**ト
（成功）	**成功** chénggōng チョンゴン	success サク**セ**ス
あたり **辺り** atari	**附近，周围** fùjìn, zhōuwéi フゥジン，ヂョウウェイ	around, vicinity ア**ラ**ウンド，ヴィス**ィ**ニティ
あたりまえの **当たり前の** （自然な） atarimaeno	**当然** dāngrán ダァンラン	natural **ナ**チュラル
（普通の）	**普通** pǔtōng プゥトン	common, ordinary **カ**モン，**オ**ーディネリ
あたる **当たる** （ボールなどが） ataru	**打中** dǎzhòng ダァヂォン	hit **ヒ**ト

日	中	英
（予想が）	**猜中** cāizhòng ツァイヂォン	prove to be correct プルーヴ トゥ ビ コレクト
あちこち **あちこち** achikochi	**到处** dàochù ダオチュウ	here and there ヒア アンド ゼア
あちら **あちら** achira	**那里，那边** nàli, nàbiān ナァリ, ナァビエン	(over) there (オウヴァ) ゼア
あつい **熱い** atsui	**热** rè ルァ	hot ハト
あつい **暑い** atsui	**热** rè ルァ	hot ハト
あつい **厚い** atsui	**厚** hòu ホウ	thick スィク
あっか(する) **悪化(する)** akka (suru)	**恶化，加剧** èhuà, jiājù ウァホア, ジアジュィ	deterioration; grow worse ディティアリオレイション, グロウ ワース
あつかい **扱い** atsukai	**处理** chǔlǐ チュウリィ	management, treat-ment マニヂメント, トリートメント
あつかう **扱う**　（待遇） atsukau	**对付，接待** duìfu, jiēdài ドゥイフ, ジエダイ	treat, deal with トリート, ディール ウィズ
（担当）	**处理，办** chǔlǐ, bàn チュウリィ, バン	manage, deal with マニヂ, ディール ウィズ
（操作）	**使用，操纵** shǐyòng, cāozòng シーヨン, ツァオヅォン	handle ハンドル
あつかましい **厚かましい** atsukamashii	**厚颜，无耻** hòuyán, wúchǐ ホウイエン, ウゥチー	impudent インピュデント
あつぎする **厚着する** atsugisuru	**多穿衣服** duō chuān yīfu ドゥオ チュワン イーフ	(be) heavily clothed (ビ) ヘヴィリ クロウズド

日	中	英
あつくるしい **暑苦しい** atsukurushii	**闷热，炎热** mēnrè, yánrè メンルァ，イエンルァ	sultry, stuffy サルトリ，スタフィ
あつさ **暑さ** atsusa	**暑热** shǔrè シュウルァ	heat ヒート
あつさ **厚さ** atsusa	**厚薄，厚度** hòubó, hòudù ホウポォ，ホウドゥ	thickness スィクネス
あっさり **あっさり** assari	**素淡，清淡** sùdàn, qīngdàn スゥダン，チィンダン	simply, plainly スィンプリ，プレインリ
あっしゅく(する) **圧縮(する)** asshuku (suru)	**压缩** yāsuō ヤァスゥオ	compression; compress コンプレション，カンプレス
あっしょう **圧勝** asshou	**大胜，大捷** dàshèng, dàjié ダァション，ダァジエ	overwhelming victory オウヴァ(ホ)ウェルミング **ヴィ**クトリ
あつでの **厚手の** atsudeno	**厚** hòu ホウ	thick スィク
あっぱくする **圧迫する** appakusuru	**压迫** yāpò ヤァポォ	oppress, press オプレス，プレス
あつまり **集まり** atsumari	**集会** jíhuì ジィホウイ	meeting ミーティング
あつまる **集まる** atsumaru	**集聚，集合** jíjù, jíhé ジィジュィ，ジィホァ	gather, come together ギャザ，カム トゲザ
あつみ **厚み** atsumi	**厚度** hòudù ホウドゥ	thickness スィクネス
あつめる **集める** atsumeru	**收集** shōují ショウジィ	gather, collect ギャザ，コレクト
あつらえる **誂える** atsuraeru	**定做** dìngzuò ディンヅゥオ	order オーダ

日	中	英
あつりょく **圧力** atsuryoku	**压力** yālì ヤァリィ	pressure プレシャ
あてさき **宛て先** atesaki	**姓名地址** xìngmíng dìzhǐ シィンミン ディーヂー	address アドレス
あてな **宛て名** atena	**收件人姓名** shōujiànrén xìngmíng ショウジエンレン シィンミン	address アドレス
あてはまる **当てはまる** atehamaru	**适用** shìyòng シーヨン	apply to, (be) true of アプ**ライ** トゥ, (ビ) ト**ルー** オヴ
あてる **当てる** ateru	**打（中）** dǎ(zhòng) ダァ(ヂォン)	hit, strike ヒト, スト**ライ**ク
あと **跡** ato	**痕迹** hénjì ヘンジィ	mark, trace **マー**ク, ト**レイ**ス
あどけない **あどけない** adokenai	**天真烂漫** tiānzhēn lànmàn ティエンヂェン ランマン	innocent **イ**ノセント
あとしまつ **後始末** atoshimatsu	**善后** shànhòu シャンホウ	settlement **セ**トルメント
〜する	**擦屁股，清理** cā pìgu, qīnglǐ ツァア ピィグ, チンリィ	settle **セ**トル
あとつぎ **跡継ぎ** atotsugi	**接班人** jiēbānrén ジエバンレン	successor サク**セ**サ
あとで **後で** atode	**以后** yǐhòu イーホウ	later, after **レイ**タ, **ア**フタ
あどばいす（する） **アドバイス（する）** adobaisu (suru)	**劝告** quàngào チュエンガオ	advice; advise アド**ヴァイ**ス, アド**ヴァイ**ズ
あとぴー **アトピー** atopii	**特应性** tèyìngxìng トゥアイインシィン	atopy **ア**トピ

日	中	英
あとりえ **アトリエ** atorie	**画室，工作室** huàshì, gōngzuòshì ホアシー, ゴンヅゥオシー	atelier, studio **ア**トリエイ, ス**テュ**ーディオウ
あどれす **アドレス** adoresu	**地址，住址** dìzhǐ, zhùzhǐ ディーヂー, ヂュウヂー	address ア**ド**レス
あな **穴** ana	**洞，窟窿** dòng, kūlong ドン, クゥロン	hole, opening **ホ**ウル, **オ**ウプニング
あなうんさー **アナウンサー** anaunsaa	**广播员** guǎngbōyuán グアンボォユエン	announcer ア**ナ**ウンサ
あなた **貴方[女]** anata	**你，您** nǐ, nín ニィ, ニン	you **ユ**ー
あなどる **侮る** anadoru	**小看，看不起** xiǎokàn, kànbuqǐ シアオカン, カンブチィ	despise ディス**パ**イズ
あなろぐ **アナログ** anarogu	**模拟** mónǐ モォニィ	analog(ue) **ア**ナローグ
あに **兄** ani	**哥哥** gēge グァガ	(older) brother (**オ**ウルダ) ブ**ラ**ザ
あにめ **アニメ** anime	**动画片，卡通** dònghuàpiàn, kǎtōng ドンホアピエン, カァトン	animation アニ**メ**イション
あね **姉** ane	**姐姐** jiějie ジエジエ	(older) sister (**オ**ウルダ) **ス**ィスタ
あねったい **亜熱帯** anettai	**亚热带** yàrèdài ヤァルァダイ	subtropical zone サブト**ラ**ピカル **ゾ**ウン
あの **あの** ano	**那(个／些)** nà(ge/xiē) ナァ(ガ／シエ)	the, that, those **ザ**, **ザ**ト, **ゾ**ウズ
〜頃	**当年，那时候** dāngnián, nà shíhou ダァンニエン, ナァ シーホウ	in those days イン **ゾ**ウズ **デ**イズ
あぱーと **アパート** apaato	**公寓** gōngyù ゴンユィ	apartment, flat ア**パ**ートメント, フ**ラ**ト

日	中	英
あばく **暴く** abaku	**暴露，揭破** bàolù, jiēpò バオルゥ, ジエポォ	disclose ディスク**ロ**ウズ
あばれる **暴れる** abareru	**乱闹** luànnào ルワンナオ	behave violently ビ**ヘ**イヴ **ヴァ**イオレントリ
あぴーる(する) **アピール(する)** apiiru (suru)	**号召，呼吁** hàozhào, hūyù ハオヂャオ, ホゥユイ	appeal ア**ピ**ール
あびせる **浴びせる** abiseru	**泼** pō ポォ	pour on **ポ**ー オン
あぶない **危ない** abunai	**危险** wēixiǎn ウェイシエン	dangerous, risky **デ**インヂャラス, **リ**スキ
あぶら **脂** abura	**油脂，脂肪** yóuzhī, zhīfáng ヨウヂー, ヂーファァン	grease, fat グ**リ**ース, **ファ**ト
あぶら **油** abura	**油** yóu ヨウ	oil **オ**イル
あぶらえ **油絵** aburae	**油画** yóuhuà ヨウホア	oil painting **オ**イル **ペ**インティング
あぶらっこい **油っこい** aburakkoi	**油腻** yóunì ヨウニィ	oily **オ**イリ
あぶる **炙る** aburu	**烤** kǎo カオ	roast **ロ**ウスト
あふれる **溢れる** afureru	**泛滥，溢出** fànlàn, yìchū ファンラン, イーチュウ	overflow, flood オウヴァフ**ロ**ウ, フ**ラ**ド
あぷろーち(する) **アプローチ(する)** apuroochi (suru)	**接近** jiējìn ジエジン	approach アプ**ロ**ウチ
あぼかど **アボカド** abokado	**油梨** yóulí ヨウリィ	avocado アヴォ**カ**ードウ
あまい **甘い** amai	**甜** tián ティエン	sweet ス**ウィ**ート

日	中	英
（寛容）	姑息 gūxī グゥシィ	indulgent インダルヂェント
あまえる **甘える** amaeru	撒娇 sājiāo サアジアオ	behave like a baby ビヘイヴ ライク ア ベイビ
あまくちの **甘口の** amakuchino	甜头，甜味 tiántou, tián wèi ティエントウ, ティエン ウェイ	sweet スウィート
あまちゅあ **アマチュア** amachua	业余，外行 yèyú, wàiháng イエユィ, ワイハァン	amateur アマチャ
あまど **雨戸** amado	木板套窗 mùbǎn tàochuāng ムゥバン タオチュアン	(sliding) shutter (スライディング) シャタ
あまのがわ **天の川** amanogawa	银河，天河 yínhé, tiānhé インホォア, ティエンホォア	Milky Way ミルキ ウェイ
あまやかす **甘やかす** amayakasu	娇养 jiāoyǎng ジアオヤン	spoil, indulge スポイル, インダルヂ
あまり **余り** amari	余剩，余数 yúshèng, yúshù ユィション, ユィシュウ	rest, remainder レスト, リマインダ
あまる **余る** amaru	剩余，剩下 shèngyú, shèngxià ションユィ, ションシア	remain リメイン
あまんじる **甘んじる** amanjiru	安于，甘于 ānyú, gānyú アンユィ, ガンユィ	(be) contented with (ビ) コンテンテド ウィズ
あみ **網** ami	网子，网罗 wǎngzi, wǎngluó ワンヅ, ワンルゥオ	net ネト
あみもの **編み物** amimono	毛线活儿 máoxiànhuór マオシエンホゥオル	knitting ニティング
あむ **編む** amu	编，织 biān, zhī ビエン, ヂー	knit ニト
あめ **雨** ame	雨 yǔ ユィ	rain レイン

日	中	英
～が降る	下雨 xià yǔ シア ユィ	It rains. イト レインズ
あめ 飴 ame	〔块〕糖，糖块儿 〔kuài〕táng, tángkuàir 〔クアイ〕タァン，タァンクアル	candy キャンディ
あめりか（がっしゅうこく） アメリカ（合衆国） amerika (gasshuukoku)	美国 Měiguó メイグゥオ	United States (of America) ユナイテド ステイツ（オヴ アメリカ）
～人	美国人 Měiguórén メイグゥオレン	American アメリカン
あやしい 怪しい ayashii	可疑 kěyí クァイー	doubtful, suspicious ダウトフル，サスピシャス
あやしむ 怪しむ ayashimu	犯疑，怀疑 fàn'yí, huáiyí ファンイー，ホアイイー	suspect, doubt サスペクト，ダウト
あやまち 過ち ayamachi	错误，失败 cuòwù, shībài ツゥオウゥ，シーバイ	fault, error フォルト，エラ
あやまり 誤り ayamari	错误，谬误 cuòwù, miùwù ツゥオウゥ，ミウウゥ	mistake, error ミステイク，エラ
あやまる 誤る ayamaru	错，弄错 cuò, nòngcuò ツゥオ，ノンツゥオ	mistake, fail in ミステイク，フェイル イン
あやまる 謝る ayamaru	谢罪，道歉 xièzuì, dàoqiàn シエヅゥイ，ダオチエン	apologize to アパロヂャイズ トゥ
あゆみ 歩み ayumi	脚步，步子 jiǎobù, bùzi ジアオブゥ，ブゥヅ	walking, step ウォーキング，ステプ
あゆむ 歩む ayumu	走，行 zǒu, xíng ヅォウ，シィン	walk ウォーク
あらーむ アラーム araamu	警报 jǐngbào ジィンバオ	alarm アラーム

日	中	英
<ruby>荒々しい<rt>あらあらしい</rt></ruby> araarashii	粗暴，暴烈 cūbào, bàoliè ツゥパオ，パオリエ	rough, rude ラフ, ルード
<ruby>粗い<rt>あらい</rt></ruby> arai	粗糙 cūcāo ツゥツァオ	rough, coarse ラフ, コース
<ruby>洗う<rt>あらう</rt></ruby> arau	洗 xǐ シィ	wash, cleanse ワシュ, クレンズ
<ruby>予め<rt>あらかじめ</rt></ruby> arakajime	预先，事先 yùxiān, shìxiān ユィシエン, シーシエン	beforehand, in advance ビフォーハンド, イン アド ヴァンス
<ruby>嵐<rt>あらし</rt></ruby> arashi	风暴，狂飙 fēngbào, kuángbiāo フォンパオ, クアンビアオ	storm, tempest ストーム, テンペスト
<ruby>荒らす<rt>あらす</rt></ruby> arasu	毁坏 huǐhuài ホゥイホアイ	damage ダミヂ
<ruby>争い<rt>あらそい</rt></ruby> arasoi	争吵，争论 zhēngchǎo, zhēnglùn ヂョンチャオ, ヂョンルゥン	quarrel, dispute クウォレル, ディスピュート
<ruby>争う<rt>あらそう</rt></ruby> arasou	争，斗争 zhēng, dòuzhēng ヂョン, ドウヂョン	fight, quarrel ファイト, クウォレル
<ruby>改まる<rt>あらたまる</rt></ruby> aratamaru	更新 gēngxīn グンシン	(be) renewed (ビ) リニュード
<ruby>改める<rt>あらためる</rt></ruby> aratameru	更新 gēngxīn グンシン	renew, revise リニュー, リヴァイズ
<ruby>アラビア<rt>あらびあ</rt></ruby> arabia	阿拉伯 Ālābó アァラァボォ	Arabia アレイビア
～語	阿拉伯语 Ālābóyǔ アァラァボォユイ	Arabic アラビク
～数字	阿拉伯数字 Ālābó shùzì アァラァボォ シュウヅー	Arabic numerals アラビク ヌメラルズ

日	中	英

あ

あらゆる
あらゆる
arayuru

所有，一切
suǒyǒu, yíqiè
スウヨウ，イーチエ

all, every
オール，**エ**ヴリ

あらわす
表す
arawasu

表示，抒发
biǎoshì, shūfā
ビアオシー，シュウファア

show, manifest, express
ショウ，**マ**ニフェスト，イク**ス**プレス

あらわに
露わに
arawani

公然
gōngrán
ゴンラン

openly, publicly
オウプンリ，**パ**ブリクリ

あらわれる
表れる
arawareru

表现，出现
biǎoxiàn, chūxiàn
ビアオシエン，チュウシエン

(be) shown
(ビ) **ショ**ウン

あらわれる
現れる
arawareru

出现，发生
chūxiàn, fāshēng
チュウシエン，ファアション

come out, appear
カム **ア**ウト，ア**ピ**ア

あり
蟻
ari

蚂蚁
mǎyǐ
マァイー

ant
アント

ありあまる
有り余る
ariamaru

富余，过剩
fùyu, guòshèng
フゥユィ，グゥオション

more than enough
モー ザン イ**ナ**フ

ありうる
有り得る
ariuru

可能有
kěnéng yǒu
 クァヌォン ヨウ

possible
パスィブル

ありえない
有り得ない
arienai

不可能有
bù kěnéng yǒu
ブゥ クァヌォン ヨウ

impossible
イン**パ**スィブル

ありがたい
有り難い
arigatai

难得，可贵
nándé, kěguì
ナンドゥァ，クァグゥイ

thankful, grateful
サンクフル，グ**レ**イトフル

ありがとう
有り難う
arigatou

谢谢，多谢
xièxie, duōxiè
シエシエ，ドゥオシエ

Thanks.
サンクス

ありのままの
ありのままの
arinomamano

如实，据实
rúshí, jùshí
ルゥシー，ジュイシー

frank, plain
フ**ラ**ンク，プ**レ**イン

ありばい
アリバイ
aribai

不在现场的证据
bú zài xiànchǎng de zhèngjù
ブゥ ヅァイ シエンチャァン ダ ヂョンジュイ

alibi
アリバイ

日	中	英
_{ありふれた} **ありふれた** arifureta	常见，平凡 chángjiàn, píngfán チャァンジエン，ピィンファン	common, ordinary **カ**モン，**オ**ーディネリ
_{ある} **在[有]る** aru	在，存在 zài, cúnzài ヅァイ，ツゥンヅァイ	be, exist **ビ**ー，イグ**ズィ**スト
（起こる）	发生 fāshēng ファアション	occur, happen オ**カ**ー，**ハ**プン
_{あるいは} **或いは** aruiwa	或者 huòzhě ホゥオヂョァ	(either) or (**イ**ーザ) **オ**ー
（多分）	或许，可能 huòxǔ, kěnéng ホゥオシュィ，クァヌォン	perhaps, maybe パ**ハ**プス，**メ**イビ
_{あるかり} **アルカリ** arukari	碱 jiǎn ジエン	alkali **ア**ルカライ
_{あるく} **歩く** aruku	走 zǒu ヅォウ	walk, go on foot **ウォ**ーク，**ゴ**ウ オン **フ**ト
_{あるこーる} **アルコール** arukooru	酒精 jiǔjīng ジウジン	alcohol **ア**ルコホール
_{あるつはいまーびょう} **アルツハイマー病** arutsuhaimaabyou	阿尔茨海默病 ā'ěrcíhǎimòbìng アァアルツーハイモォビィン	Alzheimer's disease **ア**ールツ**ハ**イマズ ディ**ズ**ィーズ
_{あると} **アルト** aruto	女低音 nǚdīyīn ニュィディーイン	alto **ア**ルトウ
_{あるばいと(する)} **アルバイト(する)** arubaito (suru)	零工，打工 línggōng, dǎgōng リィンゴン，ダァゴン	part-time job, work part-time **パ**ートタイム **チャ**ブ，**ワ**ーク **パ**ートタイム
_{あるばむ} **アルバム** arubamu	照相簿，影集 zhàoxiàngbù, yǐngjí ヂャオシアンブゥ，インジィ	album **ア**ルバム
_{あるふぁべっと} **アルファベット** arufabetto	英文字母 Yīngwén zìmǔ イィンウェン ヅームゥ	alphabet **ア**ルファベット

日	中	英
あるみにうむ **アルミニウム** aruminiumu	**铝** lǚ リュィ	aluminum アルーミナム
あれ **あれ** are	**那，那个** nà, nàge;nèige ナァ, ナァガ；ネイガ	that, it ザト, **イ**ト
〜から	**从那以后** cóng nà yǐhòu ツォン ナァ イーホウ	since then スィンス **ゼ**ン
〜ほど	**那么，那样** nàme, nàyàng ナァマ, ナァヤン	so (much) ソウ (**マ**チ)
あれる **荒れる**（天気などが） areru	**闹**（天气） nào (tiānqì) ナオ (ティエンチィ)	(be) rough (ビ) **ラ**フ
（荒廃する）	**荒芜** huāngwú ホアンウゥ	(be) ruined (ビ) **ル**インド
あれるぎー **アレルギー** arerugii	**过敏** guòmǐn グゥオミン	allergy **ア**ラヂ
あれんじ（する） **アレンジ（する）** arenji (suru)	**改编，改写** gǎibiān, gǎixiě ガイビエン, ガイシエ	arrangement; ar- range アレインヂメント, アレイン ヂ
あわ **泡** awa	**泡沫，泡儿** pàomò, pàor パオモォ, パオル	bubble, foam バブル, **フォ**ウム
あわい **淡い** awai	**清淡，浅** qīngdàn, qiǎn チィンダン, チエン	light, pale **ラ**イト, **ペ**イル
あわせる **合わせる** awaseru	**合起** héqǐ ホォアチィ	put together, unite プト **ト**ゲザ, ユー**ナ**イト
（適合）	**使适应，配合** shǐ shìyìng, pèihé シー シーイィン, ペイホォァ	set, adjust **セ**ト, ア**ヂ**ャスト
（照合）	**对照** duìzhào ドゥイヂャオ	compare コン**ペ**ア

日	中	英
あわただしい **慌ただしい** awatadashii	**急忙，匆忙** jímáng, cōngmáng ジィマァン, ツォンマァン	hurried ハーリド
あわてる **慌てる** awateru	**着慌，慌张** zháohuāng, huāngzhang ヂァオホアン, ホアンヂァァン	(be) upset (ビ) アプセト
（急ぐ）	**急忙，匆忙** jímáng, cōngmáng ジィマァン, ツォンマァン	(be) hurried (ビ) ハーリド
あわび **鮑** awabi	**鲍鱼** bàoyú バオユィ	abalone アバロウニ
あわれな **哀[憐]れな** awarena	**可怜** kělián クァリェン	pitiful ピティフル
あわれむ **哀[憐]れむ** awaremu	**怜悯，怜恤** liánmǐn, liánxù リェンミン, リェンシュィ	pity, feel pity for ピティ, フィール ピティ フォ
あん **案** an	**方案** fāng'àn ファァンアン	plan プラン
（提案）	**提案，提议** tí'àn, tíyì ティーアン, ティーイー	proposal プロポウザル
あんいな **安易な** an-ina	**轻易，容易** qīngyì, róngyì チンイー, ロンイー	easy イーズィ
あんがい **案外** angai	**出乎意料** chū hū yì liào チュウ ホウ イー リアオ	unexpectedly アニクスペクテドリ
あんきする **暗記する** ankisuru	**记住，背** jìzhù, bèi ジィヂュウ, ベイ	memorize, learn by heart メモライズ, ラーン バイ ハート
あんけーと **アンケート** ankeeto	**问卷调查** wènjuàn diàochá ウェンジュエン ディアオチァア	questionnaire クウェスチョネア
あんごう **暗号** angou	**密码** mìmǎ ミィマァ	cipher, code サイファ, コウド

日	中	英
あんこーる **アンコール** ankooru	**要求重演** yāoqiú chóngyǎn ヤオチウ チォンイエン	encore **ア**ーンコー
あんさつ(する) **暗殺(する)** ansatsu (suru)	**暗害，暗杀** ànhài, ànshā アンハイ，アンシャア	assassination; assassinate アサスィ**ネ**イション，ア**サ**スィネイト
あんざん **暗算** anzan	**心算** xīnsuàn シンスワン	mental arithmetic メンタル ア**リ**スメティク
あんじ(する) **暗示(する)** anji (suru)	**暗示** ànshì アンシー	suggestion; suggest サグ**チェ**スチョン，サグ**チェ**スト
あんしょう(する) **暗唱(する)** anshou (suru)	**背诵** bèisòng ベイソン	recitation; recite レスィ**テ**イション，リ**サ**イト
あんしょうばんごう **暗証番号** anshoubangou	**暗码，密码** ànmǎ, mìmǎ アンマァ，ミィマァ	PIN number **ピ**ン **ナ**ンバ
あんじる **案じる** anjiru	**挂念，担心** guàniàn, dān'xīn グアニエン，ダンシン	(be) anxious about (ビ) **ア**ンクシャス アバウト
あんしん(する) **安心(する)** anshin (suru)	**放心** fàng'xīn ファァンシン	relief; feel relieved リ**リ**ーフ，**フィ**ール リ**リ**ーヴド
あんず **杏** anzu	**杏(子)** xìng(zi) シィン(ヅ)	apricot **ア**プリカト
あんせい **安静** ansei	**安静** ānjìng アンジィン	rest **レ**スト
あんぜん(な) **安全(な)** anzen (na)	**安全** ānquán アンチュエン	safety; safe **セ**イフティ，**セ**イフ
あんだーらいん **アンダーライン** andaarain	**字下线** zìxiàxiàn ヅーシアシエン	underline **ア**ンダライン
あんてい(する) **安定(する)** antei (suru)	**安定，稳定** āndìng, wěndìng アンディン，ウェンディン	stability, (be) stabilized, (be) stable スタ**ビ**リティ，(ビ) ス**テ**イビライズド，(ビ) ス**テ**イブル

日	中	英
<ruby>アンテナ<rt>あんてな</rt></ruby> antena	天线 tiānxiàn ティエンシエン	antenna, aerial ア**ン**テナ, **エ**アリアル
<ruby>あんな<rt>あんな</rt></ruby> anna	那样 nàyàng; nèiyàng ナァヤン；ネイヤン	such, like that **サ**チ, ライク **ザ**ト
～に	那么 nàme ナァマ	to that extent トゥ **ザ**ト イクス**テ**ント
<ruby>案内<rt>あんない</rt></ruby>(する) annai (suru)	向导, 引导 xiàngdǎo, yǐndǎo シアンダオ, インダオ	guidance; guide **ガ**イダンス, **ガ**イド
(通知)	通知, 传达 tōngzhī, chuándá トンデー, チュワンダァ	notice; notify **ノ**ウティス, **ノ**ウティファイ
～所	问事处, 问讯处 wènshìchù, wènxùnchù ウェンシーチウ, ウェンシュィンチウ	information desk インフォ**メ**イション **デ**スク
<ruby>暗に<rt>あんに</rt></ruby> anni	暗中 ànzhōng アンドォン	tacitly **タ**スィトリ
<ruby>アンバランス<rt>あんばらんす</rt></ruby> anbaransu	不平衡, 不均衡 bù pínghéng, bù jūnhéng ブゥ ピンヘゥン, ブゥ ジュィンヘゥン	imbalance イン**バ**ランス
<ruby>安否<rt>あんぴ</rt></ruby> anpi	平安与否 píng'ān yǔ fǒu ピィンアン ユィ フォウ	safety **セ**イフティ
<ruby>アンペア<rt>あんぺあ</rt></ruby> anpea	安培 ānpéi アンペイ	ampere **ア**ンピア
<ruby>安眠<rt>あんみん</rt></ruby> anmin	安眠 ānmián アンミエン	quiet sleep ク**ワ**イエト ス**リ**ープ
<ruby>暗黙の<rt>あんもくの</rt></ruby> anmokuno	缄默 jiānmò ジエンモォ	tacit **タ**スィト
<ruby>アンモニア<rt>あんもにあ</rt></ruby> anmonia	阿摩尼亚, 氨 āmóníyà, ān アァモニィヤァ, アン	ammonia ア**モ**ウニャ

日	中	英

い, イ

胃 い i	**胃** wèi ウェイ	stomach スタマク
好い いい ii	**好，良好** hǎo, liánghǎo ハオ, リアンハオ	good, fine, nice グド, **ファ**イン, **ナ**イス
言い争い いいあらそい iiarasoi	**争吵** zhēngchǎo ヂョンチャオ	quarrel ク**ウォ**レル
言い争う いいあらそう iiarasou	**争吵** zhēngchǎo ヂョンチャオ	quarrel, argue ク**ウォ**レル, **アー**ギュー
いいえ いいえ iie	**不，不是** bù, bú shì ブ, ブゥ シー	no ノウ
言い返す いいかえす iikaesu	**回嘴，顶嘴** huí'zuǐ, dǐng'zuǐ ホゥイ'ヅゥイ, ディンヅゥイ	answer back, re-tort **ア**ンサ バク, リ**トー**ト
言い換える いいかえる iikaeru	**换句话说** huàn jù huà shuō ホワン ジュィ ホア シュオ	say in other words **セ**イ イン **ア**ザ **ワー**ヅ
好い加減な いいかげんな iikagenna	**马虎，草率** mǎhu, cǎoshuài マァホゥ, ツァオシュアイ	random **ラ**ンダム
(あいまい)	**含糊** hánhu ハンホ	vague **ヴェ**イグ
(無責任)	**敷衍** fūyan フゥイエン	irresponsible イ**リス**パンスィブル
言い過ぎ いいすぎ iisugi	**说得走火** shuōde zǒuhuǒ シュオダ ヅォウホゥオ	exaggeration イグザヂャ**レ**イション
言い付け いいつけ iitsuke	**嘱咐，吩咐** zhǔfu, fēnfu ヂュウフ, フェンフ	instructions, order インスト**ラ**クションズ, **オー**ダ
言い伝え いいつたえ iitsutae	**传说** chuánshuō チュワンシュオ	tradition トラ**ディ**ション

日	中	英
いいのがれる **言い逃れる** iinogareru	**支吾，推脱** zhīwu, tuītuō デーウ，トゥイトゥオ	evade, excuse *one-self* イ**ヴェイ**ド，イクス**キュー**ズ
いいふらす **言い触らす** iifurasu	**扬言，张扬** yángyán, zhāngyáng ヤンイエン，ヂャアンヤン	spread スプレド
いいぶん **言い分** iibun	**主张，主见** zhǔzhāng, zhǔjiàn ヂュウヂャァン，ヂュウジエン	say, opinion **セ**イ，オ**ピ**ニョン
いいまちがい **言い間違い** iimachigai	**说错** shuōcuò シュオツゥオ	misstatement ミスス**テ**イトメント
Eめーる **Eメール** Emeeru	**电子邮件** diànzǐ yóujiàn ディエンズー ヨウジエン	e-mail **イー**メイル
いいよる **言い寄る** iiyoru	**追求，求爱** zhuīqiú, qiú'ài ヂュイチウ，チウアイ	make a pass at **メイ**ク ア パス アト
いいわけ **言い訳** iiwake	**借口，说辞** jièkǒu, shuōci ジエコウ，シュオツ	excuse, pretext イクス**キュー**ス，プリーテクスト
いいん **委員** iin	**委员** wěiyuán ウェイユエン	(member of a) committee (**メン**バ オヴ ア) コ**ミ**ティ
～会	**委员会** wěiyuánhuì ウェイユエンホゥイ	committee コ**ミ**ティ
いう **言う** iu	**说，告诉** shuō, gàosu シュオ，ガオスゥ	say, tell **セ**イ，**テ**ル
いえ **家** ie	**房子** fángzi ファァンヅ	house ハウス
(家庭) **家庭** jiātíng ジアティン		home **ホ**ウム
(一家) **(一)家** 〈yì〉 jiā 〈イー〉 ジア		family **ファ**ミリ
いえでする **家出する** iedesuru	**离家出走** lí jiā chūzǒu リィ ジア チュウヅォウ	run away from home **ラ**ン ア**ウェ**イ フラム **ホ**ウム

日	中	英
イオン ion	离子 lízǐ リィヅー	ion アイオン
以下 ika	…以下，…之下 ...yǐxià, ...zhīxià … イーシア，… ヂーシア	less than, under レス ザン, アンダ
(下記の)	如次，如下 rúcì, rúxià ルゥツー, ルゥシア	following フォロウイング
烏賊 ika	〔只/条〕墨鱼，乌贼 〔zhī/tiáo〕mòyú, wūzéi 〔ヂー/ティアオ〕モォユィ, ウゥヅェイ	cuttlefish, squid カトルフィシュ, スクウィード
以外 igai	…以外 ...yǐwài … イーワイ	except イクセプト
意外な igaina	意外，出乎意料 yìwài, chū hū yì liào イーワイ, チュウ ホゥ イー リアオ	unexpected アニクスペクテド
胃潰瘍 ikaiyou	胃溃疡 wèikuìyáng ウェイクイヤン	stomach ulcer スタマク アルサ
いかがわしい ikagawashii	可疑，靠不住 kěyí, kàobuzhù クァイー, カオブヂュウ	doubtful, dubious ダウトフル, デュービアス
医学 igaku	医学 yīxué イーシュエ	medical science メディカル サイエンス
生かす ikasu	留活命 liú huómìng リウ ホゥオミィン	keep alive キープ アライヴ
胃下垂 ikasui	胃下垂 wèixiàchuí ウェイシアチュイ	gastroptosis ガストラプトウスィス
厳しい ikameshii	严厉 yánlì イエンリィ	dignified, grave ディグニファイド, グレイヴ
怒り ikari	火气，愤怒 huǒqì, fènnù ホゥオチィ, フェンヌゥ	anger, rage アンガ, レイヂ
息 iki	呼吸，气息 hūxī, qìxī ホゥシィ, チィシィ	breath ブレス

日	中	英
いぎ **異議** igi	**异议，意见** yìyì, yìjian イーイー，イージエン	objection オブ**チェ**クション
いぎ **意義** igi	**意义** yìyì イーイー	meaning **ミ**ーニング
いきいきと **生き生きと** ikiikito	**生动地** shēngdòng de ションドン ダ	lively, vividly **ラ**イヴリ，**ヴィ**ヴィドリ
いきおい **勢い** ikioi	**势力** shìlì シーリィ	power, force **パ**ウア，**フォ**ース
（気力）	**气势** qìshì チィシー	energy **エ**ナヂ
いきかえる **生き返る** ikikaeru	**复活，回生** fùhuó, huíshēng フゥホウオ，ホゥイション	come back to life カム バク トゥ **ラ**イフ
いきかた **生き方** ikikata	**生活方式** shēnghuó fāngshì ションホゥオ ファンシー	lifestyle **ラ**イフスタイル
いきさき **行き先** ikisaki	**目的地** mùdìdì ムゥディーディー	destination デスティ**ネ**イション
いきさつ **いきさつ** ikisatsu	**原委，本末** yuánwěi, běnmò ユエンウェイ，ベンモォ	circumstances **サ**ーカムスタンセズ
いきどまり **行き止まり** ikidomari	**走到尽头** zǒudào jìntóu ヅォウダオ ジントウ	dead end **デ**ド **エ**ンド
いきなり **いきなり** ikinari	**突然** tūrán トゥラン	suddenly, abruptly **サ**ドンリ，ア**ブ**ラプトリ
いきぬき **息抜き** ikinuki	**休息** xiūxi シウシ	rest **レ**スト
～する	**歇气** xiē'qì シエチィ	take a rest **テ**イク ア **レ**スト
いきのこる **生き残る** ikinokoru	**幸存，残存** xìngcún, cáncún シィンツゥン，ツァンツゥン	survive サ**ヴァ**イヴ

日	中	英
いきもの **生き物** ikimono	**生物** shēngwù ションウゥ	living thing, life リヴィング スィング，ライフ
いぎりす **イギリス** igirisu	**英国** Yīngguó イィングゥオ	England, (Great) Britain イングランド，(グレイト) ブリトン
～人	**英国人** Yīngguórén イィングゥオレン	English (person) イングリシュ (パースン)
いきる **生きる** ikiru	**活，生存** huó, shēngcún ホゥオ，ションツゥン	live, (be) alive ライヴ，(ビ) アライヴ
いく **行く** iku	**去** qù チュイ	go, come ゴウ，カム
いくじ **育児** ikuji	**养育幼儿** yǎngyù yòu'ér ヤンユィ ヨウアル	childcare, nursing チャイルドケア，ナースィング
いくつ **幾つ** ikutsu	**多少，几 (个)** duōshao, jǐ (ge) ドゥオシャオ，ジィ (ガ)	how many ハウ メニ
(何歳)	**几岁，多大** jǐ suì, duō dà ジィ スウイ，ドゥオ ダァ	how old ハウ オウルド
いくつか **幾つか** ikutsuka	**一些，几个** yìxiē, jǐ ge イーシエ，ジィ ガ	some, several サム，セヴラル
いくらか **幾らか** ikuraka	**稍微，有些** shāowēi, yǒuxiē シャオウェイ，ヨウシエ	some, a little サム，ア リトル
いけ **池** ike	**池塘，池子** chítáng, chízi チータァン，チーヅ	pond, pool パンド，プール
いけいれん **胃痙攣** ikeiren	**胃痉挛** wèijìngluán ウェイジィンルワン	cramp in the stomach クランプ イン ザ スタマク
いけない **いけない** ikenai	**不好** bù hǎo ブゥ ハオ	bad, naughty バド，ノーティ

日	中	英
（禁止）	**不行** bùxíng ブーシィン	must not do マスト ナト ドゥ
いけばな **生け花** ikebana	**插花** chā'huā チャアホア	flower arrange-ment フラウア アレインヂメント
いけん **意見** iken	**意见，主意** yìjian, zhǔyi イージエン，デュウイ	opinion, idea オピニョン，アイディーア
（忠告）	**劝告** quàngào チュエンガオ	advice, admonition アドヴァイス，アドモニション
いげん **威厳** igen	**威严，尊严** wēiyán, zūnyán ウェイイエン，ヅゥンイエン	dignity, prestige ディグニティ，プレスティージ
いご **以後** igo	**以后，今后** yǐhòu, jīnhòu イーホウ，ジンホウ	from now on フラム ナウ オン
いこう **意向** ikou	**意图，意向** yìtú, yìxiàng イートゥ，イーシアン	intention インテンション
いざこざ **いざこざ** izakoza	**纠纷** jiūfēn ジウフェン	trouble トラブル
いさましい **勇ましい** isamashii	**雄壮，英勇** xióngzhuàng, yīngyǒng シオンデュアン，イィンヨン	brave, courageous ブレイヴ，カレイヂャス
いさめる **諫める** isameru	**谏诤** jiànzhèng ジエンヂョン	remonstrate リマンストレイト
いさん **遺産** isan	**遗产** yíchǎn イーチャン	inheritance, legacy インヘリタンス，レガスィ
いし **石** ishi	**石头** shítou シートウ	stone ストウン
いし **意志** ishi	**意志** yìzhì イーヂー	will, volition ウィル，ヴォウリション

日	中	英
いし **意思** ishi	**心意** xīnyì シンイー	intention インテンション
いし **医師** ishi	**大夫，医生** dàifu, yīshēng ダイフ，イーション	doctor ダクタ
いじ **意地** iji	**志气** zhìqi デーチ	backbone バクボウン
いしき(する) **意識(する)** ishiki (suru)	**意识，精神** yìshi, jīngshén イーシ，ジンシェン	consciousness; conscious カンシャスネス，カンシャス
いじめる **いじめる** ijimeru	**欺负，折磨** qīfu, zhémo チイフ，デョァモ	bully, torment ブリ，トーメント
いしゃ **医者** isha	**大夫，医生** dàifu, yīshēng ダイフ，イーション	doctor ダクタ
いしゃりょう **慰謝料** isharyou	**赔偿费** péichángfèi ペイチャァンフェイ	compensation money カンペンセイション マニ
いじゅう(する) **移住(する)** ijuu (suru)	**迁移，迁徙** qiānyí, qiānxǐ チエンイー，チエンシィ	migration; migrate マイグレイション，マイグレ イト
いしゅく(する) **萎縮(する)** ishuku (suru)	**萎缩** wěisuō ウェイスゥオ	atrophy アトロフィ
いしょ **遺書** isho	**遗言** yíyán イーイエン	will ウィル
いしょう **衣装** ishou	**服装，衣服** fúzhuāng, yīfu フゥヂュアン，イーフ	clothes, costume クロウズ，カステューム
いじょう **以上** ijou	**以上** yǐshàng イーシャアン	more than, over, above モー ザン，オウヴァ，アバ ヴ
いじょう(な) **異常(な)** ijou (na)	**异常，反常** yìcháng, fǎncháng イーチャァン，ファンチャァン	abnormality; un- usual, abnormal アブノーマリティ，アニュー ジュアル，アブノーマル

日	中	英
いしょく（する） **移植（する）** ishoku (suru)	**移植** yízhí イーデー	transplantation; transplant トランスプランテイション， トランスプラント
いしょくの **異色の** ishokuno	**奇特** qítè チィトゥァ	unique ユーニーク
いじる **いじる** ijiru	**摆弄** bǎinòng バイノン	finger, fumble with フィンガ，ファンブル ウィ ズ
いじわるな **意地悪な** ijiwaruna	**坏心眼儿，刁难** huài xīnyǎnr, diāonàn ホアイ シンイアル，ディアオナン	ill-natured, nasty イルネイチャド，ナスティ
いす **椅子** isu	**椅子** yǐzi イーヅ	chair, stool チェア，ストゥール
（地位）	**地位** dìwèi ディーウェイ	post ポウスト
いずれ **いずれ**（そのうちに） izure	**不久** bùjiǔ ブゥジウ	another time アナザ タイム
いせい **異性** isei	**异性** yìxìng イーシィン	opposite sex アポズィト セクス
いせき **遺跡** iseki	**遗迹** yíjì イージィ	ruins ルーインズ
いぜん **以前** izen	**以前，从前** yǐqián, cóngqián イーチエン，ツォンチエン	ago, before アゴウ，ビフォー
いぜん（として） **依然（として）** izen (toshite)	**仍然，还是** réngrán, háishi ルォンラン，ハイシ	still スティル
いそ **磯** iso	**海滨** hǎibīn ハイビン	beach, shore ビーチ，ショー
いそがしい **忙しい** isogashii	**忙，忙碌** máng, mánglù マァン，マァンルゥ	(be) busy (ビ) ビズィ

日	中	英
いそぐ **急ぐ** isogu	**急忙，赶快** jímáng, gǎnkuài ジィマァン, ガンクアイ	hurry, hasten ハーリ, ヘイスン
いぞく **遺族** izoku	**遗属** yíshǔ イーシュウ	bereaved (family) ビリーヴド (ファミリ)
いぞん(する) **依存(する)** izon (suru)	**依靠，依存** yīkào, yīcún イーカオ, イーツゥン	dependence; depend on ディペンデンス, ディペンドオン
いた **板** ita	**木板** mùbǎn ムゥバン	board ボード
いたい **痛い** itai	**疼，疼痛** téng, téngtòng テゥン, テゥントン	painful, sore ペインフル, ソー
いたい **遺体** itai	**遗体** yítǐ イーティー	dead body デド バディ
いだい(な) **偉大(な)** idai (na)	**伟大** wěidà ウェイダァ	greatness; great グレイトネス, グレイト
いだく **抱く** idaku	**抱，胸怀** bào, xiōnghuái バオ, シオンホアイ	have, bear ハヴ, ベア
いたずら **悪戯** itazura	**恶作剧，淘气** èzuòjù, táoqì ウァヅゥオジュイ, タオチィ	mischief, trick ミスチフ, トリク
いただく **頂く** itadaku	**接受，领受** jiēshòu, lǐngshòu ジエショウ, リィンショウ	receive リスィーヴ
(飲食)	**吃** chī チー	get, have ゲト, ハヴ
いたばさみ **板挟み** itabasami	**左右为难** zuǒ yòu wéi nán ヅゥオ ヨウ ウェイ ナン	dilemma ディレマ
いたみ **痛み** itami	**疼痛** téngtòng テゥントン	pain, ache ペイン, エイク

日	中	英
いたむ **痛む** itamu	**疼痛，作痛** téngtòng, zuòtòng テゥントン，ヅゥオトン	ache, hurt エイク，ハート
いためる **炒める** itameru	**炒，煎** chǎo, jiān チャオ，ジエン	fry フライ
いたりあ **イタリア** itaria	**意大利** Yìdàlì イーダァリィ	Italy イタリ
～語	**意大利语** Yìdàlìyǔ イーダァリィユィ	Italian イタリャン
いたる **至る** itaru	**至** zhì デー	lead to リード トゥ
いたるところ **至る所** itarutokoro	**到处** dàochù ダオチュウ	everywhere エヴリ(ホ)ウェア
いたわる **労る** itawaru	**照顾，慰劳** zhàogù, wèiláo チャオグゥ，ウェイラオ	take (good) care of テイク (グド) ケア オヴ
いち **位置** ichi	**位置，地点** wèizhi, dìdiǎn ウェイヂ，ディーディエン	position ポズィション
いちおう **一応** ichiou	**首先，大致** shǒuxiān, dàzhì ショウシエン，ダァヂィ	for the time being; for the present; tentatively フォ ザ タイム ビーイング, フォ ザ プレズント，テンタ ティヴリ
いちがつ **一月** ichigatsu	**一月** yīyuè イーユエ	January ヂャニュエリ
いちご **苺** ichigo	**草莓** cǎoméi ツァオメイ	strawberry ストローベリ
いちじ(の) **一次(の)** ichiji (no)	**第一次** dìyī cì ディーイー ツー	primary, first プライメリ，ファースト
いちじるしい **著しい** ichijirushii	**显著** xiǎnzhù シエンヂュウ	remarkable, marked リマーカブル，マークト

日	中	英
いちど **一度** ichido	**一次，一度** yí cì, yí dù イー ツー，イー ドゥ	once, one time ワンス，ワン タイム
いちどう **一同** ichidou	**大家** dàjiā ダァジア	all, everyone オール，エヴリワン
いちにち **一日** ichinichi	**一天** yì tiān イー ティエン	a day ア デイ
～おきに	**（毎）隔一天** (měi) gé yì tiān (メイ) グァ イー ティエン	every other day エヴリ アザ デイ
～中	**整天，一天到晚** zhěngtiān, yì tiān dào wǎn ヂョンティエン，イー ティエン ダオ ワン	all day (long) オール デイ (ローング)
いちにんまえ **一人前** ichininmae	**一份儿** yí fènr イー フェル	for one person フォ ワン パースン
（ひとかどの）	**够格，像样** gòugé, xiàng'yàng ゴウグァ，シアンヤン	independent インディペンデント
いちねん **一年** ichinen	**一年，春秋** yì nián, chūnqiū イー ニエン，チュンチウ	a year ア イヤ
いちば **市場** ichiba	**市场，集市** shìchǎng, jíshì シーチァン，ジィシー	market マーケト
いちばん **一番** ichiban	**第一** dìyī ディーイー	first, No.1 ファースト，ナンバ ワン
（最上）	**最** zuì ヅゥイ	most, best モウスト，ベスト
いちぶ **一部** ichibu	**部分** bùfen ブゥフェン	a part ア パート
いちめん **一面** ichimen	**一面** yímiàn イーミエン	one side ワン サイド
（全面）	**周围一带** zhōuwéi yídài ヂョウウェイ イーダイ	whole surface ホウル サーフェス

日	中	英
いちょう **銀杏** ichou	**公孙树，银杏** gōngsūnshù, yínxìng ゴンスゥンシュウ, インシィン	ginkgo ギンコウ
いちょう **胃腸** ichou	**肠胃** chángwèi チャァンウェイ	stomach and intestines スタマク アンド インテスティンズ
〜薬	**肠胃药** chángwèiyào チャァンウェイヤオ	medicine for the stomach and intestines メディスィン フォ ザ スタマク アンド インテスティンズ
いつ **いつ** itsu	**什么时候，几时** shénme shíhou, jǐshí シェンマ シーホウ, ジィシー	when (ホ)ウェン
いっか **一家** ikka	**一家** yì jiā イー ジア	family ファミリ
(家庭)	**家庭** jiātíng ジアティン	home ホウム
いつか **いつか** itsuka	**有一天，将来** yǒu yì tiān, jiānglái ヨウ イー ティエン, ジアンライ	some time, some day サム タイム, サム デイ
(過去の)	**以前，曾经** yǐqián, céngjīng イーチエン, ツンジィン	once, at one time ワンス, アト ワン タイム
いっかい **一階** ikkai	**一楼** yī lóu イー ロウ	first floor ファースト フロー
いっきに **一気に** ikkini	**一股劲儿，一口气** yìgǔjìnr, yìkǒuqì イーグゥジル, イーコウチィ	in one go イン ワン ゴウ
いっけん **一見** ikken	**看一眼，乍一看** kàn yì yǎn, zhà yí kàn カン イー イエン, ヂァア イー カン	apparently アパレントリ
いっこ **一個** ikko	**一个** yí ge イー ガ	one, a piece ワン, ア ピース
いっさい **一切** issai	**一切** yíqiè イーチエ	all, everything オール, エヴリスィング

日	中	英
いっさんかたんそ **一酸化炭素** issankatanso	**一氧化碳** yìyǎnghuàtàn イーヤンホアタン	carbon monoxide カーボン モナクサイド
いっしき **一式** isshiki	**一套** yí tào イー タオ	complete set コンプリート セト
いっしゅ **一種** isshu	**一种** yì zhǒng イー ヂョン	a kind, a sort ア カインド, ア ソート
いっしゅん **一瞬** isshun	**一瞬，刹那** yíshùn, chànà イーシュン, チャアナァ	a moment ア モウメント
いっしょう **一生** isshou	**一生，一輩子** yìshēng, yíbèizi イーション, イーペイヅ	(whole) life (ホウル) ライフ
いっしょうけんめい **一生懸命** isshoukenmei	**拼命** pīnmìng ピンミィン	with all *one's* might ウィズ オール マイト
いっしょに **一緒に** isshoni	**一块儿，一起** yíkuàir, yìqǐ イークアル, イーチィ	together トゲザ
いっせいに **一斉に** isseini	**一齐，一同** yìqí, yìtóng イーチィ, イートン	all at once オール アト ワンス
いっそう **一層** issou	**越发，更加** yuèfā, gèngjiā ユエファア, グンジア	much more マチ モー
いったいぜんたい **一体全体** ittaizentai	**到底** dàodǐ ダオディー	on earth オン アース
いっち(する) **一致(する)** icchi (suru)	**一致** yízhì イーヂー	agreement; agree with アグリーメント, アグリーウィズ
いつつ **五つ** itsutsu	**五个** wǔ ge ウゥガ	five ファイヴ
いっていの **一定の** itteino	**一定，固定** yídìng, gùdìng イーディン, グゥディン	a certain, fixed ア サートン, フィクスト

日	中	英
いつでも **何時でも** itsudemo	**总是，随时** zǒngshì, suíshí ヅォンシー, スゥイシー	any time, always エニ **タ**イム, **オ**ールウェイズ
いっとう **一等** ittou	**头等** tóuděng トウデゥン	first class **ファ**ースト クラス
（一等賞）	**头奖** tóujiǎng トウジアン	first prize **ファ**ースト プ**ラ**イズ
いっぱい **一杯** ippai	**一杯** yì bēi イー ベイ	a cup of, a glass of ア **カ**プ オヴ, ア グ**ラ**ス オヴ
（満杯）	**充满，充盈** chōngmǎn, chōngyíng チォンマン, チォンイィン	full; full of **フ**ル, **フ**ル オヴ
（たくさん）	**很多** hěn duō ヘン ドゥオ	many, much **メ**ニ, **マ**チ
いっぱん **一般** ippan	**一般，普通** yìbān, pǔtōng イーバン, プゥトン	generality; generally ヂェネ**ラ**リティ, **ヂェ**ナラリ
～的な	**一般，普通** yìbān, pǔtōng イーバン, プゥトン	general, common **ヂェ**ネラル, **カ**モン
いっぽ **一歩** ippo	**一步** yí bù イー ブゥ	one step **ワ**ン ス**テ**プ
いっぽう **一方** ippou	**（另）一方面** (lìng) yì fāngmiàn (リィン) イー ファンミエン	one side **ワ**ン **サ**イド
（話変わって）	**却说，且说** quèshuō, qiěshuō チュエシュオ, チエシュオ	meanwhile **ミ**ーン(ホ)ワイル
～通行	**单行线** dānxíngxiàn ダンシィンシエン	one-way traffic ワン**ウェ**イト**ラ**フィク
～的な	**片面，偏袒** piànmiàn, piāntǎn ピエンミエン, ピエンタン	one-sided **ワ**ン**サ**イデド
いつまでも **いつまでも** itsumademo	**永远，很久** yǒngyuǎn, hěn jiǔ ヨンユエン, ヘン ジウ	forever フォ**レ**ヴァ

日	中	英
いつも **いつも** itsumo	**总是，经常** zǒngshì, jīngcháng ヅォンシー, ジンチャァン	always, usually **オ**ールウェイズ, **ユ**ージュアリ
いつわり **偽り** itsuwari	**虚伪，虚假** xūwěi, xūjiǎ シュィウェイ, シュィジア	lie, falsehood **ラ**イ, **フォ**ールスフド
いつわる **偽る** itsuwaru	**诡称，冒充** guǐchēng, màochōng グゥイチョン, マオチォン	lie, deceive **ラ**イ, ディス**ィ**ーヴ
いでおろぎー **イデオロギー** ideorogii	**思想，意识形态** sīxiǎng, yìshi xíngtài スーシアン, イーシ シンタイ	ideology アイディ**ア**ロヂ
いてざ **射手座** iteza	**人马座** rénmǎzuò レンマァヅゥオ	Archer, Sagittarius **ア**ーチャ, サヂ**テ**アリアス
いてん(する) **移転(する)** iten (suru)	**搬，迁移** bān, qiānyí バン, チエンイー	move; move to **ム**ーヴ, **ム**ーヴ トゥ
いでん **遺伝** iden	**遗传** yíchuán イーチュワン	heredity ヒ**レ**ディティ
〜子	**基因** jīyīn ジィイン	gene **ヂ**ーン
いと **糸** ito	**线** xiàn シエン	thread, yarn ス**レ**ド, **ヤ**ーン
いど **井戸** ido	**水井** shuǐjǐng シュイジィン	well **ウェ**ル
いど **緯度** ido	**纬度** wěidù ウェイドゥ	latitude **ラ**ティテュード
いどう(する) **移動(する)** idou (suru)	**移动，转移** yídòng, zhuǎnyí イードン, ヂュワンイー	movement; move **ム**ーヴメント, **ム**ーヴ
いとぐち **糸口** itoguchi	**线索，头绪** xiànsuǒ, tóuxù シエンスゥオ, トウシュィ	clue ク**ル**ー
いとこ **従兄弟[姉妹]** (父方で年上の男) itoko	**堂兄** tángxiōng タァンシオン	cousin **カ**ズン

日	中	英
（父方で年下の男）	**堂弟** tángdì タァンディー	cousin カズン
（父方で年上の女）	**堂姐** tángjiě タァンジエ	cousin カズン
（父方で年下の女）	**堂妹** tángmèi タァンメイ	cousin カズン
（母方で年上の男）	**表兄** biǎoxiōng ビアオシオン	cousin カズン
（母方で年下の男）	**表弟** biǎodì ビアオディー	cousin カズン
（母方で年上の女）	**表姐** biǎojiě ビアオジエ	cousin カズン
（母方で年下の女）	**表妹** biǎomèi ビアオメイ	cousin カズン
いどころ **居所** idokoro	**住地** zhùdì デュウディー	whereabouts (ホ)**ウェ**ラバウツ
いとなむ **営む** itonamu	**营生，为生** yíngshēng, wéishēng イィンション，ウェイション	conduct, carry on コン**ダ**クト，**キャ**リ **オ**ン
いどむ **挑む** idomu	**挑战** tiǎozhàn ティアオヂャン	challenge **チャ**レンヂ
いない **以内** inai	**…之内，…以内** ...zhīnèi, ...yǐnèi … ヂーネイ，… イーネイ	within, less than ウィ**ズ**ィン，**レ**ス **ザ**ン
いなか **田舎** inaka	**乡村，乡下** xiāngcūn, xiāngxia シアンツゥン，シアンシア	countryside **カ**ントリサイド
いなさく **稲作** inasaku	**种稻子** zhòng dàozi ヂォン ダオヅ	rice crop, rice farming **ラ**イス ク**ラ**プ，**ラ**イス **ファ**ーミング

日	中	英
いなずま **稲妻** inazuma	**闪电，电光** shǎndiàn, diànguāng シャンディエン, ディエングァン	lightning ライトニング
いにしゃる **イニシャル** inisharu	**开头字母** kāitóu zìmǔ カイトウ ヅームゥ	initial イニシャル
いにん(する) **委任(する)** inin (suru)	**委派，委任** wěipài, wěirèn ウェイパイ, ウェイレン	commission; commit, leave, entrust コミション, コミト, リーヴ, イントラスト
いぬ **犬** inu	〔条〕**狗** 〔tiáo〕gǒu 〔ティアオ〕ゴウ	dog ドーグ
いね **稲** ine	**稲(子)** dào(zi) ダオ(ヅ)	rice ライス
いねむり **居眠り** inemuri	**打盹儿，打瞌睡** dǎdǔnr, dǎ kēshuì ダァドゥル, ダァ クァシュイ	nap, doze ナプ, ドゥズ
いのしし **猪** inoshishi	〔只〕**野猪** 〔zhī〕yězhū 〔ヂー〕イエヂュウ	wild boar ワイルド ボー
いのち **命** inochi	**命，生命** mìng, shēngmìng ミィン, ションミィン	life ライフ
いのり **祈り** inori	**祈祷** qídǎo チィダオ	prayer プレア
いのる **祈る** inoru	**祈祷，祷告** qídǎo, dǎogào チィダオ, ダオガオ	pray to プレイ トゥ
(望む)	**祝愿** zhùyuàn デュウユエン	wish ウィシュ
いばる **威張る** ibaru	**摆架子，自高自大** bǎi jiàzi, zì gāo zì dà バイ ジアヅ, ヅー ガオ ヅー ダァ	(be) haughty (ビ) ホーティ
いはん(する) **違反(する)** ihan (suru)	**违反，违犯** wéifǎn, wéifàn ウェイファン, ウェイファン	violation, offense; violate, break ヴァイオレイション, オフェンス, ヴァイオレイト, ブレイク

日	中	英
いびき **鼾** ibiki	**呼噜，鼾声** hūlu, hānshēng ホゥル, ハンション	snore ス**ノ**ー
～をかく	**打呼噜，打鼾** dǎ hūlu, dǎhān ダァ ホゥル, ダァハン	snore ス**ノ**ー
いびつな **歪な** ibitsuna	**歪** wāi ワイ	distorted ディス**ト**ーテド
いひん **遺品** ihin	**遗物** yíwù イーウゥ	belongings left by the departed ビ**ロ**ーンギングズ **レ**フト バイ ザ ディパーテド
いふく **衣服** ifuku	〔件〕**衣服，衣裳** 〔jiàn〕yīfu, yīshang 〔ジエン〕イーフ, イーシァァン	clothes, dress ク**ロ**ウズ, ド**レ**ス
いぶす **燻す** ibusu	**熏** xūn シュィン	smoke ス**モ**ウク
いぶんか(の) **異文化(の)** ibunka (no)	**不同文化(的)** bù tóng wénhuà (de) プゥトン ウェンホァ (ダ)	different culture; intercultural **ディ**ファレント **カ**ルチャ, インタ**カ**ルチュラル
いべんと **イベント** ibento	**活动** huódòng ホゥオドン	event イ**ヴェ**ント
いほう(の) **違法(の)** ihou (no)	**不法，非法** bùfǎ, fēifǎ プゥファァ, フェイファァ	illegality; illegal イ**リ**ーガリ, イ**リ**ーガル
いま **今** ima	**现在，如今** xiànzài, rújīn シエンヅァイ, ルゥジン	now, at (the) present **ナ**ウ, アト (ザ) プ**レ**ゼント
いまいましい **忌々しい** imaimashii	**可恶，讨厌** kěwù, tǎoyàn クァウゥ, タオイエン	annoying ア**ノ**イング
いまごろ **今頃** imagoro	**这会儿** zhèhuǐr ヂョァホァル	at this time アト **ズィ**ス **タ**イム
いまさら **今更** imasara	**事到如今** shì dào rújīn シー ダオ ルゥジン	now, at this time **ナ**ウ, アト **ズィ**ス **タ**イム

日	中	英
いまわしい **忌わしい** imawashii	**不吉利** bù jílì プゥ ジィリィ	disgusting ディスガスティング
いみ **意味** imi	**意思，含义** yìsi, hányì イース，ハンイー	meaning, sense ミーニング，センス
～する	**意味** yìwèi イーウェイ	mean, signify ミーン，スィグニファイ
いみん(する) **移民(する)** imin (suru)	**移民** yímín イーミン	emigration, immi- gration; emigrate, immigrate エミグレイション，イミグレ イション，エミグレイト，イ ミグレイト
いめーじ **イメージ** imeeji	**形象** xíngxiàng シィンシアン	image イミヂ
いもうと **妹** imouto	**妹妹** mèimei メイメイ	(younger) sister (ヤンガ) スィスタ
いやいや **嫌々** iyaiya	**勉勉强强** miǎnmiǎnqiǎngqiǎng ミエンミエンチアンチアン	reluctantly リラクタントリ
いやがらせ **嫌がらせ** iyagarase	**骚扰，刁难** sāorǎo, diāonàn サオラオ，ディアオナン	vexation ヴェクセイション
いやくきん **違約金** iyakukin	**罚款** fákuǎn ファアクワン	forfeit フォーフィト
いやしい **卑しい** iyashii	**卑贱** bēijiàn ベイジエン	low, humble ロウ，ハンブル
いやす **癒す** iyasu	**治疗** zhìliáo デーリアオ	heal, cure ヒール，キュア
いやな **嫌な** iyana	**讨厌** tǎoyàn タオイエン	unpleasant アンプレザント
いやほーん **イヤホーン** iyahoon	**耳机** ěrjī アルジィ	earphone イアフォウン

日	中	英
いやらしい **嫌らしい** iyarashii	**讨厌** tǎoyàn タオイエン	indecent インディーセント
いやりんぐ **イヤリング** iyaringu	**耳环** ěrhuán アルホワン	earring **イ**アリング
いよく **意欲** iyoku	**意志，热情** yìzhì, rèqíng イーヂー，ルァチン	volition ヴォウ**リ**ション
いらい **以来** irai	**以来** yǐlái イーライ	since, after that **ス**ィンス，アフタ **ザ**ト
いらい(する) **依頼(する)** irai (suru)	**委托** wěituō ウェイトゥオ	request リク**ウェ**スト
いらいらする **いらいらする** irairasuru	**心急，心烦** xīnjí, xīnfán シンジィ，シンファン	(be) irritated (ビ) **イ**リテイテド
いらすと **イラスト** irasuto	**插画，插图** chāhuà, chātú チァホア，チァトゥ	illustration イラスト**レ**イション
いらすとれーたー **イラストレーター** irasutoreetaa	**插图画家** chātú huàjiā チァトゥ ホアジア	illustrator **イ**ラストレイタ
いりえ **入り江** irie	**海湾** hǎiwān ハイワン	inlet **イ**ンレト
いりぐち **入り口** iriguchi	**入口，进口** rùkǒu, jìnkǒu ルゥコウ，ジンコウ	entrance **エ**ントランス
いりょう **医療** iryou	**医疗** yīliáo イーリアオ	medical treatment メディカル トリートメント
いる **居る** iru	**在，有** zài, yǒu ヅァイ，ヨウ	be, there is ビー，**ゼ**ア **イ**ズ
いる **要る** iru	**要，需要** yào, xūyào ヤオ，シュイヤオ	need, want ニード，**ワ**ント
いるい **衣類** irui	**〔件〕衣服** [jiàn] yīfu [ジエン] イーフ	clothing, clothes ク**ロ**ウズィング，ク**ロ**ウズ

日	中	英
いるみねーしょん **イルミネーション** irumineeshon	**灯彩，灯饰** dēngcǎi, dēngshì デゥンツァイ, デゥンシー	illuminations イルーミネイションズ
いれいの **異例の** ireino	**破例，破格** pòlì, pògé ポォリィ, ポォグァ	exceptional イクセプショナル
いれかえる **入れ替える** irekaeru	**换，互换** huàn, hùhuàn ホワン, ホゥホワン	replace リプレイス
いれぢえ **入れ智恵** irejie	**灌输，教唆** guànshū, jiàosuō グワンシュウ, ジアオスゥオ	suggestion サグチェスチョン
いれば **入れ歯** ireba	**假牙，义齿** jiǎyá, yìchǐ ジアヤァ, イーチー	artificial tooth アーティフィシャル トゥー ス
いれもの **入れ物** iremono	**容器，盛器** róngqì, chéngqì ロンチィ, チォンチィ	receptacle リセプタクル
いれる **入れる** ireru	**放进** fàngjìn ファァンジン	put in プト イン
（人を）	**容纳** róngnà ロンナァ	let into, admit into レト イントゥ, アドミト イ ントゥ
いろ **色** iro	**颜色** yánsè イエンスァ	color カラ
いろいろな **色々な** iroirona	**各种各样** gè zhǒng gè yàng グァ ヂォング グァ ヤン	various ヴェアリアス
いろうする **慰労する** irousuru	**慰劳** wèiláo ウェイラオ	acknowledge アクナリヂ
いろけ **色気** iroke	**妩媚，性感** wǔmèi, xìnggǎn ウゥメイ, シィンガン	sex appeal セクス アピール
いろじろの **色白の** irojirono	**皮肤白，美白** pífū bái, měi bái ピィフゥ バイ, メイ バイ	fair フェア
いろどり **彩り** irodori	**彩色，文采** cǎisè, wéncǎi ツァイスァ, ウェンツァイ	coloring カラリング

日	中	英
いろん **異論** iron	**异议，不同意见** yìyì, bù tóng yìjian イーイー，ブトンイージエン	objection オブ**ヂェ**クション
いわ **岩** iwa	〔块〕**大石头，岩石** 〔kuài〕dà shítou, yánshí 〔クアイ〕ダァシートウ，イエンシー	rock **ラ**ク
いわい **祝い** iwai	**祝贺** zhùhè デュウホァ	celebration セレブ**レ**イション
いわう **祝う** iwau	**庆祝，祝贺** qìngzhù, zhùhè チィンデュウ，デュウホァ	congratulate, celebrate コング**ラ**チュレイト，**セ**レブレイト
いわし **鰯** iwashi	**沙丁鱼** shādīngyú シャアディンユィ	sardine サー**ディ**ーン
いわゆる **所謂** iwayuru	**所谓** suǒwèi スゥオウェイ	what you call (ホ)**ワ**トユーコール
いわれ **謂れ**　(理由) iware	**理由** lǐyóu リィヨウ	reason **リ**ーズン
(由来)	**由来** yóulái ヨウライ	origin **オ**ーリヂン
いんが **因果** inga	**因果** yīnguǒ イングゥオ	cause and effect **コ**ーズアンドイ**フェ**クト
いんかん **印鑑** inkan	**图章** túzhāng トゥヂャアン	seal ス**ィ**ール
いんきな **陰気な** inkina	**阴暗** yīn'àn インアン	gloomy グ**ル**ーミ
いんけんな **陰険な** inkenna	**阴险，险恶** yīnxiǎn, xiǎn'è インシエン，シエンウァ	crafty ク**ラ**フティ
いんさつ(する) **印刷(する)** insatsu (suru)	**印刷，排印** yìnshuā, páiyìn インシュア，パイイン	printing; print プ**リ**ンティング，プ**リ**ント

日	中	英
いんし **印紙** inshi	**印花（税票）** yìnhuā (shuìpiào) インホア（シュイピアオ）	revenue stamp レヴェニュー スタンプ
いんしゅりん **インシュリン** inshurin	**胰岛素** yídǎosù イーダオスウ	insulin インシュリン
いんしょう **印象** inshou	**印象** yìnxiàng インシアン	impression インプレション
いんしょく **飲食** inshoku	**饮食** yǐnshí インシー	eating and drinking イーティング アンド ドリンキング
いんすたんと **インスタント** insutanto	**速成** sùchéng スウチョン	instant インスタント
いんすとーる（する） **インストール（する）** insutooru (suru)	**安装（软件）** ānzhuāng (ruǎnjiàn) アンヂュアン（ルワンジエン）	installation; install インストレイション，インストール
いんすぴれーしょん **インスピレーション** insupireeshon	**灵感** línggǎn リィンガン	inspiration インスピレイション
いんぜい **印税** inzei	**版税，著作权利金** bǎnshuì, zhùzuò quánlìjīn バンシュイ，ヂュウヅゥオ チュエンリィジン	royalty ロイアルティ
いんせき **姻戚** inseki	**亲家** qìngjia チィンジア	relative by marriage レラティヴ バイ マリヂ
いんそつ（する） **引率（する）** insotsu (suru)	**带领，引导** dàilǐng, yǐndǎo ダイリィン，インダオ	leading; lead リーディング，リード
いんたーちぇんじ **インターチェンジ** intaachenji	**高速公路出入口** gāosù gōnglù chūrùkǒu ガオスウ ゴンルゥ チュウルゥコウ	interchange インタチェインヂ
いんたーねっと **インターネット** intaanetto	**因特网，国际互联网** yīntèwǎng, guójì hùliánwǎng イントゥァワァン，グゥオジィ ホゥリエンワァン	Internet インタネト
いんたーほん **インターホン** intaahon	**内线电话** nèixiàn diànhuà ネイシエン ディエンホア	intercom インタカム

日	中	英
いんたい(する) **引退(する)** intai (suru)	退休，离休 tuìxiū, líxiū トゥイシウ, リィシウ	retirement; retire リ**タ**イアメント, リ**タ**イア
いんたびゅー **インタビュー** intabyuu	采访 cǎifǎng ツァイファァン	interview イン**タ**ヴュー
いんてり **インテリ** interi	知识分子 zhīshi fènzǐ デーシ フェンヅー	intellectual インテ**レ**クチュアル
いんてりあ **インテリア** interia	室内装饰，陈设 shìnèi zhuāngshì, chénshè シーネイ デュアンシー, チェンショァ	interior design イン**テ**ィアリア ディ**ザ**イン
いんど **インド** indo	印度 Yìndù インドゥ	India **イ**ンディア
いんとねーしょん **イントネーション** intoneeshon	语调 yǔdiào ユィディアオ	intonation イント**ネ**イション
いんどねしあ **インドネシア** indoneshia	印度尼西亚，印尼 Yìndùníxīyà, Yìnní インドゥニィシィヤァ, インニィ	Indonesia インドネ**ー**ジャ
いんぱくと **インパクト** inpakuto	冲击 chōngjī チォンジィ	impact **イ**ンパクト
いんふぉーまる(な) **インフォーマル(な)** infoomaru (na)	非正式，简略 fēizhèngshì, jiǎnlüè フェイヂョンシー, ジエンリュエ	informal イン**フォ**ーマル
いんふぉめーしょん **インフォメーション** infomeeshon	信息，资讯 xìnxī, zīxùn シンシィ, ヅーシュィン	information インフォ**メ**イション
いんぷっと **インプット** inputto	输入 shūrù シュウルゥ	input **イ**ンプト
いんふるえんざ **インフルエンザ** infuruenza	流行性感冒 liúxíngxìng gǎnmào リウシィンシィン ガンマオ	influenza インフル**エ**ンザ
いんふれ **インフレ** infure	通货膨胀 tōnghuò péngzhàng トンホゥオ ポンヂャァン	inflation インフ**レ**イション
いんぼう **陰謀** inbou	阴谋，密谋 yīnmóu, mìmóu インモウ, ミィモウ	plot, intrigue プ**ラ**ト, **イ**ントリーグ

日	中	英
いんよう(する) **引用(する)** in-you (suru)	**引用** yǐnyòng インヨン	quotation; quote, cite クウォウテイション, クウォウト, **サ**イト
いんりょう **飲料** inryou	**饮料** yǐnliào インリアオ	drink, beverage ドリンク, **ベ**ヴァリヂ
～水	**饮用水** yǐnyòngshuǐ インヨンシュイ	drinking water ドリンキング **ウォ**ータ
いんりょく **引力, 吸力** inryoku	**引力, 吸力** yǐnlì, xīlì インリィ, シィリィ	gravitation グラヴィ**テ**イション

う, ウ

日	中	英
ういすきー **ウイスキー** uisukii	**威士忌** wēishìjì ウェイシージィ	whiskey (ホ)**ウィ**スキ
ういるす **ウイルス** uirusu	**病毒** bìngdú ビィンドゥ	virus **ヴァ**イアラス
ういんかー **ウインカー** uinkaa	**方向指示灯** fāngxiàng zhǐshìdēng ファンシアン デーシーデゥン	blinkers ブ**リ**ンカズ
ういんく(する) **ウインク(する)** uinku (suru)	**使眼色** shǐ yǎnsè シー イエンスァ	wink **ウィ**ンク
ういんどさーふぃん **ウインドサーフィン** uindosaafin	**帆板(冲浪)** fānbǎn (chōnglàng) ファンバン (チォンラァン)	windsurfing **ウィ**ンドサーフィング
うーる **ウール** uuru	**呢绒, 羊毛** níróng, yángmáo ニィロン, ヤンマオ	wool; woolen **ウ**ル, **ウ**ルン
うえ **上** ue	**上边, 上头** shàngbian, shàngtou シャンビエン, シャントウ	upper part **ア**パ **パ**ート
うえいたー **ウエイター** ueitaa	**男服务员** nán fúwùyuán ナン フゥウゥユエン	waiter **ウェ**イタ

日	中	英
うえいとれす **ウエイトレス** ueitoresu	**女服务员，小姐** nǚ fúwùyuán, xiǎojiě ニュィ フウゥユエン, シアオジエ	waitress **ウェイトレス**
うえき **植木** ueki	**栽种的树，盆栽的花木** zāizhòng de shù, pénzāi de huāmù ヅァイヂォン ダ シュゥ, ペンヅァイ ダ ホアムゥ	plant, tree **プ**ラント, **ト**リー
うえすと **ウエスト** uesuto	**腰身** yāoshēn ヤオシェン	waist **ウェ**イスト
うぇぶさいと **ウェブサイト** webusaito	**网站** wǎngzhàn ワァンヂャン	website **ウェ**ブサイト
うえる **植える** ueru	**栽种，种植** zāizhòng, zhòngzhí ヅァイヂォン, ヂォンヂー	plant **プ**ラント
うえる **飢える** ueru	**饥饿** jīè ジィゥア	go hungry, starve **ゴ**ウ **ハ**ングリ, ス**タ**ーヴ
うぉーみんぐあっぷ **ウォーミングアップ** woominguappu	**准备活动，热身** zhǔnbèi huódòng, rèshēn ヂュンペイ ホゥオドン, ルァシェン	warm up **ウォ**ーム **ア**プ
うおざ **魚座** uoza	**双鱼座** shuāngyúzuò シュアンユィヅゥオ	Fishes; Pisces **フィ**シェズ, **パ**イスィーズ
うかい(する) **迂回(する)** ukai(suru)	**迂回，绕行** yūhuí, ràoxíng ユィホゥイ, ラオシィン	detour **ディ**ートゥア
うがい **嗽** ugai	**漱口** shùkǒu シュゥコウ	gargle **ガ**ーグル
うかがう **伺う**　(訪問する) ukagau	**拜访，访问** bàifǎng, fǎngwèn パイファァン, ファァンウェン	make a call, visit **メ**イク ア **コ**ール, **ヴィ**スィト
(尋ねる)	**问，打听** wèn, dǎtīng ウェン, ダァティン	ask **ア**スク
うかつ **迂闊** ukatsu	**无知，大意** wúzhī, dàyi ウゥヂー, ダァイ	carelessness **ケ**アレスネス

日	中	英
う うかぶ **浮かぶ** ukabu	漂，浮 piāo, fú ピアオ，フゥ	float フロウト
（心に）	想起，浮現 xiǎngqǐ, fúxiàn シアンチィ，フゥシエン	occur to オカートゥ
うかる **受かる** ukaru	考上 kǎoshàng カオシャァン	pass パス
うきわ **浮き輪** ukiwa	（游）泳圏 (yóu)yǒngquān （ヨウ）ヨンチュエン	swimming ring スウィミング リング
うく **浮く** uku	浮，漂 fú, piāo フゥ，ピアオ	float フロウト
（余る）	有剰余 yǒu shèngyú ヨウ ションユィ	(be) saved （ビ）セイヴド
うぐいす **鶯** uguisu	黄莺 huángyīng ホアンイィン	bush warbler ブッシュ ワーブラ
うけいれる **受け入れる** ukeireru	接受，容纳 jiēshòu, róngnà ジエショウ，ロンナァ	receive, accept リスィーヴ，アクセプト
うけおう **請け負う** ukeou	承包，承办 chéngbāo, chéngbàn チョンバオ，チョンバン	contract コントラクト
うけつぐ **受け継ぐ** uketsugu	继承 jìchéng ジィチョン	succeed to サクスィード トゥ
うけつけ **受付** uketsuke	接受，受理 jiēshòu, shòulǐ ジエショウ，ショウリィ	receipt, acceptance リスィート，アクセプタンス
（受付所）	接待处，传达室 jiēdàichù, chuándáshì ジエダイチュウ，チュワンダァシー	information office インフォメイション オーフィス
うけつける **受け付ける** uketsukeru	接受，受理 jiēshòu, shòulǐ ジエショウ，ショウリィ	receive, accept リスィーヴ，アクセプト
うけとる **受け取る** uketoru	接受，领取 jiēshòu, lǐngqǔ ジエショウ，リィンチュイ	receive, get リスィーヴ，ゲト

日	中	英
うけみ **受け身** ukemi	**被动，消极** bèidòng, xiāojí ペイドン, シアオジィ	passivity パ**スィ**ヴィティ
（受動態）	**被动态** bèidòngtài ペイドンタイ	passive voice パスィヴ **ヴォ**イス
うけもつ **受け持つ** ukemotsu	**担任，负责** dānrèn, fùzé ダンレン, フゥヅゥァ	take charge of テイク **チャ**ーヂ オヴ
うける **受ける** ukeru	**受到，接** shòudào, jiē ショウダオ, ジエ	receive, get リ**スィ**ーヴ, **ゲ**ト
（こうむる）	**遭受，蒙受** zāoshòu, méngshòu ヅァオショウ, モンショウ	suffer **サ**ファ
うごかす **動かす** ugokasu	**搬，动** bān, dòng バン, ドン	move **ム**ーヴ
うごき **動き** ugoki	**动作，变化** dòngzuò, biànhuà ドンヅゥオ, ビエンホア	movement, motion **ム**ーヴメント, **モ**ウション
（活動）	**活动** huódòng ホゥオドン	activity アク**ティ**ヴィティ
（動向）	**动向** dòngxiàng ドンシアン	trend ト**レ**ンド
うごく **動く** ugoku	**动，活动** dòng, huódòng ドン, ホゥオドン	move **ム**ーヴ
（心が）	**动心，动摇** dòngxīn, dòngyáo ドンシン, ドンヤオ	(be) moved (ビ) **ム**ーヴド
うさぎ **兎** usagi	〔只〕**兔（子）** 〔zhī〕tù〔zi〕 〔ヂー〕トゥ〔ツ〕	rabbit, hare **ラ**ビット, **ヘ**ア
うし **牛** ushi	〔头〕**牛** 〔tóu〕niú 〔トウ〕ニウ	cattle **キャ**トル
（雄牛）	**公牛** gōngniú ゴンニウ	bull, ox **ブ**ル, **ア**クス

日	中	英
（雌牛）	母牛 mǔniú ムゥニウ	cow カウ
うしなう **失う** ushinau	丢，丧失 diū, sàngshī ディウ，サァンシー	lose, miss ルーズ，ミス
うしろ **後ろ** ushiro	后面，后边 hòumiàn, hòubian ホウミエン，ホウビエン	back バク
うず **渦** uzu	涡流，旋涡 wōliú, xuánwō ウオリウ，シュエンウオ	whirlpool （ホ）ワールプール
うすい **薄い** usui	薄 báo バオ	thin スィン
（色が）	浅，清淡 qiǎn, qīngdàn チエン，チィンダン	light ライト
うすぐらい **薄暗い** usugurai	灰暗，阴森 huī'àn, yīnsēn ホゥイアン，インセン	dim, dark, gloomy ディム，ダーク，グルーミ
うずまき **渦巻き** uzumaki	涡流，漩涡 wōliú, xuánwō ウオリウ，シュエンウオ	whirlpool （ホ）ワールプール
うすめる **薄める** usumeru	冲淡，弄淡 chōngdàn, nòngdàn チォンダン，ノンダン	thin, dilute スィン，ダイリュート
うずもれる **埋もれる** uzumoreru	埋没，埋上 máimò, máishàng マイモォ，マイシァン	(be) buried （ビ）ベリド
うずら **鶉** uzura	〔只〕鹌鹑 〔zhī〕ānchun 〔ヂー〕アンチュン	quail クウェイル
うせつ（する） **右折（する）** usetsu (suru)	向右拐，往右转 xiàng yòu guǎi, wǎng yòu zhuǎn シアン ヨウ グアイ，ワァン ヨウ ヂュワン	right turn; turn to the right ライト ターン，ターン トゥ ザ ライト
うそ **嘘** uso	谎言，假话 huǎngyán, jiǎhuà ホアンイエン，ジアホア	lie ライ

日	中	英
〜つき	说谎(的人) shuōhuǎng (de rén) シュオホアン (ダ レン)	liar ライア
〜をつく	撒谎，说谎 sā'huǎng, shuō'huǎng サアホアン，シュオホアン	tell a lie テル ア ライ
うた 歌 uta	歌(曲) gē(qǔ) グァ(チュィ)	song ソーング
(詩歌)	诗，诗歌 shī, shīgē シー，シーグァ	poem ポウイム
うたう 歌う utau	唱(歌)，歌咏 chàng (gē), gēyǒng チャアン (グァ)，グァヨン	sing スィング
うたがい 疑い utagai	怀疑，疑问 huáiyí, yíwèn ホアイイー，イーウェン	doubt ダウト
(不信・疑惑)	疑心，疑惑 yíxīn, yíhuò イーシン，イーホゥオ	distrust ディストラスト
(嫌疑)	嫌疑 xiányí シエンイー	suspicion サスピション
うたがう 疑う utagau	怀疑，疑惑 huáiyí, yíhuò ホアイイー，イーホゥオ	doubt ダウト
(不信・疑惑)	不相信 bù xiāngxìn ブゥ シアンシン	distrust ディストラスト
(嫌疑)	猜疑 cāiyí ツァイイー	suspect サスペクト
うたがわしい 疑わしい utagawashii	可疑 kěyí クァイー	doubtful, suspi- cious ダウトフル，サスピシャス
うち 内 uchi	里边 lǐbian リィビエン	inside インサイド
うち 家 uchi	房子，家 fángzi, jiā ファアンヅ，ジア	house; home ハウス，ホゥム

日	中	英
うちあける **打ち明ける** uchiakeru	**吐露** tǔlù トゥルウ	tell, confess テル，コンフェス
うちあわせる **打ち合わせる** uchiawaseru	**碰头，事先商量** pèngtóu, shìxiān shāngliang ポントウ，シーシエン シャァンリアン	arrange アレインヂ
うちかつ **打ち勝つ** uchikatsu	**克服，战胜** kèfú, zhànshèng クァフウ，ヂャンション	conquer, overcome カンカ，オウヴァカム
うちがわ **内側** uchigawa	**里面，里头** lǐmiàn, lǐtou リィミエン，リィトウ	inside インサイド
うちきな **内気な** uchikina	**内向，腼腆** nèixiàng, miǎntiǎn ネイシアン，ミエンティエン	shy, timid シャイ，ティミド
うちけす **打ち消す** uchikesu	**否定** fǒudìng フォウディン	deny ディナイ
うちゅう **宇宙** uchuu	**宇宙，太空** yǔzhòu, tàikōng ユィヂョウ，タイコン	the universe ザ ユーニヴァース
〜飛行士	**宇航员，航天员** yǔhángyuán, hángtiānyuán ユィハァンユエン，ハァンティエンユエン	astronaut アストロノート
うちわ **団扇** uchiwa	**〔把〕团扇** 〔bǎ〕tuánshàn 〔バァ〕トワンシャン	(round) fan (ラウンド) ファン
うつ **打つ** utsu	**打，拍，敲** dǎ, pāi, qiāo ダァ，パイ，チアオ	strike, hit ストライク，ヒト
（胸・心を）	**打动，感动** dǎdòng, gǎndòng ダァドン，ガンドン	move, touch ムーヴ，タチ
うつ **撃つ** utsu	**射击，打枪** shèjī, dǎqiāng ショァジイ，ダァチアン	fire, shoot ファイア，シュート
うっかりして **うっかりして** ukkarishite	**疏忽，不留神** shūhu, bù liúshén シュウホゥ，ブゥ リウシェン	carelessly ケアレスリ
うつくしい **美しい** utsukushii	**漂亮，美丽** piàoliang, měilì ピアオリアン，メイリィ	beautiful ビューティフル

日	中	英
うつし **写し** utsushi	**抄件，复印件** chāojiàn, fùyìnjiàn チャオジエン, フゥインジエン	copy カピ
うつす **写す** utsusu	**抄** chāo チャオ	copy カピ
（写真を）	**拍照** pāizhào パイヂャオ	take テイク
うつす **移す** utsusu	**搬，转移** bān, zhuǎnyí バン, ヂュワンイー	move, transfer ムーヴ, トランスファ
うったえる **訴える** uttaeru	**控告，申诉** kònggào, shēnsù コンガオ, シェンスゥ	sue スュー
うっとうしい **鬱陶しい** uttoushii	**阴郁，郁闷** yīnyù, yùmèn インユィ, ユィメン	gloomy, unpleasant グルーミ, アンプレザント
うっとりする **うっとりする** uttorisuru	**陶醉，心醉** táozuì, xīnzuì タオヅゥイ, シンヅゥイ	(be) absent-minded (ビ) アブセントマインデド
うつむく **俯く** utsumuku	**俯首，垂头** fǔshǒu, chuítóu フゥショウ, チュイトウ	hang *one's* head ハング ヘド
うつる **映る** utsuru	**映，照** yìng, zhào イィン, ヂャオ	(be) reflected in (ビ) リフレクテド イン
うつる **写る** utsuru	**照，拍照** zhào, pāizhào ヂャオ, パイヂャオ	appear in (a photo) アピア イン (ア フォウトウ)
うつる **移る** utsuru	**迁移，转移** qiānyí, zhuǎnyí チエンイー, ヂュワンイー	move ムーヴ
（感染する）	**传染，感染** chuánrǎn, gǎnrǎn チュワンラン, ガンラン	catch, (be) infected with キャチ, (ビ) インフェクテド ウィズ
うつわ **器** utsuwa	**器皿，容器** qìmǐn, róngqì チィミン, ロンチィ	vessel ヴェスル

日	中	英
（才能）	**器量，才干** qìliàng, cáigàn チィリアン，ツァイガン	ability アビリティ
うで **腕** ude	〔只／条〕**胳膊，臂膊** 〔zhī/tiáo〕gēbo, bìbó 〔ヂー／ティアオ〕グァボ，ビィボォ	arm アーム
（才能）	**本领** běnlǐng ベンリィン	ability, skill アビリティ，スキル
うでどけい **腕時計** udedokei	〔块〕**手表** 〔kuài〕shǒubiǎo 〔クァイ〕ショウビアオ	wristwatch リストワチ
うなぎ **鰻** unagi	〔条〕**鳗鱼，鳗鲡** 〔tiáo〕mányú, mánlí 〔ティアオ〕マンユィ，マンリィ	eel イール
うなずく **頷く** unazuku	**点头，首肯** diǎntóu, shǒukěn ディエントウ，ショウケン	nod ナド
うなる **唸る** unaru	**呻吟** shēnyín シェンイン	groan グロウン
（風・機械が）	**轰鸣** hōngmíng ホンミィン	roar, buzz ロー，バズ
うに **海胆** uni	**海胆** hǎidǎn ハイダン	sea urchin スィー アーチン
うぬぼれる **自惚れる** unuboreru	**翘尾巴，自负** qiào wěiba, zìfù チアオ ウェイバ，ヅーフゥ	(be) conceited (ビ) コンスィーテド
うは **右派** uha	**右派** yòupài ヨウパイ	the right wing ザ ライト ウィング
うばう **奪う** ubau	**抢夺** qiǎngduó チアンドゥオ	take away, rob テイク アウェイ，ラブ
うぶ（な） **初（な）** ubu (na)	**纯真，天真** chúnzhēn, tiānzhēn チュンヂェン，ティエンヂェン	innocent, naive イノセント，ナーイーヴ
うま **馬** uma	〔匹〕**马** 〔pǐ〕mǎ 〔ピィ〕マァ	horse ホース

日	中	英
うまい **巧い** umai	**巧妙** qiǎomiào チアオミアオ	good, skillful グド，ス**キ**ルフル
うまい **旨い** umai	**好吃，可口，香** hǎochī, kěkǒu, xiāng ハオチー， クァコウ，シアン	good, delicious グド，ディ**リ**シャス
うまる **埋まる** umaru	**埋上，埋没** máishàng, máimò マイシャン，マイモォ	(be) buried (ビ) ベリド
うまれ **生まれ** umare	**出生** chūshēng チュウション	birth, origin バース，**オ**ーリヂン
うまれる **生[産]まれる** umareru	**出生，出世** chūshēng, chūshì チュウション，チュウシー	(be) born (ビ) **ボ**ーン
（成立する）	**产生，出现** chǎnshēng, chūxiàn チャンション，チュウシエン	come into existence **カ**ム イントゥ イグ**ズィ**ステンス
うみ **海** umi	**(大)海** (dà)hǎi (ダァ)ハイ	sea, ocean ス**ィ**ー，**オ**ウシャン
うみがめ **海亀** umigame	〔只〕**海龟** 〔zhī〕hǎiguī 〔ヂー〕ハイグゥイ	turtle **タ**ートル
うみだす **生み出す** umidasu	**产生，创造** chǎnshēng, chuàngzào チャンション，チュアンヅァオ	produce プロ**デュ**ース
うみべ **海辺** umibe	**海边，海滨** hǎibiān, hǎibīn ハイビエン，ハイビン	beach **ビ**ーチ
うむ **生[産]む** umu	**生，产生** shēng, chǎnshēng ション，チャンション	bear **ベ**ア
（生じる）	**产生，产出** chǎnshēng, chǎnchū チャンション，チャンチュウ	produce プロ**デュ**ース
うめ **梅** ume	〔棵〕**梅树** 〔kē〕méishù 〔クァ〕メイシュウ	plum tree プ**ラ**ム ト**リ**ー

日	中	英
（実）	**梅子** méizi メイヅ	plum プラム
うめく **呻く** umeku	**呻吟** shēnyín シェンイン	groan, moan グロウン, **モ**ウン
うめたてる **埋め立てる** umetateru	**填筑，填拓** tiánzhù, tiántuò ティエンデュウ, ティエントゥオ	fill in, fill up フィル イン, フィル アプ
うめる **埋める** umeru	**埋** mái マイ	bury ベリ
うもう **羽毛** umou	〔**根**〕**羽毛** 〔gēn〕yǔmáo 〔ゲン〕ユィマオ	feathers, down フェザズ, **ダ**ウン
うやまう **敬う** uyamau	**尊敬** zūnjìng ヅュンジィン	respect, honor リスペクト, **ア**ナ
うら **裏** ura	**背面** bèimiàn ペイミエン	back バク
うらがえす **裏返す** uragaesu	**翻过来** fānguòlai ファングゥオライ	turn over **タ**ーン **オ**ウヴァ
うらがわ **裏側** uragawa	**背面** bèimiàn ペイミエン	back, reverse side バク, リ**ヴァ**ース サイド
うらぎる **裏切る** uragiru	**背叛，出卖** bèipàn, chūmài ペイパン, チュウマイ	betray ビト**レ**イ
（期待などを）	**出乎意料** chū hū yì liào チュウ ホゥ イー リアオ	(be) contrary to （ビ）**カ**ントレリ トゥ
うらぐち **裏口** uraguchi	**后门** hòumén ホウメン	back door バク ド—
うらごえ **裏声** uragoe	**假嗓子** jiǎsǎngzi ジアサァンヅ	falsetto フォール**セ**トウ
うらじ **裏地** uraji	**衬布，作衣里的料子** chènbù, zuò yīlǐ de liàozi チェンブゥ, ヅゥオ イーリィ ダ リアオヅ	lining **ラ**イニング

日	中	英
うらづける **裏付ける** urazukeru	**证实，证明** zhèngshí, zhèngmíng ヂョンシー，ヂョンミン	prove プルーヴ
うらどおり **裏通り** uradoori	**后街，后巷** hòujiē, hòuxiàng ホウジエ，ホウシアン	back street バク ストリート
うらない **占い** uranai	**占卦，算命** zhānguà, suànmìng ヂャングア，スワンミン	fortune-telling フォーチュンテリング
うらないし **占い師** uranaishi	**算命先生，阴阳生** suànmìng xiānsheng, yīnyángshēng スワンミン シエンション，インヤンション	fortune-teller フォーチュンテラ
うらなう **占う** uranau	**算卦，占卜** suànguà, zhānbǔ スワングア，ヂャンブゥ	tell *a person's* for-tune テル フォーチュン
うらにうむ **ウラニウム** uraniumu	**铀** yóu ヨウ	uranium ユアレイニアム
うらみ **恨み** urami	**仇恨，怨恨** chóuhèn, yuànhèn チョウヘン，ユエンヘン	grudge グラヂ
うらむ **恨む** uramu	**怨恨** yuànhèn ユエンヘン	bear a grudge ベア ア グラヂ
（残念に思う）	**遗憾** yíhàn イーハン	regret リグレト
うらやましい **羨ましい** urayamashii	**羡慕** xiànmù シエンムゥ	enviable エンヴィアブル
うらやむ **羨む** urayamu	**羡慕，眼红** xiànmù, yǎnhóng シエンムゥ，イエンホン	envy エンヴィ
うり **瓜** uri	**瓜** guā グア	melon メロン
うりあげ **売り上げ** uriage	**销售额** xiāoshòu'é シアオショウヮ	amount sold アマウント ソウルド

日	中	英
うりきれ **売り切れ** urikire	**售完，卖完** shòuwán, màiwán ショウワン, マイワン	sellout **セ**ラウト
うりきれる **売り切れる** urikireru	**脱销，卖光** tuōxiāo, màiguāng トゥオシアオ, マイグアン	(be) sold out (ビ) **ソ**ウルド **ア**ウト
うりだし **売り出し** uridashi	**减价出售** jiǎnjià chūshòu ジエンジア チュウショウ	bargain sale **バ**ーゲン **セ**イル
（蔵払い）	**清仓甩卖** qīngcāng shuǎimài チンツァン シュアイマイ	clearance sale ク**リ**アランス **セ**イル
うりだす **売り出す** uridasu	**出售，发售** chūshòu, fāshòu チュウショウ, ファアショウ	put on sale **プ**ト オン **セ**イル
うりて **売り手** urite	**卖方，卖主** màifāng, màizhǔ マイファアン, マイヂュウ	seller **セ**ラ
うりば **売り場** uriba	**出售处，柜台** chūshòuchù, guìtái チュウショウチュウ, グウイタイ	department ディ**パ**ートメント
うる **売る** uru	**卖，销售** mài, xiāoshòu マイ, シアオショウ	sell **セ**ル
うるうどし **閏年** uruudoshi	**闰年** rùnnián ルゥンニエン	leap year **リ**ープ **イ**ヤ
うるおい **潤い** uruoi	**润泽，滋润** rùnzé, zīrùn ルゥンヅゥア, ヅールゥン	moisture **モ**イスチャ
うるおう **潤う** uruou	**润** rùn ルゥン	(be) moistened (ビ) **モ**イスンド
うるさい **うるさい** urusai	**吵闹** chǎonào チャオナオ	noisy **ノ**イズィ
（しつこい）	**执拗** zhíniù ヂーニウ	persistent パ**スィ**ステント
うるし **漆** urushi	**漆** qī チィ	lacquer, japan **ラ**カ, ヂャ**パ**ン

日	中	英
うれえる **憂える** ureeru	**忧虑，忧伤** yōulǜ, yōushāng ヨウリュィ, ヨウシァァン	(be) anxious (ビ) **ア**ン(ク)シャス
うれしい **嬉しい** ureshii	**高兴，快乐** gāoxìng, kuàilè ガオシン, クアイラァ	happy, delightful **ハ**ピ, ディ**ラ**イトフル
うれゆき **売れ行き** ureyuki	**销路** xiāolù シアオルゥ	sale **セ**イル
うれる **売れる** ureru	**畅销** chàngxiāo チァァンシアオ	sell well **セ**ル **ウェ**ル
(顔・名が)	**闻名** wénmíng ウェンミィン	become well known ビ**カ**ム **ウェ**ル **ノ**ウン
うろたえる **うろたえる** urotaeru	**发慌，仓皇** fāhuāng, cānghuáng ファアホアン, ツァァンホアン	(be) upset (ビ) アプ**セ**ト
うわき **浮気** uwaki	**婚外情** hūnwàiqíng ホゥンワイチィン	(love) affair (ラヴ) ア**フェ**ア
うわぎ **上着** uwagi	〔件〕**上衣，外衣** (jiàn) shàngyī, wàiyī 〔ジエン〕シャァンイー, ワイイー	jacket, coat **チャ**ケト, **コ**ウト
うわごと **譫言** uwagoto	**胡话，梦话** húhuà, mènghuà ホゥホア, モンホア	delirium ディ**リ**リアム
うわさ **噂** uwasa	**风声，传闻** fēngshēng, chuánwén フォンション, チュワンウェン	rumor **ル**ーマ
うわべ **上辺** uwabe	**外表，门面** wàibiǎo, ménmian ワイビアオ, メンミエン	surface **サ**ーフェス
うわまわる **上回る** uwamawaru	**超过** chāoguò チャオグゥオ	(be) more than, exceed (ビ) **モ**ー **ザ**ン, イク**スィ**ード
うわやく **上役** uwayaku	**上级，上司** shàngjí, shàngsi シャァンジィ, シャァンス	*one's* superior ス**ピ**アリア

日	中	英
うん **運** un	**命运，运气** mìngyùn, yùnqì ミィンユィン，ユィンチ	fate, destiny **フェ**イト，**デ**スティニ
（幸運）	**造化，幸运** zàohua, xìngyùn ヅァオホァ，シィンユィン	fortune, luck **フォ**ーチュン，**ラ**ク
うんえい（する） **運営（する）** un-ei (suru)	**管理，经营** guǎnlǐ, jīngyíng グワンリィ，ジィンイィン	management; manage **マ**ニヂメント，**マ**ニヂ
うんが **運河** unga	〔条〕**运河** 〔tiáo〕yùnhé 〔ティアオ〕ユィンホァ	canal カ**ナ**ル
うんこう（する） **運行（する）** unkou (suru)	**运行，行驶** yùnxíng, xíngshǐ ユィンシィン，シィンシー	service, operation; operate, run **サ**ーヴィス，アペ**レ**イショ ン，**ア**ペレイト，**ラ**ン
うんざりする **うんざりする** unzarisuru	**厌烦，讨厌** yànfán, tǎoyàn イエンファン，タオイエン	(be) sick of, (be) bored (ビ) ス**ィ**ク オヴ，(ビ) **ボ**ー ド
うんせい **運勢** unsei	**运气，命运** yùnqì, mìngyùn ユィンチ，ミィンユィン	fortune **フォ**ーチュン
うんそう **運送** unsou	**运输，搬运** yùnshū, bānyùn ユィンシュウ，バンユィン	transportation トランスポー**テ**イション
うんちん **運賃** unchin	**车费，交通费** chēfèi, jiāotōngfèi チョァフェイ，ジアオトンフェイ	fare **フェ**ア
うんてん（する） **運転（する）** unten (suru)	**驾驶，开（车）** jiàshǐ, kāi(chē) ジアシー，カイ(チョァ)	driving; drive ド**ラ**イヴィング，ド**ラ**イヴ
（機械の）	**（开）动，操纵** (kāi)dòng, cāozòng (カイ)ドン，ツァオヅォン	operation; operate アペ**レ**イション，**ア**ペレイト
～免許証	**驾驶执照，车照** jiàshǐ zhízhào, chēzhào ジアシー ヂーヂァオ，チョァヂァオ	driver's license ド**ラ**イヴァズ **ラ**イセンス
うんてんしゅ **運転手** untenshu	**司机** sījī スージィ	driver ド**ラ**イヴァ

日	中	英
うんどう(する) **運動(する)** undou (suru)	**运动** yùndòng ユィンドン	physical exercise; take exercise **フィ**ズィカル **エ**クササイズ, **テ**イク **エ**クササイズ
うんめい **運命** unmei	**命运，天命** mìngyùn, tiānmìng ミンユィン，ティエンミン	fate, destiny **フェ**イト，**デ**スティニ
うんゆ **運輸** un-yu	**运输** yùnshū ユィンシュウ	transportation トランスポー**テ**イション
うんよく **運よく** un-yoku	**侥幸，幸而** jiǎoxìng, xìng'ér ジアオシン，シインアル	fortunately **フォ**ーチュネトリ

え，エ

日	中	英
え **絵** e	〔张/幅〕**画，绘画** 〔zhāng/fú〕huà, huìhuà 〔ヂャァン/フウ〕ホア，ホウイホア	picture **ピ**クチャ
えあこん **エアコン** eakon	**空调** kōngtiáo コンティアオ	air conditioner **エ**ア コン**ディ**ショナ
えいえん(の) **永遠(の)** eien (no)	**永远，恒久** yǒngyuǎn, héngjiǔ ヨンユエン，ヘゥンジウ	eternity; eternal イ**タ**ーニティ，イ**タ**ーナル
えいが **映画** eiga	〔部〕**电影，影片** 〔bù〕diànyǐng, yǐngpiàn 〔ブウ〕ディエンイン，イインピエン	movie, film **ム**ーヴィ，**フィ**ルム
〜館	**电影院，影院** diànyǐngyuàn, yǐngyuàn ディエンイインユエン，イインユエン	movie theater **ム**ーヴィ **スィ**ーアタ
えいきゅうに **永久に** eikyuuni	**永久，永远** yǒngjiǔ, yǒngyuǎn ヨンジウ，ヨンユエン	permanently **パ**ーマネントリ
えいきょう **影響** eikyou	**影响** yǐngxiǎng イインシアン	influence **イ**ンフルエンス
〜する	**影响，牵涉** yǐngxiǎng, qiānshè イインシアン，チエンショア	influence **イ**ンフルエンス

日	中	英
えいぎょう(する) **営業(する)** eigyou (suru)	**营业** yíngyè イィンイエ	business; do business ビズネス, ドゥー ビズネス
えいご **英語** eigo	**英语，英文** Yīngyǔ, Yīngwén イィンユィ, イィンウェン	English イングリシュ
えいこう **栄光** eikou	**光荣，光耀** guāngróng, guāngyào グアンロン, グアンヤオ	glory グローリ
えいこく **英国** eikoku	**英国** Yīngguó イィングゥオ	England, United Kingdom イングランド, ユーナイテド キングダム
えいしゃ(する) **映写(する)** eisha (suru)	**放映** fàngyìng ファァンイィン	projection; project プロチェクション, プロチェクト
えいじゅう(する) **永住(する)** eijuu (suru)	**永久居住，永久居留** yǒngjiǔ jūzhù, yǒngjiǔ jūliú ヨンジウ ジュィヂュウ, ヨンジウ ジュィリゥ	permanent residence; reside permanently パーマネント レズィデンス, リザイド パーマネントリ
えいず **エイズ** eizu	**艾滋病** àizībìng アイヅービィン	AIDS エイヅ
えいせい **衛星** eisei	**卫星** wèixīng ウェイシィン	satellite サテライト
えいせいてきな **衛生的な** eiseitekina	**卫生，清洁** wèishēng, qīngjié ウェイション, チィンジエ	hygienic, sanitary ハイヂーニク, サニテリ
えいぞう **映像** eizou	**图像，影像** túxiàng, yǐngxiàng トゥシアン, イィンシアン	picture ピクチャ
えいてん(する) **栄転(する)** eiten (suru)	**荣升，荣迁** róngshēng, róngqiān ロンション, ロンチエン	promotion; (be) promoted プロモウション, (ビ) プロモウテド
えいびんな **鋭敏な** eibinna	**敏锐，尖锐** mǐnruì, jiānruì ミンルゥイ, ジエンルゥイ	keen, sharp キーン, シャープ
えいゆう **英雄** eiyuu	**英雄，英杰** yīngxióng, yīngjié イィンシオン, イィンジエ	hero ヒアロウ

日	中	英
えいよ **栄誉** eiyo	荣誉 róngyù ロンユィ	honor **ア**ナ
えいよう **栄養** eiyou	营养 yíngyǎng イィンヤン	nutrition ニュート**リ**ション
えーじぇんしー **エージェンシー** eejenshii	代理商，代理店 dàilǐshāng, dàilǐdiàn ダイリィシャン，ダイリィディエン	agency **エ**イジェンスィ
えーじぇんと **エージェント** eejento	代理商，代理人 dàilǐshāng, dàilǐrén ダイリィシャン，ダイリィレン	agent **エ**イジェント
えーす **エース** eesu	高手，王牌 gāoshǒu, wángpái ガオショウ，ワンパイ	ace **エ**イス
えがお **笑顔** egao	笑容，笑脸 xiàoróng, xiàoliǎn シアオロン，シアオリエン	smiling face ス**マ**イリング **フェ**イス
えがく **描く** egaku	画(画儿)，描绘 huà (huàr), miáohuì ホア (ホアル)，ミアオホゥイ	draw, paint ド**ロ**ー，**ペ**イント
(描写する)	描写，描绘 miáoxiě, miáohuì ミアオシエ，ミアオホゥイ	describe ディスク**ラ**イブ
えき **駅** eki	(火)车站 (huǒ)chēzhàn (ホゥオ)チョァヂャン	station ス**テ**イション
えきかがす **液化ガス** ekikagasu	液化气 yèhuàqì イエホアチィ	liquefied gas **リ**クウェファイド **ギャ**ス
えきしびしょん **エキシビション** ekishibishon	展览会 zhǎnlǎnhuì ヂャンランホゥイ	exhibition エクスィ**ビ**ション
えきしょう **液晶** ekishou	液晶 yèjīng イエジィン	liquid crystal **リ**クウィド ク**リ**スタル
えきす **エキス** ekisu	精(华) jīng(huá) ジィン(ホア)	extract **イ**クスト**ラ**クト
えきすぱーと **エキスパート** ekisupaato	专家 zhuānjiā デュワンジア	expert **エ**クスパート

日	中	英
えきぞちっくな **エキゾチックな** ekizochikkuna	**异国情调** yìguó qíngdiào イーグゥオ チンディアオ	exotic イグ**ザ**ティク
えきたい **液体** ekitai	**液体** yètǐ イエティー	liquid, fluid **リ**クウィド, フ**ル**ーイド
えきべん **駅弁** ekiben	**站台盒饭** zhàntái héfàn ヂャンタイ ホァファン	station lunch ス**テ**イション **ラ**ンチ
えくすたしー **エクスタシー** ekusutashii	**陶醉，销魂** táozuì, xiāohún タオヅゥイ, シアオホゥン	ecstasy **エ**クスタスィ
えぐぜくてぃぶ **エグゼクティブ** eguzekutibu	**行政部门，董事** xíngzhèng bùmén, dǒngshì シィンヂョン ブゥメン, ドンシー	executive イグ**ゼ**キュティヴ
えくぼ **えくぼ** ekubo	**酒窝，笑窝** jiǔwō, xiàowō ジウウォ, シアオウオ	dimple **ディ**ンプル
えごいすと **エゴイスト** egoisuto	**利己主义者** lìjǐ zhǔyìzhě リィジィ ヂュウイーヂョァ	egoist **イ**ーゴウイスト
えごいずむ **エゴイズム** egoizumu	**利己主义** lìjǐ zhǔyì リィジィ ヂュウイー	egoism **イ**ーゴウイズム
えこのみーくらす **エコノミークラス** ekonomiikurasu	**经济舱** jīngjìcāng ジィンジィツァァン	economy class イ**カ**ノミ ク**ラ**ス
えこのみすと **エコノミスト** ekonomisuto	**经济学家** jīngjìxuéjiā ジィンジィシュエジア	economist イ**カ**ノミスト
えころじー **エコロジー** ekorojii	**生态学** shēngtàixué ションタイシュエ	ecology イー**カ**ロヂ
えしゃく（する） **会釈（する）** eshaku (suru)	**点头，打招呼** diǎntóu, dǎ zhāohu ディエントウ, ダァ ヂャオホ	salute, bow サ**ル**ート, **バ**ウ
えすえふ（しょうせつ） **ＳＦ（小説）** esuefu (shousetsu)	**科幻小说** kēhuàn xiǎoshuō クァフゥワン シアオシュオ	science fiction **サ**イエンス **フ**ィクション

日	中	英
えすかれーたー **エスカレーター** esukareetaa	**自動扶梯，电动楼梯** zìdòng fútī, diàndòng lóutī ヅードン フゥティー，ディエンドン ロウティー	escalator **エ**スカレイタ
えすかれーと(する) **エスカレート(する)** esukareeto (suru)	**升级** shēngjí ションジィ	escalation; escalate エスカ**レイ**ション，**エ**スカレイト
えだ **枝** eda	〔**根**〕**枝条，树枝** 〔gēn〕zhītiáo, shùzhī 〔ゲン〕ヂーティアオ，シュウヂー	branch, bough ブ**ラ**ンチ，**バ**ウ
えっくすせん **エックス線** ekkususen	**爱克斯射线，X射线** àikèsī shèxiàn, X shèxiàn アイクァスー ショァシエン，X ショァシエン	X rays **エ**クス レイズ
えっせい **エッセイ** essei	**散文，随笔** sǎnwén, suíbǐ サンウェン，スウイビィ	essay **エ**セイ
えっせんす **エッセンス** essensu	**精华，精英** jīnghuá, jīngyīng ジンホァ，ジンイィン	essence **エ**センス
えつらん(する) **閲覧(する)** etsuran (suru)	**阅览** yuèlǎn ユエラン	reading; read **リ**ーディング，**リ**ード
えなめる **エナメル** enameru	**珐琅，搪瓷** fàláng, tángcí ファアラァン，タァンツー	enamel イ**ナ**メル
えねるぎー **エネルギー** enerugii	**气力，精力** qìlì, jīnglì チィリィ，ジンリィ	energy **エ**ナヂ
えねるぎっしゅな **エネルギッシュな** enerugisshuna	**充满精力，带劲** chōngmǎn jīnglì, dàijìn チォンマン ジンリィ，ダイジン	energetic エナ**チェ**ティク
えのぐ **絵の具** enogu	**颜料，水彩** yánliào, shuǐcǎi イエンリアオ，シュイツァイ	paints, colors **ペ**インツ，**カ**ラズ
えはがき **絵葉書** ehagaki	**明信片** míngxìnpiàn ミィンシンピエン	picture postcard **ピ**クチャ **ポ**ウストカード
えび **海老** ebi	**虾** xiā シア	shrimp, prawn **シュ**リンプ，プ**ロ**ーン

日	中	英
え **エピソード** えぴそーど episoodo	**插话，一段故事** chāhuà, yí duàn gùshì チァホア，イードワングゥシ	episode エピソゥド
エピローグ えぴろーぐ epiroogu	**尾声，结尾** wěishēng, jiéwěi ウェイション，ジエウェイ	epilogue エピローグ
エプロン えぷろん epuron	**围裙** wéiqun ウェイチュイン	apron エイプロン
絵本 えほん ehon	**小人儿书，连环画** xiǎorénrshū, liánhuánhuà シアオレルシュウ，リエンホワンホア	picture book ピクチャ ブク
エメラルド えめらるど emerarudo	**绿宝石** lǜbǎoshí リュイバオシー	emerald エメラルド
鰓 えら era	**鳃** sāi サイ	gills ギルズ
エラー えらー eraa	**错误** cuòwù ツゥオウゥ	error エラ
偉い えらい erai	**伟大，了不起** wěidà, liǎobuqǐ ウェイダァ，リアオブチィ	great グレイト
選ぶ えらぶ erabu	**选择，挑** xuǎnzé, tiāo シュエンヅァ，ティアオ	choose, select チューズ，セレクト
（選挙する）	**选举** xuǎnjǔ シュエンジュィ	elect イレクト
襟 えり eri	**领子** lǐngzi リィンヅ	collar カラ
エリート えりーと eriito	**杰出人物，尖子** jiéchū rénwù, jiānzi ジエチュウ レンウゥ，ジエンヅ	elite エイリート
得る える eru	**得到，取得** dédào, qǔdé ドゥァダオ，チュイドゥァ	get, gain, obtain ゲト，ゲイン，オブテイン
エレガントな えれがんとな eregantona	**雅致，优雅** yǎzhi, yōuyǎ ヤァヂ，ヨウヤァ	elegant エリガント

日	中	英
えれくとろにくす **エレクトロニクス** erekutoronikusu	**电子学** diànzǐxué ディエンヅーシュエ	electronics イレクト**ラ**ニクス
えれべーたー **エレベーター** erebeetaa	**电梯，升降机** diàntī, shēngjiàngjī ディエンティー，ションジアンジィ	elevator, lift **エ**レ**ヴェ**イタ，**リ**フト
えん **円** en	**圆** yuán ユエン	circle **サ**ークル
（通貨単位）	**日元** Rìyuán リーユエン	yen **イェ**ン
えんかい **宴会** enkai	**宴会** yànhuì イエンホゥイ	banquet バンク**ウェ**ット
えんがわ **縁側** engawa	**后厦** hòushà ホウシャア	veranda ヴェ**ラ**ンダ
えんがん **沿岸** engan	**沿岸** yán'àn イエンアン	coast, seashore **コ**ウスト，**ス**ィーショー
えんき（する） **延期（する）** enki (suru)	**延期，缓期** yán'qī, huǎnqī イエンチィ，ホワンチィ	postponement; postpone ポウスト**ポ**ウンメント，ポウ スト**ポ**ウン
えんぎ（する） **演技（する）** engi (suru)	**表演** biǎoyǎn ビアオイエン	performance; per- form パ**フォ**ーマンス，パ**フォ**ーム
えんきょくな **婉曲な** enkyokuna	**婉转，委婉** wǎnzhuǎn, wěiwǎn ワンヂュワン，ウェイワン	euphemistic ユーフェ**ミ**スティク
えんきんほう **遠近法** enkinhou	**远近法，透视画法** yuǎnjìnfǎ, tòushì huàfǎ ユエンジンファァ，トウシー ホアファァ	perspective パス**ペ**クティヴ
えんけい **円形** enkei	**圆形** yuánxíng ユエンシィン	circle **サ**ークル
えんげい **園芸** engei	**园艺** yuányì ユエンイー	gardening **ガ**ードニング

日	中	英
えんげーじりんぐ **エンゲージリング** engeejiringu	**订婚戒指** dìnghūn jièzhǐ ディンホゥン ジエヂ	engagement ring インゲイヂメント リング
えんげき **演劇** engeki	**戏剧** xìjù シィジュィ	play, drama プレイ, ドラーマ
えんこ **縁故** enko	**关系** guānxi グワンシ	relationship, connections リレイションシプ, コネクションズ
えんさん **塩酸** ensan	**盐酸** yánsuān イエンスワン	hydrochloric acid ハイドロクローリック アスィド
えんし **遠視** enshi	**远视** yuǎnshì ユエンシー	farsightedness ファーサイテドネス
えんじにあ **エンジニア** enjinia	**工程师** gōngchéngshī ゴンチョンシー	engineer エンヂニア
えんしゅう **円周** enshuu	**圆周** yuánzhōu ユエンヂョウ	circumference サカムファレンス
〜率	**圆周率** yuánzhōulù ユエンヂョウリュィ	circular constant サーキュラ カンスタント
えんしゅつ(する) **演出(する)** enshutsu (suru)	**导演** dǎoyǎn ダオイエン	direction; direct ディレクション, ディレクト
えんじょ(する) **援助(する)** enjo (suru)	**援助, 支援** yuánzhù, zhīyuán ユエンヂュウ, ヂーユエン	assistance, support; assist, support アスィスタンス, サポート, アスィスト, サポート
えんしょう **炎症** enshou	**炎症** yánzhèng イエンヂョン	inflammation インフラメイション
えんじる **演じる** enjiru	**表演** biǎoyǎn ビアオイエン	perform, play パフォーム, プレイ
えんじん **エンジン** enjin	**发动机, 引擎** fādòngjī, yǐnqíng ファアドンジィ, インチィン	engine エンヂン

日	中	英
えんしんりょく **遠心力** enshinryoku	离心力 líxīnlì リィシンリィ	centrifugal force セント**リ**フュガル **フォ**ース
えんすい **円錐** ensui	圆锥 yuánzhuī ユエンデュイ	cone **コ**ウン
えんせい(する) **遠征(する)** ensei (suru)	远征，长征 yuǎnzhēng, chángzhēng ユエンヂョン，チャアンヂョン	expedition; go on an expedition エクスペ**ディ**ション，**ゴ**ウ オン アン エクスペ**ディ**ション
えんぜつ(する) **演説(する)** enzetsu (suru)	讲话，演讲 jiǎng'huà, yǎnjiǎng ジアンホア，イエンジアン	(make a) speech (メイク ア) ス**ピ**ーチ
えんそ **塩素** enso	氯 lǜ リュイ	chlorine ク**ロ**ーリーン
えんそう(する) **演奏(する)** ensou (suru)	演奏 yǎnzòu イエンヅォウ	performance; perform, play パ**フォ**ーマンス，パ**フォ**ーム，プ**レ**イ
えんそく **遠足** ensoku	郊游 jiāoyóu ジアオヨウ	excursion イクス**カ**ージョン
えんたーていなー **エンターテイナー** entaateinaa	艺人，演艺人员 yìrén, yǎnyì rényuán イーレン，イエンイー レンユエン	entertainer エンタ**テ**イナ
えんたーていめんと **エンターテイメント** entaateimento	娱乐，演艺 yúlè, yǎnyì ユィルァ，イエンイー	entertainment エンタ**テ**インメント
えんたい **延滞** entai	拖欠 tuōqiàn トゥオチエン	delay ディ**レ**イ
えんだか **円高** endaka	日元升值 Rìyuán shēngzhí リーユエン ションデー	strong yen rate スト**ロ**ーング **イェ**ン **レ**イト
えんだん **縁談** endan	婚事 hūnshì ホゥンシー	marriage proposal **マ**リヂ プロ**ポ**ウザル
えんちゅう **円柱** enchuu	圆柱 yuánzhù ユエンデュウ	column **カ**ラム

日	中	英
え		
えんちょう(する) **延長(する)** enchou (suru)	**延长** yáncháng イエンチャァン	extension; prolong イクス**テ**ンション，プロロー ング
えんどうまめ **豌豆豆** endoumame	**豌豆** wāndòu ワンドウ	(green) pea (グリーン) **ピ**ー
えんとつ **煙突** entotsu	**烟囱，烟筒** yāncōng, yāntong イエンツォン，イエントン	chimney **チ**ムニ
えんばん **円盤** enban	**圆盘** yuánpán ユエンパン	disk **ディ**スク
～投げ	**铁饼** tiěbǐng ティエピィン	discus throw **ディ**スカス ス**ロ**ウ
えんぴつ **鉛筆** enpitsu	〔枝〕**铅笔** 〔zhǐ〕qiānbǐ 〔ヂー〕チエンピィ	pencil **ペ**ンスル
えんぶん **塩分** enbun	**盐分** yánfèn イエンフェン	salt **ソ**ールト
えんまん(な) **円満(な)** enman (na)	**完美** wánměi ワンメイ	harmony; harmo- nious **ハ**ーモニ，ハー**モ**ウニアス
えんめい **延命** enmei	**延长寿命** yáncháng shòumìng イエンチャァン ショウミィン	prolongation of life プロウローン**ゲ**イション オ ヴ **ラ**イフ
えんやす **円安** en-yasu	**日元贬值** Rìyuán biǎnzhí リーユエン ピエンヂー	weak yen rate **ウィ**ーク **イェ**ン レイト
えんよう **遠洋** en-you	**远洋** yuǎnyáng ユエンヤン	ocean **オ**ウシャン
えんりょ **遠慮** enryo	**客气** kèqi クァチ	reserve, hesitation リ**ザ**ーヴ，ヘズィ**テ**イション
～がちな	**好客气，谦虚** hào kèqi, qiānxū ハオ クァチ，チエンシュィ	reserved, modest リ**ザ**ーヴド，**マ**ディスト

日	中	英

お，オ

お **尾** o	**尾巴** wěiba ウェイバ	tail **テ**イル
おあしす **オアシス** oashisu	**绿洲** lùzhōu リュイヂョウ	oasis オウ**エ**イスィス
おい **甥**　　（兄弟の） oi	**侄儿，侄子** zhír, zhízi デル，デーヅ	nephew **ネ**フュー
（姉妹の） 	**甥** shēng ション	nephew **ネ**フュー
おいかえす **追い返す** oikaesu	**赶回** gǎnhuí ガンホウイ	send away **セ**ンド ア**ウェ**イ
おいかける **追いかける** oikakeru	**赶，追赶** gǎn, zhuīgǎn ガン，デュイガン	run after **ラ**ン **ア**フタ
おいこしきんし **追い越し禁止** oikoshikinshi	**禁止超车** jìnzhǐ chāochē ジンデー チャオチョア	No passing. **ノ**ウ **パ**スィング
おいこす **追い越す** oikosu	**超过，赶过** chāoguò, gǎnguò チャオグゥオ，ガングゥオ	overtake オウヴァ**テ**イク
おいしい **美味しい** oishii	**好吃，香甜** hǎochī, xiāngtián ハオチー，シアンティエン	nice, delicious **ナ**イス，ディ**リ**シャス
おいだす **追い出す** oidasu	**赶跑，驱走** gǎnpǎo, qūzǒu ガンパオ，チュイヅォウ	drive out ド**ラ**イヴ **ア**ウト
おいつく **追いつく** oitsuku	**赶上，追上** gǎnshàng, zhuīshàng ガンシャァン，デュイシャァン	catch up **キャ**チ **ア**プ
おいつめる **追い詰める** oitsumeru	**煎迫，追逼** jiānpò, zhuībī ジエンポォ，デュイビィ	drive into a corner ド**ラ**イヴ **イ**ントゥァ **コ**ーナ
おいはらう **追い払う** oiharau	**赶跑，驱走** gǎnpǎo, qūzǒu ガンパオ，チュイヅォウ	drive away ド**ラ**イヴ ア**ウェ**イ

日	中	英
おいる **老いる** oiru	老，上年纪 lǎo, shàng niánjì ラオ，シャァン ニエンジィ	grow old グロウ **オ**ウルド
おいる **オイル** oiru	油 yóu ヨウ	oil **オ**イル
おいわい **お祝い** oiwai	祝贺 zhùhè ヂュウホァァ	celebration セレブ**レ**イション
おう **王** ou	王，国王 wáng, guówáng ワァン，グゥオワァン	king **キ**ング
おう **負う**（責任・義務を） ou	负 fù フゥ	take upon *oneself* **テ**イク ア**ポ**ン
（背負う）	背 bēi ベイ	bear on *one's* back **ベ**ア オン **バ**ク
おう **追う** ou	追，赶 zhuī, gǎn デュイ，ガン	run after, chase **ラ**ンアフタ，**チェ**イス
おうえん（する） **応援（する）** ouen (suru)	支援，帮助 zhīyuán, bāngzhù デーユエン，バァンヂュウ	aid, support **エ**イド，サ**ポ**ート
おうかくまく **横隔膜** oukakumaku	横隔膜 hénggémó ヘゥンヴァモォ	diaphragm **ダ**イアフラム
おうきゅう **応急** oukyuu	应急 yìngjí イィンジィ	emergency イ**マ**ーヂェンスィ
～処置	急救，抢救 jíjiù, qiǎngjiù ジィジゥ，チアンジウ	first aid **ファ**ースト **エ**イド
おうじ **王子** ouji	王子 wángzǐ ワァンヅー	prince プ**リ**ンス
おうじ **皇子** ouji	皇子 huángzǐ ホアンヅー	Imperial prince イン**ピ**アリアル プ**リ**ンス
おうしざ **牡牛座** oushiza	金牛座 jīnniúzuò ジンニゥヅゥオ	Bull, Taurus **ブ**ル，**ト**ーラス

日	中	英
おうじて 応じて oujite	按照 ànzhào アンヂャオ	according to ア**コー**ディング トゥ
おうしゅう(する) 押収(する) oushuu (suru)	没收，查抄 mòshōu, cháchāo モオショウ, チャアチャオ	seizure; seize ス**ィー**ジャー, ス**ィー**ズ
おうじょ 王女 oujo	公主 gōngzhǔ ゴンヂュウ	princess プ**リ**ンセス
おうじょ 皇女 oujo	公主 gōngzhǔ ゴンヂュウ	Imperial princess イン**ピ**アリアル プ**リ**ンセス
おうじる 応じる oujiru	应，回答 yìng, huídá イイン, ホウイダア	answer, reply to **ア**ンサ, リプ**ラ**イ トゥ
おうせつしつ 応接室 ousetsushitsu	接待室，客厅 jiēdàishì, kètīng ジエダイシー, クァティン	reception room リ**セ**プション ルーム
おうだん(する) 横断(する) oudan (suru)	横穿，横断 héngchuān, héngduàn ヘゥンチュワン, ヘゥンドワン	crossing; cross ク**ロー**スィング, ク**ロー**ス
〜歩道	人行横道 rénxíng héngdào レンシィン ヘゥンダオ	crosswalk ク**ロー**スウォーク
おうちょう 王朝 ouchou	朝代，王朝 cháodài, wángcháo チャオダイ, ワァンチャオ	dynasty **ダ**イナスティ
おうと(する) 嘔吐(する) outo (suru)	(呕)吐 (ǒu)tù (オウ)トゥ	vomit **ヴァ**ミト
おうとう(する) 応答(する) outou (suru)	应答 yìngdá イィンダア	reply リプ**ラ**イ
おうひ 王妃 ouhi	王后，王妃 wánghòu, wángfēi ワァンホウ, ワァンフェイ	queen ク**ウィー**ン
おうふく(する) 往復(する) oufuku (suru)	来回，往返 láihuí, wǎngfǎn ライホゥイ, ワァンファン	going and returning; go to and return **ゴ**ウイング アンド リ**ター**ニング, **ゴ**ウ トゥ アンド リ**ター**ン

日	中	英

お

〜切符
～きっぷ

来回票，往返票
láihuípiào, wǎngfǎnpiào
ライホゥイピアオ，ワンファンピアオ

round-trip ticket
ラウンドトリプ **ティ**ケット

おうぼ(する)
応募(する)
oubo (suru)

应募，应招
yìngmù, yìngzhāo
イィンムゥ，イィンヂャオ

application; apply for
アプリ**ケイ**ション，アプ**ライ** フォ

おうぼう(な)
横暴(な)
oubou (na)

蛮横，专横
mánhèng, zhuānhèng
マンヘゥン，ヂュワンヘゥン

oppression; oppressive
オプ**レ**ション，オプ**レ**スィヴ

おうむ
鸚鵡
oumu

鹦哥，鹦鹉
yīngge, yīngwǔ
イィンガ，イィンウゥ

parrot
パロト

おうよう(する)
応用(する)
ouyou (suru)

应用
yìngyòng
イィンヨン

application; apply
アプリ**ケイ**ション，アプ**ライ**

おうりょう(する)
横領(する)
ouryou (suru)

盗用，吞没
dàoyòng, tūnmò
ダオヨン，トゥンモォ

embezzlement; embezzle
インベ**ズ**ルメント，インベ**ズ**ル

おえる
終える
oeru

完成，结束
wánchéng, jiéshù
ワンチョン，ジエシュゥ

finish, complete
フィニシュ，コンプリート

おおあめ
大雨
ooame

大雨
dàyǔ
ダァユィ

heavy rain
ヘ**ヴィ** レイン

おおい
多い
ooi

多
duō
ドゥオ

many, much
メニ，**マ**チ

おおい
覆い
ooi

盖子，罩子
gàizi, zhàozi
ガイヅ，ヂャオヅ

cover
カヴァ

おおいに
大いに
ooini

颇，非常
pō, fēicháng
ポォ，フェイチャァン

greatly, very much
グレイトリ，**ヴェ**リ **マ**チ

おおう
覆う
oou

覆盖，遮掩
fùgài, zhēyǎn
フゥガイ，ヂョアイエン

cover
カヴァ

おおうりだし
大売り出し
oouridashi

大甩卖
dàshuǎimài
ダァシュアイマイ

sale
セイル

日	中	英
おおがた(の) **大型(の)** oogata (no)	**大型，重型** dàxíng, zhòngxíng ダァシィン，ヂォンシィン	large ラーヂ
おおかみ **狼** ookami	**狼** láng ラァン	wolf ウルフ
おおかれすくなかれ **多かれ少なかれ** ookaresukunakare	**或多或少** huò duō huò shǎo ホゥオ ドゥオ ホゥオ シャオ	more or less モー オー レス
おおきい **大きい** ookii	**大** dà ダァ	big, large ビグ，ラーヂ
おおきさ **大きさ** ookisa	**大小** dàxiǎo ダァシアオ	size サイズ
おーくしょん **オークション** ookushon	**拍卖** pāimài パイマイ	auction オークション
おおぐまざ **大熊座** oogumaza	**大熊座** dàxióngzuò ダァシオンヅゥオ	Great Bear グレイト ベア
おーけー **オーケー** ookee	**好，行，可以** hǎo, xíng, kěyǐ ハオ，シィン，クァイー	O.K. オウケイ
おおげさな **大袈裟な** oogesana	**夸张，夸大** kuāzhāng, kuādà クアヂァン，クアダァ	exaggerated イグザチェレイテド
おーけすとら **オーケストラ** ookesutora	**管弦乐，管弦乐团** guǎnxiányuè, guǎnxiányuètuán グワンシエンユエ，グワンシエンユエトワン	orchestra オーケストラ
おおごえ **大声** oogoe	**大声** dàshēng ダァション	loud voice ラウド ヴォイス
おおざっぱな **大雑把な** oozappana	**粗率，简单，粗略** cūshuài, jiǎndān, cūlüè ツゥシュアイ，ジェンダン，ツゥリュエ	rough, loose ラフ，ルース
おーじー **OG** OG	**校友，毕业生** xiàoyǒu, bìyèshēng シアオヨウ，ビイイエション	(female) graduate (フィーメイル) グラヂュエト

日	中	英
おーすとらりあ **オーストラリア** oosutoraria	**澳大利亚** Àodàlìyà アオダァリィヤァ	Australia オースト**レ**イリャ
おおぜい **大勢** oozei	**大批，一群** dàpī, yì qún ダァピィ，イー チュィン	(a) large number of (ア) **ラ**ーヂ **ナ**ンバ オヴ
おーそどっくす(な) **オーソドックス(な)** oosodokkusu (na)	**正统** zhèngtǒng ヂョントン	orthodox **オ**ーソダクス
おーそりてぃー **オーソリティー** oosoritii	**权威** quánwēi チュエンウェイ	authority オ**サ**リティ
おーだー **オーダー** oodaa	**订货** dìnghuò ディンホゥオ	order **オ**ーダ
おおて **大手** oote	**大企业，大公司** dà qǐyè, dà gōngsī ダァ チィイエ，ダァ ゴンスー	major company **メ**イヂャ **カ**ンパニ
おーでぃしょん **オーディション** oodishon	**（表演）评选（会）** (biǎoyǎn) píngxuǎn(huì) (ピアオイエン) ピィンシュエン(ホゥイ)	audition オー**ディ**ション
おーでころん **オーデコロン** oodekoron	**花露水，化妆水** huālùshuǐ, huàzhuāngshuǐ ホアルゥシュイ，ホアヂュアンシュイ	eau de cologne オウ デ コ**ロ**ウン
おおどおり **大通り** oodoori	**大街，马路** dàjiē, mǎlù ダァジエ，マァルゥ	main street **メ**イン スト**リ**ート
おーとばい **オートバイ** ootobai	**摩托车** mótuōchē モォトゥオチョア	motorcycle **モ**ウタサイクル
おーとまちっく **オートマチック** ootomachikku	**自动** zìdòng ヅードン	automatic オート**マ**ティク
おーなー **オーナー** oonaa	**所有者，拥有者** suǒyǒuzhě, yōngyǒuzhě スゥオヨウヂョア，ヨンヨウヂョア	owner **オ**ウナ
おーばー **オーバー** oobaa	**大衣** dàyī ダァイー	overcoat **オ**ウヴァコウト
おーびー **OB** OB	**校友，毕业生** xiàoyǒu, bìyèshēng シアオヨウ，ビィイエション	(male) graduate (メイル) グ**ラ**ヂュエト

日	中	英

おーぷにんぐ
オープニング
oopuningu

开场
kāichǎng
カイチャァン

opening
オウプニング

おーぷん
オーブン
oobun

烤炉，烤箱
kǎolú, kǎoxiāng
カオルゥ，カオシアン

oven
アヴン

おーぼえ
オーボエ
ooboe

双簧管
shuānghuángguǎn
シュアンホアングワン

oboe
オウボウ

おおみそか
大晦日
oomisoka

除夕
chúxī
チュウシィ

New Year's Eve
ニュー イヤズ **イ**ーヴ

おおむかし
大昔
oomukashi

远古
yuǎngǔ
ユエングゥ

ancient times
エインシェント **タ**イムズ

おおむぎ
大麦
oomugi

大麦
dàmài
ダァマイ

barley
バーリ

おおもじ
大文字
oomoji

大写字母
dàxiě zìmǔ
ダァシエ ツームゥ

capital letter
キャピタル **レ**タ

おおや
大家
ooya

房东
fángdōng
ファァンドン

landlord
ランドロード

おおやけ(の)
公(の)
ooyake (no)

公共，公家
gōnggòng, gōngjia
ゴンゴン，ゴンジア

publicness; public
パプリクネス，**パ**プリク

おおよろこび
大喜び
ooyorokobi

欢天喜地
huān tiān xǐ dì
ホワン ティエン シィ ディー

great joy
グレイト **チョ**イ

おおらかな
大らかな
oorakana

落落大方，大方
luò luò dà fāng, dàfang
ルゥオ ルゥオ ダァ ファァン，ダァファァン

largehearted
ラーヂハーテド

おおわらい(する)
大笑い(する)
oowarai (suru)

捧腹大笑
pěng fù dà xiào
ポン フゥ ダァ シアオ

hearty laugh
ハーティ **ラ**フ

おか
丘
oka

岗子，山冈
gǎngzi, shāngāng
ガァンヅ，シャンガァン

hill
ヒル

おかあさん
お母さん
okaasan

母亲，妈妈
mǔqin, māma
ムゥチン，マァマ

mother
マザ

日	中	英
お陰 おかげ okage	**多亏，托…的福** duōkuī, tuō ...de fú ドゥオクウィ, トゥオ… ダ フウ	help, favor ヘルプ, フェイヴァ
可笑しい おかしい okashii	**好笑，可笑** hǎoxiào, kěxiào ハオシアオ, ノァシアオ	amusing, funny アミューズィング, ファニ
（変だ・怪しい）	**奇怪** qíguài チィグァイ	unusual, strange アニュージュアル, ストレインヂ
犯す おかす okasu	**犯** fàn ファン	commit コミト
（法律などを）	**犯，违犯** fàn, wéifàn ファン, ウェイファン	violate ヴァイオレイト
（人を）	**奸污** jiānwū ジエンウゥ	rape レイプ
侵す おかす okasu	**侵入，侵犯** qīnrù, qīnfàn チンルゥ, チンファン	invade インヴェイド
冒す おかす okasu	**冒险** màoxiǎn マオシエン	brave, face ブレイヴ, フェイス
お金 おかね okane	**钱，金钱** qián, jīnqián チエン, ジンチエン	money マニ
拝む おがむ ogamu	**拜** bài バイ	worship ワーシプ
（祈願する）	**祈祷** qídǎo チィダオ	pray to プレイトゥ
小川 おがわ ogawa	**河沟，小溪** hégōu, xiǎoxī ホァゴウ, シアオシィ	brook, stream ブルク, ストリーム
悪寒 おかん okan	**发冷** fālěng ファアルォン	chill チル
沖 おき oki	**海上** hǎishàng ハイシャァン	offing オーフィング

日	中	英
おきあがる **起き上がる** okiagaru	**起来，爬起来** qǐlái, páqǐlai チィライ, パァチィライ	get up ゲト アプ
おきて **掟** okite	**成规，规定** chéngguī, guīdìng チョングゥイ, グゥイディン	law, rule ロー, ルール
おきどけい **置き時計** okidokei	**座钟，台钟** zuòzhōng, táizhōng ヅゥオヂョン, タイヂョン	table clock テイブル クラク
おぎなう **補う** oginau	**弥补，补充** míbǔ, bǔchōng ミィブゥ, ブゥチォン	make up for, supplement メイク アプ フォ, サプリメント
おきにいり **お気に入り** okiniiri	**喜爱** xǐ'ài シィアイ	favorite フェイヴァリト
おきもの **置物** okimono	**陈设品** chénshèpǐn チェンショァピン	ornament オーナメント
おきょう **お経** okyou	**佛经** fójīng フォオジィン	sutra スートラ
おきる **起きる** okiru	**起床** qǐ'chuáng チィチュアン	get up, rise ゲト アプ, ライズ
（目を覚ます）	**醒** xǐng シィン	wake up ウェイク アプ
（物事が）	**发生** fāshēng ファアション	happen, occur ハプン, オカー
おきわすれる **置き忘れる** okiwasureru	**落，忘带** là, wàng dài ラァ, ワァン ダイ	forget, leave フォゲト, リーヴ
おく **奥** oku	**里边，内部** lǐbian, nèibù リィビエン, ネイブゥ	interior, back インティアリア, バク
おく **億** oku	**亿，万万** yì, wànwàn イー, ワンワン	one hundred million ワン ハンドレド ミリョン

日	中	英
おく **置く** oku	放，搁 fàng, gē ファァン, グァ	put, place プト, プレイス
おくがい **屋外** okugai	屋外，露天，室外 wūwài, lùtiān, shìwài ウゥワイ, ルゥティエン, シーワイ	outdoors アウトドーズ
おくさん **奥さん** okusan	夫人，太太 fūrén, tàitai フゥレン, タイタイ	wife ワイフ
おくじょう **屋上** okujou	屋顶 wūdǐng ウゥディン	roof ルーフ
おくそく(する) **憶測(する)** okusoku (suru)	臆测，猜想 yìcè, cāixiǎng イーツゥァ, ツァイシアン	guess ゲス
おくたーぶ **オクターブ** okutaabu	八度音，一组音阶 bādùyīn, yì zǔ yīnjiē バァドゥイン, イー ヅゥ インジエ	octave アクタヴ
おくない **屋内** okunai	室内，屋内 shìnèi, wūnèi シーネイ, ウゥネイ	indoor インドー
おくびょうな **臆病な** okubyouna	胆怯，怯懦 dǎnqiè, qiènuò ダンチエ, チエヌゥオ	cowardly, timid カウアドリ, ティミド
おくふかい **奥深い** okufukai	深，幽深 shēn, yōushēn シェン, ヨウシェン	deep, profound ディープ, プロファウンド
おくゆき **奥行** okuyuki	进深 jìnshēn ジンシェン	depth デプス
おくりさき **送り先** okurisaki	送达地点 sòngdá dìdiǎn ソンダァ ディーディエン	destination デスティネイション
おくりじょう **送り状** okurijou	发票，发货单 fāpiào, fāhuòdān ファアピアオ, ファアホゥオダン	invoice インヴォイス
おくりぬし **送り主** okurinushi	寄件人 jìjiànrén ジィジエンレン	sender センダ
おくりもの **贈り物** okurimono	礼物，赠礼 lǐwù, zènglǐ リィウゥ, ヅンリィ	present, gift プレゼント, ギフト

日	中	英
おくる **送る** okuru	寄 jì ジィ	send センド
（送り届ける）	送, 伴送 sòng, bànsòng ソン, バンソン	escort エスコート
（過ごす）	过 guò グゥオ	pass パス
おくる **贈る** okuru	送, 赠送 sòng, zèngsòng ソン, ヅンソン	present プリゼント
おくれる **遅れる** okureru	误点, 晚点 wùdiǎn, wǎndiǎn ウゥディエン, ワンディエン	(be) late for, (be) delayed (ビ) レイト フォ, (ビ) ディレイド
（時代・流行に）	落后, 赶不上 luòhòu, gǎnbushàng ルゥオホウ, ガンブシャァン	(be) behind (ビ) ビハインド
おこす **起こす** okosu	扶起 fúqǐ フゥチィ	raise, set up レイズ, セト アプ
（目を覚まさせる）	叫醒 jiào'xǐng ジアオシィン	wake ウェイク
（物事を）	发起, 引起 fāqǐ, yǐnqǐ ファアチィ, インチィ	cause コーズ
おこる **起こる** okoru	发生, 闹 fāshēng, nào ファアション, ナオ	happen, occur ハプン, オカー
おこる **怒る** okoru	生气, 发火 shēng'qì, fā'huǒ ションチィ, ファアホゥオ	get angry ゲット アングリ
おごる　（ごちそうする） **奢る** ogoru	请客, 做东 qǐngkè, zuòdōng チィンクァ, ヅゥオドン	treat トリート
おごる **驕る** ogoru	傲慢 àomàn アオマン	(be) haughty (ビ) ホーティ

日	中	英
押さえる おさえる osaeru	**按，捺** àn, nà アン，ナァ	hold down ホウルド ダウン
抑える (感情などを) おさえる osaeru	**抑制** yìzhì イージー	control コントロウル
(反乱などをを)	**鎮圧，圧制** zhènyā, yāzhì ヂェンヤァ，ヤァヂー	suppress サプレス
幼い おさない osanai	**幼小** yòuxiǎo ヨウシアオ	infant, juvenile インファント，チューヴェナイル
治まる おさまる osamaru	**解決** jiějué ジエジュエ	(be) settled (ビ) セトルド
(鎮まる)	**平定** píngdìng ピィンディン	calm down カーム ダウン
納まる おさまる osamaru	**容纳** róngnà ロンナァ	(be) put in (ビ) プト イン
(落着する)	**解決** jiějué ジエジュエ	(be) settled (ビ) セトルド
治める おさめる osameru	**统治** tǒngzhì トンヂー	rule, govern ルール，ガヴァン
(鎮定)	**平定，鎮圧** píngdìng, zhènyā ピィンディン，ヂェンヤァ	suppress サプレス
納める おさめる osameru	**缴纳** jiǎonà ジアオナァ	pay ペイ
伯[叔]父 (父の兄) おじ oji	**伯父** bófù ボォフゥ	uncle アンクル
(父の弟)	**叔父** shūfù シュウフゥ	uncle アンクル
(母の兄弟)	**舅父** jiùfù ジウフゥ	uncle アンクル

日	中	英
<ruby>押<rt>お</rt></ruby>し<ruby>合<rt>あ</rt></ruby>う oshiau	拥挤 yōngjǐ ヨンジィ	push one another プシュ ワン アナザ
<ruby>惜<rt>お</rt></ruby>しい oshii	可惜, 遗憾 kěxī, yíhàn クァシィ, イーハン	regrettable リグレタブル
おじいさん (祖父) ojiisan	〔父の父〕祖父, 爷爷 zǔfù, yéye ヅゥフゥ, イエイエ	grandfather グランドファーザ
	〔母の父〕外祖父, 老爷 wàizǔfù, lǎoye ワイヅゥフゥ, ラオイエ	
(老人)	爷爷, 老爷爷 yéye, lǎoyéye イエイエ, ラオイエイエ	old man オウルド マン
<ruby>教<rt>おし</rt></ruby>え oshie	教训 jiàoxun ジアオシュィン	lesson, teachings レスン, ティーチングズ
<ruby>教<rt>おし</rt></ruby>える oshieru	教 jiāo ジアオ	teach, instruct ティーチ, インストラクト
(告げる)	告诉 gàosu ガオスゥ	tell テル
(知らせる)	提醒, 指出, 通知 tíxǐng, zhǐchū, tōngzhī ティーシィン, ヂーチュウ, トンヂー	inform of インフォーム オヴ
<ruby>お辞儀<rt>おじぎ</rt></ruby>する ojigisuru	鞠躬, 行礼 jūgōng, xínglǐ ジュィゴン, シィンリィ	bow バウ
<ruby>惜<rt>お</rt></ruby>しくも oshikumo	真可惜 zhēn kěxī ヂェン クァシィ	to *one's* regret トゥ リグレト
<ruby>押<rt>お</rt></ruby>し<ruby>込<rt>こ</rt></ruby>む oshikomu	塞进 sāijìn サイジン	push in, stuff into プシュ イン, スタフ イン トゥ
<ruby>押<rt>お</rt></ruby>しつける oshitsukeru	强加 qiángjiā チアンジア	press プレス
おしっこ oshikko	尿 niào ニアオ	pee ピー

日	中	英
おしつぶす **押し潰す** oshitsubusu	**压坏，压塌** yāhuài, yātā ヤァホアイ，ヤァタァ	crush, smash クラシュ，スマシュ
おしとどめる **押し止める** oshitodomeru	**制止** zhìzhǐ デーデー	stop スタプ
おしぼたん **押しボタン** oshibotan	**按钮** ànniǔ アンニウ	push button プシュ バトン
おしまい **お仕舞い** oshimai	**结束，终了** jiéshù, zhōngliǎo ジエシュウ，ヂォンリアオ	end エンド
おしめ **おしめ** oshime	**〔块〕尿布** 〔kuài〕niàobù 〔クアイ〕ニアオブゥ	diaper ダイアパ
おしゃべりする **お喋りする** oshaberisuru	**闲聊，聊天儿** xiánliáo, liáotiānr シエンリアオ，リアオティアル	chat, chatter チャト，チャタ
おしゃれ **お洒落** oshare	**打扮，修饰** dǎban, xiūshì ダァバン，シウシー	dressing up ドレスィング アプ
〜する	**打扮** dǎban ダァバン	dress smartly ドレス スマートリ
おじょうさん **お嬢さん** ojousan	**小姐，姑娘** xiǎojiě, gūniang シアオジエ，グゥニアン	young lady ヤング レイディ
おしょく **汚職** oshoku	**贪污，贪赃** tānwū, tānzāng タンウゥ，タンヅァァン	corruption, graft コラプション，グラフト
おしろい **おしろい** oshiroi	**白粉，香粉** báifěn, xiāngfěn バイフェン，シアンフェン	powder パウダ
おす **押す** osu	**推** tuī トゥイ	push, press プシュ，プレス
おす **雄** osu	**雄，公** xióng, gōng シオン，ゴン	male メイル
おせじ **お世辞** oseji	**奉承话，恭维话** fèngchenghuà, gōngweihuà フォンチョンホア，ゴンウェイホア	compliment, flattery カンプリメント，フラタリ

日	中	英
〜を言う	奉承，恭维 fèngcheng, gōngwei フォンチョン，ゴンウェイ	compliment, flatter **カ**ンプリメント，フ**ラ**タ
おせっかい **お節介** osekkai	好事，管闲事 hàoshì, guǎn xiánshì ハオシー，グワン シエンシー	meddling **メ**ドリング
おせん **汚染** osen	污染 wūrǎn ウゥラン	pollution ポ**リュ**ーション
おそい **遅い**　　（時間） osoi	晚 wǎn ワン	late **レ**イト
（速度）	慢 màn マン	slow ス**ロ**ウ
おそう **襲う** osou	袭击 xíjī シイジイ	attack ア**タ**ク
おそかれはやかれ **遅かれ早かれ** osokarehayakare	早晚 zǎowǎn ヅァオワン	sooner or later **ス**ーナ オー **レ**イタ
おそなえ **お供え** osonae	供品 gòngpǐn ゴンピン	offering **オ**ーファリング
おそらく **恐らく** osoraku	恐怕，大概 kǒngpà, dàgài コンパァ，ダアガイ	perhaps パ**ハ**プス
おそれ **恐れ** osore	畏惧，害怕 wèijù, hàipà ウェイジュィ，ハイパァ	fear **フィ**ア
〜を知らない	大无畏 dàwúwèi ダアウゥウェイ	intrepid イント**レ**ピド
おそれる **恐れる** osoreru	怕，害怕 pà, hàipà パァ，ハイパァ	fear, (be) afraid of **フィ**ア，(ビ) ア**フレ**イド オヴ
（懸念）	忧虑，顾虑 yōulǜ, gùlǜ ヨウリュィ，グゥリュィ	worry about **ワ**ーリ ア**バ**ウト
おそろしい **恐ろしい** osoroshii	可怕，吓人 kěpà, xiàrén クァパァ，シアレン	fearful, awful **フィ**アフル，**オ**ーフル

日	中	英
おそわる **教わる** osowaru	学 xué シュエ	learn ラーン
おぞん **オゾン** ozon	臭氧 chòuyǎng チョウヤン	ozone オウゾウン
おたがいさま **お互い様** otagaisama	彼此彼此 bǐcǐ bǐcǐ ビィツー ビィツー	I am another. アイ アム アナザ
おたがいに **お互いに** otagaini	互相 hùxiāng ホゥシアン	each other イーチ アザ
おたまじゃくし **オタマジャクシ** otamajakushi	蝌蚪 kēdǒu クァドゥ	tadpole タドポウル
おだやかな **穏やかな** odayakana	平静 píngjìng ピィンジィン	calm カーム
（気性が）	温和 wēnhé ウェンホァア	gentle チェントル
（気候が）	温和, 温暖 wēnhé, wēnnuǎn ウェンホァア, ウェンヌワン	mild マイルド
おちあう **落ち合う** ochiau	相会, 碰头 xiānghuì, pèngtóu シアンホゥイ, ポントウ	meet, come to-gether ミート, カム トゲザ
おちいる **陥る** ochiiru	陷入, 陷于 xiànrù, xiànyú シエンルゥ, シエンユィ	fall into フォール イントゥ
おちこむ **落ち込む** ochikomu	低落 dīluò ディールゥオ	slump スランプ
おちつき **落ち着き** ochitsuki	镇静, 稳重 zhènjìng, wěnzhòng ヂェンジィン, ウェンヂォン	composure コンポウジャ
おちつく **落ち着く** ochitsuku	镇静, 安静 zhènjìng, ānjìng ヂェンジィン, アンジィン	calm down カーム ダゥン
（事柄などが）	平定, 平息 píngdìng, píngxī ピィンディン, ピィンシィ	settle down セトル ダゥン

日	中	英
おちど **落ち度** ochido	**过错，过失** guòcuò, guòshī グゥオツゥオ, グゥオシー	fault フォルト
おちば **落ち葉** ochiba	**落叶** luòyè ルゥオイエ	fallen leaf フォールン リーフ
おちる **落ちる** ochiru	**下落，掉** xiàluò, diào シアルゥオ, ディアオ	fall, drop フォール, ドラプ
（試験に）	**考不上，不及格** kǎobushàng, bù jígé カオブシャン, ブゥ ジィグァ	fail in フォール イン
おっと **夫** otto	**丈夫，男人** zhàngfu, nánren ヂャァンフ, ナンレン	husband ハズバンド
おっとせい **オットセイ** ottosei	**海狗，腽肭兽** hǎigǒu, wànàshòu ハイゴウ, ワナァショウ	fur seal ファー スィール
おつり **おつり** otsuri	**找头，找钱** zhǎotou, zhǎoqián ヂャオトウ, ヂャオチエン	change チェインヂ
おでこ **おでこ** odeko	**额头** étou ウァトウ	forehead フォーレド
おてん **汚点** oten	**污点** wūdiǎn ウゥディエン	stain ステイン
おてんば **お転婆** otenba	**顽皮姑娘** wánpí gūniang ワンピィ グゥニアン	tomboy タムボイ
おと **音** oto	**声音，声响** shēngyīn, shēngxiǎng ションイン, ションシアン	sound サウンド
おとうさん **お父さん** otousan	**父亲，爸爸** fùqin, bàba フゥチン, バァバ	father ファーザ
おとうと **弟** otouto	**弟弟** dìdi ディーディ	(younger) brother (ヤンガ) ブラザ
おとこ **男** otoko	**男人，男的** nánrén, nán de ナンレン, ナン ダ	man, male マン, メイル

日	中	英
お		
おとこのこ **男の子** otokonoko	**男孩儿** nánháir ナンハル	boy ボイ
おどし **脅し** odoshi	**恐吓，威吓** kǒnghè, wēihè コンホァ，ウェイホァ	threat, menace スレト，メナス
おとしだま **お年玉** otoshidama	**压岁钱** yāsuìqián ヤァスゥイチエン	New Year's gift ニュー イヤズ ギフト
おとす **落とす** otosu	**掉，摔** diào, shuāi ディアオ，シュアイ	drop, let fall ドラプ，レト フォール
（失う）	**丢，丢掉** diū, diūdiào ディウ，ディウディアオ	lose ルーズ
（抜かす）	**漏掉，落** lòudiào, là ロウディアオ，ラァ	omit オウミト
（信用・人気を）	**失掉，丧失** shīdiào, sàngshī シーディアオ，サァンシー	lose ルーズ
おどす **脅す** odosu	**威胁，恐吓** wēixié, kǒnghè ウェイシエ，コンホァ	threaten, menace スレトン，メナス
おとずれる **訪れる** otozureru	**访问，拜访** fǎngwèn, bàifǎng ファァンウェン，バイファァン	visit ヴィズィト
おととい **一昨日** ototoi	**前天，前日** qiántiān, qiánrì チエンティエン，チエンリー	day before yester-day デイ ビフォー イェスタデイ
おととし **一昨年** ototoshi	**前年** qiánnián チエンニエン	year before last イヤ ビフォー ラスト
おとな **大人** otona	**成人，大人** chéngrén, dàren チョンレン，ダァレン	adult, grown-up アダルト，グロウナプ
おとなしい **おとなしい** otonashii	**老实，温顺** lǎoshi, wēnshùn ラオシ，ウェンシュン	gentle, quiet チェントル，クワイアト
おとめざ **乙女座** otomeza	**室女座** shìnǚzuò シーニュイヅゥオ	Virgin, Virgo ヴァーヂン，ヴァーゴウ

日	中	英
おどり **踊り** odori	舞蹈，跳舞 wǔdǎo, tiàowǔ ウゥダオ, ティアオウゥ	dance ダンス
おとる **劣る** otoru	不如，差 bùrú, chà ブゥルゥ, チァア	(be) inferior to (ビ) イン**フィ**アリア トゥ
おどる **踊る** odoru	跳舞，舞蹈 tiào'wǔ, wǔdǎo ティアオウゥ, ウゥダオ	dance ダンス
おとろえる **衰える** otoroeru	衰弱，衰退 shuāiruò, shuāituì シュアイルゥオ, シュアイトゥイ	(become) weak (ビカム) **ウィ**ーク
おどろかす **驚かす** odorokasu	惊动，吓 jīngdòng, xià ジィンドン, シア	surprise, astonish サプ**ラ**イズ, アス**タ**ニシュ
おどろき **驚き** odoroki	惊骇，惊讶 jīnghài, jīngyà ジィンハイ, ジィンヤァ	surprise サプ**ラ**イズ
おどろく **驚く** odoroku	吃惊，惊讶 chījīng, jīngyà チージィン, ジィンヤァ	(be) surprised (ビ) サプ**ラ**イズド
おなか **お腹** onaka	肚子 dùzi ドゥヅ	stomach ス**タ**マク
おなじ **同じ** onaji	一样，同一 yíyàng, tóngyī イーヤン, トンイー	same **セ**イム
（等しい）	等于 děngyú デゥンユィ	equal, equivalent **イ**ークワル, イク**ウィ**ヴァレント
おに **鬼** oni	魔鬼 móguǐ モォグウイ	ogre, demon **オ**ウガ, **ディ**ーモン
おにごっこ **鬼ごっこ** onigokko	捉迷藏 zhuōmícáng デュオミィツァァン	tag **タ**グ
おね **尾根** one	山脊，山梁 shānjǐ, shānliáng シャンジィ, シャンリアン	ridge **リ**ヂ
おのおの **各々** onoono	各，各自 gè, gèzì グァ, グァヅー	each **イ**ーチ

日	中	英
おば **伯[叔]母** (父の姉妹) oba	**姑母** gūmǔ グゥムゥ	aunt アント
(母の姉妹)	**姨母** yímǔ イームゥ	aunt アント
おばあさん (祖母) obaasan	〔父の母〕**祖母, 奶奶** zǔmǔ, nǎinai ヅゥムゥ, ナイナイ	grandmother グランドマザ
	〔母の母〕**外祖母, 姥姥** wàizǔmǔ, lǎolao ワイヅゥムゥ, ラオラオ	
(老女)	**老太太** lǎotàitai ラオタイタイ	old woman オウルド ウマン
おぱーる **オパール** opaaru	**蛋白石** dànbáishí ダンバイシー	opal オウパル
おばけ **お化け** obake	**鬼, 鬼怪** guǐ, guǐguài グゥイ, グゥイグアイ	bogy, ghost ボウギ, ゴウスト
おび **帯** obi	**带子, 腰带** dàizi, yāodài ダイズ, ヤオダイ	belt, sash ベルト, サッシュ
おびえる **怯える** obieru	**害怕, 畏惧** hàipà, wèijù ハイパァ, ウェイジュイ	(be) frightened at (ビ) フライトンド アト
おひつじざ **牡羊座** ohitsujiza	**白羊座** báiyángzuò バイヤンヅゥオ	Ram, Aries ラム, エアリーズ
おふぃす **オフィス** ofisu	**办公室** bàngōngshì バンゴンシー	office オーフィス
おぶざーばー **オブザーバー** obuzaabaa	**观察员** guāncháyuán グワンチャアユエン	observer オブザーヴァ
おふしーずん **オフシーズン** ofushiizun	**淡季** dànjì ダンジィ	off-season オーフスィーズン
おぷしょん **オプション** opushon	**选择, 选项** xuǎnzé, xuǎnxiàng シュエンヅァ, シュエンシアン	option アプション

日	中	英
_{おぶつ} **汚物** obutsu	**垃圾，屎尿** lājī, shǐniào ラァジィ、シーニアオ	filth フィルス
_{おふれこ} **オフレコ** ofureko	**非正式的** fēi zhèngshì de フェイ ヂョンシー ダ	off-the-record オーフザレコド
_{おべっか} **おべっか** obekka	**谄媚** chǎnmèi チャンメイ	flattery フラタリ
_{おぺら} **オペラ** opera	**歌剧** gējù グァジュィ	opera アパラ
_{おぺれーたー} **オペレーター** opereetaa	**话务员** huàwùyuán ホアウゥユエン	operator アパレイタ
_{おぼえがき} **覚え書き** oboegaki	**笔记** bǐjì ビィジィ	memo, memoran-dom メモウ、メモランダム
_{おぼえる} **覚える** oboeru	**学习** xuéxí シュエシィ	learn ラーン
（記憶する）	**记住，记得** jìzhù, jìde ジィヂュウ、ジィダ	remember リメンバ
（感じる）	**觉得，感到** juéde, gǎndào ジュエダ、ガンダオ	feel フィール
_{おぼれる} **溺れる** oboreru	**溺水** nìshuǐ ニィシュイ	(be) drowned (ビ) ドラウンド
（ふける）	**耽溺，沉湎** dānnì, chénmiǎn ダンニィ、チェンミエン	indulge in インダルデ イン
_{おまけ} **おまけ** omake	**附带** fùdài フゥダイ	extra エクストラ
（景品・割り増し）	**附带的赠品** fùdài de zèngpǐn フゥダイ ダ ヅンピン	premium プリーミアム
（割引き）	**减价** jiǎn'jià ジエンジア	discount ディスカウント

日	中	英
お守り おまもり omamori	**护身符** hùshēnfú ホゥシェンフゥ	charm, talisman チャーム, タリスマン
お巡りさん おまわりさん omawarisan	**警察，巡警** jǐngchá, xúnjǐng ジィンチァア, シュィンジィン	police officer, policeman ポリース オーフィサ, ポリースマン
おむつ おむつ omutsu	**尿布** niàobù ニアオブゥ	diaper ダイアパ
重い おもい omoi	**重，沉** zhòng, chén ヂォン, チェン	heavy ヘヴィ
（重要・重大）	**重要，重大** zhòngyào, zhòngdà ヂォンヤオ, ヂォンダァ	important, grave インポータント, グレイヴ
（病が）	**重，严重** zhòng, yánzhòng ヂォン, イエンヂォン	serious スィアリアス
思いがけない おもいがけない omoigakenai	**意外，想不到** yìwài, xiǎngbudào イーワイ, シアンブダオ	unexpected アニクスペクテド
思い切り おもいきり omoikiri	**断念，死心** duànniàn, sǐxīn ドワンニエン, スースィン	resignation レズィグネイション
（思う存分）	**尽情** jìnqíng ジンチィン	to *one's* heart's content トゥ ハーツ コンテント
思い出す おもいだす omoidasu	**想起来** xiǎngqǐlai シアンチィライ	remember, recall リメンバ, リコール
思い違い おもいちがい omoichigai	**想错，误会** xiǎngcuò, wùhuì シアンツゥオ, ウゥホゥイ	misunderstanding ミスアンダスタンディング
思いつく おもいつく omoitsuku	**想出来，想到** xiǎngchūlai, xiǎngdào シアンチュウライ, シアンダオ	think of スィンク オヴ
思い出 おもいで omoide	**回忆** huíyì ホゥイイー	memory メモリ

日	中	英
おもいやり **思いやり** omoiyari	**关怀，体贴** guānhuái, tǐtiē グワンホアイ, ティーティエ	consideration, sympathy コンスィダレイション, スィンパスィ
おもう **思う** omou	**认为，想** rènwéi, xiǎng レンウェイ, シアン	think スィンク
（推測する）	**推测，猜测** tuīcè, cāicè トゥイツゥァ, ツァイツゥァ	suppose サポウズ
おもかげ **面影** omokage	**风貌** fēngmào フォンマオ	look, image ルク, イミヂ
おもくるしい **重苦しい** omokurushii	**沉闷，沉重** chénmèn, chénzhòng チェンメン, チェンヂォン	gloomy, oppressive グルーミ, オプレスィヴ
おもさ **重さ** omosa	**分量，重量** fènliang, zhòngliàng フェンリアン, ヂォンリアン	weight ウェイト
おもしろい **面白い** omoshiroi	**有意思，好玩儿** yǒu yìsi, hǎowánr ヨウ イース, ハオワル	interesting インタレスティング
おもちゃ **おもちゃ** omocha	**玩具，玩意儿** wánjù, wányìr ワンジュィ, ワンイル	toy トイ
～屋	**玩具店** wánjùdiàn ワンジュィディエン	toyshop トイシャプ
おもて **表** omote	**表面，上面** biǎomiàn, shàngmiàn ビアオミエン, シャァンミエン	face フェイス
（戸外）	**外面，外头** wàimiàn, wàitou ワイミエン, ワイトウ	outdoors アウトドーズ
～通り	**大街** dàjiē ダァジエ	main street メイン ストリート
おもな **主な** omona	**主要** zhǔyào ヂュヤオ	main, principal メイン, プリンスィパル

日	中	英
おもに **主に** omoni	**主要，大部分** zhǔyào, dàbùfen デュウヤオ，ダァブゥフェン	mainly, mostly メインリ，**モ**ウストリ
おもむき **趣** （趣意） omomuki	**宗旨，旨趣** zōngzhǐ, zhǐqù ヅォンヂー，ヂーチュイ	import イン**ポ**ート
（雅趣）	**情趣** qíngqù チィンチュイ	taste, elegance **テ**イスト，**エ**リガンス
おもわく **思惑** omowaku	**意图，看法** yìtú, kànfa イートゥ，カンファ	thought, intention **ソ**ート，イン**テ**ンション
おもんじる **重んじる** omonjiru	**注重，重视** zhùzhòng, zhòngshì デュウヂォン，ヂォンシー	value **ヴァ**リュ
おや **親** oya	**父母，双亲** fùmǔ, shuāngqīn フゥムゥ，シュアンチン	parent **ペ**アレント
（トランプなどの）	**庄家** zhuāngjiā ヂュアンジア	dealer **ディ**ーラ
おやしらず **親知らず** oyashirazu	**智齿，智牙** zhìchǐ, zhìyá ヂーチー，ヂーヤァ	wisdom tooth **ウィ**ズダム **トゥ**ース
おやつ **おやつ** oyatsu	**点心，零食** diǎnxin, língshí ディエンシン，リィンシー	refreshments リフ**レ**シュメンツ
おやゆび **親指** oyayubi	**(大)拇指** (dà)mǔzhǐ (ダァ)ムゥヂー	thumb **サ**ム
（足の）	**拇趾** mǔzhǐ ムゥヂー	big toe **ビ**グ **ト**ウ
およぐ **泳ぐ** oyogu	**游泳** yóuyǒng ヨウヨン	swim ス**ウィ**ム
およそ **凡そ** oyoso	**大约，左右** dàyuē, zuǒyòu ダァユエ，ヅゥオヨウ	about, nearly ア**バ**ウト，**ニ**アリ
（まったく）	**根本，完全** gēnběn, wánquán ゲンベン，ワンチュエン	entirely イン**タ**イアリ

日	中	英
および **及び** oyobi	**以及** yǐjí イージィ	and **ア**ンド
およぶ **及ぶ** oyobu	**达到，涉及** dádào, shèjí ダァダオ, ショァジィ	reach, amount to **リ**ーチ, ア**マ**ウント トゥ
おりーぶ **オリーブ** oriibu	**油橄榄，橄榄** yóugǎnlǎn, gǎnlǎn ヨウガンラン, ガンラン	olive **ア**リヴ
～オイル	**橄榄油** gǎnlǎnyóu ガンランヨウ	olive oil **ア**リヴ **オ**イル
おりえんてーしょん **オリエンテーション** orienteeshon	**入学教育** rùxué jiàoyù ルゥシュエ ジアオユィ	orientation オーリエン**テ**イション
おりかえす **折り返す** orikaesu	**折回** zhéhuí ヂョァホゥイ	turn down **タ**ーン **ダ**ウン
おりじなりてぃー **オリジナリティー** orijinaritii	**独创性** dúchuàngxìng ドゥチュアンシィン	originality オリヂ**ナ**リティ
おりじなる **オリジナル** orijinaru	**原物，原文** yuánwù, yuánwén ユエンウゥ, ユエンウェン	original オ**リ**ヂナル
おりたたむ **折り畳む** oritatamu	**折叠** zhédié ヂョァディエ	fold (up) **フォ**ウルド (**ア**プ)
おりめ **折り目** orime	**褶子，折线** zhězi, zhéxiàn ヂョァヅ, ヂョァシエン	fold **フォ**ウルド
おりもの **織物** orimono	**(纺)织物** (fǎng)zhīwù (ファァン)ヂーウゥ	textile, fabric **テ**クスタイル, **ファ**ブリク
おりる **下[降]りる** oriru	**下** xià シア	go down **ゴ**ウ **ダ**ウン
(乗り物から)	**下车** xià chē シア チョア	get off, get out of **ゲ**ト **オ**ーフ, **ゲ**ト **ア**ウト オ ヴ
おりんぴっく **オリンピック** orinpikku	**奥运会** àoyùnhuì アオユィンホゥイ	Olympic games オ**リ**ンピク **ゲ**イムズ

日	中	英
おる **折る** oru	**折断** zhéduàn ヂョァドワン	break, snap ブレイク, スナプ
（曲げる）	**折** zhé ヂョァ	bend ベンド
おる **織る** oru	**织** zhī ヂー	weave ウィーヴ
おるがん **オルガン** orugan	〔架〕**风琴** (jià) fēngqín 〔ジア〕フォンチン	organ オーガン
おるごーる **オルゴール** orugooru	**八音盒** bāyīnhé バァインホァァ	music box ミューズィク バクス
おれる **折れる** oreru	**折，断** shé, duàn ショァ, ドワン	break ブレイク
（譲歩）	**迁就，让步** qiānjiù, ràng'bù チエンジウ, ラァンブゥ	give in ギヴ イン
おれんじ **オレンジ** orenji	**橙子** chéngzi チョンヅ	orange オリンヂ
おろかな **愚かな** orokana	**傻，笨** shǎ, bèn シァア, ベン	foolish, silly フーリシュ, スィリ
おろしうり **卸売り** oroshiuri	**批发，批销** pīfā, pīxiāo ピィファァ, ピィシアオ	wholesale ホウルセイル
おろしね **卸値** oroshine	**批发价格** pīfā jiàgé ピィファァ ジアグァ	wholesale price ホウルセイル プライス
おろす **下[降]ろす** orosu	**放下，拿下** fàngxià, náxià ファアンシア, ナシア	take down テイク ダウン
（乗客を）	**让乘客下车** ràng chéngkè xià chē ラァン チョンクァ シア チョア	drop ドラプ
おわり **終わり** owari	**末尾，结局** mòwěi, jiéjú モォウェイ, ジエジュィ	end, close エンド, クロウズ

日	中	英
終わる owaru	结束，完毕 jiéshù, wánbì ジエシュウ，ワンビィ	end, close エンド，クロウズ
恩 on	恩情，恩惠 ēnqíng, ēnhuì エンチィン，エンホゥイ	obligation アブリゲイション
音楽 ongaku	音乐 yīnyuè インユエ	music ミュージク
～家	音乐家 yīnyuèjiā インユエジア	musician ミューズィシャン
音感 onkan	音感 yīngǎn インガン	sense of pitch センス オヴ ピチ
音響 onkyou	音响 yīnxiǎng インシアン	sound サウンド
恩恵 onkei	恩惠，雨露 ēnhuì, yǔlù エンホゥイ，ユイルゥ	favor, benefit フェイヴァ，ベネフィト
穏健な onkenna	稳健 wěnjiàn ウェンジエン	moderate マダレト
温厚な onkouna	温厚，敦厚 wēnhòu, dūnhòu ウェンホウ，ドゥンホウ	gentle チェントル
温室 onshitsu	温室，暖房 wēnshì, nuǎnfáng ウェンシー，ヌワンファァン	greenhouse グリーンハウス
恩人 onjin	恩人 ēnrén エンレン	benefactor ベネファクタ
温水 onsui	温水 wēnshuǐ ウェンシュイ	warm water ウォーム ウォータ
音声 onsei	声音，语音 shēngyīn, yǔyīn ションイン，ユィイン	voice, sound ヴォイス，サウンド
温泉 onsen	温泉 wēnquán ウェンチュエン	hot spring, spa ハト スプリング，スパー

日	中	英
おんたい **温帯** ontai	**温带** wēndài ウェンダイ	Temperate Zone テンペレト ゾウン
おんだんな **温暖な** ondanna	**温暖，温和** wēnnuǎn, wēnhé ウェンヌワン，ウェンホァァ	warm, mild **ウォ**ーム，**マ**イルド
おんち **音痴** onchi	**左嗓子，走调** zuǒsǎngzi, zǒudiào ヅゥオサァンヅ，ゾゥウディアオ	tone deafness **トゥ**ン デフネス
おんど **温度** ondo	**温度** wēndù ウェンドゥ	temperature **テ**ンパラチャ
〜計	**温度计，寒暑表** wēndùjì, hánshǔbiǎo ウェンドゥジィ，ハンシュウビアオ	thermometer サ**マ**メタ
おんな **女** onna	**女的，妇女** nǚ de, fùnǚ ニュィ ダ，フゥニュィ	woman, female **ウ**マン，**フィ**ーメイル
おんなのこ **女の子** onnanoko	**女孩儿** nǚháir ニュィハル	girl **ガ**ール
おんぷ **音符** onpu	**音符** yīnfú インフゥ	(musical) note （ミューズィカル）**ノ**ウト
おんぶする **おんぶする** onbusuru	**背** bēi ペイ	carry on *one's* back **キャ**リ オン **パ**ク
おんらいん(の) **オンライン(の)** onrain (no)	**联机，联网** liánjī, liánwǎng リエンジィ，リエンワァン	on-line **オ**ンライン
おんわな **穏和な** onwana	**温和，柔和** wēnhé, róuhé ウェンホァァ，ロゥホァァ	gentle, mild **チェ**ントル，**マ**イルド

日	中	英

か, カ

か **蚊** ka	〔只〕蚊子 〔zhǐ〕wénzi 〔ヂー〕ウェンヅ	mosquito モスキートウ
か **科** ka	**科** kē クァ	family **ファ**ミリ
（学科の分科）	**系** xì シィ	department ディパートメント
（学校の学科・課程）	**课, 课程** kè, kèchéng クァ, クァチョン	course コース
か **課** ka	**科** kē クァ	section, division セクション, ディヴィジョン
（教科書などの一区切 り・章）	**课** kè クァ	lesson レスン
かーそる **カーソル** kaasoru	**光标** guāngbiāo グアンビアオ	cursor カーサ
かーでぃがん **カーディガン** kaadigan	〔件〕对襟毛衣 〔jiàn〕duìjīn máoyī 〔ジエン〕ドゥイジン マオイー	cardigan カーディガン
かーてん **カーテン** kaaten	〔块〕窗帘, 帘子 〔kuài〕chuānglián, liánzi 〔クアイ〕チュアンリエン, リエンヅ	curtain カートン
かーど **カード** kaado	〔张〕卡片 〔zhāng〕kǎpiàn 〔ヂァァン〕カピエン	card カード
がーどまん **ガードマン** gaadoman	**警卫** jǐngwèi ジィンウェイ	guard ガード
がーどれーる **ガードレール** gaadoreeru	**护栏** hùlán ホゥラン	guardrail ガードレイル
かーぶ **カーブ** kaabu	**弯子** wānzi ワンヅ	curve, turn カーヴ, ターン

日	中	英
かーぺっと **カーペット** kaapetto	〔块〕**地毯** 〔kuài〕dìtǎn 〔クアイ〕ディータン	carpet カーペト
がーるふれんど **ガールフレンド** gaarufurendo	**女朋友** nǚpéngyou ニュイポンヨウ	girlfriend ガールフレンド
かい **会** kai	〔次〕**会，会议** 〔cì〕huì, huìyì 〔ツー〕ホウイ，ホウイイー	meeting, party ミーティング，パーティ
かい **回** kai	**次，回** cì, huí ツー，ホウイ	time タイム
（競技・野球）	**局** jú ジュイ	round, inning ラウンド，イニング
かい **貝** kai	**贝** bèi ベイ	shellfish シェルフィシュ
がい **害** gai	**害，危害** hài, wēihài ハイ，ウェイハイ	harm, damage ハーム，ダミヂ
がいあつ **外圧** gaiatsu	**外来压力** wàilái yālì ワイライ ヤァリィ	foreign pressure フォーリン プレシャ
かいいん **会員** kaiin	**会员** huìyuán ホウイユエン	member メンバ
かいえん **開演** kaien	**开演** kāiyǎn カイイエン	opening オウプニング
かいおうせい **海王星** kaiousei	**海王星** hǎiwángxīng ハイワンシィン	Neptune ネプテューン
かいが **絵画** kaiga	**绘画** huìhuà ホウイホア	picture, painting ピクチャ，ペインティング
かいかい(する) **開会(する)** kaikai (suru)	**开会** kāi'huì カイホウイ	opening; open オウプニング，オウプン
かいがい **海外** kaigai	**海外，国外** hǎiwài, guówài ハイワイ，グゥオワイ	foreign countries フォーリン カントリズ

日	中	英
かいかく(する) **改革(する)** kaikaku (suru)	改革 gǎigé ガイグァ	reform, innovation; innovate リ**フォ**ーム, イノ**ヴェ**イション, **イノ**ヴェイト
かいかつな **快活な** kaikatsuna	快活 kuàihuo クアイホゥア	cheerful **チ**アフル
かいかん **会館** kaikan	会馆, 会堂 huìguǎn, huìtáng ホゥイグワン, ホゥイタァン	hall **ホ**ール
かいかん(する) **開館(する)** kaikan (suru)	开门 kāimén カイメン	opening; open **オ**ウプニング, **オ**ウプン
～時間	开门时间 kāimén shíjiān カイメン シージエン	opening time **オ**ウプニング **タ**イム
かいがん **海岸** kaigan	海岸, 海边 hǎi'àn, hǎibiān ハイアン, ハイビエン	seashore, coast **ス**ィーショー, **コ**ウスト
がいかん **外観** gaikan	外表, 外观 wàibiǎo, wàiguān ワイビアオ, ワイグワン	appearance ア**ピ**アランス
かいぎ(する) **会議(する)** kaigi (suru)	会议 huìyì ホゥイイー	meeting, conference **ミ**ーティング, **カ**ンファレンス
かいきゅう **階級** kaikyuu	阶级 jiējí ジエジィ	class, rank ク**ラ**ス, **ラ**ンク
かいきょう **海峡** kaikyou	海峡 hǎixiá ハイシア	strait, channel スト**レ**イト, **チ**ャネル
かいぎょう(する) **開業(する)** kaigyou (suru)	开办, 开业 kāibàn, kāi'yè カイバン, カイイエ	starting business ス**タ**ーティング **ビ**ズネス
かいぐん **海軍** kaigun	海军 hǎijūn ハイジュィン	navy **ネ**イヴィ
かいけい **会計** kaikei	会计 kuàijì クアイジィ	account, finance ア**カ**ウント, フィ**ナ**ンス

日	中	英
〜士	会计师 kuàijìshī クアイジィシー	accountant アカウンタント
かいけつ(する) **解決(する)** kaiketsu (suru)	解决 jiějué ジエジュエ	settlement; settle **セ**トルメント, **セ**トル
かいけん(する) **会見(する)** kaiken (suru)	会见，接见 huìjiàn, jiējiàn ホウイジエン，ジエジエン	interview **イ**ンタヴュー
がいけん **外見** gaiken	外观，外貌 wàiguān, wàimào ワイグワン，ワイマオ	appearance アピアランス
かいご **介護** kaigo	护理 hùlǐ ホウリィ	care **ケ**ア
かいごう **会合** kaigou	集会，聚会 jíhuì, jùhuì ジィホウイ，ジュイホウイ	meeting, gathering **ミ**ーティング, **ギャ**ザリング
がいこう **外交** gaikou	外交 wàijiāo ワイジアオ	diplomacy ディ**プロ**ウマスィ
〜官	外交官 wàijiāoguān ワイジアオグワン	diplomat **ディ**プロマト
がいこく **外国** gaikoku	外国 wàiguó ワイグゥオ	foreign country **フォ**ーリン **カ**ントリ
〜人	外国人 wàiguórén ワイグゥオレン	foreigner **フォ**ーリナ
かいさい(する) **開催(する)** kaisai (suru)	举办，举行 jǔbàn, jǔxíng ジュイバン，ジュイシィン	hold, open **ホ**ウルド, **オ**ウプン
かいさつぐち **改札口** kaisatsuguchi	检票口 jiǎnpiàokǒu ジエンピアオコウ	ticket gate **ティ**ケト **ゲ**イト
かいさん(する) **解散(する)** kaisan (suru)	散会 sàn'huì サンホウイ	breakup ブ**レ**イカプ
がいさん **概算** gaisan	概算 gàisuàn ガイスワン	rough estimate **ラ**フ エ**ス**ティメト

日	中	英
かいさんぶつ **海産物** kaisanbutsu	**海产品** hǎichǎnpǐn ハイチャンピン	marine products マリーン プラダクツ
かいし(する) **開始(する)** kaishi (suru)	**开始** kāishǐ カイシィ	start; start, begin, open スタート, スタート, ビギン, オウプン
かいしめる **買い占める** kaishimeru	**包购, 囤积** bāogòu, túnjī パオゴウ, トゥンジィ	buy up, corner バイ アプ, コーナ
かいしゃ **会社** kaisha	**公司** gōngsī ゴンスー	company, corporation カンパニ, コーポレイション
～員	**公司职员** gōngsī zhíyuán ゴンスー デーユエン	office worker オーフィス ワーカ
かいしゃく(する) **解釈(する)** kaishaku (suru)	**解释** jiěshì ジエシー	interpretation; interpret インタープリテイション, インタープリト
かいしゅう(する) **回収(する)** kaishuu (suru)	**收回, 回收** shōuhuí, huíshōu ショウホゥイ, ホゥイショウ	recovery; collect リカヴァリ, コレクト
かいしゅう(する) **改修(する)** kaishuu (suru)	**改建, 改修** gǎijiàn, gǎixiū ガイジエン, ガイシウ	repair リペア
がいしゅつ(する) **外出(する)** gaishutsu (suru)	**出门, 出去** chū'mén, chūqù チュウメン, チュウチュィ	go out ゴウ アウト
かいじょ **介助** kaijo	**扶助** fúzhù フゥヂュウ	care ケア
かいじょ(する) **解除(する)** kaijo (suru)	**解除, 撤消** jiěchú, chèxiāo ジエチュウ, チョァシアオ	cancellation; cancel キャンセレイション, キャンセル
かいじょう **会場** kaijou	**会场** huìchǎng ホゥイチャァン	meeting place ミーティング プレイス
かいじょう **海上** kaijou	**海上** hǎishàng ハイシャァン	marine マリーン

日	中	英
がいしょく（する） **外食（する）** gaishoku (suru)	**外出吃饭** wàichū chīfàn ワイチュウ チーファン	eat out イート アウト
かいすい **海水** kaisui	**海水** hǎishuǐ ハイシュイ	sea water スィー ウォータ
～浴	**海水浴** hǎishuǐyù ハイシュイユィ	sea bathing スィー ベイズィング
かいすう **回数** kaisuu	**次数** cìshù ツーシュウ	number of times ナンバ オヴ タイムズ
～券	**本票** běnpiào ベンピアオ	commutation ticket カミュテイション ティケット
がいする **害する** gaisuru	**害，伤害** hài, shānghài ハイ，シャァンハイ	injure インヂャ
かいせい **快晴** kaisei	**晴朗** qínglǎng チンラァン	fine weather ファイン ウェザ
かいせい（する） **改正（する）** kaisei (suru)	**修正，改正** xiūzhèng, gǎizhèng シウヂョン，ガイヂョン	revision; revise リヴィジョン，リヴァイズ
かいせつ（する） **解説（する）** kaisetsu (suru)	**讲解，说明** jiǎngjiě, shuōmíng ジアンジエ，シュオミン	explanation; explain エクスプラネイション，イクスプレイン
かいぜん（する） **改善（する）** kaizen (suru)	**改善，改进** gǎishàn, gǎijìn ガイシャン，ガイジン	improvement; improve インプルーヴメント，インプルーヴ
かいそう **海草** kaisou	**海藻** hǎizǎo ハイヅァオ	seaweed スィーウィード
かいそう **階層** kaisou	**阶层** jiēcéng ジエツン	class, stratum クラス，ストレイタム
かいそう（する） **回送（する）** kaisou (suru)	**转送，转寄** zhuǎnsòng, zhuǎnjì デュワンソン，デュワンジィ	sending on センディング オン

日	中	英
かいぞう **改造** kaizou	**改造** gǎizào ガイヅァオ	reconstruction リーコンストラクション
かいそく **快速** kaisoku	**快速，高速** kuàisù, gāosù クアイスゥ, ガオスゥ	high speed ハイ スピード
～列車	**快车** kuàichē クアイチョァ	fast train ファスト トレイン
かいぞく **海賊** kaizoku	**海盗** hǎidào ハイダオ	pirate パイアレト
～版	**盗版** dàobǎn ダオバン	pirated edition パイアレイテド イディション
かいたく(する) **開拓(する)** kaitaku (suru)	**开垦，开拓** kāikěn, kāituò カイケン, カイトゥオ	cultivation; open up カルティヴェイション, オープン アプ
かいだん **階段** kaidan	**楼梯** lóutī ロウティー	stairs ステアズ
かいだん(する) **会談(する)** kaidan (suru)	**会谈** huìtán ホゥイタン	talk, conference トーク, カンファレンス
かいちく(する) **改築(する)** kaichiku (suru)	**改建，重建** gǎijiàn, chóngjiàn ガイジエン, チョンジエン	rebuilding リービルディング
がいちゅう **害虫** gaichuu	〔只〕**害虫** 〔zhī〕hàichóng 〔ヂー〕ハイチォン	harmful insect, vermin ハームフル インセクト, ヴァーミン
かいちゅうでんとう **懐中電灯** kaichuudentou	**手电筒** shǒudiàntǒng ショウディエントン	flashlight フラシュライト
かいつう(する) **開通(する)** kaitsuu (suru)	**开通** kāitōng カイトン	(be) opened to traffic (ビ) オウプンド トゥトラフィク
かいて **買い手** kaite	**买主，买方** mǎizhǔ, mǎifāng マイヂュウ, マイファァン	buyer バイア

日	中	英
かいてい(する) **改定(する)** kaitei (suru)	**修改，改定** xiūgǎi, gǎidìng シウガイ，ガイディン	revision; revise リヴィジョン，リヴァイズ
かいてい(する) **改訂(する)** kaitei (suru)	**修订** xiūdìng シウディン	revision; revise リヴィジョン，リヴァイズ
かいてきな **快適な** kaitekina	**舒适，舒服** shūshì, shūfu シュウシー，シュウフ	agreeable, comfortable アグリーアブル，カンフォタブル
かいてん(する) **回転(する)** kaiten (suru)	**旋转，转动** xuánzhuǎn, zhuàndòng シュエンヂュワン，ヂュワンドン	turn ターン
かいてん(する) **開店(する)** kaiten (suru)	**开店，开张** kāi'diàn, kāizhāng カイディエン，カイヂャアン	opening; open オウプニング，オウプン
がいど **ガイド** gaido	**向导，导游** xiàngdǎo, dǎoyóu シアンダオ，ダオヨウ	guide ガイド
～ブック	**指南，参考手册** zhǐnán, cānkǎo shǒucè ヂーナン，ツァンカオ ショウツゥァ	guidebook ガイドブク
～ライン	**指导方针** zhǐdǎo fāngzhēn ヂーダオ ファアンヂェン	guidelines ガイドラインズ
かいとう **解答** kaitou	**解答，答案** jiědá, dá'àn ジエダァ，ダアアン	answer, resolution アンサ，レゾルーション
～する	**解答，回答** jiědá, huídá ジエダァ，ホウイダァ	answer, solve アンサ，サルヴ
かいとう(する) **回答(する)** kaitou (suru)	**回答，答复** huídá, dáfu ホウイダァ，ダフ	reply; reply to リプライ，リプライ トゥ
がいとう **街灯** gaitou	**街灯，路灯** jiēdēng, lùdēng ジエデゥン，ルゥデゥン	streetlight ストリートライト
かいどく(する) **解読(する)** kaidoku (suru)	**解码，解读** jiěmǎ, jiědú ジエマァ，ジエドゥ	decipherment; decipher ディサイファメント，ディサイファ

日	中	英
かいなんきゅうじょ **海難救助** kainankyuujo	**海难救助** hǎinàn jiùzhù ハイナン ジウヂュウ	sea rescue スィー レスキュー
かいにゅう(する) **介入(する)** kainyuu (suru)	**介入，干预** jièrù, gānyù ジエルゥ, ガンユィ	intervention; intervene インタヴェンション, インタヴィーン
がいねん **概念** gainen	**概念，观念** gàiniàn, guānniàn ガイニエン, グワンニエン	notion, concept ノウション, **カ**ンセプト
かいばしら **貝柱** kaibashira	**闭壳肌** bìkéjī ビィクァジィ	scallop ス**カ**ラプ
かいはつ(する) **開発(する)** kaihatsu (suru)	**开发** kāifā カイファア	development; develop ディ**ヴェ**ロプメント, ディ**ヴェ**ロプ
かいばつ **海抜** kaibatsu	**海拔** hǎibá ハイバァ	above the sea アバヴ ザ スィー
かいひ **会費** kaihi	**会费** huìfèi ホゥイフェイ	(membership) fee (メンバシプ) フィー
がいぶ **外部** gaibu	**外部，外界** wàibù, wàijiè ワイブゥ, ワイジエ	outside アウト**サ**イド
かいふく(する) **回復(する)** kaifuku (suru)	**恢复** huīfù ホゥイフゥ	recovery; recover リ**カ**ヴァリ, リ**カ**ヴァ
かいほう(する) **解放(する)** kaihou (suru)	**解放** jiěfàng ジエファァン	liberation リバ**レ**イション
かいほう(する) **開放(する)** kaihou (suru)	**开放** kāifàng カイファァン	opening; open **オ**ウプニング, **オ**ウプン
かいまく(する) **開幕(する)** kaimaku (suru)	**开幕，开场** kāi'mù, kāi'chǎng カイムゥ, カイチャァン	opening; open **オ**ウプニング, **オ**ウプン
がいむ **外務** gaimu	**外交，外事** wàijiāo, wàishì ワイジアオ, ワイシー	foreign affairs **フォ**ーリン ア**フェ**アズ

日	中	英
〜省	**外交部** wàijiāobù ワイジアオブゥ	Ministry of Foreign Affairs ミニストリ オヴ **フォー**リン ア**フェ**アズ
〜大臣	**外交部长** wàijiāo bùzhǎng ワイジアオ ブゥヂャァン	Minister of Foreign Affairs ミニスタ オヴ **フォー**リン ア**フェ**アズ
かいもの **買い物** kaimono	**购物，买东西** gòuwù, mǎi dōngxi ゴウゥゥ, マイ ドンシ	shopping **シャ**ピング
かいやく（する） **解約（する）** kaiyaku (suru)	**解约** jiě'yuē ジエユエ	cancellation; cancel キャンセ**レ**イション, **キャン**セル
がいよう **概要** gaiyou	**概要，概略** gàiyào, gàilüè ガイヤオ, ガイリュエ	outline, summary **ア**ウトライン, **サ**マリ
がいらいご **外来語** gairaigo	**外来语** wàiláiyǔ ワイライユィ	loan-word **ロ**ウンワード
がいりゃく **概略** gairyaku	**概略，要略** gàilüè, yàolüè ガイリュエ, ヤオリュエ	outline, summary **ア**ウトライン, **サ**マリ
かいりゅう **海流** kairyuu	**海流** hǎiliú ハイリウ	current **カ**ーレント
かいりょう（する） **改良（する）** kairyou (suru)	**改良，改进** gǎiliáng, gǎijìn ガイリアン, ガイジン	improvement, reform インプ**ルー**ヴメント, リ**フォ**ーム
かいろ **回路** kairo	**线路，回路** xiànlù, huílù シエンルゥ, ホゥイルゥ	circuit **サ**ーキト
かいわ（する） **会話（する）** kaiwa (suru)	**会话，谈话** huìhuà, tán'huà ホゥイホア, タンホア	conversation; talk カンヴァ**セ**イション, **ト**ーク
かう **買う** kau	**买** mǎi マイ	buy, purchase **バ**イ, **パ**ーチェス
（認める）	**器重** qìzhòng チィヂォン	appreciate アプ**リー**シエイト

日	中	英
かう **飼う** kau	**饲养** sìyǎng スーヤン	keep, raise **キープ**, **レイズ**
かうんせらー **カウンセラー** kaunseraa	**生活顾问** shēnghuó gùwèn ションホゥオ グゥウェン	counselor **カ**ウンセラ
かうんたー **カウンター** kauntaa	**柜台** guìtái グゥイタイ	counter **カ**ウンタ
かえす **返す** kaesu	**还, 退** huán, tuì ホワン, トゥイ	return, send back リターン, **センド バク**
かえって **却って** kaette	**反倒, 反而** fǎndào, fǎn'ér ファンダオ, ファンアル	on the contrary オン ザ **カ**ントレリ
かえり **帰り** kaeri	**回家, 回来** huíjiā, huílái ホゥイジア, ホゥイライ	return リターン
かえりみる **省みる** kaerimiru	**反思, 反省** fǎnsī, fǎnxǐng ファンスー, ファンシィン	reflect upon リフレクト アポン
かえりみる **顧みる** kaerimiru	**回顾, 回想** huígù, huíxiǎng ホゥイグゥ, ホゥイシアン	look back ルク バク
かえる **蛙** kaeru	〔只〕**青蛙, 田鸡** 〔zhī〕qīngwā, tiánjī 〔チー〕チンワァ, ティエンジィ	frog フローグ
かえる **変える** kaeru	**改变** gǎibiàn ガイビエン	change **チェ**インヂ
かえる **換える** kaeru	**换** huàn ホワン	exchange, replace イクス**チェ**インヂ, リプレイス
かえる **帰る** kaeru	**回家** huíjiā ホゥイジア	come home, go home カム **ホ**ゥム, ゴゥ **ホ**ゥム
かえる **返る** kaeru	**回去, 返回** huíqù, fǎnhuí ホゥイチュイ, ファンホゥイ	return, come back リターン, カム バク
かお **顔** kao	**脸, 面孔** liǎn, miànkǒng リエン, ミエンコン	face, look フェイス, ルク

日	中	英
かおいろ **顔色** kaoiro	**脸色** liǎnsè リエンスァ	complexion コンプレクション
かおり **香り** kaori	**香味儿** xiāngwèir シアンウェル	smell, fragrance スメル, フレイグランス
かおる **香[薫]る** kaoru	**散发香味儿** sànfā xiāngwèir サンファア シアンウェル	(be) fragrant (ビ) フレイグラント
がか **画家** gaka	**画家** huàjiā ホアジア	painter ペインタ
かがいしゃ **加害者** kagaisha	**加害者** jiāhàizhě ジアハイヂョァ	assailant アセイラント
かかえる **抱える** kakaeru	**抱, 搂** bào, lǒu パオ, ロウ	hold in *one's* arms **ホ**ウルド イン **ア**ームズ
かかく **価格** kakaku	**价格** jiàgé ジアグァ	price, value プ**ラ**イス, **ヴァ**リュ
かがく **化学** kagaku	**化学** huàxué ホアシュエ	chemistry ケミストリ
かがく **科学** kagaku	**科学** kēxué クァシュエ	science **サ**イエンス
〜者	〔位〕**科学家** 〔wèi〕kēxuéjiā 〔ウェイ〕クァシュエジア	scientist **サ**イエンティスト
かかげる **掲げる** kakageru	**悬挂, 举起** xuánguà, jǔqǐ シュエングア, ジュイチィ	hoist **ホ**イスト
かかと **踵** kakato	**脚跟** jiǎogēn ジアオゲン	heel ヒール
かがみ **鏡** kagami	〔面〕**镜子** 〔miàn〕jìngzi 〔ミエン〕ジンヅ	mirror, glass ミラ, グ**ラ**ス
かがむ **屈む** kagamu	**蹲** dūn ドゥン	stoop ストゥープ

日	中	英
かがやかしい **輝かしい** kagayakashii	**輝煌，灿烂** huīhuáng, cànlàn ホウイホアン，ツァンラン	brilliant ブリリアント
かがやき **輝き** kagayaki	**光辉，光泽** guānghuī, guāngzé グアンホウイ，グアンヅァ	brilliance ブリリアンス
かがやく **輝く** kagayaku	**闪耀，发光** shǎnyào, fāguāng シャンヤオ，ファアグアン	shine, glitter シャイン，グリタ
かかりいん **係員** kakariin	**工作人员，负责人** gōngzuò rényuán, fùzérén ゴンヅゥオ レンユエン，フゥヅゥァレン	person in charge of パースン イン **チャーヂ** オ ヴ
かかる **掛かる** kakaru	**悬，挂** xuán, guà シュエン，グア	hang on ハング オン
（金が）	**花，花费** huā, huāfèi ホア，ホアフェイ	cost **コ**スト
（時間が）	**花，花费** huā, huāfèi ホア，ホアフェイ	take **テ**イク
かかわらず **かかわらず** kakawarazu	**不管，不论** bùguǎn, búlùn ブグワン，ブゥルゥン	in spite of イン スパイト オヴ
かかわる **関[係]わる** kakawaru	**关涉，涉及** guānshè, shèjí グワンショァ，ショァジィ	(be) concerned in （ビ） コンサーンド イン
かき **牡蠣** kaki	**牡蛎** mǔlì ムゥリィ	oyster **オ**イスタ
かき **柿** kaki	**柿子** shìzi シーヅ	persimmon パー**スィ**モン
かき **夏期[季]** kaki	**夏季，暑期** xiàjì, shǔqī シアジィ，シュウチィ	summer **サ**マ
かぎ **鍵** kagi	**〔把〕钥匙** 〔bǎ〕yàoshi 〔バァ〕ヤオシ	key **キ**ー

日	中	英
かきかえる **書き換える** kakikaeru	**改写** gǎixiě ガイシエ	rewrite リーライト
かきとめる **書き留める** kakitomeru	**记下** jìxià ジィシア	write down ライト ダウン
かきとり **書き取り** kakitori	**听写** tīngxiě ティンシエ	dictation ディク**テイ**ション
かきとる **書き取る** kakitoru	**记下，抄录** jìxià, chāolù ジィシア，チャオルゥ	write down ライト ダウン
かきなおす **書き直す** kakinaosu	**改写** gǎixiě ガイシエ	rewrite リーライト
かきまぜる **かき混ぜる** kakimazeru	**搅拌，搅和** jiǎobàn, jiǎohuo ジアオバン，ジアオホゥオ	mix up ミクス **ア**プ
かきまわす **掻き回す** kakimawasu	**搅，搅拌** jiǎo, jiǎobàn ジアオ，ジアオバン	stir スター
かきゅう **下級** kakyuu	**下级，下等** xiàjí, xiàděng シアジィ，シアデゥン	lower class ロゥア クラス
かぎょう **家業** kagyou	**家传行业** jiāchuán hángyè ジアチュワン ハァンイエ	family business ファミリ ビズネス
かぎり **限り** kagiri	**限度，界限** xiàndù, jièxiàn シエンドゥ，ジエシエン	limit リミト
かぎる **限る** kagiru	**限于，限制** xiànyú, xiànzhì シエンュィ，シエンヂー	limit リミト
かく **各** kaku	**各，每** gè, měi グァ，メイ	each **イ**ーチ
かく **角** （角度） kaku	**角** jiǎo ジアオ	angle **ア**ングル
（四角）	**方形** fāngxíng ファアンシィン	square スク**ウェ**ア

日	中	英
<ruby>核<rt>かく</rt></ruby> （芯） kaku	核 hé ホォア	kernel, core カーネル, コー
（原子核）	核, 原子核 hé, yuánzǐhé ホォア, ユエンヅーホォア	nucleus ニュークリアス
～兵器	核武器 héwǔqì ホォアウウチイ	nuclear weapon ニュークリア ウェポン
<ruby>書<rt>かく</rt></ruby>く kaku	写 xiě シエ	write ライト
（詩・文章を）	作, 写作 zuò, xiězuò ヅゥオ, シエヅゥオ	compose コンポウズ
（絵を）	画 huà ホア	draw, paint ドロー, ペイント
<ruby>掻<rt>かく</rt></ruby>く kaku	挠, 搔 náo, sāo ナオ, サオ	scratch, rake スクラチ, レイク
（水を）	划 huá ホア	paddle パドル
<ruby>家具<rt>かぐ</rt></ruby> kagu	〔件〕家具 (jiàn) jiājù 〔ジエン〕ジアジュイ	furniture ファーニチャ
<ruby>嗅<rt>かぐ</rt></ruby>ぐ kagu	闻, 嗅 wén, xiù ウェン, シウ	smell, sniff スメル, スニフ
<ruby>額<rt>がく</rt></ruby> gaku	框, 额 kuàng, é クアン, ウァ	frame フレイム
（金額）	额, 金额 é, jīn'é ウァ, ジンウァ	amount, sum アマウント, サム
<ruby>学位<rt>がくい</rt></ruby> gakui	学位 xuéwèi シュエウェイ	degree ディグリー
<ruby>架空<rt>かくう</rt></ruby>(の) kakuu (no)	虚构, 空想 xūgòu, kōngxiǎng シュィゴウ, コンシアン	imaginary イマヂネリ

日	中	英
かくえきていしゃ **各駅停車** kakuekiteisha	**慢车** mànchē マンチョア	local train ロウカル トレイン
がくげい **学芸** gakugei	**文艺** wényì ウェンイー	arts and sciences アーツ アンド サイエンセズ
かくご **覚悟** kakugo	**决心，思想准备** juéxīn, sīxiǎng zhǔnbèi ジュエシン，スーシアン ヂュンペイ	preparedness プリペアドネス
～する	**下决心** xià juéxīn シア ジュエシン	(be) prepared for (ビ) プリペアド フォ
かくさ **格差** kakusa	**差别，差距** chābié, chājù チャアビエ，チャアジュィ	difference, gap ディファレンス，ギャプ
かくじ **各自** kakuji	**各自** gèzì グァツー	each イーチ
かくじつな **確実な** kakujitsuna	**确实，肯定** quèshí, kěndìng チュエシー，ケンディン	sure, certain シュア，サートン
がくしゃ **学者** gakusha	〔位〕**学者** 〔wèi〕xuézhě 〔ウェイ〕シュエヂョア	scholar スカラ
がくしゅう **学習** gakushuu	**学习** xuéxí シュエシィ	learning ラーニング
～する	**学，学习** xué, xuéxí シュエ，シュエシィ	study, learn スタディ，ラーン
がくじゅつ **学術** gakujutsu	**学术** xuéshù シュエシュウ	learning ラーニング
かくす **隠す** kakusu	**藏，隐藏** cáng, yǐncáng ツァァン，インツァァン	hide, conceal ハイド，コンスィール
(秘密にする)	**保密，隐秘** bǎomì, yǐnmì バオミィ，インミィ	hide, conceal ハイド，コンスィール
がくせい **学生** gakusei	**学生** xuésheng シュエション	student ステューデント

日	中	英

～証
かくせいざい
覚醒剤
kakuseizai

がくせつ
学説
gakusetsu

かくだい(する)
拡大(する)
kakudai (suru)

かくち
各地
kakuchi

かくちょう(する)
拡張(する)
kakuchou (suru)

がくちょう
学長
gakuchou

かくてい(する)
確定(する)
kakutei (suru)

かくてる
カクテル
kakuteru

かくど
角度
kakudo

かくとう
格闘
kakutou

かくとく(する)
獲得(する)
kakutoku (suru)

かくにん(する)
確認(する)
kakunin (suru)

〔张〕学生证
〔zhāng〕xuéshēngzhèng
〔ヂャアン〕シュエションヂョン

冰毒
bīngdú
ビィンドゥ

学说
xuéshuō
シュエシュオ

扩大，放大
kuòdà, fàngdà
クゥオダァ，ファァンダァ

各地，到处
gèdì, dàochù
グァディー，ダオチュウ

扩张，扩建
kuòzhāng, kuòjiàn
クゥオヂャアン，クゥオジエン

校长
xiàozhǎng
シアオヂャアン

确定
quèdìng
チュエディン

〔杯〕鸡尾酒
〔bēi〕jīwěijiǔ
〔ペイ〕ジィウェイジウ

角度
jiǎodù
ジアオドゥ

格斗，搏斗
gédòu, bódòu
グァドウ，ボォドウ

获得，取得
huòdé, qǔdé
ホゥオドゥア，チュイドゥア

确认
quèrèn
チュエレン

---

student's ID card
ステューデンツ アイディー
カード

stimulant drug
スティミュラント ドラグ

doctrine, theory
ダクトリン，スィオリ

magnification;
magnify
マグニフィケイション，マグ
ニファイ

each place
イーチ プレイス

extension; extend
イクステンション，イクステ
ンド

president
プレズィデント

decision; decide
ディスィジョン，ディサイド

cocktail
カクテイル

angle
アングル

fight
ファイト

acquisition; ac-
quire
アクウィズィション，アクワ
イア

confirmation; con-
firm
カンファメイション，コン
ファーム

日	中	英
がくねん **学年** gakunen	年级，学年 niánjí, xuénián ニエンジィ，シュエニエン	school year スクール イヤ
がくひ **学費** gakuhi	学费 xuéfèi シュエフェイ	school expenses スクール イクスペンセズ
がくふ **楽譜** gakufu	乐谱，歌谱 yuèpǔ, gēpǔ ユエプゥ，グァプゥ	music, score ミューズィク，スコー
がくぶ **学部** gakubu	系，学院 xì, xuéyuàn シィ，シュエユエン	faculty ファカルティ
かくほ(する) **確保(する)** kakuho (suru)	确保 quèbǎo チュエバオ	reservation; secure レザヴェイション，スィキュア
かくまく **角膜** kakumaku	角膜 jiǎomó ジアオモォ	cornea コーニア
かくめい **革命** kakumei	革命 gé'mìng グァミィン	revolution レヴォルーション
がくもん **学問** gakumon	〔门〕学问 〔mén〕xuéwen 〔メン〕シュエウェン	learning, study ラーニング，スタディ
かくやすの **格安の** kakuyasuno	廉价，特价 liánjià, tèjià リエンジア，トゥアジア	cheap チープ
かくりつ **確率** kakuritsu	概率 gàilǜ ガイリュィ	probability プラバビリティ
かくりつ(する) **確立(する)** kakuritsu (suru)	确立 quèlì チュエリィ	establishment; establish イスタブリシュメント，イスタブリシュ
がくりょく **学力** gakuryoku	学力 xuélì シュエリィ	scholarship スカラシプ
がくれき **学歴** gakureki	学历 xuélì シュエリィ	school career スクール カリア

日	中	英
かくれる **隠れる** kakureru	藏，躲藏 cáng, duǒcáng ツァアン, ドゥオツァアン	hide *oneself* ハイド
がくわり **学割** gakuwari	学生优惠 xuésheng yōuhuì シュエション ヨウホゥイ	reduced fee for students リデュースト **フィー** フォ ス **テュー**デンツ
かけ **賭け** kake	赌 dǔ ドゥ	gambling **ギャ**ンブリング
かげ **陰** kage	背阴，荫凉处 bèiyīn, yìnliángchù ペイイン, インリアンチュウ	shade **シェ**イド
かげ **影** kage	影，影子 yǐng, yǐngzi イイン, イインヅ	shadow, silhouette **シャ**ドウ, スィルー**エ**ト
がけ **崖** gake	悬崖，峭壁 xuányá, qiàobì シュエンヤァ, チアオビィ	cliff ク**リ**フ
かけい **家計** kakei	家计，家庭经济 jiājì, jiātíng jīngjì ジアジィ, ジアティン ジィンジィ	household economy ハウスホウルド イ**カ**ノミ
かけざん **掛け算** kakezan	乘法 chéngfǎ チョンファア	multiplication マルティプリ**ケ**イション
かけつ(する) **可決(する)** kaketsu (suru)	通过 tōngguò トングゥオ	approval; approve アプ**ルー**ヴァル, アプ**ルー**ヴ
かけね **掛け値** kakene	谎价 huǎngjià ホアンジア	overcharge オウヴァ**チャー**ヂ
かけひき **駆け引き** kakehiki	策略，讨价还价 cèlüè, tǎo jià huán jià ツァリュエ, タオ ジア ホワン ジア	tactics **タ**クティクス
かけぶとん **掛け布団** kakebuton	〔张〕被子，被窝儿 〔zhāng〕bèizi, bèiwōr 〔ヂァァン〕ペイヅ, ペイウオル	quilt, comforter ク**ウィ**ルト, **カ**ンフォタ
かけら **かけら** kakera	碴儿，片 chár, piàn チャアル, ピエン	fragment フ**ラ**グメント

日	中	英
かける **欠ける** kakeru	缺 quē チュエ	break off ブレイク オフ
（不足する） 	缺少，不够 quēshǎo, búgòu チュエシャオ，ブゴウ	lack ラク
かける **掛ける** kakeru	挂，悬挂 guà, xuánguà グア，シュエングア	hang, suspend ハング，サスペンド
（掛け算） 	乘 chéng チョン	multiply マルティプライ
（時間・金を） 	花 huā ホア	spend スペンド
かける **駆ける** kakeru	跑，奔走 pǎo, bēnzǒu パオ，ベンヅォウ	run ラン
かける **賭ける** kakeru	打赌 dǎdǔ ダアドゥ	bet on ベト オン
かこ **過去** kako	过去，既往 guòqù, jìwǎng グゥオチュイ，ジィワン	past パスト
かご **籠** kago	篮子，篓子，筐子 lánzi, lǒuzi, kuāngzi ランヅ，ロウヅ，クアンヅ	basket, cage バスケト，ケイヂ
かこい **囲い** kakoi	〔道〕篱笆，围墙 〔dào〕líba, wéiqiáng 〔ダオ〕リィバ，ウェイチアン	enclosure, fence インクロウジャ，フェンス
かこう（する） **加工（する）** kakou (suru)	加工 jiāgōng ジアゴン	processing; process プラセシング，プラセス
かごう（する） **化合（する）** kagou (suru)	化合 huàhé ホアホォア	combination; combine カンビネイション，コンバイン
かこむ **囲む** kakomu	围绕，环绕 wéirào, huánrào ウェイラオ，ホワンラオ	surround, enclose サラウンド，インクロウズ

日	中	英
かさ **傘** kasa	〔把〕雨伞 〔bǎ〕yǔsǎn 〔パァ〕ユィサン	umbrella アンブレラ
かさい **火災** kasai	火灾 huǒzāi ホゥオヅァイ	fire **ファイア**
～報知機	火灾报警器 huǒzāi bàojǐngqì ホゥオヅァイ バオジィンチィ	fire alarm **ファイア** アラーム
～保険	火险 huǒxiǎn ホゥオシエン	fire insurance **ファイア** インシュアランス
かさなる **重なる** kasanaru	重重，层层 chóngchóng, céngcéng チォンチォン，ツンツン	(be) piled up (ビ) パイルド **アプ**
（重複する）	重叠，重复 chóngdié, chóngfù チォンディエ，チォンフゥ	overlap オウヴァ**ラプ**
（度重なる）	反复，重复 fǎnfù, chóngfù ファンフゥ，チォンフゥ	(be) repeated (ビ) リピーテド
（祭日などが）	赶在一起，碰在一起 gǎnzài yìqǐ, pèngzài yìqǐ ガンヅァイ イーチィ，ポンヅァイ イーチィ	fall on フォール **オン**
かさねる **重ねる** kasaneru	叠，积累 dié, jīlěi ディエ，ジィレイ	pile up パイル **アプ**
（繰り返す）	反复，重复 fǎnfù, chóngfù ファンフゥ，チォンフゥ	repeat リピート
かさばる **嵩張る** kasabaru	体积大，占地方 tǐjī dà, zhàn dìfang ティージィ ダァ，ヂャン ディーファァン	(be) bulky (ビ) バルキ
かさむ **嵩む** kasamu	增大，增多 zēngdà, zēngduō ヅンダァ，ヅンドゥオ	increase インク**リ**ース
かざり **飾り** kazari	装饰 zhuāngshì デュアンシー	decoration, orna-ment デコレイション，**オー**ナメント

日	中	英
かざる **飾る** kazaru	**装飾，修飾** zhuāngshì, xiūshì デュアンシー，シウシー	decorate, orna-ment デコレイト，**オ**ーナメント
かざん **火山** kazan	**火山** huǒshān ホウオシャン	volcano ヴァル**ケ**イノウ
かし **貸し** kashi	**借出，出租** jièchū, chūzū ジエチュゥ，チュウヅゥ	loan **ロ**ウン
かし **菓子** kashi	**糕点，点心** gāodiǎn, diǎnxin ガオディエン，ディエンシン	confectionery, cake コン**フェ**クショネリ，**ケ**イク
かし **歌詞** kashi	**歌词** gēcí グァツー	words, text, lyrics **ワ**ーヅ，**テ**クスト，**リ**リクス
かじ **火事** kaji	**火灾，火警** huǒzāi, huǒjǐng ホウオヅァイ，ホウオジィン	fire **ファ**イア
かじ **家事** kaji	**家务** jiāwù ジアウゥ	housework **ハ**ウスワーク
かしきり **貸し切り** kashikiri	**包，包租** bāo, bāozū バオ，バオヅゥ	chartered **チャ**ータド
かしこい **賢い** kashikoi	**聪明，贤明** cōngming, xiánmíng ツォンミン，シエンミィン	wise, clever **ワ**イズ，ク**レ**ヴァ
かしだし **貸し出し** kashidashi	**出借，出租** chūjiè, chūzū チュウジエ，チュウヅゥ	lending **レ**ンディング
かしつ **過失** kashitsu	**过失，错误** guòshī, cuòwù グゥオシー，ツゥオウゥ	fault, error **フォ**ールト，**エ**ラ
かしつけ **貸し付け** kashitsuke	**贷款** dàikuǎn ダイクワン	loan, credit **ロ**ウン，ク**レ**ディト
かしみや **カシミヤ** kashimiya	**羊绒，开司米** yángróng, kāisīmǐ ヤンロン，カイスーミィ	cashmere **キャ**ジュミア
かしや **貸し家** kashiya	**出租的房屋，租房** chūzū de fángwū, zūfáng チュウヅゥ ダ ファアンウゥ，ヅゥファアン	house for rent **ハ**ウス フォ **レ**ント

日	中	英
かしゅ **歌手** kashu	**歌手，歌唱家** gēshǒu, gēchàngjiā グァショウ，グァチャァンジア	singer **ス**ィンガ
かじゅあるな **カジュアルな** kajuaruna	**轻便** qīngbiàn チンビエン	casual **キャ**ジュアル
かしょ **箇所** kasho	**地方，处，部分** dìfang, chù, bùfen ディーファァン，チュウ，プゥフェン	part, place, spot **パ**ート，**プレ**イス，スパト
かじょう **過剰** kajou	**过剩** guòshèng グゥオション	excess, surplus イク**セ**ス，**サ**ープラス
かしょくしょう **過食症** kashokushou	**暴食症** bàoshízhèng バオシーヂョン	bulimia ビュ**リ**ーミア
かじる **齧る** kajiru	**啃，咬** kěn, yǎo ケン，ヤオ	gnaw at, nibble at **ノ**ー アト，**ニ**ブル アト
（少し知る）	**一知半解** yì zhī bàn jiě イー ヂー バン ジエ	know a bit of **ノ**ウ ア **ビ**ト オヴ
かす **滓** kasu	**糟粕，渣滓** zāopò, zhāzi ヅァオポォ，ヂァアヅ	dregs ド**レ**グズ
かす **貸す** kasu	**出租，出借** chūzū, chūjiè チュウヅゥ，チュウジエ	lend **レ**ンド
かず **数** kazu	**数码，数目** shùmǎ, shùmù シュウマァ，シュウムゥ	number, figure **ナ**ンバ，**フィ**ギャ
がす **ガス** gasu	**煤气，瓦斯** méiqì, wǎsī メイチィ，ワァスー	gas **ギャ**ス
かすかな **微かな** kasukana	**微微，隐约** wēiwēi, yǐnyuē ウェイウェイ，インユエ	faint, slight **フェ**イント，ス**ラ**イト
かすむ **霞む** kasumu	**下雾** xià wù シア ウゥ	(be) hazy (ビ) **ヘ**イズィ
（目が）	**看不清楚** kànbuqīngchu カンブチンチュ	(be) dim (ビ) **ディ**ム

日	中	英
かする **課する** kasuru	**使负担** shǐ fùdān シー フゥダン	impose インポウズ
かぜ **風** kaze	**风** fēng フォン	wind, breeze **ウ**ィンド，ブ**リ**ーズ
かぜ **風邪** kaze	**感冒** gǎnmào ガンマオ	cold, flu **コ**ウルド，フ**ル**ー
かせい **火星** kasei	**火星** huǒxīng ホゥオシィン	Mars **マ**ーズ
かぜい(する) **課税(する)** kazei (suru)	**课税** kèshuì クァシュイ	taxation タク**セ**イション
かせき **化石** kaseki	〔块〕**化石** 〔kuài〕huàshí 〔クアイ〕ホアシー	fossil **ファ**スィル
かせぐ **稼ぐ** kasegu	**赚钱，挣钱** zhuànqián, zhèngqián デュワンチエン，ヂョンチエン	work, earn **ワ**ーク，**ア**ーン
（時間を）	**拖延时间** tuōyán shíjiān トゥオイエン シージエン	gain **ゲ**イン
かせつ **仮説** kasetsu	**假设，假说** jiǎshè, jiǎshuō ジアショァ，ジアシュオ	hypothesis ハイ**パ**セスィス
かせつ(の) **仮設(の)** kasetsu (no)	**临时** línshí リンシー	temporary **テ**ンポレリ
～住宅	**临时住宅** línshí zhùzhái リンシー ヂュウヂャイ	temporary houses **テ**ンポレリ **ハ**ウゼズ
～する	**临时设置** línshí shèzhì リンシー ショァデー	build temporarily **ビ**ルド テンポ**レ**リリ
かせん **河川** kasen	〔条〕**河川，河流** 〔tiáo〕héchuān, héliú 〔ティアオ〕ホァチュワン，ホァリウ	river **リ**ヴァ
がぞう **画像** gazou	**图像，影像** túxiàng, yǐngxiàng トゥシアン，イィンシアン	picture, image **ピ**クチャ，**イ**ミヂ

日	中	英
かぞえる **数える** kazoeru	**数，算** shǔ, suàn シュウ，スワン	count, calculate **カ**ウント，**キャ**ルキュレイト
かそく(する) **加速(する)** kasoku (suru)	**加速，加快** jiāsù, jiākuài ジアスゥ，ジアクアイ	acceleration; accelerate アクセラ**レ**イション，アク**セ**ラレイト
かぞく **家族** kazoku	**家属，家族** jiāshǔ, jiāzú ジアシュウ，ジアヅゥ	family **ファ**ミリ
がそりん **ガソリン** gasorin	**汽油** qìyóu チィヨウ	gasoline, gas **ギャ**ソリーン，**ギャ**ス
～スタンド	**加油站** jiāyóuzhàn ジアヨウヂャン	gas station **ギャ**ス ス**テ**イション
かた **型・形** kata	**模型，模子** móxíng, múzi モゥシィン，ムゥヅ	pattern **パ**タン
(形状) 	**形状，样子** xíngzhuàng, yàngzi シィンヂュアン，ヤンヅ	shape **シェ**イプ
(形式) 	**形式** xíngshì シィンシー	form **フォ**ーム
(様式) 	**样式，形式** yàngshì, xíngshì ヤンシー，シィンシー	style, mode, type ス**タ**イル，**モ**ゥド，**タ**イプ
(鋳型) 	**模具，铸型** mújù, zhùxíng ムゥジュイ，ヂュゥシィン	mold **モ**ゥルド
かた **肩** kata	**肩膀，肩头** jiānbǎng, jiāntóu ジエンバァン，ジエントウ	shoulder **ショ**ウルダ
かたい **固[堅・硬]い** katai	**硬，坚固** yìng, jiāngù イィン，ジエングゥ	hard, solid **ハ**ード，**サ**リド
かだい **課題** kadai	**题目** tímù ティームゥ	subject, theme **サ**ブヂェクト，ス**ィ**ーム

日	中	英
かたがき **肩書き** katagaki	**头衔** tóuxián トウシエン	title **タ**イトル
かたき **敵** kataki	**冤家，仇人** yuānjia, chóurén ユエンジア, チョウレン	enemy, opponent **エ**ネミ, オ**ポ**ウネント
かたぎ **気質** katagi	**气质，气度** qìzhì, qìdù チィデー, チィドゥ	character **キャ**ラクタ
かたち **形** katachi	**形状，样子** xíngzhuàng, yàngzi シンヂュアン, ヤンヅ	shape, form **シェ**イプ, **フォ**ーム
かたづく **片付く** katazuku	**收拾好，整理好** shōushihǎo, zhěnglǐhǎo ショウシハオ, ヂョンリィハオ	(be) put in order (ビ) **プ**ト イン **オ**ーダ
（完結）	**结束，完了** jiéshù, wánliǎo ジエシュウ, ワンリアオ	(be) finished (ビ) **フィ**ニシュト
（処理）	**处理好，解决** chǔlǐhǎo, jiějué チュウリィハオ, ジエジュエ	(be) settled (ビ) **セ**トルド
かたづける **片付ける** katazukeru	**收拾，整理** shōushi, zhěnglǐ ショウシ, ヂョンリィ	put in order **プ**ト イン **オ**ーダ
（完結）	**结束，完了** jiéshù, wánliǎo ジエシュウ, ワンリアオ	finish **フィ**ニシュ
（処理）	**解决，处理** jiějué, chǔlǐ ジエジュエ, チュウリィ	settle **セ**トル
かたな **刀** katana	〔把〕**刀** 〔bǎ〕dāo 〔バァ〕ダオ	sword **ソ**ード
かたはば **肩幅** katahaba	**肩宽，肩膀的宽度** jiānkuān, jiānbǎng de kuāndù ジエンクワン, ジエンバァン ダ クワンドゥ	shoulder length **ショ**ウルダ **レ**ングス
かたほう **片方** katahou	**半边，一方** bànbiān, yì fāng バンビエン, イー ファァン	one of the pair **ワ**ン オヴ ザ **ペ**ア

日	中	英
かたまり **塊** katamari	**块，坨子** kuài, tuózi クアイ，トゥオツ	lump, mass ランプ，マス
かたまる **固まる** katamaru	**变硬，硬化** biàn yìng, yìnghuà ビエン イィン，イィンホア	harden ハードン
かたみち **片道** katamichi	**单程** dānchéng ダンチョン	one way ワン ウェイ
～切符	〔张〕**单程票** 〔zhāng〕dānchéngpiào 〔ヂャァン〕ダンチョンピアオ	one-way ticket ワンウェイ ティケト
かたむく **傾く** katamuku	**倾斜，歪** qīngxié, wāi チィンシエ，ワイ	lean, incline リーン，インクライン
かたむける **傾ける** katamukeru	**倾，使倾斜** qīng, shǐ qīngxié チィン，シー チィンシエ	incline, bend インクライン，ベンド
かためる **固める** katameru	**加固，使变硬** jiāgù, shǐ biàn yìng ジアグゥ，シー ビエン イィン	harden ハードン
かたよる **偏る** katayoru	**偏，偏颇** piān, piānpō ピエン，ピエンポォ	lean to, (be) biased リーン トゥ, (ビ) バイアスト
かたりあう **語り合う** katariau	**谈，交谈** tán, jiāotán タン，ジアオタン	have a talk with ハヴア トーク ウィズ
かたる **語る** kataru	**讲，叙说** jiǎng, xùshuō ジアン，シュィシュオ	talk, speak, narrate トーク，スピーク，ナレイト
かたろぐ **カタログ** katarogu	**目录，样本** mùlù, yàngběn ムゥルゥ，ヤンベン	catalog キャタローグ
かたわら **傍ら** katawara	**边，旁边** biān, pángbiān ビエン，パァンビエン	by the side of バイ ザ サイド オヴ
かだん **花壇** kadan	**花坛，花池子** huātán, huāchízi ホアタン，ホアチーヅ	flower bed フラウア ベド
かち **勝ち** kachi	**胜，胜利** shèng, shènglì ション，ションリィ	victory, win ヴィクトリ，ウィン

日	中	英
かち **価値** kachi	**价值** jiàzhí ジアヂー	value, worth **ヴァ**リュ, **ワ**ース
かちく **家畜** kachiku	**家畜, 牲口** jiāchù, shēngkou ジアチュウ, ションコウ	livestock **ラ**イヴスタク
かちょう **課長** kachou	**科长** kēzhǎng クァヂャァン	section manager **セ**クション マ**ニ**ヂャ
かつ **勝つ** katsu	**赢, 取胜** yíng, qǔshèng イイン, チュイション	win **ウ**ィン
がっか **学科** gakka	**科目** kēmù クァムゥ	subject **サ**ブヂェクト
がっか **学課** gakka	**课程, 功课** kèchéng, gōngkè クァチョン, ゴンクァ	lesson **レ**スン
がっかい **学会** gakkai	**学会** xuéhuì シュエホゥイ	society, academy ソ**サ**イエティ, ア**キャ**デミ
がっかりする **がっかりする** gakkarisuru	**灰心, 丧气** huī'xīn, sàng'qì ホゥイシン, サァンチィ	(be) disappointed (ビ) ディサ**ポ**インテド
かっき **活気** kakki	**活力, 朝气** huólì, zhāoqì ホゥオリィ, ヂャオチィ	life, animation **ラ**イフ, アニ**メ**イション
がっき **学期** gakki	**学期** xuéqī シュエチィ	term, semester **タ**ーム, セ**メ**スタ
がっき **楽器** gakki	**乐器** yuèqì ユエチィ	musical instrument ミュー**ズ**ィカル **イ**ンストルメント
かっきてきな **画期的な** kakkitekina	**划时代的** huàshídài de ホアシーダイ ダ	epoch-making **エ**ポクメイキング
がっきゅう **学級** gakkyuu	**班, 班级** bān, bānjí バン, バンジィ	class ク**ラ**ス

日	中	英

かつぐ
担ぐ
katsugu

扛，担，背
káng, dān, bēi
カァン，ダン，ベイ

shoulder
ショウルダ

かっこいい
かっこいい
kakkoii

帅，棒，酷
shuài, bàng, kù
シュアイ，バァン，クゥ

neat, super, cool
ニート，スーパ，クール

かっこう
格好
kakkou

样子，模样
yàngzi, múyàng
ヤンヅ，ムゥヤン

shape, form
シェイプ，フォーム

がっこう
学校
gakkou

学校
xuéxiào
シュエシアオ

school
スクール

かっさい
喝采
kassai

喝彩
hècǎi
ホォアツァイ

cheers, applause
チアズ，アプローズ

かつじ
活字
katsuji

活字，铅字
huózì, qiānzì
ホゥオヅー，チエンヅー

type
タイプ

がっしょう(する)
合唱(する)
gasshou (suru)

合唱
héchàng
ホォアチァァン

chorus; sing in chorus
コーラス，スィング イン コーラス

がっそう(する)
合奏(する)
gassou (suru)

合奏
hézòu
ホォアヅォウ

play in concert
プレイ イン カンサト

かっそうろ
滑走路
kassouro

〔条〕跑道
〔tiáo〕pǎodào
〔ティアオ〕パオダオ

runway
ランウェイ

かって
勝手（事情・様子）
katte

情况
qíngkuàng
チィンクアン

circumstances
サーカムスタンセズ

～な

任性，自私
rènxìng，zìsī
レンシィン，ヅースー

selfish
セルフィシュ

かつて
かつて
katsute

曾经
céngjīng
ツンジィン

once, before
ワンス，ビフォー

かっと
カット　　　（挿絵）
katto

插图，插画
chātú, chāhuà
チァアトゥ，チァアホア

cut, illustration
カト，イラストレイション

日	中	英
かっとう **葛藤** （心の） kattou	**纠纷** jiūfēn ジウフェン	conflict カンフリクト
かつどう(する) **活動(する)** katsudou (suru)	**活动** huódòng ホゥオドン	activity; act アクティヴィティ, アクト
かっとなる **かっとなる** kattonaru	**发火儿, 发脾气** fāhuǒr, fā píqi ファアホゥオル, ファア ピィチ	fly into a rage フライ イントゥア レイヂ
かっぱつな **活発な** kappatsuna	**活跃, 活泼** huóyuè, huópo ホゥオユエ, ホゥオポ	active, lively アクティヴ, ライヴリ
かっぷ **カップ** kappu	**杯子, 茶杯** bēizi, chábēi ベイヅ, チャアベイ	cup カプ
かっぷくのよい **恰幅のよい** kappukunoyoi	**体格好的** tǐgé hǎo de ティーグァ ハオ ダ	of stout build オヴ スタウト ビルド
かっぷる **カップル** kappuru	**情侣, 一对儿** qínglǚ, yíduìr チンリュィ, イードゥイル	couple カプル
がっぺい(する) **合併(する)** gappei (suru)	**合并, 兼并** hébìng, jiānbìng ホァビィン, ジエンビィン	merger; merge マーヂァ, マーヂ
かつやく(する) **活躍(する)** katsuyaku (suru)	**活跃, 大显身手** huóyuè, dà xiǎn shēn shǒu ホゥオユエ, ダァ シエン シェン ショウ	activity; (be) active in アクティヴィティ, (ビ) アクティヴ イン
かつよう(する) **活用(する)** katsuyou (suru)	**活用, 应用** huóyòng, yìngyòng ホゥオヨン, イィンヨン	(put to) practical use (プト トゥ) プラクティカル ユース
かつら **鬘** katsura	**头套, 假发** tóutào, jiǎfà トウタオ, ジアファア	wig ウィグ
かてい **家庭** katei	**家, 家庭** jiā, jiātíng ジア, ジアティン	home, family ホウム, ファミリ
かてい **過程** katei	**过程** guòchéng グゥオチョン	process プラセス

日	中	英
かてい（する） **仮定（する）** katei (suru)	**假设，假定** jiǎshè, jiǎdìng ジアショァ，ジアディン	supposition; suppose サポズィション，サポウズ
かてごりー **カテゴリー** kategorii	**范畴** fànchóu ファンチョウ	category キャテゴーリ
かど **角** kado	**拐弯，拐角** guǎiwān, guǎijiǎo グアイワン，グアイジアオ	corner, turn コーナ，ターン
かどう（する） **稼動（する）** kadou (suru)	**劳动，开动** láodòng, kāidòng ラオドン，カイドン	operation; operate アペレイション，アペレイト
かとりっく **カトリック** katorikku	**天主教** Tiānzhǔjiào ティエンヂュウジアオ	Catholicism カサリスィズム
〜教徒	**天主教徒** Tiānzhǔjiàotú ティエンヂュウジアオトゥ	Catholic キャソリク
かない **家内** kanai	**家里，家庭** jiāli, jiātíng ジアリ，ジアティン	family ファミリ
（妻）	**妻子** qīzi チィヅ	my wife マイ ワイフ
かなう **適う** kanau	**适合，符合** shìhé, fúhé シーホァ，フウホァ	suit スート
かなえる **叶える** kanaeru	**满足愿望** mǎnzú yuànwàng マンヅゥ ユエンワァン	grant, answer グラント，アンサ
かなぐ **金具** kanagu	**金属零件** jīnshǔ língjiàn ジンシュウ リィンジエン	metal fittings メトル フィティングズ
かなしい **悲[哀]しい** kanashii	**悲哀，难过** bēi'āi, nánguò ペイアイ，ナングゥオ	sad, sorrowful サド，サロウフル
かなしみ **悲しみ** kanashimi	**悲哀，悲伤** bēi'āi, bēishāng ペイアイ，ペイシャァン	sorrow, sadness サロウ，サドネス

日	中	英
かなしむ **悲[哀]しむ** kanashimu	**感伤，伤心** gǎnshāng, shāngxīn ガンシャァン，シャァンシン	feel sad, grieve over フィール サド，グリーヴ オ ウヴァ
かなづち **金槌** kanazuchi	〔把〕**锤子，榔头** (bǎ) chuízi, lángtou (バァ) チュイヅ，ラァントウ	hammer ハマ
かなめ **要** kaname	**枢纽，要点** shūniǔ, yàodiǎn シュウニウ，ヤオディエン	point, pivot ポイント，ピヴォト
かならず **必ず** kanarazu	**一定，必定** yídìng, bìdìng イーディン，ビィディン	certainly サートンリ
かなり **かなり** kanari	**挺，相当** tǐng, xiāngdāng ティン，シアンダァン	fairly, pretty フェアリ，プリティ
かに **蟹** kani	〔只〕**螃蟹** (zhī) pángxiè (ヂー) パァンシエ	crab クラブ
〜座	**巨蟹座** jùxièzuò ジュイシエヅゥオ	Crab, Cancer クラブ，キャンサ
かにゅう(する) **加入(する)** kanyuu (suru)	**参加，加入** cānjiā, jiārù ツァンジア，ジアルゥ	joining; join, en-try; enter ヂョイニング，ヂョイン，エ ントリ，エンタ
かね **金** kane	**钱，金钱** qián, jīnqián チエン，ジンチエン	money マニ
(金属)	**金属** jīnshǔ ジンシュウ	metal メトル
かね **鐘** kane	**钟** zhōng ヂオン	bell ベル
かねつ(する) **加熱(する)** kanetsu (suru)	**加热** jiārè ジアルァ	heating; heat ヒーティング，ヒート
かねもうけする **金儲けする** kanemoukesuru	**赚钱，营利** zhuàn qián, yínglì ヂュワン チエン，イィンリィ	make money メイク マニ

135

日	中	英
かねもち **金持ち** kanemochi	**财主** cáizhu ツァイヂュウ	rich person リチ パースン
かねる **兼ねる** kaneru	**兼** jiān ジエン	combine with コンバイン ウィズ
かのうせい **可能性** kanousei	**可能性** kěnéngxìng クァヌオンシィン	possibility パスィ**ビ**リティ
かのうな **可能な** kanouna	**可能** kěnéng クァヌオン	possible **パ**スィブル
かのじょ **彼女** kanojo	**她** tā タァ	she シー
(恋人)	**女朋友** nǚpéngyou ニュィポンヨウ	girlfriend ガールフレンド
かばう **庇う** kabau	**袒护，庇护** tǎnhù, bìhù タンホゥ，ビィホゥ	protect プロ**テ**クト
かばん **鞄** kaban	**皮包，书包** píbāo, shūbāo ピィバオ，シュウバオ	bag バグ
かはんすう **過半数** kahansuu	**过半数** guòbànshù グゥオバンシュウ	majority マ**ヂ**ョーリティ
かび **黴** kabi	**霉** méi メイ	mold, mildew **モ**ウルド，**ミ**ルデュー
かびん **花瓶** kabin	**花瓶** huāpíng ホアピィン	vase **ヴェ**イス
かぶ **株** (植物の) kabu	**树墩** shùdūn シュウドゥン	stump スタンプ
(株式)	**股份** gǔfèn グゥフェン	stock スタク
かぶ **蕪** kabu	**芜菁** wújīng ウゥジィン	turnip **タ**ーニプ

日	中	英
株券 かぶけん kabuken	〔张〕**股票** 〔zhāng〕gǔpiào 〔ヂァァン〕グゥピアオ	stock certificate スタク サティフィケト
株式 かぶしき kabushiki	**股份** gǔfèn グゥフェン	stock スタク
～**会社**	**股份公司** gǔfèn gōngsī グゥフェン ゴンスー	joint-stock corpo- ration ヂョイントスタク コーポレ イション
～**市場**	**股市，股票市场** gǔshì, gǔpiào shìchǎng グゥシー，グゥピアオ シーチァァン	stock market スタク マーケト
被せる かぶせる kabuseru	**盖，罩** gài, zhào ガイ，ヂャオ	cover with カヴァ ウィズ
カプセル かぷせる kapuseru	**胶囊** jiāonáng ジアオナァン	capsule キャプスル
株主 かぶぬし kabunushi	**股东** gǔdōng グゥドン	stockholder スタクホウルダ
被る かぶる kaburu	**戴** dài ダイ	put on, wear プト オン，ウェア
かぶれ かぶれ kabure	**皮肤炎症** pífū yánzhèng ピィフウイエンヂョン	skin eruptions スキン イラプションズ
花粉 かふん kafun	**花粉** huāfěn ホアフェン	pollen パルン
壁 かべ kabe	〔块〕**墙，墙壁** 〔kuài〕qiáng, qiángbì 〔クアイ〕チアン，チアンビィ	wall, partition ウォール，パーティション
貨幣 かへい kahei	**货币，钱币** huòbì, qiánbì ホウオビィ，チエンビィ	money, coin マニ，コイン
壁紙 かべがみ kabegami	〔张〕**墙纸** 〔zhāng〕qiángzhǐ 〔ヂァァン〕チアンヂー	wallpaper ウォールペイパ

日	中	英
かぼちゃ **カボチャ** kabocha	**南瓜** nánguā ナングア	pumpkin パンプキン
かま **釜** kama	**锅** guō グゥオ	iron pot アイアン パト
かまう **構う** （気にかける） kamau	**管** guǎn グワン	care about, mind ケア アバウト, マインド
（世話する）	**照顾，照料** zhàogù, zhàoliào ヂャオグゥ, ヂャオリアオ	care for ケア フォ
（干渉する）	**干涉，干预** gānshè, gānyù ガンシォァ, ガンユィ	meddle in メドル イン
かまきり **蟷螂** kamakiri	〔只〕**螳螂** 〔zhī〕tángláng 〔ヂー〕タァンラァン	mantis マンティス
がまんする **我慢する** gamansuru	**忍受，容忍** rěnshòu, róngrěn レンショウ, ロンレン	(be) patient, persevere (ビ) ペイシェント, パースィヴィア
かみ **神** kami	**神，上帝** shén, shàngdì シェン, シャァンディー	God ガド
かみ **紙** kami	〔张〕**纸** 〔zhāng〕zhǐ 〔ヂァァン〕ヂー	paper ペイパ
かみ **髪** kami	〔根〕**头发** 〔gēn〕tóufa 〔ゲン〕トウファ	hair ヘア
かみそり **剃刀** kamisori	〔把〕**刮脸刀，剃刀** 〔bǎ〕guāliǎndāo, tìdāo 〔バァ〕グアリエンダオ, ティーダオ	razor レイザ
かみつな **過密な** kamitsuna	**稠密，过密** chóumì, guòmì チョウミィ, グゥオミィ	tight, heavy タイト, ヘヴィ
かみなり **雷** kaminari	**雷** léi レイ	thunder サンダ

日	中	英
かみん **仮眠** kamin	**小睡，假寐** xiǎoshuì, jiǎmèi シアオシュイ，ジアメイ	doze ドウズ
かむ **噛む** kamu	**咬，嚼** yǎo, jiáo ヤオ，ジアオ	bite, chew, gnaw バイト，チュー，ノー
がむ **ガム** gamu	〔块〕**口香糖** 〔kuài〕kǒuxiāngtáng 〔クアイ〕コウシアンタァン	chewing gum チューイング ガム
かむふらーじゅ **カムフラージュ** kamufuraaju	**伪装，障眼法** wěizhuāng, zhàngyǎnfǎ ウェイデュアン，ヂァンイエンファア	camouflage キャモフラージュ
かめ **亀** kame	〔只〕**乌龟，海龟** 〔zhī〕wūguī, hǎiguī 〔ヂー〕ウゥグウイ，ハイグウイ	tortoise, turtle トータス，タートル
かめい(する) **加盟(する)** kamei (suru)	**加盟，加入** jiāméng, jiārù ジアモン，ジアルゥ	affiliation; affiliate アフィリエイション，アフィリエイト
かめら **カメラ** kamera	**照相机** zhàoxiàngjī ヂャオシアンジィ	camera キャメラ
〜マン	**摄影师** shèyǐngshī ショアイィンシー	cameraman キャメラマン
かめん **仮面** kamen	**假面具** jiǎmiànjù ジアミエンジュイ	mask マスク
がめん **画面** gamen	**画面** huàmiàn ホアミエン	screen, picture スクリーン，ピクチャ
かも **鴨** kamo	〔只〕**野鸭** 〔zhī〕yěyā 〔ヂー〕イエヤァ	duck ダク
(騙されやすい人)	**大头，冤大头** dàtóu, yuāndàtóu ダァトウ，ユエンダァトウ	sucker サカ
かもく **科[課]目** kamoku	**科目，学科** kēmù, xuékē クァムゥ，シュエクァ	subject サブジェクト
かもつ **貨物** kamotsu	**货物** huòwù ホゥオウゥ	freight, cargo フレイト，カーゴウ

日	中	英
〜船	〔艘〕货船，货轮 〔sōu〕huòchuán, huòlún 〔ソウ〕ホゥオチュワン，ホゥオルゥン	freighter フレイタ
〜列車	〔辆〕货车 〔liàng〕huòchē 〔リアン〕ホゥオチョァ	freight train フレイト トレイン
かやく **火薬** kayaku	火药 huǒyào ホゥオヤオ	gunpowder ガンパウダ
かゆ **粥** kayu	〔碗〕粥，稀饭 〔wǎn〕zhōu, xīfàn 〔ワン〕ヂョウ，シィファン	rice gruel ライス グルーエル
かゆい **痒い** kayui	痒 yǎng ヤン	itchy イチ
かよう **通う**　（定期的に） kayou	来往，往来 láiwǎng, wǎnglái ライワァン，ワンライ	commute to, attend コミュート トゥ，アテンド
（通学する）	上学 shàng'xué シャァンシュエ	go to school ゴウ トゥ スクール
（電車などが）	通车，运行 tōng'chē, yùnxíng トンチョァ，ユィンシン	run between ラン ビトウィーン
かようび **火曜日** kayoubi	星期二 xīngqī'èr シンチアル	Tuesday テューズデイ
から **から**　（時間） kara	从 cóng ツォン	from, since フラム，スィンス
（原因）	由于 yóuyú ヨウユィ	because ビコーズ
（原料）	由 yóu ヨウ	of, from オヴ，フラム
から **殻**　（堅果の） kara	坚果壳 jiānguǒké ジエングゥオクァ	husk ハスク
（貝の）	贝壳 bèiké ベイクァ	shell シェル

日	中	英
（卵の）	**蛋壳** dànké ダンクァ	eggshell エグシェル
がら **柄** gara	**花样，图案** huāyàng, tú'àn ホアヤン，トゥアン	pattern, design パタン，ディザイン
からー **カラー** （色） karaa	**颜色，色彩** yánsè, sècǎi イエンスァ，スァツァイ	color カラ
（襟）	**领子** lǐngzi リィンヅ	collar カラ
からい **辛い** karai	**辣** là ラァ	hot, spicy ハト，スパイスィ
からおけ **カラオケ** karaoke	**卡拉OK** kǎlā OK カァラァ オゥケィ	*karaoke* カリオウキ
からかう **からかう** karakau	**开玩笑，作弄** kāi wánxiào, zuònòng カイ ワンシアオ，ヅゥオノン	make fun of メイク **ファン** オヴ
からくち **辛口** karakuchi	**辣味儿** làwèir ラァウェル	hot, pungent ハト，**パンチェント**
（酒などが）	**干** gān ガン	dry ドライ
（批評などが）	**严厉** yánlì イエンリィ	harsh, sharp ハーシュ，**シャープ**
からし **芥子** karashi	**芥末** jièmo ジエモ	mustard マスタド
からす **烏** karasu	〔只〕**乌鸦** 〔zhī〕wūyā 〔ヂー〕ウゥヤァ	crow クロウ
がらす **ガラス** garasu	〔块〕**玻璃** 〔kuài〕bōli 〔クアイ〕ボォリ	glass グラス
からだ **体** karada	**身体，身躯** shēntǐ, shēnqū シェンティー，シェンチュィ	body バディ

日	中	英
(健康)	健康 jiànkāng ジエンカァン	health ヘルス
からて 空手 karate	空手道 kōngshǒudào コンショウダオ	*karate* カラーティ
かり 借り kari	债, 借款 zhài, jièkuǎn ヂャイ, ジエクワン	debt, loan デト, ロウン
かりいれ 借り入れ kariire	借款 jiè'kuǎn ジエクワン	borrowing バロウイング
かりきゅらむ カリキュラム karikyuramu	课程, 教学计划 kèchéng, jiàoxué jìhuà クァチョン, ジアオシュエ ジィホア	curriculum カリキュラム
かりすま カリスマ karisuma	超凡魅力 chāofán mèilì チャオファン メイリィ	charisma カリズマ
かりの 仮の karino	临时, 暂时 línshí, zànshí リンシー, ヅァンシー	temporary テンポレリ
かりゅう 下流 karyuu	下游, 下流 xiàyóu, xiàliú シアヨウ, シアリウ	lower reaches ロウア リーチズ
かりる 借りる kariru	借, 租 jiè, zū ジエ, ヅゥ	borrow, rent バロウ, レント
かる 刈る karu	收割 shōugē ショウグァ	reap, harvest リープ, ハーヴェスト
(髪を)	剪头发 jiǎn tóufa ジエン トウファ	cut カト
かるい 軽い karui	轻 qīng チィン	light, slight ライト, スライト
(気楽な)	轻松 qīngsōng チィンソン	easy イーズィ
かるしうむ カルシウム karushiumu	钙 gài ガイ	calcium キャルスィアム

日	中	英
かるて **カルテ** karute	**病历，病案** bìnglì, bìng'àn ビィンリィ, ビィンアン	chart チャート
かれ **彼** kare	**他** tā タァ	he ヒー
かれい **鰈** karei	**鲽鱼** diéyú ディエュィ	flatfish, flounder フラトフィシュ, フラウンダ
かれいな **華麗な** kareina	**华丽，富丽** huálì, fùlì ホアリィ, フゥリィ	splendid, gorgeous スプレンディド, ゴーヂャス
かれー **カレー** karee	**咖喱** gālí ガァリィ	curry カーリ
がれーじ **ガレージ** gareeji	**车库** chēkù チョァクゥ	garage ガラージ
かれし **彼氏** kareshi	**男朋友** nánpéngyou ナンポンヨウ	boyfriend ボイフレンド
かれら **彼等** karera	**他们** tāmen タァメン	they ゼイ
かれる **枯れる** kareru	**枯萎，凋萎** kūwěi, diāowěi クゥウェイ, ディアオウェイ	wither, die ウィザ, ダイ
かれんだー **カレンダー** karendaa	**日历，月历** rìlì, yuèlì リーリィ, ユエリィ	calendar キャレンダ
かろう **過労** karou	**过劳，过度疲劳** guòláo, guòdù píláo グゥオラオ, グゥオドゥ ピィラオ	overwork オウヴァワーク
がろう **画廊** garou	**画廊** huàláng ホアラァン	art gallery アート ギャラリ
かろうじて **辛うじて** karoujite	**好不容易，差点儿** hǎobù róngyì, chàdiǎnr ハオブゥ ロンイー, チァアディアル	barely ベアリ
かろりー **カロリー** karorii	**卡路里** kǎlùlǐ カァルゥリィ	calorie キャロリ

日	中	英
かろんじる **軽んじる** karonjiru	轻视，看不起 qīngshì, kànbuqǐ チンシー，カンブチィ	make light of メイク ライト オヴ
かわ **川** kawa	〔条〕河，川 〔tiáo〕hé, chuān 〔ティアオ〕ホゥァ，チュワン	river リヴァ
かわ **皮** kawa	〔块〕皮，皮肤 〔kuài〕pí, pífū 〔クアイ〕ピィ，ピィフゥ	skin スキン
（樹皮）	〔块〕树皮 〔kuài〕shùpí 〔クアイ〕シュウピィ	bark バーク
（果皮）	果皮 guǒpí グゥオピィ	peel ピール
かわ **革** kawa	皮革 pígé ピィグァ	leather, fur レザ，**ファー**
がわ **側** gawa	…边，方面 …biān, fāngmiàn …ビエン，ファァンミエン	side サイド
かわいい **可愛い** kawaii	可爱 kě'ài クァアイ	pretty, lovely, cute プリティ，ラヴリ，**キュー**ト
かわいがる **可愛がる** kawaigaru	疼爱，宠爱 téng'ài, chǒng'ài テゥンアイ，チォンアイ	love, pet, caress ラヴ，ペト，カレス
かわいそうな **可哀想な** kawaisouna	可怜 kělián クァリエン	poor, pitiable プア，ピティアブル
かわかす **乾かす** kawakasu	晒干，烤干 shàigān, kǎogān シャイガン，カオガン	dry ドライ
かわく **乾く** kawaku	干 gān ガン	dry (up) ドライ（**ア**プ）
かわせ **為替** kawase	〔张〕汇票 〔zhāng〕huìpiào 〔ヂャァン〕ホゥイピアオ	money order, ex-change マニ **オー**ダ，イクス**チェ**インヂ

日	中	英
〜銀行	外汇银行 wàihuì yínháng ワイホウイ インハァン	exchange bank イクス**チェ**インヂ バンク
〜レート	汇率，汇价 huìlǜ, huìjià ホゥイリュィ, ホゥイジア	exchange rate イクス**チェ**インヂ レイト
かわら 瓦 kawara	〔块〕瓦 〔kuài〕wǎ 〔クアイ〕ワァ	tile **タ**イル
かわり 代わり kawari	代替，代理 dàitì, dàilǐ ダイティー, ダイリィ	substitute **サ**プスティテュート
〜に	代替，代理 dàitì, dàilǐ ダイティー, ダイリィ	instead of インス**テ**ド オヴ
かわる 代わる kawaru	代替，替换 dàitì, tìhuàn ダイティー, ティーホワン	replace リプ**レ**イス
かわる 変わる kawaru	变化，改变 biànhuà, gǎibiàn ビエンホア, ガイビエン	change, turn into **チェ**インヂ, **タ**ーン イントゥ
かん 缶 kan	罐子 guànzi グワンヅ	can **キャ**ン
かん 勘 kan	直感，灵感 zhígǎn, línggǎn ヂーガン, リィンガン	intuition インテュー**イ**ション
がん 癌 gan	癌（症），恶性肿瘤 ái(zhèng), èxìng zhǒngliú アイ(ヂョン), ウァシィン ヂォンリウ	cancer **キャ**ンサ
かんえん 肝炎 kan-en	肝炎 gānyán ガンイエン	hepatitis ヘパ**タ**イティス
がんか 眼科 ganka	眼科 yǎnkē イエンクァ	ophthalmology アフサル**マ**ロヂ
〜医	眼科医生 yǎnkē yīshēng イエンクァ イーション	eye doctor **ア**イ **ダ**クタ
かんがい(する) 灌漑(する) kangai (suru)	灌溉，浇灌 guàngài, jiāoguàn グワンガイ, ジアオグワン	irrigation; irrigate イリ**ゲ**イション, **イ**リゲイト

145

日	中	英
かんがえ **考え** kangae	想法，意见 xiǎngfa, yìjian シアンファ，イージエン	thought, thinking ソート，**ス**ィンキング
かんがえる **考える** kangaeru	想，认为 xiǎng, rènwéi シアン，レンウェイ	think **ス**ィンク
かんかく **感覚** kankaku	感觉，知觉 gǎnjué, zhījué ガンジュエ，デージュエ	sense, feeling **セ**ンス，**フィ**ーリング
かんかく **間隔** kankaku	间隔，距离 jiàngé, jùlí ジエンゲァ，ジュィリィ	space, interval ス**ペ**イス，**イ**ンタヴァル
かんかつ **管轄** kankatsu	管辖 guǎnxiá グワンシア	jurisdiction of デュアリス**ディ**クション オヴ
かんがっき **管楽器** kangakki	管乐器 guǎnyuèqì グワンユエチィ	wind instrument **ウィ**ンド **イ**ンストルメント
かんき(する) **換気(する)** kanki (suru)	通风，通气 tōngfēng, tōngqì トンフォン，トンチィ	ventilation; ventilate ヴェンティ**レ**イション，**ヴェ**ンティレイト
かんきゃく **観客** kankyaku	观众 guānzhòng グワンヂォン	spectator ス**ペ**クテイタ
〜席	观众席，看台 guānzhòngxí, kàntái グワンヂォンシィ，カンタイ	seat, stand ス**ィ**ート，ス**タ**ンド
かんきょう **環境** kankyou	环境 huánjìng ホワンジィン	environment イン**ヴァ**イアロンメント
かんきり **缶切り** kankiri	〔把〕罐头刀 〔bǎ〕guàntoudāo 〔バァ〕グワントウダオ	can opener **キャ**ン **オ**ウプナ
がんきん **元金** gankin	本金，本钱 běnjīn, běnqián ベンジン，ベンチエン	principal **プ**リンスィパル
がんぐ **玩具** gangu	玩具，玩物 wánjù, wánwù ワンジュィ，ワンウゥ	toy **ト**イ

か

日	中	英
かんけい **関係** kankei	**关系，联系** guānxi, liánxì グワンシ, リエンシィ	relation(ship) リレイション(シプ)
～する	**有关系，涉及** yǒu guānxi, shèjí ヨウ グワンシ, ショァジィ	(be) related to (ビ) リレイテド トゥ
かんげい(する) **歓迎(する)** kangei (suru)	**欢迎** huānyíng ホワンイィン	welcome ウェルカム
～会	**欢迎会** huānyínghuì ホワンイィンホウイ	welcome party, reception ウェルカム パーティ, リセプション
かんげき(する) **感激(する)** kangeki (suru)	**感激，激动** gǎnjī, jīdòng ガンジィ, ジィドン	deep emotion; be deeply moved ディープ イモウション, (ビ) ディープリ ムーヴド
かんけつ **完結** kanketsu	**完结，完了** wánjié, wánliǎo ワンジエ, ワンリアオ	conclusion カンクルージョン
～する	**完结，完了** wánjié, wánliǎo ワンジエ, ワンリアオ	finish フィニシュ
かんけつな **簡潔な** kanketsuna	**简洁，简要** jiǎnjié, jiǎnyào ジエンジエ, ジエンヤオ	brief, concise ブリーフ, コンサイス
かんげんがく **管弦楽** kangengaku	**管弦乐** guǎnxiányuè グワンシエンユエ	orchestral music オーケストラル ミューズィク
かんご(する) **看護(する)** kango (suru)	**看护，护理** kānhù, hùlǐ カンホゥ, ホゥリィ	nursing; nurse ナースィング, ナース
かんこう **観光** kankou	**观光，游览** guānguāng, yóulǎn グワングアン, ヨウラン	sightseeing サイトスィーイング
～客	**游客** yóukè ヨウクァ	tourist トゥアリスト
～バス	〔辆〕**游览车** 〔liàng〕yóulǎnchē 〔リアン〕ヨウランチョァ	sightseeing bus サイトスィーイング バス

日	中	英
かんこうちょう **官公庁** kankouchou	行政机关 xíngzhèng jīguān シィンヂョン ジィグワン	government and municipal offices ガヴァンメント アンド ミューニスィパル オーフィセズ
かんこうへん **肝硬変** kankouhen	肝硬变 gānyìngbiàn ガンイィンビエン	cirrhosis スィロウスィス
かんこく **韓国** kankoku	韩国 Hánguó ハングゥオ	Korea コリア
かんごし **看護師** kangoshi	护士 hùshi ホゥシ	nurse ナース
がんこな **頑固な** gankona	顽固, 固执 wángù, gùzhi ワングゥ, グゥヂ	stubborn, obstinate ス**タ**ボン, **ア**プスティネト
かんさ(する) **監査(する)** kansa (suru)	监查 jiānchá ジエンチァア	inspection; inspect インス**ペ**クション, インス**ペ**クト
かんさつ(する) **観察(する)** kansatsu (suru)	观察, 打量 guānchá, dǎliang グワンチァア, ダァリアン	observation; observe アブザ**ヴェ**イション, オブ**ザ**ーヴ
かんさん(する) **換算(する)** kansan (suru)	换算, 折合 huànsuàn, zhéhé ホワンスワン, ヂョアホォア	conversion; convert コン**ヴァ**ージョン, コン**ヴァ**ート
かんし(する) **監視(する)** kanshi (suru)	监视, 看管 jiānshì, kānguǎn ジエンシー, カングワン	surveillance; watch サ**ヴェ**イランス, **ワ**チ
かんじ **感じ** kanji	感觉, 印象 gǎnjué, yìnxiàng ガンジュエ, インシアン	feeling, impression **フィ**ーリング, インプ**レ**ション
かんじ **漢字** kanji	汉字 Hànzì ハンヅー	Chinese character チャイ**ニ**ーズ **キャ**ラクタ
がんじつ **元日** ganjitsu	元旦 yuándàn ユエンダン	New Year's Day ニュー **イ**ヤズ **デ**イ
かんしゃ(する) **感謝(する)** kansha (suru)	感谢 gǎnxiè ガンシエ	thanks; thank **サ**ンクス, **サ**ンク

日	中	英
かんじゃ **患者** kanja	病人，患者 bìngrén, huànzhě ビィンレン, ホワンヂョァ	patient, case ペイシェント, ケイス
かんしゅう **観衆** kanshuu	观众 guānzhòng グワンヂォン	spectators, audience スペクテイタズ, オーディエンス
かんじゅせい **感受性** kanjusei	感受性 gǎnshòuxìng ガンショウシィン	sensibility センスィビリティ
がんしょ **願書** gansho	〔封〕申请书 〔fēng〕shēnqǐngshū 〔フォン〕シェンチィンシュウ	application form アプリケイション フォーム
かんしょう **感傷** kanshou	伤感，感伤 shānggǎn, gǎnshāng シャアンガン, ガンシャアン	sentiment センティメント
かんしょう(する) **干渉(する)** kanshou (suru)	干涉，干预 gānshè, gānyù ガンショァ, ガンユィ	intervention; interfere インタヴェンション, インタフィア
かんしょう(する) **鑑賞(する)** kanshou (suru)	欣赏，鉴赏 xīnshǎng, jiànshǎng シンシャアン, ジエンシャアン	appreciation; appreciate アプリーシエイション, アプリーシエイト
かんじょう **感情** kanjou	感情，情感 gǎnqíng, qínggǎn ガンチィン, チィンガン	feeling, emotion フィーリング, イモウション
かんじょう **勘定** (計算) kanjou	数，算，计算 shǔ, suàn, jìsuàn シュウ, スワン, ジィスワン	calculation キャルキュレイション
(勘定書)	账单 zhàngdān ヂャァンダン	bill ビル
(支払い)	结账，付款，买单 jiézhàng, fùkuǎn, mǎidān ジエヂャァン, フゥクワン, マイダン	payment ペイメント
がんじょうな **頑丈な** ganjouna	牢固，结实 láogù, jiēshi ラオグゥ, ジエシ	strong, stout ストロング, スタウト
かんしょく **間食** kanshoku	零食，小吃 língshí, xiǎochī リィンシー, シアオチー	nosh, snack ノシュ, スナク

日	中	英
かんじる **感じる** kanjiru	感到，觉得 gǎndào, juéde ガンダオ，ジュエダ	feel フィール
かんしん **関心** kanshin	关心，兴趣 guānxīn, xìngqù グワンシン，シィンチュィ	concern, interest コンサーン，インタレスト
かんしん(する) **感心(する)** kanshin (suru)	佩服，钦佩 pèifu, qīnpèi ペイフ，チンペイ	admire アドマイア
～な	令人佩服的 lìng rén pèifu de リィン レン ペイフ ダ	admirable アドミラブル
かんじんな **肝心な** kanjinna	紧要，关键 jǐnyào, guānjiàn ジンヤオ，グワンジエン	important，essential インポータント，イセンシャル
かんすう **関数** kansuu	函数 hánshù ハンシュウ	function ファンクション
かんする **関する** kansuru	关于，有关 guānyú, yǒuguān グワンユィ，ヨウグワン	on, about オン，アバウト
かんせい **歓声** kansei	欢声 huānshēng ホワンション	shout of joy シャウト オヴ チョイ
かんせい(する) **完成(する)** kansei (suru)	完成 wánchéng ワンチョン	completion；complete コンプリーション，コンプリート
かんぜい **関税** kanzei	关税 guānshuì グワンシュイ	customs, tariff カスタムズ，タリフ
かんせいとう **管制塔** kanseitou	塔台 tǎtái タァタイ	control tower コントロウル タウア
かんせん(する) **感染(する)** kansen (suru)	感染，沾染 gǎnrǎn, zhānrǎn ガンラン，ヂャンラン	infection；infect インフェクション，インフェクト
かんせんどうろ **幹線道路** kansendouro	干线公路，干路 gànxiàn gōnglù, gànlù ガンシエン ゴンルゥ，ガンルゥ	highway ハイウェイ

日	中	英
かんぜんな **完全な** kanzenna	**完全，完美** wánquán, wánměi ワンチュエン，ワンメイ	perfect パーフェクト
かんそう **感想** kansou	**感想** gǎnxiǎng ガンシアン	opinion オピニョン
かんそう（する） **乾燥（する）** kansou (suru)	**干燥** gānzào ガンヅァオ	dryness; dry ドライネス，ドライ
かんぞう **肝臓** kanzou	**肝脏** gānzàng ガンヅァァン	liver リヴァ
かんそうきょく **間奏曲** kansoukyoku	**间奏曲** jiānzòuqǔ ジエンヅォウチュイ	intermezzo インタメッツォウ
かんそく（する） **観測（する）** kansoku (suru)	**观测，观察** guāncè, guānchá グワンツゥア，グワンチャア	observation; observe アブザ**ヴェ**イション，オブ**ザ**ーヴ
かんそな **簡素な** kansona	**简朴，朴素** jiǎnpǔ, pǔsù ジエンプゥ，プゥスゥ	simple スィンプル
かんたい **寒帯** kantai	**寒带** hándài ハンダイ	Frigid Zone フリヂド ゾーン
かんだいな **寛大な** kandaina	**宽大，宽容** kuāndà, kuānróng クワンダァ，クワンロン	generous **ヂェ**ネラス
かんたく（する） **干拓（する）** kantaku (suru)	**排水开垦** páishuǐ kāikěn パイシュイ カイケン	reclamation; reclaim レクラ**メ**イション，リク**レ**イム
かんたん（する） **感嘆（する）** kantan (suru)	**感叹，赞叹** gǎntàn, zàntàn ガンタン，ヅァンタン	admiration; admire アドミ**レ**イション，アド**マ**イア
がんたん **元旦** gantan	**元旦** yuándàn ユエンダン	New Year's Day ニュー **イ**ヤズ デイ
かんたんな **簡単な** kantanna	**简单，容易** jiǎndān, róngyì ジエンダン，ロンイー	simple, easy ス**ィ**ンプル，**イ**ーズィ

日	中	英
かんちがい(する) **勘違い(する)** kanchigai (suru)	误会，弄错 wùhuì, nòngcuò ウゥホゥイ, ノンツゥオ	mistake ミステイク
かんちょう **官庁** kanchou	官厅，政府机关 guāntīng, zhèngfǔ jīguān グワンティン, ヂョンフゥ ジィグワン	government offices ガヴァンメント オーフィセズ
かんちょう **干潮** kanchou	退潮，低潮 tuìcháo, dīcháo トゥイチャオ, ディーチャオ	low tide ロウ タイド
かんづめ **缶詰** kanzume	罐头 guàntou グワントウ	canned food キャンド フード
かんてい **官邸** kantei	官邸 guāndǐ グワンディー	official residence オフィシャル レズィデンス
かんてい(する) **鑑定(する)** kantei (suru)	鉴定 jiàndìng ジエンディン	judgement; judge ヂャヂメント, ヂャヂ
かんてん **観点** kanten	观点，角度 guāndiǎn, jiǎodù グワンディエン, ジアオドゥ	viewpoint ヴューポイント
かんでんち **乾電池** kandenchi	干电池 gāndiànchí ガンディエンチー	dry cell ドライ セル
かんどう(する) **感動(する)** kandou (suru)	感动，激动 gǎndòng, jīdòng ガンドン, ジィドン	(be) moved by (ビ) ムーヴド バイ
～的な	动人，可歌可泣 dòngrén, kě gē kě qì ドンレン, クァ グァ クァ チィ	impressive インプレスィヴ
かんとく(する) **監督(する)** kantoku (suru)	监督，导演 jiāndū, dǎoyǎn ジエンドゥ, ダオイエン	supervision; supervise スーパヴィジャン, スーパヴァイズ
かんにんぐ(する) **カンニング(する)** kanningu (suru)	考试作弊 kǎoshì zuòbì カオシー ヅゥオビィ	cheating; cheat チーティング, チート
かんぬし **神主** kannushi	神官 shénguān シェングワン	Shinto priest シントウ プリースト

日	中	英
かんねん **観念** kannen	观念，概念 guānniàn, gàiniàn グワンニエン，ガイニエン	idea, conception アイディーア，コンセプション
かんぱ **寒波** kanpa	寒潮，寒流 háncháo, hánliú ハンチャオ，ハンリウ	cold wave コウルド ウェイヴ
かんぱい(する) **乾杯(する)** kanpai (suru)	干杯 gānbēi ガンベイ	toast; drink a toast to トウスト，ドリンク ア トウスト トウ
かんばつ **旱魃** kanbatsu	干旱 gānhàn ガンハン	drought ドラウト
がんばる **頑張る** ganbaru	加油，拼命 jiāyóu, pīnmìng ジアヨウ，ピンミィン	work hard ワーク ハード
かんばん **看板** kanban	招牌 zhāopai ヂャオパイ	billboard, sign-board ビルボード，サインボード
かんびょう(する) **看病(する)** kanbyou (suru)	看护，护理 kānhù, hùlǐ カンホゥ，ホゥリィ	nursing; nurse ナースィング，ナース
かんぶ **患部** kanbu	患处 huànchù ホワンチュウ	affected part アフェクテド パート
かんぶ **幹部** kanbu	干部 gànbù ガンブゥ	leader, manage-ment リーダ，マニヂメント
かんぷ(する) **還付(する)** kanpu (suru)	退还，归还 tuìhuán, guīhuán トゥイホワン，グゥイホワン	return リターン
かんぺき(な) **完璧(な)** kanpeki (na)	完美，完善 wánměi, wánshàn ワンメイ，ワンシャン	perfection; perfect パフェクション，パーフェクト
かんべん(する) **勘弁(する)** kanben (suru)	宽恕，原谅 kuānshù, yuánliàng クワンシュウ，ユエンリアン	pardon, forgive パードン，フォギヴ
がんぼう **願望** ganbou	愿望，希望 yuànwàng, xīwàng ユエンワァン，シィワァン	wish, desire ウィシュ，ディザイア

日	中	英
かんま **カンマ** kanma	逗号 dòuhào ドウハオ	comma **カ**マ
かんゆう(する) **勧誘(する)** kan-yuu (suru)	劝诱 quànyòu チュエンヨウ	solicitation; solicit ソリスィ**テイ**ション, ソ**リ**スィト
かんよ(する) **関与(する)** kan-yo (suru)	干预, 参与 gānyù, cānyù ガンユィ, ツァンユィ	participation; participate パーティスィ**ペイ**ション, パー**ティ**スィペイト
かんようく **慣用句** kan-youku	惯用词组 guànyòng cízǔ グワンヨン ツーヅゥ	idiom **イ**ディオム
かんような **寛容な** kan-youna	宽容, 包容 kuānróng, bāoróng クワンロン, パオロン	tolerant, generous **タ**ララント, **チェ**ネラス
がんらい **元来** ganrai	本来, 原来 běnlái, yuánlái ベンライ, ユエンライ	originally, by nature オ**リ**ヂナリ, バイ **ネ**イチャ
かんらく(する) **陥落(する)** kanraku (suru)	陷落, 失守 xiànluò, shīshǒu シエンルウオ, シーショウ	surrender サ**レ**ンダ
かんらんせき **観覧席** kanranseki	看台, 观众席 kàntái, guānzhòngxí カンタイ, グワンヂォンシィ	seat, stand ス**ィ**ート, ス**タ**ンド
かんり(する) **管理(する)** kanri (suru)	管理 guǎnlǐ グワンリィ	management, control **マ**ニヂメント, コント**ロ**ウル
〜人	经理, 管理员 jīnglǐ, guǎnlǐyuán ジンリィ, グワンリィユエン	caretaker, janitor **ケ**アテイカ, **チャ**ニタ
かんりゅう **寒流** kanryuu	寒流 hánliú ハンリウ	cold current **コ**ウルド **カ**ーレント
かんりょう(する) **完了(する)** kanryou (suru)	完了 wánliǎo ワンリアオ	completion; finish コンプ**リ**ーション, **フィ**ニシュ
かんれい **慣例** kanrei	常规, 惯例 chángguī, guànlì チャアングゥイ, グワンリィ	custom, usage **カ**スタム, **ユ**ースィヂ

日	中	英
かんれん(する) **関連(する)** kanren (suru)	**关联，相关** guānlián, xiāngguān グワンリエン，シアングワン	relation; (be) related to リレイション，(ビ) リレイテドトゥ
かんろく **貫禄** kanroku	**威严，气派** wēiyán, qìpài ウェイイエン，チィパイ	dignity ディグニティ
かんわ(する) **緩和(する)** kanwa (suru)	**缓和，缓解** huǎnhé, huǎnjiě ホワンホァ，ホワンジエ	mitigation; mitigate ミティゲイション，ミティゲイト

き，キ

日	中	英
き **木** ki	〔棵〕**树，树木** 〔kē〕shù, shùmù 〔クァ〕シュウ，シュウムゥ	tree トリー
(木材)	**木头，木材** mùtou, mùcái ムゥトウ，ムゥツァイ	wood ウド
ぎあ **ギア** gia	**齿轮** chǐlún チールゥン	gear ギア
きあつ **気圧** kiatsu	**气压** qìyā チィヤァ	atmospheric pressure アトモスフェリク プレシャ
〜計	**气压表，晴雨表** qìyābiǎo, qíngyǔbiǎo チィヤァビアオ，チンユィビアオ	barometer バラミタ
きーぼーど **キーボード** kiiboodo	**键盘** jiànpán ジエンパン	keyboard キーボード
きーほるだー **キーホルダー** kiihorudaa	**钥匙圈** yàoshiquān ヤオシチュエン	key ring キー リング
きいろ **黄色** kiiro	**黄色** huángsè ホアンスァ	yellow イェロウ
〜い	**黄** huáng ホアン	yellow イェロウ

日	中	英
きーわーど **キーワード** kiiwaado	**关键词** guānjiàncí グワンジエンツー	key word キー ワード
ぎいん **議員** giin	**议员** yìyuán イーユエン	member of an assembly メンバ オヴ アン アセンブリ
きうい(ふるーつ) **キウイ(フルーツ)** kiui (furuutsu)	〔只〕**猕猴桃** 〔zhī〕míhóutáo 〔デー〕ミィホウタオ	kiwi キーウィー
きえる **消える** kieru	**消失** xiāoshī シアオシー	vanish, disappear ヴァニシュ, ディサピア
ぎえんきん **義援金** gienkin	**捐款** juānkuǎn ジュエンクワン	contribution カントリビューション
きおく **記憶** kioku	**记忆** jìyì ジィイー	memory メモリ
～する	**记住** jìzhù ジィデュウ	memorize メモライズ
きおくれする **気後れする** kiokuresuru	**怯场，畏缩** qièchǎng, wèisuō チエチャァン, ウェイスゥオ	lose heart ルーズ ハート
きおん **気温** kion	**气温** qìwēn チィウェン	temperature テンパラチャ
きか **幾何** kika	**几何** jǐhé ジィホァア	geometry デーアメトリ
きが **飢餓** kiga	**饥饿** jī'è ジィウァ	hunger ハンガ
きかい **機会** kikai	**机会** jīhuì ジィホウイ	opportunity, chance アポテューニティ, チャンス
きかい **機械** kikai	**机器，机械** jīqi, jīxiè ジィチ, ジィシエ	machine, apparatus マシーン, アパラタス

日	中	英
〜工学	机械工程学 jīxiè gōngchéngxué ジィシエ ゴンチョンシュエ	mechanical engineering ミキャニカル エンヂニアリング
ぎかい **議会** gikai	议会 yìhuì イーホウイ	assembly, parliament アセンブリ, パーラメント
きがえ **着替え** kigae	换衣服，更衣 huàn yīfu, gēngyī ホワン イーフ, グンイー	change of clothes チェインヂ オヴ クロウズ
きがかり **気掛かり** kigakari	惦记，挂念 diànjì, guàniàn ディエンジ, グアニエン	anxiety, worry アングザイエティ, ワーリ
きかく(する) **企画(する)** kikaku (suru)	规划，计划 guīhuà, jìhuà グゥイホア, ジィホア	plan, project プラン, プロチェクト
きかせる **聞かせる** kikaseru	说给《人》听，嘱咐 shuōgěi ... tīng, zhǔfu シュオゲイ … ティン, ヂュウフ	tell, let know テル, レト ノウ
きがつく **気が付く** kigatsuku	发现，发觉 fāxiàn, fājué ファアシエン, ファアジュエ	notice ノウティス
(行き届く)	周到，细心 zhōudào, xìxīn ヂョウダオ, シィシン	(be) attentive (ビ) アテンティヴ
(意識を取り戻す)	醒过来 xǐngguòlai シィングゥオライ	come to *oneself* カム トゥ
きがるな **気軽な** kigaruna	轻松愉快，随便 qīngsōng yúkuài, suíbiàn チンソン ユイクアイ, スゥイビエン	lighthearted, casual ライトハーテド, キャジュアル
きかん **器官** kikan	器官 qìguān チィグワン	organ オーガン
きかん **期間** kikan	期间 qījiān チィジエン	period, term ピアリオド, ターム
きかん **機関** kikan	机器，机械 jīqi, jīxiè ジィチ, ジィシエ	engine, machine エンヂン, マシーン

日	中	英
(機構)	机关，机构 jīguān, jīgòu ジィグワン, ジィゴウ	organ, organization **オ**ーガン, オーガ**ニ**ゼイション
きかんさんぎょう **基幹産業** kikansangyou	基础工业 jīchǔ gōngyè ジィチュウ ゴンイエ	key industries **キ**ー イン**ダ**ストリズ
きかんし **気管支** kikanshi	支气管 zhīqìguǎn ヂーチィグワン	bronchus ブラン**カ**ス
～炎	气管炎 qìguǎnyán チィグワンイエン	bronchitis ブラン**カ**イティス
きかんしゃ **機関車** kikansha	机车，火车头 jīchē, huǒchētóu ジィチョア, ホゥオチョァトウ	locomotive ロウコ**モ**ウティヴ
きかんじゅう **機関銃** kikanjuu	〔把〕机关枪，机枪 〔bǎ〕jīguānqiāng, jīqiāng 〔バァ〕ジィグワンチアン, ジィチアン	machine gun マ**シ**ーン **ガ**ン
きき **危機** kiki	危机 wēijī ウェイジィ	crisis ク**ラ**イスィス
ききとり **聞き取り** kikitori	听，听取 tīng, tīngqǔ ティン, ティンチュィ	hearing **ヒ**アリング
ききめ **効き目** kikime	效力，效验 xiàolì, xiàoyàn シアオリィ, シアオイエン	effect, efficacy イ**フェ**クト, **エ**フィカスィ
ききょう(する) **帰郷(する)** kikyou (suru)	回乡，回老家 huíxiāng, huí lǎojiā ホゥイシアン, ホゥイ ラオジア	homecoming; return home **ホ**ウムカミング, リ**タ**ーン **ホ**ウム
きぎょう **企業** kigyou	企业 qǐyè チィイエ	enterprise **エ**ンタプライズ
きぎょうか **起業家** kigyouka	创业者 chuàngyèzhě チュアンイエヂョア	entrepreneur アーントレプレ**ナ**ー
ぎきょく **戯曲** gikyoku	戏剧，剧本 xìjù, jùběn シィジュィ, ジュィベン	drama, play ド**ラ**ーマ, プ**レ**イ

日	中	英
きゃん **基金** kikin	**基金** jījīn ジィジン	fund **ファンド**
ききんぞく **貴金属** kikinzoku	**貴金属** guìjīnshǔ グゥイジンシュウ	precious metals プレシャス **メトルズ**
きく **菊** kiku	**菊花** júhuā ジュイホア	chrysanthemum クリ**サン**セマム
きく **効く** kiku	**有効，見効** yǒuxiào, jiànxiào ヨウシアオ，ジエンシアオ	have effect on ハヴ イ**フェ**クト オン
きく **聞[聴]く** kiku	**听，倾听** tīng, qīngtīng ティン，チンティン	listen to **リ**スン トゥ
（尋ねる）	**问，打听** wèn, dǎtīng ウェン，ダァティン	ask, inquire **ア**スク，インク**ワ**イア
きぐ **器具** kigu	**器具，工具** qìjù, gōngjù チィジュイ，ゴンジュイ	utensil, implement ユー**テ**ンスィル，**イン**プレメント
きくばり **気配り** kikubari	**照顾，关怀** zhàogù, guānhuái ヂャオグゥ，グワンホアイ	care, consideration **ケ**ア，コンスィダ**レ**イション
きげき **喜劇** kigeki	**喜剧，笑剧** xǐjù, xiàojù シィジュイ，シアオジュイ	comedy **カ**メディ
きけん **危険** kiken	**危险** wēixiǎn ウェイシエン	danger, risk **デ**インヂャ，**リ**スク
きげん **期限** kigen	**期限，限期** qīxiàn, xiànqī チィシエン，シエンチィ	term, deadline **タ**ーム，**デ**ドライン
きげん **起源** kigen	**起源，缘起** qǐyuán, yuánqǐ チィユエン，ユエンチィ	origin **オ**ーリヂン
きげん **機嫌** kigen	**情绪，心情** qíngxù, xīnqíng チンシュイ，シンチィン	humor, mood **ヒュ**ーマ，**ム**ード
きこう **気候** kikou	**气候，天气** qìhòu, tiānqì チィホウ，ティエンチィ	climate, weather ク**ラ**イメト，**ウェ**ザ

日	中	英
きごう **記号** kigou	记号，符号 jìhào, fúhào ジィハオ, フゥハオ	mark, sign マーク, サイン
ぎこう **技巧** gikou	技巧，手法 jìqiǎo, shǒufǎ ジィチアオ, ショウファア	technique, art テクニーク, アート
きこえる **聞こえる** kikoeru	听见，听得见 tīngjiàn, tīngdejiàn ティンジエン, ティンダジエン	hear ヒア
きこく(する) **帰国(する)** kikoku (suru)	归国，回国 guīguó, huíguó グゥイグゥオ, ホゥイグゥオ	homecoming; return home ホウムカミング, リターンホウム
ぎこちない **ぎこちない** gikochinai	笨拙，生硬 bènzhuō, shēngyìng ベンヂュオ, ションイィン	awkward, clumsy オークワド, クラムズィ
きこん **既婚** kikon	已婚 yǐhūn イーホゥン	married マリド
きさい(する) **記載(する)** kisai (suru)	记载 jìzǎi ジィヅァイ	mention, entry; enter メンション, エントリ, エンタ
きさくな **気さくな** kisakuna	坦率，直爽 tǎnshuài, zhíshuǎng タンシュアイ, ヂーシュアン	frank フランク
きざし **兆し** kizashi	兆头，预兆 zhàotou, yùzhào ヂャオトウ, ユィヂャオ	sign, indication サイン, インディケイション
きざな **気障な** kizana	装模作样 zhuāng mú zuò yàng ヂュアン ムゥ ヅゥオ ヤン	affected アフェクテド
きざむ **刻む** kizamu	切细 qiēxì チエシィ	cut カト
(彫刻する)	刻，雕刻 kè, diāokè クァ, ディアオクァ	carve カーヴ
きし **岸** kishi	岸 àn アン	bank バンク

日	中	英
きじ **記事** kiji	消息，报道 xiāoxi, bàodào シアオシ，バオダオ	article アーティクル
ぎし **技師** gishi	工程师，技师 gōngchéngshī, jìshī ゴンチョンシー，ジィシー	engineer エンヂニア
ぎじ **議事** giji	议事 yìshì イーシー	proceedings プロスィーディングズ
ぎしき **儀式** gishiki	典礼，仪式 diǎnlǐ, yíshì ディエンリィ，イーシー	ceremony, rite セレモウニ，ライト
きしつ **気質** kishitsu	气质，脾气 qìzhì, píqi チィヂー，ピィチ	temperament テンペラメント
きじつ **期日** kijitsu	期限 qīxiàn チィシエン	date, time limit デイト，タイム リミト
きしゃ **汽車** kisha	〔辆〕火车 〔liàng〕huǒchē 〔リアン〕ホォチョァ	train トレイン
きしゃかいけん **記者会見** kishakaiken	记者招待会 jìzhě zhāodàihuì ジィヂョァ ヂャオダイホゥイ	press conference プレス カンファレンス
きじゅつ(する) **記述(する)** kijutsu (suru)	记叙，记述 jìxù, jìshù ジィシュイ，ジィシュウ	description; describe ディスクリプション，ディスクライブ
ぎじゅつ **技術** gijutsu	技术 jìshù ジィシュウ	technique, technology テクニーク，テクナロヂ
〜提携	技术合作 jìshù hézuò ジィシュウ ホォアヅゥオ	technical tie-up テクニカル タイアプ
きじゅん **基準** kijun	标准，基准 biāozhǔn, jīzhǔn ビアオヂュン，ジィヂュン	standard, basis スタンダド，ベイスィス
きしょう **気象** kishou	气象 qìxiàng チィシアン	weather, meteorology ウェザ，ミーティアラロヂ

日	中	英
きす(する) **キス(する)** kisu (suru)	接吻 jiēwěn ジエウェン	kiss **キス**
きず **傷** kizu	伤，创伤 shāng, chuāngshāng シャァン, チュアンシャァン	wound, injury **ウーンド, インヂャリ**
(物の)	疵，疤 cī, bā ツー, バァ	flaw **フロー**
(心の)	精神创伤 jīngshén chuāngshāng ジィンシェン チュアンシャァン	trauma **トラウマ**
きすう **奇数** kisuu	奇数，单数 jīshù, dānshù ジィシュウ, ダンシュウ	odd number **アド ナンバ**
きずく **築く** kizuku	建筑，修建 jiànzhù, xiūjiàn ジエンヂュウ, シウジエン	build, construct **ビルド, コンストラクト**
きずつく **傷付く** kizutsuku	受伤，负伤 shòushāng, fùshāng ショウシャァン, フウシャァン	(be) wounded, (be) hurt (ビ) **ウ**ーンデド, (ビ) **ハ**ート
きずつける **傷付ける** kizutsukeru	伤害，损伤 shānghài, sǔnshāng シャァンハイ, スゥンシャァン	wound, injure, hurt **ウ**ーンド, **イ**ンヂャ, **ハ**ート
きずな **絆** kizuna	纽带，情义 niǔdài, qíngyì ニウダイ, チィンイー	bond **バンド**
きせい **帰省** kisei	探亲，回乡 tànqīn, huíxiāng タンチン, ホゥイシアン	homecoming **ホ**ウムカミング
きせい **既製** kisei	现成 xiànchéng シエンチョン	ready-made **レ**ディメイド
～服	成衣 chéngyī チョンイー	ready-made clothes **レ**ディメイド クロウズ
ぎせい **犠牲** gisei	牺牲 xīshēng シィション	sacrifice **サ**クリファイス
～者	牺牲者 xīshēngzhě シィションヂョァ	victim **ヴ**ィクティム

日	中	英
きせいちゅう **寄生虫** kiseichuu	**寄生虫** jìshēngchóng ジィションチォン	parasite パラサイト
きせき(てきな) **奇跡(的な)** kiseki (tekina)	**奇迹性的** qíjìxìng de チィジィシィン ダ	miracle; miraculous ミラクル，ミラキュラス
きせつ **季節** kisetsu	**季节，时节** jìjié, shíjié ジィジエ，シージエ	season スィーズン
きぜつ(する) **気絶(する)** kizetsu (suru)	**昏厥** hūnjué ホゥンジュエ	faint, swoon フェイント，スウーン
きせる **着せる** kiseru	**给《人》穿上** gěi ... chuānshàng ゲイ … チュワンシャァン	dress, put on ドレス，プト オン
きせん **汽船** kisen	**轮船** lúnchuán ルゥンチュワン	steamer スティーマ
ぎぜん **偽善** gizen	**伪善** wěishàn ウェイシャン	hypocrisy ヒパクリスィ
～的な	**伪善** wěishàn ウェイシャン	hypocritical ヒポクリティカル
きそ **基礎** kiso	**基础，根基** jīchǔ, gēnjī ジィチュウ，ゲンジィ	base, foundation ベイス，ファウンデイション
きそ(する) **起訴(する)** kiso (suru)	**起诉，公诉** qǐsù, gōngsù チィスゥ，ゴンスゥ	prosecution; prosecute プラスィキューション，プラスィキュート
きそう **競う** kisou	**比赛，比试** bǐsài, bǐshi ビィサイ，ビィシ	compete コンピート
きぞう(する) **寄贈(する)** kizou (suru)	**赠送，捐赠** zèngsòng, juānzèng ヅンソン，ジュエンヅン	donation; donate ドゥネイション，ドゥネイト
ぎそう(する) **偽装(する)** gisou (suru)	**伪装** wěizhuāng ウェイヂュアン	camouflage キャモフラージュ

日	中	英
ぎぞう(する) **偽造(する)** gizou (suru)	伪造,假造 wěizào, jiǎzào ウェイヅァオ,ジアヅァオ	forgery; forge フォーヂャリ,フォーヂ
きそく **規則** kisoku	规则,规章 guīzé, guīzhāng グゥイヅゥァ,グゥイヂャァン	rule, regulations ルール,レギュレイションズ
〜的な	有规律的 yǒu guīlǜ de ヨウ グゥイリュィ ダ	regular レギュラ
きた **北** kita	北,北方 běi, běifāng ベイ,ベイファァン	north ノース
ぎたー **ギター** gitaa	〔把〕吉他 〔bǎ〕 jítā 〔バァ〕ジィタァ	guitar ギター
きたい **気体** kitai	气体 qìtǐ チィティー	gaseous body, gas, vapor ギャスィアス バディ,ギャス,ヴェイパ
きたい(する) **期待(する)** kitai (suru)	期待,期望 qīdài, qīwàng チィダイ,チィワァン	expectation, hope エクスペクテイション,ホウプ
ぎだい **議題** gidai	议题 yìtí イーティー	agenda アヂェンダ
きたえる **鍛える** kitaeru	锻炼 duànliàn ドワンリエン	forge, temper, train フォーヂ,テンパ,トレイン
きたく(する) **帰宅(する)** kitaku (suru)	回家 huí'jiā ホゥイジア	return home リターン ホウム
きたちょうせん **北朝鮮** kitachousen	朝鲜 Cháoxiǎn チャオシエン	North Korea ノース コリーア
きたない **汚い** kitanai	脏,肮脏 zāng, āngzāng ヅァァン,アァンヅァァン	dirty, soiled ダーティ,ソイルド
(金銭に)	吝啬,小气 lìnsè, xiǎoqi リンスァ,シアオチ	stingy スティンヂ

日	中	英
（勝負に）	**犯規** fànguī ファングウイ	unfair アン**フェ**ア
きたはんきゅう **北半球** kitahankyuu	**北半球** běibànqiú ペイバンチウ	Northern Hemisphere ノーザン **ヘ**ミスフェア
きち **基地** kichi	**基地** jīdì ジィディー	base **ベ**イス
きちょう **機長** kichou	**机长** jīzhǎng ジィヂャアン	captain **キャ**プテン
ぎちょう **議長** gichou	**主席** zhǔxí ヂュウシィ	chairperson **チェ**アパースン
きちょうな **貴重な** kichouna	**宝贵，珍贵** bǎoguì, zhēnguì バオグウイ，ヂェングウイ	precious, valuable プ**レ**シャス，**ヴァ**リュアブル
きちょうひん **貴重品** kichouhin	**贵重物品** guìzhòng wùpǐn グウイヂォン ウゥピン	valuables **ヴァ**リュアブルズ
きちょうめんな **几帳面な** kichoumenna	**一丝不苟，规规矩矩** yì sī bù gǒu, guīguijūjū イー スー ブゥ ゴウ，グウイグウイジュイ ジュイ	exact, methodical イグ**ザ**クト，メ**サ**ディカル
きちんと **きちんと** kichinto	**整齐，端正** zhěngqí, duānzhèng ヂョンチィ，ドワンヂョン	exactly, accurately イグ**ザ**クトリ，**ア**キュレトリ
きつい **きつい**　（窮屈な） kitsui	**紧** jǐn ジン	tight **タ**イト
（強い・大変な）	**强烈，烈性** qiángliè, lièxìng チアンリエ，リエシィン	strong, hard スト**ロ**ング，**ハ**ード
きつえん（する） **喫煙（する）** kitsuen (suru)	**抽烟，吸烟** chōuyān, xīyān チョウイエン，シィイエン	smoking; smoke ス**モ**ウキング，ス**モ**ウク
きづかう **気遣う** kizukau	**关心，体贴** guānxīn, tǐtiē グワンシン，ティーティエ	(be) anxious, worry (ビ) **ア**ンクシャス，**ワ**ーリ

日	中	英
きっかけ **切っ掛け** kikkake	**契机，机会** qìjī, jīhuì チイジィ，ジイホウイ	chance, opportunity **チャンス**，アパ**テュー**ニティ
きづく **気付く** kizuku	**发现，注意到** fāxiàn, zhùyìdào ファアシエン，ヂュウイーダオ	notice ノウティス
きっさてん **喫茶店** kissaten	**咖啡馆** kāfēiguǎn カアフェイグワン	coffee shop, tea-room **コー**フィ **シャ**プ，**ティ**ールーム
きっすいの **生粋の** kissuino	**地道** dìdao ディーダオ	genuine, native **チェ**ニュイン，**ネ**イティヴ
きっちん **キッチン** kicchin	**厨房** chúfáng チュウファアン	kitchen **キ**チン
きって **切手** kitte	〔张〕**邮票** 〔zhāng〕yóupiào 〔ヂァァン〕ヨウピアオ	stamp ス**タ**ンプ
きっと **きっと** kitto	**一定，肯定** yídìng, kěndìng イーディン，ケンディン	surely, certainly **シュ**アリ，**サー**トンリ
きつね **狐** kitsune	〔只〕**狐狸** 〔zhī〕húli 〔ヂー〕ホゥリ	fox **ファ**クス
きっぷ **切符** kippu	〔张〕**票** 〔zhāng〕piào 〔ヂァァン〕ピアオ	ticket **ティ**ケト
きてい **規定** kitei	〔条〕**规定，章程** 〔tiáo〕guīdìng, zhāngchéng 〔ティアオ〕グゥイディン，ヂャァンチョン	regulations レギュ**レ**イションズ
ぎていしょ **議定書** giteisho	〔份〕**议定书** 〔fèn〕yìdìngshū 〔フェン〕イーディンシュウ	protocol プロ**ウ**トコール
きどう **軌道** kidou	**轨道，路轨** guǐdào, lùguǐ グゥイダオ，ルゥグゥイ	orbit **オー**ビト
きとく **危篤** kitoku	**病危** bìngwēi ビインウェイ	critical ク**リ**ティカル

日	中	英
きどる **気取る** kidoru	**装模作样, 摆架子** zhuāng mú zuò yàng, bǎi jiàzi ヂュアン ムゥ ヅゥォ ヤン, バイ ジアヅ	(be) affected (ビ) アフェクテド
きにいる **気に入る** kiniiru	**看中, 入眼** kànzhòng, rùyǎn カンヂォン, ルゥイエン	(be) pleased with, like (ビ) プリーズド ウィズ, ライク
きにする **気にする** kinisuru	**介意, 在乎** jièyì, zàihu ジエイー, ヅァイホ	care about ケア アバウト
きにゅう(する) **記入(する)** kinyuu (suru)	**填表, 填写** tiánbiǎo, tiánxiě ティエンビアオ, ティエンシエ	writing in; write in ライティング イン, ライト イン
きぬ **絹** kinu	**丝绸, 真丝** sīchóu, zhēnsī スーチョウ, ヂェンスー	silk スィルク
きねん **記念** kinen	**纪念** jìniàn ジィニエン	commemoration コメモレイション
〜碑	**纪念碑** jìniànbēi ジィニエンベイ	monument マニュメント
〜日	**纪念日, 节日** jìniànrì, jiérì ジィニエンリー, ジエリー	memorial day メモーリアル デイ
きのう **昨日** kinou	**昨天, 昨日** zuótiān, zuórì ヅゥオティエン, ヅゥオリー	yesterday イェスタデイ
きのう **機能** kinou	**功能, 机能** gōngnéng, jīnéng ゴンヌォン, ジィヌォン	function ファンクション
ぎのう **技能** ginou	**技能, 本领** jìnéng, běnlǐng ジィヌォン, ベンリィン	skill スキル
きのこ **茸** kinoko	**蘑菇** mógu モォグ	mushroom マシュルーム
きのどくな **気の毒な** kinodokuna	**可怜, 可悲** kělián, kěbēi クァリエン, クァベイ	pitiable, poor ピティアブル, プア

日	中	英
きばつな **奇抜な** kibatsuna	**新颖** xīnyǐng シンイィン	novel, original **ナ**ヴェル, オ**リ**ヂナル
きばらし **気晴らし** kibarashi	**消遣, 散心** xiāoqiǎn, sàn'xīn シアオチエン, サンシン	pastime, diversion **パ**スタイム, ディ**ヴァ**ージョン
きはん **規範** kihan	**规范** guīfàn グゥイファン	norm **ノ**ーム
きばん **基盤** kiban	**基础** jīchǔ ジィチュウ	base, foundation **ベ**イス, ファウン**デ**イション
きびしい **厳しい** kibishii	**严格, 严厉** yángé, yánlì イエングァ, イエンリィ	severe, strict スィ**ヴィ**ア, スト**リ**クト
きひん **気品** kihin	**品格** pǐngé ピングァ	grace, dignity グ**レ**イス, **デ**ィグニティ
きびんな **機敏な** kibinna	**机敏** jīmǐn ジィミン	smart, quick ス**マ**ート, ク**ウィ**ック
きふ(する) **寄付(する)** kifu (suru)	**捐献, 捐赠** juānxiàn, juānzèng ジュエンシエン, ジュエンヅン	donation; donate ドゥ**ネ**イション, ドゥ**ネ**イト
きぶん **気分** kibun	**情绪, 心情** qíngxù, xīnqíng チィンシュイ, シンチィン	mood, feeling **ム**ード, **フィ**ーリング
きぼ **規模** kibo	**规模** guīmó グゥイモォ	scale ス**ケ**イル
きぼう(する) **希望(する)** kibou (suru)	**希望, 愿望** xīwàng, yuànwàng シィワァン, ユエンワァン	hope, wish **ホ**ウプ, **ウィ**シュ
きほん **基本** kihon	**基本, 基础** jīběn, jīchǔ ジィベン, ジィチュウ	basis, standard **ベ**イスィス, ス**タ**ンダド
〜的な	**基本的, 基础的** jīběn de, jīchǔ de ジィベン ダ, ジィチュウ ダ	basic, fundamental **ベ**イスィク, ファンダ**メ**ントル
きまえのよい **気前のよい** kimaenoyoi	**大方, 慷慨** dàfang, kāngkǎi ダァファァン, カァンカイ	generous **ヂェ**ネラス

日	中	英
きまぐれな **気紛れな** kimagurena	**任性** rènxìng レンシィン	capricious カプリシャス
きまつ **期末** kimatsu	**期末** qīmò チィモォ	end of the term エンド オヴ ザ **タ**ーム
きまま **気まま** kimama	**随便，任意** suíbiàn, rènyì スゥイビエン, レンイー	carefree **ケ**アフリー
きまり **決まり** kimari	**定规，规定** dìngguī, guīdìng ディングゥイ, グゥイディン	rule, regulation **ル**ール, レギュ**レ**イション
〜文句	**口头语，老调** kǒutóuyǔ, lǎodiào コウトウユィ, ラオディアオ	set phrase **セ**ト フ**レ**イズ
きまる **決まる** kimaru	**定，决定** dìng, juédìng ディン, ジュエディン	(be) settled, (be) decided (ビ) **セ**トルド, (ビ) ディ**サ**イデド
きみ **黄身** kimi	**蛋黄，卵黄** dànhuáng, luǎnhuáng ダンホアン, ルワンホアン	yolk **ヨ**ウク
きみつ **機密** kimitsu	**机密，绝密** jīmì, juémì ジィミィ, ジュエミィ	secrecy, secret **スィ**ークレスィ, **スィ**ークレト
きみどり **黄緑** kimidori	**黄绿色** huánglùsè ホアンリュイスァ	yellowish green **イェ**ロウイシュ グ**リ**ーン
きみょうな **奇妙な** kimyouna	**奇怪，奇异** qíguài, qíyì チィグアイ, チィイー	strange, queer スト**レ**インヂ, ク**ウィ**ア
ぎむ **義務** gimu	**义务** yìwù イーウゥ	duty, obligation **デュ**ーティ, アブリ**ゲ**イション
きむずかしい **気難しい** kimuzukashii	**难以对付，不好惹** nányǐ duìfu, bù hǎorě ナンイー ドゥイフ, ブゥ ハオルァ	hard to please **ハ**ード トゥ プ**リ**ーズ
きめる **決める** kimeru	**决定，确定** juédìng, quèdìng ジュエディン, チュエディン	fix, decide on **フィ**クス, ディ**サ**イド **オ**ン

日	中	英
きも **肝** kimo	**肝臓** gānzàng ガンヅァァン	liver リヴァ
（度胸）	**胆子，胆量** dǎnzi, dǎnliàng ダンヅ，ダンリアン	pluck プラク
きもち **気持** kimochi	**心情，心意** xīnqíng, xīnyì シンチィン，シンイー	feeling, sensation フィーリング，センセイション
きもの **着物** kimono	**和服** héfú ホァフウ	*kimono* キモノウ
ぎもん **疑問** gimon	**疑问** yíwèn イーウェン	question, doubt クウェスチョン，ダウト
きゃく **客** kyaku	**客人，宾客** kèren, bīnkè クァレン，ビンクァ	caller, visitor, guest コーラ，ヴィズィタ，ゲスト
（店の）	**顾客，主顾** gùkè, zhǔgù グゥクァ，ヂゥウグゥ	customer カスタマ
きやく **規約** kiyaku	**规约，章程** guīyuē, zhāngchéng グゥイユエ，ヂァァンチョン	agreement, contract アグリーメント，カントラクト
ぎゃく **逆** gyaku	**相反，逆** xiāngfǎn , nì シアンファン，ニィ	reverse, contrary リヴァース，カントレリ
きゃくしつじょうむいん **客室乗務員** kyakushitsujoumuin	**空乘** kōngchéng コンチョン	cabin attendant キャビン アテンダント
きゃくしゃ **客車** kyakusha	〔辆〕**客车** 〔liàng〕kèchē 〔リアン〕クァチョァ	passenger car パセンヂャ カー
ぎゃくしゅう（する） **逆襲（する）** gyakushuu (suru)	**反击，反攻** fǎnjī, fǎngōng ファンジィ，ファンゴン	counterattack カウンタラタク
きゃくせん **客船** kyakusen	〔艘〕**客船，客轮** 〔sōu〕kèchuán, kèlún 〔ソウ〕クァチュワン，クァルゥン	passenger boat パセンヂャ ボウト

日	中	英
ぎゃくたい **虐待** gyakutai	**虐待，残虐** nüèdài, cánnüè ニュエダイ，ツァンニュエ	abuse アビュース
ぎゃくてん(する) **逆転(する)** gyakuten (suru)	**反转，逆转** fǎnzhuǎn, nìzhuǎn ファンデュワン，ニィデュワン	reversal; (be) reversed リヴァーサル, (ビ) リヴァースト
きゃくほん **脚本** kyakuhon	**脚本，剧本** jiǎoběn, jùběn ジアオベン，ジュイベン	play, drama, scenario プレイ, ドラーマ, サネアリオウ
きゃしゃな **華奢な** kyashana	**纤细，细挑** xiānxì, xìtiao シエンシィ，シィティアオ	delicate デリケト
きゃすと **キャスト** kyasuto	**演员阵容** yǎnyuán zhènróng イエンユエン デェンロン	cast キャスト
きゃっかん **客観** kyakkan	**客观** kèguān クァグワン	objectiveness オブチェクティヴネス
〜的な	**客观** kèguān クァグワン	objective オブチェクティヴ
きゃっしゅ **キャッシュ** kyasshu	**现金，现款** xiànjīn, xiànkuǎn シエンジン，シエンクワン	cash キャシュ
〜カード	**提款卡** tíkuǎnkǎ ティークワンカァ	bank card バンク カード
きゃっち(する) **キャッチ(する)** kyacchi (suru)	**抓住，捕捉** zhuāzhù, bǔzhuō デュアデュウ，ブゥデュオ	catch; get, obtain キャチ, ゲト, オブテイン
〜フレーズ	**口号，广告词** kǒuhào, guǎnggàocí コウハオ，グアンガオツー	catchphrase キャチフレイズ
ぎゃっぷ **ギャップ** gyappu	**差距，鸿沟** chājù, hónggōu チァアジュイ，ホンゴウ	gap ギャプ
きゃぷてん **キャプテン** kyaputen	**队长** duìzhǎng ドゥイデャァン	captain キャプテン

日	中	英
きゃべつ **キャベツ** kyabetsu	**圆白菜，洋白菜** yuánbáicài, yángbáicài ユエンパイツァイ，ヤンパイツァイ	cabbage **キャ**ビヂ
きゃらくたー **キャラクター** kyarakutaa	**卡通图案** kǎtōng tú'àn カァトン トゥアン	character **キャ**ラクタ
ぎゃらりー **ギャラリー** (画廊) gyararii	**画廊** huàláng ホアラァン	gallery **ギャ**ラリ
(見物人)	**观众** guānzhòng グワンヂォン	gallery **ギャ**ラリ
きゃりあ **キャリア** kyaria	**资格，经历** zīgé, jīnglì ヅーグァ，ジンリィ	career カ**リ**ア
ぎゃんぐ **ギャング** gyangu	**匪徒，黑社会** fěitú, hēishèhuì フェイトゥ，ヘイショァホウイ	gang, gangster **ギャ**ング，**ギャ**ングスタ
きゃんせる(する) **キャンセル(する)** kyanseru (suru)	**解约，取消** jiěyuē, qǔxiāo ジエユエ，チュィシアオ	cancellation; cancel キャンセ**レ**イション，**キャ**ンセル
～待ち	**等退票** děng tuìpiào デゥン トゥイピアオ	standby ス**タ**ンドバイ
きゃんぷ **キャンプ** kyanpu	**露营，野营** lùyíng, yěyíng ルウイン，イエイィン	camp **キャ**ンプ
ぎゃんぶる **ギャンブル** gyanburu	**赌博** dǔbó ドゥボォ	gambling **ギャ**ンブリング
きゃんぺーん **キャンペーン** kyanpeen	**运动，活动** yùndòng, huódòng ウィンドン，ホゥオドン	campaign キャン**ペ**イン
きゅう **急** kyuu	**紧急，急迫** jǐnjí, jípò ジンジィ，ジィポォ	emergency イ**マ**ーヂェンスィ
きゅう **級** (等級) kyuu	**等级，级** děngjí, jí デゥンジィ，ジィ	class ク**ラ**ス

日	中	英
きゅうえん(する) **救援(する)** kyuuen (suru)	**救援，救济** jiùyuán, jiùjì ジウユエン，ジウジィ・	relief, rescue リリーフ，レスキュー
〜物資	**救济物资** jiùjì wùzī ジウジィ ウッツー	relief supplies リリーフ サプライズ
きゅうか **休暇** kyuuka	**休假** xiūjià シウジア	vacation, holiday ヴェイケイション，ハリデイ
きゅうがく(する) **休学(する)** kyuugaku (suru)	**休学** xiūxué シウシュエ	absence from school アブセンス フラム スクール
きゅうかん **急患** kyuukan	**急诊病人** jízhěn bìngrén ジィヂェン ビィンレン	emergency case イマーヂェンスィ ケイス
きゅうぎ **球技** kyuugi	**球类运动，球赛** qiúlèi yùndòng, qiúsài チウレイ ユィンドン，チウサイ	ball game ボール ゲイム
きゅうきゅうしゃ **救急車** kyuukyuusha	〔辆〕**救护车** 〔liàng〕jiùhùchē 〔リアン〕ジウホゥチョア	ambulance アンビュランス
きゅうぎょう(する) **休業(する)** kyuugyou (suru)	**停业，休业** tíngyè, xiūyè ティンイエ，シウイエ	closure; close クロウジャ，クロウズ
きゅうくつな **窮屈な** kyuukutsuna	**瘦小，紧** shòuxiǎo, jǐn ショウシアオ，ジン	narrow, tight ナロウ，タイト
きゅうけい(する) **休憩(する)** kyuukei (suru)	**休息** xiūxi シウシ	rest, recess; take a rest レスト，リセス，テイク ア レスト
きゅうげきな **急激な** kyuugekina	**急剧** jíjù ジィジュィ	sudden, abrupt サドン，アブラプト
きゅうこうれっしゃ **急行列車** kyuukouressha	**快车** kuàichē クアイチョア	express イクスプレス
きゅうさい(する) **救済(する)** kyuusai (suru)	**救济，赈济** jiùjì, zhènjì ジウジィ，ヂェンジィ	relief, aid リリーフ，エイド

日	中	英
きゅうし(する) **休止(する)** kyuushi (suru)	**休止，停顿** xiūzhǐ, tíngdùn シウヂー，ティンドゥン	pause ポーズ
きゅうしき **旧式** kyuushiki	**旧式** jiùshì ジウシー	old style オウルド スタイル
きゅうじつ **休日** kyuujitsu	**休息日，假日** xiūxirì, jiàrì シウシーリ，ジアリー	holiday ハリデイ
きゅうしゅう(する) **吸収(する)** kyuushuu (suru)	**吸收，吸取** xīshōu, xīqǔ シィショウ，シィチュイ	absorption; absorb アプソープション，アプソー プ
きゅうじょ(する) **救助(する)** kyuujo (suru)	**救助，拯救** jiùzhù, zhěngjiù ジウヂュウ，ヂョンジウ	rescue, help; save レスキュー，ヘルプ，セイヴ
きゅうじん **求人** kyuujin	**招聘人员，招人** zhāopìn rényuán, zhāorén ヂャオピン レンユエン，ヂャオレン	job offer ヂャブ オーファ
きゅうしんてきな **急進的な** kyuushintekina	**急进的，激进的** jíjìn de, jījìn de ジィジン ダ，ジィジン ダ	radical ラディカル
きゅうすい(する) **給水(する)** kyuusui (suru)	**给水** jǐshuǐ ジィシュイ	water supply ウォータ サプライ
きゅうせい **急性** kyuusei	**急性** jíxìng ジィシイン	acute アキュート
きゅうせん(する) **休戦(する)** kyuusen (suru)	**休战** xiūzhàn シウヂャン	armistice; call a truce アーミスティス，コール ア トルース
きゅうそく(する) **休息(する)** kyuusoku (suru)	**休息，歇息** xiūxi, xiēxi シウシ，シエシ	repose, rest リポウズ，レスト
きゅうそくな **急速な** kyuusokuna	**急速，迅速** jísù, xùnsù ジィスウ，シュインスウ	rapid, prompt ラピド，プランプト
きゅうとう(する) **急騰(する)** kyuutou (suru)	**暴涨** bàozhǎng バオヂァァン	sudden rise; jump サドン ライズ，ヂャンプ

日	中	英
ぎゅうにく **牛肉** gyuuniku	〔块／片〕牛肉 〔kuài/piàn〕niúròu 〔クアイ／ピエン〕ニウロウ	beef ビーフ
ぎゅうにゅう **牛乳** gyuunyuu	**牛奶** niúnǎi ニウナイ	milk ミルク
きゅうびょう **急病** kyuubyou	**急症，暴病** jízhèng, bàobìng ジイヂョン, パオビィン	sudden illness サドン イルネス
きゅうめい **救命** kyuumei	**救命，救生** jiù'mìng, jiùshēng ジウミィン, ジウション	lifesaving ライフセイヴィング
～胴衣	**救生衣** jiùshēngyī ジウションイー	life jacket ライフ ヂャケト
きゅうゆ（する） **給油（する）** kyuuyu (suru)	**加油** jiāyóu ジアヨウ	refueling; refuel リー**フュー**アリング, リー**フュー**アル
きゅうゆう **旧友** kyuuyuu	**旧友，老朋友** jiùyǒu, lǎopéngyou ジウヨウ, ラオポンヨウ	old friend オウルド フレンド
きゅうよ **給与** kyuuyo	**工资，薪水** gōngzī, xīnshui ゴンヅー, シンシュイ	salary, pay サラリ, ペイ
きゅうよう **急用** kyuuyou	〔件〕急事 〔jiàn〕jíshì 〔ジエン〕ジィシー	urgent business アーヂェント ビズネス
きゅうよう（する） **休養（する）** kyuuyou (suru)	**休养** xiūyǎng シウヤン	rest; take a rest レスト, テイク ア レスト
きゅうり **胡瓜** kyuuri	〔根／条〕黄瓜 〔gēn/tiáo〕huánggua 〔ゲン／ティアオ〕ホアングア	cucumber キューカンバ
きゅうりょう **給料** kyuuryou	**工资，薪水** gōngzī, xīnshui ゴンヅー, シンシュイ	pay, salary ペイ, サラリ
きよい **清い** kiyoi	**清洁，干净** qīngjié, gānjìng チィンジエ, ガンジン	clean, pure クリーン, ピュア
きょう **今日** kyou	**今天，今日** jīntiān, jīnrì ジンティエン, ジンリー	today トゥデイ

日	中	英

ぎょう
行
gyou

行
háng
ハァン

line
ライン

きょうい
驚異
kyoui

惊人，惊异
jīngrén, jīngyì
ジンレン，ジンイー

wonder
ワンダ

きょういく（する）
教育(する)
kyouiku (suru)

教育，教学
jiàoyù, jiàoxué
ジアоユイ，ジアоシュエ

education; educate
エデュ**ケ**イション，**エ**デュケ
イト

きょうか
教科
kyouka

科目，课程
kēmù, kèchéng
クァムゥ，クァチョン

subject
サブヂェクト

きょうか（する）
強化(する)
kyouka (suru)

加强，强化
jiāqiáng, qiánghuà
ジアチアン，チアンホア

strengthening;
strengthen
ストレングスニング，ストレ
ングスン

きょうかい
協会
kyoukai

协会
xiéhuì
シエホゥイ

association, soci-
ety
アソウスィ**エ**イション，ソ**サ**
イエティ

きょうかい
教会
kyoukai

教堂，教会
jiàotáng, jiàohuì
ジアоタァン，ジアоホゥイ

church
チャーチ

きょうかい
境界
kyoukai

境界，边界
jìngjiè, biānjiè
ジンジエ，ピエンジエ

boundary, border
バウンダリ，**ボ**ーダ

ぎょうかい
業界
gyoukai

业界，行业
yèjiè, hángyè
イエジエ，ハァンイエ

industry
インダストリ

きょうがく
共学
kyougaku

男女同校
nánnǚ tóngxiào
ナンニュィ トンシアо

coeducation
コウエデュ**ケ**イション

きょうかしょ
教科書
kyoukasho

〔本〕教科书，课本
〔běn〕jiàokēshū, kèběn
〔ペン〕ジアоクァシュウ，クァベン

textbook
テクストブク

きょうかつする
恐喝する
kyoukatsusuru

恐吓
kǒnghè
コンホォァ

threat, blackmail
スレト，ブ**ラ**クメイル

きょうかん（する）
共感(する)
kyoukan (suru)

共鸣，同情
gòngmíng, tóngqíng
ゴンミィン，トンチィン

sympathy; sympa-
thize
スィンパスィ，**ス**ィンパサイ
ズ

日	中	英
きょうき 凶器 kyouki	凶器 xiōngqì シオンチィ	weapon ウェポン
きょうぎ 競技 kyougi	比赛，竞赛 bǐsài, jìngsài ビィサイ，ジィンサイ	competition カンペティション
ぎょうぎ 行儀 gyougi	举止，礼貌 jǔzhǐ, lǐmào ジュィヂー，リィマオ	behavior, manners ビヘイヴァ，マナズ
きょうきゅう(する) 供給(する) kyoukyuu (suru)	供给，供应 gōngjǐ, gōngyìng ゴンジィ，ゴンイィン	supply サプライ
きょうぐう 境遇 kyouguu	境遇，境况 jìngyù, jìngkuàng ジィンユィ，ジィンクアン	circumstances サーカムスタンセズ
きょうくん 教訓 kyoukun	教训 jiàoxun ジアオシュィン	lesson レスン
きょうこう 恐慌 kyoukou	恐慌，惊慌 kǒnghuāng, jīnghuāng コンホアン，ジィンホアン	panic パニク
きょうごうする 競合する kyougousuru	竞争 jìngzhēng ジィンヂョン	compete with コンピート ウィズ
きょうこな 強固な kyoukona	巩固，坚固 gǒnggù, jiāngù ゴングゥ，ジエングゥ	firm, solid ファーム，サリド
ぎょうざ 餃子 gyouza	饺子 jiǎozi ジアオヅ	(Chinese) dump- ling (チャイニーズ) ダンプリン グ
きょうざい 教材 kyouzai	教材 jiàocái ジアオツァイ	teaching material ティーチング マティアリア ル
きょうさんしゅぎ 共産主義 kyousanshugi	共产主义 gòngchǎn zhǔyì ゴンチャン ヂュウイー	communism カミュニズム
きょうさんとう 共産党 kyousantou	共产党 gòngchǎndǎng ゴンチャンダァン	Communist Party カミュニスト パーティ

日	中	英
きょうし **教師** kyoushi	**教師，老师** jiàoshī, lǎoshī ジアオシー，ラオシー	teacher, professor **ティ**ーチャ，プロ**フェ**サ
ぎょうじ **行事** gyouji	**活动，仪式** huódòng, yíshì ホウドョン，イーシー	event, function イ**ヴェ**ント，**ファ**ンクション
きょうしつ **教室** kyoushitsu	**教室** jiàoshì ジアオシー	classroom ク**ラ**スルーム
ぎょうしゃ **業者** gyousha	**工商业者** gōngshāngyèzhě ゴンシャァンイエヂョァ	trader ト**レ**イダ
きょうじゅ **教授** kyouju	**教授** jiàoshòu ジアオショウ	professor プロ**フェ**サ
きょうしゅう **郷愁** kyoushuu	**乡愁，乡思** xiāngchóu, xiāngsī シアンチョウ，シアンスー	nostalgia ナス**タ**ルヂャ
きょうせい（する） **強制（する）** kyousei (suru)	**强制，逼迫** qiángzhì, bīpò チアンヂー，ビィポォ	compulsion; compel コン**パ**ルション，コン**ペ**ル
ぎょうせい **行政** gyousei	**行政** xíngzhèng シィンヂョン	administration アドミニスト**レ**イション
～機関	**行政机关** xíngzhèng jīguān シィンヂョン ジィグワン	administrative organ アド**ミ**ニストレイティヴ **オ**ーガン
ぎょうせき **業績** gyouseki	**成就，业绩** chéngjiù, yèjì チョンジウ，イエジィ	achievement, results ア**チ**ーヴメント，リ**ザ**ルツ
きょうそう（する） **競走（する）** kyousou (suru)	**赛跑** sàipǎo サイパォ	race; run a race **レ**イス，**ラ**ン ア **レ**イス
きょうそう（する） **競争（する）** kyousou (suru)	**竞争，竞赛** jìngzhēng, jìngsài ジィンヂョン，ジィンサイ	competition; compete カン**ペ**ティション，コン**ピ**ート
～力	**竞争力** jìngzhēnglì ジィンヂョンリィ	competitiveness コン**ペ**ティティヴネス

日	中	英
きょうぞう **胸像** kyouzou	**胸像，半身像** xiōngxiàng, bànshēnxiàng シオンシアン，バンシェンシアン	bust バスト
きょうそうきょく **協奏曲** kyousoukyoku	**协奏曲** xiézòuqǔ シエヅォウチュイ	concerto コンチェアトウ
きょうそん（する） **共存（する）** kyouson (suru)	**共存，共处** gòngcún, gòngchǔ ゴンツゥン，ゴンチュウ	coexistence; coexist コウイグズィステンス，コウグズィスト
きょうだい **兄弟** kyoudai	**兄弟** xiōngdì シオンディー	brother ブラザ
きょうだん **教壇** kyoudan	**讲台** jiǎngtái ジアンタイ	platform プラトフォーム
きょうちょう（する） **強調（する）** kyouchou (suru)	**强调** qiángdiào チアンディアオ	emphasis; emphasize エンフィスィス，エンファサイズ
きょうつう（する） **共通（する）** kyoutsuu (suru)	**共同** gòngtóng ゴントン	common カモン
きょうてい **協定** kyoutei	**协定** xiédìng シエディン	agreement, convention アグリーメント，コンヴェンション
きょうど **郷土** kyoudo	**乡土** xiāngtǔ シアントゥ	*one's* native district ネイティヴ ディストリクト
きょうどう **共同** kyoudou	**共同，合作** gòngtóng, hézuò ゴントン，ホォアヅゥオ	cooperation コウアペレイション
きょうどうくみあい **協同組合** kyoudoukumiai	**合作社** hézuòshè ホォアヅゥオショァ	cooperative コウアペラティヴ
きような **器用な** kiyouna	**灵巧** língqiǎo リィンチアオ	skillful スキルフル
きょうばい（する） **競売（する）** kyoubai (suru)	**拍卖** pāimài パイマイ	auction オークション

日	中	英
きょうはく(する) **脅迫(する)** kyouhaku (suru)	**威胁，恐吓** wēixié, kǒnghè ウェイシエ, コンホォァ	threat; threaten スレト, スレトン
きょうはん **共犯** kyouhan	**共犯** gòngfàn ゴンファン	complicity コンプリスィティ
～者	**帮凶，同犯** bāngxiōng, tóngfàn バァンシオン, トンファン	accomplice アカンプリス
きょうふ **恐怖** kyoufu	**畏惧，恐怖** wèijù, kǒngbù ウェイジュィ, コンブゥ	fear, fright, terror フィア, フライト, テラ
きょうみ **興味** kyoumi	**兴趣，兴致** xìngqù, xìngzhì シィンチュィ, シィンヂー	interest インタレスト
ぎょうむ **業務** gyoumu	**业务** yèwù イエウゥ	business ビズネス
きょうゆう(する) **共有(する)** kyouyuu (suru)	**共有，公有** gòngyǒu, gōngyǒu ゴンヨウ, ゴンヨウ	joint-ownership; own ヂョイントオウナシプ, オウ ン
きょうよう **教養** kyouyou	**修养** xiūyǎng シウヤン	culture, education カルチャ, エヂュケイション
きょうりょく(する) **協力(する)** kyouryoku (suru)	**合作，协力** hézuò, xiélì ホォァヅゥオ, シエリィ	cooperation; coop- erate コウアペレイション, コウア ペレイト
きょうりょくな **強力な** kyouryokuna	**强劲，有力** qiángjìng, yǒulì チアンジィン, ヨウリィ	strong, powerful ストロング, パウアフル
ぎょうれつ **行列** gyouretsu	**队伍，行列** duìwu, hángliè ドゥイウ, ハァンリエ	procession, parade プロセション, パレイド
きょうれつな **強烈な** kyouretsuna	**强烈** qiángliè チアンリエ	intense インテンス
きょうわこく **共和国** kyouwakoku	**共和国** gònghéguó ゴンホォァグゥオ	republic リパブリク

日	中	英
きょえいしん **虚栄心** kyoeishin	**虚荣心** xūróngxīn シュィロンシン	vanity **ヴァ**ニティ
きょか(する) **許可(する)** kyoka (suru)	**认可，批准** rènkě, pīzhǔn レンクァ，ピィヂュン	permission; permit パ**ミ**ション，パ**ミ**ト
きょぎ **虚偽** kyogi	**虚伪** xūwěi シュィウェイ	falsehood **フォ**ールスフド
ぎょぎょう **漁業** gyogyou	**渔业** yúyè ユィイエ	fishery **フィ**シャリ
きょく **曲** kyoku	**乐曲，曲子** yuèqǔ, qǔzi ユエチュィ，チュィヅ	tune, piece **テュ**ーン，**ピ**ース
きょくげい **曲芸** kyokugei	**杂技** zájì ヅァアジィ	acrobat **ア**クロバト
きょくげん **極限** kyokugen	**极限** jíxiàn ジィシエン	limit **リ**ミト
きょくせん **曲線** kyokusen	**曲线** qūxiàn チュィシエン	curve **カ**ーヴ
きょくたんな **極端な** kyokutanna	**极端，偏激** jíduān, piānjī ジィドワン，ピエンジィ	extreme, excessive イクスト**リ**ーム，イク**セ**スィヴ
きょこう **虚構** kyokou	**虚构** xūgòu シュィゴウ	fiction **フィ**クション
ぎょこう **漁港** gyokou	**渔港** yúgǎng ユィガァン	fishing port **フィ**シング **ポ**ート
きょじゃくな **虚弱な** kyojakuna	**虚弱，纤弱** xūruò, xiānruò シュィルゥオ，シエンルゥオ	weak, delicate **ウィ**ーク，**デ**リケト
きょじゅう(する) **居住(する)** kyojuu (suru)	**住，居住** zhù, jūzhù ヂュウ，ジュィヂュウ	residence; reside **レ**ズィデンス，リ**ザ**イド

日	中	英
～者	**居民，居住者** jūmín, jūzhùzhě ジュイミン，ジュイデュウヂョァ	resident, inhabitant レズィデント，インハビタント
きょしょう **巨匠** kyoshou	**大师，巨匠** dàshī, jùjiàng ダァシー，ジュイジアン	great master グレイト **マ**スタ
きょしょくくしょう **拒食症** kyoshokushou	**厌食症** yànshízhèng イエンシーヂョン	anorexia アノレクスィア
きょぜつ(する) **拒絶(する)** kyozetsu (suru)	**拒绝，推却** jùjué, tuīquè ジュイジュエ，トゥイチュエ	refusal; refuse リ**フュー**ザル，リ**フュー**ズ
ぎょせん **漁船** gyosen	**渔船，渔轮** yúchuán, yúlún ユィチュワン，ユィルゥン	fishing boat **フィ**シング **ボ**ウト
ぎょそん **漁村** gyoson	**渔村** yúcūn ユィツゥン	fishing village **フィ**シング **ヴィ**リヂ
きょだいな **巨大な** kyodaina	**巨大，宏大** jùdà, hóngdà ジュイダァ，ホンダァ	huge, gigantic **ヒュー**ヂ，ヂャイ**ギャ**ンティク
きょっかい(する) **曲解(する)** kyokkai (suru)	**曲解** qūjiě チュイジエ	distortion; distort ディス**ト**ーション，ディス**ト**ート
きょてん **拠点** kyoten	**据点** jùdiǎn ジュイディエン	base, stronghold **ベ**イス，スト**ロ**ーングホウルド
きょねん **去年** kyonen	**去年，头年** qùnián, tóunián チュイニエン，トウニエン	last year **ラ**スト **イ**ヤ
きょひ(する) **拒否(する)** kyohi (suru)	**拒绝，否决** jùjué, fǒujué ジュイジュエ，フォウジュエ	denial; deny ディ**ナ**イアル，ディ**ナ**イ
ぎょみん **漁民** gyomin	**渔民** yúmín ユィミン	fisherman **フィ**シャマン
きょり **距離** kyori	**距离** jùlí ジュイリィ	distance **ディ**スタンス

日	中	英
きらいな **嫌いな** kiraina	**讨厌，厌恶** tǎoyàn, yànwù タオイエン，イエンウゥ	disliked ディスライクト
きらう **嫌う** kirau	**讨厌，不喜欢** tǎoyàn, bù xǐhuan タオイエン，ブゥ シィホワン	dislike ディスライク
きらくな **気楽な** kirakuna	**安闲，轻松** ānxián, qīngsōng アンシエン，チィンソン	optimistic, easy アプティミスティク，イー ズィ
きり **錐** kiri	**锥子，钻** zhuīzi, zuàn デュイヅ，ヅワン	drill, gimlet ドリル，ギムレト
きり **霧** kiri	**雾，雾气** wù, wùqì ウゥ，ウゥチィ	fog, mist フォーグ，ミスト
ぎり **義理** giri	**人情，人事** rénqíng, rénshì レンチィン，レンシー	duty, obligation デューティ，アブリゲイショ ン
きりかえる **切り換える** kirikaeru	**转换，改变** zhuǎnhuàn, gǎibiàn デュワンホワン，ガイビエン	change チェインヂ
きりさめ **霧雨** kirisame	**细雨，毛毛雨** xìyǔ, máomaoyǔ シィユィ，マオマオユィ	drizzle ドリズル
きりすてる **切り捨てる** kirisuteru	**割掉，切去** gēdiào, qiēqù グァディアオ，チエチュイ	cut away カト アウェイ
（端数を）	**舍去** shěqù ショァチュイ	round down ラウンド ダウン
きりすときょう **キリスト教** kirisutokyou	**基督教** Jīdūjiào ジィドゥジアオ	Christianity クリスチアニティ
きりつ **規律** kiritsu	**纪律，风纪** jìlǜ, fēngjì ジィリュィ，フォンジィ	order, discipline オーダ，ディスィプリン
きりつめる **切り詰める** kiritsumeru	**节减，节约** jiéjiǎn, jiéyuē ジエジエン，ジエユエ	reduce, cut down リデュース，カト ダウン
きりぬき **切り抜き** kirinuki	**剪贴** jiǎntiē ジエンティエ	clipping クリピング

日	中	英
きりぬける **切り抜ける** kirinukeru	**摆脱，逃脱** bǎituō, táotuō バイトゥオ，タオトゥオ	get through ゲト スルー
きりはなす **切り離す** kirihanasu	**割断，分开** gēduàn, fēnkāi グァドワン，フェンカイ	cut off, separate カト オーフ，**セ**パレイト
きりひらく **切り開く** kirihiraku	**凿开** záokāi ヅァオカイ	cut out カト **ア**ウト
きりふだ **切り札** kirifuda	**王牌** wángpái ワァンパイ	trump ト**ラ**ンプ
きりみ **切り身** kirimi	**肉片，鱼片** ròupiàn, yúpiàn ロウピエン，ユィピエン	slice, fillet スライス，**フィ**レト
きりゅう **気流** kiryuu	**气流** qìliú チィリゥ	air current **エ**ア **カ**ーレント
きりょく **気力** kiryoku	**气力，精力** qìlì, jīnglì チィリィ，ジンリィ	energy, vigor **エ**ナヂ，**ヴィ**ガ
きりん **麒麟** kirin	**长颈鹿** chángjǐnglù チャァンジィンルゥ	giraffe ヂ**ラ**フ
きる **切る** kiru	**切，割，斩** qiē, gē, zhǎn チエ，グァ，ヂャン	cut **カ**ト
（薄く）	**切片，切成薄片** qiēpiàn, qiēchéng báopiàn チエピエン，チエチョン パオピエン	slice ス**ラ**イス
（はさみで）	**剪** jiǎn ジエン	cut **カ**ト
（スイッチを）	**关** guān グワン	turn off **タ**ーシ **オ**ーフ
きる **着る** kiru	**穿** chuān チュワン	put on **プ**ト **オ**ン
きれ **切れ** （個・枚・片） kire	**小片** xiǎopiàn シアオピエン	piece, cut **ピ**ース，**カ**ト

日	中	英
（布）	布匹 bùpǐ プゥピィ	cloth クロース
きれいな **綺麗な** kireina	好看，漂亮 hǎokàn, piàoliang ハオカン，ピアオリアン	pretty, beautiful プリティ，**ビュー**ティフル
（清潔な）	干净，清洁 gānjìng, qīngjié ガンジィン，チィンジエ	clean クリーン
きれいに **綺麗に** kireini	漂亮 piàoliang ピアオリアン	beautifully ビューティフリ
（すっかり）	一干二净 yì gān èr jìng イー ガン アル ジィン	completely コンプリートリ
きれつ **亀裂** kiretsu	龟裂，裂缝 jūnliè, lièfèng ジュィンリエ，リエフォン	crack クラク
きれる **切れる** （刃物が）	快，锋利 kuài, fēnglì クアイ，フォンリィ	cut well カト **ウェ**ル
（常備品・燃料などが）	用光 yòngguāng ヨングアン	(be) out of (ビ) **アウ**ト オヴ
（期限が）	过期 guò'qī グゥオチ	expire イクスパイア
（頭が）	敏锐 mǐnruì ミンルウイ	brilliant, sharp, smart ブ**リ**リアント，**シャー**プ，ス**マー**ト
きろ **帰路** kiro	回程，归途 huíchéng, guītú ホゥイチョン，グゥイトゥ	way home **ウェ**イ **ホ**ウム
きろく（する） **記録（する）** kiroku (suru)	记录 jìlù ジィルゥ	record; record **レ**コド，リ**コー**ド
きろぐらむ **キログラム** kiroguramu	公斤 gōngjīn ゴンジン	kilogram **キ**ログラム

日	中	英
きろめーとる **キロメートル** kiromeetoru	**公里** gōnglǐ ゴンリィ	kilometer キラミタ
きろりっとる **キロリットル** kirorittoru	**千升** qiānshēng チエンション	kiloliter キロリータ
きろわっと **キロワット** kirowatto	**千瓦** qiānwǎ チエンワァ	kilowatt キロワト
ぎろん（する） **議論(する)** giron (suru)	**议论，谈论** yìlùn, tánlùn イールゥン, タンルゥン	argument, discussion; argue, discuss アーギュメント, ディスカション, アーギュー, ディスカス
ぎわく **疑惑** giwaku	**疑惑，怀疑** yíhuò, huáiyí イーホゥオ, ホアイイー	doubt, suspicion ダウト, サスピション
きわだつ **際立つ** kiwadatsu	**突出，显著** tūchū, xiǎnzhù トゥチュウ, シエンヂュウ	stand out スタンド アウト
きわどい **際どい** kiwadoi	**险些，差一点儿** xiǎnxiē, chà yìdiǎnr シエンシエ, チァア イーディァル	dangerous, risky デインヂャラス, リスキ
きん **金** kin	**黄金，金** huángjīn, jīn ホアンジン, ジン	gold ゴウルド
ぎん **銀** gin	**银** yín イン	silver スィルヴァ
きんいつの **均一の** kin-itsuno	**均一** jūnyī ジュィンイー	uniform ユーニフォーム
きんえん **禁煙** kin-en	**禁止吸烟** jìnzhǐ xīyān ジンヂー シィイエン	No Smoking ノウ スモウキング
ぎんが **銀河** ginga	**银河** yínhé インホォァ	Galaxy ギャラクスィ
きんかい **近海** kinkai	**近海** jìnhǎi ジンハイ	inshore waters インショア ウォータズ

日	中	英
きんがく **金額** kingaku	**金额，款额** jīn'é, kuǎn'é ジン'ウァ，クワン'ウァ	amount of money ア**マ**ウント オヴ **マ**ニ
きんかんがっき **金管楽器** kinkangakki	**铜管乐器** tóngguǎn yuèqì トングワン ユエチィ	brass instrument ブ**ラ**ス **イ**ンストルメント
きんきゅう(の) **緊急(の)** kinkyuu (no)	**紧急，危急** jǐnjí, wēijí ジンジィ，ウェイジィ	emergency イ**マ**ーヂェンスィ
～事態	**紧急事态** jǐnjí shìtài ジンジィ シータイ	emergency situa- tion イ**マ**ーヂェンスィ スィチュ **エ**イション
きんこ **金庫** kinko	**保险箱** bǎoxiǎnxiāng バオシェンシアン	safe, vault **セ**イフ，**ヴォ**ールト
きんこう **均衡** kinkou	**均衡，平衡** jūnhéng, pínghéng ジュインヘゥン，ピィンヘゥン	balance **バ**ランス
ぎんこう **銀行** ginkou	**银行** yínháng インハァン	bank **バ**ンク
きんこんしき **金婚式** kinkonshiki	**金婚** jīnhūn ジンホゥン	golden wedding **ゴ**ウルドン **ウェ**ディング
ぎんこんしき **銀婚式** ginkonshiki	**银婚** yínhūn インホゥン	silver wedding **スィ**ルヴァ **ウェ**ディング
きんし **近視** kinshi	**近视** jìnshì ジンシー	near-sightedness **ニ**アサイテドネス
きんし(する) **禁止(する)** kinshi (suru)	**禁止，不准** jìnzhǐ, bù zhǔn ジンデー，ブゥ ヂュン	prohibition; pro- hibit プロウヒ**ビ**ション，プロ**ヒ**ビ ト
きんしゅ(する) **禁酒(する)** kinshu (suru)	**戒酒，忌酒** jièjiǔ, jìjiǔ ジエジウ，ジィジウ	abstinence; stop drinking **ア**ブスティネンス，ス**タ**プ ドリンキング
きんしゅく(する) **緊縮(する)** kinshuku (suru)	**紧缩** jǐnsuō ジンスゥオ	retrenchment; re- trench リト**レ**ンチメント，リト**レ**ン チ

日	中	英
きんじょ **近所** kinjo	邻居，近邻 línjū, jìnlín リンジュィ, ジンリン	neighborhood ネイバフド
きんじる **禁じる** kinjiru	禁止，不准 jìnzhǐ, bù zhǔn ジンヂー, プゥヂュン	forbid, prohibit フォビド, プロヒビト
きんせい **近世** kinsei	近世 jìnshì ジンシー	early modern ages アーリ マダン エイヂズ
きんせい **金星** kinsei	金星，太白星 jīnxīng, tàibáixīng ジンシィン, タイバイシィン	Venus ヴィーナス
きんせん **金銭** kinsen	金钱，钱财 jīnqián, qiáncái ジンチエン, チエンツァイ	money マニ
きんぞく **金属** kinzoku	金属，五金 jīnshǔ, wǔjīn ジンシュウ, ウゥジン	metal メトル
きんだい **近代** kindai	近代 jìndài ジンダイ	modern ages マダン エイヂズ
きんちょう(する) **緊張(する)** kinchou (suru)	紧张 jǐnzhāng ジンヂャァン	tension; (be) tense テンション, (ビ) テンス
ぎんなん **銀杏** ginnan	〔粒／颗〕银杏，白果 (lì/kē) yínxìng, báiguǒ 〔リィ／クァ〕インシィン, バイグゥオ	ginkgo nut ギンコウ ナト
きんにく **筋肉** kinniku	肌肉，筋肉 jīròu, jīnròu ジィロウ, ジンロウ	muscle マスル
きんねん **近年** kinnen	近年 jìnnián ジンニエン	in recent years イン リースント イヤズ
きんぱく(する) **緊迫(する)** kinpaku (suru)	紧迫，吃紧 jǐnpò, chījǐn ジンポォ, チージン	tension; (be) tense テンション, (ビ) テンス
きんべんな **勤勉な** kinbenna	勤奋，勤劳 qínfèn, qínláo チンフェン, チンラオ	industrious, diligent インダストリアス, ディリヂェント

日	中	英
ぎんみ（する） **吟味（する）** ginmi (suru)	**斟酌，挑选** zhēnzhuó, tiāoxuǎn ヂェンヂュオ, ティアオシュエン	scrutiny; examine スクルーティニ, イグ**ザ**ミン
きんむ（する） **勤務（する）** kinmu (suru)	**工作，服务** gōngzuò, fúwù ゴンヅゥオ, フゥウゥ	service; serve, work **サ**ーヴィス, **サ**ーヴ, **ワ**ーク
きんゆう **金融** kin-yuu	**金融** jīnróng ジンロン	finance フィ**ナ**ンス
きんようび **金曜日** kin-youbi	**星期五** xīngqīwǔ シンチィウゥ	Friday フ**ラ**イデイ
きんよくてきな **禁欲的な** kin-yokutekina	**禁欲的** jìnyù de ジンユィダ	stoic ス**ト**ウイク
きんり **金利** kinri	**利率** lìlǜ リィリュイ	interest rates **イ**ンタレスト **レ**イツ
きんりょく **筋力** kinryoku	**肌肉力量** jīròu lìliang ジィロウ リィリアン	muscular power **マ**スキュラ **パ**ウア
きんりん **近隣** kinrin	**近邻，附近** jìnlín, fùjìn ジンリン, フゥジン	neighborhood **ネ**イバフド
きんろう（する） **勤労（する）** kinrou (suru)	**劳动，勤劳** láodòng, qínláo ラオドン, チンラオ	labor, work **レ**イバ, **ワ**ーク

く, ク

く **区** ku	**区** qū チュイ	ward, district **ウォ**ード, **ディ**ストリクト
ぐ **具** gu	**菜码儿，面码儿** càimǎr, miànmǎr ツァイマァル, ミエンマァル	ingredients イン**グ**リーディエンツ
ぐあい **具合** guai	**状况** zhuàngkuàng ヂュアンクアン	condition, state コン**ディ**ション, ス**テ**イト
くい **杭** kui	**木桩** mùzhuāng ムゥヂュアン	stake, pile ス**テ**イク, **パ**イル

日	中	英
くい **悔い** kui	**悔恨，后悔** huǐhèn, hòuhuǐ ホウイヘン, ホウホウイ	regret, remorse リグ**レ**ト, リ**モ**ース
くいき **区域** kuiki	**区域，范围** qūyù, fànwéi チュイユィ, ファンウェイ	area, zone エ**リ**ア, **ゾ**ウン
くいず **クイズ** kuizu	**智力测验** zhìlì cèyàn ヂーリィ ツァイエン	quiz ク**ウィ**ズ
くいちがう **食い違う** kuichigau	**不一致，不符** bù yízhì, bùfú ブゥ イーヂー, ブゥフゥ	(be) different from (ビ) **ディ**ファレント フラム
くうかん **空間** kuukan	**空间** kōngjiān コンジエン	space, room ス**ペ**イス, **ル**ーム
くうき **空気** kuuki	**空气** kōngqì コンチィ	air **エ**ア
(雰囲気)	**气氛** qìfen チィフェン	atmosphere **ア**トモスフィア
くうきょ **空虚** kuukyo	**空虚，空洞** kōngxū, kōngdòng コンシュィ, コンドン	emptiness **エ**ンプティネス
くうぐん **空軍** kuugun	**空军** kōngjūn コンジュィン	air force **エ**ア **フォ**ース
くうこう **空港** kuukou	**机场** jīchǎng ジィチャアン	airport **エ**アポート
くうしゅう(する) **空襲(する)** kuushuu (suru)	**空袭** kōngxí コンシィ	(make an) air raid (メイク アン) **エ**ア **レ**イド
ぐうすう **偶数** guusuu	**偶数，双数** ǒushù, shuāngshù オウシュウ, シュアンシュウ	even number **イ**ーヴン **ナ**ンバ
くうせき **空席** kuuseki	**空座位** kòng zuòwei コン ヅゥオウェイ	vacant seat **ヴェ**イカント ス**イ**ート
(ポスト)	**空缺，缺位** kòngquē, quēwèi コンチュエ, チュエウェイ	vacant position **ヴェ**イカント ポ**ジ**ション

日	中	英
ぐうぜん **偶然** guuzen	**偶然，碰巧** ǒurán, pèngqiǎo オウラン，ポンチアオ	chance, accident **チャ**ンス，**ア**クスィデント
～に	**偶然地** ǒurán de オウラン ダ	by chance バイ **チャ**ンス
くうぜんの **空前の** kuuzenno	**空前，无前** kōngqián, wúqián コンチエン，ウゥチエン	unprecedented アンプレセデンテド
くうそう（する） **空想（する）** kuusou (suru)	**幻想，空想** huànxiǎng, kōngxiǎng ホワンシアン，コンシアン	daydream デイドリーム
くうちゅう **空中** kuuchuu	**半空，空中** bànkōng, kōngzhōng バンコン，コンヂォン	air, sky **エ**ア，ス**カ**イ
くーでたー **クーデター** kuudetaa	**苦迭打，政变** kǔdiédǎ, zhèngbiàn クゥディエダ，ヂョンビエン	coup d'état **クー** デイター
くうはく **空白** kuuhaku	**空白** kòngbái コンバイ	blank ブランク
くうふく **空腹** kuufuku	**空腹，空肚子** kōngfù, kōngdùzi コンフゥ，コンドゥヅ	hunger **ハ**ンガ
～である	**饿** è ウァ	(be) hungry (ビ) **ハ**ングリ
くうゆ（する） **空輸（する）** kuuyu (suru)	**空运** kōngyùn コンユィン	air transport **エ**ア トランスポート
くーらー **クーラー** kuuraa	**冷气机** lěngqìjī ルォンチィジィ	air conditioner **エ**ア コン**ディ**ショナ
くーるな **クールな** kuuruna	**冷静** lěngjìng ルォンジィン	cool **クー**ル
くかく **区画** kukaku	**区划，划分** qūhuà, huàfēn チュィホア，ホアフェン	division ディ**ヴィ**ジョン
くがつ **九月** kugatsu	**九月** jiǔyuè ジウユエ	September セプ**テ**ンバ

日	中	英
くかん **区間** kukan	**区间，区段** qūjiān, qūduàn チュイジエン，チュイドワン	section セクション
くき **茎** kuki	**茎，秆** jīng, gǎn ジイン，ガン	stalk, stem ストーク，ステム
くぎ **釘** kugi	〔颗〕**钉，钉子** 〔kē〕dīng, dīngzi 〔クァ〕ディン，ディンヅ	nail ネイル
くきょう **苦境** kukyou	**窘况，苦境** jiǒngkuàng, kǔjìng ジオンクアン，クゥジイン	difficult situation ディフィカルト スィチュエ イション
くぎり **区切り** kugiri	**段落，界限** duànluò, jièxiàn ドワンルゥオ，ジエシエン	end, pause エンド，ポーズ
くぎる **区切る** kugiru	**分界，界划** fēn'jiè, jièhuà フェンジエ，ジエホア	divide ディヴァイド
くぐる **潜る** kuguru	**钻** zuān ヅワン	pass under パス アンダ
くさ **草** kusa	**草** cǎo ツァオ	grass, herb グラス，アーブ
くさい **臭い** kusai	**臭** chòu チョウ	smelly, stinking スメリ，スティンキング
くさり **鎖** kusari	**链子，锁链** liànzi, suǒliàn リエンヅ，スゥオリエン	chain チェイン
くさる **腐る** kusaru	**腐烂，腐败** fǔlàn, fǔbài フゥラン，フゥバイ	rot, go bad ラト，ゴウ バド
くし **串** kushi	**扦子** qiānzi チエンヅ	spit, skewer スピト，スキュー ア
くし **櫛** kushi	**梳子** shūzi シュウヅ	comb コウム
くじ **籤** kuji	**签** qiān チエン	lot, lottery ラト，ラタリ

日	中	英
くじく **挫く** kujiku	**扭** niǔ ニウ	sprain, wrench スプレイン，**レ**ンチ
くじける **挫ける** kujikeru	**气馁，灰心** qìněi, huī'xīn チィネイ，ホウイシン	be discouraged ビ ディスカーリヂド
くじゃく **孔雀** kujaku	〔只〕**孔雀** 〔zhī〕kǒngquè 〔ヂー〕コンチュエ	peacock **ピ**ーカク
くしゃみ **くしゃみ** kushami	**喷嚏，嚏喷** pēntì, tìpen ペンティー，ティーペン	sneeze スニーズ
〜をする	**打喷嚏** dǎ pēntì ダァ ペンティー	sneeze スニーズ
くじょう **苦情** kujou	**牢骚，意见** láosao, yìjian ラオサオ，イージエン	complaint コンプレイント
くしょうする **苦笑する** kushousuru	**苦笑** kǔxiào クウシアオ	force a smile **フォ**ース ア ス**マ**イル
くじら **鯨** kujira	**鲸鱼** jīngyú ジンユィ	whale (ホ)**ウェ**イル
くしん(する) **苦心(する)** kushin (suru)	**苦心，操心** kǔxīn, cāo'xīn クウシン，ツァオシン	efforts; take pains **エ**ファツ，**テ**イク ペインズ
くず **屑** kuzu	**渣儿，破烂** zhār, pòlàn ヂャアル，ポオラン	waste, rubbish **ウェ**イスト，**ラ**ビシュ
〜入れ	**垃圾箱** lājīxiāng ラァジィシアン	trash can ト**ラ**シュ **キャ**ン
くすぐったい **くすぐったい** kusuguttai	**痒** yǎng ヤン	ticklish **テ**ィクリシュ
くすぐる **くすぐる** kusuguru	**胳肢，使发痒** gézhi, shǐ fāyǎng グァチ，シー ファアヤン	tickle **テ**ィクル
くずす **崩す** kuzusu	**使崩溃** shǐ bēngkuì シー ボンクウイ	pull down, break **プ**ル **ダ**ウン，ブ**レ**イク

日	中	英
（金を）	破成零钱 pòchéng língqián ポォチョン リィンチエン	change チェインヂ
くすり 薬 kusuri	〔服／片〕药 〔fù/piàn〕yào 〔フゥ／ピエン〕ヤオ	medicine, drug メディスィン, ドラグ
～屋	药店，药房 yàodiàn, yàofáng ヤオディエン, ヤオファァン	pharmacy, drug-store ファーマスィ, ドラグストー
くすりゆび 薬指 kusuriyubi	无名指 wúmíngzhǐ ウゥミィンヂー	ring finger リング フィンガ
くずれる 崩れる kuzureru	垮，倒塌 kuǎ, dǎotā クァ, ダオタァ	crumble, collapse クランブル, コラプス
（形が）	失去原形，走样 shīqù yuánxíng, zǒuyàng シーチュイ ユエンシィン, ヅォウヤン	get out of shape ゲト アウト オヴ シェイプ
くせ 癖 kuse	习惯，毛病 xíguàn, máobing シィグワン, マオビィン	habit ハビト
くだ 管 kuda	管子 guǎnzi グワンヅ	pipe, tube パイプ, テューブ
ぐたいてきな 具体的な gutaitekina	具体 jùtǐ ジュイティー	concrete カンクリート
くだく 砕く kudaku	打碎 dǎsuì ダァスウイ	break, smash ブレイク, スマシュ
くだける 砕ける kudakeru	碎 suì スウイ	break, (be) broken ブレイク, (ビ) ブロウクン
くたびれる くたびれる kutabireru	疲乏，疲劳 pífá, píláo ピィファア, ピィラオ	(be) fatigued (ビ) ファティーグド
くだもの 果物 kudamono	水果 shuǐguǒ シュイグウォ	fruit フルート
くだらない 下らない kudaranai	没趣儿，无聊 méiqùr, wúliáo メイチュアル, ウゥリアオ	trifling, trivial トライフリング, トリヴィアル

日	中	英
くだり **下り** kudari	**下行** xiàxíng シアシィン	descent ディセント
（下り列車）	**下行列车** xiàxíng lièchē シアシィン リエチョァ	down train ダウン トレイン
くだる **下る** kudaru	**下，下降** xià, xiàjiàng シア，シアジアン	go down, descend ゴウ ダウン，ディセンド
くち **口** kuchi	**嘴，口** zuǐ, kǒu ヅゥイ，コウ	mouth マウス
ぐち **愚痴** guchi	**怨言，牢骚** yuànyán, láosao ユエンイエン，ラオサオ	idle complaint アイドル コンプレイント
くちげんか **口喧嘩** kuchigenka	**吵嘴，吵架** chǎo'zuǐ, chǎo'jià チャオヅゥイ，チャオジア	quarrel クウォーレル
くちびる **唇** kuchibiru	**嘴唇** zuǐchún ヅゥイチュン	lip リプ
くちぶえ **口笛** kuchibue	**口哨儿** kǒushàor コウシャオル	whistle (ホ)ウィスル
くちべに **口紅** kuchibeni	**口红，唇膏** kǒuhóng, chúngāo コウホン，チュンガオ	rouge, lipstick ルージュ，リプスティク
くちょう **口調** kuchou	**口吻，语气** kǒuwěn, yǔqì コウウェン，ユィチィ	tone トゥン
くつ **靴** kutsu	**鞋** xié シエ	shoes シューズ
くつう **苦痛** kutsuu	**痛苦，苦处** tòngkǔ, kǔchù トンクゥ，クゥチュウ	pain, pang ペイン，パング
くつがえす **覆す** kutsugaesu	**打倒** dǎdǎo ダァダオ	upset アプセト
くっきー **クッキー** kukkii	**小甜饼干** xiǎo tián bǐnggān シアオ ティエン ビィンガン	cookie, biscuit クキ，ビスキト

日	中	英
くつした **靴下** kutsushita	**袜子** wàzi ワァヅ	socks, stockings **サ**クス, ス**タ**キングズ
くっしょん **クッション** kusshon	**靠垫，垫子** kàodiàn, diànzi カオディエン, ディエンヅ	cushion **ク**ション
（緩衝物）	**缓冲** huǎnchōng ホワンチォン	shock absorber **ショク** アブ**ソ**ーバ
くっせつ（する） **屈折（する）** kussetsu (suru)	**折射** zhéshè ヂョアショア	refraction; (be) re-fracted リー**フ**ラクション, (ビ) リーフ**ラ**クテド
くっつく **くっつく** kuttsuku	**沾，附着** zhān, fùzhuó ヂャン, フゥデュオ	stick to ス**ティ**ク トゥ
くっつける **くっつける** kuttsukeru	**贴上** tiēshàng ティエシァン	join, stick **ヂョ**イン, ス**ティ**ク
くつろぐ **寛ぐ** kutsurogu	**舒畅，无拘无束** shūchàng, wú jū wú shù シュウチァン, ウゥ ジュィ ウゥ シュウ	make *oneself* at home **メ**イク アト **ホ**ウム
くとうてん **句読点** kutouten	**标点符号** biāodiǎn fúhào ビアオディエン フゥハオ	punctuation marks パンクチュ**エ**イション **マ**ークス
くどく **口説く**（説得する） kudoku	**说服** shuōfú シュオフゥ	persuade パス**ウェ**イド
（女性を）	**追求** zhuīqiú ヂュイチウ	chat up **チャ**ト **ア**プ
くに **国** kuni	**国家** guójiā グゥオジア	country **カ**ントリ
くのう **苦悩** kunou	**苦恼，苦闷** kǔnǎo, kǔmèn クゥナオ, クゥメン	suffering **サ**ファリング
くばる **配る**（配達） kubaru	**分送** fēnsòng フェンソン	deliver ディ**リ**ヴァ

日	中	英
（配布）	分，分发 fēn, fēnfā フェン, フェンファア	distribute ディストリビュート
くび **首** kubi	脖子，颈 bózi, jǐng ボォヅ, ジィン	neck ネク
（免職）	撤职，解雇 chèzhí, jiěgù チョアヂー, ジエグゥ	dismissal ディスミサル
くふう（する） **工夫（する）** kufuu (suru)	设法 shèfǎ ショアファア	device, idea ディヴァイス, アイディーア
くぶん **区分** kubun	区分，划分 qūfēn, huàfēn チュィフェン, ホアフェン	division ディヴィジョン
くべつ（する） **区別（する）** kubetsu (suru)	分别，区别 fēnbié, qūbié フェンビエ, チュィビエ	distinction; distinguish ディスティンクション, ディスティングウィッシュ
くぼみ **窪み** kubomi	洼 wā ワァ	hollow, dent ハロウ, デント
くま **熊** kuma	熊 xióng シオン	bear ベア
くみ **組** kumi	组，班 zǔ, bān ヅゥ, バン	class クラス
（グループ）	组，班 zǔ, bān ヅゥ, バン	group, team グループ, ティーム
（一対）	一套，一副 yí tào, yí fù イータオ, イーフゥ	pair ペア
くみあい **組合** kumiai	工会，合作社 gōnghuì, hézuòshè ゴンホゥイ, ホァヅゥオショァ	association, union アソウスィエイション, ユーニョン
くみあわせ **組み合わせ** kumiawase	配合 pèihé ペイホァ	combination カンビネイション

日	中	英
くみたて **組み立て** kumitate	**组织** zǔzhī ヅゥヂー	structure ストラクチャ
くみたてる **組み立てる** kumitateru	**安装，搭建** ānzhuāng, dājiàn アンヂュアン，ダァジエン	assemble アセンブル
くむ **汲む** kumu	**舀水，打水** yǎo shuǐ, dǎ shuǐ ヤオ シュイ，ダァ シュイ	draw ドロー
くむ **組む**　　（人と） kumu	**合作，合伙** hézuò, héhuǒ ホォアヅゥオ，ホォアホゥオ	unite with ユーナイト ウィズ
（物と物を）	**组成** zǔchéng ヅゥチョン	unite with ユーナイト ウィズ
くも **雲** kumo	**云彩** yúncai ユィンツァイ	cloud クラウド
くも **蜘蛛** kumo	〔只〕**蜘蛛** 〔zhī〕zhīzhū 〔ヂー〕ヂーヂュウ	spider スパイダ
くもり **曇り** kumori	**阴天，多云** yīntiān, duōyún インティエン，ドゥオユィン	cloudy weather クラウディ ウェザ
くもる **曇る** kumoru	**阴** yīn イン	(become) cloudy (ビカム) クラウディ
くやしい **悔しい** kuyashii	**可恨，遗憾** kěhèn, yíhàn クァヘン，イーハン	mortifying, vexing モーティファイング，ヴェクスィング
くやむ **悔む** kuyamu	**悔恨，懊悔** huǐhèn, àohuǐ ホゥイヘン，アオホゥイ	repent, regret リペント，リグレト
くら **倉・蔵** kura	**仓库，仓房** cāngkù, cāngfáng ツァァンクゥ，ツァァンファァン	warehouse, storehouse ウェアハウス，ストーハウス
くらい **暗い** kurai	**黑暗，阴暗** hēi'àn, yīn'àn ヘイアン，インアン	dark, gloomy ダーク，グルーミ
ぐらいだー **グライダー** guraidaa	**滑翔机** huáxiángjī ホアシアンジィ	glider グライダ

日	中	英
くらいまっくす **クライマックス** kuraimakkusu	高潮，顶点 gāocháo, dǐngdiǎn ガオチャオ，ディンディエン	climax クライマクス
くらくしょん **クラクション** kurakushon	汽车喇叭 qìchē lǎba チィチョァ ラァパ	horn ホーン
くらげ **水母** kurage	水母，海蜇 shuǐmǔ, hǎizhé シュイムゥ，ハイヂュア	jellyfish ヂェリフィシュ
くらし **暮らし** kurashi	生活，日子 shēnghuó, rìzi ションホゥオ，リーヅ	life, living ライフ，リヴィング
くらしっく **クラシック** kurashikku	古典 gǔdiǎn グゥディエン	classic クラスィク
～音楽	古典音乐 gǔdiǎn yīnyuè グゥディエン インユエ	classical music クラスィカル ミューズィク
くらす **暮らす** kurasu	过日子，生活 guò rìzi, shēnghuó グゥオ リーヅ，ションホゥオ	live, make a living ライヴ，メイク ア リヴィング
ぐらす **グラス** gurasu	玻璃杯 bōlibēi ボォリベイ	glass グラス
くらすめーと **クラスメート** kurasumeeto	同班同学 tóngbān tóngxué トンバン トンシュエ	classmate クラスメイト
ぐらつく **ぐらつく** guratsuku	活动，摇晃 huódòng, yáohuang ホゥオドン，ヤオホアン	shake シェイク
くらぶ **クラブ** kurabu	俱乐部 jùlèbù ジュイラァブゥ	club クラブ
ぐらふ **グラフ** gurafu	图表 túbiǎo トゥビアオ	graph グラフ
くらべる **比べる** kuraberu	比较，相比 bǐjiào, xiāngbǐ ビィジアオ，シアンビィ	compare コンペア
ぐらむ **グラム** guramu	克 kè クァ	gram グラム

日	中	英
くらやみ **暗闇** kurayami	**黒暗，漆黒** hēi'àn, qīhēi ヘイアン，チィヘイ	darkness, dark ダークネス，ダーク
くらりねっと **クラリネット** kurarinetto	**单簧管** dānhuángguǎn ダンホアングワン	clarinet クラリネット
ぐらんぷり **グランプリ** guranpuri	**最高奖，大奖** zuìgāojiǎng, dàjiǎng ヅゥイガオジアン，ダァジアン	grand prix グランド プリー
くり **栗** kuri	〔颗／粒〕**栗子** 〔kē/lì〕lìzi 〔クァ／リィ〕リィヅ	chestnut チェスナト
くりーにんぐ **クリーニング** kuriiningu	**洗衣** xǐyī シィイー	cleaning クリーニング
〜店	**洗衣店** xǐyīdiàn シィイーディエン	laundry ローンドリ
くりーむ **クリーム** （食用の） kuriimu	**奶油** nǎiyóu ナイヨウ	cream クリーム
（化粧品など）	**雪花膏** xuěhuāgāo シュエホアガオ	cream クリーム
くりーんな **クリーンな** kuriinna	**清洁** qīngjié チィンジエ	clean クリーン
ぐりーんぴーす **グリーンピース** guriinpiisu	**青豌豆** qīngwāndòu チィンワンドウ	green peas グリーン ピーズ
くりかえし **繰り返し** kurikaeshi	**累次，反复** lěicì, fǎnfù レイツー，ファンフゥ	repetition, refrain レペティション，リフレイン
くりかえす **繰り返す** kurikaesu	**反复，重演** fǎnfù, chóngyǎn ファンフゥ，チォンイエン	repeat リピート
くりこす **繰り越す** kurikosu	**转入** zhuǎnrù ヂュワンルゥ	carry forward キャリ フォーワド
くりすたる **クリスタル** kurisutaru	**水晶，晶体** shuǐjīng, jīngtǐ シュイジン，ジンティー	crystal クリスタル

日	中	英
くりすちゃん **クリスチャン** kurisuchan	**基督教徒** Jīdūjiàotú ジィドゥジアオトゥ	Christian クリスチャン
くりすます **クリスマス** kurisumasu	**圣诞节** Shèngdànjié ションダンジエ	Christmas クリスマス
〜イブ	**圣诞夜** Shèngdànyè ションダンイエ	Christmas Eve クリスマス **イ**ーヴ
くりっくする **クリックする** kurikkusuru	**单击** dānjī ダンジィ	click クリク
くりっぷ **クリップ** kurippu	**卡子，夹子** qiǎzi, jiāzi チアヅ, ジアヅ	clip クリプ
くる **来る** kuru	**来** lái ライ	come, arrive カム, アライヴ
くるう **狂う** kuruu	**发疯** fāfēng ファアフォン	go mad ゴウ マド
（調子が）	**失常** shīcháng シーチャアン	go wrong ゴウ ローング
ぐるーぷ **グループ** guruupu	**小组，群体** xiǎozǔ, qúntǐ シアオヅゥ, チュインティー	group グループ
くるしい **苦しい** kurushii	**痛苦** tòngkǔ トンクゥ	painful, hard ペインフル, ハード
くるしみ **苦しみ** kurushimi	**痛苦，困难** tòngkǔ, kùnnan トンクゥ, クゥンナン	pain, suffering ペイン, **サ**ファリング
くるしむ **苦しむ** kurushimu	**痛苦，苦恼** tòngkǔ, kǔnǎo トンクゥ, クゥナオ	suffer from **サ**ファ フラム
くるしめる **苦しめる** kurushimeru	**折磨，折腾** zhémó, zhēteng ヂョアモォ, ヂョアテゥン	torment トーメント
くるぶし **踝** kurubushi	**脚踝** jiǎohuái ジアオホアイ	ankle **ア**ンクル

日	中	英
<ruby>車<rt>くるま</rt></ruby> (自動車) kuruma	〔辆〕汽车 〔liàng〕qìchē 〔リアン〕チィチョァ	car カー
～椅子	轮椅 lúnyǐ ルンイー	wheelchair (ホ)ウィールチェア
<ruby>胡桃<rt>くるみ</rt></ruby> kurumi	〔颗〕核桃, 胡桃 〔kē〕hétao, hútáo 〔クァ〕ホァタオ, ホゥタオ	walnut ウォールナト
<ruby>くるむ<rt>くるむ</rt></ruby> kurumu	兜, 裹 dōu, guǒ ドウ, グゥオ	wrap up ラプ アプ
<ruby>暮れ<rt>くれ</rt></ruby> kure	年底 niándǐ ニエンディー	year-end イヤエンド
グレード gureedo	档, 品级 dàng, pǐnjí ダァン, ピンジィ	grade グレイド
グレープフルーツ gureepufuruutsu	葡萄柚 pútaoyòu プゥタオヨウ	grapefruit グレイプフルート
クレーム kureemu	索赔, 不满 suǒpéi, bùmǎn スゥオペイ, ブゥマン	claim, complaint クレイム, コンプレイント
クレーン kureen	起重机 qǐzhòngjī チィヂォンジイ	crane クレイン
クレジット kurejitto	信贷 xìndài シンダイ	credit クレディト
～カード	信用卡 xìnyòngkǎ シンヨンカァ	credit card クレディト カード
クレヨン kureyon	蜡笔 làbǐ ラァビィ	crayon クレイアン
<ruby>呉れる<rt>くれる</rt></ruby> kureru	给 gěi ゲイ	give, present ギヴ, プリゼント
<ruby>暮れる<rt>くれる</rt></ruby> kureru	天黑 tiānhēi ティエンヘイ	get dark ゲト ダーク

日	中	英
くれんざー **クレンザー** kurenzaa	**去污粉** qùwūfěn チュィウゥフェン	cleanser クレンザ
くろ **黒** kuro	**黑色** hēisè ヘイスァ	black ブラク
くろい **黒い** kuroi	**黑** hēi ヘイ	black ブラク
くろう **苦労** kurou	**艰苦** jiānkǔ ジエンクゥ	troubles, hardships トラブルズ，ハードシプス
～する	**吃苦，吃力** chīkǔ, chīlì チークゥ，チーリィ	suffer, work hard サファ，ワークハード
くろうと **玄人** kurouto	**内行，行家** nèiháng, hángjia ネイハァン，ハァンジア	expert, profession-al エクスパート，プロフェショナル
くろーく **クローク** kurooku	**衣帽间** yīmàojiān イーマオジエン	cloakroom クロウクルーム
ぐろーばりぜーしょん **グローバリゼーション** guroobarizeeshon	**世界化，全球化** shìjièhuà, quánqiúhuà シージエホア，チュエンチウホア	globalization グロウバライゼイション
ぐろーばる **グローバル** guroobaru	**全球** quánqiú チュエンチウ	global グロウバル
くろーる **クロール** kurooru	**爬泳，自由式** páyǒng, zìyóushì パァヨン，ヅーヨウシー	crawl クロール
くろじ **黒字** kuroji	**盈余** yíngyú イィンユィ	black ブラク
くろっぽい **黒っぽい** kuroppoi	**带黑色** dài hēisè ダイ ヘイスァ	blackish ブラキシュ
ぐろてすくな **グロテスクな** gurotesukuna	**奇形怪状** qíxíng guàizhuàng チィシィン グアイヂュアン	grotesque グロウテスク

日	中	英
くわえる **加える** kuwaeru	**加, 添** jiā, tiān ジア, ティエン	add to ア**ド**トゥ
くわしい **詳しい** kuwashii	**詳細** xiángxì シアンシィ	detailed ディ**テ**イルド
くわだてる **企てる** kuwadateru	**计划, 企图** jìhuà, qǐtú ジィホア, チイトゥ	plan, project プラン, プロ**チェ**クト
くわわる **加わる** kuwawaru	**参加, 加入** cānjiā, jiārù ツァンジア, ジアルゥ	join, enter **チョ**イン, **エ**ンタ
ぐん **軍** gun	〔支〕**军队** 〔zhī〕jūnduì 〔ヂー〕ジュインドゥイ	army, forces **ア**ーミ, **フォ**ーセズ
ぐん **郡** gun	**郡** jùn ジュイン	county **カ**ウンティ
ぐんじ **軍事** gunji	**军事** jūnshì ジュインシー	military affairs ミリテリ ア**フェ**アズ
～政府	**军政府** jūnzhèngfǔ ジュインヂョンフゥ	military regime ミリテリ レイ**ジ**ーム
ぐんしゅう **群衆** gunshuu	**群众** qúnzhòng チュインヂォン	crowd ク**ラ**ウド
ぐんしゅく **軍縮** gunshuku	**裁军** cáijūn ツァイジュイン	armaments reduction アーマメンツ リ**ダ**クション
くんしょう **勲章** kunshou	**勋章, 奖章** xūnzhāng, jiǎngzhāng シュインヂャアン, ジアンヂャアン	decoration デコ**レ**イション
ぐんじん **軍人** gunjin	**军人** jūnrén ジュインレン	soldier, serviceman **ソ**ウルヂャ, **サ**ーヴィスマン
くんせい **燻製** kunsei	**熏制** xūnzhì シュインヂー	smoked ス**モ**ウクト
ぐんたい **軍隊** guntai	〔支〕**军队** 〔zhī〕jūnduì 〔ヂー〕ジュインドゥイ	army, troops **ア**ーミ, ト**ル**ープス

日	中	英
ぐんび **軍備** gunbi	**军备** jūnbèi ジュィンペイ	armaments アーマメンツ

け，ケ

日	中	英
け **毛** ke	**毛发** máofà マオファア	hair ヘア
（獣毛）	**兽类的软毛** shòulèi de ruǎnmáo ショウレイ ダ ルワンマオ	fur ファー
けい **刑** kei	**刑罚** xíngfá シィンファア	penalty, sentence ペナルティ，**センテンス**
げい **芸** gei	**技艺** jìyì ジィイー	art アート
けいい **敬意** keii	**敬意** jìngyì ジィンイー	respect リスペクト
けいえい（する） **経営（する）** keiei (suru)	**经营** jīngyíng ジィンイィン	management; manage マニヂメント，マニヂ
～者	**经理** jīnglǐ ジィンリィ	manager マニヂャ
けいおんがく **軽音楽** keiongaku	**轻音乐** qīngyīnyuè チィンインユエ	light music ライト ミューズィク
けいか（する） **経過（する）** keika (suru)	**经过** jīngguò ジィングゥオ	progress; pass (by) プラグレス，パス（バイ）
けいかい（する） **警戒（する）** keikai (suru)	**戒备，警惕** jièbèi, jǐngtì ジエペイ，ジィンティー	caution; guard (against) コーション，ガード（アゲンスト）
けいかいな **軽快な** keikaina	**轻捷，轻快** qīngjié, qīngkuài チィンジエ，チィンクアイ	light ライト

日	中	英
けいかく（する） **計画（する）** keikaku (suru)	**计划** jìhuà ジイホア	plan, project プラン，プロヂェクト
けいかん **警官** keikan	**警察，巡警** jǐngchá, xúnjǐng ジィンチァア，シュインジィン	police officer ポリース オーフィサ
けいき **景気** keiki	**景气，市面** jǐngqì, shìmiàn ジィンチィ，シーミエン	business ビズネス
けいけん（する） **経験（する）** keiken (suru)	**经验，经历** jīngyàn, jīnglì ジィンイエン，ジィンリィ	experience イクスピアリアンス
けいげん（する） **軽減（する）** keigen (suru)	**减轻，轻减** jiǎnqīng, qīngjiǎn ジエンチィン，チィンジエン	reduction リダクション
けいこ（する） **稽古（する）** keiko (suru)	**排练，练习** páiliàn, liànxí パイリエン，リエンシィ	practice, exercise プラクティス，エクササイズ
けいご **敬語** keigo	**敬辞，敬语** jìngcí, jìngyǔ ジィンツー，ジィンユィ	honorific アナリフィク
けいこう **傾向** keikou	**倾向，趋势** qīngxiàng, qūshì チィンシアン，チュイシー	tendency テンデンスィ
けいこうぎょう **軽工業** keikougyou	**轻工业** qīnggōngyè チィンゴンイエ	light industries ライト インダストリズ
けいこうとう **蛍光灯** keikoutou	**荧光灯，日光灯** yíngguāngdēng, rìguāngdēng イィングアンドゥン，リーグアンドゥン	fluorescent lamp フルーオレスント ランプ
けいこく（する） **警告（する）** keikoku (suru)	**警告，警戒** jǐnggào, jǐngjiè ジィンガオ，ジィンジエ	warning; warn ウォーニング，ウォーン
けいさい（する） **掲載（する）** keisai (suru)	**刊登，刊载** kāndēng, kānzǎi カンドゥン，カンヅァイ	publishing; publish パブリシング，パブリシュ
けいざい **経済** keizai	**经济** jīngjì ジィンジィ	economy, finance イカノミ，フィナンス

日	中	英
～学	**経済学** jīngjìxué ジィンジィシュエ	economics イーコナミクス
～学者	**経済学家** jīngjìxuéjiā ジィンジィシュエジア	economist イカノミスト
～的な	**経済性的** jīngjìxìng de ジィンジィシィンダ	economical イーコナミカル
けいさつ **警察** keisatsu	**警察，公安** jǐngchá, gōng'ān ジィンチァア, ゴンアン	police ポリース
～官	**警察** jǐngchá ジィンチァア	police officer ポリース オーフィサ
～署	**警察署，公安局** jǐngcháshǔ, gōng'ānjú ジィンチァアシュウ, ゴンアンジュィ	police station ポリース ステイション
けいさん(する) **計算(する)** keisan (suru)	**計算** jìsuàn ジィスワン	calculation; calculate, count キャルキュレイション, キャルキュレイト, カウント
～機	**計算机** jìsuànjī ジィスワンジィ	calculator キャルキュレイタ
けいじ **刑事** keiji	**刑警** xíngjǐng シィンジィン	detective ディテクティヴ
けいじ(する) **掲示(する)** keiji (suru)	**揭示** jiēshì ジエシー	notice, bulletin, post ノウティス, ブレティン, ポウスト
～板	**布告栏，揭示牌** bùgàolán, jiēshìpái ブゥガオラン, ジエシーパイ	bulletin board ブレティン ボード
けいしき **形式** keishiki	**形式，样式** xíngshì, yàngshì シィンシー, ヤンシー	form, formality フォーム, フォーマリティ
～的な	**形式的** xíngshì de シィンシーダ	formal フォーマル

日	中	英
げいじゅつ **芸術** geijutsu	艺术 yìshù イーシュウ	art **アー**ト
~家	艺术家 yìshùjiā イーシュウジア	artist **アー**ティスト
けいしょう **敬称** keishou	敬称，尊称 jìngchēng, zūnchēng ジィンチョン, ヅゥンチョン	title (of honor) **タイ**トル (オヴ **ア**ナ)
けいしょう **警鐘** keishou	警钟 jǐngzhōng ジィンヂョン	warning **ウォー**ニング
けいしょう(する) **継承(する)** keishou (suru)	继承，承受 jìchéng, chéngshòu ジィチョン, チョンショウ	succession; succeed to サク**セ**ション, サク**スィー**ドトゥ
けいしょく **軽食** keishoku	点心，小吃 diǎnxin, xiǎochī ディエンシン, シアオチー	light meal **ライ**ト ミール
けいせい(する) **形成(する)** keisei (suru)	生成，形成 shēngchéng, xíngchéng ションチョン, シィンチョン	formation; form フォー**メイ**ション, **フォー**ム
けいぞく(する) **継続(する)** keizoku (suru)	持续，继续 chíxù, jìxù チーシュイ, ジィシュイ	continuation; continue コンティニュ**エイ**ション, コン**ティ**ニュー
けいそつな **軽率な** keisotsuna	轻率，贸然 qīngshuài, màorán チィンシュアイ, マオラン	careless, rash **ケ**アレス, **ラ**シュ
けいたい **形態** keitai	形态 xíngtài シィンタイ	form, shape **フォー**ム, **シェイ**プ
けいたい(する) **携帯(する)** keitai (suru)	携带 xiédài シエダイ	carrying; carry **キャ**リイング, **キャ**リ
~電話	移动电话，手机 yídòng diànhuà, shǒujī イードン ディエンホア, ショウジィ	cellphone **セ**ルフォウン
けいと **毛糸** keito	毛线，绒线 máoxiàn, róngxiàn マオシエン, ロンシエン	woolen yarn **ウ**ルン **ヤー**ン

日	中	英
けいど **経度** keido	**经度** jīngdù ジィンドゥ	longitude ランヂテュード
けいとう **系統** keitou	**系统** xìtǒng シィトン	system スィステム
〜的	**系统** xìtǒng シィトン	systematic スィステマティク
げいにん **芸人** geinin	**艺人** yìrén イーレン	entertainer エンタテイナ
げいのう **芸能** geinou	**演艺** yǎnyì イエンイー	entertainment エンタテインメント
〜人	**卖艺的，表演艺术人士** màiyì de, biǎoyǎn yìshù rénshì マイイー ダ，ビアオイエン イーシュウ レ ンシー	entertainer エンタテイナ
けいば **競馬** keiba	**跑马，赛马** pǎomǎ, sàimǎ パオマァ，サイマァ	horse racing ホース レイスィング
〜場	**赛马场** sàimǎchǎng サイマァチャァン	racetrack レイストラク
けいはくな **軽薄な** keihakuna	**轻佻，轻浮** qīngtiāo, qīngfú チンティアオ，チンフウ	frivolous フリヴォラス
けいばつ **刑罰** keibatsu	**刑罚** xíngfá シィンファア	punishment, penalty パニシュメント，ペナルティ
けいひ **経費** keihi	**费用，经费** fèiyong, jīngfèi フェイヨン，ジィンフェイ	expenses イクスペンセズ
けいび(する) **警備(する)** keibi(suru)	**警备，警戒** jǐngbèi, jǐngjiè ジィンペイ，ジィンジエ	defense, guard ディフェンス，ガード
けいひん **景品** keihin	**奖品，赠品** jiǎngpǐn, zèngpǐn ジアンピン，ツンピン	premium プリーミアム

日	中	英
けいべつ **軽蔑** keibetsu	**轻视** qīngshì チィンシー	contempt, scorn コン**テ**ンプト, ス**コ**ーン
～する	**轻蔑，唾弃** qīngmiè, tuòqì チンミエ, トゥオチィ	despise, scorn ディス**パ**イズ, ス**コ**ーン
けいほう **警報** keihou	**警报** jǐngbào ジィンバオ	warning, alarm **ウォ**ーニング, ア**ラ**ーム
けいむしょ **刑務所** keimusho	**监牢，监狱** jiānláo, jiānyù ジエンラオ, ジエンユィ	prison プ**リ**ズン
けいもう(する) **啓蒙(する)** keimou (suru)	**启蒙** qǐméng チィモン	enlightenment; enlighten インラ**イ**トンメント, イン**ラ**イトン
けいやく(する) **契約(する)** keiyaku (suru)	**合同** hétong ホォアトン	contract; contract **カ**ントラクト, コン**ト**ラクト
～書	**合同书** hétongshū ホォアトンシュウ	contract **カ**ントラクト
けいゆ(する) **経由(する)** keiyu (suru)	**经由，取道** jīngyóu, qǔdào ジィンヨウ, チュィダオ	by way of, via バイ **ウェ**イ オヴ, **ヴァ**イア
けいり **経理** keiri	**会计** kuàijì クアイジィ	accounting ア**カ**ウンティング
けいりゃく **計略** keiryaku	**计谋，计策** jìmóu, jìcè ジィモウ, ジィツゥア	stratagem スト**ラ**タヂャム
けいりゅう **渓流** keiryuu	**溪流** xīliú シィリウ	mountain stream **マ**ウンテン スト**リ**ーム
けいりょう **計量** keiryou	**量，称量** liáng, chēngliáng リアン, チョンリアン	measurement **メ**ジャメント
けいれき **経歴** keireki	**经历，履历** jīnglì, lǚlì ジィンリィ, リュィリィ	career カ**リ**ア

日	中	英
けいれん **痙攣** keiren	**抽筋，痉挛** chōujīn, jìngluán チョウジン，ジィンルワン	spasm, cramp スパズム，クランプ
けいろ **経路** keiro	**去路，路径** qùlù, lùjìng チュイルゥ，ルゥジィン	course, route コース，ルート
けーき **ケーキ** keeki	**蛋糕，鸡蛋糕** dàngāo, jīdàngāo ダンガオ，ジィダンガオ	cake ケイク
けーす **ケース**　（入れ物） keesu	**箱，盒，柜** xiāng, hé, guì シアン，ホァァ，グウイ	case ケイス
（場合）	**场合，情况** chǎnghé, qíngkuàng チャァンホァァ，チンクアン	case ケイス
けーぶる **ケーブル** keeburu	**电缆，铁索** diànlǎn, tiěsuǒ ディエンラン，ティエスゥオ	cable ケイブル
〜カー	**缆车** lǎnchē ランチョァ	cable car ケイブル カー
げーむ **ゲーム** geemu	**比赛，游戏** bǐsài, yóuxì ビィサイ，ヨウシィ	game ゲイム
けおりもの **毛織物** keorimono	**毛料，毛织品** máoliào, máozhīpǐn マオリアオ，マオヂーピン	woolen goods ウルン グヅ
けが **怪我** kega	**创伤，疮痍** chuāngshāng, chuāngyí チュアンシャァン，チュアンイー	wound, injury ウーンド，インヂャリ
〜する	**受伤** shòu'shāng ショウシャァン	get hurt ゲト ハート
げか **外科** geka	**外科** wàikē ワイクァ	surgery サーヂャリ
〜医	**外科医生** wàikē yīshēng ワイクァ イーション	surgeon サーヂョン
けがす **汚す**　（名誉などを） kegasu	**败坏** bàihuài バイホアイ	stain, disgrace ステイン，ディスグレイス

211

日	中	英
けがれ **汚れ** kegare	**污秽，污点** wūhuì, wūdiǎn ウゥホゥイ，ウゥディエン	impurity イン**ピュ**アリティ
けがわ **毛皮** kegawa	**皮货，皮毛** píhuò, pímáo ピィホゥオ，ピィマオ	fur **ファ**ー
げき **劇** geki	**戏剧** xìjù シィジュィ	play プ**レ**イ
～作家	**戏剧家** xìjùjiā シィジュィジア	dramatist, playwright ド**ラ**マティスト，プレイ**ラ**イト
げきじょう **劇場** gekijou	**剧场，戏院** jùchǎng, xìyuàn ジュィチャァン，シィユエン	theater ス**ィ**アタ
げきだん **劇団** gekidan	**剧团** jùtuán ジュィトワン	theatrical company スィア**ト**リカル **カ**ンパニ
げきれい(する) **激励(する)** gekirei (suru)	**鼓励，激励** gǔlì, jīlì グゥリィ，ジィリィ	encouragement; encourage イン**カー**リヂメント，イン**カー**リヂ
けさ **今朝** kesa	**今早，今天早上** jīnzǎo, jīntiān zǎoshang ジンヅァオ，ジンティエン ヅァオシャァン	this morning **ズィ**ス **モー**ニング
げざい **下剤** gezai	**泻药** xièyào シエヤオ	purgative, laxative **パー**ガティヴ，**ラ**クサティヴ
げし **夏至** geshi	**夏至** xiàzhì シアヂー	summer solstice **サ**マ **サ**ルスティス
けしいん **消印** keshiin	**邮戳** yóuchuō ヨウチュオ	postmark **ポ**ウストマーク
けしき **景色** keshiki	**风光，风景** fēngguāng, fēngjǐng フォングアン，フォンジィン	scenery, view ス**ィー**ナリ，**ヴュ**ー
けしごむ **消しゴム** keshigomu	**橡皮** xiàngpí シアンピィ	eraser イ**レ**イサ

け

日	中	英
けじめ **けじめ** kejime	**分寸，界限** fēncun, jièxiàn フェンツゥン，ジエシエン	distinction ディス**ティンク**ション
〜をつける	**划清界限** huàqīng jièxiàn ホアチィン ジエシエン	distinguish be- tween ディス**ティ**ングウィシュ ビ トウィーン
げしゃ(する) **下車(する)** gesha (suru)	**下车** xià chē シア チョァ	get off **ゲ**ト **オ**ーフ
げしゅく(する) **下宿(する)** geshuku (suru)	**寄宿** jìsù ジィスゥ	lodgings; room at **ラ**ヂングズ，**ルー**ム アト
げじゅん **下旬** gejun	**下旬** xiàxún シアシュィン	the last ten days of a month ザ **ラ**スト **テ**ン **デ**イズ オヴ ア **マ**ンス
けしょう(する) **化粧(する)** keshou (suru)	**打扮，化妆** dǎban, huàzhuāng ダァバン，ホアヂュアン	makeup; make up **メ**イカプ，**メ**イク アプ
〜室	**化妆室** huàzhuāngshì ホアヂュアンシー	dressing room ド**レ**スィング **ルー**ム
〜品	**化妆品** huàzhuāngpǐn ホアヂュアンピン	toilet articles **ト**イレト **アー**ティクルズ
けす **消す** kesu	**消除，熄灭** xiāochú, xīmiè シアオチゥ，シィミエ	put out, extinguish **プ**ト **ア**ウト，イクス**ティ**ン グウィシュ
けずる **削る** kezuru	**删，削** shān, xiāo シャン，シアオ	shave **シェ**イヴ
(削減)	**削减** xuējiǎn シュエジエン	curtail カー**テ**イル
(削除)	**除掉，删去** chúdiào, shānqù チュウディアオ，シャンチュィ	delete ディ**リー**ト
けた **桁** (数字の) keta	**位，数位** wèi, shùwèi ウェイ，シュウウェイ	figure **フィ**ギャ

日	中	英
けだかい **気高い** kedakai	**高贵，高尚** gāoguì, gāoshàng ガオグゥイ, ガオシャァン	noble, dignified **ノ**ゥブル, ディグ二ファイド
けちな **けちな** kechina	**小气，吝啬** xiǎoqi, lìnsè シアオチ, リンスァ	stingy ス**ティ**ンヂ
けちゃっぷ **ケチャップ** kechappu	**番茄酱** fānqiéjiàng ファンチエジアン	catsup **ケ**チャプ
けつあつ **血圧** ketsuatsu	**血压** xuèyā シュエヤァ	blood pressure ブラド プ**レ**シャ
けつい（する） **決意（する）** ketsui (suru)	**决心，决意** juéxīn, juéyì ジュエシン, ジュエイー	resolution; make up *one's* mind レゾ**ル**ーション, メイク **ア**プ **マ**インド
けつえき **血液** ketsueki	**血液** xuèyè シュエイエ	blood ブラド
けつえん **血縁** ketsuen	**血缘** xuèyuán シュエユエン	blood relatives ブラド **レ**ラティヴズ
けっか **結果** kekka	**结果** jiéguǒ ジエグゥオ	result, consequence リ**ザ**ルト, **カ**ンスィクウェンス
けっかく **結核** kekkaku	**结核** jiéhé ジエホァ	tuberculosis テュパーキュ**ロ**ウスィス
けっかん **血管** kekkan	**血管** xuèguǎn シュエグワン	blood vessel ブラド **ヴェ**スル
けっかん **欠陥** kekkan	**缺点，缺陷** quēdiǎn, quēxiàn チュエディエン, チュエシエン	defect, fault ディ**フェ**クト, **フォ**ールト
けっきょく **結局** kekkyoku	**毕竟，到底** bìjìng, dàodǐ ビィジィン, ダオディー	after all アフタ **オ**ール
けっきん **欠勤** kekkin	**缺勤** quēqín チュエチン	absence **ア**ブセンス

日	中	英
けっこう **結構** kekkou	**还，相当** hái, xiāngdāng ハイ，シアンダァン	quite, rather ク**ワ**イト，**ラ**ザ
（許諾）	**可以，行** kěyǐ, xíng ファイー，シイン	all right, will do **オ**ール **ラ**イト，**ウィ**ル **ド**ゥー
～な	**很好** hěnhǎo ヘンハオ	excellent, nice エクセレント，**ナ**イス
けつごう(する) **結合(する)** ketsugou (suru)	**结合，复合** jiéhé, fùhé ジエホァア，フゥホァア	union; unite **ユ**ーニョン，ユー**ナ**イト
げっこう **月光** gekkou	**月光** yuèguāng ユエグアン	moonlight **ム**ーンライト
けっこん(する) **結婚(する)** kekkon (suru)	**结婚，成婚** jié'hūn, chéng'hūn ジエホゥン，チョンホゥン	marriage; marry **マ**リヂ，**マ**リ
～式	**婚礼** hūnlǐ ホゥンリィ	wedding ceremony **ウェ**ディング **セ**レモウニ
けっさい(する) **決済(する)** kessai (suru)	**交割** jiāogē ジアオグァー	settlement; settle **セ**トルメント，**セ**トル
けっさく **傑作** kessaku	**杰作，精品** jiézuò, jīngpǐn ジエヅゥオ，ジィンピン	masterpiece **マ**スタピース
けっさん **決算** kessan	**结算，结账** jiésuàn, jiézhàng ジエスワン，ジエヂァァン	settlement of accounts **セ**トルメント オヴ ア**カ**ウンツ
けっして **決して** kesshite	**决不，万万** jué bù, wànwàn ジュエ ブゥ，ワンワン	never, by no means **ネ**ヴァ，バイ **ノ**ウ **ミ**ーンズ
げっしゃ **月謝** gessha	**每月的学费** měiyuè de xuéfèi メイユエ ダ シュエフェイ	monthly fee **マ**ンスリ **フ**ィー
げっしゅう **月収** gesshuu	**月薪** yuèxīn ユエシン	monthly income **マ**ンスリ **イ**ンカム

日	中	英
けっしょう **決勝** kesshou	**决赛** juésài ジュエサイ	final(s) **ファ**イナル(ズ)
けっしょう **結晶** kesshou	**结晶** jiéjīng ジエジィン	crystal ク**リ**スタル
げっしょく **月食** gesshoku	**月食** yuèshí ユエシー	eclipse of the moon イク**リ**プス オヴ ザ **ム**ーン
けっしん(する) **決心(する)** kesshin (suru)	**决心，决意** juéxīn, juéyì ジュエシン，ジュエイー	determination; decide ディター**ミ**ネイション，ディ**サ**イド
けっせき(する) **欠席(する)** kesseki (suru)	**缺席** quēxí チュエシィ	absence; (be) absent **ア**プセンス，(ビ) **ア**プセント
けつだん(する) **決断(する)** ketsudan (suru)	**决断** juéduàn ジュエドワン	decision; decide ディ**ス**イジョン，ディ**サ**イド
けってい(する) **決定(する)** kettei (suru)	**决定，决断** juédìng, juéduàn ジュエディン，ジュエドワン	decision; decide ディ**ス**イジョン，ディ**サ**イド
けってん **欠点** ketten	**毛病，缺点** máobing, quēdiǎn マオビン，チュエディエン	fault, weak point **フォ**ールト，**ウィ**ーク **ポ**イント
けっとう **血統** kettou	**血统** xuètǒng シュエトン	blood, lineage ブ**ラ**ド，**リ**ニイヂ
けっぱく **潔白** keppaku	**清白** qīngbái チィンパイ	innocence **イ**ノセンス
げっぷ **げっぷ** geppu	**打嗝** dǎgé ダァグァ	burp バープ
けっぺきな **潔癖な** keppekina	**廉洁** liánjié リエンジエ	cleanly, fastidious ク**レ**ンリ，ファス**ティ**ディアス
けつぼう(する) **欠乏(する)** ketsubou (suru)	**缺乏，缺少** quēfá, quēshǎo チュエファア，チュエシャオ	lack, shortage ラク，**ショ**ーティヂ

日	中	英
けつまつ **結末** ketsumatsu	结局，收场 jiéjú, shōuchǎng ジエジュィ, ショウチャァン	end, result エンド, リザルト
げつまつ **月末** getsumatsu	月底，月末 yuèdǐ, yuèmò ユエディー, ユエモォ	end of the month エンド オヴ ザ **マ**ンス
げつようび **月曜日** getsuyoubi	星期一 xīngqīyī シィンチイイー	Monday **マ**ンデイ
けつれつ(する) **決裂(する)** ketsuretsu (suru)	决裂，破裂 juéliè, pòliè ジュエリエ, ポォリエ	rupture **ラ**プチャ
けつろん **結論** ketsuron	结论，定论 jiélùn, dìnglùn ジエルゥン, ディンルゥン	conclusion コンク**ル**ージョン
けなす **貶す** kenasu	贬低 biǎndī ピエンディー	speak ill of ス**ピ**ーク **イ**ル オヴ
げねつざい **解熱剤** genetsuzai	解热剂，退烧药 jiěrèjì, tuìshāoyào ジエルァジイ, トゥイシャオヤオ	antipyretic アンティパイ**レ**ティク
けはい **気配** kehai	动静 dòngjing ドンジィン	sign, indication **サ**イン, インディ**ケ**イション
けびょう **仮病** kebyou	假病 jiǎbìng ジアビィン	feigned illness **フェ**インド **イ**ルネス
げひんな **下品な** gehinna	下流，下作 xiàliú, xiàzuo シアリウ, シアヅゥオ	vulgar, coarse **ヴァ**ルガ, **コ**ース
けむし **毛虫** kemushi	毛虫，毛毛虫 máochóng, máomaochóng マオチォン, マオマオチォン	caterpillar **キャ**タピラ
けむり **煙** kemuri	〔团/片〕烟雾 〔tuán/piàn〕yānwù 〔トワン/ピエン〕イエンウゥ	smoke ス**モ**ウク
けもの **獣** kemono	走兽 zǒushòu ヅォウショウ	beast **ビ**ースト
げらく(する) **下落(する)** geraku (suru)	跌价 diē'jià ディエジア	fall **フォ**ール

日	中	英
げり(する) **下痢(する)** geri(suru)	拉肚子，泻 lādùzi, xiè ラアドゥヅ, シエ	(have) diarrhea (ハヴ) ダイアリーア
げりら **ゲリラ** gerira	游击队 yóujīduì ヨウジィドゥイ	guerrilla ゲリラ
ける **蹴る** keru	踢，踹 tī, chuài ティー, チュアイ	kick キク
(拒絶)	拒绝 jùjué ジュィジュエ	reject リ**チェ**クト
げれつな **下劣な** geretsuna	卑鄙，下流 bēibǐ, xiàliú ベイビィ, シアリウ	mean, base ミーン, ベイス
げれんで **ゲレンデ** gerende	滑雪场 huáxuěchǎng ホアシュエチャアン	slope スロウプ
けわしい **険しい** kewashii	陡峭，险恶 dǒuqiào, xiǎn'è ドウチアオ, シエンウァ	steep スティープ
けん **件** ken	〔件〕事，事情 〔jiàn〕shì, shìqing 〔ジエン〕シー, シーチィン	matter, affair, case マタ, ア**フェ**ア, ケイス
けん **県** ken	县 xiàn シエン	prefecture プリーフェクチャ
けん **券** ken	〔张〕票，券 〔zhāng〕piào, quàn 〔ヂャアン〕ピアオ, チュエン	ticket, coupon **ティ**ケト, ク—パン
げん **弦** (楽器の) gen	〔根〕弦 〔gēn〕xián 〔ゲン〕シエン	string ストリング
けんあくな **険悪な** ken-akuna	险恶 xiǎn'è シエンウァ	threatening スレトニング
げんあん **原案** gen-an	原案 yuán'àn ユエンアン	first draft **ファ**ースト ドラフト
けんい **権威** ken-i	泰斗，权威 tàidǒu, quánwēi タイドウ, チュエンウェイ	authority ア**ソ**ーリティ

日	中	英
げんいん **原因** gen-in	**原因，起因** yuányīn, qǐyīn ユエンイン, チィイン	cause コーズ
けんえき **検疫** ken-eki	**检疫** jiǎnyì ジエンイー	quarantine ク**ウォ**ーランティーン
げんえき **現役** gen-eki	**现役** xiànyì シエンイィ	active service **ア**クティヴ **サ**ーヴィス
けんえつ **検閲** ken-etsu	**检查，审查** jiǎnchá, shěnchá ジエンチャア, シェンチャア	inspection インス**ペ**クション
けんお(する) **嫌悪(する)** ken-o (suru)	**嫌恶** xiánwù シエンウゥ	abhorrence, hatred; hate アブ**ホ**ーレンス, **ヘ**イトレド, **ヘ**イト
けんか **喧嘩** (口論) kenka	**吵架** chǎo'jià チャオジア	quarrel, dispute ク**ウォ**ーレル, ディス**ピュ**ート
げんか **原価** genka	**原价，成本** yuánjià, chéngběn ユエンジア, チョンベン	cost コースト
けんかい **見解** kenkai	**见解，看法** jiànjiě, kànfa ジエンジエ, カンファ	opinion, view オ**ピ**ニョン, **ヴュ**ー
げんかい **限界** genkai	**极限，界限** jíxiàn, jièxiàn ジィシエン, ジエシエン	limit, bounds **リ**ミト, **バ**ウンヅ
けんがく(する) **見学(する)** kengaku (suru)	**参观** cānguān ツァングワン	inspect, visit インス**ペ**クト, **ヴィ**ズィト
げんかくな **厳格な** genkakuna	**严格** yángé イエングァ	strict, rigorous スト**リ**クト, **リ**ガラス
げんかしょうきゃく **減価償却** genkashoukyaku	**折旧** zhéjiù ヂョアジウ	depreciation ディプリーシ**エ**イション
げんがっき **弦楽器** gengakki	**弦乐器** xiányuèqì シエンユエチィ	strings スト**リ**ングズ

日	中	英
げんかん **玄関** genkan	**门口** ménkǒu メンコウ	entrance エントランス
げんき **元気** genki	**精神** jīngshen ジィンシェン	spirits, energy スピリツ, エナヂ
けんきゅう(する) **研究(する)** kenkyuu (suru)	**研究** yánjiū イエンジウ	study, research スタディ, リサーチ
～者	**研究家** yánjiūjiā イエンジウジア	student, scholar ステューデント, スカラ
～所	**研究所** yánjiūsuǒ イエンジウスゥオ	laboratory ラボラトーリ
けんきょな **謙虚な** kenkyona	**谦虚** qiānxū チエンシュィ	modest マデスト
けんきん **献金** kenkin	**捐款** juānkuǎn ジュエンクワン	donation ドウネイション
げんきん **現金** genkin	**现金, 现款** xiànjīn, xiànkuǎn シエンジン, シエンクワン	cash キャシュ
げんきん(する) **厳禁(する)** genkin (suru)	**严禁** yánjìn イエンジン	forbid strictly フォビド ストリクトリ
げんけい **原型** genkei	**胎, 原型** tāi, yuánxíng タイ, ユエンシィン	prototype プロウトタイプ
けんけつ **献血** kenketsu	**献血** xiànxiě シエンシエ	blood donation ブラド ドウネイション
けんげん **権限** kengen	**权力, 权限** quánlì, quánxiàn チュエンリィ, チュエンシエン	competence カンピテンス
げんご **言語** gengo	**语言** yǔyán ユィイエン	language ラングウィヂ
けんこう **健康** kenkou	**健康** jiànkāng ジエンカァン	health ヘルス

日	中	英
げんこう **原稿** genkou	**原稿，稿子** yuángǎo, gǎozi ユエンガオ，ガオヅ	manuscript, copy マニュスクリプト，カピ
げんこうはん **現行犯** genkouhan	**現行犯** xiànxíngfàn シエンシィンファン	flagrant offense フレイグラント オフェンス
げんこく **原告** genkoku	**原告** yuángào ユエンガオ	plaintiff プレインティフ
げんこつ **拳骨** genkotsu	**拳头** quántou チュエントウ	fist フィスト
けんさ(する) **検査(する)** kensa (suru)	**查验，检验** cháyàn, jiǎnyàn チャアイエン，ジエンイエン	inspection; inspect インスペクション，インスペクト
げんざい **現在** genzai	**现在，如今** xiànzài, rújīn シエンヅァイ，ルゥジン	present プレズント
けんさく(する) **検索(する)** kensaku (suru)	**查，检索** chá, jiǎnsuǒ チャア，ジエンスゥオ	reference; refer to レファレンス，リファートゥ
げんさく **原作** gensaku	**原著，原作** yuánzhù, yuánzuò ユエンヂュウ，ユエンヅゥオ	original オリヂナル
げんさんち **原産地** gensanchi	**原产地** yuánchǎndì ユエンチャンディー	original home of オリヂナル ホウム オヴ
けんじ **検事** kenji	**检察员** jiǎncháyuán ジエンチャアユエン	public prosecutor パブリク プラスィキュータ
げんし **原子** genshi	**原子** yuánzǐ ユエンヅー	atom アトム
げんじつ **現実** genjitsu	**现实** xiànshí シエンシー	reality, actuality リアリティ，アクチュアリティ
けんじつな **堅実な** kenjitsuna	**踏实** tāshi タァシ	steady ステディ
げんしてきな **原始的な** genshitekina	**原始的** yuánshǐ de ユエンシー ダ	primitive プリミティヴ

日	中	英
げんしゅ **元首** genshu	**元首** yuánshǒu ユエンショウ	sovereign サヴレン
けんしゅう **研修** kenshuu	**研修，进修** yánxiū, jìnxiū イエンシウ，ジンシウ	study スタディ
～生	**进修生** jìnxiūshēng ジンシウション	trainee トレイニー
げんじゅうな **厳重な** genjuuna	**严重** yánzhòng イエンヂォン	strict, severe ストリクト, スィヴィア
げんしゅくな **厳粛な** genshukuna	**严肃** yánsù イエンスゥ	grave, solemn グレイヴ, サレム
けんしょう **懸賞** kenshou	**悬赏** xuánshǎng シュエンシャアン	prize プライズ
けんじょう **謙譲** kenjou	**谦让** qiānràng チエンラァン	modesty マデスティ
げんしょう **現象** genshou	**现象** xiànxiàng シエンシアン	phenomenon フィナメノン
げんしょう(する) **減少(する)** genshou (suru)	**减少** jiǎnshǎo ジエンシャオ	decrease ディクリース
げんじょう **現状** genjou	**现状** xiànzhuàng シエンヂュアン	present condition プレゼント カンディション
げんしょく **原色** genshoku	**原色，正色** yuánsè, zhèngsè ユエンスァ, ヂョンスァ	primary color プライメリ カラ
げんしりょく **原子力** genshiryoku	**原子能** yuánzǐnéng ユエンヅーヌォン	nuclear power ニュークリア パウア
けんしん **検診** kenshin	**诊察，检查疾病** zhěnchá, jiǎnchá jíbìng ヂェンチャア, ジエンチャア ジィビィン	medical examination メディカル イグザミネイション

日	中	英
けんしん **献身** kenshin	**献身** xiànshēn シエンシェン	self-devotion セルフディ**ヴォ**ウション
〜的に	**扑，献身** pū, xiànshēn プゥ, シエンシェン	devotedly ディ**ヴォ**ウテドリ
げんぜい(する) **減税(する)** genzei (suru)	**減税** jiǎnshuì ジエンシュイ	tax reduction; re- duce taxes **タ**クス リ**ダ**クション, リ **デュ**ース **タ**クセズ
けんせつ(する) **建設(する)** kensetsu (suru)	**建立，建设** jiànlì, jiànshè ジエンリィ, ジエンショァ	construction; con- struct コンスト**ラ**クション, コンス ト**ラ**クト
けんぜんな **健全な** kenzenna	**健康，健全** jiànkāng, jiànquán ジエンカァン, ジエンチュエン	sound, wholesome **サ**ウンド, **ホ**ウルサム
げんそ **元素** genso	**元素** yuánsù ユエンスゥ	element **エ**レメント
げんそう **幻想** gensou	**幻想** huànxiǎng ホワンシアン	illusion, vision イ**ル**ージョン, **ヴィ**ジョン
げんぞう(する) **現像(する)** genzou (suru)	**显影，冲洗** xiǎnyǐng, chōngxǐ シエンイィン, チョンシィ	development; de- velop ディ**ヴェ**ロプメント, ディ **ヴェ**ロプ
げんそく **原則** gensoku	**原则** yuánzé ユエンヅゥァ	principle プ**リ**ンスィプル
げんそく(する) **減速(する)** gensoku (suru)	**減速** jiǎnsù ジエンスゥ	slowdown; slow down ス**ロ**ウダウン, スロウ **ダ**ウ ン
けんそん **謙遜** kenson	**自谦，谦虚** zìqiān, qiānxū ヅーチエン, チエンシュィ	modesty, humility **マ**デスティ, ヒュー**ミ**リティ
けんたい **倦怠** kentai	**厌倦，倦怠** yànjuàn, juàndài イエンジュエン, ジュエンダイ	weariness, ennui **ウィ**アリネス, アーン**ウィ**ー
げんだい **現代** gendai	**现代，当代** xiàndài, dāngdài シエンダイ, ダァンダイ	present age, mod- ern プ**レ**ズント **エ**イヂ, **マ**ダン

日	中	英
_{げんち} **現地** genchi	**当地** dāngdì ダァンディー	spot スパト
〜時間	**当地时间** dāngdì shíjiān ダァンディー シージエン	local time ロウカル **タ**イム
_{けんちく} **建築** kenchiku	**建筑** jiànzhù ジエンヂュウ	building **ビ**ルディング
〜家	**建筑家** jiànzhùjiā ジエンヂュウジア	architect **ア**ーキテクト
_{けんちょな} **顕著な** kenchona	**显著** xiǎnzhù シエンヂュウ	remarkable リマーカブル
_{げんてい(する)} **限定(する)** gentei (suru)	**限制，限定** xiànzhì, xiàndìng シエンヂー, シエンディン	limitation; limit to リミ**テ**イション, **リ**ミト トゥ
_{げんてん} **原点** genten	**起源，出发点** qǐyuán, chūfādiǎn チィユエン, チュウファアディエン	starting point ス**タ**ーティング **ポ**イント
_{げんてん} **減点** genten	**扣分，刨分儿** kòufēn, páofēnr コウフェン, パオフェル	demerit mark ディー**メ**リト マーク
_{げんど} **限度** gendo	**界限，限度** jièxiàn, xiàndù ジエシエン, シエンドゥ	limit **リ**ミト
_{けんとう} **見当** kentou	**方向，目标** fāngxiàng, mùbiāo ファァンシアン, ムゥビアオ	aim **エ**イム
(推測)	**估计** gūjì グゥジィ	guess **ゲ**ス
_{けんとう(する)} **検討(する)** kentou (suru)	**研究，研讨** yánjiū, yántǎo イエンジウ, イエンタオ	examination; examine イグザミ**ネ**イション, イグ**ザ**ミン
_{げんどうりょく} **原動力** gendouryoku	**动力，原动力** dònglì, yuándònglì ドンリィ, ユエンドンリィ	motive power **モ**ウティヴ **パ**ウア

日	中	英
げんば **現場** genba	**现场** xiànchǎng シエンチャアン	spot, scene スパト, スィーン
げんばく **原爆** genbaku	**原子弹** yuánzǐdàn ユエンヅーダン	atomic bomb アタミク バム
けんばん **鍵盤** kenban	**键盘** jiànpán ジエンパン	keyboard キーボード
けんびきょう **顕微鏡** kenbikyou	**显微镜** xiǎnwēijìng シエンウェイジイン	microscope マイクロスコウプ
けんぶつ(する) **見物(する)** kenbutsu (suru)	**参观，游览** cānguān, yóulǎn ツァングワン, ヨウラン	sightseeing; see the sights of サイトスィーイング, スィー ザ サイツ オヴ
げんぶん **原文** genbun	**原文** yuánwén ユエンウェン	original text オリヂナル テクスト
けんぽう **憲法** kenpou	**宪法** xiànfǎ シエンファア	constitution カンスティテューション
げんまい **玄米** genmai	**糙米** cāomǐ ツァオミィ	brown rice ブラウン ライス
げんみつな **厳密な** genmitsuna	**严密，周密** yánmì, zhōumì イエンミィ, ヂョウミィ	strict, close ストリクト, クロウス
けんめいな **賢明な** kenmeina	**贤明** xiánmíng シエンミィン	wise, prudent ワイズ, プルーデント
けんめいに **懸命に** kenmeini	**拼命** pīnmìng ピンミィン	eagerly, hard イーガリ, ハード
けんもん **検問** kenmon	**查问** cháwèn チャアウェン	inspection インスペクション
けんやく(する) **倹約(する)** ken-yaku (suru)	**节约，俭省** jiéyuē, jiǎnshěng ジエユエ, ジエンション	thrift; economize, save スリフト, イカノマイズ, セ イヴ

日	中	英
げんゆ **原油** gen-yu	**原油** yuányóu ユエンヨウ	crude oil クルード **オ**イル
けんり **権利** kenri	**权利** quánlì チュエンリィ	right **ラ**イト
げんり **原理** genri	**原理** yuánlǐ ユエンリィ	principle, theory プリンスィプル, **スィ**オリ
げんりょう **原料** genryou	**原料，材料** yuánliào, cáiliào ユエンリアオ, ツァイリアオ	raw materials ロー マ**ティ**アリアルズ
けんりょく **権力** kenryoku	**权力** quánlì チュエンリィ	power, authority **パ**ウア, オ**サ**リティ
げんろん **言論** genron	**言论** yánlùn イエンルゥン	speech and writing ス**ピ**ーチ アンド **ラ**イティン グ

こ, コ

こ **子** ko	**孩子，小孩儿** háizi, xiǎoháir ハイヅ, シアオハル	child, infant **チャ**イルド, **イ**ンファント
こ **個** ko	**个** ge ガ	piece **ピ**ース
ご **後** go	**以后，之后** yǐhòu, zhīhòu イーホウ, ヂーホウ	after, since **ア**フタ, **ス**ィンス
ご **碁** go	〔盘〕**围棋** 〔pán〕wéiqí 〔パン〕ウェイチィ	*go* ゴ
こい **鯉** koi	〔条〕**鲤鱼** 〔tiáo〕lǐyú 〔ティアオ〕リィユィ	carp **カ**ープ
こい **濃い** koi	**浓，稠** nóng, chóu ノン, チョウ	dark, deep **ダ**ーク, **ディ**ープ

日	中	英
こい(する) **恋(する)** koi (suru)	（谈）恋爱 (tán) liàn'ài (タン) リエンアイ	love; fall in love with ラヴ, **フォール イン ラヴ** **ウィズ**
ごい **語彙** goi	词汇，语汇 cíhuì, yǔhuì ツーホゥイ, ユィホゥイ	vocabulary ヴォウ**キャ**ビュレリ
こいしい **恋しい** koishii	想念，怀念 xiǎngniàn, huáiniàn シアンニエン, ホアイニエン	miss ミス
こいぬ **子犬** koinu	〔条〕小狗 〔tiáo〕xiǎogǒu 〔ティアオ〕シアオゴウ	puppy パピ
こいびと **恋人** koibito	对象，情侣 duìxiàng, qínglǚ ドゥイシアン, チンリュィ	sweetheart, lover ス**ウィ**ートハート, **ラ**ヴァ
こいん **コイン** koin	硬币 yìngbì イィンビィ	coin **コ**イン
〜ロッカー	投币式寄存柜 tóubìshì jìcúnguì トウビィシー ジィツゥングゥイ	coin-operated locker コイン**ア**ペレイテド **ラ**カ
ごう **号** gou	期，号 qī, hào チィ, ハオ	number, issue **ナ**ンバ, **イ**シュー
こうあん(する) **考案(する)** kouan (suru)	设计，想出 shèjì, xiǎngchū ショァジィ, シアンチゥウ	device; devise ディ**ヴァ**イス, ディ**ヴァ**イズ
こうい **好意** koui	好心，好意 hǎoxīn, hǎoyì ハオシン, ハオイー	goodwill **グ**ドウィル
こうい **行為** koui	行为 xíngwéi シィンウェイ	act, action, deed **ア**クト, **ア**クション, **ディ**ード
ごうい **合意** goui	同意，协议 tóngyì, xiéyì トンイー, シエイー	agreement, consent アグ**リ**ーメント, コン**セ**ント
こういしつ **更衣室** kouishitsu	更衣室 gēngyīshì グンイーシー	dressing room ド**レ**スィング **ル**ーム

日	中	英
こういしょう **後遺症** kouishou	**后遗症** hòuyízhèng ホウイーヂョン	sequela セク**ウィ**ーラ
ごうう **豪雨** gouu	**暴雨** bàoyǔ バオユィ	heavy rain ヘヴィ レイン
こううん **幸運** kouun	**好运，幸运** hǎoyùn, xìngyùn ハオユィン，シィンユィン	fortune, luck **フォ**ーチュン，**ラ**ク
こうえい **光栄** kouei	**荣幸，光荣** róngxìng, guāngróng ロンシィン，グアンロン	honor, glory **ア**ナ，グ**ロ**ーリ
こうえん **公園** kouen	**公园** gōngyuán ゴンユエン	park **パ**ーク
こうえん(する) **講演(する)** kouen (suru)	**演讲，讲演** yǎnjiǎng, jiǎngyǎn イエンジアン，ジアンイエン	lecture; lecture on **レ**クチャ，**レ**クチャ オン
こうおん **高音** kouon	**高音** gāoyīn ガオイン	high tone ハイ **ト**ウン
こうか **効果** kouka	**成效，效果** chéngxiào, xiàoguǒ チョンシアオ，シアオグゥオ	effect, efficacy イ**フェ**クト，**エ**フィカスィ
こうか **校歌** kouka	〔首〕**校歌** 〔shǒu〕xiàogē 〔ショウ〕シアオグァ	school song ス**ク**ール **ソ**ング
こうか **硬貨** kouka	**硬币** yìngbì イィンビィ	coin **コ**イン
こうかい(する) **公開(する)** koukai (suru)	**公开，开放** gōngkāi, kāifàng ゴンカイ，カイファァン	disclosure; dis- close ディスク**ロ**ウジャ，ディスク**ロ**ウズ
こうかい(する) **後悔(する)** koukai (suru)	**后悔，懊悔** hòuhuǐ, àohuǐ ホウホゥイ，アオホゥイ	regret, remorse リグ**レ**ト，リ**モ**ース
こうかい(する) **航海(する)** koukai (suru)	**航海** hánghǎi ハンハイ	navigation; navi- gate ナヴィ**ゲ**イション，**ナ**ヴィゲイト

日	中	英
こうがい **公害** kougai	**公害** gōnghài ゴンハイ	pollution ポリューション
こうがい **郊外** kougai	**郊外，城郊** jiāowài, chéngjiāo ジアオワイ，チョンジアオ	suburb サバーブ
こうがく **光学** kougaku	**光学** guāngxué グアンシュエ	optics アプティクス
ごうかく（する） **合格（する）** goukaku(suru)	**合格，考上** hégé, kǎoshàng ホァグァ，カオシャァン	passing; pass パスィング，パス
こうかな **高価な** koukana	**高价，昂贵** gāojià, ángguì ガオジア，アァングゥイ	expensive イクスペンスィヴ
ごうかな **豪華な** goukana	**豪华，奢华** háohuá, shēhuá ハオホア，ショァホア	gorgeous, deluxe ゴーヂャス，デルクス
こうかん（する） **交換（する）** koukan(suru)	**换，交换** huàn, jiāohuàn ホワン，ジアオホワン	exchange イクスチェインヂ
こうがん **睾丸** kougan	**睾丸** gāowán ガオワン	testicles テスティクルズ
こうがんざい **抗癌剤** kouganzai	**抗癌药** kàng'áiyào カァンアイヤオ	anticancer agent アンティキャンサ エイヂェント
こうき **後期** kouki	**后期，后半期** hòuqī, hòubànqī ホウチィ，ホウバンチィ	latter term ラタ ターム
こうぎ **講義** kougi	**课** kè クァ	lecture レクチャ
こうぎ（する） **抗議（する）** kougi(suru)	**抗议** kàngyì カァンイー	protest;　protest against プロテスト，プロテスト アゲンスト
こうきあつ **高気圧** koukiatsu	**高气压** gāoqìyā ガオチィヤァ	high atmospheric pressure ハイ アトモスフェリク プレシャ

日	中	英
こうきしん **好奇心** koukishin	**好奇心** hàoqíxīn ハオチィシン	curiosity キュアリ**ア**スィティ
こうきな **高貴な** koukina	**高贵** gāoguì ガオグゥイ	noble **ノ**ゥブル
こうきゅうな **高級な** koukyuuna	**高级，高档** gāojí, gāodàng ガオジィ，ガオダァン	high-class articles **ハ**イクラス **ア**ーティクルズ
こうきょ **皇居** koukyo	**皇宫，王宫** huánggōng, wánggōng ホアンゴン，ワァンゴン	Imperial Palace イン**ピ**アリアル **パ**レス
こうきょう **好況** koukyou	**繁荣，景气** fánróng, jǐngqì ファンロン，ジィンチィ	prosperity プラス**ペ**リティ
こうきょう(の) **公共(の)** koukyou (no)	**公共，公用** gōnggòng, gōngyòng ゴンゴン，ゴンヨン	public, common **パ**ブリク，**カ**モン
～料金	**公用事业费** gōngyòng shìyèfèi ゴンヨン シーイエフェイ	public utility charges **パ**ブリク ユー**ティ**リティ **チャ**ーデズ
こうぎょう **工業** kougyou	**工业** gōngyè ゴンイエ	industry **イ**ンダストリ
こうぎょう **鉱業** kougyou	**矿业** kuàngyè クアンイエ	mining **マ**イニング
こうきょうきょく **交響曲** koukyoukyoku	〔**首**〕**交响曲** 〔shǒu〕jiāoxiǎngqǔ 〔ショウ〕ジアオシアンチュィ	symphony **ス**ィンフォニ
ごうきん **合金** goukin	**合金** héjīn ホァジン	alloy **ア**ロイ
こうぐ **工具** kougu	**工具** gōngjù ゴンジュィ	tool, implement **トゥ**ール，**イ**ンプレメント
こうくう **航空** koukuu	**航空** hángkōng ハァンコン	aviation エイヴィ**エ**イション

日	中	英
〜会社	航空公司 hángkōng gōngsī ハァンコン ゴンスー	airline エアライン
〜機	〔架〕飞机 〔jià〕fēijī 〔ジア〕フェイジィ	aircraft エアクラフト
〜券	飞机票，机票 fēijīpiào, jīpiào フェイジィピアオ, ジィピアオ	airline ticket エアライン ティケト
〜便	〔封〕航空信 〔fēng〕hángkōngxìn 〔フォン〕ハァンコンシン	airmail エアメイル
こうけい 光景 koukei	光景，情景 guāngjǐng, qíngjǐng グアンジィン, チィンジィン	spectacle, scene スペクタクル, スィーン
こうげい 工芸 kougei	工艺 gōngyì ゴンイー	craft クラフト
ごうけい(する) 合計(する) goukei (suru)	合计，总计 héjì, zǒngjì ホォアジィ, ヅォンジィ	sum, total; sum up サム, トウトル, サム アプ
こうけいき 好景気 koukeiki	繁荣，好景气 fánróng, hǎojǐngqì ファンロン, ハオジィンチィ	prosperity, boom プラスペリティ, ブーム
こうけいしゃ 後継者 koukeisha	接班人，后继人 jiēbānrén, hòujìrén ジエバンレン, ホウジィレン	successor サクセサ
こうげき(する) 攻撃(する) kougeki (suru)	攻击，攻打 gōngjī, gōngdǎ ゴンジィ, ゴンダァ	attack, assault アタク, アソールト
こうけつあつ 高血圧 kouketsuatsu	高血压 gāoxuèyā ガオシュエヤァ	high blood pressure ハイ ブラド プレシャ
こうけん(する) 貢献(する) kouken (suru)	贡献 gòngxiàn ゴンシエン	contribution; contribute コントリビューション, コントリビュート
こうげん 高原 kougen	高原 gāoyuán ガオユエン	plateau プラトゥ

日	中	英
こうご **口語** kougo	**口语** kǒuyǔ コウユィ	colloquial language コロウクウィアル ラングウィヂ
こうこう **高校** koukou	**高中，高级中学** gāozhōng, gāojí zhōngxué ガオヂォン, ガオジィ ヂォンシュエ	high school ハイ スクール
〜生	**高中生** gāozhōngshēng ガオヂォンション	high school student ハイ スクール ステューデント
こうごう **皇后** kougou	**皇后，王后** huánghòu, wánghòu ホアンホウ, ワァンホウ	empress エンプレス
こうこがく **考古学** koukogaku	**考古学** kǎogǔxué カオグゥシュエ	archaeology アーキアロヂ
こうこく(する) **広告(する)** koukoku (suru)	**广告** guǎnggào グアンガオ	advertisement; advertise アドヴァタイズメント, アドヴァタイズ
こうごに **交互に** kougoni	**交互，交替** jiāohù, jiāotì ジアオホゥ, ジアオティー	alternately オールタネトリ
こうさ(する) **交叉〔差〕(する)** kousa (suru)	**交叉，交错** jiāochā, jiāocuò ジアオチァ, ジアオツゥオ	crossing; cross クロースィング, クロース
〜点	**十字路口，交叉点** shízì lùkǒu, jiāochādiǎn シーヅー ルゥコウ, ジアオチァアディエン	crossing, crossroads クロースィング, クロースロウヅ
こうざ **口座** kouza	**账户，户头** zhànghù, hùtóu ヂァァンホゥ, ホゥトウ	bank account バンク アカウント
〜番号	**账号** zhànghào ヂァァンハオ	number of *one's* account ナンバ オヴ アカウント
こうざ **講座** kouza	**讲座** jiǎngzuò ジアンヅゥオ	chair, lecture チェア, レクチャ
こうさい(する) **交際(する)** kousai (suru)	**交际，交往** jiāojì, jiāowǎng ジアオジィ, ジアオワァン	friendship; associate with フレンドシプ, アソウシエイト ウィズ

日	中	英
こうさく **工作** kousaku	**手工艺** shǒugōngyì ショウゴンイー	handicraft ハンディクラフト
～機械	**机床** jīchuáng ジィチュアン	machine tool マシーン トゥール
こうさん(する) **降参(する)** kousan (suru)	**投降，认输** tóuxiáng, rènshū トウシアン，レンシュウ	surrender サレンダ
こうざん **鉱山** kouzan	**矿山** kuàngshān クアンシャン	mine マイン
こうし **講師** koushi	**讲师** jiǎngshī ジアンシー	lecturer, instructor レクチャラ, インストラクタ
こうじ **工事** kouji	**工程** gōngchéng ゴンチョン	work, construction ワーク, コンストラクション
こうしき **公式** koushiki	**公式** gōngshì ゴンシー	formula フォーミュラ
～の	**正式** zhèngshì ヂョンシー	official, formal オフィシャル, フォーマル
こうじつ **口実** koujitsu	**借口，托词** jièkǒu, tuōcí ジエコウ, トゥオツー	pretext, excuse プリーテクスト, イクスキュース
こうしゃ **校舎** kousha	**校舍** xiàoshè シアオショァ	schoolhouse スクールハウス
こうしゅう **公衆** koushuu	**公众，公用** gōngzhòng, gōngyòng ゴンヂォン, ゴンヨン	public パブリク
～電話	**公用电话** gōngyòng diànhuà ゴンヨン ディエンホア	pay phone ペイ フォウン
こうしゅう **講習** koushuu	**讲习** jiǎngxí ジアンシィ	course コース
こうじゅつ(する) **口述(する)** koujutsu (suru)	**口述** kǒushù コウシュウ	dictation; dictate ディクテイション, ディクテイト

日	中	英
こうじょ(する) **控除(する)** koujo (suru)	**扣除** kòuchú コウチュウ	deduction; deduct ディ**ダ**クション，ディ**ダ**クト
こうしょう(する) **交渉(する)** koushou (suru)	**谈判，交涉** tánpàn, jiāoshè タンパン，ジアオシァ	negotiations; negotiate ニゴウシ**エ**イションズ，ニゴ**ウ**シエイト
こうじょう **工場** koujou	**工厂** gōngchǎng ゴンチャァン	factory, plant **ファ**クトリ，プ**ラ**ント
こうしょうな **高尚な** koushouna	**高尚，高雅** gāoshàng, gāoyǎ ガオシァァン，ガオヤァ	noble, refined **ノ**ウブル，リ**ファ**インド
ごうじょうな **強情な** goujouna	**倔强，顽固** juéjiàng, wángù ジュエジアン，ワングゥ	obstinate **ア**ブスティネト
こうしょきょうふしょう **高所恐怖症** koushokyoufushou	**恐高症** kǒnggāozhèng コンガオヂョン	acrophobia アクロ**フォ**ウビア
こうしん(する) **行進(する)** koushin (suru)	**行进，游行** xíngjìn, yóuxíng シィンジン，ヨウシィン	march, parade **マ**ーチ，パ**レ**イド
こうしんりょう **香辛料** koushinryou	**香辣调料** xiānglà tiáoliào シアンラァ ティアオリャオ	spice ス**パ**イス
こうすい **香水** kousui	〔滴／瓶〕**香水** 〔dī/píng〕xiāngshuǐ 〔ディー／ピン〕シアンシュイ	perfume **パ**ーフューム
こうずい **洪水** kouzui	**洪水** hóngshuǐ ホンシュイ	flood フ**ラ**ド
こうせい **構成** kousei	**结构，构成** jiégòu, gòuchéng ジエゴゥ，ゴウチョン	composition カンポ**ズィ**ション
〜する	**构成，组成** gòuchéng, zǔchéng ゴウチョン，ヅゥチョン	compose コン**ポ**ウズ
ごうせい(する) **合成(する)** gousei (suru)	**合成** héchéng ホァァチョン	synthesis ス**ィ**ンセスィス

日	中	英
〜樹脂	合成樹脂 héchéng shùzhī ホォアチョン シュウヂー	synthetic resin スィンセティク レズィン
こうせいな **公正な** kouseina	**公正，公平** gōngzhèng, gōngpíng ゴンヂョン，ゴンピィン	just, fair **ヂャ**スト，**フェ**ア
こうせいぶっしつ **抗生物質** kouseibusshitsu	**抗生素** kàngshēngsù カァンションスゥ	antibiotic アンティバイア**ティ**ク
こうせん **光線** kousen	**光线，亮光** guāngxiàn, liàngguāng グアンシエン，リアングアン	ray, beam **レ**イ，**ビ**ーム
こうぜんと **公然と** kouzento	**公然** gōngrán ゴンラン	openly, publicly **オ**ウプンリ，**パ**ブリクリ
こうそ **控訴** kouso	**上诉** shàngsù シャアンスゥ	appeal ア**ピ**ール
こうそう **構想** kousou	**构思，构想** gòusī, gòuxiǎng ゴウスー，ゴウシアン	plan, conception **プ**ラン，コン**セ**プション
こうぞう **構造** kouzou	**构造，结构** gòuzào, jiégòu ゴウヅァオ，ジエゴウ	structure スト**ラ**クチャ
こうそうびる **高層ビル** kousoubiru	**高层建筑，摩天大楼** gāocéng jiànzhù,mótiān dàlóu ガオツン ジエンヂュウ，モォティエン ダァ ロウ	high rise, sky- scraper **ハ**イ **ラ**イズ，ス**カ**イスクレ イパ
こうそく **高速** kousoku	**高速** gāosù ガオスゥ	high speed **ハ**イ ス**ピ**ード
〜道路	〔道／条〕**高速公路** 〔dào/tiáo〕gāosù gōnglù 〔ダオ／ティアオ〕ガオスゥ ゴンルゥ	expressway, high- way イクスプ**レ**スウェイ，**ハ**イ ウェイ
こうたい(する) **交替〔代〕(する)** koutai (suru)	**交替，交接** jiāotì, jiāojiē ジアオティー，ジアオジエ	shift; take turns **シ**フト，**テ**イク **タ**ーンズ
こうたいし **皇太子** koutaishi	**皇太子，太子** huángtàizǐ, tàizǐ ホアンタイヅー，タイヅー	Crown Prince ク**ラ**ウン プ**リ**ンス

日	中	英
こうだいな **広大な** koudaina	广大, 宏大 guǎngdà, hóngdà グアンダァ, ホンダァ	vast, immense **ヴァ**スト, イ**メ**ンス
こうたく **光沢** koutaku	光泽 guāngzé グアンヅゥア	luster, gloss **ラ**スタ, グ**ロ**ス
こうちゃ **紅茶** koucha	红茶 hóngchá ホンチャア	tea **ティ**ー
こうちょう **校長** kouchou	校长 xiàozhǎng シアオヂャァン	principal プ**リ**ンスィパル
こうちょうな **好調な** kouchouna	顺利, 顺当 shùnlì, shùndang シュンリィ, シュンダァン	in good condition イン **グ**ド コン**ディ**ション
こうつう **交通** koutsuu	交通 jiāotōng ジアオトン	traffic ト**ラ**フィク
～規制	交通管制 jiāotōng guǎnzhì ジアオトン グワンヂー	traffic regulations ト**ラ**フィク レギュ**レ**イションズ
～事故	车祸, 交通事故 chēhuò, jiāotōng shìgù チョァホゥオ, ジアオトン シーグゥ	traffic accident ト**ラ**フィク **ア**クスィデント
～標識	路标, 交通标志 lùbiāo, jiāotōng biāozhì ルゥビアオ, ジアオトン ビアオデー	traffic sign ト**ラ**フィク **サ**イン
こうてい **皇帝** koutei	皇帝, 天子 huángdì, tiānzǐ ホアンディー, ティエンヅー	emperor **エ**ンペラ
こうてい(する) **肯定(する)** koutei(suru)	肯定, 承认 kěndìng, chéngrèn ケンディン, チョンレン	affirmation; affirm アファー**メ**イション, ア**ファ**ーム
こうてき(な) **公的(な)** kouteki(na)	公家的, 公共的 gōngjia de, gōnggòng de ゴンジァ ダ, ゴンゴン (ダ)	official, public オ**フィ**シャル, **パ**ブリク
こうてつ **鋼鉄** koutetsu	〔块〕钢铁 〔kuài〕gāngtiě 〔クアイ〕ガァンティエ	steel ス**ティ**ール
こうてんする **好転する** koutensuru	好转 hǎozhuǎn ハオヂュワン	turn for the better **タ**ーン フォ ザ **ベ**タ

日	中	英
こうど **高度** koudo	**高度** gāodù ガオドゥ	altitude ア**ル**ティテュード
こうとう **高等** koutou	**高等** gāoděng ガオ**ドゥ**ン	high **ハ**イ
～学校	**高中，高级中学** gāozhōng, gāojí zhōngxué ガオ**ヂ**ォン，ガオ**ヂ**ィ **ヂ**ォン**シュ**エ	high school **ハ**イ ス**ク**ール
～裁判所	**高级人民法院，高等法院** gāojí rénmín fǎyuàn, gāoděng fǎyuàn ガオ**ヂ**ィ **レ**ンミン **ファ**アユエン，ガオ**ドゥ**ン **ファ**アユエン	high court **ハ**イ **コ**ート
こうとう **口頭** koutou	**口头** kǒutóu **コ**ウトウ	oral, verbal **オ**ーラル，**ヴァ**ーバル
こうとう(する) **高騰(する)** koutou (suru)	**上涨，升涨** shàngzhǎng, shēngzhǎng **シャ**アン**ヂャ**アン，**ショ**ン**ヂャ**アン	sudden rise; jump **サ**ドン **ラ**イズ，**チャ**ンプ
こうどう **講堂** koudou	**礼堂** lǐtáng **リ**イ**タァ**ン	hall, auditorium **ホ**ール，オーディ**ト**ーリアム
こうどう(する) **行動(する)** koudou (suru)	**行动** xíngdòng **シ**イン**ド**ン	action, conduct; act **ア**クション，**カ**ンダクト，**ア**クト
ごうとう **強盗** goutou	**强盗** qiángdào **チア**ン**ダ**オ	robber, burglar **ラ**バ，**バ**ーグラ
ごうどう **合同** goudou	**联合** liánhé **リ**エン**ホァ**	union, combina- tion **ユ**ーニョン，カンビ**ネ**イション
こうどく **購読** koudoku	**订阅** dìngyuè **ディ**ン**ユ**エ	subscription サブス**ク**リプション
～料	**订费** dìngfèi **ディ**ン**フェ**イ	subscription サブス**ク**リプション
こうないえん **口内炎** kounaien	**口腔炎** kǒuqiāngyán **コ**ウ**チア**ンイエン	stomatitis ストウマ**タ**イティス

237

日	中	英
こうにゅう(する) **購入(する)** kounyuu (suru)	**购买，购置** gòumǎi, gòuzhì ゴウマイ，ゴウヂー	purchase; buy パーチェス，バイ
こうにん **後任** kounin	**后任** hòurèn ホウレン	successor サクセサ
こうにん(の) **公認(の)** kounin (no)	**公认** gōngrèn ゴンレン	official, approved オフィシャル，アプルーヴド
こうはい **後輩** kouhai	**后辈，后进** hòubèi, hòujìn ホウペイ，ホウジン	junior ヂューニア
こうばい **勾配** koubai	**斜坡** xiépō シエポォ	slope, incline スロウプ，インクライン
こうばしい **香ばしい** koubashii	**香，芬芳** xiāng, fēnfāng シアン，フェンファアン	fragrant フレイグラント
こうはん **後半** kouhan	**后半，后一半** hòubàn, hòu yíbàn ホウバン，ホウ イーバン	latter half ラタ ハフ
こうばん **交番** kouban	**岗亭** gǎngtíng ガァンティン	police box ポリース ボクス
こうひょう **好評** kouhyou	**好评，称赞** hǎopíng, chēngzàn ハオピン，チョンヅァン	popularity パピュラリティ
こうふくな **幸福な** koufukuna	**幸福** xìngfú シィンフゥ	happy ハピ
こうぶつ **好物** koubutsu	**爱吃的东西** ài chī de dōngxi アイ チー ダ ドンシ	favorite food フェイヴァリト フード
こうぶつ **鉱物** koubutsu	**矿物** kuàngwù クアンウゥ	mineral ミネラル
こうふん(する) **興奮(する)** koufun (suru)	**兴奋，激动** xīngfèn, jīdòng シィンフェン，ジィドン	excitement; excite イクサイトメント，イクサイト
こうぶんしょ **公文書** koubunsho	〔张〕**公文，文书** 〔zhāng〕gōngwén, wénshū 〔ヂァァン〕ゴンウェン，ウェンシュウ	official document オフィシャル ダキュメント

こ

日	中	英
こうへいな **公平な** kouheina	**公平，公道** gōngpíng, gōngdao ゴンピィン，ゴンダオ	fair, impartial フェア，インパーシャル
ごうべんじぎょう **合弁事業** goubenjigyou	**合资经营** hézī jīngyíng ホォアヅー ジィンイン	joint venture チョイント ヴェンチャ
こうほ **候補** kouho	**候补** hòubǔ ホウブゥ	candidature キャンディダチャ
〜者	**候选人，候补者** hòuxuǎnrén, hòubǔzhě ホウシュエンレン，ホウブゥヂョァ	candidate キャンディデイト
こうぼ **酵母** koubo	**酵母** jiàomǔ ジアオムゥ	yeast, leaven イースト，レヴン
こうほう **広報** kouhou	**宣传，报导** xuānchuán, bàodǎo シュエンチュワン，バオダオ	public information パブリク インフォメイション
〜活動	**公关，宣传活动** gōngguān, xuānchuán huódòng ゴングワン，シュエンチュワン ホウォドン	public relations パブリク リレイションズ
ごうほう(てきな) **合法(的な)** gouhou (tekina)	**合法的** héfǎ de ホォアファア ダ	lawfulness; legal ローフルネス，リーガル
ごうまんな **傲慢な** goumanna	**傲慢，骄傲** àomàn, jiāo'ào アオマン，ジアオアオ	haughty ホーティ
こうみゃく **鉱脈** koumyaku	**矿脉** kuàngmài クアンマイ	vein (of ore) ヴェイン (オヴ オー)
こうみょうな **巧妙な** koumyouna	**巧妙** qiǎomiào チアオミアオ	skillful, dexterous スキルフル，デクストラス
こうむ **公務** koumu	**公务，公事** gōngwù, gōngshì ゴンウゥ，ゴンシー	official duties オフィシャル デューティズ
〜員	**公务员，公仆** gōngwùyuán, gōngpú ゴンウゥユエン，ゴンプゥ	public official パブリク オフィシャル

日	中	英
こうむる **被る** koumuru	受到，遭受 shòudào, zāoshòu ショウダオ，ヅァオショウ	suffer, receive サファ, リスィーヴ
こうもく **項目** koumoku	项目，条目 xiàngmù, tiáomù シアンムゥ, ティアオムゥ	item, clause アイテム, クローズ
こうもん **肛門** koumon	肛门 gāngmén ガァンメン	anus エイナス
こうや **荒野** kouya	荒野，荒原 huāngyě, huāngyuán ホアンイエ, ホアンユエン	wilds ワイルヅ
こうよう **紅葉** kouyou	〔片〕红叶 〔piàn〕hóngyè 〔ピエン〕ホンイエ	red leaves レド リーヴズ
こうようじゅ **広葉樹** kouyouju	〔棵〕阔叶树 〔kē〕kuòyèshù 〔クァ〕クゥオイエシュウ	broadleaf tree ブロードリーフ トリー
こうらく **行楽** kouraku	游览，游玩 yóulǎn, yóuwán ヨウラン, ヨウワン	excursion イクスカージョン
〜客	游客 yóukè ヨウクァ	tourist トゥアリスト
ごうり（てきな） **合理(的な)** gouri (tekina)	合理 hélǐ ホォアリィ	rationality; rational ラショナリティ, ラショナル
〜化	合理化 hélǐhuà ホォアリィホア	rationalization ラショナリゼイション
こうりつ **効率** kouritsu	效率 xiàolǜ シアオリュィ	efficiency イフィシェンスィ
〜的な	效率高的 xiàolǜ gāo de シアオリュィ ガオ ダ	efficient イフィシェント
こうりゅう（する） **交流(する)** kouryuu (suru)	交流 jiāoliú ジアオリウ	exchange イクスチェインヂ

日	中	英
ごうりゅう(する) **合流(する)** gouryuu (suru)	**汇合，会合** huìhé, huìhé ホウイホァア，ホウイホァア	confluence; confluent **カ**ンフルーエンス，**カ**ンフルーエント
こうりょ(する) **考慮(する)** kouryo (suru)	**考虑，斟酌** kǎolǜ, zhēnzhuó カオリュィ，ヂェンヂュオ	consideration, consider コンスィダ**レ**イション，コン**ス**ィダ
こうりょく **効力** kouryoku	**效力，效能** xiàolì, xiàonéng シアオリィ，シアオヌォン	effect, efficacy イ**フェ**クト，**エ**フィカスィ
こうれい **高齢** kourei	**高龄，年迈** gāolíng, niánmài ガオリン，ニエンマイ	advanced age アド**ヴァ**ンスト **エ**イヂ
〜化社会	**老年社会** lǎonián shèhuì ラオニエン ショアホゥイ	aging society **エ**イヂング ソ**サ**イエティ
こうろう **功労** kourou	**功劳，功绩** gōngláo, gōngjì ゴンラオ，ゴンヂィ	merits **メ**リツ
こえ **声** koe	**声音** shēngyīn ションイン	voice **ヴォ**イス
こえる **超[越]える** koeru	**超过，越过** chāoguò, yuèguò チャオグゥオ，ユエグゥオ	exceed, pass イク**スィ**ード，**パ**ス
こーち **コーチ** koochi	**教练** jiàoliàn ジアオリエン	coach **コ**ウチ
こーと **コート**　（上着） kooto	〔件〕**大衣，外套** 〔jiàn〕dàyī, wàitào 〔ジエン〕ダァイー，ワイタオ	coat **コ**ウト
（球技の）	**球场** qiúchǎng チウチァァン	court **コ**ート
こーひー **コーヒー** koohii	〔杯〕**咖啡** 〔bēi〕kāfēi 〔ベイ〕カフェイ	coffee **コ**ーフィ
〜店	〔家〕**咖啡馆** 〔jiā〕kāfēiguǎn 〔ジア〕カフェイグゥワン	coffee shop **コ**ーフィ **シャ**プ

日	中	英
こーら **コーラ** koora	**可乐** kělè クァアラア	cola コウラ
こーらす **コーラス** koorasu	**合唱** héchàng ホォアチァアン	chorus コーラス
こおり **氷** koori	〔块／片〕**冰** 〔kuài/piàn〕bīng 〔クアイ／ピエン〕ビィン	ice アイス
こおる **凍る** kooru	**冻，冻结** dòng, dòngjié ドン，ドンジエ	freeze フリーズ
ごーる **ゴール** gooru	**终点** zhōngdiǎn ヂォンディエン	goal ゴウル
〜インする	**到达终点** dàodá zhōngdiǎn ダオダァ ヂォンディエン	reach the goal リーチ ザ ゴウル
〜キーパー	**守门员** shǒuményuán ショウメンユエン	goalkeeper ゴウルキーパ
こおろぎ **蟋蟀** koorogi	〔只〕**蟋蟀，蛐蛐儿** 〔zhī〕xīshuài, qūqur 〔ヂー〕シィシュアイ，チュィチュル	cricket クリケト
こがい **戸外** kogai	**户外，室外** hùwài, shìwài ホゥワイ，シーワイ	outdoors アウトドーズ
ごかい(する) **誤解(する)** gokai(suru)	**误会，误解** wùhuì, wùjiě ウゥホゥイ，ウゥジエ	misunderstanding; misunderstand ミスアンダスタンディング， ミスアンダスタンド
こがいしゃ **子会社** kogaisha	**子公司** zǐgōngsī ヅーゴンスー	subsidiary サブスィディエリ
こかいん **コカイン** kokain	**可卡因，古柯碱** kěkǎyīn, gǔkējiǎn クァカアイン，グウクァジエン	cocaine コウケイン
ごがく **語学** gogaku	**外语，外语学习** wàiyǔ, wàiyǔ xuéxí ワイユィ，ワイユィ シュエシィ	language study ラングウィデ スタディ

日	中	英
ごかくけい **五角形** gokakukei	**五边形，五角形** wǔbiānxíng, wǔjiǎoxíng ウゥビエンシィン，ウゥジアオシィン	pentagon ペンタガン
こかげ **木陰** kokage	**树凉儿，树荫** shùliángr, shùyīn シュウリアル，シュウイン	shade of a tree シェイド オヴ ア トリー
こがす **焦がす** kogasu	**烤煳，烧焦** kǎohú, shāojiāo カオホゥ，シャオジアオ	burn, scorch バーン，スコーチ
こがたの **小型の** kogatano	**小型** xiǎoxíng シアオシィン	small, compact スモール，コンパクト
ごがつ **五月** gogatsu	**五月** wǔyuè ウゥユエ	May メイ
ごかん **五感** gokan	**五感** wǔgǎn ウゥガン	five senses ファイヴ センセズ
ごかんせい **互換性** gokansei	**互换性** hùhuànxìng ホゥホワンシィン	compatibility コンパティビリティ
〜のある	**可互换的** kě hùhuàn de クァ ホゥホワン ダ	compatible コンパティブル
こぎって **小切手** kogitte	〔张〕**支票，票据** 〔zhāng〕zhīpiào, piàojù 〔ヂァァン〕ヂーピアオ，ピアオジュィ	check チェク
ごきぶり **ゴキブリ** gokiburi	〔只〕**蟑螂** 〔zhī〕zhāngláng 〔ヂー〕ヂァァンラァン	cockroach カクロウチ
こきゃく **顧客** kokyaku	**顾客，主顾** gùkè, zhǔgù グゥクァ，ヂュウグゥ	customer, client カスタマ，クライエント
こきゅう(する) **呼吸(する)** kokyuu (suru)	**呼吸** hūxī ホゥシィ	respiration; breathe レスピレイション，ブリーズ
こきょう **故郷** kokyou	**故乡，老家** gùxiāng, lǎojiā グゥシアン，ラオジア	home ホウム
こぐ **漕ぐ** kogu	**划** huá ホア	row ロウ

日	中	英
ごく **語句** goku	**词句, 词语** cíjù, cíyǔ ツーヂュィ, ツーユィ	words and phrases ワーヅ アンド フレイゼズ
こくえい **国営** kokuei	**国营** guóyíng グゥオイィン	state-operated ステイト**ア**ペレイテド
こくおう **国王** kokuou	**国王** guówáng グゥオワァン	king, monarch **キ**ング, **マ**ナク
こくがい **国外** kokugai	**国外, 海外** guówài, hǎiwài グゥオワイ, ハイワイ	abroad アブ**ロ**ード
こくぎ **国技** kokugi	**国术** guóshù グゥオシュウ	national sport **ナ**ショナル ス**ポ**ート
こくさい **国際** kokusai	**国际** guójì グゥオジィ	international インタ**ナ**ショナル
～結婚	**国际婚姻** guójì hūnyīn グゥオジィ ホゥンイン	mixed marriage ミクスト マ**リ**ヂ
～線	**国际航线** guójì hángxiàn グゥオジィ ハァンシエン	international airline インタ**ナ**ショナル エアライン
～電話	**国际电话** guójì diànhuà グゥオジィ ディエンホア	overseas telephone call **オ**ウヴァスィーズ **テ**レフォウン **コ**ール
～法	**国际法** guójìfǎ グゥオジィファア	international law インタ**ナ**ショナル **ロ**ー
こくさん **国産** kokusan	**国产** guóchǎn グゥオチャン	domestic ド**メ**スティク
こくせき **国籍** kokuseki	**国籍** guójí グゥオジィ	nationality ナショ**ナ**リティ
こくそ(する) **告訴(する)** kokuso (suru)	**控告, 打官司** kònggào, dǎ guānsi コンガオ, ダァ グヮンス	accusation, complaint アキュ**ゼ**イション, コンプ**レ**イント

日	中	英
こくち(する) **告知(する)** kokuchi(suru)	**通知，启事** tōngzhī, qǐshì トンヂー，チィシー	notice; notify ノウティス，ノウティファイ
こくど **国土** kokudo	**国土** guótǔ グゥオトゥ	national land ナショナル ランド
こくどう **国道** kokudou	**公路** gōnglù ゴンルゥ	national road ナショナル ロウド
こくない **国内** kokunai	**国内，海内** guónèi, hǎinèi グゥオネイ，ハイネイ	domestic ドメスティク
～線	**国内航线** guónèi hángxiàn グゥオネイ ハァンシエン	domestic airline service ドメスティク エアライン サーヴィス
こくはく(する) **告白(する)** kokuhaku(suru)	**坦白，交代** tǎnbái, jiāodài タンバイ，ジアオダイ	confession; confess コンフェション，コンフェス
こくはつ(する) **告発(する)** kokuhatsu(suru)	**告发，检举** gàofā, jiǎnjǔ ガオファア，ジエンジュィ	accusation; accuse アキュゼイション，アキューズ
こくばん **黒板** kokuban	〔块〕**黒板** 〔kuài〕hēibǎn 〔クアイ〕ヘイバン	blackboard ブラクボード
こくふくする **克服する** kokufukusuru	**克服** kèfú クァフゥ	conquer, overcome カンカ，オウヴァカム
こくべつしき **告別式** kokubetsushiki	**告别仪式** gàobié yíshì ガオビエ イーシー	farewell service フェアウェル サーヴィス
こくほう **国宝** kokuhou	**国宝，重点文物** guóbǎo, zhòngdiǎn wénwù グゥオバオ，ヂォンディエン ウェンウゥ	national treasure ナショナル トレジャ
こくぼう **国防** kokubou	**国防** guófáng グゥオファァン	national defense ナショナル ディフェンス
こぐまざ **小熊座** kogumaza	**小熊座** xiǎoxióngzuò シアオシオンヅゥオ	Little Bear リトル ベア

日	中	英
こくみん **国民** kokumin	**国民** guómín グゥオミン	nation, people ネイション, ピープル
こくもつ **穀物** kokumotsu	**谷物** gǔwù グゥウゥ	grain, cereals グレイン, スィアリアルズ
こくゆうの **国有の** kokuyuuno	**国有的** guóyǒu de グゥオヨウ ダ	national ナショナル
こくりつ **国立** kokuritsu	**国立** guólì グゥオリィ	national, state ナショナル, ステイト
こくれん **国連** kokuren	**联合国** Liánhéguó リエンホォアグゥオ	UN ユーエン
こけい **固形** kokei	**固体** gùtǐ グゥティー	solid サリド
こげる **焦げる** kogeru	**煳, 焦** hú, jiāo ホゥ, ジアオ	burn バーン
ここ **ここ** koko	**这儿, 这里** zhèr, zhèlǐ ヂョァル, ヂョァリ	here, this place ヒア, ズィス プレイス
こご **古語** kogo	**古语** gǔyǔ グゥユィ	archaic word アーケイイク ワード
ごご **午後** gogo	**下午, 午后** xiàwǔ, wǔhòu シアウゥ, ウゥホウ	afternoon アフタヌーン
ここあ **ココア** kokoa	**可可** kěkě クァクァ	cocoa コウコウ
こごえる **凍える** kogoeru	**冻僵** dòngjiāng ドンジアン	freeze フリーズ
ここちよい **心地よい** kokochiyoi	**舒服, 舒适** shūfu, shūshì シュウフ, シュウシー	comfortable カンフォタブル
こごと **小言** kogoto	**申斥, 责备** shēnchì, zébèi シェンチー, ヅゥァベイ	scolding スコウルディング

日	中	英
ここなつ **ココナツ** kokonatsu	**椰子** yēzi イエヅ	coconut コウコナト
こころ **心** kokoro	**心，心灵** xīn, xīnlíng シン，シンリィン	mind, heart マインド，ハート
（感情） 	**感情，情绪** gǎnqíng, qíngxù ガンチィン，チィンシュィ	feeling フィーリング
こころえる **心得る** kokoroeru	**懂得，了解** dǒngde, liǎojiě ドンドゥァ，リアオジエ	understand アンダスタンド
こころがける **心がける** kokorogakeru	**留心，铭记在心** liúxīn, míngjì zàixīn リウシン，ミィンジィ ヅァイシン	bear in mind ベア イン マインド
こころがまえ **心構え** kokorogamae	**决心，思想准备** juéxīn, sīxiǎng zhǔnbèi ジュエシン，スーシアン デュンベイ	preparation プレパレイション
こころざし **志** kokorozashi	**志，志向，志愿** zhì, zhìxiàng, zhìyuàn デー，デーシアン，デーユエン	will, intention ウィル，インテンション
こころざす **志す** kokorozasu	**志愿，立志** zhìyuàn, lìzhì デーユエン，リィデー	intend, aim インテンド，エイム
こころぼそい **心細い** kokorobosoi	**心中不安** xīnzhōng bù'ān シンデォン ブゥアン	forlorn フォローン
こころみる **試みる** kokoromiru	**尝试，试行** chángshì, shìxíng チャァンシー，シーシィン	try, attempt トライ，アテンプト
こころよい **快い** kokoroyoi	**愉快，舒适** yúkuài, shūshì ユィクアイ，シュウシー	pleasant, agreeable プレザント，アグリーアブル
こころよく **快く** kokoroyoku	**慨然，高兴地** kǎirán, gāoxìng de カイラン，ガオシィン ダ	with pleasure ウィズ プレジャ
こさめ **小雨** kosame	**小雨，微雨** xiǎoyǔ, wēi yǔ シアオユィ，ウェイ ユィ	light rain ライト レイン
ごさん **誤算** gosan	**失策，算错** shīcè, suàncuò シーツゥァ，スワンツゥオ	miscalculation ミスキャルキュレイション

日	中	英
こし **腰** koshi	**腰** yāo ヤオ	waist ウェイスト
こじ **孤児** koji	**孤儿** gū'ér グゥアル	orphan オーファン
こしかける **腰掛ける** koshikakeru	**坐** zuò ヅゥオ	sit (down) スィト (ダウン)
こじき **乞食** kojiki	**乞丐，讨饭的** qǐgài, tǎofàn de チィガイ, タオファン ダ	beggar ベガ
こしつ **個室** koshitsu	**单间，雅座** dānjiān, yǎzuò ダンジエン, ヤァヅゥオ	private room プライヴェト ルーム
こしつ(する) **固執(する)** koshitsu (suru)	**固执，执泥** gùzhi, zhínì グゥヂ, ヂーニィ	persistence; persist パスィステンス, パスィスト
ごじつ **後日** gojitsu	**日后，改天** rìhòu, gǎitiān リーホウ, ガイティエン	later, some day レイタ, サム デイ
ごしっぷ **ゴシップ** goshippu	**闲谈，街谈巷议** xiántán, jiē tán xiàng yì シエンタン, ジエ タン シアン イー	gossip ガスィプ
こしょう **故障** koshou	**故障** gùzhàng グゥヂャァン	breakdown, trouble ブレイクダウン, トラブル
〜する	**故障，出毛病** gùzhàng, chū máobing グゥヂャァン, チュウ マオビィン	break down ブレイク ダウン
ごしょく **誤植** goshoku	**错字，排错** cuòzì, páicuò ツゥオヅー, パイツゥオ	misprint ミスプリント
こしらえる **拵える** koshiraeru	**做** zuò ヅゥオ	make メイク
こじん **個人** kojin	**个人，个体** gèrén, gètǐ グァレン, グァティー	individual インディヴィヂュアル

日	中	英
〜的な	**私人，个人的** sīrén, gèrén de スーレン, グァレン ダ	individual, person-al インディ**ヴィ**デュアル, **パ**ーソナル
こす **越[超]す** kosu	**超过，越过** chāoguò, yuèguò チャオグゥオ, ユエグゥオ	exceed, pass イク**スィ**ード, **パ**ス
こすと **コスト** kosuto	**成本，工本** chéngběn, gōngběn チョンベン, ゴンベン	cost **コ**ースト
こする **擦る** kosuru	**擦，蹭** cā, cèng ツァア, ツン	rub **ラ**ブ
こせい **個性** kosei	**个性** gèxìng グァシィン	personality パーソ**ナ**リティ
〜的な	**独特的** dútè de ドゥトゥア ダ	unique ユー**ニ**ーク
こせき **戸籍** koseki	**户口** hùkǒu ホゥコウ	family register **ファ**ミリ レ**ヂ**スタ
こぜに **小銭** kozeni	**零钱，小钱** língqián, xiǎoqián リィンチエン, シアオチエン	change **チェ**インヂ
〜入れ	**小钱包** xiǎoqiánbāo シアオチエンバオ	coin purse **コ**イン **パ**ース
ごぜん **午前** gozen	**上午** shàngwǔ シァンウゥ	morning **モ**ーニング
こたい **固体** kotai	**固体** gùtǐ グゥティー	solid **サ**リド
こだい **古代** kodai	**古代** gǔdài グゥダイ	ancient **エ**インシェント
こたえ **答え** kotae	**回答，答复** huídá, dáfu ホゥイダァ, ダァフ	answer, reply **ア**ンサ, リプ**ラ**イ

日	中	英
（解答）	答案，解答 dá'àn, jiědá ダァアン, ジエダァ	solution ソルーション
こたえる **応える** kotaeru	响应，反应 xiǎngyìng, fǎnyìng シアンイィン, ファンイィン	respond リスパンド
（報いる）	报答 bàodá パオダァ	meet ミート
こたえる **答える** kotaeru	回答，答复 huídá, dáfu ホウイダァ, ダァフ	answer, reply アンサ, リプライ
こだわる **こだわる** kodawaru	拘泥，讲究 jūnì, jiǎngjiu ジュィニィ, ジアンジウ	(be) particular about (ビ) パティキュラ アバウト
ごちそう **御馳走** gochisou	丰盛的菜，肴馔 fēngshèng de cài, yáozhuàn フォンション ダ ツァイ, ヤオヂュワン	feast フィースト
〜する	请客 qǐngkè チィンクァ	treat *one* to a feast トリート トゥ ア フィースト
こちょうする **誇張する** kochousuru	夸张，夸大 kuāzhāng, kuādà クアヂャン, クアダァ	exaggerate イグ**ザ**ヂャレイト
こちら **こちら** kochira	这边，这里，这儿 zhèbiān, zhèlǐ, zhèr ヂョアビエン, ヂョアリ, ヂョァル	this way, here **ズ**イス **ウェ**イ, **ヒ**ア
こつ **こつ** kotsu	秘诀，窍门 mìjué, qiàomén ミィジュエ, チアオメン	knack ナク
こっか **国家** kokka	国家 guójiā グゥオジア	state ステイト
〜元首	国家元首 guójiā yuánshǒu グゥオジア ユエンショウ	sovereign サヴレン
こっか **国歌** kokka	国歌 guógē グゥオグァ	national anthem ナショナル アンセム
こっかい **国会** kokkai	国会，议会 guóhuì, yìhuì グゥオホゥイ, イーホゥイ	Diet ダイエト

日	中	英
こづかい **小遣い** kozukai	**零用钱，零钱** língyòngqián, língqián リィンヨンチエン, リィンチエン	pocket money パケト マニ
こっかく **骨格** kokkaku	**骨骼** gǔgé グウグァ	frame, build フレイム, ビルド
こっき **国旗** kokki	**国旗** guóqí グオチィ	national flag ナショナル フラグ
こっきょう **国境** kokkyou	**国境，边境** guójìng, biānjìng グオジィン, ビエンジィン	frontier フランティア
こっく **コック** kokku	**厨师，大师傅** chúshī, dàshifu チュウシー, ダァシフ	cook ククク
こっこう **国交** kokkou	**邦交，国交** bāngjiāo, guójiāo バァンジアオ, グウォジアオ	diplomatic relations ディプロマティク リレイションズ
ごつごつした **ごつごつした** gotsugotsushita	**凹凸不平，坚硬** āotū bù píng, jiānyìng アオトゥ ブゥ ピィン, ジエンイィン	rugged ラゲド
こつずい **骨髄** kotsuzui	**骨髓** gǔsuǐ グウスウイ	marrow マロウ
こっせつ **骨折** kossetsu	**骨折** gǔzhé グウヂョア	fracture フラクチャ
こっそり **こっそり** kossori	**偷偷，悄悄** tōutōu, qiāoqiāo トウトウ, チアオチアオ	quietly, in secret クワイエトリ, イン スィークレト
こづつみ **小包** kozutsumi	**包裹** bāoguǒ バオグゥオ	package, parcel パキヂ, パースル
こっとうひん **骨董品** kottouhin	**古玩，古董** gǔwán, gǔdǒng グウワン, グウドン	curio, antique キュアリウ, アンティーク
こっぷ **コップ** koppu	**杯子** bēizi ベイヅ	glass グラス

日	中	英
こてい(する) **固定(する)** kotei (suru)	**固定** gùdìng グゥディン	fix フィクス
こてん **古典** koten	**古典** gǔdiǎn グゥディエン	classic クラスィク
～的な	**古典的** gǔdiǎn de グゥディエン ダ	classic クラスィク
～文学	**古典文学** gǔdiǎn wénxué グゥディエン ウェンシュエ	classical literature クラスィカル リタラチャ
ごと **毎** goto	**毎** měi メイ	every, each エヴリ, イーチ
こどう(する) **鼓動(する)** kodou (suru)	**搏動, 跳動** bódòng, tiàodòng ボォドン, ティアオドン	beat, pulsation ビート, パルセイション
こどく(な) **孤独(な)** kodoku (na)	**孤独** gūdú グゥドゥ	solitude; solitary サリテュード, サリテリ
ことし **今年** kotoshi	**今年** jīnnián ジンニエン	this year ズィス イヤ
ことづけ **言付け** kotozuke	**口信** kǒuxìn コウシン	message メスィヂ
ことなる **異なる** kotonaru	**不同, 不一样** bù tóng, bù yíyàng ブゥトン, ブゥ イーヤン	differ from ディファ フラム
ことば **言葉** kotoba	**话, 话语** huà, huàyǔ ホア, ホアユィ	speech スピーチ
(言語)	**语言** yǔyán ユィイエン	language ラングウィヂ
(語)	**词** cí ツー	word ワード
こども **子供** kodomo	**孩子, 儿童** háizi, értóng ハイヅ, アルトン	child チャイルド

日	中	英
ことわざ **諺** kotowaza	**谚语，俗话** yànyǔ, súhuà イエンユィ，スゥホア	proverb プラヴァーブ
ことわる **断る** kotowaru	**拒绝，谢绝** jùjué, xièjué ジュイジュエ，シエジュエ	refuse レフューズ
（辞退する）	**推辞，辞退** tuīcí, cítuì トゥイツー，ツートゥイ	decline ディクライン
こな **粉** kona	**粉，粉末** fěn, fěnmò フェン，フェンモォ	powder パウダ
こなごなに **粉々に** konagonani	**粉碎** fěnsuì フェンスゥイ	to pieces トゥ ピーセズ
こね **コネ** kone	**后门，关系** hòumén, guānxi ホウメン，グワンシ	connections コネクションズ
こねこ **子猫** koneko	**小猫儿** xiǎomāor シアオマオル	kitty キティ
こねる **捏ねる** koneru	**和** huó ホゥオ	knead ニード
この **この** kono	**这，这个，这些** zhè, zhège, zhèxiē ヂョァ，ヂョァガ，ヂョァシエ	this, these ズィス，ズィーズ
このあいだ **この間** konoaida	**前不久，前几天** qián bùjiǔ, qián jǐ tiān チエン ブゥジゥ，チエン ジィ ティエン	other day アザ デイ
このごろ **この頃** konogoro	**最近，近来** zuìjìn, jìnlái ヅゥイジン，ジンライ	now, these days ナウ，ズィーズ デイズ
このまえ **この前** konomae	**上次** shàngcì シャァンツー	last time ラスト タイム
このましい **好ましい** konomashii	**受欢迎，令人喜欢** shòu huānyíng, lìng rén xǐhuan ショウ ホワンイィン，リィン レン シィホワン	desirable ディザイアラブル

日	中	英
(感じのいい)	令人满意 lìng rén mǎnyì リィン レン マンイー	agreeable アグリーアブル
(よりよい)	更好的 gèng hǎo de グン ハオ ダ	preferable プレファラブル
好み konomi	嗜好，口味 shìhào, kǒuwèi シーハオ, コウウェイ	taste テイスト
好む konomu	喜欢，喜爱 xǐhuan, xǐ'ài シィホワン, シィアイ	like, (be) fond of ライク, (ビ) フォンド オヴ
琥珀 kohaku	琥珀 hǔpò ホゥポォ	amber アンバ
拒む kobamu	拒绝，驳回 jùjué, bóhuí ジュイジュエ, ボォホゥイ	refuse レフューズ
ご飯 gohan	饭，米饭 fàn, mǐfàn ファン, ミィファン	rice ライス
(食事)	饭，餐 fàn, cān ファン, ツァン	meal ミール
コピー(する) kopii (suru)	复印 fùyìn フウイン	photocopy, copy フォウトカピ, カピ
子羊 kohitsuji	〔只〕小羊，羔羊 〔zhī〕xiǎoyáng, gāoyáng 〔ヂー〕シアオヤン, ガオヤン	lamb ラム
拳 kobushi	拳头 quántou チュエントウ	fist フィスト
子分 kobun	党徒 dǎngtú ダァントゥ	follower ファロウア
零す kobosu	洒，撒 sǎ, sǎ サア, サア	spill スピル
(不平を)	抱怨，发牢骚 bàoyuan, fā láosao バオユエン, ファア ラオサオ	complain コンプレイン

日	中	英
こぼれる **零れる** koboreru	洒，溢出 să, yìchū サア，イーチュウ	fall, drop, spill **フォ**ール，ド**ラ**プ，ス**ピ**ル
こま **独楽** koma	陀螺 tuóluó トゥオルゥオ	top **タ**プ
ごま **胡麻** goma	芝麻 zhīma ヂーマ	sesame **セ**サミ
〜**油**	香油，麻油 xiāngyóu, máyóu シアンヨウ，マァヨウ	sesame oil **セ**サミ **オ**イル
こまーしゃる **コマーシャル** komaasharu	广告 guănggào グアンガオ	advertisement アド**ヴァタ**イズメント
こまかい **細かい** komakai	细，纤细 xì, xiānxì シィ，シエンシィ	small, fine ス**モ**ール，**ファ**イン
（詳細）	详细，细密 xiángxì, xìmì シアンシィ，シィミィ	detailed ディ**テ**イルド
（金銭に）	吝啬，小气 lìnsè, xiăoqì リンスァ，シアオチ	stingy ス**ティ**ンヂ
ごまかす **誤魔化す** gomakasu	骗，瞒 piàn, mán ピエン，マン	cheat, swindle **チ**ート，ス**ウィ**ンドル
こまく **鼓膜** komaku	鼓膜，耳膜 gŭmó, ěrmó グゥモォ，アルモォ	eardrum **イ**アドラム
こまらせる **困らせる** komaraseru	刁难，为难 diāonàn, wéinán ディアオナン，ウェイナン	embarrass, annoy イン**パ**ラス，ア**ノ**イ
こまる **困る** komaru	为难，难受 wéinán, nánshòu ウェイナン，ナンショウ	have trouble ハヴ ト**ラ**ブル
ごみ **ごみ** gomi	垃圾，秽土 lājī, huìtŭ ラァジィ，ホウイトゥ	dust, refuse **ダ**スト，レ**フュ**ース
〜**箱**	垃圾箱，果皮箱 lājīxiāng, guŏpíxiāng ラァジィシアン，グゥオピィシアン	trash can ト**ラ**シュ **キャ**ン

日	中	英
こみゅにけーしょん **コミュニケーション** komyunikeeshon	沟通, 交流 gōutōng, jiāoliú ゴウトン, ジアオリウ	communication コミューニケイション
こむ **込[混]む** komu	拥挤 yōngjǐ ヨンジィ	(be) jammed (ビ) ヂャムド
ごむ **ゴム** gomu	橡胶, 胶皮 xiàngjiāo, jiāopí シアンジアオ, ジアオピィ	rubber ラバ
こむぎ **小麦** komugi	小麦, 麦子 xiǎomài, màizi シアオマイ, マイヅ	wheat (ホ)ウィート
〜粉	面粉, 白面 miànfěn, báimiàn ミエンフェン, バイミエン	flour フラウア
こめ **米** kome	大米, 稻米 dàmǐ, dàomǐ ダアミィ, ダオミィ	rice ライス
こめかみ **こめかみ** komekami	额角, 太阳穴 éjiǎo, tàiyángxué ウァジアオ, タイヤンシュエ	temple テンプル
こめでぃ **コメディ** komedi	喜剧 xǐjù シィジュイ	comedy カメディ
こめんてーたー **コメンテーター** komenteetaa	评论员 pínglùnyuán ピィンルゥンユエン	commentator カメンタイタ
こめんと **コメント** komento	评语 píngyǔ ピィンユィ	comment カメント
こもじ **小文字** komoji	小写 xiǎoxiě シアオシエ	small letter スモール レタ
こもり **子守** komori	保姆, 阿姨 bǎomǔ, āyí バオムゥ, アァイー	baby-sitter ベイビスィタ
こもん **顧問** komon	顾问 gùwèn グゥウェン	adviser, counselor アドヴァイザ, カウンセラ
こや **小屋** koya	小木屋 xiǎomùwū シアオムゥウゥ	hut, shed ハト, シェド

日	中	英
ごやく(する) **誤訳(する)** goyaku (suru)	**误译，错译** wùyì, cuòyì ウゥイー, ツゥオイー	mistranslation; mistranslate ミストランスレイション, ミストランスレイト
こゆうの **固有の** koyuuno	**特有的** tèyǒu de トゥァヨウ ダ	peculiar to ピキューリア トゥ
こゆび **小指** koyubi	**小指** xiǎozhǐ シアオヂー	little finger リトル フィンガ
こよう(する) **雇用(する)** koyou (suru)	**雇佣** gùyōng グゥヨン	employment; employ インプロイメント, インプロイ
こらえる **堪える** koraeru	**忍耐，忍受** rěnnài, rěnshòu レンナイ, レンショウ	bear, endure ベア, インデュア
ごらく **娯楽** goraku	**娱乐，文娱** yúlè, wényú ユィルァ, ウェンユィ	amusement アミューズメント
こらむ **コラム** koramu	**专栏** zhuānlán ヂュワンラン	column カラム
こらむにすと **コラムニスト** koramunisuto	**专栏作家** zhuānlán zuòjiā ヂュワンラン ヅゥオジア	columnist カラムニスト
こりつ(する) **孤立(する)** koritsu (suru)	**孤立** gūlì グゥリィ	isolation; (be) isolated アイソレイション, (ビ) アイソレイテド
ごりら **ゴリラ** gorira	〔只〕**大猩猩** 〔zhī〕dàxīngxing 〔ヂー〕ダァシィンシィン	gorilla ゴリラ
こりる **懲りる** koriru	**惩前毖后，吃够苦头** chéng qián bì hòu, chīgòu kǔtou チョン チエン ビィ ホウ, チーゴウ クゥトウ	have had enough of ハヴ ハド イナフ オヴ
こる **凝る** koru	**热中，入迷** rèzhōng, rùmí ルァヂョン, ルゥミィ	(be) absorbed in (ビ) アブソーブド イン
（肩などが）	**发酸，酸痛** fāsuān, suāntòng ファアスワン, スワントン	grow stiff グロウ スティフ

257

日	中	英
これ **これ** kore	这，这个 zhè, zhège ヂョァ, ヂョァガ	this ズィス
これから **これから** korekara	今后，以后 jīnhòu, yǐhòu ジンホウ, イーホウ	from now on フラム ナウ **オン**
ころがる **転がる**　（倒れる） korogaru	倒下 dǎoxià ダオシァ	fall **フォ**ール
こわがる **恐[怖]がる** kowagaru	怕，害怕 pà, hàipà パァ, ハイパァ	fear, (be) afraid **フィ**ア, (ビ) アフ**レ**イド
こわす **壊す** kowasu	毁坏，损坏 huǐhuài, sǔnhuài ホゥイホアイ, スゥンホアイ	break, destroy ブ**レ**イク, ディスト**ロ**イ
こわれる **壊れる** kowareru	坏，破 huài, pò ホアイ, ポォ	break, (be) broken ブ**レ**イク, (ビ) ブ**ロ**ウクン
こん **紺** kon	藏青色，深蓝色 zàngqīngsè, shēnlánsè ヅァアンチィンスァ, シェンランスァ	dark blue **ダ**ーク ブ**ル**ー
こんかい **今回** konkai	这次，这回 zhècì, zhè huí ヂョァツー, ヂョァ ホゥイ	this time ズィス **タ**イム
こんき **根気** konki	耐性，毅力 nàixìng, yìlì ナイシィン, イーリィ	perseverance パースィ**ヴィ**アランス
こんきょ **根拠** konkyo	根据，依据 gēnjù, yījù ゲンジュィ, イージュィ	ground グ**ラ**ウンド
こんくーる **コンクール** konkuuru	竞赛，比赛 jìngsài, bǐsài ジィンサイ, ビィサイ	contest **カ**ンテスト
こんくりーと **コンクリート** konkuriito	混凝土 hùnníngtǔ ホゥンニィントゥ	concrete **カ**ンクリート
こんげつ **今月** kongetsu	这个月，本月 zhège yuè, běnyuè ヂョァガ ユエ, ベンユエ	this month ズィス **マ**ンス
こんご **今後** kongo	今后 jīnhòu ジンホウ	from now on フラム **ナ**ウ **オ**ン

日	中	英
こんごう(する) **混合(する)** kongou (suru)	**混合，掺和** hùnhé, chānhuo ホゥンホォァ，チャンホゥオ	mixture; mix ミクスチャ，ミクス
こんさーと **コンサート** konsaato	**音乐会** yīnyuèhuì インユエホゥイ	concert カンサト
こんざつ(する) **混雑(する)** konzatsu (suru)	**拥挤，杂沓** yōngjǐ, zátà ヨンジイ，ヅァアタァ	congestion; (be) congested コンチェスチョン，(ビ) コン チェステド
こんさるたんと **コンサルタント** konsarutanto	**咨询，顾问** zīxún, gùwèn ヅーシュイン，グゥウェン	consultant コンサルタント
こんしゅう **今週** konshuu	**这个星期，本周** zhège xīngqī, běnzhōu ヂョガ シンチイ，ベンヂョウ	this week ズィス ウィーク
こんじょう **根性** konjou	**脾气，性情** píqi, xìngqíng ピィチ，シィンチィン	nature ネイチャ
(気力) 	**骨气，毅力** gǔqì, yìlì グゥチィ，イーリィ	spirit, grit スピリト，グリト
こんすたんとな **コンスタントな** konsutantona	**不断地，稳定地** búduàn de, wěndìng de ブゥドワン ダ，ウェンディン ダ	constant カンスタント
こんぜつ(する) **根絶(する)** konzetsu (suru)	**根绝，断根** gēnjué, duàngēn ゲンジュエ，ドワンゲン	eradication; eradi- cate イラディケイション，イラ ディケイト
こんせぷと **コンセプト** konseputo	**概念，观念** gàiniàn, guānniàn ガイニエン，グワンニエン	concept カンセプト
こんせん(する) **混線(する)** konsen (suru)	**串线** chuànxiàn チュワンシエン	get crossed ゲト クロースト
こんせんさす **コンセンサス** konsensasu	**共识，一致意见** gòngshí, yízhì yìjian ゴンシー，イーヂー イージエン	consensus コンセンサス
こんせんと **コンセント** konsento	**插座** chāzuò チャアヅゥオ	outlet アウトレト

日	中	英
こんそめ **コンソメ** konsome	**清汤** qīngtāng チィンタァン	consommé コンソメイ
こんたくと **コンタクト** kontakuto	**联系，接触** liánxì, jiēchù リエンシィ，ジエチュウ	contact カンタクト
～レンズ	**隐形眼镜** yǐnxíng yǎnjìng インシィン イエンジィン	contact lenses カンタクト レンゼズ
こんだて **献立** kondate	**食谱，菜谱** shípǔ, càipǔ シープゥ，ツァイプゥ	menu メニュー
こんだん **懇談** kondan	**畅谈，谈心** chàngtán, tánxīn チャァンタン，タンシン	familiar talk ファミリャ トーク
～会	**座谈会** zuòtánhuì ヅゥオタンホゥイ	round-table conference ラウンドテイブル カンファレンス
こんちゅう **昆虫** konchuu	〔只〕**昆虫** 〔zhī〕kūnchóng 〔ヂー〕クゥンチォン	insect インセクト
こんでぃしょん **コンディション** kondishon	**条件，状况** tiáojiàn, zhuàngkuàng ティアオジエン，ヂュアンクアン	condition コンディション
こんてすと **コンテスト** kontesuto	**比赛，竞赛** bǐsài, jìngsài ビィサイ，ジンサイ	contest コンテスト
こんてな **コンテナ** kontena	**集装箱** jízhuāngxiāng ジィヂュアンシアン	container コンテイナ
こんど **今度** kondo	**这次** zhècì ヂョァツー	this time ズィス タイム
こんどう(する) **混同(する)** kondou (suru)	**混同，混淆** hùntóng, hùnxiáo ホゥントン，ホゥンシアオ	confusion; confuse コンフュージョン，コンフューズ
こんどーむ **コンドーム** kondoomu	**避孕套** bìyùntào ビィユィンタオ	condom カンドム

日	中	英
こんとらすと **コントラスト** kontorasuto	**対照** duìzhào ドゥイヂァオ	contrast カントラスト
こんとらばす **コントラバス** kontorabasu	**低音提琴** dīyīn tíqín ディーイン ティーチン	contrabass カントラベイス
こんとろーる(する) **コントロール(する)** kontorooru (suru)	**控制，操纵** kòngzhì, cāozòng コンヂー, ツァオヅォン	control コントロウル
こんとん **混沌** konton	**混沌** hùndùn ホゥンドゥン	chaos ケイアス
こんな **こんな** konna	**这样，这么** zhèyàng, zhème ヂョアヤン, ヂョアマ	such サチ
こんなん **困難** konnan	**困难，难处** kùnnan, nánchù クゥンナン, ナンチュウ	difficulty ディフィカルティ
こんにち **今日** konnichi	**今天，今日** jīntiān, jīnrì ジンティエン, ジンリー	today トゥデイ
こんばーたー **コンバーター** konbaataa	**转换器，变流器** zhuǎnhuànqì, biànliúqì ヂュワンホワンチィ, ピエンリウチィ	converter コンヴァータ
こんぱくと(な) **コンパクト(な)** konpakuto (na)	**小型，袖珍** xiǎoxíng, xiùzhēn シアオシィン, シウヂェン	compact コンパクト
こんばん **今晩** konban	**今晚，今天晚上** jīnwǎn, jīntiān wǎnshang ジンワン, ジンティエン ワンシャァン	this evening ズィス イーヴニング
こんび **コンビ** konbi	**搭档，一对** dādàng, yíduì ダァダァン, イードゥイ	combination, partner コンビネイション, パートナ
こんびに **コンビニ** konbini	**便利店** biànlìdiàn ピエンリィディエン	convenience store コンヴィーニェンス ストー
こんびねーしょん **コンビネーション** konbineeshon	**联合，配合** liánhé, pèihé リエンホァァ, ペイホァァ	combination コンビネイション

日	中	英
こんぴゅーた **コンピュータ** konpyuuta	**电脑,(电子)计算机** diànnǎo,(diànzǐ)jìsuànjī ディエンナオ,(ディエンヅー)ジィスワンジィ	computer コンピュータ
こんぶ **昆布** konbu	**海带,海菜** hǎidài, hǎicài ハイダイ, ハイツァイ	kelp, tangle **ケ**ルプ, **タ**ングル
こんぷれっくす **コンプレックス** konpurekkusu	**自卑感,情结** zìbēigǎn, qíngjié ヅーベイガン, チンジエ	complex **カ**ンプレックス
こんぽう(する) **梱包(する)** konpou (suru)	**捆扎,打包** kǔnzā, dǎbāo クゥンヅァア, ダァバオ	packing; pack up **パ**キング, パク **ア**プ
こんぽん **根本** konpon	**根本,基本** gēnběn, jīběn ゲンベン, ジィベン	foundation ファ**ウ**ンデイション
こんま **コンマ** konma	**逗号** dòuhào ドゥハオ	comma **カ**マ
こんや **今夜** kon-ya	**今晚,今天晚上** jīnwǎn, jīntiān wǎnshang ジンワン, ジンティエン ワンシャァン	this evening, to-night **ズ**ィス **イ**ーヴニング, トゥ**ナ**イト
こんやく **婚約** kon-yaku	**婚约** hūnyuē ホゥンユエ	engagement イン**ゲ**イヂメント
〜する	**订婚** dìnghūn ディンホゥン	get engaged to ゲト イン**ゲ**イヂド トゥ
こんらん(する) **混乱(する)** konran (suru)	**混乱,纷乱** hùnluàn, fēnluàn ホゥンルワン, フェンルワン	confusion; get confused コン**フュ**ージョン, ゲト コン**フュ**ーズド
こんれい **婚礼** konrei	**婚礼,喜事** hūnlǐ, xǐshì ホゥンリィ, シィシー	wedding **ウェ**ディング
こんわく **困惑** konwaku	**困惑,迷惘** kùnhuò, míwǎng クゥンホゥオ, ミィワァン	embarrassment イン**バ**ラスメント

日	中	英

さ, サ

さ
差
sa
差別, 差距
chābié, chājù
チャアビエ, チャアジュイ
difference
ディファレンス

さーかす
サーカス
saakasu
马戏, 杂技团
mǎxì, zájìtuán
マアシイ, ヅアアジイトワン
circus
サーカス

さーきっと
サーキット
saakitto
赛车场
sàichēchǎng
サイチョアチャアン
circuit
サーキト

さーくる
サークル
saakuru
小组, 班
xiǎozǔ, bān
シアオヅゥ, バン
circle
サークル

さいくつ(する)
採掘(する)
saikutsu (suru)
开采, 采掘
kāicǎi, cǎijué
カイツァイ, ツァイジュエ
mining; mine
マイニング, マイン

さいくりんぐ
サイクリング
saikuringu
骑自行车郊游
qí zìxíngchē jiāoyóu
チィ ヅーシィンチョァ ジアオヨウ
cycling
サイクリング

さいけつ(する)
採血(する)
saiketsu (suru)
采血
cǎi'xiě
ツァイシエ
drawing blood;
draw blood
ドローイング ブラド, ドロー
ブラド

さいけつ(する)
採決(する)
saiketsu (suru)
表决
biǎojué
ビアオジュエ
vote
ヴォウト

さいげつ
歳月
saigetsu
时间, 岁月
shíjiān, suìyuè
シージエン, スゥイユエ
time
タイム

さいけん
債券
saiken
债券
zhàiquàn
ヂャイチュエン
debenture, bond
ディベンチャ, バンド

ざいげん
財源
zaigen
财源
cáiyuán
ツァイユエン
funds
ファンヅ

さいけんとう(する)
再検討(する)
saikentou (suru)
重新审查
chóngxīn shěnchá
チォンシン シェンチャア
reexamination; re-
examine
リーイグザミネイション,
リーイグザミン

日	中	英
さいご **最期** saigo	临终 línzhōng リンヂォン	death, last moment デス, ラスト モウメント
さいご **最後** saigo	最后，最终 zuìhòu, zuìzhōng ヅゥイホウ, ヅゥイヂォン	last, end ラスト, エンド
～の	最后 zuìhòu ヅゥイホウ	last, final ラスト, ファイナル
ざいこ **在庫** zaiko	库存 kùcún クゥツゥン	stocks スタクス
さいこう **最高** saikou	最高 zuìgāo ヅゥイガオ	supremacy, maximum シュプレマスィ, マクスィマム
～裁判所	最高法院 zuìgāo fǎyuàn ヅゥイガオ ファアユエン	Supreme Court シュプリーム コート
さいこん(する) **再婚(する)** saikon (suru)	再婚 zàihūn ヅァイホゥン	remarriage; remarry リマリヂ, リーマリ
さいさん **採算** saisan	核算 hésuàn ホォァスワン	profit, gain プラフィト, ゲイン
ざいさん **財産** zaisan	财产，财富 cáichǎn, cáifù ツァイチャン, ツァイフゥ	estate, fortune イステイト, フォーチュン
さいじつ **祭日** saijitsu	节日 jiérì ジエリー	national holiday ナショナル ホリデイ
ざいしつ **材質** zaishitsu	质地 zhìdì ヂーディー	quality of the material クワリティ オヴ ザ マティアリアル
さいしゅう **最終** saishuu	最后，最终 zuìhòu, zuìzhōng ヅゥイホウ, ヅゥイヂォン	last ラスト
さいしゅう(する) **採集(する)** saishuu (suru)	采集，收集 cǎijí, shōují ツァイジィ, ショウジィ	collection; collect カレクション, カレクト

日	中	英
さいしょ(の) **最初(の)** saisho (no)	**最初，开头** zuìchū, kāitóu ヅゥイチュウ, カイトウ	first, initial ファースト, イニシャル
さいしょう(の) **最小(の)** saishou (no)	**最小** zuìxiǎo ヅゥイシアオ	least リースト
～公倍数	**最小公倍数** zuìxiǎo gōngbèishù ヅゥイシアオ ゴンペイシュウ	least common multiple リースト **コモン マ**ルティプ ル
さいじょう(の) **最上(の)** saijou (no)	**最好，最优** zuìhǎo, zuìyōu ヅゥイハオ, ヅゥイヨウ	best ベスト
さいしょうげん **最小限** saishougen	**最低限度** zuìdī xiàndù ヅゥイディー シエンドゥ	minimum ミニマム
さいしょくしゅぎしゃ **菜食主義者** saishokushugisha	**素食者** sùshízhě スゥシーヂョァ	vegetarian ヴェヂ**テ**アリアン
さいしん(の) **最新(の)** saishin (no)	**最新** zuìxīn ヅゥイシン	latest, up-to-date レイティスト, **ア**プトゥデイ ト
さいしん(の) **細心(の)** saishin (no)	**细心，严密** xìxīn, yánmì シィシン, イエンミィ	careful, prudent **ケ**アフル, **プ**ルーデント
さいず **サイズ** saizu	**尺寸，大小** chǐcun, dàxiǎo チーツゥン, ダァシアオ	size **サ**イズ
さいせい(する) **再生(する)** saisei (suru)	**再生，更生** zàishēng, gēngshēng ヅァイション, グンション	rebirth; regenerate リーバース, リ**ヂ**ェナレイト
(録音物の)	**重放** chóngfàng チォンファン	playback; play back プレイバク, **プ**レイ バク
ざいせい **財政** zaisei	**财政** cáizhèng ツァイヂョン	finances フィ**ナ**ンセズ
さいせいき **最盛期** saiseiki	**最盛期，旺季** zuìshèngqī, wàngjì ヅゥイションチィ, ワンジィ	prime プ**ラ**イム

日	中	英
さいぜん **最善** saizen	**最好** zuì hǎo ヅゥイ ハオ	best ベスト
さいぜんせん **最前線** saizensen	**最前线，第一线** zuìqiánxiàn, dìyīxiàn ヅゥイチエンシエン，ディーイーシエン	front フラント
さいそく(する) **催促(する)** saisoku (suru)	**催促** cuīcù ツゥイツゥ	demand; press ディマンド，プレス
さいだい **最大** saidai	**最大** zuìdà ヅゥイダァ	maximum マクスィマム
～公約数	**最大公约数** zuìdà gōngyuēshù ヅゥイダァ ゴンユエシュウ	greatest common measure グレイテスト カモン メジャ
さいだいげん **最大限** saidaigen	**最大限度** zuìdà xiàndù ヅゥイダァ シエンドゥ	maximum マクスィマム
さいたく(する) **採択(する)** saitaku (suru)	**通过** tōngguò トングゥオ	adoption, choice アダプション，チョイス
ざいだん **財団** zaidan	**财团** cáituán ツァイトワン	foundation ファウンデイション
さいちゅう(に) **最中(に)** saichuu (ni)	**正在…时** zhèngzài ... shí ヂョンヅァイ … シー	in the midst of イン ザ ミドスト オヴ
さいてい **最低** saitei	**最低，最差** zuìdī, zuì chà ヅゥイディー，ヅゥイ チァァ	minimum ミニマム
さいてき **最適** saiteki	**最合适** zuì héshì ヅゥイ ホァァシー	most suitable モウスト スータブル
さいてん(する) **採点(する)** saiten (suru)	**评分，判分** píngfēn, pànfēn ピィンフェン，パンフェン	marking; mark マーキング，マーク
さいと **サイト** saito	**网站** wǎngzhàn ワァンヂャン	site サイト
さいど **再度** saido	**再次，再度** zàicì, zàidù ヅァイツー，ヅァイドゥ	again アゲイン

さ

日	中	英
さいど **サイド** saido	**側面，旁边** cèmiàn, pángbiān ツゥアミエン，パァンビエン	side **サイド**
さいなん **災難** sainan	**灾难** zāinàn ヴァイナン	misfortune, calamity ミス**フォー**チュン，カ**ラ**ミティ
さいにゅう **歳入** sainyuu	**岁入** suìrù スゥイルゥ	annual revenue **ア**ニュアル **レ**ヴニュー
さいのう **才能** sainou	**才能，才华** cáinéng, cáihuá ツァイヌォン，ツァイホア	talent, ability **タ**レント，ア**ビ**リティ
さいばい(する) **栽培(する)** saibai (suru)	**栽培，种植** zāipéi, zhòngzhí ヴァイペイ，ヂォンヂー	cultivation; cultivate カルティ**ヴェ**イション，**カ**ルティヴェイト
さいはつ(する) **再発(する)** saihatsu (suru)	**复发，重发** fùfā, chóng fā フゥファア，チォン ファア	relapse; recur リ**ラ**プス，リ**カ**ー
さいばん(する) **裁判(する)** saiban (suru)	**审判，审理** shěnpàn, shěnlǐ シェンパン，シェンリィ	justice, trial **ヂャ**スティス，ト**ラ**イアル
～官	**法官，审判员** fǎguān, shěnpànyuán ファアグワン，シェンパンユエン	judge, court **ヂャ**ヂ，**コ**ート
～所	**法院** fǎyuàn ファアユエン	court of justice **コ**ート オヴ **ヂャ**スティス
さいふ **財布** saifu	**钱包** qiánbāo チエンバオ	purse, wallet **パ**ース，**ワ**レト
さいへん(する) **再編(する)** saihen (suru)	**改组** gǎizǔ ガイヅゥ	reorganization; reorganize リオーガニ**ゼ**イシャン，リ**オ**ーガナイズ
さいほう **裁縫** saihou	**裁缝，缝纫** cáiféng, féngrèn ツァイフォン，フォンレン	needlework **ニ**ードルワーク
さいぼう **細胞** saibou	**细胞** xìbāo シィバオ	cell **セ**ル

日	中	英
さいみんじゅつ **催眠術** saiminjutsu	催眠术 cuīmiánshù ツゥイミエンシュウ	hypnotism ヒプノティズム
さいむ **債務** saimu	债务 zhàiwù ヂャイウゥ	debt デト
ざいむ **財務** zaimu	财务 cáiwù ツァイウゥ	financial affairs フィナンシャル アフェアズ
ざいもく **材木** zaimoku	木材 mùcái ムゥツァイ	wood, lumber ウド, ランバ
さいよう(する) **採用(する)** saiyou (suru)	采用，采纳 cǎiyòng, cǎinà ツァイヨン, ツァイナァ	adoption; adopt アダプション, アダプト
ざいりゅう(する) **在留(する)** zairyuu (suru)	侨居 qiáojū チアオジュィ	residence, stay レズィデンス, ステイ
さいりょう **裁量** sairyou	酌情处理，定夺 zhuóqíng chǔlǐ, dìngduó デュオチン チュウリィ, ディンドゥオ	judgment ヂャヂメント
さいりょう(の) **最良(の)** sairyou (no)	最佳，最好 zuìjiā, zuì hǎo ヅゥイジア, ヅゥイ ハオ	best ベスト
さいりよう(する) **再利用(する)** sairiyou (suru)	再次利用 zàicì lìyòng ヅァイツー リィヨン	reuse リユーズ
ざいりょう **材料** zairyou	材料，原料 cáiliào, yuánliào ツァイリアオ, ユエンリアオ	materials マティアリアルズ
ざいりょく **財力** zairyoku	财力 cáilì ツァイリィ	financial power フィナンシャル パウア
さいれん **サイレン** sairen	警笛，汽笛 jǐngdí, qìdí ジンディー, チィディー	siren サイアレン
さいわい **幸い** saiwai	幸运，万幸 xìngyùn, wànxìng シィンユィン, ワンシィン	happiness ハピネス
さいん(する) **サイン(する)** sain (suru)	签名，签字 qiānmíng, qiānzì チエンミィン, チエンヅー	signature; sign スィグナチャ, サイン

日	中	英
さうな **サウナ** sauna	**桑那浴，蒸汽浴** sāngnàyù, zhēngqìyù サァンナァユイ, ヂョンチィユイ	sauna **サウナ**
さえぎる **遮る** saegiru	**阻止，阻挡** zǔzhǐ, zǔdǎng ヅゥヂー, ヅゥダァン	interrupt, obstruct インタラプト, オプストラクト
さえる **冴える** saeru	**清澈，鲜明** qīngchè, xiānmíng チィンチョァ, シエンミィン	(be) bright (ビ) ブライト
さか **坂** saka	**斜坡，坡道** xiépō, pōdào シエポォ, ポォダオ	slope, hill スロウプ, ヒル
〜道	**坡道，坡路** pōdào, pōlù ポォダオ, ポォルゥ	slope スロウプ
さかい **境** sakai	**界限，边界** jièxiàn, biānjiè ジエシエン, ビエンジエ	boundary, border バウンダリ, ボーダ
さかえる **栄える** sakaeru	**繁荣，兴盛** fánróng, xīngshèng ファンロン, シィンション	prosper プラスパ
さがく **差額** sagaku	**差额** chā'é チァアゥァ	difference ディファレンス
さがしだす **探し出す** sagashidasu	**找出，找到** zhǎochū, zhǎodào ヂャオチュゥ, ヂャオダオ	find ファインド
さがす **捜[探]す** sagasu	**找，寻找** zhǎo, xúnzhǎo ヂャオ, シュィンヂャオ	seek for, look for スィーク フォ, ルク フォ
（調べる）	**查** chá チァア	look up, look out ルク アプ, ルク アウト
さかずき **杯** sakazuki	**酒杯** jiǔbēi ジウベイ	cup, glass カプ, グラス
さかだち **逆立ち** sakadachi	**倒立** dàolì ダオリィ	handstand ハンドスタンド
さかな **魚** sakana	**〔条〕鱼** 〔tiáo〕yú 〔ティアオ〕ユィ	fish フィシュ

日	中	英
さかのぼる **遡る** sakanoboru	**逆流** nìliú ニィリウ	go up ゴウ アプ
さかや **酒屋** sakaya	**酒店，酒铺** jiǔdiàn, jiǔpù ジウディエン, ジウプゥ	liquor store リカ スト**ー**
さからう **逆らう** sakarau	**反对，顶撞** fǎnduì, dǐngzhuàng ファンドゥイ, ディンヂュアン	oppose, go against オ**ポ**ウズ, ゴウ ア**ゲ**ンスト
さかり **盛り** sakari	**旺盛，旺季** wàngshèng, wàngjì ワンション, ワンジィ	height ハイト
（人生）	**盛年** shèngnián ションニエン	prime プライム
さがる **下がる** sagaru	**下降，降低** xiàjiàng, jiàngdī シアジアン, ジアンディー	fall, drop **フォ**ール, ド**ラ**プ
さかん（な） **盛ん（な）** sakan (na)	**旺盛** wàngshèng ワンション	prosperous プ**ラ**スペラス
さき **先** saki	**尖端，尖儿** jiānduān, jiānr ジエンドワン, ジアル	point, tip **ポ**イント, **ティ**プ
（未来）	**今后** jīnhòu ジンホウ	future **フュ**ーチャ
さぎ **詐欺** sagi	**欺骗，诈骗** qīpiàn, zhàpiàn チィピエン, ヂャアピエン	fraud フ**ロ**ード
〜師	**骗子** piànzi ピエンヅ	swindler ス**ウィ**ンドラ
さきおととい **一昨昨日** sakiototoi	**大前天** dàqiántiān ダァチエンティエン	three days ago ス**リ**ー デイズ ア**ゴ**ウ
さきそふぉん **サキソフォン** sakisofon	**萨克斯管** sàkèsīguǎn サアクァスーグワン	saxophone **サ**クソフォウン
さきほど **先ほど** sakihodo	**刚才，方才** gāngcái, fāngcái ガァンツァイ, ファァンツァイ	a little while ago ア リトル (ホ)**ワ**イル ア**ゴ**ウ

日	中	英
さきゅう **砂丘** sakyuu	**沙丘** shāqiū シャアチウ	dune デューン
さぎょう(する) **作業(する)** sagyou (suru)	**工作，劳动** gōngzuò, láodòng ゴンヅゥオ，ラオドン	work, operations ワーク，アペレイションズ
～服	**工作服** gōngzuòfú ゴンヅゥオフゥ	overalls オウヴァロールズ
さく **裂く** saku	**撕** sī スー	rend, tear, sever レンド，テア，セヴァ
さく **割く** saku	**抽，腾出** chōu, téngchū チョウ，テゥンチュウ	spare スペア
さく **咲く** saku	**开，开花** kāi, kāihuā カイ，カイホア	bloom, come out ブルーム，カム アウト
さく **柵** saku	**栅栏，围栏** zhàlan, wéilán ヂァアラン，ウェイラン	fence フェンス
さくいん **索引** sakuin	**索引** suǒyǐn スゥオイン	index インデクス
さくげん(する) **削減(する)** sakugen (suru)	**紧缩，削减** jǐnsuō, xuējiǎn ジンスゥオ，シュエジエン	reduction, cut; re- duce リダクション，カト，リ デュース
さくし **作詞** sakushi	**作词** zuòcí ヅゥオツー	writing the lyrics ライティング ザ リリクス
さくじつ **昨日** sakujitsu	**昨日，昨天** zuórì, zuótiān ヅゥオリー，ヅゥオティエン	yesterday イェスタデイ
さくしゃ **作者** (本の) sakusha	**作者** zuòzhě ヅゥオヂョァ	writer, author ライタ，オーサ
さくしゅ(する) **搾取(する)** sakushu (suru)	**剥削，榨取** bōxuē, zhàqǔ ボォシュエ，ヂャアチュイ	exploitation; squeeze エクスプロイテイション，ス クウィーズ

日	中	英
さくじょ（する） **削除（する）** sakujo (suru)	删掉，删除 shāndiào, shānchú シャンディアオ，シャンチュウ	deletion; delete デリーション，ディリート
さくせい（する） **作成（する）** sakusei (suru)	编制，拟定 biānzhì, nǐdìng ビエンヂー，ニィディン	draw up, make out ドロー アプ，メイク アウト
さくせん **作戦** sakusen	作战 zuòzhàn ヅゥオヂャン	operations アペレイションズ
さくねん **昨年** sakunen	去年 qùnián チュイニエン	last year ラスト イヤ
さくばん **昨晩** sakuban	昨晚，昨天晚上 zuówǎn, zuótiān wǎnshang ヅゥオワン，ヅゥオティエン ワンシァァン	last night ラスト ナイト
さくひん **作品** sakuhin	作品 zuòpǐn ヅゥオピン	work, piece ワーク，ピース
さくぶん（する） **作文（する）** sakubun (suru)	作文 zuòwén ヅゥオウェン	composition; compose カンポ**ズィ**ション，コンポウズ
さくもつ **作物** sakumotsu	作物，庄稼 zuòwù, zhuāngjia ヅゥオウゥ，ヂュアンジア	crops クラプス
さくや **昨夜** sakuya	昨晚，昨夜 zuówǎn, zuóyè ヅゥオワン，ヅゥオイエ	last night ラスト ナイト
さくら **桜** sakura	〔棵〕樱花树 [kē] yīnghuāshù 〔クァ〕イィンホアシュウ	cherry tree チェリ トリー
（花）	樱花 yīnghuā イィンホア	cherry blossoms チェリ ブラソムズ
さくらんぼ **桜桃** sakuranbo	〔颗／粒〕樱桃 [kē/lì] yīngtao 〔クァ／リィ〕イィンタオ	cherry チェリ
さくりゃく **策略** sakuryaku	策略，计策 cèlüè, jìcè ツゥァリュエ，ジィツゥァ	plan, plot プラン，プラト

日	中	英
さぐる **探る** saguru	**试探，侦察** shìtàn, zhēnchá シータン，ヂェンチャア	search, look for **サ**ーチ，**ル**ク フォ
さけ **鮭** sake	**鲑鱼，三文鱼** guīyú, sānwényú グゥイユィ，サンウェンユィ	salmon **サ**モン
さけ **酒** sake	〔杯〕**酒** 〔bēi〕jiǔ 〔ベイ〕ジウ	*sake*, alcohol **サ**キー，**ア**ルコホール
～を飲む	**喝酒** hē jiǔ ホォァ ジウ	drink ド**リ**ンク
さけぶ **叫ぶ** sakebu	**喊，喊叫** hǎn, hǎnjiào ハン，ハンジアオ	shout, cry **シャ**ウト，ク**ラ**イ
さける **避ける** sakeru	**避开，躲避** bìkāi, duǒbì ビィカイ，ドゥオビィ	avoid ア**ヴォ**イド
さける **裂ける** sakeru	**裂开，破裂** lièkāi, pòliè リエカイ，ポォリエ	split スプ**リ**ット
さげる **下げる** sageru	**降低，降下** jiàngdī, jiàngxià ジアンディー，ジアンシア	lower, drop **ラ**ウア，ド**ラ**プ
ささ **笹** sasa	**细竹，矮竹** xìzhú, ǎizhú シィヂゥウ，アイヂゥウ	bamboo grass バン**ブ**ー グ**ラ**ス
ささい(な) **些細(な)** sasai (na)	**琐屑，细碎** suǒxiè, xìsuì スゥオシエ，シィスゥイ	trifling, trivial ト**ラ**イフリング，ト**リ**ヴィァル
ささえる **支える** sasaeru	**支撑，支持** zhīchēng, zhīchí ヂーチョン，ヂーチー	support, maintain サ**ポ**ート，メイン**テ**イン
ささげる　　(奉仕) **捧げる** sasageru	**贡献，奉献** gòngxiàn, fèngxiàn ゴンシエン，フォンシエン	devote *oneself* to ディ**ヴォ**ウト トゥ
ささやく **囁く** sasayaku	**低语，嘀咕** dīyǔ, dígu ディーユィ，ディーグ	whisper (ホ)**ウィ**スパ
ささる **刺さる** sasaru	**刺入** cìrù ツールゥ	stick ス**ティ**ク

日	中	英

さしあげる
差し上げる
　　　（高く掲げる）
sashiageru

挙，擎
jǔ, qíng
ジュィ，チン

lift up, raise
リフト アプ，レイズ

　　　（献上する）

贈送
zèngsòng
ヅンソン

give, present
ギヴ，プリゼント

さしえ
挿絵
sashie

插画，插图
chāhuà, chātú
チァアホア，チァアトゥ

illustration
イラストレイション

さしこむ
差し込む
sashikomu

插，插入
chā, chārù
チァア，チァアルゥ

insert
インサート

さしず（する）
指図（する）
sashizu (suru)

指示，吩咐
zhǐshì, fēnfu
ヅーシー，フェンフ

direction;　direct,
instruct
ディレクション，ディレクト，
インストラクト

さしだしにん
差出人
sashidashinin

发信人
fāxìnrén
ファアシンレン

sender, remitter
センダ，リミタ

さしひく
差し引く
sashihiku

扣除
kòuchú
コウチュウ

deduct from
ディダクト フラム

さしみ
刺し身
sashimi

生鱼片
shēngyúpiàn
ションユイピエン

sashimi
サシーミ

ざしょう（する）
座礁（する）
zashou (suru)

触礁
chù'jiāo
チュウジアオ

striking a rock
ストライキング ア ロク

さす
差す
sasu

插
chā
チァア

insert
インサート

さす
刺す
sasu

扎，刺
zhā, cì
ヂァア，ツー

pierce, stab
ピアス，スタブ

さす
指す
sasu

指，指示
zhǐ, zhǐshì
ヂー，ヂーシー

point to
ポイント トゥ

さす
射す
sasu

照射，射
zhàoshè, shè
ヂャオショア，ショア

shine in
シャイン イン

日	中	英
さずける **授ける** sazukeru	授予，賞賜 shòuyǔ, shǎngcì ショウユイ，シャァンツー	give, grant ギヴ，グラント
（伝授）	传授 chuánshòu チュワンショウ	induct インダクト
さすぺんす **サスペンス** sasupensu	惊险 jīngxiǎn ジィンシエン	suspense サスペンス
さすぺんだー **サスペンダー** sasupendaa	背带 bēidài ペイダイ	suspenders サスペンダズ
さすらう **流離う** sasurau	流浪，漂泊 liúlàng, piāobó リウラァン，ピアオボォ	wander ワンダ
さする **擦る** sasuru	抚摩，揉 fǔmó, róu フウモォ，ロウ	rub ラブ
ざせき **座席** zaseki	位子，座位 wèizi, zuòwei ウェイヅ，ヅゥオウェイ	seat スィート
させつ（する） **左折（する）** sasetsu（suru）	左转，往左拐 zuǒzhuǎn, wǎng zuǒ guǎi ヅゥオデュワン，ワァン ヅゥオ グアイ	left turn; turn left レフト ターン，ターン レフ ト
ざせつ（する） **挫折（する）** zasetsu（suru）	受挫，挫折 shòucuò, cuòzhé ショウツゥオ，ツゥオヂョァ	failure; (be) frus- trated フェイリュア，(ビ) フラスト レイテド
させる **させる** saseru	叫，使，让 jiào, shǐ, ràng ジアオ，シー，ラァン	make *a person* do メイク ドゥ
さそい **誘い** sasoi	邀请 yāoqǐng ヤオチン	invitation インヴィテイション
（誘惑）	引诱 yǐnyòu インヨウ	temptation テンプテイション
さそう **誘う** sasou	约，邀请 yuē, yāoqǐng ユエ，ヤオチン	invite インヴァイト

日	中	英
(誘惑)	勾引 gōuyǐn ゴウイン	tempt テンプト
さそりざ **さそり座** sasoriza	天蝎座 tiānxiēzuò ティエンシエヅゥオ	Scorpion; Scorpio スコーピアン，スコーピオウ
さだめる **定める** sadameru	制定 zhìdìng デーディン	decide on, fix ディ**サイ**ド オン，**フィ**クス
さち **幸** sachi	幸福，幸运 xìngfú, xìngyùn シィンフウ，シィンユィン	happiness ハピネス
さつ **冊** satsu	本，册 běn, cè ベン，ツゥァ	volume, copy **ヴァ**リュム，**カ**ピ
さつ **札** satsu	钞票，票子 chāopiào, piàozi チャオピアオ，ピアオヅ	bill, paper money ビル，**ペイ**パ **マ**ニ
〜入れ	皮夹子，钱包 píjiāzi, qiánbāo ピィジアヅ，チエンバオ	wallet **ワ**レト
ざつ(な) **雑(な)** zatsu (na)	粗糙 cūcāo ツゥツァオ	rough, rude ラフ，ルード
さつえい(する) **撮影(する)** satsuei (suru)	拍摄，摄影 pāishè, shèyǐng パイショァ，ショアイイン	photographing; photograph **フォ**ウトグラフィング，**フォ** ウトグラフ
ざつおん **雑音** zatsuon	杂音，噪声 záyīn, zàoshēng ヴァアイン，ヴァオション	noise ノイズ
さっか **作家** (本の) sakka	作家 zuòjiā ヅゥオジア	writer, author **ライ**タ，**オー**サ
さっかー **サッカー** sakkaa	足球 zúqiú ヅゥチウ	soccer, football **サ**カ，**フ**トボール
さっかく **錯覚** sakkaku	错觉 cuòjué ツゥオジュエ	illusion イ**ルー**ジョン

日	中	英
ざっかや **雑貨屋** zakkaya	**杂货铺** záhuòpù ヅァアホゥオプゥ	variety store ヴァ**ライ**エティ ス**ト**ー
さっき **さっき** sakki	**刚才** gāngcái ガァンツァイ	(just) now (**チャ**スト) **ナ**ウ
さっきょく(する) **作曲(する)** sakkyoku (suru)	**作曲，配曲** zuòqǔ, pèiqǔ ヅゥオチュイ，ペイチュイ	composition; compose カンポ**ズィ**ション，コン**ポ**ウズ
さっきん(する) **殺菌(する)** sakkin (suru)	**杀菌，灭菌** shā'jūn, mièjūn シャアジュイン，ミエジュイン	sterilization; sterilize ステリリ**ゼイ**ション，ス**テ**リライズ
さっさと **さっさと** sassato	**急忙地，迅速地** jímáng de, xùnsù de ジィマァン ダ，シュインスゥ ダ	quickly, promptly ク**ウィ**クリ，プ**ラ**ンプトリ
ざっし **雑誌** zasshi	**杂志，刊物** zázhì, kānwù ヅァアヂー，カンウゥ	magazine マガ**ズィ**ーン
ざっしゅ **雑種** zasshu	**杂种** zázhǒng ヅァアヂォン	crossbreed, hybrid ク**ロ**ースブリード，**ハ**イブリド
さつじん **殺人** satsujin	**杀人** shārén シャアレン	homicide, murder **ハ**ミサイド，**マ**ーダ
～犯	**杀人犯，凶手** shārénfàn, xiōngshǒu シャアレンファン，シオンショウ	homicide, murderer **ハ**ミサイド，**マ**ーダラ
さっする **察する** sassuru	**推测，觉察** tuīcè, juéchá トゥイツゥア，ジュエチャア	guess, imagine **ゲ**ス，イ**マ**ヂン
ざっそう **雑草** zassou	**杂草** zácǎo ヅァアツァオ	weeds **ウィ**ーヅ
さっそく **早速** sassoku	**立即，立刻** lìjí, lìkè リィジィ，リィクァ	immediately イ**ミ**ーディエトリ
ざつだん **雑談** zatsudan	**闲话，闲谈** xiánhuà, xiántán シエンホア，シエンタン	gossip, chat **ガ**スィプ，**チャ**ト

日	中	英
～する	聊天儿，闲谈 liáotiānr, xiántán リアオティアル，シエンタン	chat チャト
さっちゅうざい 殺虫剤 sacchuuzai	杀虫剂 shāchóngjì シャアチォンジィ	insecticide インセクティサイド
さっとう（する） 殺到（する） sattou (suru)	涌来，蜂拥而来 yǒnglái, fēngyōng ér lái ヨンライ，フォンヨン アル ライ	rush ラシュ
ざっとう 雑踏 zattou	混乱拥挤 hùnluàn yōngjǐ ホゥンルワン ヨンジィ	congestion コンチェスチョン
さつまいも 薩摩芋 satsumaimo	白薯，甘薯 báishǔ, gānshǔ バイシュウ，ガンシュウ	sweet potato スウィート ポテイトウ
ざつむ 雑務 zatsumu	杂务 záwù ヅァアウゥ	small jobs スモール チャブズ
さてい（する） 査定（する） satei (suru)	审定，核实 shěndìng, héshí シェンディン，ホォアシー	assessment; assess アセスメント，アセス
さといも 里芋 satoimo	芋头，芋艿 yùtou, yùnǎi ユィトウ，ユィナイ	taro ターロウ
さとう 砂糖 satou	糖，砂糖 táng, shātáng タァン，シャアタァン	sugar シュガ
さどう 茶道 sadou	茶道 chádào チァアダオ	tea ceremony ティー セレモウニ
さとる 悟る satoru	领会，觉察 lǐnghuì, juéchá リィンホゥイ，ジュエチァア	realize, notice リーアライズ，ノウティス
さどる サドル sadoru	鞍座，座子 ānzuò, zuòzi アンヅゥオ，ヅゥオヅ	saddle サドル
さは 左派 saha	左派 zuǒpài ヅゥオパイ	the left wing ザ レフト ウィング
さば 鯖 saba	〔条〕青花鱼 〔tiáo〕qīnghuāyú 〔ティアオ〕チンホアユィ	mackerel マクレル

日	中	英
さばいばる **サバイバル** sabaibaru	**生存，死里逃生** shēngcún, sǐ lǐ táo shēng ションツゥン，スー リィ タオ ション	survival サヴァイヴァル
さばく **砂漠** sabaku	**沙漠** shāmò シャアモォ	desert デザト
さび **錆** sabi	**锈** xiù シウ	rust ラスト
さびしい **寂しい** sabishii	**寂寞，凄凉** jìmò, qīliáng ジィモァ，チィリアン	lonely, desolate ロウンリ，デゾルト
さびる **錆びる** sabiru	**生锈** shēngxiù ションシウ	rust ラスト
さふぁいあ **サファイア** safaia	**蓝宝石** lánbǎoshí ランバオシー	sapphire サファイア
ざぶとん **座布団** zabuton	〔块〕**坐垫** 〔kuài〕zuòdiàn 〔クアイ〕ヅゥオディエン	cushion クション
さべつ（する） **差別（する）** sabetsu (suru)	**区别，歧视** qūbié, qíshì チュィビエ，チィシー	discrimination; discriminate ディスクリミネイション， ディスクリミネイト
さほう **作法** sahou	**礼节，规矩** lǐjié, guīju リィジエ，グゥイジュ	manners マナズ
さぽーたー **サポーター** （サッカーの） sapootaa	**球迷** qiúmí チウミィ	supporter サポータ
（関節などの）	**护具** hùjù ホゥジュイ	supporter サポータ
さぼる **サボる** saboru	**偷懒，旷工** tōulǎn, kuànggōng トウラン，クアンゴン	(be) idle （ビ）アイドル
さまざま（な） **様々（な）** samazama (na)	**各种各样** gè zhǒng gè yàng グァ ヂォン グァ ヤン	various ヴェアリアス

日	中	英
さます **冷ます** samasu	凉，弄凉 liàng, nòngliáng リアン，ノンリアン	cool クール
さまたげる **妨げる** samatageru	妨碍，阻碍 fáng'ài, zǔ'ài ファアンアイ，ヅゥアイ	disturb ディスターブ
さまよう **彷徨う** samayou	彷徨，飘荡 pánghuáng, piāodàng パアンホアン，ピアオダァン	wander about ワンダ アバウト
さみっと **サミット** samitto	首脑会议 shǒunǎo huìyì ショウナオ ホゥイイー	summit サミト
さむい **寒い** samui	冷，寒冷 lěng, hánlěng ルォン，ハンルォン	cold, chilly コゥルド，チリ
さむけ **寒気** samuke	寒意 hányì ハンイー	chill チル
〜がする	发冷 fālěng ファアルォン	feel a chill フィール ア チル
さむさ **寒さ** samusa	寒气 hánqì ハンチィ	cold コゥルド
さめ **鮫** same	〔条〕鲨鱼 〔tiáo〕shāyú 〔ティアオ〕シァアユィ	shark シャーク
さめる **冷める** sameru	凉，变凉 liáng, biànliáng リアン，ビエンリアン	cool (down) クール (ダウン)
さもないと **さもないと** samonaito	要不，否则 yàobù, fǒuzé ヤオブゥ，フォウヅゥァ	otherwise アザワイズ
さやいんげん **莢隠元** sayaingen	豆荚，豆角儿 dòujiá, dòujiǎor ドウジア，ドウジアオル	green bean グリーン ビーン
ざやく **坐薬** zayaku	坐药，栓剂 zuòyào, shuānjì ヅゥオヤオ，シュワンジィ	suppository サパズィトーリ

日	中	英
さよう(する) **作用(する)** sayou (suru)	**作用，影响** zuòyòng, yǐngxiǎng ヅゥオヨン, イィンシアン	action, function; act **アクション, ファンクション, アクト**
さら **皿** sara	**盘子，碟子** pánzi, diézi パンヅ, ディエヅ	plate, dish **プレイト, ディシュ**
さらいしゅう **再来週** saraishuu	**下下周** xiàxiàzhōu シアシアヂョウ	week after next **ウィーク アフタ ネクスト**
さらいねん **再来年** sarainen	**后年** hòunián ホウニエン	year after next **イヤ アフタ ネクスト**
ざらざら(の) **ざらざら(の)** zarazara (no)	**粗糙** cūcāo ツゥツァオ	rough, coarse **ラフ, コース**
さらす **曝す** sarasu	**曝晒** pùshài プゥシャイ	expose **イクスポウズ**
さらだ **サラダ** sarada	**色拉，生菜** sèlā, shēngcài スァララ, ションツァイ	salad **サラド**
さらに **更に** sarani	**更，进一步** gèng, jìn yí bù グン, ジン イー ブゥ	still more, further **スティル モー, ファーザ**
さらりーまん **サラリーマン** sarariiman	**工薪阶层** gōngxīn jiēcéng ゴンシン ジエツン	office worker **オーフィス ワーカ**
さりげない **さりげない** sarigenai	**若无其事** ruò wú qí shì ルゥオ ウゥ チィ シー	natural, casual **ナチュラル, キャジュアル**
さる **猿** saru	**〔只〕猴子** 〔zhī〕hóuzi 〔ヂー〕ホウヅ	monkey, ape **マンキ, エイプ**
さる **去る** saru	**离开，离去** líkāi, líqù リィカイ, リィチュィ	quit, leave **クウィト, リーヴ**
ざる **笊** zaru	**笊篱** zhàoli ヂャオリ	bamboo basket **バンブー バスケト**

日	中	英
さるもねらきん **サルモネラ菌** sarumonerakin	**沙门菌** shāménjūn シャアメンジュイン	salmonella (germs) サルモネラ (**チ**ャームズ)
さわがしい **騒がしい** sawagashii	**吵闹，喧哗** chǎonào, xuānhuá チャオナオ，シュエンホア	noisy ノイズィ
さわぎ **騒ぎ** sawagi	**喧闹，叫嚷** xuānnào, jiàorǎng シュエンナオ，ジアオラァン	noise, clamor ノイズ，ク**ラ**マ
さわぐ **騒ぐ** sawagu	**吵闹** chǎonào チャオナオ	make a noise メイク ア ノイズ
さわやか(な) **爽やか(な)** sawayaka (na)	**清爽** qīngshuǎng チィンシュアン	refreshing リフ**レ**シング
さわる **触る** sawaru	**触，摸** chù, mō チュウ，モォ	touch, feel **タ**チ，**フィ**ール
さん **酸** san	**酸** suān スワン	acid **ア**スィド
さんか(する) **参加(する)** sanka (suru)	**参加** cānjiā ツァンジア	participation; participate パーティスィ**ペ**イション， パー**ティ**スィペイト
～者	**参加者** cānjiāzhě ツァンジアヂョア	participant パー**ティ**スィパント
ざんがい **残骸** zangai	**残骸** cánhái ツァンハイ	remains, wreckage リ**メ**インズ，**レ**キヂ
さんかく **三角** sankaku	**三角** sānjiǎo サンジアオ	triangle ト**ラ**イアングル
～形	**三角形** sānjiǎoxíng サンジアオシィン	triangle ト**ラ**イアングル
さんがく **山岳** sangaku	**山岳** shānyuè シャンユエ	mountains **マ**ウンテンズ

日	中	英
～地帯	**山岳地帯** shānyuè dìdài シャンユエ ディーダイ	mountainous region マウンテナス リーヂョン
^{ざんがく} **残額** zangaku	**余額** yú'é ユイウァ	remainder リメインダ
^{さんがつ} **三月** sangatsu	**三月** sānyuè サンユエ	March マーチ
^{さんかん(する)} **参観(する)** sankan (suru)	**参观** cānguān ツァングワン	visit, inspection; inspect **ヴィ**ズィト, インスペクショ ン, インスペクト
^{さんきゃく} **三脚** sankyaku	**三脚架** sānjiǎojià サンジアオジア	tripod ト**ラ**イパド
^{ざんぎゃくな} **残虐な** zangyakuna	**残虐，残忍** cánnüè, cánrěn ツァンニュエ, ツァンレン	atrocious, brutal アト**ロ**ウシャス, ブ**ルー**トル
^{さんぎょう} **産業** sangyou	**产业** chǎnyè チャンイエ	industry **イ**ンダストリ
^{ざんぎょう(する)} **残業(する)** zangyou (suru)	**加班** jiā'bān ジアバン	overtime work; work overtime オウ**ヴァ**タイム **ワ**ーク, **ワ**ー ク オウ**ヴァ**タイム
^{ざんきん} **残金** zankin	**余额，余款** yú'é, yúkuǎn ユイウァ, ユイクワン	balance, surplus **バ**ランス, **サ**ープラス
^{さんぐらす} **サングラス** sangurasu	〔副〕**墨镜，太阳镜** 〔fù〕mòjìng, tàiyángjìng 〔フウ〕モウジン, タイヤンジン	sunglasses **サ**ングラセズ
^{ざんげ(する)} **懺悔(する)** zange (suru)	**忏悔** chànhuǐ チャンホウイ	confession, repentance; confess コン**フェ**ション, リ**ペ**ンタン ス, コン**フェ**ス
^{さんご} **珊瑚** sango	〔枝〕**珊瑚** 〔zhī〕shānhú 〔ヂー〕シャンホウ	coral **カ**ラル
～礁	**珊瑚礁** shānhújiāo シャンホウジアオ	coral reef **カ**ラル **リ**ーフ

日	中	英
さんこう **参考** sankou	参考 cānkǎo ツァンカオ	reference レファレンス
ざんこく(な) **残酷(な)** zankoku (na)	残酷，残忍 cánkù, cánrěn ツァンクゥ, ツァンレン	cruel, merciless; cruelty クルエル, マースィレス, クルエルティ
さんしゅつ(する) **算出(する)** sanshutsu (suru)	核计，计算 héjì, jìsuàn ホォアジィ, ジィスワン	calculation; compute キャルキュレイション, コンピュート
さんしょう(する) **参照(する)** sanshou (suru)	参阅，参看 cānyuè, cānkàn ツァンユエ, ツァンカン	reference; refer to レファレンス, リファートゥ
ざんしん(な) **斬新(な)** zanshin (na)	崭新，新颖 zhǎnxīn, xīnyǐng ヂャンシン, シンイィン	new, novel ニュー, ナヴェル
さんすう **算数** sansuu	算术 suànshù スワンシュウ	arithmetic アリスメティク
さんする **産する** sansuru	出产 chūchǎn チュウチャン	produce プロデュース
さんせい **酸性** sansei	酸性 suānxìng スワンシィン	acidity アスィディティ
〜雨	酸雨 suānyǔ スワンユィ	acid rain アスィド レイン
さんせい(する) **賛成(する)** sansei (suru)	同意，赞成 tóngyì, zànchéng トンイー, ヅァンチョン	approval; approve of アプルーヴァル, アプルーヴ オヴ
さんそ **酸素** sanso	氧气 yǎngqì ヤンチィ	oxygen アクスィヂェン
〜マスク	氧气面罩 yǎngqì miànzhào ヤンチィ ミエンヂャオ	oxygen mask アクスィヂェン マスク
さんぞく **山賊** sanzoku	劫匪，土匪 jiéfěi, tǔfěi ジエフェイ, トゥフェイ	bandit バンディト

日	中	英
ざんだか **残高** zandaka	**余额** yú'é ユィウァ	balance バランス
さんたくろーす **サンタクロース** santakuroosu	**圣诞老人** Shèngdàn Lǎorén ションダン ラオレン	Santa Claus サンタ クローズ
さんだる **サンダル** sandaru	〔双〕**凉鞋，拖鞋** 〔shuāng〕liángxié, tuōxié 〔シュアン〕リアンシエ, トゥオシエ	sandals サンダルズ
さんち **産地** sanchi	**产地** chǎndì チャンディー	place of production プレイス オヴ プロダクション
さんちょう **山頂** sanchou	**山颠，山峰** shāndiān, shānfēng シャンディエン, シャンフォン	top of a mountain タプ オヴ ア マウンテン
さんどいっち **サンドイッチ** sandoicchi	**三明治** sānmíngzhì サンミィンデー	sandwich サンドウィチ
ざんねんな **残念な** zannenna	**遗憾，可惜** yíhàn, kěxī イーハン, クァシィ	regrettable リグレタブル
さんばし **桟橋** sanbashi	〔座〕**码头，船埠** 〔zuò〕mǎtou, chuánbù 〔ヅゥオ〕マァトウ, チュワンブゥ	pier ピア
さんぱつ **散髪** sanpatsu	**理发** lǐfà リィファア	haircut ヘアカト
さんび(する) **賛美(する)** sanbi(suru)	**歌颂，赞美** gēsòng, zànměi グァソン, ヅァンメイ	praise プレイズ
さんぴ **賛否** sanpi	**赞成和反对** zànchéng hé fǎnduì ヅァンチョン ホァ ファンドゥイ	yes or no イェス オー ノウ
さんふじんか **産婦人科** sanfujinka	**妇产科** fùchǎnkē フゥチャンクァ	obstetrics and gynecology オブステトリクス アンド ガイナカロヂ
～医	**妇产科医生** fùchǎnkē yīshēng フゥチャンクァ イーション	obstetrician, gynecologist アプステトリシャン, ガイネカロジスト

日	中	英
<ruby>産物<rt>さんぶつ</rt></ruby> sanbutsu	产物 chǎnwù チャンウゥ	product, produce プラダクト, プロデュース
サンプル sanpuru	货样, 样本 huòyàng, yàngběn ホウオヤン, ヤンベン	sample サンプル
<ruby>散文<rt>さんぶん</rt></ruby> sanbun	〔篇〕散文 〔piān〕sǎnwén 〔ピエン〕サンウェン	prose プロウズ
<ruby>散歩<rt>さんぽ</rt></ruby>(する) sanpo (suru)	散步, 溜达 sànbù, liūda サンブー, リウダ	walk; take a walk ウォーク, テイク ア ウォーク
<ruby>散漫<rt>さんまん</rt></ruby>な sanmanna	散漫, 松散 sǎnmàn, sōngsǎn サンマン, ソンサン	loose ルース
<ruby>酸味<rt>さんみ</rt></ruby> sanmi	酸味 suānwèi スワンウェイ	acidity アスィディティ
<ruby>山脈<rt>さんみゃく</rt></ruby> sanmyaku	山脉 shānmài シャンマイ	mountain range マウンテン レインヂ
<ruby>産卵<rt>さんらん</rt></ruby>(する) sanran (suru)	产卵 chǎnluǎn チャンルワン	lay eggs レイ エグズ
<ruby>三流<rt>さんりゅう</rt></ruby>(の) sanryuu (no)	三流 sānliú サンリウ	third-class, third-rate サードクラス, サードレイト
<ruby>参列<rt>さんれつ</rt></ruby>(する) sanretsu (suru)	出席, 列席 chūxí, lièxí チュウシィ, リエシィ	attendance; attend アテンダンス, アテンド

し, シ

日	中	英
<ruby>市<rt>し</rt></ruby> shi	市, 城市 shì, chéngshì シー, チョンシー	city, town スィティ, タウン
<ruby>死<rt>し</rt></ruby> shi	死, 死亡 sǐ, sǐwáng スー, スーワン	death デス
<ruby>氏<rt>し</rt></ruby> shi	先生 xiānsheng シエンション	Mr. ミスタ

日	中	英
し **詩** shi	**诗，诗篇** shī, shīpiān シー，シーピエン	poetry, poem ポウイトリ，ポウイム
じ **字** ji	**字，文字** zì, wénzì ヅー，ウェンヅー	letter, character レタ，キャラクタ
じ **時** ji	**时间，时候** shíjiān, shíhou シージエン，シーホウ	hour, time アウア，タイム
じ **痔** ji	**痔疮** zhìchuāng デーチュアン	piles, hemorrhoids パイルズ，ヘモロイヅ
しあい **試合** shiai	**比赛，竞赛** bǐsài, jìngsài ビィサイ，ジンサイ	game, match ゲイム，マチ
しあがる **仕上がる** shiagaru	**完成，做完** wánchéng, zuòwán ワンチョン，ヅュオワン	(be) completed (ビ) コンプリーテド
しあげる **仕上げる** shiageru	**完成，做完** wánchéng, zuòwán ワンチョン，ヅュオワン	finish, complete フィニシュ，コンプリート
しあさって **明々後日** shiasatte	**大后天** dàhòutiān ダァホウティエン	two days after to-morrow トゥー デイズ アフタ トモーロウ
しあわせ **幸せ** shiawase	**幸福** xìngfú シィンフゥ	happiness ハピネス
～な	**幸福，幸运** xìngfú, xìngyùn シィンフゥ，シィンユィン	happy, fortunate ハピ，フォーチュネト
じい **辞意** jii	**辞职之意** cízhí zhī yì ツーヂー ヂー イー	resignation レズィグネイション
しいく(する) **飼育(する)** shiiku (suru)	**喂，饲养** wèi, sìyǎng ウェイ，スーヤン	breeding; raise ブリーディング，レイズ
じいしき **自意識** jiishiki	**自我意识** zìwǒ yìshi ヅーウオ イーシ	self-consciousness セルフカンシャスネス

日	中	英
しーずん **シーズン** shiizun	**季节** jìjié ジィジエ	season **スィ**ーズン
しーそー **シーソー** shiisoo	**压板，跷跷板** yàbǎn, qiāoqiāobǎn ヤァバン，チアオチアオバン	see saw **スィ**ー ソー
しーつ **シーツ** shiitsu	〔张〕**被单，床单** 〔zhāng〕bèidān, chuángdān 〔ヂァァン〕ベイダン，チュアンダン	(bed) sheet (ベド) **シ**ート
しーでぃー **CD** CD	〔张〕**激光唱片，光盘** 〔zhāng〕jīguāng chàngpiàn, guāngpán 〔ヂァァン〕ジィグアン チャァンピエン，グ アンパン	compact disk **カン**パクト **ディ**スク
しーと **シート** shiito	**座位，座席** zuòwei, zuòxí ヅゥオウェイ，ヅゥオシィ	seat **スィ**ート
～ベルト	**安全带** ānquándài アンチュエンダイ	seatbelt **スィ**ートベルト
しーふーど **シーフード** shiifuudo	**海鲜** hǎixiān ハイシエン	seafood **スィ**ーフード
しいる **強いる** shiiru	**逼，强迫** bī, qiǎngpò ビィ，チアンポォ	force, compel **フォ**ース，コンペル
しーる **シール** shiiru	**贴纸，标签** tiēzhǐ, biāoqiān ティヂー，ビアオチエン	sticker ス**ティ**カ
しいれ **仕入れ** shiire	**采购，进货** cǎigòu, jìnhuò ツァイゴウ，ジンホゥオ	stocking ス**タ**キング
しいれる **仕入れる** shiireru	**采购，买进** cǎigòu, mǎijìn ツァイゴウ，マイジン	stock ス**タ**ク
しいん **子音** shiin	**辅音，子音** fǔyīn, zǐyīn フウイン，ヅーイン	consonant **カ**ンソナント
しーん **シーン** shiin	**场景，场面** chǎngjǐng, chǎngmiàn チャァンジィン，チャァンミエン	scene **スィ**ーン

日	中	英
じいん **寺院** jiin	**寺院, 寺庙** sìyuàn, sìmiào スーユエン, スーミアオ	Buddhist temple ブディスト テンプル
じーんず **ジーンズ** jiinzu	〔条〕**牛仔裤** 〔tiáo〕niúzǎikù 〔ティアオ〕ニウヅァイクゥ	jeans ヂーンズ
しうち **仕打ち** shiuchi	**行为, 待遇** xíngwéi, dàiyù シィンウェイ, ダイユィ	treatment トリートメント
しぇあ **シェア** shea	**市场占有率** shìchǎng zhànyǒulù シーチァァン ヂァンヨウリュィ	share シェア
しえい **市営** shiei	**市营** shìyíng シーイィン	municipal man-agement ミューニスィパル マニヂメント
じえい(する) **自衛(する)** jiei (suru)	**自卫** zìwèi ヅーウェイ	self-defense セルフディフェンス
～隊	**自卫队** zìwèiduì ヅーウェイドゥイ	Self-Defense Forc-es セルフディフェンス フォーセズ
しぇーばー **シェーバー** sheebaa	**剃须刀** tìxūdāo ティーシュィダオ	shaver シェイヴァ
しぇーびんぐくりーむ **シェービングク リーム** sheebingukuriimu	**剃须膏** tìxūgāo ティーシュィガオ	shaving cream シェイヴィング クリーム
じぇすちゃー **ジェスチャー** jesuchaa	**手势** shǒushì ショウシー	gesture ヂェスチャ
じぇっとき **ジェット機** jettoki	**喷气式飞机** pēnqìshì fēijī ペンチィシー フェイジィ	jet plane ヂェト プレイン
しぇふ **シェフ** shefu	**厨师** chúshī チゥシー	chef シェフ
しぇるたー **シェルター** sherutaa	**避难所** bìnànsuǒ ビィナンスゥオ	shelter シェルタ

日	中	英
しえん(する) **支援(する)** shien (suru)	**支援** zhīyuán デーユエン	support サポート
しお **塩** shio	**盐** yán イエン	salt ソールト
〜辛い	**咸** xián シエン	salty ソールティ
〜漬け	**腌** yān イエン	salted food ソールテド フード
しお **潮** shio	**海潮** hǎicháo ハイチャオ	tide タイド
〜風	**海风** hǎifēng ハイフォン	sea breeze スィー ブリーズ
しか **鹿** shika	〔只〕**鹿** 〔zhī〕lù 〔デー〕ルゥ	deer ディア
じか **時価** jika	**时价** shíjià シージア	current price カーレント プライス
じが **自我** jiga	**自我** zìwǒ ヅーウオ	self, ego セルフ, エゴウ
しかい **視界** shikai	**眼界, 视野** yǎnjiè, shìyě イエンジエ, シーイエ	sight サイト
しかい(する) **司会(する)** shikai (suru)	**主持** zhǔchí デュウチー	preside at プリザイド アト
しがい **市外** shigai	**市外** shìwài シーワイ	suburb サバーブ
しかいしゃ **司会者** shikaisha	**主持人** zhǔchírén デュウチーレン	chairperson チェアパースン
しがいせん **紫外線** shigaisen	**紫外线** zǐwàixiàn ヅーワイシエン	ultraviolet rays アルトラヴァイオレト レイズ

日	中	英
しかえし(する) **仕返し(する)** shikaeshi (suru)	**报仇** bàochóu バオチョウ	revenge リヴェンヂ
しかく **四角** shikaku	**四角形，四方形** sìjiǎoxíng, sìfāngxíng スージアオシィン，スーファァンシィン	square スクウェア
しかく **資格** shikaku	**资格，身份** zīgé, shēnfen ヅーグァ，シェンフェン	qualification クワリフィケイション
しかく **視覚** shikaku	**视觉** shìjué シージュエ	sight サイト
じかく(する) **自覚(する)** jikaku (suru)	**觉悟，自觉** juéwù, zìjué ジュエウゥ，ヅージュエ	consciousness; (be) conscious カンシャスネス, (ビ) カンシャス
しかけ **仕掛け** shikake	**装置，结构** zhuāngzhì, jiégòu デュアンデー，ジエゴウ	device, mechanism ディヴァイス, メカニズム
しかし **しかし** shikashi	**但是，然而** dànshì, rán'ér ダンシー，ランアル	but, however バト, ハウエヴァ
じかせい **自家製** jikasei	**自制** zìzhì ヅーヂー	homemade ホウムメイド
じがぞう **自画像** jigazou	**自画像** zìhuàxiàng ヅーホアシアン	self-portrait セルフポートレト
しかた **仕方** shikata	**方法** fāngfǎ ファァンファア	method, way メソド, ウェイ
～がない	**没办法** méi bànfǎ メイ バンファア	cannot help キャナト ヘルプ
しがつ **四月** shigatsu	**四月** sìyuè スーユエ	April エイプリル
じかつ(する) **自活(する)** jikatsu (suru)	**自食其力** zì shí qí lì ヅー シー チィ リィ	self-support; support *oneself* セルフサポート, サポート

日	中	英
じかに **直に** jikani	**直接** zhíjiē ヂージエ	directly ディレクトリ
しがみつく **しがみつく** shigamitsuku	**紧紧抱住，搂住** jǐnjǐn bàozhù, lǒuzhù ジンジン バオヂュウ, ロウヂュウ	cling to クリング トゥ
しかも **しかも** shikamo	**而且，同时** érqiě, tóngshí アルチエ, トンシー	moreover, besides モーロウヴァ, ビサイヅ
しかる **叱る** shikaru	**批评，叱责** pīpíng, chìzé ピィピィン, チーヅゥア	scold, reprove スコウルド, リプルーヴ
しがん(する) **志願(する)** shigan (suru)	**志愿** zhìyuàn ヂーユエン	desire, aspire to ディザイア, アスパイア トゥ
じかん **時間** jikan	**时间，时刻** shíjiān, shíkè シージエン, シークァ	time, hour タイム, アウア
〜給	**计时工资** jìshí gōngzī ジィシー ゴンヅー	time wages タイム ウェイチェズ
しき **式** shiki	**仪式，典礼** yíshì, diǎnlǐ イーシー, ディエンリィ	ceremony セレモウニ
しき(する) **指揮(する)** shiki (suru)	**指挥** zhǐhuī ヂーホウイ	command コマンド
〜者	**指挥** zhǐhuī ヂーホウイ	commander, director コマンダ, ディレクタ
じき **時期** jiki	**时期** shíqī シーチィ	time, season タイム, スィーズン
じき **磁気** jiki	**磁性** cíxìng ツーシィン	magnetism マグネティズム
しきいし **敷石** shikiishi	**铺路石** pūlùshí プゥルウシー	pavement ペイヴメント
しききん **敷金** shikikin	**押金** yājīn ヤァジン	deposit ディパズィト

日	中	英
しきさい **色彩** shikisai	**色彩，颜色** sècǎi, yánsè スァツァイ，イエンスァ	color, tint **カ**ラ，**ティ**ント
〜感覚	**色彩感覚** sècǎi gǎnjué スァツァイ ガンジュエ	color sense **カ**ラ **セ**ンス
しきじょう **式場** shikijou	**礼堂** lǐtáng リィタァン	hall of ceremony **ホ**ール オヴ **セ**レモウニ
しきそ **色素** shikiso	**色素** sèsù スァスゥ	pigment **ピグ**メント
しきちょう **色調** shikichou	**色调** sèdiào スァディアオ	tone **ト**ウン
しきてん **式典** shikiten	**典礼** diǎnlǐ ディエンリィ	ceremony **セ**レモウニ
じきひつ **直筆** jikihitsu	**亲笔** qīnbǐ チンビィ	autograph **オ**ートグラフ
しきべつ(する) **識別(する)** shikibetsu (suru)	**辨别，识别** biànbié, shíbié ビエンビエ，シービエ	discrimination; discriminate ディスクリ**ネ**イション， ディス**ク**リミネイト
しきもの **敷物** shikimono	**地毯** dìtǎn ディータン	carpet, rug **カ**ーペト，**ラ**グ
しきゅう **子宮** shikyuu	**子宫** zǐgōng ヅーゴン	uterus, womb **ユ**ーテラス，**ウ**ーム
じきゅう **時給** jikyuu	**小时工资** xiǎoshí gōngzī シアオシー ゴンヅー	hourly wage **ア**ウアリ **ウェ**イヂ
じきゅうじそく **自給自足** jikyuujisoku	**自给自足** zì jǐ zì zú ヅー ジィ ヅー ヅゥ	self-sufficiency セルフサ**フィ**シェンスィ
しきょう **市況** shikyou	**行情，市场情况** hángqíng, shìchǎng qíngkuàng ハァンチィン，シーチァァン チンクアン	market **マ**ーケト

日	中	英
じきょう(する) **自供(する)** jikyou (suru)	口供，自供 kǒugòng, zìgòng コウゴン，ヅーゴン	(voluntary) confession (**ヴァ**ランテリ) コン**フェ**ション
じぎょう **事業** jigyou	事业 shìyè シーイエ	enterprise **エ**ンタプライズ
しきり **仕切り** shikiri	间隔，隔板 jiàngé, gébǎn ジエング，グァバン	partition パー**ティ**ション
しきりに **頻りに** shikirini	屡次，接连不断 lǚcì, jiēlián búduàn リュィツー，ジエリエン ブゥドワン	very often **ヴェ**リ **オー**フン
しきん **資金** shikin	资金 zījīn ヅージン	capital, funds **キャ**ピトル，**ファ**ンヅ
しく **敷く** shiku	铺，垫 pū, diàn プゥ，ディエン	lay, spread **レ**イ，ス**プレ**ド
じく **軸** jiku	轴 zhóu ヂョウ	axis, shaft **ア**クスィス，**シャ**フト
しぐさ **仕草** shigusa	举止，动作 jǔzhǐ, dòngzuò ジュィデー，ドンヅゥオ	behavior, gesture ビ**ヘ**イヴァ，**チェ**スチャ
じぐざぐ **ジグザグ** jiguzagu	之字形，锯齿形 zhīzìxíng, jùchǐxíng デーヅーシィン，ジュィチーシィン	zigzag **ズィ**グザグ
じぐそーぱずる **ジグソーパズル** jigusoopazuru	拼图玩具 pīntú wánjù ピントゥ ワンジュィ	jigsaw puzzle **チ**グソー **パ**ズル
しくみ **仕組み** shikumi	结构 jiégòu ジエゴウ	mechanism **メ**カニズム
しけ **時化** shike	海上风暴 hǎishàng fēngbào ハイシャァン フォンバオ	stormy weather ス**トー**ミ **ウェ**ザ
しけい **死刑** shikei	死刑 sǐxíng スーシィン	capital punishment **キャ**ピトル **パ**ニシュメント

日	中	英
しげき（する） **刺激（する）** shigeki (suru)	**刺激** cìjī ツージィ	stimulus; stimulate スティミュラス，スティミュレイト
しげる **茂る** shigeru	**繁茂，茂盛** fánmào, màoshèng ファンマオ，マオション	grow thick グロウ スィク
しけん（する） **試験（する）** shiken (suru)	**考试，测验** kǎoshì, cèyàn カオシー，ツァイエン	examination; examine イグザミネイション，イグザミン
〜管	**试管** shìguǎn シーグワン	test tube テスト テューブ
しげん **資源** shigen	**资源** zīyuán ヅーユエン	resources リーソーセズ
じけん **事件** jiken	**事件，案件** shìjiàn, ànjiàn シージエン，アンジエン	event, incident, case イヴェント，インスィデント，ケイス
じげん **次元** jigen	**次元** cìyuán ツーユエン	dimension ディメンション
じこ **自己** jiko	**自我，自己** zìwǒ, zìjǐ ヅーウオ，ヅージィ	self, ego セルフ，エゴウ
じこ **事故** jiko	**事故** shìgù シーグゥ	accident アクスィデント
しこう **思考** shikou	**思考，思维** sīkǎo, sīwéi スーカオ，スーウェイ	thinking スィンキング
じこう **時効** jikou	**时效** shíxiào シーシアオ	prescription プリスクリプション
じこく **時刻** jikoku	**时刻，时候** shíkè, shíhou シークァ，シーホウ	time, hour タイム，アウア
〜表	**时刻表** shíkèbiǎo シークァビアオ	timetable, schedule タイムテイブル，スケデュル

日	中	英
じごく **地獄** jigoku	**地狱** dìyù ディーユィ	hell, inferno ヘル, イン**ファー**ノウ
しごと **仕事** shigoto	**工作** gōngzuò ゴンヅゥオ	work, business, task **ワ**ーク, **ビ**ズネス, **タ**スク
しこむ **仕込む** （教え込む） shikomu	**培训** péixùn ペイシュィン	train, teach ト**レ**イン, **ティ**ーチ
しさ(する) **示唆(する)** shisa (suru)	**暗示，启发** ànshì, qǐfā アンシー, チィファア	suggestion; sug- gest サグ**チェ**スチョン, サグ**チェ** スト
じさ **時差** jisa	**时差** shíchā シーチャア	difference in time **ディ**ファレンス イン **タ**イム
～ぼけ	**时差不适应** shíchā bú shìyìng シーチャア ブゥ シーイィン	jet lag **チェ**ト **ラ**グ
じざけ **地酒** jizake	**土产酒** tǔchǎnjiǔ トゥチャンジウ	local brew, local liquor **ロ**ウカル ブ**ル**ー, **ロ**ウカル **リ**カ
しさつ(する) **視察(する)** shisatsu (suru)	**考察，视察** kǎochá, shìchá カオチャア, シーチャア	inspection; inspect インス**ペ**クション, インス**ペ** クト
じさつ(する) **自殺(する)** jisatsu (suru)	**自杀** zìshā ヅーシャア	suicide; kill *one- self* **ス**ーイサイド, **キ**ル
～者	**自杀者** zìshāzhě ヅーシャアヂョァ	suicide **ス**ーイサイド
しさん **資産** shisan	**财产，资产** cáichǎn, zīchǎn ツァイチャン, ヅーチャン	property, fortune プ**ラ**パティ, **フォ**ーチュン
じさん(する) **持参(する)** jisan (suru)	**自带** zìdài ヅーダイ	take with *one*, bring **テ**イク ウィズ, ブ**リ**ング
～金	**嫁妆钱** jiàzhuangqián ジアヂュアンチエン	dowry **ダ**ウアリ

日	中	英
しじ(する) **指示(する)** shiji (suru)	指示，命令 zhǐshì, mìnglìng ヂーシー，ミィンリィン	indication; indicate インディ**ケ**イション，**イン**ディケイト
しじ(する) **支持(する)** shiji (suru)	拥护，支持 yōnghù, zhīchí ヨンホゥ，ヂーチー	support サ**ポ**ート
じじ **時事** jiji	时事 shíshì シーシー	current events **カ**ーレント イ**ヴェ**ンツ
ししざ **獅子座** shishiza	狮子座 shīzizuò シーヅゥオ	Lion, Leo **ラ**イオン，**リ**ーオウ
ししつ **資質** shishitsu	资质，天资 zīzhì, tiānzī ヅーヂー，ティエンヅー	nature, temperament **ネ**イチャ，**テ**ンペラメント
じじつ **事実** jijitsu	事实 shìshí シーシー	fact, truth **ファ**クト，ト**ル**ース
ししゃ **使者** shisha	使者 shǐzhě シーヂョァ	messenger, envoy **メ**センヂャ，**エ**ンヴォイ
ししゃ **支社** shisha	分公司 fēngōngsī フェンゴンスー	branch ブ**ラ**ンチ
ししゃ **死者** shisha	死者，死人 sǐzhě, sǐrén スーヂョァ，スーレン	dead person **デ**ド パースン
じしゃく **磁石** jishaku	磁铁，吸铁石 cítiě, xītiěshí ツーティエ，シィティエシー	magnet **マ**グネト
ししゃごにゅう(する) **四捨五入(する)** shishagonyuu (suru)	四舍五入 sì shě wǔ rù スー ショァ ウゥ ルウ	round up (a number) **ラ**ウンド **ア**プ（ア **ナ**ンバ）
じしゅ(する) **自首(する)** jishu (suru)	自首，投案 zìshǒu, tóu'àn ヅーショウ，トウアン	deliver *oneself* to the police ディリ**ヴァ** トゥ ザ ポ**リ**ース
ししゅう **刺繍** shishuu	刺绣 cìxiù ツーシウ	embroidery イン**プロ**イダリ

日	中	英
しじゅう **始終** shijuu	经常，总是 jīngcháng, zǒngshì ジィンチャァン, ヅォンシー	all the time, always オール ザ **タイム**, **オール**ウェイズ
ししゅつ **支出** shishutsu	支出 zhīchū デーチュウ	expenses イクス**ペ**ンセズ
じしゅてき **自主的** jishuteki	独立 dúlì ドゥリィ	independent インディ**ペ**ンデント
ししゅんき **思春期** shishunki	青春期 qīngchūnqī チィンチュンチィ	adolescence, puberty アド**レ**センス, **ピュ**ーバティ
ししょ **司書** shisho	图书管理员 túshū guǎnlǐyuán トゥシュウ グヮンリィユエン	librarian ライブ**レ**アリアン
じしょ **辞書** jisho	词典 cídiǎn ツーディエン	dictionary **ディ**クショネリ
じじょ **次女** jijo	次女，二女儿 cìnǚ, èrnǚ'ér ツーニュイ, アルニュイアル	second daughter **セ**コンド **ド**ータ
ししょう **支障** shishou	故障，障碍 gùzhàng, zhàng'ài グゥヂャァン, ヂャァンアイ	hindrance, troubles **ヒ**ンドランス, ト**ラ**ブルズ
しじょう **市場** shijou	市场 shìchǎng シーチャァン	market **マ**ーケト
じじょう **事情** jijou	情况，情形 qíngkuàng, qíngxing チィンクアン, チィンシィン	circumstances **サ**ーカムスタンセズ
ししょく(する) **試食(する)** shishoku (suru)	品尝 pǐncháng ピンチャァン	sampling, tasting **サ**ンプリング, **テ**ィスティング
じしょく(する) **辞職(する)** jishoku (suru)	辞职 cízhí ツーデー	resignation; resign レズィグ**ネ**イション, リ**ザ**イン
じじょでん **自叙伝** jijoden	自传 zìzhuàn ヅーヂュワン	autobiography オートバイ**ア**グラフィ

日	中	英
しじん **詩人** shijin	**诗人** shīrén シーレン	poet, poetess ポウイト, ポウイテス
じしん **自信** jishin	**信心，自信** xìnxīn, zìxìn シンシン, ヅーシン	confidence カンフィデンス
じしん **自身** jishin	**本身，自己** běnshēn, zìjǐ ベンシェン, ヅージィ	self, oneself セルフ, ワンセルフ
じしん **地震** jishin	**地震** dìzhèn ディーヂェン	earthquake アースクウェイク
じすい(する) **自炊(する)** jisui (suru)	**自己做饭** zìjǐ zuòfàn ヅージィ ヅゥオファン	cook for *oneself* クク フォ
しすう **指数** shisuu	**指数** zhǐshù ヂーシュウ	index number インデクス ナンバ
しずかな **静かな** shizukana	**安静，平静** ānjìng, píngjìng アンジィン, ピィンジィン	silent, still, calm サイレント, スティル, カーム
しずく **滴** shizuku	**滴** dī ディー	drop ドラプ
しずけさ **静けさ** shizukesa	**寂静，安静** jìjìng, ānjìng ジィジィン, アンジィン	silence, stillness サイレンス, スティルネス
しすてむ **システム** shisutemu	**体制，系统** tǐzhì, xìtǒng ティーヂー, シィトン	system スィステム
じすべり **地滑り** jisuberi	**滑坡，坍方** huápō, tān'fāng ホアポォ, タンファァン	landslip ランドスリプ
しずまる **静まる** shizumaru	**静下来，平静** jìngxiàlai, píngjìng ジィンシアライ, ピィンジィン	calm down カーム ダウン
しずむ **沈む** shizumu	**沉没，下沉** chénmò, xiàchén チェンモォ, シアチェン	sink, go down スィンク, ゴウ ダウン
(太陽などが)	**落** luò ルゥオ	set セト

日	中	英
（気分が）	消沉 xiāochén シアオチェン	feel depressed フィール ディプレスト
しずめる **鎮める** shizumeru	镇定，平息 zhèndìng, píngxī ヂェンディン, ピィンシィ	quell クウェル
しせい **姿勢** shisei	姿势 zīshì ヅーシー	posture, pose パスチャ, ボウズ
じせい（する） **自制（する）** jisei (suru)	自制，克制 zìzhì, kèzhì ヅーヂー, クァヂー	self-control; con- trol *oneself* セルフコントロウル, コント ロウル
しせいかつ **私生活** shiseikatsu	私生活 sīshēnghuó スーションホゥオ	private life プライヴェト ライフ
しせき **史跡** shiseki	史迹，古迹 shǐjì, gǔjì シージィ, グゥジィ	historic site ヒストリク サイト
しせつ **施設** shisetsu	设备，设施 shèbèi, shèshī ショァベイ, ショァシー	institution インスティテューション
しせん **視線** shisen	视线，眼光 shìxiàn, yǎnguāng シーシエン, イエングァン	eyes, glance アイズ, グランス
しぜん **自然** shizen	自然，自然界 zìrán, zìránjiè ヅーラン, ヅーランジエ	nature ネイチャ
～科学	自然科学 zìrán kēxué ヅーラン クァシュエ	natural science ナチュラル サイエンス
じぜん **慈善** jizen	慈善 císhàn ツーシャン	charity, benevo- lence チャリティ, ベネヴォレンス
しそう **思想** shisou	思想 sīxiǎng スーシアン	thought, idea ソート, アイディーア
じそく **時速** jisoku	时速 shísù シースゥ	speed per hour スピード パー アウア

日	中	英
持続（する） じぞく（する） jizoku (suru)	**继续** jìxù ジィシュィ	continuation; continue コンティニュエイション，コンティニュー
子孫 しそん shison	**后代，后裔** hòudài, hòuyì ホウダイ，ホウイー	descendant ディセンダント
自尊心 じそんしん jisonshin	**自尊心** zìzūnxīn ヅーヅゥンシン	self-respect, pride セルフリスペクト，プライド
下 した shita	**底下，下面** dǐxia, xiàmiàn ディーシア，シアミエン	lower part, bottom ラウア パート，バトム
舌 した shita	**舌头** shétou ショァトウ	tongue タング
死体 したい shitai	**尸首，尸体** shīshou, shītǐ シーショウ，シーティー	dead body, corpse デド バディ，コープス
次第 しだい shidai	**次序，程序** cìxù, chéngxù ツーシュイ，チョンシュイ	order オーダ
〜に	**渐渐，逐渐** jiànjiàn, zhújiàn ジエンジエン，デュウジエン	gradually グラデュアリ
事態 じたい jitai	**事态，形势** shìtài, xíngshì シータイ，シィンシー	situation スィチュエイション
辞退（する） じたい（する） jitai (suru)	**推辞，谢绝** tuīcí, xièjué トゥイツー，シエジュエ	decline, refuse ディクライン，レフューズ
時代 じだい jidai	**时代** shídài シーダイ	time, period, era タイム，ピアリオド，イアラ
慕う したう shitau	**爱慕，向往** àimù, xiàngwǎng アイムゥ，シアンワァン	yearn after, long for ヤーン アフタ，ローング フォ
下請け したうけ shitauke	**承包** chéngbāo チョンパオ	subcontract サブカントラクト

日	中	英
したがう **従う** shitagau	**跟随** gēnsuí ゲンスゥイ	follow, accompany ファロゥ, アカンパニ
したがき **下書き** shitagaki	**草稿，底稿** cǎogǎo, dǐgǎo ツァオガオ, ディーガオ	draft ドラフト
したぎ **下着** shitagi	〔件〕**内衣** 〔jiàn〕nèiyī 〔ジエン〕ネイイー	underwear アンダウェア
したく(する) **仕度(する)** shitaku (suru)	**准备，预备** zhǔnbèi, yùbèi デュンペイ, ユィペイ	preparations; pre- pare プレパレイションズ, プリペ ア
じたく **自宅** jitaku	**自家** zìjiā ヅージア	*one's* house ハウス
したごしらえ **下拵え** shitagoshirae	**预备，准备** yùbèi, zhǔnbèi ユィペイ, デュンペイ	preparations プレパレイションズ
したじ **下地** shitaji	**基础，底子** jīchǔ, dǐzi ジィチュウ, ディーヅ	groundwork グラウンドワーク
したしい **親しい** shitashii	**亲密，亲近** qīnmì, qīnjìn チンミィ, チンジン	close, familiar クロウス, ファミリヤ
したしらべ **下調べ** shitashirabe	**预先调查** yùxiān diàochá ユィシエン ディアオチャア	preliminary in- quiry プリリミネリ インク**ワイ**ア リ
したたる **滴る** shitataru	**滴答** dīda ディーダ	drop, drip ドラプ, ドリプ
したて **仕立て** shitate	**缝纫** féngrèn フォンレン	tailoring, cut **テ**イラリング, **カ**ト
したどり **下取り** shitadori	**贴换，以旧换新** tiēhuàn, yǐ jiù huàn xīn ティエホワン, イー ジウ ホワン シン	trade-in トレイディン
したびらめ **舌平目** shitabirame	**牛舌鱼** niúshéyú ニウショァユイ	sole ソウル

日	中	英
したみ **下見** shitami	**预先检查** yùxiān jiǎnchá ユィシエン ジエンチァア	preliminary inspection プリリミネリ インスペクション
しち **質** shichi	**抵押品** dǐyāpǐn ディーヤアピン	pawn, pledge ポーン, プレヂ
じち **自治** jichi	**自治** zìzhì ヅーヂー	autonomy オータノミ
しちがつ **七月** shichigatsu	**七月** qīyuè チイユエ	July ヂュライ
しちゃく(する) **試着(する)** shichaku (suru)	**试穿** shìchuān シーチュワン	try on トライ オン
しちゅう **支柱** shichuu	**支架, 支柱** zhījià, zhīzhù ヂージア, ヂーヂュウ	prop プラプ
しちゅー **シチュー** shichuu	**炖** dùn ドゥン	stew ステュー
しちゅえーしょん **シチュエーション** (状況) shichueeshon	**形势, 情况** xíngshì, qíngkuàng シィンシー, チィンクアン	situation スィチュエイション
しちょう **市長** shichou	**市长** shìzhǎng シーヂァアン	mayor メイア
しちょうしゃ **視聴者** shichousha	**电视观众** diànshì guānzhòng ディエンシー グワンヂォン	TV audience ティーヴィー オーディエンス
しつ **質** shitsu	**质量** zhìliàng ヂーリアン	quality クワリティ
しつう **歯痛** shitsuu	**牙疼** yáténg ヤァテゥン	toothache トゥーセイク
じっか **実家** jikka	**娘家, 老家** niángjia, lǎojiā ニアンジア, ラオジア	parents' home ペアレンツ ホウム

日	中	英
しっかく **失格** shikkaku	**不合格** bù hégé プゥ ホァグァ	disqualification ディスクワリフィケイション
しつぎょう(する) **失業(する)** shitsugyou (suru)	**失业** shīyè シーイエ	unemployment; (be) unemployed アニンプロイメント, (ビ) アニンプロイド
～者	**失业者** shīyèzhě シーイエヂョア	unemployed アニンプロイド
じつぎょう **実業** jitsugyou	**实业** shíyè シーイエ	business ビズネス
～家	**实业家** shíyèjiā シーイエジア	business person ビズネス パーソン
じっきょうちゅうけい **実況中継** jikkyouchuukei	**实况转播** shíkuàng zhuǎnbō シークアン ヂュワンボォ	live broadcast ライヴ ブロードキャスト
しっくな **シックな** shikkuna	**潇洒，风雅** xiāosǎ, fēngyǎ シアオサァ, フォンヤァ	chic シーク
じっくり **じっくり** jikkuri	**仔细地，慢慢地** zǐxì de, mànmàn de ヅーシィ ダ, マンマン ダ	slowly and carefully スロウリ アンド ケアフリ
しっけ **湿気** shikke	**潮气，湿气** cháoqì, shīqì チャオチィ, シーチィ	moisture モイスチャ
しつける **躾ける** shitsukeru	**教育，管教** jiàoyù, guǎnjiào ジアオユィ, グワンジアオ	train, discipline トレイン, ディスィプリン
じっけん(する) **実験(する)** jikken (suru)	**试验，实验** shìyàn, shíyàn シーイエン, シーイエン	experiment イクスペリメント
～室	**实验室** shíyànshì シーイエンシー	laboratory ラボラトーリ
じつげん(する) **実現(する)** jitsugen (suru)	**实现** shíxiàn シーシエン	realization; realize リーアリゼイション, リーアライズ

日	中	英
しつこい **しつこい** shitsukoi	**缠人，执拗** chánrén, zhíniù チャンレン, ヂーニウ	persistent, obsti- nate パ**シ**ステント, **ア**プスティ ネト
じっこう(する) **実行(する)** jikkou (suru)	**施行，实行** shīxíng, shíxíng シーシィン, シーシィン	practice; carry out プ**ラ**クティス, **キャ**リ **ア**ウ ト
じっさい(に) **実際(に)** jissai (ni)	**实际上，的确** shíjìshang, díquè シージィシャァン, ディーチュエ	actually, practical- ly, in fact ア**ク**チュアリ, プ**ラ**クティカ リ, イン **ファ**クト
じつざい(の) **実在(の)** jitsuzai (no)	**实际存在** shíjì cúnzài シージィ ツゥンヅァイ	actual existence ア**ク**チュアル イグ**ズィ**ステン ス
じっし(する) **実施(する)** jisshi (suru)	**实施，实行** shíshī, shíxíng シーシー, シーシィン	enforcement; en- force イン**フォ**ースメント, イン **フォ**ース
じっしつ **実質** jisshitsu	**实质** shízhì シーヂー	substance **サ**プスタンス
じっしゅう **実習** jisshuu	**实习** shíxí シーシィ	practice, training プ**ラ**クティス, ト**レ**イニング
〜生	**实习生** shíxíshēng シーシィション	trainee トレイ**ニ**ー
しっしん(する) **失神(する)** shisshin (suru)	**昏迷** hūnmí ホゥンミィ	swoon, faint ス**ウ**ーン, **フェ**イント
しっせき(する) **叱責(する)** shisseki (suru)	**申斥，训斥** shēnchì, xùnchì シェンチー, シュィンチー	reproof, reproach リプ**ル**ーフ, リプ**ロ**ウチ
じっせき **実績** jisseki	**成就** chéngjiù チョンジウ	results, achieve- ments リ**ザ**ルツ, ア**チ**ーヴメンツ
じっせん(する) **実践(する)** jissen (suru)	**实践** shíjiàn シージエン	practice プ**ラ**クティス
しっそ(な) **質素(な)** shisso (na)	**俭朴，朴素** jiǎnpǔ, pǔsù ジエンプゥ, プゥスゥ	simplicity; plain, simple スィンプ**リ**スィティ, プ**レ**イ ン, **ス**ィンプル

日	中	英
しっそう(する) **失踪(する)** shissou (suru)	**失踪** shīzōng シーヅォン	disappearance; disappear ディサ**ピ**アランス, ディサ**ピ**ア
じったい **実態** jittai	**真实情况** zhēnshí qíngkuàng デェンシー チンクアン	reality リー**ア**リティ
じっちょく(な) **実直(な)** jicchoku (na)	**憨厚** hānhòu ハンホウ	honest; honesty **ア**ネスト, **ア**ネスティ
しっと(する) **嫉妬(する)** shitto (suru)	**嫉妒, 妒忌** jídù, dùjì ジイドゥ, ドゥジイ	jealousy; (be) jealous **チ**ェラスィ, (ビ) **チ**ェラス
しつど **湿度** shitsudo	**湿度** shīdù シードゥ	humidity ヒュー**ミ**ディティ
じっと **じっと** jitto	**一动不动** yí dòng bú dòng イー ドン プゥ ドン	quietly, still ク**ワ**イエトリ, ス**ティ**ル
しつない **室内** shitsunai	**室内** shìnèi シーネイ	indoor イン**ド**ー
～で	**在室内** zài shìnèi ヅァイ シーネイ	indoors イン**ド**ーズ
しっぱい(する) **失敗(する)** shippai (suru)	**失败** shībài シーバイ	failure; fail in **フ**ェイリュア, **フ**ェイル イン
しっぴつ **執筆** shippitsu	**执笔** zhíbǐ デーピィ	writing **ラ**イティング
しっぷ **湿布** shippu	**湿敷** shīfū シーフゥ	compress **カ**ンプレス
じつぶつ **実物** jitsubutsu	**实物** shíwù シーウゥ	real thing, genuine article リーアル ス**ィ**ング, **チ**ェニュイン **ア**ーティクル
しっぽ **尻尾** shippo	**〔条〕尾巴** 〔tiáo〕wěiba 〔ティアオ〕ウェイバ	tail **テ**イル

日	中	英
しつぼう（する） **失望（する）** shitsubou (suru)	**失望** shīwàng シーワァン	disappointment; (be) disappointed ディサ**ポ**イントメント, (ビ) ディサ**ポ**インテド
しつもん（する） **質問（する）** shitsumon (suru)	**提问，质疑** tíwèn, zhìyí ティーウェン，デーイー	question; ask a question ク**ウェ**スチョン, **ア**スク ア ク**ウェ**スチョン
じつよう **実用** jitsuyou	**实用** shíyòng シーヨン	practical use プラ**ク**ティカル **ユ**ース
じつりょく **実力** jitsuryoku	**实力** shílì シーリィ	ability ア**ビ**リティ
〜者	**实力人物** shílì rénwù シーリィ レンウゥ	influential person インフル**エ**ンシャル **パ**ース ン
じつれい **実例** jitsurei	**实例** shílì シーリィ	example イグ**ザ**ンプル
しつれん（する） **失恋（する）** shitsuren (suru)	**失恋** shīliàn シーリエン	unrequited love; (be) disappointed in love アンリク**ワ**イテド **ラ**ヴ, (ビ) ディサ**ポ**インテド イン **ラ**ヴ
じつわ **実話** jitsuwa	**实话，真事** shíhuà, zhēnshì シーホア，デェンシー	true story ト**ル**ー ス**ト**ーリ
してい（する） **指定（する）** shitei (suru)	**指定** zhǐdìng デーディン	designation; desig- nate デズィグ**ネ**イション, **デ**ズィ グネイト
〜席	**指定席，对号座位** zhǐdìngxí, duìhào zuòwei デーディンシィ, ドゥイハオ ヅゥオウェイ	reserved seat リ**ザ**ーヴド **ス**ィート
してき（する） **指摘（する）** shiteki (suru)	**指出，指摘** zhǐchū, zhǐzhāi デーチュウ, デーヂャイ	point out, indicate **ポ**イント **ア**ウト, **イ**ンディ ケイト
してきな **私的な** shitekina	**私人** sīrén スーレン	private, personal プ**ラ**イヴェト, **パ**ーソナル

日	中	英
してつ **私鉄** shitetsu	**私营铁路** sīyíng tiělù スーイィン ティエルゥ	private railroad プライヴェト レイルロウド
してん **支店** shiten	〔家〕**分店，分公司** 〔jiā〕fēndiàn, fēngōngsī 〔ジア〕フェンディエン，フェンゴンスー	branch ブランチ
じてん **辞典** jiten	〔部〕**词典，辞书** 〔bù〕cídiǎn, císhū 〔ブゥ〕ツーディエン，ツーシュウ	dictionary ディクショネリ
じでん **自伝** jiden	**自传** zìzhuàn ヅーヂュワン	autobiography オートバイアグラフィ
じてんしゃ **自転車** jitensha	〔辆〕**自行车** 〔liàng〕zìxíngchē 〔リアン〕ヅーシィンチョァ	bicycle バイスィクル
しどう(する) **指導(する)** shidou (suru)	**指导，教导** zhǐdǎo, jiàodǎo ヂーダオ，ジアオダオ	guidance, direction ガイダンス，ディレクション
じどう **児童** jidou	**儿童，孩童** értóng, háitóng アルトン，ハイトン	child チャイルド
じどうしゃ **自動車** jidousha	〔辆〕**汽车** 〔liàng〕qìchē 〔リアン〕チィチョァ	car, automobile カー，オートモビール
じどうてきに **自動的に** jidoutekini	**自动地** zìdòng de ヅードン ダ	automatically オートマティカリ
じどうどあ **自動ドア** jidoudoa	**自动门** zìdòngmén ヅードンメン	automatic door オートマティク ドー
じどうはんばいき **自動販売機** jidouhanbaiki	〔台〕**无人售货机** 〔tái〕wúrén shòuhuòjī 〔タイ〕ウゥレン ショウホウオジィ	vending machine ヴェンディング マシーン
しとやか(な) **淑やか(な)** shitoyaka (na)	**娴雅，文雅** xiányǎ, wényǎ シエンヤァ，ウェンヤァ	graceful グレイスフル
しな **品** shina	**物品，商品** wùpǐn, shāngpǐn ウゥピン，シャァンピン	article, goods アーティクル，グヅ
〜切れ	**脱销，卖光** tuōxiāo, màiguāng トゥオシアオ，マイグアン	sold out ソウルド アウト

日	中	英
しない **市内** shinai	**市内** shìnèi シーネイ	in the city イン ザ スィティ
しなびる **萎びる** shinabiru	**枯萎** kūwěi クゥウェイ	wither ウィザ
しなもの **品物** shinamono	**物件，物品** wùjiàn, wùpǐn ウゥジエン，ウゥピン	article, goods アーティクル，グヅ
しなもん **シナモン** shinamon	**肉桂** ròuguì ロウグゥイ	cinnamon スィナモン
しなやかな **しなやかな** shinayakana	**柔韧** róurèn ロウレン	flexible フレクスィブル
しなりお **シナリオ** shinario	**脚本，剧本** jiǎoběn, jùběn ジアオベン，ジュィベン	scenario, screen-play スィネアリオウ，スクリーン プレイ
じなん **次男** jinan	**次子，二儿子** cìzǐ, èr'érzi ツーツー，アルアルヅ	second son セカンド サン
じにん(する) **辞任(する)** jinin (suru)	**辞职** cízhí ツーデー	resignation; resign レズィグネイション, リザイン
しぬ **死ぬ** shinu	**死，去世** sǐ, qùshì スー，チュイシー	die ダイ
じぬし **地主** jinushi	**地主** dìzhǔ ディーデュウ	landowner ランドオウナ
しのぶ **忍ぶ** shinobu	**忍受** rěnshòu レンショウ	endure, bear インデュア，ベア
しはい(する) **支配(する)** shihai (suru)	**统治，支配** tǒngzhì, zhīpèi トンデー，デーペイ	management, con-trol マニヂメント，コントロウル
～人	**经理** jīnglǐ ジィンリィ	manager マニヂャ

日	中	英
しばい **芝居** shibai	**戏剧** xìjù シィジュイ	play, drama プレイ，ドラーマ
じばさんぎょう **地場産業** jibasangyou	**地方工业** dìfāng gōngyè ディーファァン ゴンイエ	local industry ロウカル **イ**ンダストリ
しばしば **しばしば** shibashiba	**屡次，常常** lǚcì, chángcháng リュイツー，チャァンチャァン	often **オ**ーフン
しはつ **始発** shihatsu	**头班车** tóubānchē トウバンチョァ	first train [bus] **ファ**ースト ト**レ**イン
じはつてき **自発的** jihatsuteki	**主动，自发** zhǔdòng, zìfā デュウドン，ツーファァ	spontaneous スパン**テ**イニアス
しばふ **芝生** shibafu	**草地，草坪** cǎodì, cǎopíng ツァオディー，ツァオピィン	lawn **ロ**ーン
しはらい **支払い** shiharai	**支付，付款** zhīfù, fùkuǎn デーフゥ，フゥクワン	payment **ペ**イメント
しはらう **支払う** shiharau	**支付，付款** zhīfù, fùkuǎn デーフゥ，フゥクワン	pay **ペ**イ
しばらく **暫く** shibaraku	**一会儿，不久** yíhuìr, bùjiǔ イーホァル，ブゥジウ	for a while フォ ア (ホ)**ワ**イル
しばる **縛る** shibaru	**绑，捆** bǎng, kǔn バァン，クゥン	bind **バ**インド
しはんの **市販の** shihanno	**公开出售** gōngkāi chūshòu ゴンカイ チュウショウ	on the market オン ザ **マ**ーケト
じばん **地盤** jiban	**地盘，地基** dìpán, dìjī ディーパン，ディージィ	foundation, base ファウン**デ**イション，**ベ**イス
しひ **私費** shihi	**自费** zìfèi ヅーフェイ	private expense プ**ラ**イヴェト イクス**ペ**ンス
じひ **慈悲** jihi	**慈悲，慈善** cíbēi, císhàn ツーベイ，ツーシャン	mercy, pity **マ**ースィ，**ピ**ティ

日	中	英
しびあ **シビア** shibia	**严厉** yánlì イエンリィ	severe スィ**ヴィ**ア
じびいんこうか **耳鼻咽喉科** jibiinkouka	**耳鼻喉科** ěrbíhóukē アルビィホウクァ	otolaryngology オウトゥラリン**ガ**ロヂ
しひょう **指標** shihyou	**指标，目标** zhǐbiāo, mùbiāo デービアオ，ムゥビアオ	index **イ**ンデクス
じひょう **辞表** jihyou	**辞呈，辞职书** cíchéng, cízhíshū ツーチョン，ツーヂーシュウ	resignation レズィグ**ネ**イション
じびょう **持病** jibyou	**老病** lǎobìng ラオビィン	chronic disease ク**ラ**ニク ディ**ズィ**ーズ
しびれる **痺れる** shibireru	**麻木，发麻** mámù, fāmá マァムゥ，ファアマァ	become numb ビ**カ**ム **ナ**ム
しぶ **支部** shibu	**分支机构，支部** fēnzhī jīgòu, zhībù フェンヂー ジゴウ，ヂーブゥ	branch **ブ**ランチ
じふ(する) **自負(する)** jifu (suru)	**自负** zìfù ヅーフゥ	pride プ**ラ**イド
しぶい **渋い** shibui	**涩** sè スァ	astringent アスト**リ**ンヂェント
(好みが)	**古雅，雅致** gǔyǎ, yǎzhi グゥヤァ，ヤァヂ	quiet, tasteful ク**ワ**イエト，**テ**イストフル
しぶき **飛沫** shibuki	**飞沫** fēimò フェイモォ	spray スプ**レ**イ
しぶとい **しぶとい** shibutoi	**顽固，脾气偏** wángù, píqi juè ワングゥ，ピィチ ジュエ	tenacious, obsti- nate ティ**ネ**イシャス，**ア**ブスティ ネト
しぶる **渋る** shiburu	**不肯，不爽快** bù kěn, bù shuǎngkuai ブゥ ケン，ブゥ シュアンクアイ	hesitate **ヘ**ズィテイト

日	中	英

自分
じぶん
jibun

自己，自个儿
zìjǐ, zìgěr
ツージィ，ツーグァル

self
セルフ

紙幣
しへい
shihei

〔张〕纸币，钞票
〔zhāng〕zhǐbì, chāopiào
〔ヂァァン〕ヂービィ，チャオピアオ

bill
ビル

司法
しほう
shihou

司法
sīfǎ
スーファァ

administration of justice
アドミニストレイション オヴ ヂャスティス

四方
しほう
shihou

四方，四周
sìfāng, sìzhōu
スーファァン，スーヂョウ

every direction
エヴリ ディレクション

脂肪
しぼう
shibou

脂肪
zhīfáng
ヂーファァン

fat, grease
ファト，グリース

志望(する)
しぼう(する)
shibou (suru)

志愿，志向
zhìyuàn, zhìxiàng
ヂーユエン，ヂーシアン

wish, desire
ウィシュ，ディザイア

死亡(する)
しぼう(する)
shibou (suru)

死亡，死去
sǐwáng, sǐqù
スーワァン，スーチュイ

death, decease; die
デス，ディスィース，ダイ

萎む
しぼむ
shibomu

枯萎，凋谢
kūwěi, diāoxiè
クゥウェイ，ディアオシエ

wither, fade
ウィザ，フェイド

絞[搾]る
しぼる
shiboru

榨，挤
zhà, jǐ
ヂャア，ジィ

press, wring, squeeze
プレス，リング，スクウィーズ

資本
しほん
shihon

资本
zīběn
ヅーベン

capital
キャピトル

〜家

资本家
zīběnjiā
ヅーベンジア

capital
キャピトル

〜金

本金，本钱
běnjīn, běnqián
ベンジン，ベンチエン

capital
キャピトル

〜主義

资本主义
zīběn zhǔyì
ヅーベン ヂュイー

capitalism
キャピトリズム

日	中	英
しま **縞** shima	**条纹** tiáowén ティアオウェン	stripes ストライプス
しま **島** shima	**岛，岛屿** dǎo, dǎoyǔ ダオ，ダオユィ	island アイランド
しまい **姉妹** shimai	**姐妹** jiěmèi ジエメイ	sisters スィスタズ
しまう **仕舞う** shimau	**放进，收拾** fàngjìn, shōushi ファァンジン，ショウシ	put away プト アウェイ
じまく **字幕** jimaku	**字幕** zìmù ヅームゥ	subtitles サブタイトルズ
しまる **閉まる** shimaru	**关，关闭** guān, guānbì グワン，グワンビィ	shut, (be) closed シャト，(ビ) クロウズド
じまん(する) **自慢(する)** jiman (suru)	**自夸，自豪** zìkuā, zìháo ヅークア，ヅーハオ	boast, vanity ボウスト，ヴァニティ
じみ(な) **地味(な)** jimi (na)	**素淡，老气** sùdàn, lǎoqi スゥダン，ラオチ	plain, quiet プレイン，クワイエト
しみゅれーしょん **シミュレーション** shimyureeshon	**模拟，仿真** mónǐ, fǎngzhēn モォニィ，ファァンヂェン	simulation スィミュレイション
しみる **染みる** shimiru	**浸，渗** jìn, shèn ジン，シェン	penetrate, soak ペネトレイト，ソウク
しみん **市民** shimin	**市民** shìmín シーミン	citizen スィティズン
〜権	**公民权** gōngmínquán ゴンミンチュエン	citizenship スィティズンシプ
じむ **事務** jimu	**事务** shìwù シーウゥ	business, affairs ビズネス，アフェアズ

日	中	英
しゃかい **社会** shakai	**社会** shèhuì ショアホウイ	society ソ**サ**イエティ
〜主義	**社会主义** shèhuì zhǔyì ショアホウイ デュウイー	socialism **ソ**ウシャリズム
じゃがいも **じゃが芋** jagaimo	**土豆儿，马铃薯** tǔdòur, mǎlíngshǔ トゥドウル，マァリィンシュウ	potato ポ**テ**イトウ
しゃがむ **しゃがむ** shagamu	**蹲** dūn ドゥン	squat down スク**ワ**ト **ダ**ウン
しやくしょ **市役所** shiyakusho	**市政府** shìzhèngfǔ シーヂョンフゥ	city hall ス**イ**ティ **ホ**ール
じゃぐち **蛇口** jaguchi	**水龙头** shuǐlóngtóu シュイロントウ	tap, faucet **タ**プ，**フォ**ーセト
じゃくてん **弱点** jakuten	**弱点，缺点** ruòdiǎn, quēdiǎn ルゥオディエン，チュエディエン	weak point **ウィ**ーク **ポ**イント
しゃくほう(する) **釈放(する)** shakuhou (suru)	**释放** shìfàng シーファァン	release リ**リ**ース
しゃくめい(する) **釈明(する)** shakumei (suru)	**辩明，阐明** biànmíng, chǎnmíng ビエンミィン，チャンミィン	explanation; ex-plain エクスプラ**ネ**イション，イク ス**プレ**イン
しゃくや **借家** shakuya	**租房** zūfáng ヅゥファァン	rented house **レ**ンテド **ハ**ウス
しゃくよう(する) **借用(する)** shakuyou (suru)	**借用** jièyòng ジエヨン	borrowing; borrow **バ**ロウイング，**バ**ロウ
しゃげき **射撃** shageki	**射击** shèjī ショァジィ	shooting **シュ**ーティング
じゃけっと **ジャケット** jaketto	〔件〕**外套，茄克** 〔jiàn〕wàitào, jiākè 〔ジエン〕ワイタオ，ジアクァ	jacket **ヂャ**ケト

日	中	英
じゃけんな **邪険な** jakenna	**无情** wúqíng ウゥチィン	cruel, hardhearted クルエル，ハードハーテド
しゃこ **車庫** shako	**车库** chēkù チョクゥ	garage ガラージ
しゃこう **社交** shakou	**社交** shèjiāo ショジアオ	social intercourse ソウシャル インタコース
〜ダンス	**交际舞** jiāojìwǔ ジアオジィウゥ	social dance ソウシャル ダンス
しゃざい(する) **謝罪(する)** shazai (suru)	**赔罪，道歉** péizuì, dàoqiàn ペイヅゥイ，ダオチエン	apology; apologize アパロヂ，アパロヂャイズ
しゃじつ **写実** shajitsu	**写实** xiěshí シエシー	real picture リーアル ピクチャ
しゃしょう **車掌** shashou	〔位〕**乘务员** 〔wèi〕chéngwùyuán 〔ウェイ〕チョンウゥユエン	conductor, guard コンダクタ，ガード
しゃしん **写真** shashin	〔张〕**照片，相片** 〔zhāng〕zhàopiàn, xiàngpiàn 〔ヂァァン〕ヂャオピエン，シアンピエン	photograph フォウトグラフ
〜家	**摄影家** shèyǐngjiā ショイィンジア	photographer フォタグラファ
じゃず **ジャズ** jazu	**爵士乐** juéshìyuè ジュエシーユエ	jazz チャズ
じゃすみん **ジャスミン** jasumin	〔朵〕**茉莉花** 〔duǒ〕mòlihuā 〔ドゥオ〕モォリホア	jasmine チャズミン
しゃせい(する) **写生(する)** shasei (suru)	**写生** xiěshēng シエション	sketch スケチ
しゃせつ **社説** shasetsu	**社论** shèlùn ショァルゥン	editorial エディトーリアル
しゃせん **車線** shasen	**行车线** xíngchēxiàn シィンチョァシエン	lane レイン

日	中	英
しゃたく **社宅** shataku	职工宿舍 zhígōng sùshè ヂーゴン スゥショァ	company house カンパニ ハウス
しゃだん(する) **遮断(する)** shadan (suru)	遮断 zhēduàn ヂョァドワン	interception; intercept インタ**セ**プション, インタ**セ**プト
しゃちょう **社長** shachou	总经理 zǒngjīnglǐ ヅォンジンリィ	president プレズィデント
シャツ shatsu	〔件〕衬衫 〔jiàn〕chènshān 〔ジエン〕チェンシャン	shirt **シャ**ート
しゃっかん **借款** shakkan	借款, 贷款 jièkuǎn, dàikuǎn ジエクワン, ダイクワン	loan **ロ**ウン
じゃっかん **若干** jakkan	若干 ruògān ルゥオガン	some, a few **サ**ム, ア **フュ**ー
しゃっきん **借金** shakkin	欠债 qiàn'zhài チエンヂャイ	debt, loan **デ**ト, **ロ**ウン
しゃっくり **しゃっくり** shakkuri	嗝儿 gér グァル	hiccup **ヒ**カプ
しゃったー **シャッター** (よろい戸) shattaa	百叶窗 bǎiyèchuāng バイイエチュアン	shutter **シャ**タ
(カメラの)	快门 kuàimén クアイメン	shutter **シャ**タ
しゃどう **車道** shadou	车道 chēdào チョァダオ	roadway **ロ**ウドウェイ
しゃふつ(する) **煮沸(する)** shafutsu (suru)	煮沸 zhǔfèi ヂュウフェイ	boil **ボ**イル
しゃぶる **しゃぶる** shaburu	嘲, 咂 suō, zā スゥオ, ヅァア	suck, suckle **サ**ク, **サ**クル

日	中	英
しゃべる **シャベル** shaberu	〔把〕铁锹 〔bǎ〕tiěqiāo 〔パァ〕ティエチアオ	shovel シャヴル
じゃま(する) **邪魔(する)** jama(suru)	干扰，妨碍 gānrǎo, fáng'ài ガンラオ，ファァンアイ	disturbance; disturb ディスターバンス, ディスタープ
じゃむ **ジャム** jamu	果酱 guǒjiàng グゥオジアン	jam チャム
しゃめん **斜面** shamen	斜坡，斜面 xiépō, xiémiàn シエポォ，シエミエン	slope スロゥプ
じゃり **砂利** jari	碎石 suìshí スゥイシー	gravel グラヴェル
しゃりょう **車両** sharyou	车厢 chēxiāng チョァシアン	vehicles, cars ヴィーイクルズ, カーズ
しゃりん **車輪** sharin	车轮 chēlún チョァルゥン	wheel (ホ)ウィール
しゃれ **洒落** share	俏皮话，诙谐话 qiàopihuà, huīxiéhuà チアオピホア, ホウイシエホア	joke, witticism チョゥク, ウィティスィズム
～た	别致，雅致 biézhì, yǎzhi ビエヂー, ヤァヂ	witty, smart ウィティ, スマート
しゃれい **謝礼** sharei	报酬，谢礼 bàochou, xièlǐ パオチョウ, シエリィ	remuneration リミューナレイション
しゃわー **シャワー** shawaa	淋浴 línyù リンユイ	shower シャウア
じゃんぱー **ジャンパー** janpaa	夹克，风衣 jiākè, fēngyī ジアクァ, フォンイー	windbreaker ウィンドブレイカ
しゃんぱん **シャンパン** shanpan	〔瓶〕香槟酒 〔píng〕xiāngbīnjiǔ 〔ピィン〕シアンビンジウ	champagne シャンペイン

日	中	英
じゃんぷ(する) **ジャンプ(する)** janpu (suru)	**跳跃** tiàoyuè ティアオユエ	jump **チ**ャンプ
しゃんぷー **シャンプー** shanpuu	**香波，洗发剂** xiāngbō, xǐfàjì シアンボォ，シィファアジィ	shampoo シャン**プ**ー
じゃんる **ジャンル** janru	**种类，体裁** zhǒnglèi, tǐcái ヂォンレイ，ティーツァイ	genre **ジャ**ーンル
しゅい **首位** shui	**第一名，首位** dìyī míng, shǒuwèi ディーイー ミン，ショウウェイ	leading position **リ**ーディング ポ**ジ**ィション
しゅう **週** shuu	**星期，礼拜，周** xīngqī, lǐbài, zhōu シンチィ，リィバイ，ヂョウ	week **ウ**ィーク
じゅう **銃** juu	〔枝〕**枪** 〔zhī〕qiāng 〔ヂー〕チアン	gun **ガ**ン
じゆう **自由** jiyuu	**自由** zìyóu ヅーヨウ	freedom, liberty フ**リ**ーダム，**リ**パティ
～形	**自由泳，爬泳** zìyóuyǒng, páyǒng ヅーヨウヨン，パァヨン	free-style swim- ming フ**リ**ースタイル ス**ウ**ィミン グ
～席	**散座儿** sǎnzuòr サンヅゥオル	non-reserved seat ナンリ**ザ**ーヴド ス**イ**ート
～な	**自由** zìyóu ヅーヨウ	free, liberal フ**リ**ー，**リ**ベラル
しゅうい **周囲** shuui	**四周，周围** sìzhōu, zhōuwéi スーヂョウ，ヂョウウェイ	circumference サー**カ**ムファレンス
じゅうい **獣医** juui	**兽医** shòuyī ショウイー	veterinarian ヴェテリ**ネ**アリアン
じゅういちがつ **十一月** juuichigatsu	**十一月** shíyīyuè シーイーユエ	November ノウ**ヴェ**ンバ

日	中	英
しゅうえき **収益** shuueki	**收益** shōuyì ショウイー	profits, gains プ**ラ**フィツ, **ゲ**インズ
しゅうかい **集会** shuukai	**集会** jíhuì ジィホゥイ	meeting, gathering **ミ**ーティング, **ギャ**ザリング
しゅうかく(する) **収穫(する)** shuukaku (suru)	**收获** shōuhuò ショウホゥオ	crop, harvest ク**ラ**プ, **ハ**ーヴェスト
しゅうがくりょこう **修学旅行** shuugakuryokou	**修学旅游** xiūxué lǚyóu シウシュエ リュィヨウ	school trip ス**クー**ル ト**リ**プ
じゅうがつ **十月** juugatsu	**十月** shíyuè シーユエ	October アクト**ウ**バ
しゅうかん **習慣** shuukan	**习惯** xíguàn シィグワン	habit, custom **ハ**ビト, **カ**スタム
しゅうかんし **週刊誌** shuukanshi	**周刊** zhōukān ヂョウカン	weekly **ウィ**ークリ
しゅうき **周期** shuuki	**周期** zhōuqī ヂョウチィ	cycle, period **サ**イクル, **ピ**アリオド
しゅうきゅう **週給** shuukyuu	**周薪** zhōuxīn ヂョウシン	weekly pay **ウィ**ークリ ペイ
しゅうきゅう **週休** shuukyuu	**周休** zhōuxiū ヂョウシウ	weekly holiday **ウィ**ークリ **ハ**リデイ
じゅうきょ **住居** juukyo	**住宅** zhùzhái デュウヂャイ	dwelling, residence ド**ウェ**リング, **レ**ズィデンス
しゅうきょう **宗教** shuukyou	**宗教** zōngjiào ヅォンジアオ	religion リ**リ**ヂョン
じゅうぎょういん **従業員** juugyouin	**工作人员, 职工** gōngzuò rényuán, zhígōng ゴンヅゥオ レンユエン, ヂーゴン	employee, worker インプ**ロ**イイー, **ワ**ーカ

日	中	英
しゅうきん(する) **集金(する)** shuukin (suru)	**收账** shōu'zhàng ショウヂァン	collection of money; collect money コレクション オヴ マニ, コレクト マニ
しゅうけい(する) **集計(する)** shuukei (suru)	**合计，总计** héjì, zǒngjì ホォアジィ, ヅォンジィ	total トゥトル
しゅうげき(する) **襲撃(する)** shuugeki (suru)	**袭击** xíjī シィジィ	attack, assault アタク, アソールト
しゅうごう(する) **集合(する)** shuugou (suru)	**集合** jíhé ジィホォア	gathering; gather ギャザリング, ギャザ
じゅうこうぎょう **重工業** juukougyou	**重工业** zhònggōngyè ヂョンゴンイエ	heavy industries ヘヴィ インダストリズ
じゅーさー **ジューサー** juusaa	**榨汁器** zhàzhīqì ヂャアヂーチィ	juicer ヂューサ
しゅうさい **秀才** shuusai	**秀才，高才** xiùcai, gāocái シウツァイ, ガオツァイ	talented person タレンテド パースン
しゆうざいさん **私有財産** shiyuuzaisan	**私有财产** sīyǒu cáichǎn スーヨウ ツァイチャン	private property プライヴェト プラパティ
しゅうし **修士** shuushi	**硕士** shuòshì シュオシー	master マスタ
〜課程	**硕士课程** shuòshì kèchéng シュオシー クァチョン	master's course マスタズ コース
じゅうし(する) **重視(する)** juushi (suru)	**重视** zhòngshì ヂョンシー	emphasis; attach importance to エンファスィス, アタチ インポータンス トゥ
じゅうじか **十字架** juujika	**十字架** shízìjià シーヅージア	cross クロース
しゅうじつ **終日** shuujitsu	**整天** zhěngtiān ヂョンティエン	all day オール デイ

日	中	英
じゅうじつ(する) **充実(する)** juujitsu (suru)	**充实，充分** chōngshí, chōngfèn チォンシー，チォンフェン	fill up, complete フィル アプ，コンプリート
しゅうしふ **終止符** shuushifu	**句号** jùhào ジュィハオ	period ピアリオド
〜を打つ	**结束，终止** jiéshù, zhōngzhǐ ジエシュウ，ヂォンデー	put a period to プト ア ピアリオド トゥ
しゅうしゅう(する) **収集(する)** shuushuu (suru)	**收集** shōují ショウジィ	collection; collect コレクション，コレクト
〜家	**收藏家** shōucángjiā ショウツァァンジア	collector コレクタ
しゅうしゅく(する) **収縮(する)** shuushuku (suru)	**收缩** shōusuō ショウスゥオ	contraction; con- tract コントラクション，コントラクト
じゅうじゅん(な) **従順(な)** juujun (na)	**驯服，顺从** xùnfú, shùncóng シュィンフゥ，シュンツォン	obedient オビーディエント
じゅうしょ **住所** juusho	**地址，住址** dìzhǐ, zhùzhǐ ディーデー，ヂュウデー	address アドレス
じゅうしょう **重傷** juushou	**重伤** zhòngshāng ヂォンシャァン	serious wound スィアリアス ウーンド
しゅうしょく(する) **就職(する)** shuushoku (suru)	**就业** jiùyè ジウイエ	(find) employment (ファインド) インプロイメント
じゅうじろ **十字路** juujiro	**十字路口** shízì lùkǒu シーヅールゥコウ	crossroads クロースロウヅ
じゅうしん **重心** juushin	**重心** zhòngxīn ヂォンシン	center of gravity センタ オヴ グラヴィティ
じゅーす **ジュース** juusu	**果汁** guǒzhī グゥオデー	juice ヂュース

日	中	英
しゅうせい **習性** shuusei	**习癖** xípǐ シィピィ	habit ハビト
しゅうせい(する) **修正(する)** shuusei (suru)	**修改，修正** xiūgǎi, xiūzhèng シウガイ, シウヂョン	amend, revise アメンド, リ**ヴァイ**ズ
しゅうせん **終戦** shuusen	**战争结束** zhànzhēng jiéshù ヂャンヂョン ジエシュウ	end of the war エンド オヴ ザ **ウォ**ー
しゅうぜん(する) **修繕(する)** shuuzen (suru)	**修理，修缮** xiūlǐ, xiūshàn シウリィ, シウシャン	repair, mending リ**ペ**ア, **メ**ンディング
じゅうぞく(する) **従属(する)** juuzoku (suru)	**隶属，从属** lìshǔ, cóngshǔ リィシュウ, ツォンシュウ	subordination; (be) subordinate to サ**ボー**ディネイション, (ビ) サ**ボー**ディネト トゥ
じゅうたい **重体** juutai	**病情严重** bìngqíng yánzhòng ビィンチィン イエンヂョン	serious condition ス**ィ**アリアス コン**ディ**ション
じゅうたい **渋滞** juutai	**堵塞，塞车** dǔsè, sāichē ドゥサァ, サイチョア	jam **ヂャ**ム
じゅうだい(な) **重大(な)** juudai (na)	**重大，严重** zhòngdà, yánzhòng ヂォンダァ, イエンヂョン	serious ス**ィ**アリアス
しゅうたいせい **集大成** shuutaisei	**集大成** jídàchéng ジィダァチョン	compilation コン**ピ**レイション
じゅうたく **住宅** juutaku	**住宅，住房** zhùzhái, zhùfáng ヂュウヂャイ, ヂュウファァン	house, housing **ハ**ウス, **ハ**ウズィング
しゅうだん **集団** shuudan	**集体，集团** jítǐ, jítuán ジィティー, ジィトワン	group, body グ**ルー**プ, **バ**ディ
じゅうだん(する) **縦断(する)** juudan (suru)	**纵贯** zòngguàn ヅォングワン	traverse ト**ラ**ヴァース
しゅうち(の) **周知(の)** shuuchi (no)	**著名** zhùmíng ヂュウミィン	well-known ウェル**ノ**ウン

日	中	英
しゅうちしん **羞恥心** shuuchishin	**羞恥心** xiūchǐxīn シウチーシン	sense of shame センス オヴ シェイム
しゅうちゃく(する) **執着(する)** shuuchaku (suru)	**贪恋, 执著** tānliàn, zhízhuó タンリェン, ヂーヂュオ	attachment; stick to アタチメント, スティク トゥ
しゅうちゃくえき **終着駅** shuuchakueki	**终点站** zhōngdiǎnzhàn ヂォンディエンヂャン	terminus, terminal ターミナス, ターミナル
しゅうちゅう(する) **集中(する)** shuuchuu (suru)	**集中** jízhōng ジィヂォン	concentration; concentrate カンセントレイション, カンセントレイト
しゅうてん **終点** shuuten	**终点** zhōngdiǎn ヂォンディエン	end of a line エンド オヴ ア ライン
しゅうでん **終電** shuuden	**末班车** mòbānchē モォバンチョァ	last train ラスト トレイン
じゅうてん **重点** juuten	**重点** zhòngdiǎn ヂォンディエン	emphasis, importance エンファスィス, インポータンス
じゅうでん(する) **充電(する)** juuden (suru)	**充电** chōngdiàn チォンディエン	charge チャーヂ
しゅうと **舅**　　(夫の父) shuuto	**公公** gōnggong ゴンゴン	father-in-law ファーザリンロー
（妻の父）	**岳父** yuèfù ユエフゥ	father-in-law ファーザリンロー
しゅーと　(サッカー) **シュート** shuuto	**射门** shè'mén ショァメン	shot シャト
（バスケット）	**投篮** tóu'lán トウラン	shot シャト
じゅうど(の) **重度(の)** juudo (no)	**严重** yánzhòng イエンヂォン	serious スィアリアス

日	中	英
じゅうどう **柔道** juudou	**柔道** róudào ロウダオ	*judo* チュードウ
しゅうとく(する) **修[習]得(する)** shuutoku (suru)	**学会，掌握** xuéhuì, zhǎngwò シュエホウイ，ヂャァンウオ	learning, acquire-ment; learn ラーニング，アクワイアメント，ラーン
しゅうとめ **姑**　　(夫の母) shuutome	**婆婆** pópo ポォポ	mother-in-law マザリンロー
(妻の母)	**岳母** yuèmǔ ユエムゥ	mother-in-law マザリンロー
じゅうなん(な) **柔軟(な)** juunan (na)	**灵活** línghuó リィンホゥオ	flexible, supple フレクスィブル，サプル
じゅうにがつ **十二月** juunigatsu	**十二月** shí'èryuè シーアルユエ	December ディセンバ
じゅうにしちょう **十二指腸** juunishichou	**十二指肠** shí'èrzhǐcháng シーアルヂーチャァン	duodenum デューアディーナム
しゅうにゅう **収入** shuunyuu	**收入** shōurù ショウルゥ	income インカム
しゅうにん(する) **就任(する)** shuunin (suru)	**就任，就职** jiùrèn, jiùzhí ジウレン，ジウヂー	inauguration; in-augurate イノーギュレイション，イノーギュレイト
しゅうのう(する) **収納(する)** shuunou (suru)	**收纳，收进** shōunà, shōujìn ショウナァ，ショウジン	storage; store ストーリヂ，ストー
しゅうはすう **周波数** shuuhasuu	**频率** pínlǜ ピンリュィ	frequency フリークウェンスィ
じゅうびょう **重病** juubyou	**重病** zhòngbìng ヂォンビィン	serious illness スィアリアス イルネス
しゅうふく(する) **修復(する)** shuufuku (suru)	**修复** xiūfù シウフゥ	restoration; restore レストレイション，リストー

日	中	英
じゅうぶん(な) **十分(な)** juubun (na)	**充足，充分** chōngzú, chōngfèn チォンヅゥ，チォンフェン	sufficient, enough サ**フィ**シェント，イ**ナ**フ
しゅうへん **周辺** shuuhen	**周围，四围** zhōuwéi, sìwéi ヂョウウェイ，スーウェイ	circumference サー**カ**ムフェレンス
しゅうまつ **週末** shuumatsu	**周末** zhōumò ヂョウモォ	weekend **ウィ**ーケンド
じゅうみん **住民** juumin	**居民** jūmín ジュィミン	inhabitant, resi- dent イン**ハ**ビタント，**レ**ズィデン ト
〜登録	**户口登记** hùkǒu dēngjì ホゥコウ デゥンジィ	resident registra- tion **レ**ズィデント レジストレ**イ** ション
じゅうやく **重役** juuyaku	**董事** dǒngshì ドンシー	director ディ**レ**クタ
じゅうゆ **重油** juuyu	**柴油，重油** cháiyóu, zhòngyóu チャイヨウ，ヂォンヨウ	heavy oil **ヘ**ヴィ **オ**イル
しゅうよう(する) **収容(する)** shuuyou (suru)	**容纳，收容** róngnà, shōuróng ロンナァ，ショウロン	accommodation; receive ア**カ**モデイション，リ**スィ**ー ヴ
じゅうよう(な) **重要(な)** juuyou (na)	**重要，要紧** zhòngyào, yàojǐn ヂォンヤオ，ヤオジン	important, princi- pal イン**ポ**ータント，プリン**スィ** パル
じゅうらい **従来** juurai	**从来，历来** cónglái, lìlái ツォンライ，リィライ	up to this time **ア**プ トゥ **ズィ**ス **タ**イム
しゅうり(する) **修理(する)** shuuri (suru)	**修理** xiūlǐ シウリィ	repair, mend リ**ペ**ア，**メ**ンド
しゅうりょう(する) **終了(する)** shuuryou (suru)	**终了** zhōngliǎo ヂォンリアオ	end, conclusion **エ**ンド，コン**ク**ルージョン
じゅうりょう **重量** juuryou	**重量，分量** zhòngliàng, fènliang ヂォンリアン，フェンリアン	weight **ウェ**イト

日	中	英
〜挙げ	挙重 jǔzhòng ジュイヂォン	weight lifting ウェイト リフティング
じゅうりょく 重力 juuryoku	重力 zhònglì ヂォンリィ	gravity, gravitation グラヴィティ, グラヴィテイション
しゅうろく(する) 収録(する) shuuroku (suru)	录音 lùyīn ルゥイン	recording リコーディング
しゅうわい 収賄 shuuwai	受贿 shòuhuì ショウホウイ	corruption, graft コラプション, グラフト
しゅえい 守衛 shuei	门卫 ménwèi メンウェイ	guard ガード
しゅえん(する) 主演(する) shuen (suru)	主演 zhǔyǎn デュウイエン	leading role, play the leading part リーディング ロウル, プレイ ザ リーディング パート
しゅかん 主観 shukan	主观 zhǔguān デュウグワン	subjectivity サブヂェクティヴィティ
〜的な	主观的 zhǔguān de デュウグワン ダ	subjective サブヂェクティヴ
しゅぎ 主義 shugi	主义 zhǔyì デュウイー	principle, doctrine プリンスィプル, ダクトリン
しゅぎょう 修業 shugyou	学习 xuéxí シュエシィ	apprenticeship アプレンティスシプ
じゅきょう 儒教 jukyou	儒教 Rújiào ルゥジアオ	Confucianism コンフューシャニズム
じゅぎょう 授業 jugyou	课，功课 kè, gōngkè クァ, ゴンクァ	teaching, lesson ティーチング, レスン
じゅく 塾 juku	私塾 sīshú スーシュウ	*juku* (school) ヂュク (スクール)

日	中	英
しゅくえん **祝宴** shukuen	喜宴 xǐyàn シィイエン	feast, banquet **フィ**ースト, バン**クウェ**ット
しゅくがかい **祝賀会** shukugakai	庆祝会 qìngzhùhuì チィンヂゥヅホゥイ	celebration セレブ**レ**イション
じゅくご **熟語** jukugo	复合词 fùhécí, フゥホォアツー	idiom, phrase **イ**ディオム, フ**レ**イズ
しゅくさいじつ **祝祭日** shukusaijitsu	节日 jiérì ジェリー	national holiday **ナ**ショナル **ハ**リデイ
しゅくしょう(する) **縮小(する)** shukushou (suru)	缩小 suōxiǎo スゥオシアオ	reduction; reduce リ**ダ**クション, リデュース
じゅくす **熟す** jukusu	熟, 成熟 shú, chéngshú シュウ, チョンシュウ	become ripe, mature ビ**カ**ム **ラ**イプ, マ**チュ**ア
しゅくだい **宿題** shukudai	作业 zuòyè ヅゥオイエ	homework **ホ**ウムワーク
しゅくはい **祝杯** shukuhai	祝酒, 敬酒 zhùjiǔ, jìngjiǔ ヂュウジウ, ジィンジウ	toast ト**ウ**スト
しゅくはく(する) **宿泊(する)** shukuhaku (suru)	住宿, 投宿 zhùsù, tóusù ヂュウスゥ, トウスゥ	lodging; lodge, stay **ラ**ヂング, **ラ**ヂ, ス**テ**イ
〜料	住宿费 zhùsùfèi ヂュウスゥフェイ	hotel charges ホウ**テ**ル **チャ**ーヂズ
しゅくふく(する) **祝福(する)** shukufuku (suru)	祝福 zhùfú ヂュウフゥ	blessing; bless ブ**レ**スィング, ブ**レ**ス
じゅくれん(する) **熟練(する)** jukuren (suru)	熟练, 娴熟 shúliàn, xiánshú シュウリエン, シエンシュウ	become skilled ビ**カ**ム ス**キ**ルド
しゅけん **主権** shuken	主权 zhǔquán ヂュウチュエン	sovereignty **サ**ヴレンティ
じゅけん **受験** juken	应考, 应试 yìngkǎo, yìngshì イィンカオ, イィンシー	examination イグザミ**ネ**イション

日	中	英
しゅご **主語** shugo	**主语** zhǔyǔ デュウユィ	subject サブヂェクト
しゅごう **酒豪** shugou	**海量** hǎiliàng ハイリアン	heavy drinker ヘヴィ ドリンカ
しゅさい(する) **主催(する)** shusai (suru)	**主办，主持** zhǔbàn, zhǔchí デュウバン，デュウチー	sponsor スパンサ
しゅざい(する) **取材(する)** shuzai (suru)	**采访** cǎifǎng ツァイファアン	gather information ギャザ インフォメイション
しゅじゅつ **手術** shujutsu	**手术** shǒushù ショウシュウ	operation アペレイション
～する	**开刀** kāidāo カイダオ	operate アペレイト
しゅしょう **主将** shushou	**队长** duìzhǎng ドゥイヂァアン	captain キャプティン
しゅしょう **首相** shushou	**首相，总理** shǒuxiàng, zǒnglǐ ショウシアン，ヅォンリィ	prime minister プライム ミニスタ
じゅしょう(する) **受賞(する)** jushou (suru)	**获奖** huòjiǎng ホゥオジアン	winning a prize; win a prize ウィニング ア プライズ， ウィン ア プライズ
しゅしょく **主食** shushoku	**主食** zhǔshí デュウシー	staple food ステイプル フード
じゅしん(する) **受信(する)** jushin (suru)	**接收** jiēshōu ジエショウ	reception; receive リセプション，リスィーヴ
しゅじんこう **主人公** shujinkou	**主人公，主人翁** zhǔréngōng, zhǔrénwēng デュウレンゴン，デュウレンウォン	hero, heroine ヒアロウ，ヘロウイン
しゅせき **首席** shuseki	**首席，第一名** shǒuxí, dìyī míng ショウシィ，ディーイー ミィン	head ヘド

日	中	英
しゅだい **主題** shudai	**主题** zhǔtí デュウティー	subject, theme サブヂェクト, **ス**ィーム
しゅだん **手段** shudan	**手段, 办法** shǒuduàn, bànfǎ ショウドワン, バンファア	means, way ミーンズ, **ウェ**イ
しゅちょう(する) **主張(する)** shuchou (suru)	**主张** zhǔzhāng デュウヂャァン	assertion, claim アサーション, ク**レ**イム
しゅつえん(する) **出演(する)** shutsuen (suru)	**演出** yǎnchū イエンチュウ	appearance; (appear) on the stage アピアランス, (ア**ピ**ア) オン ザ ス**テ**イヂ
しゅっきん(する) **出勤(する)** shukkin (suru)	**上班, 出勤** shàngbān, chūqín シャァンバン, チュウチン	attendance; go to work ア**テ**ンダンス, **ゴ**ウ トゥ **ワ**ーク
しゅっけつ **出血** shukketsu	**出血** chūxuè チュウシュエ	hemorrhage, bleeding **ヘ**モリヂ, ブ**リ**ーディング
しゅつげん(する) **出現(する)** shutsugen (suru)	**出现** chūxiàn チュウシエン	appearance; appear ア**ピ**アランス, ア**ピ**ア
じゅつご **述語** jutsugo	**谓语** wèiyǔ ウェイユィ	predicate プ**レ**ディカト
しゅっこく(する) **出国(する)** shukkoku (suru)	**出境, 出国** chūjìng, chūguó チュウジン, チュウグゥオ	departure from a country; leave a country ディ**パ**ーチャ フラム ア **カ**ントリ, **リ**ーヴァ ア **カ**ントリ
しゅっさん(する) **出産(する)** shussan (suru)	**生产, 分娩** shēngchǎn, fēnmiǎn ションチャン, フェンミエン	(give) birth (**ギ**ヴ) **バ**ース
しゅっし(する) **出資(する)** shusshi (suru)	**出资** chūzī チュウヅー	investment; invest インヴェストメント, インヴェスト
しゅつじょう(する) **出場(する)** shutsujou (suru)	**出赛, 参加** chūsài, cānjiā チュウサイ, ツァンジア	participation; participate パーティスィ**ペ**イション, パー**テ**ィスィペイト

日	中	英
しゅっしん **出身** shusshin	**出身** chūshēn チュウシェン	place of origin プレイス オヴ オーリヂン
〜校	**母校** mǔxiào ムゥシアオ	alma mater アルマ メイタ
〜地	**出生地** chūshēngdì チュウションディー	hometown ホウムタウン
しゅっせ(する) **出世(する)** shusse(suru)	**成功，成名** chénggōng, chéngmíng チョンゴン，チョンミィン	success in life サクセス イン ライフ
しゅっせき(する) **出席(する)** shusseki(suru)	**出席，参加** chūxí, cānjiā チュウシィ，ツァンジア	attendance; attend アテンダンス，アテンド
〜者	**出席者** chūxízhě チュウシィヂョア	attendance アテンダンス
しゅっちょう **出張** shucchou	**出差** chūchāi チュウチャイ	business trip ビズネス トリプ
〜する	**出差** chūchāi チュウチャイ	make a business trip メイク ア ビズネス トリプ
しゅっぱつ(する) **出発(する)** shuppatsu(suru)	**出发，启程** chūfā, qǐchéng チュウファア，チィチョン	departure; start, depart ディパーチャ，スタート，ディパート
しゅっぱん(する) **出版(する)** shuppan(suru)	**出版，发行** chūbǎn, fāxíng チュウパン，ファアシィン	publication; publish パブリケイション，パブリシュ
〜社	**出版社** chūbǎnshè チュウパンショア	publishing company パブリシング カンパニ
しゅっぴ **出費** shuppi	**开销，花费** kāixiao, huāfei カイシアオ，ホアフェイ	expenses イクスペンセズ
しゅつりょく(する) **出力(する)** shutsuryoku(suru)	**输出** shūchū シュウチュウ	output アウトプト

日	中	英
しゅと **首都** shuto	**首都** shǒudū ショウドゥ	capital, metropolis キャピトル, メトラポリス
しゅどう **手動** shudou	**手动, 手工** shǒudòng, shǒugōng ショウドン, ショウゴン	manual マニュアル
しゅどう(する) **主導(する)** shudou (suru)	**主导** zhǔdǎo デュウダオ	(take) initiative (テイク) イニシャティヴ
〜権	**主导权** zhǔdǎoquán デュウダオチュエン	initiative イニシャティヴ
しゅとく(する) **取得(する)** shutoku (suru)	**取得, 获得** qǔdé, huòdé チュイドゥァ, ホウオドゥァ	acquisition; ac- quire アクウィズィション, アクワ イア
じゅなん **受難** junan	**受难** shòunàn ショウナン	sufferings サファリングズ
じゅにゅう(する) **授乳(する)** junyuu (suru)	**喂奶, 哺乳** wèi nǎi, bǔrǔ ウェイ ナイ, ブゥルゥ	breast-feeding; nurse ブレストフィーディング, ナース
しゅにん **主任** shunin	**主任** zhǔrèn デュウレン	chief, head チーフ, ヘド
しゅのう **首脳** shunou	**首脑** shǒunǎo ショウナオ	head ヘド
しゅび **守備** shubi	**守备, 防备** shǒubèi, fángbèi ショウペイ, ファァンペイ	defense ディフェンス
しゅひん **主賓** shuhin	**主宾, 主客** zhǔbīn, zhǔkè デュウビン, デュウクァ	guest of honor ゲスト オヴ アナ
しゅふ **主婦** shufu	**主妇, 家庭妇女** zhǔfù, jiātíng fùnǚ デュウフゥ, ジアティン フゥニュイ	housewife ハウスワイフ
しゅみ **趣味** shumi	**爱好, 兴趣** àihào, xìngqù アイハオ, シィンチュイ	taste, hobby テイスト, ハビ

日	中	英
じゅみょう **寿命** jumyou	寿命，寿数 shòumìng, shòushu ショウミィン, ショウシュ	life span ライフ スパン
しゅもく **種目** shumoku	项目 xiàngmù シアンムゥ	item; event アイテム, イヴェント
しゅやく **主役** shuyaku	主角 zhǔjué デュウジュエ	leading part リーディング パート
しゅよう **腫瘍** shuyou	肿瘤 zhǒngliú デョンリウ	tumor テューマ
しゅよう(な) **主要(な)** shuyou (na)	主要 zhǔyào デュウヤオ	principal, main プリンスィパル, メイン
じゅよう **需要** juyou	需求，需要 xūqiú, xūyào シュイチウ, シュイヤオ	demand ディマンド
じゅりつ(する) **樹立(する)** juritsu (suru)	建立 jiànlì ジエンリィ	establishment; establish イスタブリシュメント, イスタブリシュ
しゅりょう **狩猟** shuryou	狩猎 shòuliè ショウリエ	hunting ハンティング
しゅりょく **主力** shuryoku	主力 zhǔlì デュウリィ	main force メイン フォース
しゅるい **種類** shurui	种类，品种 zhǒnglèi, pǐnzhǒng デョンレイ, ピンデョン	kind, sort カインド, ソート
しゅわ **手話** shuwa	手语，哑语 shǒuyǔ, yǎyǔ ショウユィ, ヤァユィ	sign language サイン ラングウィヂ
じゅわき **受話器** juwaki	受话器，听筒 shòuhuàqì, tīngtǒng ショウホアチィ, ティントン	receiver リスィーヴァ
じゅん **準** jun	准 zhǔn デュン	semi- セミ

日	中	英
〜決勝	**半决赛** bànjuésài バンジュエサイ	semi-finals セミ**ファ**イナル
じゅん **順** jun	**次序，顺序** cìxù, shùnxù ツーシュイ，シュンシュイ	order, turn **オ**ーダ，**ター**ン
じゅんい **順位** jun-i	**名次，位次** míngcì, wèicì ミィンツー，ウェイツー	grade, ranking グ**レ**イド，**ラ**ンキング
じゅんえき **純益** jun-eki	**纯利，净利** chúnlì, jìnglì チュンリィ，ジィンリィ	net profit **ネ**ト プ**ラ**フィト
しゅんかん **瞬間** shunkan	**瞬间，转眼之间** shùnjiān, zhuǎnyǎn zhījiān シュンジエン，デュワンイエン デージエン	moment **モ**ウメント
じゅんかん(する) **循環(する)** junkan (suru)	**循环，周而复始** xúnhuán, zhōu ér fù shǐ シュィンホワン，ヂョウ アル フゥ シー	circulation; circu- late サーキュ**レ**イション，**サ**ーキュレイト
じゅんきょうじゅ **准教授** junkyouju	**副教授** fùjiàoshòu フゥジアオショウ	associate professor ア**ソ**ウシエイト プロ**フェ**サ
じゅんきん **純金** junkin	**纯金，赤金** chúnjīn, chìjīn チュンジン，チージン	pure gold **ピュ**ア **ゴ**ウルド
じゅんじょ **順序** junjo	**顺序，依次** shùnxù, yīcì シュンシュイ，イーツー	order **オ**ーダ
じゅんじょう **純情** junjou	**纯真** chúnzhēn チュンデェン	pure heart **ピュ**ア **ハ**ート
じゅんしん(な) **純真(な)** junshin (na)	**纯真** chúnzhēn チュンデェン	naive, innocent ナー**イ**ーヴ，**イ**ノセント
じゅんすい(な) **純粋(な)** junsui (na)	**纯粹** chúncuì チュンツイ	pure, genuine **ピュ**ア，**チェ**ニュイン
じゅんちょう(な) **順調(な)** junchou (na)	**顺利，顺畅** shùnlì, shùnchàng シュンリィ，シュンチァァン	smooth, favorable ス**ム**ーズ，**フェ**イヴァラブル

日	中	英
じゅんのう（する） **順応（する）** junnou (suru)	**順应，适应** shùnyìng, shìyìng シュンイィン, シーイィン	adaptation; adapt *oneself* to アダプ**テイ**ション, ア**ダ**プト トゥ
じゅんばん **順番** junban	**順序，次序** shùnxù, cìxù シュンシュィ, ツーシュィ	order, turn **オ**ーダ, **タ**ーン
じゅんび（する） **準備（する）** junbi (suru)	**准备，筹备** zhǔnbèi, chóubèi デュンベイ, チョウペイ	preparation; prepare プレパ**レイ**ション, プリ**ペ**ア
じゅんろ **順路** junro	**順道** shùndào シュンダオ	fixed route **フィ**クスト **ル**ート
しょう **省** shou	**部** bù プゥ	ministry **ミ**ニストリ
しょう **章** shou	**章** zhāng デァァン	chapter **チャ**プタ
しょう **賞** shou	**奖** jiǎng ジアン	prize, reward プ**ラ**イズ, リ**ウォ**ード
しよう **私用** shiyou	**私事** sīshì スーシー	private business プ**ラ**イヴェト **ビ**ズネス
しよう（する） **使用（する）** shiyou (suru)	**使用，用** shǐyòng, yòng シーヨン, ヨン	use; use **ユ**ーズ, **ユ**ーズ
〜料	**使用費** shǐyòngfèi シーヨンフェイ	fee **フィ**ー
じょう **錠** jou	**锁** suǒ スゥオ	lock **ラ**ク
じょうえい（する） **上映（する）** jouei (suru)	**上映，放映** shàngyìng, fàngyìng シャァンイィン, ファァンイィン	put on, show **プ**ト **オ**ン, **ショ**ウ
しょうエネ **省エネ** shouene	**节能** jié néng ジエ ヌォン	energy saving **エ**ナヂ **セ**イヴィング

日	中	英
じょうえん(する) **上演(する)** jouen (suru)	**上演，表演** shàngyǎn, biǎoyǎn シャンイエン，ピアオイエン	presentation; present プリーゼンテイション，プリゼント
しょうか **消火** shouka	**灭火，救火** mièhuǒ, jiùhuǒ ミエホゥオ，ジウホゥオ	fire fighting ファイア ファイティング
～する	**灭火，救火** mièhuǒ, jiùhuǒ ミエホゥオ，ジウホゥオ	put out a fire プト アウト ア ファイア
～器	**灭火器** mièhuǒqì ミエホゥオチィ	extinguisher イクスティングウィシャ
しょうか(する) **消化(する)** shouka (suru)	**消化** xiāohuà シアオホア	digestion; digest ディチェスチョン，ダイヂェスト
～不良	**消化不良** xiāohuà bùliáng シアオホア ブゥリアン	indigestion インディチェスチョン
しょうが **生姜** shouga	**姜，生姜** jiāng, shēngjiāng ジアン，ションジアン	ginger ヂンヂャ
しょうかい(する) **照会(する)** shoukai (suru)	**询问** xúnwèn シュィンウェン	inquiry; inquire インクワイアリ，インクワイア
しょうかい(する) **紹介(する)** shoukai (suru)	**介绍** jièshào ジエシャオ	introduction; introduce イントロダクション，イントロデュース
しょうがい **傷害** shougai	**伤害** shānghài シャンハイ	injury インヂャリ
しょうがい **障害** shougai	**障碍，阻碍** zhàng'ài, zǔ'ài ヂャンアイ，ヅゥアイ	obstacle アブスタクル
しょうがい **生涯** shougai	**生平，生涯** shēngpíng, shēngyá ションピィン，ションヤァ	lifetime ライフタイム
しょうがくきん **奨学金** shougakukin	**奖学金，助学金** jiǎngxuéjīn, zhùxuéjīn ジアンシュエジン，ヂュウシュエジン	scholarship スカラシプ

日	中	英
しょうがくせい **小学生** shougakusei	**小学生** xiǎoxuéshēng シアオシュエション	schoolchild スクールチャイルド
しょうがくせい **奨学生** shougakusei	**奖学生** jiǎngxuéshēng ジアンシュエション	scholar スカラ
しょうがつ **正月** shougatsu	**新年，正月** xīnnián, zhēngyuè シンニエン，ヂョンユエ	New Year ニュー イヤ
しょうがっこう **小学校** shougakkou	**小学** xiǎoxué シアオシュエ	elementary school エレメンタリ スクール
じょうき **蒸気** jouki	**蒸气** zhēngqì ヂョンチィ	vapor, steam ヴェイパ, スティーム
じょうぎ **定規** jougi	**尺子** chǐzi チーツ	ruler ルーラ
じょうきゃく **乗客** joukyaku	**乘客** chéngkè チョンクァ	passenger パセンヂャ
しょうきゅう(する) **昇給(する)** shoukyuu (suru)	**加薪，提薪** jiāxīn, tíxīn ジアシン，ティーシン	raise レイズ
じょうきゅう **上級** joukyuu	**高级** gāojí ガオジィ	high rank ハイ ランク
しょうぎょう **商業** shougyou	**商业** shāngyè シャァンイエ	commerce カマス
じょうきょう **情[状]況** joukyou	**情况，状况** qíngkuàng, zhuàngkuàng チィンクゥアン，ヂュアンクアン	circumstances サーカムスタンセズ
しょうきょくてきな **消極的な** shoukyokutekina	**消极的** xiāojí de シアオジィ ダ	negative, passive ネガティヴ, パスィヴ
しょうぐん **将軍** shougun	**将军** jiāngjūn ジアンジュィン	general ヂェネラル
じょうげ **上下** jouge	**上下** shàngxià シャァンシア	top and bottom タプ アンド バトム

日	中	英
～する	**上上下下，往返** shàng shàng xià xià, wǎngfǎn シャァン シャァン シア シア，ワンファン	rise and fall ライズ アンド フォール
じょうけい **情景** joukei	**情景，光景** qíngjǐng, guāngjǐng チィンジン，グアンジン	spectacle, sight スペクタクル，サイト
しょうげき **衝撃** shougeki	**打击，冲击** dǎjī, chōngjī ダァジィ，チオンジィ	shock, impact シャク，インパクト
しょうけん **証券** shouken	**证券** zhèngquàn ヂョンチュエン	bill, bond ビル，バンド
しょうげん(する) **証言(する)** shougen (suru)	**证言** zhèngyán ヂョンイエン	testimony; testify テスティモウニ，テスティ ファイ
じょうけん **条件** jouken	**条件** tiáojiàn ティアオジエン	condition, terms コンディション，タームズ
しょうこ **証拠** shouko	**证据，佐证** zhèngjù, zuǒzhèng ヂョンジュイ，ヅゥオヂョン	proof, evidence プルーフ，エヴィデンス
しょうご **正午** shougo	**中午，正午** zhōngwǔ, zhèngwǔ ヂョンウゥ，ヂョンウゥ	noon ヌーン
じょうこう **条項** joukou	**条款** tiáokuǎn ティアオクワン	articles, clauses アーティクルズ，クローズィ ズ
じょうこく(する) **上告(する)** joukoku (suru)	**上告** shànggào シャァンガオ	appeal アピール
しょうさい **詳細** shousai	**详细，仔细** xiángxì, zǐxì シアンシィ，ヅーシィ	details ディーテイルズ
じょうざい **錠剤** jouzai	**丸剂，药片** wánjì, yàopiàn ワンジィ，ヤオピエン	tablet タブレット
じょうし **上司** joushi	**上级，上司** shàngjí, shàngsi シャァンジィ，シャァンス	superior, boss スピアリア，バス

日	中	英
しょうじき **正直** shoujiki	正直，老实 zhèngzhí, lǎoshi ヂョンヂー，ラオシ	honesty **ア**ネスティ
〜な	老实，坦率 lǎoshi, tǎnshuài ラオシ，タンシュアイ	honest **ア**ネスト
じょうしき **常識** joushiki	常识，常情 chángshí, chángqíng チャァンシー，チャァンチン	common sense **カ**モン **セ**ンス
じょうしつ(の) **上質(の)** joushitsu (no)	优质 yōuzhì ヨウヂー	fine quality **ファ**イン ク**ワ**リティ
しょうしゃ **商社** shousha	商行，贸易公司 shāngháng, màoyì gōngsī シャァンハァン，マオイー ゴンスー	trading company ト**レ**イディング **カ**ンパニ
じょうしゃ(する) **乗車(する)** jousha (suru)	上车，乘车 shàng chē, chéng chē シャァン チョァ，チョン チョァ	ride; board, take, get in **ラ**イド，**ボ**ード，**テ**イク，**ゲ**ト **イ**ン
〜券	车票 chēpiào チョァピアオ	ticket **ティ**ケト
しょうしゅう(する) **召集(する)** shoushuu (suru)	召集 zhàojí ヂャオジィ	convene, call コン**ヴィ**ーン，**コ**ール
じょうじゅん **上旬** joujun	上旬 shàngxún シャァンシュイン	the first ten days of a month ザ **ファ**ースト **テ**ン **デ**イズ **オ**ヴ ア **マ**ンス
しょうしょ **証書** shousho	证书，字据 zhèngshū, zìjù ヂョンシュウ，ヅージュイ	bond, deed **バ**ンド，**ディ**ード
しょうじょ **少女** shoujo	少女，小姑娘 shàonǚ, xiǎogūniang シャオニュイ，シアオグニアン	girl **ガ**ール
しょうしょう **少々** shoushou	一点儿，稍微 yìdiǎnr, shāowēi イーディアル，シャオウェイ	a little, a few ア **リ**トル，ア **フュ**ー
しょうじょう **症状** shoujou	病情，症状 bìngqíng, zhèngzhuàng ビンチィン，ヂョンヂュアン	symptom ス**ィ**ンプトム

日	中	英
しょうじょう **賞状** shoujou	**奖状** jiǎngzhuàng ジアンヂュアン	certificate of merit サティフィケト オヴ メリト
じょうしょう(する) **上昇(する)** joushou (suru)	**上升** shàngshēng シャアンション	rise, ascent ライズ, アセント
じょうじょう(する) **上場(する)** joujou (suru)	**上市** shàng'shì シャアンシー	list on the stock exchange リスト オン ザ スタク イクスチェインヂ
しょうじる **生じる** shoujiru	**产生, 发生** chǎnshēng, fāshēng チャンション, ファアション	happen, take place ハプン, テイク プレイス
しょうしん(する) **昇進(する)** shoushin (suru)	**晋级, 晋升** jìnjí, jìnshēng ジンヂィ, ジンション	promotion; be promoted プロモウション, ビ プロモウテド
じょうず(な) **上手(な)** jouzu (na)	**善于, 擅长** shànyú, shàncháng シャンユィ, シャンチァアン	skillful スキルフル
しょうすう **小数** shousuu	**小数** xiǎoshù シアオシュウ	decimal デスィマル
しょうすう **少数** shousuu	**少数** shǎoshù シャオシュウ	minority ミノーリティ
じょうせい **情勢** jousei	**形势, 情况** xíngshì, qíngkuàng シィンシー, チィンクアン	situation スィチュエイション
しょうせつ **小説** shousetsu	**小说** xiǎoshuō シアオシュオ	novel ナヴェル
〜家	**小说家** xiǎoshuōjiā シアオシュオジア	novelist ナヴェリスト
じょうせつ(の) **常設(の)** jousetsu (no)	**常设** chángshè チャアンショア	standing スタンディング
じょうせん(する) **乗船(する)** jousen (suru)	**坐船** zuò chuán ヅゥオ チュワン	embarkation; embark インバーケイション, インパーク

日	中	英
しょうそく **消息** shousoku	信息，消息 xìnxī, xiāoxi シンシィ，シアオシ	news, information ニュース，インフォメイション
しょうたい(する) **招待(する)** shoutai (suru)	邀请，约请 yāoqǐng, yuēqǐng ヤオチン，ユエチン	invitation; invite インヴィテイション，インヴァイト
じょうたい **状態** joutai	状态，情形 zhuàngtài, qíngxing ヂュアンタイ，チンシィン	state, situation ステイト，スィチュエイション
しょうだく(する) **承諾(する)** shoudaku (suru)	答应，允诺 dāying, yǔnnuò ダアィン，ユィンヌゥオ	consent, agreement コンセント，アグリーメント
じょうたつ(する) **上達(する)** joutatsu (suru)	长进，进步 zhǎngjìn, jìnbù ヂャアンジン，ジンブゥ	improvement; improve インプルーヴメント，インプルーヴ
しょうだん **商談** shoudan	商业谈判 shāngyè tánpàn シャアンイエ タンパン	business talk ビズネス トーク
じょうだん **冗談** joudan	玩笑，玩话 wánxiào, wánhuà ワンシアオ，ワンホア	joke, jest ヂョウク，チェスト
しょうち(する) **承知(する)** shouchi (suru)	答应，同意 dāying, tóngyì ダアィン，トンイー	agreement; agree アグリーメント，アグリー
じょうちょ **情緒** joucho	情调 qíngdiào チンディアオ	atmosphere アトモスフィア
しょうちょう(する) **象徴(する)** shouchou (suru)	象征 xiàngzhēng シアンヂョン	symbol; symbolize スィンボル，スィンボライズ
しょうてん **商店** shouten	店铺，商店 diànpù, shāngdiàn ディエンプゥ，シャアンディエン	store, shop ストー，シャプ
しょうてん **焦点** shouten	焦点 jiāodiǎn ジアオディエン	focus フォウカス
じょうと(する) **譲渡(する)** jouto (suru)	移交，转让 yíjiāo, zhuǎnràng イージアオ，ヂュワンラァン	transfer トランスファ

日	中	英
しょうどう **衝動** shoudou	**冲动** chōngdòng チォンドン	impulse インパルス
〜的な	**冲动性** chōngdòngxìng チォンドンシィン	impulsive インパルスィヴ
じょうとう(の) **上等(の)** joutou (no)	**高级，上等** gāojí, shàngděng ガオジィ，シァンドゥン	good, superior グド，スピアリア
しょうどく(する) **消毒(する)** shoudoku (suru)	**消毒** xiāodú シアオドゥ	disinfection; disin- fect ディスインフェクション， ディスインフェクト
〜薬	**消毒剂** xiāodújì シアオドゥジィ	disinfectant ディスインフェクタント
しょうとつ(する) **衝突(する)** shoutotsu (suru)	**冲撞，磕碰** chōngzhuàng, kēpèng チォンヂュアン，ァカポン	collision, clash コリジョン，クラシュ
しょうにか **小児科** shounika	**儿科，小儿科** érkē, xiǎo'érkē アルクァ，シアオアルクァ	pediatrics ピーディアトリクス
〜医	**儿科医生** érkē yīshēng アルクァ イーション	pediatrician ピーディアトリシャン
しょうにん **商人** shounin	**商人** shāngrén シァンレン	merchant マーチャント
しょうにん **証人** shounin	**证人，见证人** zhèngren, jiànzhèngrén ヂョンレン，ジエンヂョンレン	witness ウィトネス
じょうにん(の) **常任(の)** jounin (no)	**常任** chángrèn チァンレン	standing, regular スタンディング，レギュラ
じょうねつ **情熱** jounetsu	**热情，激情** rèqíng, jīqíng ルァチン，ジィチン	passion, ardor パッション，アーダ
しょうねん **少年** shounen	**少年** shàonián シャオニエン	boy ボイ

日	中	英
じょうば **乗馬** jouba	**骑马** qí mǎ チィ マァ	riding **ライ**ディング
しょうはい **勝敗** shouhai	**胜负** shèngfù ションフゥ	victory or defeat **ヴィ**クトリ オ ディ**フィー**ト
しょうばい **商売** shoubai	**买卖，生意** mǎimai, shēngyi マイマイ，ションイ	trade, business ト**レイ**ド，**ビ**ズネス
じょうはつ(する) **蒸発(する)** jouhatsu (suru)	**蒸发** zhēngfā ヂョンファア	evaporation; evaporate イ**ヴァ**ポレイション，イ**ヴァ**ポレイト
(失踪)	**失踪** shī'zōng シーヅォン	disappearance; disappear ディサ**ピ**アランス，ディサ**ピ**ア
しょうひ(する) **消費(する)** shouhi (suru)	**消费，消耗** xiāofèi, xiāohào シアオフェイ，シアオハオ	consumption; consume コン**サ**ンプション，コン**シュー**ム
～者	**消费者** xiāofèizhě シアオフェイヂョア	consumer コン**シュー**マ
～税	**消费税** xiāofèishuì シアオフェイシュイ	consumption tax コン**サ**ンプション **タ**クス
しょうひょう **商標** shouhyou	**牌号，商标** páihào, shāngbiāo パイハオ，シャアンビアオ	trademark, brand ト**レイ**ドマーク，ブ**ラ**ンド
しょうひん **賞品** shouhin	**奖品** jiǎngpǐn ジアンピン	prize プ**ラ**イズ
しょうひん **商品** shouhin	**商品** shāngpǐn シャアンピン	commodity, goods コ**マ**ディティ，**グ**ヅ
～化(する)	**商品化** shāngpǐnhuà シャアンピンホア	commercialize コ**マー**シャライズ
じょうひん(な) **上品(な)** jouhin (na)	**文雅，优雅** wényǎ, yōuyǎ ウェンヤァ，ヨウヤァ	elegant, refined **エ**リガント，リ**ファ**インド

日	中	英
しょうぶ **勝負** shoubu	**胜败，比赛** shèngbài, bǐsài ションパイ，ビィサイ	game, match **ゲイム**，**マチ**
～する	**争胜负，竞赛** zhēng shèngfù, jìngsài デョン ションフゥ，ジィンサイ	contest, fight コンテスト，**ファイト**
じょうぶ(な) **丈夫(な)** joubu (na)	**壮健，结实** zhuàngjiàn, jiēshi デュアンジエン，ジエシ	strong, robust ストロング，ロウバスト
しょうべん **小便** shouben	**尿，小便** niào, xiǎobiàn ニアオ，シアオビエン	urine **ユ**アリン
じょうほ(する) **譲歩(する)** jouho (suru)	**让步** ràngbù ラァンブゥ	concession;　con- cede コンセション，コン**スィ**ード
じょうほう **情報** jouhou	**信息，情报** xìnxī, qíngbào シンシィ，チィンパオ	information インフォメイション
しょうぼうし **消防士** shouboushi	**消防员** xiāofángyuán シアオファァンユエン	fire fighter **ファイア ファイタ**
しょうぼうしゃ **消防車** shoubousha	**救火车，消防车** jiùhuǒchē, xiāofángchē ジウホゥオチョア，シアオファァンチョア	fire engine **ファイア エンヂン**
しょうぼうしょ **消防署** shoubousho	**消防局** xiāofángjú シアオファァンジュイ	firehouse **ファイアハウス**
しょうみ **正味** shoumi	**净重，实质** jìngzhòng, shízhì ジィンヂォン，シーヂー	net **ネ**ト
じょうみゃく **静脈** joumyaku	**静脉** jìngmài ジィンマイ	vein **ヴェ**イン
じょうむいん **乗務員** joumuin	**乘务员** chéngwùyuán チォンウゥユエン	crew (member) クルー (**メ**ンバ)
しょうめい **照明** shoumei	**照明，灯光** zhàomíng, dēngguāng ヂァオミィン，デゥングアン	lighting **ラ**イティング
しょうめい(する) **証明(する)** shoumei (suru)	**证明** zhèngmíng ヂョンミィン	proof; prove プルーフ，プルーヴ

日	中	英

～書

しょうめん
正面
shoumen

証件，证明书
zhèngjiàn, zhèngmíngshū
ヂョンジエン，ヂョンミィンシュウ

certificate
サ**ティ**フィケト

正面，对面
zhèngmiàn, duìmiàn
ヂョンミエン，ドゥイミエン

front
フ**ラ**ント

じょうやく
条約
jouyaku

条约，公约
tiáoyuē, gōngyuē
ティアオユエ，ゴンユエ

treaty, pact
ト**リー**ティ，**パ**クト

しょうゆ
醤油
shouyu

酱油
jiàngyóu
ジアンヨウ

soy sauce
ソイ **ソ**ース

しょうよう
商用
shouyou

商务
shāngwù
シャァンウゥ

business
ビズネス

じょうよう(する)
常用(する)
jouyou (suru)

常用
chángyòng
チャァンヨン

common use; use
habitually
カモン **ユ**ース，**ユ**ーズ ハ**ビ**
チュアリ

じょうようしゃ
乗用車
jouyousha

轿车
jiàochē
ジアオチョァ

passenger car
パセンヂャ **カ**ー

しょうらい
将来
shourai

将来
jiānglái
ジアンライ

future
フューチャ

しょうり
勝利
shouri

胜利
shènglì
ションリィ

victory
ヴィクトリ

じょうりく(する)
上陸(する)
jouriku (suru)

登陆
dēnglù
デゥンルゥ

landing; land
ランディング，**ラ**ンド

しょうりつ
勝率
shouritsu

获胜率
huòshènglù
ホゥオションリュィ

winning percent-
age
ウィニング パ**セ**ンティヂ

しょうりゃく(する)
省略(する)
shouryaku (suru)

省略
shěnglüè
ションリュエ

abridgment;
abridge
アブ**リ**ヂメント，アブ**リ**ヂ

じょうりゅう
上流
jouryuu

上流，上游
shàngliú, shàngyóu
シャァンリウ，シャァンヨウ

upper stream
アパ スト**リ**ーム

日	中	英
じょうりゅう(する) **蒸留(する)** jouryuu (suru)	**蒸馏** zhēngliú ヂョンリウ	distillation; distill ディス**ティ**レイション，ディ**ス**ティル
〜酒	**白酒** báijiǔ バイジウ	distilled liquor ディス**ティ**ルド **リ**カ
しょうりょう **少量** shouryou	**少量** shǎoliàng シャオリアン	a little ア **リ**トル
しょうれい(する) **奨励(する)** shourei (suru)	**奖励，鼓励** jiǎnglì, gǔlì ジアンリィ，グゥリィ	encouragement; encourage インカーリヂメント，イン**カ**ーリヂ
じょうれい **条例** jourei	**地方法规** dìfāng fǎguī ディーファァン ファアグゥイ	regulations, rules レギュ**レ**イションズ，**ル**ールズ
じょうれん **常連** jouren	**常客** chángkè チャァンクァ	frequenter フ**リ**ークウェンタ
しょうろんぶん **小論文** shouronbun	**小论文** xiǎo lùnwén シアオ ルゥンウェン	essay **エ**セイ
しょえん **初演** shoen	**首次演出** shǒucì yǎnchū ショウツー イエンチュウ	first public per- formance **ファ**ースト **パ**ブリク パ**フォ**ーマンス
しょー **ショー** shoo	**秀，展览，表演** xiù, zhǎnlǎn, biǎoyǎn シウ，ヂャンラン，ビアオイエン	show **ショ**ウ
〜ウインドウ	**橱窗** chúchuāng チュウチュアン	show window **ショ**ウ **ウィ**ンドウ
しょーつ **ショーツ** （婦人用下着） shootsu	**三角裤** sānjiǎokù サンジアオクゥ	shorts **ショ**ーツ
しょーとぱんつ **ショートパンツ** shootopantsu	**短裤** duǎnkù ドワンクゥ	short pants **ショ**ート **パ**ンツ
しょーる **ショール** shooru	**披肩** pījiān ピィジエン	shawl **ショ**ール

日	中	英
しょか **初夏** shoka	**初夏** chūxià チュウシア	early summer **ア**ーリ **サ**マ
じょがい(する) **除外(する)** jogai (suru)	**除外，除掉** chúwài, chúdiào チュウワイ，チュウディアオ	exception; except イク**セ**プション，イク**セ**プト
しょき **初期** shoki	**初期** chūqī チュウチィ	first stage **ファ**ースト ス**テ**イヂ
しょき **書記** （記録係） shoki	**记录人员** jìlù rényuán ヂィルゥ レンユエン	clerk, secretary ク**ラ**ーク，**セ**クレトリ
（政党・組織などの）	**书记** shūjì シュウヂィ	secretary-general **セ**クレタリ**ヂ**ェネラル
しょきゅう **初級** shokyuu	**初级** chūjí チュウヂィ	beginners' class **ビ**ギナズ ク**ラ**ス
じょきょ(する) **除去(する)** jokyo (suru)	**除掉，除去** chúdiào, chúqù チュウディアオ，チュウチュィ	removal; remove リ**ム**ーヴァル，リ**ム**ーヴ
じょぎんぐ(する) **ジョギング(する)** jogingu (suru)	**慢跑** mànpǎo マンパオ	jogging; jog **ヂャ**ギング，**ヂャ**グ
しょく **職** shoku	**工作，职位** gōngzuò, zhíwèi ゴンヅゥオ，ヂーウェイ	job, work, position **ヂャ**ブ，**ワ**ーク，ポ**ズィ**ション
しょくいん **職員** shokuin	**职员** zhíyuán ヂーユエン	the staff ザ ス**タ**フ
しょくぎょう **職業** shokugyou	**职业** zhíyè ヂーイエ	occupation, profession アキュ**ペ**イション，プロ**フェ**ション
～**病**	**职业病** zhíyèbìng ヂーイエビィン	occupational disease アキュ**ペ**イショナル ディ**ズィ**ーズ
しょくご **食後** shokugo	**饭后** fànhòu ファンホウ	after a meal ア**フ**タ ア **ミ**ール

日	中	英
しょくじ **食事** shokuji	**饭，餐** fàn, cān ファン, ツァン	meal ミール
しょくぜん **食前** shokuzen	**饭前** fànqián ファンチエン	before a meal ビフォ ア ミール
しょくたく **食卓** shokutaku	**餐桌，饭桌** cānzhuō, fànzhuō ツァンデュオ, ファンデュオ	dining table ダイニング テイブル
しょくちゅうどく **食中毒** shokuchuudoku	**食物中毒** shíwù zhòngdú シーウゥ デォンドゥ	food poisoning フード ポイズニング
しょくつう **食通** shokutsuu	**美食家** měishíjiā メイシージア	gourmet グアメイ
しょくどう **食堂** shokudou	**饭馆** fànguǎn ファングワン	restaurant レストラント
しょくにん **職人** shokunin	**工匠，匠人** gōngjiàng, jiàngrén ゴンジアン, ジアンレン	workman, artisan ワークマン, アーティザン
しょくば **職場** shokuba	**工作单位，岗位** gōngzuò dānwèi, gǎngwèi ゴンヅゥオ ダンウェイ, ガァンウェイ	place of work プレイス オヴ ワーク
しょくひ **食費** shokuhi	**伙食费** huǒshifèi ホゥオシフェイ	food expenses フード イクスペンセズ
しょくひん **食品** shokuhin	**食品** shípǐn シーピン	food フード
〜添加物	**食品添加剂** shípǐn tiānjiājì シーピン ティエンジアジィ	food additives フード アディティヴズ
しょくぶつ **植物** shokubutsu	**植物** zhíwù デーウゥ	plant, vegetation プラント, ヴェデテイション
〜園	**植物园** zhíwùyuán デーウゥユエン	botanical garden ボタニカル ガードン
しょくもつ **食物** shokumotsu	**食物** shíwù シーウゥ	food フード

日	中	英
しょくよう **食用** shokuyou	**食用的** shíyòng de シーヨン ダ	for food, edible フォ **フード**, **エ**ディブル
しょくよく **食欲** shokuyoku	**食欲，胃口** shíyù, wèikǒu シーユィ, ウェイコウ	appetite **ア**ペタイト
しょくりょう **食料** shokuryou	**食物** shíwù シーウゥ	food **フ**ード
じょげん **助言** jogen	**忠告，建议** zhōnggào, jiànyì デォンガオ, ジエンイー	advice, counsel アド**ヴァ**イス, **カ**ウンセル
じょこう **徐行** jokou	**徐行，慢行** xúxíng, màn xíng シュイシィン, マン シィン	go slow **ゴ**ウ ス**ロ**ウ
しょさい **書斎** shosai	**书房，书斋** shūfáng, shūzhāi シュウファン, シュウヂャイ	study ス**タ**ディ
しょざいち **所在地** shozaichi	**所在地** suǒzàidì スゥオヅァイディー	location ロウ**ケ**イション
じょさいない **如才ない** josainai	**圆滑，周到** yuánhuá, zhōudào ユエンホア, ヂョウダオ	tactful, shrewd **タ**クトフル, シュ**ルー**ド
しょしき **書式** shoshiki	**格式** géshi グァシ	form, format **フォ**ーム, **フォー**マト
じょしゅ **助手** joshu	**助理，助手** zhùlǐ, zhùshǒu ヂュウリィ, ヂュウショウ	assistant ア**スィ**スタント
しょじゅん **初旬** shojun	**初旬** chūxún チュウシュィン	first third of a month **ファ**ースト **サ**ード オヴ ア **マ**ンス
じょじょに **徐々に** jojoni	**逐渐地** zhújiàn de ヂュウジエン ダ	gradually, slowly グ**ラ**ヂュアリ, ス**ロ**ウリ
しょしんしゃ **初心者** shoshinsha	**初学者** chūxuézhě チュウシュエヂョァ	beginner ビ**ギ**ナ

日	中	英
じょすう **序数** josuu	**序数** xùshù シュィシュウ	ordinal **オ**ーディナル
じょせい **女性** josei	**女性，妇女** nǚxìng, fùnǚ ニュィシィン，フゥニュィ	woman **ウ**マン
じょそう **助走** josou	**助跑** zhùpǎo デュウパオ	approach run アプ**ロ**ウチ **ラ**ン
しょぞく（する） **所属（する）** shozoku (suru)	**归属，所属** guīshǔ, suǒshǔ グゥイシュウ，スゥオシュウ	belonging; belong to ビ**ロ**ーンギング，ビ**ロ**ーングトゥ
しょたい **所[世]帯** shotai	**住户，户口** zhùhù, hùkǒu デュウホゥ，ホゥコウ	household, family **ハ**ウスホウルド，**ファ**ミリ
しょたいめん **初対面** shotaimen	**初次见面** chūcì jiànmiàn チュウツー ジエンミエン	first meeting **ファ**ースト **ミ**ーティング
しょち（する） **処置（する）** shochi (suru)	**处置，措施** chǔzhì, cuòshī チュウデー，ツゥオシー	take measure, administer **テ**イク **メ**ジャ，アドミニスタ
しょちょう **所長** shochou	**所长** suǒzhǎng スゥオヂャァン	head, director **ヘ**ド，ディ**レ**クタ
しょちょう **署長** shochou	**署长** shǔzhǎng シュウヂャァン	head **ヘ**ド
しょっかく **触覚** shokkaku	**触觉** chùjué チュウジュエ	sense of touch **セ**ンス オヴ **タ**チ
しょっき **食器** shokki	**餐具** cānjù ツァンジュィ	tableware **テ**イブルウェア
〜棚	**橱柜，碗柜** chúguì, wǎnguì チュウグゥイ，ワングゥイ	cupboard **カ**バド
しょっく **ショック** shokku	**打击** dǎjī ダァジィ	shock **シャ**ク

日	中	英
しょっぱい shoppai	咸 xián シエン	salty ソールティ
ショッピング shoppingu	购物，买东西 gòuwù, mǎi dōngxi ゴウウゥ, マイ ドンシ	shopping シャピング
～センター	购物中心 gòuwù zhōngxīn ゴウウゥ ヂョンシン	shopping center シャピング センタ
しょてん 書店 shoten	书店 shūdiàn シュウディエン	bookstore ブクストー
しょとう 諸島 shotou	诸岛 zhūdǎo デュウダオ	islands, archipelago アイランヅ, アーキペラゴウ
しょとく 所得 shotoku	收入 shōurù ショウルゥ	income インカム
～税	所得税 suǒdéshuì スゥオドゥァシュイ	income tax インカム タクス
しょばつ(する) 処罰(する) shobatsu (suru)	处分，处罚 chǔfèn, chǔfá チュウフェン, チュウファア	punishment; punish パニシュメント, パニシュ
じょばん 序盤 joban	初期阶段 chūqī jiēduàn チュウチィ ジエドワン	early stage アーリ ステイヂ
しょひょう 書評 shohyou	书评 shūpíng シュウピィン	book review ブク リヴュー
しょぶん(する) 処分(する) shobun (suru)	处理 chǔlǐ チュウリィ	disposal; dispose of ディスポウザル, ディスポウズ オヴ
しょほ 初歩 shoho	初级 chūjí チュウジィ	rudiment ルーディメント
しょほうせん 処方箋 shohousen	药方 yàofāng ヤオファァン	prescription プリスクリプション

日	中	英
しょみん **庶民** shomin	**老百姓，群众** lǎobǎixìng, qúnzhòng ラオパイシイン，チュィンヂォン	people ピープル
～的な	**大众的** dàzhòng de ダァヂォン ダ	popular パピュラ
しょめい(する) **署名(する)** shomei (suru)	**签名，签署** qiānmíng, qiānshǔ チエンミィン，チエンシュウ	signature; sign スィグナチャ，サイン
じょめい(する) **除名(する)** jomei (suru)	**除名，开除** chúmíng, kāichú チュウミィン，カイチュウ	expulsion; expel イクスパルション，イクスペル
しょゆう(する) **所有(する)** shoyuu (suru)	**拥有，所有** yōngyǒu, suǒyǒu ヨンヨウ，スゥオヨウ	possession; have ポゼション，ハヴ
～権	**产权，所有权** chǎnquán, suǒyǒuquán チャンチュエン，スゥオヨウチュエン	ownership, title オウナシプ，タイトル
～者	**物主** wùzhǔ ウゥヂュウ	owner, proprietor オウナ，プラプライアタ
～物	**所有物** suǒyǒuwù スゥオヨウウゥ	property プラパティ
じょゆう **女優** joyuu	〔位〕**女演员** 〔wèi〕nǚyǎnyuán 〔ウェイ〕ニュイイエンユエン	actress アクトレス
しょり(する) **処理(する)** shori (suru)	**处理** chǔlǐ チュウリィ	disposition; dispose ディスポ**ジ**ション，ディス**ポ**ウズ
じょりょく **助力** joryoku	**帮助** bāngzhù パァンヂュウ	help, aid ヘルプ，エイド
しょるい **書類** shorui	**公文，文件** gōngwén, wénjiàn ゴンウェン，ウェンジエン	documents, papers ダキュメンツ，ペイパズ
しょるだーばっぐ **ショルダーバッグ** shorudaabaggu	**挎包** kuàbāo クアパオ	shoulder bag ショウルダ バグ

日	中	英
じらい **地雷** jirai	〔颗〕**地雷** 〔kē〕dìléi 〔クァ〕ディーレイ	(land) mine (ランド) **マ**イン
しらが **白髪** shiraga	〔根〕**白发** 〔gēn〕báifà 〔ゲン〕バイファア	gray hair グレイ **ヘ**ア
しらける **白ける** shirakeru	**败兴，扫兴** bàixìng, sǎoxìng バイシィン, サオシィン	(be) chilled (ビ) **チ**ルド
しらじらしい **白々しい** shirajirashii	**明显地，假装不解** míngxiǎn de, jiǎzhuāng bùjiě ミィンシエン ダ, ジアヂュアン ブゥジエ	transparent トランス**ペ**アレント
しらせ **知らせ** shirase	**通知，消息** tōngzhī, xiāoxi トンヂー, シアオシ	notice, informa- tion **ノ**ウティス, インフォ**メ**イ ション
しらせる **知らせる** shiraseru	**告诉，通知** gàosu, tōngzhī ガオスゥ, トンヂー	inform, tell, report イン**フォ**ーム, **テ**ル, リ**ポ**ー ト
しらばくれる **しらばくれる** shirabakureru	**装糊涂** zhuāng hútu ヂュアン ホゥトゥ	feign ignorance **フェ**イン **イグ**ノランス
しらべる **調べる** shiraberu	**调查，查阅** diàochá, cháyuè ディアオチァア, チァユエ	examine, check up イグ**ザ**ミン, **チェ**ク **ア**プ
しり **尻** shiri	**屁股** pìgu ピィグ	hips, buttocks **ヒ**プス, **バ**トクス
しりあい **知り合い** shiriai	**相识，熟人** xiāngshí, shúrén シアンシィ, シュウレン	acquaintance アク**ウェ**インタンス
しりあう **知り合う** shiriau	**结识** jiéshí ジエシー	get to know **ゲ**ト トゥ **ノ**ウ
しりーず **シリーズ** shiriizu	**系列** xìliè シィリエ	series **ス**ィリーズ
しりぞく **退く** shirizoku	**后退，退** hòutuì, tuì ホウトゥイ, トゥイ	retreat, go back リト**リ**ート, **ゴ**ウ **バ**ク

日	中	英
しりぞける **退ける** shirizokeru	**击退** jītuì ジィトゥイ	drive back ドライヴ バク
しりつ **市立** shiritsu	**市立** shìlì シーリィ	municipal ミューニスィパル
しりつ **私立** shiritsu	**私立** sīlì スーリィ	private プライヴェト
じりつ(する) **自立(する)** jiritsu (suru)	**自立** zìlì ヅーリィ	independence; (be- come) indepen- dent インディペンデンス, (ビカ ム) インディペンデント
しりゅう **支流** shiryuu	**支流** zhīliú デーリウ	tributary, branch トリビュテリ, ブランチ
しりょ **思慮** shiryo	**思虑** sīlù スーリュイ	thought, consider- ation ソート, コンスィダレイショ ン
〜深い	**深思熟虑** shēn sī shú lǜ シェン スー シュウ リュィ	prudent プルーデント
しりょう **資料** shiryou	**材料, 资料** cáiliào, zīliào ツァイリアオ, ヅーリアオ	materials, data マティアリアルズ, データ
しりょく **視力** shiryoku	**视力, 眼力** shìlì, yǎnlì シーリィ, イエンリィ	sight, vision サイト, ヴィジョン
じりょく **磁力** jiryoku	**磁力** cílì ツーリィ	magnetism マグネティズム
しる **汁** shiru	**汁, 汁液** zhī, zhīyè デー, デーイエ	juice チュース
しる **知る** shiru	**知道** zhīdao デーダオ	know ノウ
しるく **シルク** shiruku	**丝绸** sīchóu スーチョウ	silk スィルク

日	中	英
〜ロード	丝绸之路 Sīchóu zhī lù スーチョウ デー ルゥ	Silk Road スィルク ロウド
しるし 印 shirushi	记号 jìhao ジィハオ	mark, sign マーク, サイン
しるす 記す shirusu	记下 jìxià ジィシア	write down ライト ダウン
しれい 司令 shirei	司令 sīlìng スーリィン	command コマンド
〜官	司令员 sīlìngyuán スーリィンユエン	commander コマンダ
〜部	司令部 sīlìngbù スーリィンブゥ	headquarters ヘドクウォータズ
しれい 指令 shirei	指令，命令 zhǐlìng, mìnglìng デーリィン, ミィンリィン	order, instructions オーダ, インストラクションズ
じれい 辞令 jirei	辞令，措辞 cílìng, cuòcí ツーリィン, ツゥオツー	appointment; language アポイントメント, ラングウィヂ
しれわたる 知れ渡る shirewataru	传遍 chuánbiàn チュワンビエン	(be) known to all (ビ) ノウン トゥ オール
しれん 試練 shiren	考验 kǎoyàn カオイエン	trial, ordeal トライアル, オーディール
じれんま ジレンマ jirenma	进退两难 jìn tuì liǎng nán ジン トゥイ リアン ナン	dilemma ディレマ
しろ 城 shiro	城堡 chéngbǎo チョンバオ	castle キャスル
しろ 白 shiro	白色 báisè バイスァ	white (ホ)ワイト

日	中	英
しろい **白い** shiroi	**白** bái バイ	white (ホ)**ワ**イト
しろうと **素人** shirouto	**外行，门外汉** wàiháng, ménwàihàn ワイハァン，メンワイハン	amateur **ア**マチャ
しろっぷ **シロップ** shiroppu	**糖浆** tángjiāng タァンジアン	syrup **ス**ィラップ
しわ **皺** shiwa	**皱纹，褶子** zhòuwén, zhězi ヂョウウェン，ヂョァヅ	wrinkles, creases **リ**ンクルズ，ク**リ**ーセズ
しわける **仕分ける** shiwakeru	**分类，区分** fēnlèi, qūfēn フェンレイ，チュィフェン	classify, sort ク**ラ**スィファイ，**ソ**ート
しわざ **仕業** shiwaza	**所做，行为** suǒzuò, xíngwéi スゥオヅゥオ，シィンウェイ	act, deed **ア**クト，**ディ**ード
しん **芯** shin	**中心，核心** zhōngxīn, héxīn ヂォンシン，ホォアシン	core **コ**ー
じん **ジン** jin	**杜松子酒，金酒** dùsōngzǐjiǔ, jīnjiǔ ドゥソンヅージウ，ジンジウ	gin **ヂ**ン
しんい **真意** shin-i	**真意** zhēnyì ヂェンイー	real intention **リ**ーアル イン**テ**ンション
じんい **人為** jin-i	**人为，人工** rénwéi, réngōng レンウェイ，レンゴン	human work **ヒュ**ーマン **ワ**ーク
～的な	**人工的** réngōng de レンゴン ダ	artificial アーティ**フィ**シャル
じんいん **人員** jin-in	**人员** rényuán レンユエン	staff ス**タ**フ
しんか(する) **進化(する)** shinka (suru)	**进化** jìnhuà ジンホア	evolution; evolve エヴォ**ル**ーション，イ**ヴァ**ルヴ

日	中	英
しんがい(する) **侵害(する)** shingai (suru)	**侵害，侵犯** qīnhài, qīnfàn チンハイ，チンファン	infringement; in-fringe インフリンヂメント，インフ リンヂ
じんかく **人格** jinkaku	**人格** réngé レングァ	character, person-ality キャラクタ，パーソナリティ
しんがっき **新学期** shingakki	**新学期** xīnxuéqī シンシュエチィ	new school term ニュー スクール ターム
しんかん **新刊** shinkan	**新刊** xīnkān シンカン	new publication ニュー パブリケイション
しんぎ(する) **審議(する)** shingi (suru)	**审议，咨议** shěnyì, zīyì シェンイー，ヅーイー	discussion; discuss ディスカション，ディスカス
しんきゅう(する) **進級(する)** shinkyuu (suru)	**升班，升级** shēngbān, shēngjí ションバン，ションジィ	promotion; (be) promoted プロモウション，(ビ) プロモ ウテド
しんきょう **心境** shinkyou	**心境，心地** xīnjìng, xīndì シンジィン，シンディー	frame of mind フレイム オヴ マインド
しんきろう **蜃気楼** shinkirou	**海市蜃楼，幻景** hǎi shì shèn lóu, huànjǐng ハイ シー シェン ロウ，ホワンジィン	mirage ミラージュ
しんきろく **新記録** shinkiroku	**新记录** xīnjìlù シンジィルゥ	new record ニュー レコド
しんきんかん **親近感** shinkinkan	**亲近感** qīnjìngǎn チンジンガン	affinity アフィニティ
しんぐ **寝具** shingu	**寝具** qǐnjù チンジュィ	bedding ベディング
じんくす **ジンクス** jinkusu	**倒霉事** dǎoméi shì ダオメイ シー	jinx ヂンクス
しんくたんく **シンクタンク** shinkutanku	**智囊团** zhìnángtuán ヂーナァントワン	think tank スィンク タンク

日	中	英
しんぐる **シングル** shinguru	**单人** dānrén ダンレン	single スィングル
しんぐるす **シングルス** shingurusu	**单打** dāndǎ ダンダァ	singles スィングルズ
しんけい **神経** shinkei	**神经** shénjīng シェンジィン	nerve ナーヴ
〜痛	**神经痛** shénjīngtòng シェンジィントン	neuralgia ニュアラルヂァ
しんけん(な) **真剣(な)** shinken (na)	**认真，严肃** rènzhēn, yánsù レンヂェン，イエンスゥ	serious, earnest スィアリアス，アーニスト
じんけん **人権** jinken	**人权** rénquán レンチュエン	human rights ヒューマン ライツ
じんけんひ **人件費** jinkenhi	**人事费** rénshìfèi レンシーフェイ	personnel expenses パーソネル イクスペンセズ
しんこう(する) **進行(する)** shinkou (suru)	**前进** qiánjìn チエンジン	progress プラグレス
しんごう **信号** shingou	**信号** xìnhào シンハオ	signal スィグナル
じんこう **人口** jinkou	**人口** rénkǒu レンコウ	population パピュレイション
じんこう **人工** jinkou	**人工** réngōng レンゴン	artificiality アーティフィシャリティ
〜衛星	**人造卫星** rénzào wèixīng レンヅァオ ウェイシィン	artificial satellite アーティフィシャル サテライト
〜呼吸	**人工呼吸** réngōng hūxī レンゴン ホゥシィ	artificial respiration アーティフィシャル レスピレイション

日	中	英
～的な	人工，人造 réngōng, rénzào レンゴン，レンザオ	artificial アーティフィシャル
しんこきゅう **深呼吸** shinkokyuu	**深呼吸** shēnhūxī シェンホゥシィ	deep breathing ディープ ブリーズィング
しんこく(する) **申告(する)** shinkoku (suru)	**申报，报告** shēnbào, bàogào シェンバオ，バオガオ	report, declare リポート，ディクレア
しんこく(な) **深刻(な)** shinkoku (na)	**严重，了不得** yánzhòng, liǎobude イエンヂョン，リアオブドゥァ	serious, grave スィアリアス，グレイヴ
しんこん **新婚** shinkon	**新婚** xīnhūn シンホゥン	newlyweds ニューリウェヅ
～旅行	**新婚旅行** xīnhūn lǚxíng シンホゥン リュィシィン	honeymoon ハニムーン
しんさ **審査** shinsa	**审查，审核** shěnchá, shěnhé シェンチァア，シェンホォア	examination イグザミネイション
しんさい **震災** shinsai	**震灾** zhènzāi ヂェンヅァイ	earthquake, disaster アースクウェイク，ディザスタ
じんざい **人材** jinzai	**人才** réncái レンツァイ	talented person タレンテド パースン
しんさつ(する) **診察(する)** shinsatsu (suru)	**诊察，诊视** zhěnchá, zhěnshì ヂェンチァア，ヂェンシー	medical examination; examine メディカル イグザミネイション，イグザミン
しんし **紳士** shinshi	**绅士** shēnshì シェンシー	gentleman ヂェントルマン
じんじ **人事** jinji	**人事** rénshì レンシー	personnel matters パーソネル マタズ
しんじけーと **シンジケート** shinjikeeto	**辛迪加** xīndíjiā シンディージア	syndicate スィンディケト

日	中	英
しんしつ **寝室** shinshitsu	**卧房, 卧室** wòfáng, wòshì ウオファァン, ウオシー	bedroom ベドルーム
しんじつ **真実** shinjitsu	**事实** shìshí シーシー	truth トルース
～の	**真实** zhēnshí ヂェンシー	true, real トルー, リーアル
しんじゃ **信者** shinja	**教徒, 信徒** jiàotú, xìntú ジアオトゥ, シントゥ	believer ビリーヴァ
しんじゅ **真珠** shinju	〔颗／粒〕**珍珠** 〔kē／lì〕zhēnzhū 〔クァ／リィ〕ヂェンヂュウ	pearl パール
じんしゅ **人種** jinshu	**人种, 种族** rénzhǒng, zhǒngzú レンヂォン, ヂォンヅゥ	race レイス
～差別	**种族歧视** zhǒngzú qíshì ヂォンヅゥ チシー	racial discrimination レイシャル ディスクリミネイション
しんしゅく（する） **伸縮（する）** shinshuku (suru)	**伸缩** shēnsuō シェンスゥオ	elasticity; elastic イラス**ティ**スィティ, イラス**ティ**ク
しんしゅつ（する） **進出（する）** shinshutsu (suru)	**进入** jìnrù ジンルゥ	advance アド**ヴァ**ンス
しんしょく（する） **侵食（する）** shinshoku (suru)	**侵害, 侵蚀** qīnhài, qīnshí チンハイ, チンシー	erosion; erode イ**ロ**ウジョン, イ**ロ**ウド
しんじる **信じる** shinjiru	**信, 相信** xìn, xiāngxìn シン, シアンシン	believe ビリーヴ
しんじん **新人** shinjin	**新人, 新手** xīnrén, xīnshǒu シンレン, シンショウ	newcomer ニューカマ
しんすい（する） **浸水（する）** shinsui (suru)	**浸水** jìnshuǐ ジンシュイ	flood; (be) flooded フラド, (ビ) フラデド

日	中	英
しんせい（する） **申請（する）** shinsei (suru)	**申请** shēnqǐng シェンチン	application; apply for アプリ**ケイ**ション，アプ**ライ** フォ
じんせい **人生** jinsei	**人生** rénshēng レンション	life **ラ**イフ
しんせいじ **新生児** shinseiji	**新生婴儿** xīnshēng yīng'ér シンション イィンアル	newborn baby **ニュー**ボーン **ベ**イビ
しんせき **親戚** shinseki	**亲戚** qīnqi チンチ	relative **レ**ラティヴ
しんせさいざー **シンセサイザー** shinsesaizaa	**电子合成器** diànzǐ héchéngqì ディエンヅー ホォアチョンチィ	synthesizer **ス**ィンセサイザ
しんせつ **親切** shinsetsu	**好意** hǎoyì ハオイー	kindness **カ**インドネス
しんせん（な） **新鮮（な）** shinsen (na)	**新鲜** xīnxian シンシエン	fresh, new フ**レ**シュ，**ニュー**
しんぜん **親善** shinzen	**亲善，友好** qīnshàn, yǒuhǎo チンシャン，ヨウハオ	friendship フ**レ**ンドシプ
しんそう **真相** shinsou	**实情，真相** shíqíng, zhēnxiàng シーチィン，デェンシアン	truth ト**ルー**ス
しんぞう **心臓** shinzou	**心脏** xīnzàng シンヅァン	heart **ハ**ート
〜病	**心脏病** xīnzàngbìng シンヅァンビィン	heart disease **ハ**ート ディ**ズ**ィーズ
〜発作	**心脏病发作** xīnzàngbìng fāzuò シンヅァンビィン ファアヅゥオ	heart attack **ハ**ート ア**タ**ク
〜麻痺	**心脏麻痹** xīnzàng mábì シンヅァン マァビイ	heart failure **ハ**ート **フェ**イリャ

日	中	英
じんぞう 腎臓 jinzou	肾脏 shènzàng シェンヅァン	kidney キドニ
しんぞく 親族 shinzoku	亲属 qīnshǔ チンシュウ	relative レラティヴ
じんそく 迅速 jinsoku	迅速 xùnsù シュインスゥ	rapidity ラピディティ
しんたい 身体 shintai	身体, 躯体 shēntǐ, qūtǐ シェンティー, チュイティー	body バディ
しんだい 寝台 shindai	床, 床铺 chuáng, chuángpù チュアン, チュアンプゥ	bed ベド
～車	卧铺列车 wòpù lièchē ウオプゥ リエチョァ	sleeping car スリーピング カー
しんたく(する) 信託(する) shintaku (suru)	信托 xìntuō シントゥオ	trust トラスト
しんだん(する) 診断(する) shindan (suru)	诊断 zhěnduàn チェンドワン	diagnosis; diagnose ダイアグノウスィス, ダイアグノウズ
しんちゅう 真鍮 shinchuu	黄铜 huángtóng ホアントン	brass ブラス
しんちょう 身長 shinchou	身高 shēngāo シェンガオ	stature スタチャ
しんちょう(な) 慎重(な) shinchou (na)	慎重, 谨慎 shènzhòng, jǐnshèn シェンヂォン, ジンシェン	cautious; prudent コーシャス, プルーデント
しんちんたいしゃ 新陳代謝 shinchintaisha	新陈代谢 xīn chén dài xiè シン チェン ダイ シエ	metabolism メタボリズム
じんつう 陣痛 jintsuu	阵痛 zhèntòng ヂェントン	labor レイバ

日	中	英
しんてん（する） **進展（する）** shinten (suru)	**进展** jìnzhǎn ジンヂャン	development; develop ディ**ヴェ**ロプメント，ディ**ヴェ**ロプ
しんでんず **心電図** shindenzu	**心电图** xīndiàntú シンディエントゥ	electrocardiogram イレクトロウ**カ**ーディオグラム
しんど **震度** shindo	**烈度** lièdù リエドゥ	seismic intensity **サ**イズミク インテンスィティ
しんとう **神道** shintou	**神道** Shéndào シェンダオ	Shinto **シ**ントウ
しんどう（する） **振動（する）** shindou (suru)	**振荡，振动** zhèndàng, zhèndòng ヂェンダァン，ヂェンドン	vibration; vibrate ヴァイブ**レ**イション，**ヴァ**イブレイト
じんどう **人道** jindou	**人道** réndào レンダオ	humanity ヒュー**マ**ニティ
〜主義	**人道主义** réndào zhǔyì レンダオ ヂュウイー	humanitarianism ヒューマニ**テ**アリアニズム
〜的な	**人道的** réndào de レンダオ ダ	humane ヒュー**メ**イン
しんどろーむ **シンドローム** shindoroomu	**综合症，症候群** zōnghézhèng, zhènghòuqún ヅォンホォァヂョン，ヂョンホウチュィン	syndrome **ス**ィンドロウム
しんなー **シンナー** shinnaa	**稀释剂，信纳水** xīshìjì, xìnnàshuǐ シィシージィ，シンナァシュイ	thinner **ス**ィナ
しんにゅう（する） **侵入（する）** shinnyuu (suru)	**侵入，侵略** qīnrù, qīnlüè チンルゥ，チンリュエ	invasion; invade イン**ヴェ**イジョン，イン**ヴェ**イド
しんにゅうせい **新入生** shinnyuusei	**新生** xīnshēng シンション	new student **ニ**ュー ス**テュ**ーデント
しんにん（する） **信任（する）** shinnin (suru)	**信任** xìnrèn シンレン	confidence **カ**ンフィデンス

日	中	英

～状

国书
guóshū
グゥオシュウ

credentials
クリデンシャルズ

しんねん
新年
shinnen

新年
xīnnián
シンニエン

new year
ニュー イヤ

しんぱい
心配
shinpai

担心
dānxīn
ダンシン

anxiety, worry
アングザイエティ, ワーリ

～する

担心, 惦记
dānxīn, diànji
ダンシン, ディエンジ

(be) anxious about
(ビ) アンクシャス アバウト

しんばる
シンバル
shinbaru

钹
bó
ボォ

cymbals
スィンバルズ

しんぱん(する)
審判(する)
shinpan (suru)

裁判, 审判
cáipàn, shěnpàn
ツァイパン, シェンパン

judgment; judge
ヂャヂメント, ヂャヂ

しんぴ
神秘
shinpi

奥秘, 神秘
àomì, shénmì
アオミィ, シェンミィ

mystery
ミスタリ

～的な

神秘
shénmì
シェンミィ

mysterious
ミスティアリアス

しんぴょうせい
信憑性
shinpyousei

可靠性
kěkàoxìng
クァカオシィン

authenticity
オーセンティスィティ

しんぴん
新品
shinpin

新货
xīnhuò
シンホゥオ

new article
ニュー アーティクル

しんぷ
新婦
shinpu

新娘, 新妇
xīnniáng, xīnfù
シンニアン, シンフゥ

bride
ブライド

しんふぉにー
シンフォニー
shinfonii

交响乐
jiāoxiǎngyuè
ジアオシアンユエ

symphony
スィンフォニ

じんぶつ
人物
jinbutsu

人物
rénwù
レンウゥ

person, man
パースン, マン

しんぷる
シンプル
shinpuru

简单, 朴素
jiǎndān, pǔsù
ジエンダン, プゥスゥ

simple
スィンプル

日	中	英
しんぶん **新聞** shinbun	**报，报纸** bào, bàozhǐ パオ，パオヂー	newspaper, press ニューズペイパ，プレス
〜社	**报社，报馆** bàoshè, bàoguǎn パオショァ，パオグワン	newspaper publishing company ニューズペイパ パブリシング カンパニ
しんぽ(する) **進歩(する)** shinpo (suru)	**进步，向上** jìnbù, xiàngshàng ジンブゥ，シアンシャァン	progress, advance プラグレス，アドヴァンス
〜的	**先进，现代** xiānjìn, xiàndài シエンジン，シエンダイ	advanced, progressive アドヴァンスト，プログレスィヴ
じんぼう **人望** jinbou	**名望，声望** míngwàng, shēngwàng ミィンワァン，ションワァン	popularity パピュラリティ
しんぼく **親睦** shinboku	**和睦** hémù ホァムゥ	friendship フレンドシプ
しんぽじうむ **シンポジウム** shinpojiumu	**学术讨论会** xuéshù tǎolùnhuì シュエシュウ タオルゥンホゥイ	symposium スィンポウズィアム
しんぼる **シンボル** shinboru	**象征** xiàngzhēng シアンヂョン	symbol スィンボル
しんまい **新米** shinmai	**新米** xīn mǐ シン ミィ	new rice ニュー ライス
(初心者)	**嫩手，生手** nènshǒu, shēngshǒu ネンショウ，ションショウ	novice, newcomer ナヴィス，ニューカマ
じんましん **蕁麻疹** jinmashin	**荨麻疹** xúnmázhěn シュインマァヂェン	nettle rash, hives ネトル ラシュ，ハイヴズ
しんみつ(な) **親密(な)** shinmitsu (na)	**亲密，贴心** qīnmì, tiēxīn チンミィ，ティエシン	close クロウス
じんみゃく **人脈** jinmyaku	**关系网** guānxìwǎng グワンシィワン	connections コネクションズ

日	中	英
じんもん(する) **尋問(する)** jinmon (suru)	**盘问，讯问** pánwèn, xùnwèn パンウェン，シュィンウェン	interrogation; in-terrogate インテロ**ゲ**イション，インテ**ロ**ゲイト
しんや **深夜** shin-ya	**深更半夜，深夜** shēngēng bànyè, shēnyè シェングン バンイエ，シェンイエ	midnight **ミ**ドナイト
しんゆう **親友** shin-yuu	**密友，挚友** mìyǒu, zhìyǒu ミィヨウ，デーヨウ	close friend ク**ロ**ウス フレンド
しんよう(する) **信用(する)** shin-you (suru)	**信用，信任** xìnyòng, xìnrèn シンヨン，シンレン	confidence; trust **カ**ンフィデンス，ト**ラ**スト
しんようじゅ **針葉樹** shin-youju	〔棵〕**针叶树** 〔kē〕zhēnyèshù 〔クァ〕デェンイエシュウ	conifer **カ**ニファ
しんらい(する) **信頼(する)** shinrai (suru)	**信赖，信任** xìnlài, xìnrèn シンライ，シンレン	reliance; rely リ**ラ**イアンス，リ**ラ**イ
しんらつ(な) **辛辣(な)** shinratsu (na)	**辛辣，尖刻** xīnlà, jiānkè シンラァ，ジエンクァ	biting **バ**イティング
しんり **心理** shinri	**心理** xīnlǐ シンリィ	mental state **メ**ンタル ス**テ**イト
～学	**心理学** xīnlǐxué シンリィシュエ	psychology サイ**カ**ロデ
しんり **真理** shinri	**真理，真谛** zhēnlǐ, zhēndì デェンリィ，デェンディー	truth ト**ル**ース
しんりゃく(する) **侵略(する)** shinryaku (suru)	**侵略** qīnlüè チンリュエ	aggression; invade アグ**レ**ション，イン**ヴェ**イド
しんりん **森林** shinrin	**森林** sēnlín センリン	forest, woods **フォ**ーレスト，**ウ**ヅ
しんるい **親類** shinrui	**亲属** qīnshǔ チンシュウ	relative **レ**ラティヴ

日	中	英
じんるい **人類** jinrui	**人类** rénlèi レンレイ	human race, man-kind **ヒ**ューマン **レ**イス, マン**カ**インド
～学	**人类学** rénlèixué レンレイシュエ	anthropology アンスロ**パ**ロヂ
しんろ **進路** shinro	**进程, 进路** jìnchéng, jìnlù ジンチョン, ジンルゥ	course, way **コ**ース, **ウェ**イ
しんろう **新郎** shinrou	**新郎** xīnláng シンラァン	bridegroom **ブ**ライドグルーム
しんわ **神話** shinwa	**神话** shénhuà シェンホア	myth, mythology **ミ**ス, ミ**サ**ロヂ

す, ス

日	中	英
す **酢** su	**醋** cù ツゥ	vinegar **ヴィ**ニガ
す **巣** su	**窝, 窝巢** wō, wōcháo ウオ, ウオチャオ	nest **ネ**スト
ず **図** zu	**图表, 图画** túbiǎo, túhuà トゥビアオ, トゥホア	picture, figure **ピ**クチャ, **フィ**ギャ
ずあん **図案** zuan	**图案** tú'àn トゥアン	design, sketch ディ**ザ**イン, ス**ケ**チ
ずい **髄** zui	**髓** suǐ スウイ	marrow **マ**ロウ
すいい **水位** suii	**水位** shuǐwèi シュイウェイ	water level **ウォ**ータ **レ**ヴェル
すいい **推移** suii	**推移** tuīyí トゥイイー	change **チェ**インヂ

日	中	英
すいえい **水泳** suiei	**游泳** yóuyǒng ヨウヨン	swimming ス**ウィ**ミング
すいおん **水温** suion	**水温** shuǐwēn シュイウェン	water temperature **ウォ**ータ **テ**ンパラチャ
すいか **西瓜** suika	**西瓜** xīguā シィグア	watermelon **ウォ**ータメロン
すいがい **水害** suigai	**洪灾，水灾** hóngzāi, shuǐzāi ホンヅァイ，シュイヅァイ	flood disaster フ**ラ**ド ディ**ザ**スタ
すいがら **吸い殻** suigara	**烟头** yāntóu イエントウ	cigarette end ス**ィ**ガレト **エ**ンド
すいぎん **水銀** suigin	**汞，水银** gǒng, shuǐyín ゴン，シュイイン	mercury **マ**ーキュリ
すいこう(する) **推敲(する)** suikou (suru)	**推敲** tuīqiāo トゥイチアオ	elaboration; polish イラボ**レ**イション，**パ**リシュ
すいこう(する) **遂行(する)** suikou (suru)	**完成，执行** wánchéng, zhíxíng ワンチョン，ヂーシィン	execution; execute エクセ**キュ**ーション，**エ**クセキュート
すいさいが **水彩画** suisaiga	**水彩画** shuǐcǎihuà シュイツァイホア	watercolor **ウォ**ータカラ
すいさんぎょう **水産業** suisangyou	**水产业** shuǐchǎnyè シュイチャンイエ	fisheries **フィ**シャリズ
すいさんぶつ **水産物** suisanbutsu	**水产物** shuǐchǎnwù シュイチャンウゥ	marine products マ**リ**ーン プ**ラ**ダクツ
すいじ **炊事** suiji	**炊事** chuīshì チュイシー	cooking **ク**キング
すいしつ **水質** suishitsu	**水质** shuǐzhì シュイヂー	water quality **ウォ**ータ ク**ワ**リティ
すいしゃ **水車** suisha	**水车** shuǐchē シュイチョア	waterwheel **ウォ**ータ(ホ)ウィール

日	中	英
すいじゃくする **衰弱する** suijakusuru	衰弱 shuāiruò シュアイルゥオ	grow weak グロウ ウィーク
すいじゅん **水準** suijun	水平，水准 shuǐpíng, shuǐzhǔn シュイピン，シュイヂュン	level, standard レヴェル，スタンダド
すいしょう **水晶** suishou	水晶 shuǐjīng シュイジン	crystal クリスタル
すいじょうき **水蒸気** suijouki	水蒸气，蒸汽 shuǐzhēngqì, zhēngqì シュイヂョンチィ，ヂョンチィ	steam, vapor スティーム，ヴェイパ
すいじょうすきー **水上スキー** suijousukii	滑水 huáshuǐ ホアシュイ	water-skiing ウォータスキーイング
すいしん(する) **推進(する)** suishin (suru)	推进，推动 tuījìn, tuīdòng トゥイジン，トゥイドン	propulsion, promotion プロパルション，プロモゥション
すいすい **すいすい** suisui	轻快地，顺利地 qīngkuài de, shùnlì de チィンクアイ ダ，シュンリィ ダ	lightly, smoothly ライトリ，スムーズリ
すいせい **水星** suisei	水星 shuǐxīng シュイシィン	Mercury マーキュリ
すいせん(する) **推薦(する)** suisen (suru)	推荐，荐举 tuījiàn, jiànjǔ トゥイジエン，ジエンジュィ	recommendation; recommend レコメンデイション，レコメンド
すいそ **水素** suiso	氢 qīng チィン	hydrogen ハイドロヂェン
〜爆弾	氢弹 qīngdàn チィンダン	hydrogen bomb ハイドロヂェン バム
すいそう **水槽** suisou	水槽 shuǐcáo シュイツァオ	water tank, cistern ウォータ タンク，スィスタン
すいそく(する) **推測(する)** suisoku (suru)	推测，猜想 tuīcè, cāixiǎng トゥイツァ，ツァイシアン	guess, conjecture ゲス，コンヂェクチャ

日	中	英
すいぞくかん **水族館** suizokukan	**水族馆** shuǐzúguǎn シュイヅゥグワン	aquarium アクウェアリアム
すいたい(する) **衰退(する)** suitai (suru)	**衰退，衰颓** shuāituì, shuāituí シュアイトゥイ，シュアイトゥイ	decline, fall ディクライン，フォール
すいちょく **垂直** suichoku	**垂直** chuízhí チュイヂー	vertical ヴァーティカル
〜に	**垂直地** chuízhí de チュイヂーダ	vertically ヴァーティカリ
すいっち **スイッチ** suicchi	**电门，开关** diànmén, kāiguān ディエンメン，カイグワン	switch スウィチ
すいてい(する) **推定(する)** suitei (suru)	**测度，估量** cèduó, gūliang ツゥァドゥオ，グウリアン	presumption; presume プリザンプション，プリジューム
すいでん **水田** suiden	**水地，水田** shuǐdì, shuǐtián シュイディー，シュイティエン	rice field ライスフィールド
すいとう **水筒** suitou	**水壶** shuǐhú シュイホゥ	water bottle, canteen ウォータバトル，キャンティーン
すいどう **水道** suidou	**自来水管** zìláishuǐguǎn ズーライシュイグワン	water service ウォータサーヴィス
すいはんき **炊飯器** suihanki	**炊饭锅，电饭锅** chuīfànguō, diànfànguō チュイファングゥオ，ディエンファングゥオ	rice cooker ライスクカ
ずいひつ **随筆** zuihitsu	**随笔，漫笔** suíbǐ, mànbǐ スゥイビィ，マンビィ	essay エセイ
〜家	**随笔作家** suíbǐ zuòjiā スゥイビィ ヅゥオジア	essayist エセイイスト
すいぶん **水分** suibun	**水分** shuǐfèn シュイフェン	water, moisture ウォータ，モイスチャ

日	中	英
ずいぶん **随分** zuibun	**很，相当** hěn, xiāngdāng ヘン, シアンダァン	fairly, extremely フェアリ, イクストリームリ
すいへい **水平** suihei	**水平** shuǐpíng シュイピィン	level レヴェル
～線	**地平线** dìpíngxiàn ディーピィンシエン	horizon ホライズン
すいぼつ(する) **水没(する)** suibotsu (suru)	**沉没，淹没** chénmò, yānmò チェンモォ, イエンモォ	submergence サブマーデェンス
すいみん **睡眠** suimin	**睡眠** shuìmián シュイミエン	sleep スリープ
～薬	〔片〕**催眠药，安眠药** 〔piàn〕cuīmiányào, ānmiányào 〔ピエン〕ツゥイミエンヤオ, アンミエンヤオ	sleeping drug スリーピング ドラグ
すいめん **水面** suimen	**水面** shuǐmiàn シュイミエン	surface of the water サーフェス オヴ ザ ウォータ
すいようび **水曜日** suiyoubi	**星期三** xīngqīsān シィンチィサン	Wednesday ウェンズデイ
すいり(する) **推理(する)** suiri (suru)	**推理** tuīlǐ トゥイリィ	reasoning; reason リーズニング, リーズン
～小説	**侦探小说** zhēntàn xiǎoshuō ヂェンタン シアオシュオ	detective story ディテクティヴ ストーリ
すいりょく **水力** suiryoku	**水力** shuǐlì シュイリィ	water power ウォータ パウア
～発電	**水力发电** shuǐlì fādiàn シュイリィ ファアディエン	hydroelectricity ハイドロウイレクトリスィティ
すいれん **睡蓮** suiren	**睡莲** shuìlián シュイリエン	water lily ウォータ リリ

日	中	英
すいろ **水路** suiro	**水路，水渠** shuǐlù, shuǐqú シュイルゥ，シュイチュイ	waterway, channel **ウォ**ータウェイ，**チャ**ネル
すいろん(する) **推論(する)** suiron (suru)	**推论** tuīlùn トゥイルゥン	reasoning; reason **リ**ーズニング，**リ**ーズン
すいんぐ **スイング** suingu	**摇摆，挥动** yáobǎi, huīdòng ヤオバイ，ホイドン	swing ス**ウィ**ング
すう **吸う** suu	**吸，吮吸** xī, shǔnxī シィ，シュンシィ	breathe in, inhale ブリーズ **イ**ン，イン**ヘ**イル
すうがく **数学** suugaku	**数学** shùxué シュウシュエ	mathematics マセ**マ**ティクス
すうこう **崇高** suukou	**崇高** chónggāo チョンガオ	sublimity サブ**リ**ミティ
すうじ **数字** suuji	**数字，数码** shùzì, shùmǎ シュウヅー，シュウマァ	figure, numeral **フィ**ギャ，**ニュ**ーメラル
すうしき **数式** suushiki	**算式** suànshì スワンシー	numerical expression ニュー**メ**リカル イクスプレ ション
ずうずうしい **図々しい** zuuzuushii	**脸皮厚，厚颜无耻** liǎnpí hòu, hòuyán wúchǐ リエンピィ ホウ，ホウイエン ウゥチー	impudent **イ**ンピュデント
すーつ **スーツ** suutsu	〔套〕**套装** 〔tào〕tàozhuāng 〔タオ〕タオデュアン	suit **ス**ート
～ケース	**手提箱** shǒutíxiāng ショウティーシアン	suitcase **ス**ートケイス
すうにん **数人** suunin	**几个人** jǐ ge rén ジィ ガ レン	several people **セ**ヴラル **ピ**ープル
すうねん **数年** suunen	**几年** jǐ nián ジィ ニエン	several years **セ**ヴラル **イ**ヤズ

日	中	英
すーぱー **スーパー** suupaa	**超级** chāojí チャオジィ	super- スーパ
～スター	**超级明星** chāojí míngxīng チャオジィ ミィンシィン	superstar スーパスター
～マーケット	**超级市场** chāojí shìchǎng チャオジィ シーチァン	supermarket スーパマーケット
すうはい(する) **崇拝(する)** suuhai (suru)	**崇拜** chóngbài チォンバイ	worship ワーシプ
すーぷ **スープ** suupu	**汤** tāng タァン	soup スープ
すえっこ **末っ子** suekko	**最小的孩子** zuìxiǎo de háizi ヅゥイシアオ ダ ハイヅ	youngest child ヤンゲスト チャイルド
すえる **据える** sueru	**放，摆** fàng, bǎi ファァン, バイ	place, lay, set プレイス, レイ, セト
ずが **図画** zuga	〔张〕**图画** 〔zhāng〕túhuà 〔ヂァン〕トゥホア	drawing, picture ドローイング, ピクチャ
すかーと **スカート** sukaato	〔条〕**裙子** 〔tiáo〕qúnzi 〔ティアオ〕チュィンヅ	skirt スカート
すかーふ **スカーフ** sukaafu	〔块／条〕**领巾，头巾** 〔kuài/tiáo〕lǐngjīn, tóujīn 〔クアイ／ティアオ〕リィンジン, トウジン	scarf スカーフ
ずがいこつ **頭蓋骨** zugaikotsu	**颅骨，头盖骨** lúgǔ, tóugàigǔ ルゥグゥ, トウガイグゥ	skull スカル
すかいだいびんぐ **スカイダイビング** sukaidaibingu	**跳伞** tiàosǎn ティアオサン	skydiving スカイダイヴィング
すかうと(する) **スカウト(する)** sukauto (suru)	**星探** xīngtàn シィンタン	scout スカウト
すがすがしい **清々しい** sugasugashii	**清爽，清新** qīngshuǎng, qīngxīn チィンシュアン, チィンシン	refreshing, fresh リフレシング, フレシュ

374

日	中	英
_{すがた} **姿** sugata	**姿态，身段** zītài, shēnduàn ヅータイ, シェンドワン	figure, shape **フィギャ**, **シェイプ**
_{ずかん} **図鑑** zukan	**图鉴，图谱** tújiàn, túpǔ トゥジエン, トゥプゥ	illustrated book **イラストレイテド ブク**
_{すき} **隙** suki	**缝，缝隙** fèng, fèngxì フォン, フォンシィ	opening, gap **オウプニング**, **ギャプ**
（弱点）	**空子，疏忽** kòngzi, shūhu コンヅ, シュウホ	unguarded point **アンガーデド ポイント**
_{すぎ} **杉** sugi	**杉树，杉木** shānshù, shānmù シャンシュウ, シャンムウ	Japanese cedar **ヂァパニーズ スィーダ**
_{すきー} **スキー** sukii	**滑雪** huá'xuě ホアシュエ	skiing, ski **スキーイング**, **スキー**
_{すききらい} **好き嫌い** sukikirai	**好恶** hàowù ハオウゥ	likes and dislikes **ライクス アンド ディスライクス**
_{すきな} **好きな** sukina	**喜欢的，喜爱的** xǐhuan de, xǐ'ài de シィホワン ダ, シィアイ ダ	favorite **フェイヴァリト**
_{すきま} **隙間** sukima	**缝隙，空隙** fèngxì, kòngxì フォンシィ, コンシィ	opening, gap **オウプニング**, **ギャプ**
_{すきゃんだる} **スキャンダル** sukyandaru	**丑闻** chǒuwén チョウウェン	scandal **スキャンダル**
_{すきゅーばだいびんぐ} **スキューバダイビング** sukyuubadaibingu	**水肺潜水** shuǐfèi qiánshuǐ シュイフェイ チエンシュイ	scuba diving **スキューバ ダイヴィング**
_{すぎる} **過ぎる** sugiru	**过，经过** guò, jīngguò グゥオ, ジングゥオ	pass, go past **パス**, **ゴウ パスト**
_{すきんしっぷ} **スキンシップ** sukinshippu	**肌肤接触，爱抚** jīfū jiēchù, àifǔ ジィフゥ ジエチュウ, アイフゥ	physical contact **フィズィカル カンタクト**
_{すく} **空く** suku	**少，稀疏** shǎo, xīshū シャオ, シィシュウ	(become) less crowded （ビカム）**レス クラウディド**

日	中	英
すぐ **直ぐ** sugu	**马上，随即** mǎshàng, suíjí マアシャァン, スゥイジィ	at once, immediately アト ワンス, イミーディエトリ
すくい **救い** sukui	**救，救援** jiù, jiùyuán ジウ, ジウユエン	help, aid, relief ヘルプ, エイド, リリーフ
すくう **掬う** sukuu	**捞，舀** lāo, yǎo ラオ, ヤオ	scoop, ladle スクープ, レイドル
すくう **救う** sukuu	**救，拯救** jiù, zhěngjiù ジウ, ヂョンジウ	help, relieve ヘルプ, リリーヴ
すくーたー **スクーター** sukuutaa	**小型摩托** xiǎoxíng mótuō シアオシィン モオトゥオ	scooter スクータ
すくーぷ **スクープ** sukuupu	**独家新闻** dújiā xīnwén ドゥジア シンウェン	scoop スクープ
すくない **少ない** sukunai	**少** shǎo シャオ	few, little フュー, リトル
すくなくとも **少なくとも** sukunakutomo	**至少，起码** zhìshǎo, qǐmǎ ヂーシャオ, チマァ	at least アト リースト
すくむ **竦む** sukumu	**畏缩** wèisuō ウェイスゥオ	cower, draw back カウア, ドロー バク
すくらっぷ **スクラップ** sukurappu	**废品** fèipǐn フェイピン	scrap スクラプ
すくりーん **スクリーン** sukuriin	**银幕** yínmù インムゥ	screen スクリーン
すぐれた **優れた** sugureta	**优良，出色** yōuliáng, chūsè ヨウリアン, チュウスァ	excellent, fine エクセレント, ファイン
すぐれる **優れる** sugureru	**优秀，出色** yōuxiù, chūsè ヨウシウ, チュウスァ	(be) superior to, (be) better (ビ) スピアリア トゥ, (ビ) ベタ

日	中	英
すくろーる **スクロール** sukurooru	**滚动** gǔndòng グゥンドン	scrolling スクロウリング
ずけい **図形** zukei	**图形** túxíng トゥシィン	figure, diagram フィギャ, ダイアグラム
すけーと **スケート** sukeeto	**滑冰** huá'bīng ホアビィン	skating スケイティング
〜靴	〔双〕**冰鞋** 〔shuāng〕bīngxié 〔シュアン〕ビィンシエ	skates スケイツ
すけーる **スケール** sukeeru	**规模** guīmó グゥイモォ	scale スケイル
すけじゅーる **スケジュール** sukejuuru	**日程** rìchéng リーチョン	schedule スケデュル
すけっち(する) **スケッチ(する)** sukecchi(suru)	**速写** sùxiě スゥシエ	sketch スケチ
すける **透ける** sukeru	**透过** tòuguò トウグゥオ	(be) transparent (ビ)トランスペアレント
すこあ **スコア** sukoa	**得分** défēn ドゥァフェン	score スコー
〜ボード	**记分板** jìfēnbǎn ジィフェンバン	scoreboard スコーボード
すごい **凄い** sugoi	**厉害** lìhai リィハイ	wonderful, terrible ワンダフル, テリブル
すこし **少し** sukoshi	**稍微, 略微** shāowēi, lüèwēi シャオウェイ, リュエウェイ	a few, a little ア フュー, ア リトル
すごす **過ごす** sugosu	**过, 度过** guò, dùguò グゥオ, ドゥグゥオ	pass, spend パス, スペンド
すこっぷ **スコップ** sukoppu	〔把〕**铲子, 铁锹** 〔bǎ〕chǎnzi, tiěqiāo 〔バァ〕チャンヅ, ティエチアオ	scoop, shovel スクープ, シャヴル

日	中	英
すこやかな **健やかな** sukoyakana	**健康，健壮** jiànkāng, jiànzhuàng ジエンカァン，ジエンデュアン	healthy ヘルスィ
すさまじい **すさまじい** susamajii	**可怕，惊人** kěpà, jīngrén クァパァ，ジィンレン	dreadful, terrible ドレドフル，**テ**リブル
ずさんな **杜撰な** zusanna	**粗糙，草率** cūcāo, cǎoshuài ツゥツァオ，ツァオシュアイ	careless, slipshod ケアレス，スリプシャド
すし **鮨** sushi	**寿司** shòusī ショウスー	*sushi* スーシ
すじ **筋** suji	**条纹** tiáowén ティアオウェン	line, stripe ライン，ストライプ
(腱)	**腱** jiàn ジエン	tendon テンドン
(話の)	**梗概，情节** gěnggài, qíngjié グンガイ，チンジエ	plot プラト
すしづめ(の) **すし詰め(の)** sushizume (no)	**拥挤，挤满** yōngjǐ, jǐmǎn ヨンジィ，ジィマン	jam-packed チャンパクト
すじみち **筋道** sujimichi	**道理，程序** dàoli, chéngxù ダオリ，チョンシュィ	reason, logic リーズン，**ラ**ヂク
すじょう **素性** sujou	**来路，来历** láilu, láilì ライル，ライリィ	birth, origin バース，**オ**ーリヂン
すず **鈴** suzu	**铃铛** língdang リィンダァン	bell ベル
すすぐ **濯ぐ** susugu	**冲洗，涮** chōngxǐ, shuàn チョンシィ，シュワン	rinse リンス
すすける **煤ける** susukeru	**烟熏** yānxūn イエンシュィン	(become) sooty （ビカム）ス**テ**ィ
すずしい **涼しい** suzushii	**凉快，凉爽** liángkuai, liángshuǎng リアンクアイ，リアンシュアン	cool ク**ー**ル

日	中	英
すすむ **進む** susumu	**进，前进** jìn, qiánjìn ジン，チエンジン	go forward ゴウ フォーワド
すずむ **涼む** suzumu	**乘凉，纳凉** chéngliáng, nàliáng チョンリアン，ナァリアン	enjoy the cool air インチョイ ザ クール エア
すずめ **雀** suzume	〔只〕**麻雀** 〔zhǐ〕máquè 〔デー〕マァチュエ	sparrow スパロウ
すすめる **勧める** susumeru	**劝，劝说** quàn, quànshuō チユエン，チユエンシユオ	advise アドヴァイズ
すすめる **進める** susumeru	**推进** tuījìn トゥイジン	advance, push on アドヴァンス，プシュ オン
すすめる **薦める** susumeru	**推荐，推举** tuījiàn, tuījǔ トゥイジエン，トゥイジュィ	recommend レコメンド
すずり **硯** suzuri	**砚台** yàntai イエンタイ	inkstone インクストウン
すする **啜る** susuru	**喝，呷** hē, xiā ホォア，シア	sip, slurp スィプ，スラープ
すそ **裾** suso	**下摆** xiàbǎi シアバイ	skirt, train スカート，トレイン
すたー **スター** sutaa	**明星** míngxīng ミィンシィン	star スター
すたーと **スタート** sutaato	**开始** kāishǐ カイシー	start スタート
〜ライン	**起跑线** qǐpǎoxiàn チィパオシエン	starting line スターティング ライン
すたいる **スタイル** sutairu	**样式** yàngshì ヤンシー	style スタイル
すたじあむ **スタジアム** sutajiamu	**球场，体育场** qiúchǎng, tǐyùchǎng チウチャァン，ティーユィチャァン	stadium ステイディアム

日	中	英
すたじお **スタジオ** sutajio	**播音室** bōyīnshì ボォインシー	studio ス**テュ**ーディオウ
すたっふ **スタッフ** sutaffu	**工作人员，班底** gōngzuò rényuán, bāndǐ ゴンヅゥオ レンユエン，バンディー	staff ス**タ**フ
すたみな **スタミナ** sutamina	**耐力，斗志** nàilì, dòuzhì ナイリィ，ドゥヂー	stamina ス**タ**ミナ
すたれる **廃れる** sutareru	**过时** guòshí グゥオシー	go out of use **ゴ**ウ **ア**ウト オヴ **ユ**ース
すたんす **スタンス** sutansu	**击球的姿势** jīqiú de zīshì ジィチウ ダ ヅーシー	stance ス**タ**ンス
すたんど **スタンド**（観客席） sutando	**看台** kàntái カンタイ	stand, bleachers ス**タ**ンド，ブ**リ**ーチャズ
（電灯）	〔盏〕**台灯，落地灯** 〔zhǎn〕táidēng, luòdìdēng 〔ヂャン〕タイドゥン，ルゥオディーデゥン	desk lamp **デ**スク **ラ**ンプ
すたんぷ **スタンプ** sutanpu	**图章，戳子** túzhāng, chuōzi トゥヂャァン，チュオヅ	stamp, postmark ス**タ**ンプ，**ポ**ウストマーク
すちーむ **スチーム** suchiimu	**蒸汽** zhēngqì ヂョンチィ	steam ス**ティ**ーム
ずつう **頭痛** zutsuu	**头痛** tóutòng トウトン	headache **ヘ**デイク
すっかり **すっかり** sukkari	**全部，完全** quánbù, wánquán チュエンブゥ，ワンチュエン	all, entirely **オ**ール，イン**タ**イアリ
すづけ **酢漬け** suzuke	**醋泡** cùpào ツゥパオ	pickling **ピ**クリング
すっぱい **酸っぱい** suppai	**酸** suān スワン	sour, acid **サ**ウア，**ア**スィド
すっぽん **鼈** suppon	**鳖，甲鱼** biē, jiǎyú ビエ，ジアユィ	soft-shelled turtle **ソ**フトシェルド **タ**ートル

日	中	英
すてーき **ステーキ** suteeki	**牛排** niúpái ニゥパイ	steak ステイク
すてーじ **ステージ** suteeji	**舞台，戏台** wǔtái, xìtái ウゥタイ，シィタイ	stage ステイヂ
すてきな **素敵な** sutekina	**极好的，妙** jí hǎo de, miào ジィ ハオ ダ，ミアオ	great, fine, splen- did グレイト，**ファイン**，スプレ ンディド
すてっかー **ステッカー** sutekkaa	**标签，张贴物** biāoqiān, zhāngtiēwù ビアオチエン，ヂァンティエウゥ	sticker ステ**ィ**カ
すてっち **ステッチ** sutecchi	**针脚** zhēnjiao ヂェンジアオ	stitch ステ**ィ**チ
すてっぷ **ステップ** suteppu	**舞步** wǔbù ウゥブゥ	step ステプ
すでに **既に** sudeni	**已经，业已** yǐjīng, yèyǐ イージィン，イエイー	already オール**レ**ディ
すてる **捨てる** suteru	**扔，抛弃** rēng, pāoqì ルォン，パオチィ	throw away, dump スロウ アウェイ，**ダ**ンプ
すてれお **ステレオ** sutereo	**（组合）音响** (zǔhé)yīnxiǎng （ヅゥホァァ）インシアン	stereo ステ**ィ**アリオウ
すてんどぐらす **ステンドグラス** sutendogurasu	**彩色玻璃** cǎisè bōli ツァイスァ ボリ	stained glass ステインド グ**ラ**ス
すてんれす **ステンレス** sutenresu	**不锈钢** búxiùgāng ブゥシウガァン	stainless steel ステインレス ステ**ィ**ール
すといっくな **ストイックな** sutoikkuna	**禁欲** jìnyù ジンユィ	stoic ス**ト**ウイク
すとーかー **ストーカー** sutookaa	**跟踪者，偷袭者** gēnzōngzhě, tōuxízhě ゲンヅォンヂョァ，トウシィヂョァ	stalker ス**ト**ーカ

日	中	英
すとーぶ **ストーブ** sutoobu	**火炉，炉子** huǒlú, lúzi ホウオルゥ, ルゥヅ	heater, stove ヒータ, ストウヴ
すとーりー **ストーリー** sutoorii	**情节，故事** qíngjié, gùshi チンジエ, グゥシ	story ストーリ
すとーる **ストール** sutooru	**披肩** pījiān ピィジエン	stole ストウル
すとっきんぐ **ストッキング** sutokkingu	**连裤袜，长筒袜** liánkùwà, chángtǒngwà リエンクゥワァ, チャァントンワァ	stockings スタキングズ
すとっく **ストック** sutokku	**存货，库存品** cúnhuò, kùcúnpǐn ツゥンホゥオ, クゥツゥンピン	stock スタク
すとっぷ **ストップ** sutoppu	**停止** tíngzhǐ ティンデー	stop スタプ
〜ウォッチ	**跑表** pǎobiǎo パオビアオ	stopwatch スタプワチ
すとらいき **ストライキ** sutoraiki	**罢工** bà'gōng バァゴン	strike ストライク
すとらいく **ストライク** （野球の） sutoraiku	**好球** hǎoqiú ハオチウ	strike ストライク
すとらいぷ **ストライプ** sutoraipu	**条纹** tiáowén ティアオウェン	stripes ストライプス
すとれす **ストレス** sutoresu	**精神压力** jīngshén yālì ジンシェン ヤァリィ	stress ストレス
すとれっち **ストレッチ** sutorecchi	**伸缩操，柔软体操** shēnsuōcāo, róuruǎn tǐcāo シェンスゥオツァオ, ロウルワン ティーツァオ	stretch ストレチ
すな **砂** suna	**沙子** shāzi シァアヅ	sand サンド

日	中	英
すなお(な) **素直(な)** sunao (na)	**直率，老实** zhíshuài, lǎoshi ヂーシュアイ，ラオシ	docile, obedient ダスィル，オビーディエント
すなっく **スナック** sunakku	**酒吧** jiǔbā ジウバァ	snack (bar) スナク（バー）
（菓子）	**小吃** xiǎochī シアオチー	snack スナク
すなわち **即ち** sunawachi	**即，就是说** jí, jiùshi shuō ジィ，ジウシ シュオ	namely, that is ネイムリ，ザト イズ
すにーかー **スニーカー** suniikaa	〔双〕**运动鞋，球鞋** 〔shuāng〕yùndòngxié, qiúxié 〔シュアン〕ユィンドンシエ，チウシエ	sneakers スニーカズ
すね **脛** sune	**小腿** xiǎotuǐ シアオトゥイ	leg, shin レグ，シン
すねる **拗ねる** suneru	**撒刁，闹别扭** sādiāo, nào bièniu サアディアオ，ナオ ビエニウ	(be) sulky, (be) cynical (ビ) サルキ，(ビ) スィニカル
ずのう **頭脳** zunou	**头脑，脑袋** tóunǎo, nǎodai トウナオ，ナオダイ	brains, head ブレインズ，ヘド
すのーぼーど **スノーボード** sunooboodo	**滑板滑雪** huábǎn huáxuě ホアバン ホアシュエ	snowboard スノウボード
すぱーく **スパーク** supaaku	**飞火星，发火花** fēi huǒxīng, fā huǒhuā フェイ ホウシィン，ファア ホウオホア	spark スパーク
すぱい **スパイ** supai	**间谍，密探** jiàndié, mìtàn ジエンディエ，ミィタン	spy, secret agent スパイ，スィークレト エイ ヂェント
すぱいくぐつ **スパイク靴** supaikugutsu	〔双〕**钉鞋** 〔shuāng〕dīngxié 〔シュアン〕ディンシエ	spiked shoes スパイクト シューズ
すぱいす **スパイス** supaisu	**调料** tiáoliào ティアオリアオ	spice スパイス
すばしこい **すばしこい** subashikoi	**敏捷** mǐnjié ミンジエ	nimble, agile ニンブル，アヂル

日	中	英
すはだ **素肌** suhada	**未化妆的皮肤** wèihuàzhuāng de pífū ウェイホアヂュアン ダ ピィフゥ	bare skin **ペ**ア ス**キ**ン
すぱな **スパナ** supana	〔把〕**扳手** 〔bǎ〕bānshou 〔バァ〕バンショウ	wrench, spanner **レ**ンチ, ス**パ**ナ
ずばぬけて **ずば抜けて** zubanukete	**出众，超群** chūzhòng, chāoqún チュウヂォン, チャオチュィン	by far, exceptionally バイ **ファ**ー, イク**セ**プショ ナリ
すばやい **素早い** subayai	**敏捷，麻利** mǐnjié, máli ミンジエ, マァリ	nimble, quick **ニ**ンブル, ク**ウィ**ク
すばらしい **素晴らしい** subarashii	**精彩，了不起** jīngcǎi, liǎobuqǐ ジンツァイ, リアオブチィ	wonderful, splendid **ワ**ンダフル, スプレンディド
すぴーかー **スピーカー** supiikaa	**扬声器，扩音器** yángshēngqì, kuòyīnqì ヤンションチィ, クウオインチィ	speaker ス**ピ**ーカ
すぴーち **スピーチ** supiichi	**演讲，演说** yǎnjiǎng, yǎnshuō イエンジアン, イエンシュオ	speech ス**ピ**ーチ
すぴーど **スピード** supiido	**速度** sùdù スゥドゥ	speed ス**ピ**ード
すぷーん **スプーン** supuun	〔把〕**匙子，小勺儿** 〔bǎ〕chízi, xiǎosháor 〔バァ〕チーヅ, シアオシャオル	spoon ス**プ**ーン
ずぶぬれの **ずぶ濡れの** zubunureno	**湿透** shītòu シートウ	soaked to the skin **ソ**ウクト トゥ ザ ス**キ**ン
すぷれー **スプレー** supuree	**喷雾器，喷子** pēnwùqì, pēnzi ペンウゥチィ, ペンヅ	spray スプ**レ**イ
すぺあ **スペア** supea	**备件，备用品** bèijiàn, bèiyòngpǐn ベイジエン, ベイヨンピン	spare, refill ス**ペ**ア, リー**フィ**ル
すぺいん **スペイン** supein	**西班牙** Xībānyá シィバンヤァ	Spain ス**ペ**イン

日	中	英
～語	西班牙语 Xībānyáyǔ シィバンヤァユィ	Spanish スパニシュ
すぺーす **スペース** supeesu	空地，空间 kòngdì, kōngjiān コンティー，コンジエン	space スペイス
すぺーど **スペード** supeedo	黑桃 hēitáo ヘイタオ	spade スペイド
すぺくとる **スペクトル** supekutoru	光谱 guāngpǔ グアンプゥ	spectrum スペクトラム
すぺしゃりすと **スペシャリスト** supesharisuto	专家 zhuānjiā ヂュワンジア	specialist スペシャリスト
すぺしゃる **スペシャル** supesharu	特别，特殊 tèbié, tèshū トゥァビエ，トゥァシュウ	special スペシャル
すべすべした **すべすべした** subesubeshita	光滑，光溜溜 guānghuá, guāngliūliū グアンホア，グアンリウリウ	smooth, slippery スムーズ，スリパリ
すべて(の) **全て(の)** subete (no)	全部，一切 quánbù, yíqiè チュエンブゥ，イーチエ	all **オ**ール
すべる **滑る** suberu	滑，溜 huá, liū ホア，リウ	slip, slide, glide スリプ，スライド，グライド
すぺる **スペル** superu	拼字 pīnzì ピンヅー	spelling スペリング
すぽーくすまん **スポークスマン** supookusuman	发言人，代言人 fāyánrén, dàiyánrén ファアイエンレン，ダイイエンレン	spokesman スポウクスマン
すぽーつ **スポーツ** supootsu	体育，运动 tǐyù, yùndòng ティーユィ，ユインドン	sports スポーツ
～マン	运动员，选手 yùndòngyuán, xuǎnshǒu ユインドンユエン，シュエンショウ	sportsman, athlete スポーツマン，**ア**スリート
すぽっとらいと **スポットライト** supottoraito	〔盏〕聚光灯 〔zhǎn〕jùguāngdēng 〔ヂァン〕ジュィグアンデゥン	spotlight スパトライト

日	中	英
ずぼん **ズボン** zubon	〔条〕裤子 〔tiáo〕kùzi 〔ティアオ〕クゥヅ	trousers トラウザズ
すぽんさー **スポンサー** suponsaa	赞助者 zànzhùzhě ヅァンヂュウヂョァ	sponsor スパンサ
すぽんじ **スポンジ** suponji	〔块〕海绵 〔kuài〕hǎimián 〔クアイ〕ハイミエン	sponge スパンヂ
すまい **住まい** sumai	住房，寓所 zhùfáng, yùsuǒ ヂュウファン，ユィスゥオ	house ハウス
すます **済ます** sumasu	作完，结束 zuòwán, jiéshù ヅゥオワン，ジエシュウ	finish フィニシュ
すまっしゅ **スマッシュ** sumasshu	扣杀 kòushā コウシャァ	smashing, smash スマシング，スマシュ
すみ **炭** sumi	炭 tàn タン	charcoal チャーコウル
すみ **隅** sumi	角落 jiǎoluò ジアオルゥオ	nook, corner ヌク，コーナ
すみ **墨** sumi	墨 mò モォ	China ink チャイナ インク
すみれ **菫** sumire	堇菜 jǐncài ジンツァイ	violet ヴァイオレト
すむ **済む** sumu	结束，完 jiéshù, wán ジエシュウ，ワン	(be) finished (ビ) フィニシュト
すむ **住む** sumu	居住，住 jūzhù, zhù ジュィヂュウ，ヂュウ	live ライヴ
すむ **澄む** sumu	澄清，清澈 chéngqīng, qīngchè チョンチン，チンチョァ	become clear ビカム クリア
すむーすな **スムースな** sumuusuna	顺利，圆满 shùnlì, yuánmǎn シュンリィ，ユエンマン	smooth スムーズ

日	中	英
すもう **相撲** sumou	**相扑，摔跤** xiāngpū, shuāijiāo シアンプゥ, シュアイジアオ	*sumo* wrestling スーモウ レスリング
すもーくさーもん **スモークサーモン** sumookusaamon	**熏鲑鱼，熏三文鱼** xūnguīyú, xūnsānwényú シュイングゥイユィ, シュィンサンウェン ユィ	smoked salmon スモゥクト **サ**モン
すもっぐ **スモッグ** sumoggu	**烟雾** yānwù イエンウゥ	smog ス**マ**グ
すもも **李** sumomo	**李子** lǐzi リィヅ	plum, damson プ**ラ**ム, **ダ**ムゾン
すやき **素焼き** suyaki	〔**片**〕**瓦** 〔piàn〕wǎ 〔ピエン〕ワァ	unglazed pottery アングレイズド **パ**タリ
すらいす **スライス** suraisu	**切片** qiēpiàn チエピエン	slice ス**ラ**イス
すらいど **スライド** suraido	**幻灯** huàndēng ホワンデゥン	slide ス**ラ**イド
ずらす **ずらす** zurasu	**挪动，移动** nuódòng, yídòng ヌゥオドン, イードン	shift, move **シ**フト, **ムー**ヴ
すらすら(と) **すらすら(と)** surasura (to)	**流利，顺利** liúlì, shùnlì リウリィ, シュンリィ	smoothly, fluently ス**ムー**スリ, フル**エ**ントリ
すらんぐ **スラング** surangu	**俚语** lǐyǔ リィユィ	slang ス**ラ**ング
すらんぷ **スランプ** suranpu	**委靡，消沉** wěimǐ, xiāochén ウェイミィ, シアオチェン	slump ス**ラ**ンプ
すり **掏摸** suri	**扒手，小偷** páshǒu, xiǎotōu パァショウ, シアオトウ	pickpocket **ピ**クパケト
すりおろす **擦り下ろす** suriorosu	**磨碎，研碎** mósuì, yánsuì モォスゥイ, イエンスゥイ	grind, grate グ**ラ**インド, グレイト

日	中	英
すりきず **擦り傷** surikizu	**擦伤** cāshāng ツァアシャン	abrasion アブレイジョン
すりきれる **擦り切れる** surikireru	**磨破** mópò モォポォ	wear out **ウェア アウト**
すりっと **スリット** suritto	**衩，开衩** chà, kāichà チャア，カイチャア	slit スリト
すりっぱ **スリッパ** surippa	〔双〕**拖鞋** 〔shuāng〕tuōxié 〔シュアン〕トゥオシエ	slippers スリパズ
すりっぷ **スリップ** surippu	**打滑** dǎhuá ダァホア	slip スリプ
すりる **スリル** suriru	**惊险，战栗** jīngxiǎn, zhànlì ジンシエン，ヂャンリィ	thrill スリル
する **為る** suru	**做，干，办** zuò, gàn, bàn ヅゥオ，ガン，バン	do, try, play **ドゥー**，**トライ**，**プレイ**
する **擦る** suru	**擦，磨** cā, mó ツァア，モォ	rub, chafe **ラブ**，**チェイフ**
ずるい **狡い** zurui	**狡猾，狡诈** jiǎohuá, jiǎozhà ジアオホア，ジアオヂャア	sly スライ
ずるがしこい **ずる賢い** zurugashikoi	**狡猾，奸诈** jiǎohuá, jiānzhà ジアオホア，ジエンヂャア	cunning, crafty **カ**ニング，**クラ**フティ
するどい **鋭い** surudoi	**锋利，尖锐** fēnglì, jiānruì フォンリィ，ジエンルゥイ	sharp, pointed **シャープ**，**ポ**インテド
ずるやすみ **ずる休み** zuruyasumi	**偷懒** tōulǎn トウラン	truancy トルーアンスィ
すれちがう **擦れ違う** surechigau	**错过** cuòguò ツゥオグゥオ	pass each other **パス イ**ーチ **ア**ザ
ずれる **ずれる** zureru	**错动，错位** cuòdòng, cuòwèi ツゥオドン，ツゥオウェイ	shift シフト

日	中	英
すろーがん **スローガン** suroogan	**口号，呼号** kǒuhào, hūhào コウハオ，ホウハオ	slogan, motto スロウガン，**マ**トウ
すろーぷ **スロープ** suroopu	**斜坡，倾斜** xiépō, qīngxié シエポォ，チィンシエ	slope スロウプ
すろーもーしょん **スローモーション** suroomooshon	**慢镜头，慢动作** mànjìngtóu, màndòngzuò マンジィントウ，マンドンヅゥオ	slow motion スロウ **モ**ウション
すろっとましん **スロットマシン** surottomashin	〔台〕**老虎机** 〔tái〕lǎohǔjī 〔タイ〕ラオホゥジィ	slot machine スラト マシーン
すわる **座る** suwaru	**坐** zuò ヅゥオ	sit down, take a seat スィト **ダ**ウン，**テ**イク ア スィート
ずんぐりした **ずんぐりした** zungurishita	**矮胖的，胖墩墩的** ǎipàng de, pàngdūndūn de アイパァンダ，パァンドゥンドゥンダ	thickset, dumpy スィクセト，**ダ**ンピ
すんぜん **寸前** sunzen	**即将，眼看就要** jíjiāng, yǎnkàn jiùyào ジィジアン，イエンカン ジウヤオ	just before **チャ**スト ビフォ

せ，セ

日	中	英
せ **背** se	**脊背，后背** jǐbèi, hòubèi ジィベイ，ホウベイ	back, height バク，**ハ**イト
せい **姓** sei	**姓，姓氏** xìng, xìngshì シィン，シィンシー	family name, surname **ファ**ミリ ネイム，**サ**ーネイム
せい **性** sei	**性，性别** xìng, xìngbié シィン，シィンビエ	sex **セ**クス
せい **生** sei	**生活** shēnghuó ションホゥオ	life, living **ラ**イフ，**リ**ヴィング
ぜい **税** zei	**税** shuì シュイ	tax **タ**クス

日	中	英
せいい **誠意** seii	**诚意，诚心** chéngyì, chéngxīn チョンイー，チョンシン	sincerity スィンセリティ
せいいっぱい **精一杯** seiippai	**竭尽全力，拼命** jiéjìn quánlì, pīnmìng ジエジン チュエンリィ，ピンミィン	as hard as possible アズ ハード アズ パスィブル
せいえん(する) **声援(する)** seien (suru)	**声援，助威** shēngyuán, zhùwēi ションユエン，デュウウェイ	encouragement; cheer インカーリヂメント，チア
せいおう **西欧** seiou	**西欧** Xīōu シィオウ	West Europe ウェスト ユアロプ
せいか **成果** seika	**成果，成就** chéngguǒ, chéngjiù チョングゥオ，チョンジウ	result, fruits リザルト，フルート
せいかい **政界** seikai	**政界** zhèngjiè デョンジエ	political world ポリティカル ワールド
せいかい **正解** seikai	**正确答案** zhèngquè dá'àn デョンチュエ ダァアン	correct answer コレクト アンサ
せいかく **性格** seikaku	**脾气，性格** píqi, xìnggé ピィチ，シィングァ	character, person- ality キャラクタ，パーソナリティ
せいかくな **正確な** seikakuna	**正确，确切** zhèngquè, quèqiè デョンチュエ，チュエチエ	exact, correct イグザクト，コレクト
せいがく **声楽** seigaku	**声乐** shēngyuè ションユエ	vocal music ヴォウカル ミューズィク
せいかつ(する) **生活(する)** seikatsu (suru)	**过日子，生活** guò rìzi, shēnghuó グゥオ リーヅ，ションホゥオ	life, livelihood; live ライフ，ライヴリフド，リヴ
せいかん(する) **静観(する)** seikan (suru)	**静观** jìngguān ジィングワン	wait and see ウェイト アンド スィー
せいかんする **生還する** seikansuru	**生还** shēnghuán ションホワン	return alive リターン アライヴ
ぜいかん **税関** zeikan	**海关** hǎiguān ハイグワン	customs カスタムズ

日	中	英
せいき **世紀** seiki	**世纪** shìjì シージィ	century センチュリ
せいぎ **正義** seigi	**正义，公道** zhèngyì, gōngdào ヂョンイー，ゴンダオ	justice ヂャスティス
せいきゅう（する） **請求（する）** seikyuu (suru)	**要求，请求** yāoqiú, qǐngqiú ヤオチゥ，チンチゥ	demand, claim ディマンド，クレイム
〜書	**账单** zhàngdān ヂャンダン	bill ビル
せいぎょ（する） **制御（する）** seigyo (suru)	**控制，操纵** kòngzhì, cāozòng コンヂー，ツァオヅォン	control コントロウル
せいきょく **政局** seikyoku	**政局** zhèngjú ヂョンジュィ	political situation ポリティカル スィチュエイ ション
ぜいきん **税金** zeikin	**税，税款** shuì, shuìkuǎn シュイ，シュイクワン	tax タクス
せいけい **生計** seikei	**生计** shēngjì ションジィ	living リヴィング
せいけいげか **整形外科** seikeigeka	**矫形外科** jiǎoxíng wàikē ジアオシィン ワイクァ	plastic surgery プラスティク サーヂャリ
せいけつ（な） **清潔（な）** seiketsu (na)	**干净，清洁** gānjìng, qīngjié ガンジィン，チィンジエ	clean, neat クリーン，ニート
せいけん **政権** seiken	**政权** zhèngquán ヂョンチュエン	political power ポリティカル パウア
せいげん（する） **制限（する）** seigen (suru)	**限制，限定** xiànzhì, xiàndìng シエンヂー，シエンディン	restriction; restrict リストリクション，リストリ クト
せいこう（する） **成功（する）** seikou (suru)	**成功，胜利** chénggōng, shènglì チョンゴン，ションリィ	success; succeed in サクセス，サクスィード イ ン

日	中	英
ぜいこみ **税込み** zeikomi	**含税** hánshuì ハンシュイ	including tax インク**ルー**ディング **タ**クス
せいざ **星座** seiza	**星座，星宿** xīngzuò, xīngxiù シィンヅゥオ, シィンシウ	constellation カンステ**レ**イション
せいさい **制裁** seisai	**制裁** zhìcái デーツァイ	punishment **パ**ニシュメント
せいさく **政策** seisaku	**政策** zhèngcè デョンツゥァ	policy **パ**リスィ
せいさく(する) **制[製]作(する)** seisaku (suru)	**创作，制作** chuàngzuò, zhìzuò チュアンヅゥオ, デーヅゥオ	make; produce **メ**イク, プロ**デュ**ース
せいさん(する) **生産(する)** seisan (suru)	**生产** shēngchǎn ションチャン	manufacture マニュ**ファ**クチャ
せいし **生死** seishi	**生死，死活** shēngsǐ, sǐhuó ションスー, スーホゥオ	life and death **ラ**イフ アンド **デ**ス
せいし **製紙** seishi	**造纸** zàozhǐ ヅァオデー	paper manufacture **ペ**イパ マニュ**ファ**クチャ
せいし(する) **静止(する)** seishi (suru)	**静止** jìngzhǐ ジィンデー	stillness, repose ス**ティ**ルネス, リ**ポ**ウズ
せいし(する) **制止(する)** seishi (suru)	**阻拦** zǔlán ヅゥラン	restraint, control リスト**レ**イント, コント**ロ**ウル
せいじ **政治** seiji	**政治** zhèngzhì デョンデー	politics **パ**リティクス
～家	**政治家** zhèngzhìjiā デョンデージア	statesman, politician ス**テ**イツマン, パリ**ティ**シャン
せいしきな **正式な** seishikina	**正式** zhèngshì デョンシー	formal, official **フォ**ーマル, オ**フィ**シャル

日	中	英
せいしつ **性質** seishitsu	**性格，为人** xìnggé, wéirén シィングァ, ウェイレン	nature, disposition **ネ**イチャ, ディスポ**ズ**ィション
せいじつ(な) **誠実(な)** seijitsu (na)	**老实，诚实** lǎoshi, chéngshí ラオシ, チョンシー	sincere, honest スィン**ス**ィア, **ア**ネスト
せいじゃく **静寂** seijaku	**静寂，沉寂** jìngjì, chénjì ジィンジィ, チェンジィ	stillness, silence ス**ティ**ルネス, **サ**イレンス
せいしゅく **静粛** seishuku	**肃静，静穆** sùjìng, jìngmù スゥジィン, ジィンムゥ	silence **サ**イレンス
せいじゅく(する) **成熟(する)** seijuku (suru)	**成熟** chéngshú チョンシュウ	ripeness; ripen **ラ**イプネス, **ラ**イプン
せいしゅん **青春** seishun	**青春** qīngchūn チィンチュン	youth **ユ**ース
せいしょ **聖書** seisho	**圣经** Shèngjīng ションジィン	Bible **バ**イブル
せいしょ **清書** seisho	**誊写，誊清** téngxiě, téngqīng テゥンシエ, テゥンチィン	fair copy **フェ**ア **カ**ピ
せいじょう(な) **清浄(な)** seijou (na)	**清洁** qīngjié チィンジエ	pure, clean **ピュ**ア, ク**リ**ーン
せいじょうな **正常な** seijouna	**正常** zhèngcháng ヂョンチャァン	normal **ノ**ーマル
せいしょうねん **青少年** seishounen	**青少年** qīngshàonián チィンシャオニエン	younger genera- tion **ヤ**ンガ デネ**レ**イション
せいしん **精神** seishin	**精神，神思** jīngshén, shénsī ジィンシェン, シェンスー	spirit, mind ス**ピ**リト, **マ**インド
せいじん **成人** seijin	**成人，成年** chéngrén, chéngnián チョンレン, チョンニエン	adult, grown-up ア**ダ**ルト, グ**ロ**ウナプ
せいしんかい **精神科医** seishinkai	〔位〕**精神科医生** 〔wèi〕jīngshénkē yīshēng 〔ウェイ〕ジィンシェンクァ イーション	psychiatrist サイ**カ**イアトリスト

393

日	中	英
せいず **製図** seizu	**制图，绘图** zhìtú, huìtú デートゥ, ホイトゥ	drafting, drawing ド**ラ**フティング, ド**ロ**ーイング
せいすう **整数** seisuu	**整数** zhěngshù デョンシュウ	integer **イ**ンティチャ
せいぜい **せいぜい** seizei	**大不了，至多** dàbuliǎo, zhìduō ダァブリアオ, デードゥオ	at most アト **モ**ウスト
せいせき **成績** seiseki	**成绩，成果** chéngjì, chéngguǒ チョンジィ, チョングウオ	result, record リ**ザ**ルト, **レ**コド
せいぜん **整然** seizen	**井井有条，整齐** jǐng jǐng yǒu tiáo, zhěngqí ジィン ジィン ヨウ ティアオ, デョンチィ	good order グド **オ**ーダ
せいせんしょくりょうひん **生鮮食料品** seisenshokuryouhin	**鲜货** xiānhuò シエンホゥオ	perishables **ペ**リシャブルズ
せいそ(な) **清楚(な)** seiso (na)	**整洁，清秀** zhěngjié, qīngxiù デョンジエ, チィンシウ	neat **ニ**ート
せいそう(する) **清掃(する)** seisou (suru)	**清扫，打扫** qīngsǎo, dǎsǎo チィンサオ, ダァサオ	cleaning; clean ク**リ**ーニング, ク**リ**ーン
せいぞう(する) **製造(する)** seizou (suru)	**制造，生产** zhìzào, shēngchǎn デーヅァオ, ションチャン	manufacture, production マニュ**ファ**クチャ, プロダ**ク**ション
せいそうけん **成層圏** seisouken	**平流层，同温层** píngliúcéng, tóngwēncéng ピィンリウツン, トンウェンツン	stratosphere スト**ラ**トスフィア
せいぞん(する) **生存(する)** seizon (suru)	**生存** shēngcún ションツゥン	existence; survive イグ**ズィ**ステンス, サ**ヴァ**イヴ
せいだい(な) **盛大(な)** seidai (na)	**盛大，隆重** shèngdà, lóngzhòng ションダァ, ロンヂォン	prosperous, grand プ**ラ**スペラス, グ**ラ**ンド
ぜいたく **贅沢** zeitaku	**奢侈，豪华** shēchǐ, háohuá ショァチー, ハオホア	luxury, extravagance **ラ**クシャリ, イクスト**ラ**ヴァガンス

日	中	英
せいちょう(する) **成[生]長(する)** seichou (suru)	**成长，生长** chéngzhǎng, shēngzhǎng チョンヂァン，ションヂァアン	growth; grow グロウス，グロウ
せいつう(する) **精通(する)** seitsuu (suru)	**精通，通晓** jīngtōng, tōngxiǎo ジィントン，トンシアオ	familiarity; (be) familiar with ファミリア**ア**リティ，(ビ) ファ ミリャ ウィズ
せいてつ **製鉄** seitetsu	**炼铁** liàntiě リエンティエ	iron manufacture **ア**イアン マニュ**ファ**クチャ
せいでんき **静電気** seidenki	**静电** jìngdiàn ジィンディエン	static electricity ス**タ**ティク イレクト**リ**スィ ティ
せいと **生徒** seito	**学生** xuésheng シュエション	student, pupil ス**テュー**デント，**ピュー**ピル
せいど **制度** seido	**制度** zhìdù ヂードゥ	system, institution ス**ィ**システム，インスティ **テュー**ション
せいとう **政党** seitou	**政党** zhèngdǎng ヂョンダァン	political party ポ**リ**ティカル **パー**ティ
せいとう(な) **正当(な)** seitou (na)	**正当** zhèngdàng ヂョンダァン	just, proper, legal **ヂャ**スト，プ**ラ**パ，**リー**ガル
せいとうぼうえい **正当防衛** seitoubouei	**正当防卫，自卫** zhèngdàng fángwèi, zìwèi ヂョンダァン ファァンウェイ，ヅーウェイ	legal defense **リー**ガル ディ**フェ**ンス
せいとん(する) **整頓(する)** seiton (suru)	**整顿，收拾** zhěngdùn, shōushi ヂョンドゥン，ショウシ	order; put in order **オー**ダ，プ**ト** イン **オー**ダ
せいなん **西南** seinan	**西南** xīnán シィナン	southwest サウス**ウェ**スト
せいねん **青年** seinen	**青年，年轻人** qīngnián, niánqīngrén チィンニエン，ニエンチィンレン	young man, youth **ヤ**ング **マ**ン，**ユー**ス
せいねん **成年** seinen	**成年** chéngnián チョンニエン	adult age ア**ダ**ルト **エ**イヂ

日	中	英
せいねんがっぴ **生年月日** seinengappi	**出生年月日** chūshēng niányuèrì チュウション ニエンユエリー	date of birth デイト オヴ バース
せいのう **性能** seinou	**性能** xìngnéng シィンヌォン	capacity, efficiency カパスィティ, イフィシェンスィ
せいはんたい **正反対** seihantai	**正相反** zhèng xiāngfǎn ヂョン シアンファン	exact opposite イグザクト アポズィット
せいひん **製品** seihin	**产品，成品** chǎnpǐn, chéngpǐn チャンピン, チョンピン	product プラダクト
せいふ **政府** seifu	**政府** zhèngfǔ ヂョンフゥ	government ガヴァンメント
せいふく **制服** seifuku	**制服** zhìfú ヂーフゥ	uniform ユーニフォーム
せいふく(する) **征服(する)** seifuku(suru)	**征服** zhēngfú ヂョンフゥ	conquest; conquer カンクウェスト, カンカ
せいぶつ **生物** seibutsu	**生物** shēngwù ションウゥ	living thing, life リヴィング スィング, ライフ
～学	**生物学** shēngwùxué ションウゥシュエ	biology バイアロヂ
せいぶつが **静物画** seibutsuga	**静物画** jìngwùhuà ジンウゥホア	still life スティル ライフ
せいぶん **成分** seibun	**成分** chéngfèn チョンフェン	ingredient, component イングリーディエント, コンポネント
せいべつ **性別** seibetsu	**性別** xìngbié シィンビエ	sex distinction セクス ディスティンクション
ぜいべつ **税別** zeibetsu	**不含税** bù hánshuì ブゥ ハンシュイ	without tax ウィザウト タクス

日	中	英
せいぼ **歳暮** seibo	**年终礼品** niánzhōng lǐpǐn ニエンヂォン リィピン	year-end gift イヤレンド ギフト
せいほうけい **正方形** seihoukei	**正方形** zhèngfāngxíng ヂォンファンシィン	square スクウェア
せいほく **西北** seihoku	**西北** xīběi シィベイ	northwest ノースウェスト
せいみつ(な) **精密(な)** seimitsu (na)	**精密，细致** jīngmì, xìzhì ジンミィ，シィデー	precise, minute プリサイス，マイニュート
ぜいむ **税務** zeimu	**税务** shuìwù シュイウゥ	taxation business タクセイション ビズネス
〜署	**税务局** shuìwùjú シュイウゥジュイ	tax office タクス オーフィス
せいめい **姓名** seimei	**姓名，名字** xìngmíng, míngzi シィンミィン，ミィンヅ	(full) name (フル) ネイム
せいめい **生命** seimei	**生命，性命** shēngmìng, xìngmìng ションミィン，シィンミィン	life ライフ
〜保険	**人寿保险，生命保险** rénshòu bǎoxiǎn, shēngmìng bǎoxiǎn レンショウ バオシエン，ションミィン バオシエン	life insurance ライフ インシュアランス
せいめい **声明** seimei	**声明，公报** shēngmíng, gōngbào ションミィン，ゴンバオ	declaration, statement デクラレイション，ステイトメント
せいもん **正門** seimon	**正门，前门** zhèngmén, qiánmén ヂォンメン，チエンメン	front gate フラント ゲイト
せいやく(する) **制約(する)** seiyaku (suru)	**制约，限制** zhìyuē, xiànzhì ヂーユエ，シエンヂー	restriction, limitation; restrict リストリクション，リミテイション，リストリクト
せいやく(する) **誓約(する)** seiyaku (suru)	**誓约** shìyuē シーユエ	oath, pledge オウス，プレヂ

日	中	英
せいよう **西洋** seiyou	**西洋** Xīyáng シィヤン	West ウェスト
せいよう（する） **静養（する）** seiyou (suru)	**静养，休养** jìngyǎng, xiūyǎng ジンヤン, シウヤン	rest; take a rest レスト, **テ**イク ア レスト
せいり **生理** seiri	**生理** shēnglǐ ションリィ	physiology フィズィ**ア**ロヂ
〜用品	**妇女卫生用品** fùnǚ wèishēng yòngpǐn フゥニュイ ウェイション ヨンピン	sanitary napkin **サ**ニテリ **ナ**プキン
せいり（する） **整理（する）** seiri (suru)	**收拾，整理** shōushi, zhěnglǐ ショウシ, ヂョンリィ	arrangement; arrange ア**レ**インヂメント, アレインヂ
ぜいりし **税理士** zeirishi	〔位〕**税务师** 〔wèi〕shuìwùshī 〔ウェイ〕シュイウゥシー	licensed tax accountant **ラ**イセンスト **タ**クス ア**カ**ウンタント
せいりつ（する） **成立（する）** seiritsu (suru)	**成立，实现** chénglì, shíxiàn チョンリィ, シーシエン	formation; (be) formed フォー**メ**イション,（ビ）**フォ**ームド
ぜいりつ **税率** zeiritsu	**税率** shuìlǜ シュイリュィ	tax rates **タ**クス レイツ
せいりょういんりょう **清涼飲料** seiryouinryou	**清凉饮料** qīngliáng yǐnliào チンリアン インリアオ	soft drink, refreshing drink **ソ**フト ド**リ**ンク, リフ**レ**シング ド**リ**ンク
せいりょく **勢力** seiryoku	**势力** shìlì シーリィ	influence, power **イ**ンフルエンス, **パ**ウア
せいりょく **精力** seiryoku	**精力** jīnglì ジィンリィ	energy, vitality **エ**ナヂ, ヴァイ**タ**リティ
〜的な	**精力充沛** jīnglì chōngpèi ジィンリィ チョンペイ	energetic, vigorous エナ**チェ**ティク, **ヴィ**ゴラス
せいれき **西暦** seireki	**公历，阳历** gōnglì, yánglì ゴンリィ, ヤンリィ	Christian Era ク**リ**スチャン **イ**アラ

日	中	英
せいれつ(する) **整列(する)** seiretsu (suru)	**站队，排队** zhàn'duì, pái'duì ヂァンドゥイ，パイドゥイ	stand in a row ス**タ**ンド イン ア **ロ**ウ
せーたー **セーター** seetaa	〔件〕**毛衣** 〔jiàn〕máoyī 〔ジエン〕マオイー	sweater, pullover ス**ウェ**タ，**プ**ロウヴァ
せーる **セール** seeru	**贱卖，廉价销售** jiànmài, liánjià xiāoshòu ジエンマイ，リエンジア シアオショウ	sale **セ**イル
せーるすまん **セールスマン** seerusuman	**推销员** tuīxiāoyuán トゥイシアオユエン	salesman **セ**イルズマン
せおう **背負う** seou	**背，背负** bēi, bēifù ペイ，ペイフウ	carry on *one's* back **キャ**リ オン **バ**ク
せおよぎ **背泳ぎ** seoyogi	**仰泳** yǎngyǒng ヤンヨン	backstroke **バ**クストロウク
せかい **世界** sekai	**世界，全球** shìjiè, quánqiú シージエ，チュエンチウ	world **ワ**ールド
～史	**世界历史** shìjiè lìshǐ シージエ リィシー	world history **ワ**ールド **ヒ**ストリ
～的な	**世界范围的，全球性** shìjiè fànwéi de, quánqiúxìng シージエ ファンウェイ ダ，チュエンチウ シィン	worldwide **ワ**ールド**ワ**イド
せかす **急かす** sekasu	**催促** cuīcù ツゥイツゥ	expedite, hurry **エ**クスペダイト，**ハ**ーリ
せき **咳** seki	**咳嗽** késou ァァソウ	cough **コ**ーフ
せき **席** seki	**座位** zuòwei ヅゥオウェイ	seat ス**ィ**ート
せきがいせん **赤外線** sekigaisen	**红外线** hóngwàixiàn ホンワイシエン	infrared rays インフ**ラ**レド **レ**イズ

日	中	英
せきずい **脊髄** sekizui	**脊髄** jǐsuǐ ジィスゥイ	spinal cord スパイナル コード
せきたてる **急き立てる** sekitateru	**催** cuī ツゥイ	hurry, hasten ハーリ, ヘイスン
せきたん **石炭** sekitan	**煤, 煤炭** méi, méitàn メイ, メイタン	coal コウル
せきどう **赤道** sekidou	**赤道** chìdào チーダオ	equator イクウェイタ
せきにん **責任** sekinin	**責任** zérèn ヅゥレン	responsibility リスパンスィビリティ
せきめんする **赤面する** sekimensuru	**脸红** liǎnhóng リエンホン	blush ブラシュ
せきゆ **石油** sekiyu	**石油** shíyóu シーヨウ	petroleum, oil ピトロウリアム, オイル
せきり **赤痢** sekiri	**痢疾** lìji リィジ	dysentery ディセンテアリ
せくしー（な） **セクシー(な)** sekushii (na)	**肉感, 性感** ròugǎn, xìnggǎn ロウガン, シィンガン	sexy セクスィ
せくはら **セクハラ** sekuhara	**性骚扰** xìngsāorǎo シィンサオラオ	sexual harassment セクシュアル ハラスメント
せけん **世間** seken	**世间, 社会** shìjiān, shèhuì シージエン, ショァホゥイ	world, society ワールド, ソサイエティ
せしゅう **世襲** seshuu	**世袭** shìxí シーシィ	heredity ヘレディティ
ぜせい（する） **是正(する)** zesei (suru)	**改正, 修正** gǎizhèng, xiūzhèng ガイヂョン, シウヂョン	correction; correct コレクション, コレクト
せそう **世相** sesou	**世态** shìtài シータイ	social conditions ソウシャル コンディションズ

日	中	英
せだい **世代** sedai	**一代人** yídàirén イーダイレン	generation ヂェネレイション
せつ **説** setsu	**意见，见解** yìjian, jiànjiě イージエン，ジエンジエ	opinion オピニョン
ぜつえん(する) **絶縁(する)** zetsuen (suru)	**决裂，绝交** juéliè, juéjiāo ジュエリエ，ジュエジアオ	breaking the connection; break off relations ブレイキング ザ コネクション，ブレイク オーフ リレイションズ
せっかい **石灰** sekkai	**石灰** shíhuī シーホウイ	lime ライム
せっかち(な) **せっかち(な)** sekkachi (na)	**急性，性急** jíxìng, xìngjí ジイシィン，シィンジイ	hasty, impetuous ヘイスティ，インペチュアス
せっきょう(する) **説教(する)** sekkyou (suru)	**说教** shuōjiào シュオジアオ	sermon; preach サーモン，プリーチ
せっきょくてきな **積極的な** sekkyokutekina	**积极，主动** jījí, zhǔdòng ジィジィ，ヂュウドン	positive, active パズィティヴ，アクティヴ
せっきん(する) **接近(する)** sekkin (suru)	**接近，靠近** jiējìn, kàojìn ジエジン，カオジン	approach アプロウチ
せっくす **セックス** sekkusu	**性交** xìngjiāo シィンジアオ	sex セクス
せっけい(する) **設計(する)** sekkei (suru)	**设计** shèjì ショアジイ	plan, design プラン，ディザイン
〜者	〔位〕**设计师** 〔wèi〕shèjìshī 〔ウェイ〕ショアジイシー	designer ディザイナ
〜図	〔张〕**设计图** 〔zhāng〕shèjìtú 〔ヂァァン〕ショアジイトゥ	plan, blueprint プラン，ブループリント
せっけっきゅう **赤血球** sekkekkyuu	**红血球** hóngxuèqiú ホンシュエチウ	red blood cell レド ブラド セル

日	中	英
せっけん **石鹸** sekken	〔块〕肥皂，香皂 〔kuài〕féizào, xiāngzào 〔クアイ〕フェイヅァオ，シアンヅァオ	soap ソウプ
せっこう **石膏** sekkou	〔块〕石膏 〔kuài〕shígāo 〔クアイ〕シーガオ	gypsum, plaster ヂプサム，プラスタ
ぜっこう(する) **絶交(する)** zekkou (suru)	绝交 juéjiāo ジュエジアオ	cutting contact カティング カンタクト
ぜっこう(の) **絶好(の)** zekkou (no)	绝好，极好 juéhǎo, jí hǎo ジュエハオ，ジィ ハオ	best, ideal ベスト，アイディーアル
ぜっさん(する) **絶賛(する)** zessan (suru)	赞赏，赞不绝口 zànshǎng, zàn bù jué kǒu ヅァンシャァン，ヅァン ブゥ ジュエ コウ	highest praise; ex- tol ハイエスト プレイズ，イク ストウル
せっし **摂氏** sesshi	摄氏 Shèshì ショァシー	Celsius セルスィアス
せっしゅ(する) **摂取(する)** sesshu (suru)	摄取 shèqǔ ショァチュイ	intake; take in インテイク，テイク イン
せっしょう(する) **折衝(する)** sesshou (suru)	交涉，谈判 jiāoshè, tánpàn ジアオショァ，タンパン	negotiation; nego- tiate ニゴウシエイション，ニゴウ シエイト
せっしょく(する) **接触(する)** sesshoku (suru)	接触 jiēchù ジエチュウ	contact, touch カンタクト，タチ
せつじょく **雪辱** setsujoku	雪耻 xuěchǐ シュエチー	wiping out a shame ワイピング アウト ア シェイ ム
ぜっしょく(する) **絶食(する)** zesshoku (suru)	绝食 juéshí ジュエシー	fasting; fast ファスティング，ファスト
せっする **接する** sessuru	接待，对待 jiēdài, duìdài ジエダイ，ドゥイダイ	touch タチ
せっせい(する) **節制(する)** sessei (suru)	节制 jiézhì ジエヂー	temperance; (be) temperate テンペランス，(ビ) テンペレ ト

日	中	英
せっせと **せっせと** sesseto	**拼命地，孜孜不倦地** pīnmìng de, zīzī bújuàn de ピンミン ダ, ヅーヅー ブゥジュエン ダ	diligently ディリヂェントリ
せっせん **接戦** sessen	**激烈交锋** jīliè jiāofēng ジィリエ ジアオフォン	close game クロウス ゲイム
せつぞく(する) **接続(する)** setsuzoku (suru)	**连接，联结** liánjiē, liánjié リエンジエ, リエンジエ	connection; connect コネクション, コネクト
せったい(する) **接待(する)** settai (suru)	**招待，接待** zhāodài, jiēdài ヂャオダイ, ジエダイ	reception; entertain, host リセプション, エンタテイン, ホウスト
ぜったい **絶対** zettai	**绝对** juéduì ジュエドゥイ	absolute アブソリュート
ぜつだいな **絶大な** zetsudaina	**极大，巨大** jídà, jùdà ジィダァ, ジュイダァ	greatest, tremendous グレイティスト, トリメンダス
せつだん(する) **切断(する)** setsudan (suru)	**切断，截断** qiēduàn, jiéduàn チエドワン, ジエドワン	cut off カト オーフ
せっちゃくざい **接着剤** secchakuzai	**胶粘剂，黏合剂** jiāozhānjì, niánhéjì ジアオヂャンジィ, ニエンホァジィ	adhesive アドヒースィヴ
せっちゅうあん **折衷案** secchuuan	〔套〕**折衷方案** 〔tào〕 zhézhōng fāng'àn 〔タオ〕ヂョァヂォン ファァンアン	compromise カンプロマイズ
ぜっちょう **絶頂** zecchou	**极点，顶峰** jídiǎn, dǐngfēng ジィディエン, ディンフォン	summit, height サミト, ハイト
せってい(する) **設定(する)** settei (suru)	**设定，设立** shèdìng, shèlì ショァディン, ショァリィ	setting up; set up セティング アプ, セト アプ
せってん **接点** setten	**接触点** jiēchùdiǎn ジエチュウディエン	point of contact ポイント オヴ カンタクト
せっと **セット** setto	**套** tào タオ	set セト

日	中	英
せつど **節度** setsudo	**节度** jiédù ジエドゥ	moderation モデレイション
せっとう **窃盗** settou	**盗窃，偷盗** dàoqiè, tōudào ダオチエ, トウダオ	theft セフト
せっとく(する) **説得(する)** settoku (suru)	**说服，劝说** shuōfú, quànshuō シュオフウ, チュエンシュオ	persuadion; persuade パスウェイジョン, パスウェイド
せっぱく **切迫** seppaku	**紧迫，迫近** jǐnpò, pòjìn ジンポォ, ポォジン	urgency, imminence アーヂェンスィ, イミナンス
ぜっぱん **絶版** zeppan	**绝版** juébǎn ジュエバン	out of print アウト オヴ プリント
せつび **設備** setsubi	**设备** shèbèi ショァベイ	equipment, facilities イクウィプメント, ファスィリティズ
〜投資	**设备投资** shèbèi tóuzī ショァベイ トウヅー	plant and equipment investment プラント アンド イクウィプメント インヴェストメント
ぜつぼう(する) **絶望(する)** zetsubou (suru)	**绝望** juéwàng ジュエワン	despair; despair of ディスペア, ディスペア オヴ
〜的な	**绝望** juéwàng ジュエワン	desperate, hopeless デスパレト, ホウプレス
せつめい(する) **説明(する)** setsumei (suru)	**说明，解释** shuōmíng, jiěshì シュオミィン, ジエシー	explanation; explain エクスプラネイション, イクスプレイン
〜書	**说明书** shuōmíngshū シュオミィンシュウ	explanatory note イクスプラナトーリ ノウト
ぜつめつ(する) **絶滅(する)** zetsumetsu (suru)	**绝灭，绝种** juémiè, juézhǒng ジュエミエ, ジュエヂォン	extinction; (become) extinct イクスティンクション, (ビカム) イクスティンクト

日	中	英

節約(する)
せつやく(する)
setsuyaku (suru)

节省，节约
jiéshěng, jiéyuē
ジエション，ジエユエ

economy, saving; save
イカノミ，**セイヴィング**，**セ イヴ**

設立(する)
せつりつ(する)
setsuritsu (suru)

设立，创立
shèlì, chuànglì
ショァリィ，チュアンリィ

establishment; establish
イス**タ**ブリシュメント，イス **タ**ブリシュ

瀬戸物
せともの
setomono

〔件〕陶瓷器
[jiàn] táocíqì
〔ジエン〕タオツーチィ

earthenware, china
アースンウェア，**チャイナ**

背中
せなか
senaka

背，脊背
bèi, jǐbèi
ペイ，ジィペイ

back
バク

背伸び(する)
せのび(する)
senobi (suru)

跷，跷起脚
qiāo, qiāoqǐ jiǎo
チアオ，チアオチィ ジアオ

stand on tiptoe
スタンド オン **ティ**プトウ

是非
ぜひ
zehi

是非，好坏
shìfēi, hǎohuài
シーフェイ，ハオホアイ

right and wrong
ライト アンド **ロ**ング

～とも

务必，一定
wùbì, yídìng
ウゥビィ，イーディン

by all means
バイ **オ**ール ミーンズ

せびる
せびる
sebiru

央求，死皮赖脸地要
yāngqiú, sǐ pí lài liǎn de yào
ヤンチウ，スー ピィ ライ リエン ダ ヤオ

tease
ティーズ

背広
せびろ
sebiro

〔套〕西服，(男式)西装
[tào] xīfú, (nánshì) xīzhuāng
〔タオ〕シィフゥ，(ナンシー)シィデュアン

business suit
ビズネス **ス**ート

背骨
せぼね
sebone

脊梁骨，脊柱
jǐlianggǔ, jǐzhù
ジィリアングゥ，ジィデュウ

backbone
バクボウン

狭い
せまい
semai

窄，狭小
zhǎi, xiáxiǎo
ヂャイ，シアシアオ

narrow, small
ナロウ，スモール

迫る
せまる
semaru

逼近，迫近
bījìn, pòjìn
ビィジン，ポォジン

approach
アプロウチ

せめて
せめて
semete

至少
zhìshǎo
デーシャオ

at least, at most
アト **リ**ースト，アト **モ**ウス ト

日	中	英
せめる **攻める** semeru	**进攻，攻击** jìngōng, gōngjī ジンゴン，ゴンジィ	attack, assault アタク，アソールト
せめる **責める** semeru	**责备，责怪** zébèi, zéguài ヅゥァベイ，ヅゥァグアイ	blame, reproach ブレイム，リプロウチ
せめんと **セメント** semento	**水泥** shuǐní シュイニィ	cement セメント
せらぴすと **セラピスト** serapisuto	〔位〕**治疗师** [wèi] zhìliáoshī [ウェイ] ヂーリアオシー	therapist セラピスト
せらみっく(す) **セラミック(ス)** seramikku (su)	**陶瓷** táocí タオツー	ceramics スィラミクス
ぜりー **ゼリー** zerii	**果冻** guǒdòng グゥォドン	jelly ヂェリ
せりふ **台詞** serifu	**台词，道白** táicí, dàobái タイツー，ダオバイ	*one's* lines ラインズ
せるふさーびす **セルフサービス** serufusaabisu	**自选，自助** zìxuǎn, zìzhù ヅーシュエン，ヅーヂュウ	self-service セルフサーヴィス
せるふたいまー **セルフタイマー** serufutaimaa	**自拍器** zìpāiqì ヅーパイチィ	self-timer セルフタイマ
せれなーで **セレナーデ** serenaade	〔支／首〕**小夜曲** [zhī/shǒu] xiǎoyèqǔ [ヂー/ショウ] シアオイエチュィ	serenade セレネイド
せれもにー **セレモニー** seremonii	**仪式，典礼** yíshì, diǎnlǐ イーシー，ディエンリィ	ceremony セレモウニ
ぜろ **ゼロ** zero	**零** líng リィン	zero ズィアロウ
せろてーぷ **セロテープ** seroteepu	〔盘〕**透明胶带** [pán] tòumíng jiāodài [パン] トウミン ジアオダイ	Scotch tape スカチ テイプ
せろり **セロリ** serori	〔棵〕**洋芹菜** [kē] yángqíncài [クァ] ヤンチンツァイ	celery セラリ

せ

日	中	英
せろん **世論** seron	**輿论，世论** yúlùn, shìlùn ユィルゥン，シールゥン	public opinion パブリック オピニョン
せわ **世話** sewa	**关照，照顾** guānzhào, zhàogù グワンチャオ，チャオグゥ	care, aid ケア，エイド
～する	**关照，照顾** guānzhào, zhàogù グワンチャオ，チャオグゥ	take care テイク ケア
せん **千** sen	**千** qiān チエン	thousand サウザンド
せん **栓** sen	**塞子，栓** sāizi, shuān サイヅ，シュワン	stopper, plug スタパ，プラグ
せん **線** sen	**线** xiàn シエン	line ライン
ぜん **禅** zen	**禅** chán チャン	*Zen* ゼン
ぜん **膳** zen	〔张〕**饭桌** 〔zhāng〕fànzhuō 〔ヂァン〕ファンヂュオ	table, tray テイブル，トレイ
ぜんあく **善悪** zen-aku	**善恶，好坏** shàn'è, hǎohuài シャンウァ，ハオホアイ	good and evil グド アンド イーヴィル
せんい **繊維** sen-i	**纤维** xiānwéi シエンウェイ	fiber ファイバ
ぜんい **善意** zen-i	**善意，好意** shànyì, hǎoyì シャンイー，ハオイー	goodwill グドウィル
ぜんいん **全員** zen-in	**全体人员** quántǐ rényuán チュエンティー レンユエン	all members オール メンバズ
ぜんかい **前回** zenkai	**上次** shàngcì シャァンツー	last time ラスト タイム
ぜんかい(する) **全快(する)** zenkai (suru)	**痊愈** quányù チュエンユィ	complete recovery コンプリート リカヴァリ

日	中	英
ぜんき **前期** zenki	**前期** qiánqī チエンチィ	first term ファースト ターム
せんきょ（する） **選挙（する）** senkyo (suru)	〔次〕**选举** 〔cì〕xuǎnjǔ 〔ツー〕シュエンジュイ	election; elect イレクション，イレクト
せんくしゃ **先駆者** senkusha	〔位〕**先驱者** 〔wèi〕xiānqūzhě 〔ウェイ〕シエンチュィヂョァ	pioneer パイオニア
せんげつ **先月** sengetsu	**上个月** shàng ge yuè シャァン ガ ユエ	last month ラスト マンス
せんげん（する） **宣言（する）** sengen (suru)	**宣言，宣布** xuānyán, xuānbù シュエンイエン，シュエンブゥ	declaration; de- clare デクラレイション，ディクレ ア
せんご **戦後** sengo	**战后** zhànhòu ヂャンホウ	after the war アフタ ザ ウォー
ぜんご **前後** zengo	**前后** qiánhòu チエンホウ	front and rear フラント アンド リア
せんこう **専攻** senkou	**专业** zhuānyè デュワンイエ	speciality スペシアリティ
せんこく（する） **宣告（する）** senkoku (suru)	**宣判** xuānpàn シュエンパン	sentence センテンス
ぜんこく **全国** zenkoku	**全国** quánguó チュエングゥオ	whole country ホウル カントリ
〜的な	**全国性** quánguóxìng チュエングゥオシィン	national ナショナル
せんさー **センサー** sensaa	**传感器** chuángǎnqì チュワンガンチィ	sensor センサ
せんさい（な） **繊細（な）** sensai (na)	**细腻** xìnì シィニィ	delicate デリケト

日	中	英
せんざい **洗剤** senzai	**洗涤剂，清洁剂** xǐdíjì, qīngjiéjì シィディージィ，チィンジエジィ	detergent, cleanser ディターヂェント，クレンザ
ぜんさい **前菜** zensai	**凉菜，拼盘** liángcài, pīnpán リアンツァイ，ピンパン	hors d'oeuvre オーダーヴル
せんし(する) **戦死(する)** senshi (suru)	**阵亡，战死** zhènwáng, zhànsǐ ヂェンワァン，ヂャンスー	death in battle デスイン バトル
せんしつ **船室** senshitsu	**船舱** chuáncāng チュワンツァァン	cabin キャビン
せんじつ **先日** senjitsu	**前几天，日前** qián jǐ tiān, rìqián チェン ジィ ティエン，リーチェン	other day アザ デイ
ぜんじつ **前日** zenjitsu	**前一天，头天** qián yì tiān, tóutiān チェン イー ティエン，トウティエン	day before デイ ビフォー
せんしゃ **戦車** sensha	**〔辆〕坦克** 〔liàng〕tǎnkè 〔リアン〕タンクァ	tank タンク
せんしゅ **選手** senshu	**选手，运动员** xuǎnshǒu, yùndòngyuán シュエンショウ，ュインドンユエン	athlete, player アスリート，プレイア
〜権	**锦标赛** jǐnbiāosài ジンビアオサイ	championship チャンピオンシプ
せんしゅう **先週** senshuu	**上个星期** shàng ge xīngqī シャァン ガ シィンチィ	last week ラスト ウィーク
ぜんしゅう **全集** zenshuu	**全集** quánjí チュエンジィ	complete works カンプリート ワークス
せんしゅつ(する) **選出(する)** senshutsu (suru)	**推选，选举** tuīxuǎn, xuǎnjǔ トゥイシュエン，シュエンジュィ	election; elect イレクション，イレクト
せんじゅつ **戦術** senjutsu	**战术** zhànshù ヂャンシュウ	tactics タクティクス
せんじょう **戦場** senjou	**战场** zhànchǎng ヂャンチャァン	battlefield バトルフィールド

日	中	英
せんしょくたい **染色体** senshokutai	**染色体** rǎnsètǐ ランスァティー	chromosome クロウモソウム
ぜんしん **全身** zenshin	**全身，浑身** quánshēn, húnshēn チュエンシェン，ホゥンシェン	whole body ホウル バディ
ぜんしん(する) **前進(する)** zenshin (suru)	**前进** qiánjìn チエンジン	progress, advance プラグレス，アドヴァンス
せんしんこく **先進国** senshinkoku	**发达国家** fādá guójiā ファアダァ グゥオジア	industrialized countries インダストリアライズド カントリーズ
せんす **扇子** sensu	〔把〕**扇子** 〔bǎ〕shànzi 〔バァ〕シャンヅ	folding fan フォウルディング ファン
せんすい(する) **潜水(する)** sensui (suru)	**潜水** qiánshuǐ チエンシュイ	dive ダイヴ
〜艦	〔只／艘〕**潜水艇** 〔zhī/sōu〕qiánshuǐtǐng 〔ヂー／ソウ〕チエンシュイティン	submarine サブマリーン
せんせい **先生** sensei	**老师，教师** lǎoshī, jiàoshī ラオシー，ジアオシー	teacher, instructor ティーチャ，インストラクタ
せんせい **専制** sensei	**专制** zhuānzhì ヂュワンヂー	despotism デスパティズム
せんせい(する) **宣誓(する)** sensei (suru)	**宣誓** xuānshì シュエンシー	oath; take an oath オウス，テイク アン オウス
ぜんせいき **全盛期** zenseiki	**全盛期** quánshèngqī チュエンションチィ	best days ベスト デイズ
せんせいじゅつ **占星術** senseijutsu	**占星术** zhānxīngshù ヂャンシィンシュウ	astrology アストラロヂ
せんせーしょなる **センセーショナル** senseeshonaru	**轰动性的** hōngdòngxìng de ホンドンシィン ダ	sensational センセイショナル

日	中	英
せんせーしょん **センセーション** senseeshon	**大轰动** dà hōngdòng ダァ ホンドン	sensation センセイション
せんぜん **戦前** senzen	**战前** zhànqián ヂャンチエン	prewar プリーウォー
ぜんせん **前線** zensen	**前线，前方** qiánxiàn, qiánfāng チエンシエン，チエンファン	front フラント
ぜんぜん **全然** zenzen	**根本，完全** gēnběn, wánquán ゲンベン，ワンチュエン	not at all ナト アト オール
せんぞ **先祖** senzo	**祖先，祖宗** zǔxiān, zǔzong ヅゥシエン，ヅゥヅォン	ancestor アンセスタ
せんそう **戦争** sensou	〔场/次〕**战争** 〔cháng/cì〕 zhànzhēng 〔チァン/ツー〕 ヂャンヂョン	war, warfare ウォー，ウォーフェア
ぜんそうきょく **前奏曲** zensoukyoku	**前奏曲** qiánzòuqǔ チエンヅォウチュイ	overture, prelude オウヴァチャ，プレリュード
ぜんそく **喘息** zensoku	**气喘，哮喘** qìchuǎn, xiàochuǎn チィチュワン，シアオチュワン	asthma アズマ
ぜんたい **全体** zentai	**全体，整体** quántǐ, zhěngtǐ チュエンティー，ヂョンティー	whole ホウル
せんたく(する) **洗濯(する)** sentaku (suru)	**洗衣** xǐyī シィイー	wash, laundry ワシュ，ローンドリ
〜機	**洗衣机** xǐyījī シィイージィ	washing machine ワシング マシーン
せんたく(する) **選択(する)** sentaku (suru)	**选择，抉择** xuǎnzé, juézé シュエンヅゥァ，ジュエヅゥァ	selection, choice; select セレクション，チョイス，セレクト
せんたん **先端** sentan	**顶端，尖端** dǐngduān, jiānduān ディンドワン，ジエンドワン	point, tip ポイント，ティプ

日	中	英
せんちめーとる **センチメートル** senchimeetoru	**公分，厘米** gōngfēn, límǐ ゴンフェン，リィミィ	centimeter センティミータ
せんちめんたる(な) **センチメンタル(な)** senchimentaru (na)	**感伤** gǎnshāng ガンシャァン	sentimental センティメンタル
せんちょう **船長** senchou	〔位〕**船长** 〔wèi〕chuánzhǎng 〔ウェイ〕チュワンヂャァン	captain キャプテン
ぜんちょう **前兆** zenchou	**前兆，预兆** qiánzhào, yùzhào チエンヂャオ，ユィヂャオ	omen オウメン
ぜんてい **前提** zentei	**前提** qiántí チエンティー	premise プレミス
せんでん(する) **宣伝(する)** senden (suru)	**宣传** xuānchuán シュエンチュワン	advertisement; advertise アドヴァタイズメント，アドヴァタイズ
ぜんと **前途** zento	**前程，前途** qiánchéng, qiántú チエンチョン，チエントゥ	future, prospects フューチャ，プラスペクツ
せんとう **先頭** sentou	**前列，先头** qiánliè, xiāntóu チエンリエ，シエントゥ	head ヘド
せんどう(する) **扇動(する)** sendou (suru)	**煽动** shāndòng シャンドン	stir up, agitate スター アプ，アデテイト
せんとうき **戦闘機** sentouki	〔架〕**歼击机** 〔jià〕jiānjījī 〔ジア〕ジエンジィジィ	fighter ファイタ
せんにゅうかん **先入観** sennyuukan	**成见** chéngjiàn チョンジエン	preconception, prejudice プリーコンセプション，プレデュディス
ぜんにん **善人** zennin	**好人** hǎorén ハオレン	good man グド マン
ぜんにんしゃ **前任者** zenninsha	**前任** qiánrèn チエンレン	predecessor プレデセサ

日	中	英

せんぬき
栓抜き
sennuki

起子
qǐzi
チィヅ

bottle opener
バトル オウプナ

せんねん(する)
専念(する)
sennen (suru)

专心
zhuānxīn
デュワンシン

devote *oneself* to
ディヴォウト トゥ

せんのう(する)
洗脳(する)
sennou (suru)

洗脑
xǐnǎo
シィナオ

brainwashing;
brainwash
プレインウォーシング，プレ
インウォーシュ

せんばい(する)
専売(する)
senbai (suru)

专卖
zhuānmài
デュワンマイ

monopoly
モナポリ

～特許

专利，专利权
zhuānlì, zhuānlìquán
デュワンリィ，デュワンリィチュエン

patent
パテント

せんぱい
先輩
senpai

前辈
qiánbèi
チエンペイ

senior, elder
スィーニャ，エルダ

せんばつ(する)
選抜(する)
senbatsu (suru)

选拔，挑选
xuǎnbá, tiāoxuǎn
シュエンパァ，ティアオシュエン

selection; select
セレクション，セレクト

せんばん
旋盤
senban

车床，旋床
chēchuáng, xuànchuáng
チョァチュアン，シュエンチュアン

lathe
レイズ

ぜんはん
前半
zenhan

前半
qiánbàn
チエンパン

first half
ファースト ハフ

ぜんぱん
全般
zenpan

全盘，通盘
quánpán, tōngpán
チュエンパン，トンパン

whole
ホウル

ぜんぶ
全部
zenbu

全部，全体
quánbù, quántǐ
チュエンブゥ，チュエンティー

all, whole
オール，ホウル

せんぷうき
扇風機
senpuuki

〔台〕电(风)扇
〔tái〕diàn(fēng)shàn
〔タイ〕ディエン(フォン)シャン

electric fan
イレクトリク ファン

せんぷく(する)
潜伏(する)
senpuku (suru)

潜伏，埋伏
qiánfú, máifu
チエンフゥ，マイフ

concealment; hide
コンスィールメント，ハイド

日	中	英
ぜんぶん **全文** zenbun	**全文** quánwén チュエンウェン	whole sentence ホウル **セ**ンテンス
せんぼう **羨望** senbou	**羡慕** xiànmù シエンムゥ	envy **エ**ンヴィ
せんぽう **先方** senpou	**对方** duìfāng ドゥイファァン	other party **ア**ザ パ**ー**ティ
せんめいな **鮮明な** senmeina	**鲜明，清晰** xiānmíng, qīngxī シエンミン，チンシィ	clear ク**リ**ア
ぜんめつ **全滅** zenmetsu	**灭绝** mièjué ミエジュエ	annihilation アナイア**レ**イション
せんめんじょ **洗面所** senmenjo	**盥洗室，洗手间** guànxǐshì, xǐshǒujiān グワンシィシー，シィショウジエン	lavatory, toilet ラ**ヴァ**トーリ，**ト**イレト
せんもん **専門** senmon	**专门，专业** zhuānmén, zhuānyè デュワンメン，デュワンイエ	specialty スペシ**ア**リティ
〜家	〔位〕**专家** 〔wèi〕zhuānjiā 〔ウェイ〕デュワンジア	specialist ス**ペ**シャリスト
〜学校	**专科学校** zhuānkē xuéxiào デュワンクァ シュエシアオ	special school ス**ペ**シャル ス**ク**ール
せんやく **先約** sen-yaku	**有约在先** yǒu yuē zài xiān ヨウ ユエ ヅァイ シエン	previous engage-ment プ**リー**ヴィアス イン**ゲ**イヂメント
せんゆう(する) **占有(する)** sen-yuu (suru)	**占据，占有** zhànjù, zhànyǒu ヂャンジュイ，ヂャンヨウ	occupation; occu-py アキュ**ペ**イション，**ア**キュパイ
せんよう **専用** sen-you	**专用** zhuānyòng デュワンヨン	exclusive use イクスク**ル**ースィヴ **ユ**ース
せんりつ **旋律** senritsu	**旋律** xuánlǜ シュエンリュィ	melody **メ**ロディ

日	中	英
せんりゃく **戦略** senryaku	**战略** zhànlüè ヂャンリュエ	strategy ストラテヂ
せんりょう(する) **占領(する)** senryou (suru)	**占领, 霸占** zhànlǐng, bàzhàn ヂャンリィン, バァヂャン	occupation; occupy アキュペイション, **ア**キュパイ
ぜんりょう(な) **善良(な)** zenryou (na)	**善良** shànliáng シャンリアン	good, virtuous **グ**ド, **ヴァ**ーチュアス
ぜんりょく **全力** zenryoku	**全力, 竭力** quánlì, jiélì チュエンリィ, ジエリィ	all *one's* strength **オ**ール ストレングス
せんれい **洗礼** senrei	**洗礼** xǐlǐ シィリィ	baptism バプティズム
ぜんれい **前例** zenrei	**前例, 先例** qiánlì, xiānlì チエンリィ, シエンリィ	precedent プレスィデント
せんれん(する) **洗練(する)** senren (suru)	**洗练, 讲究** xǐliàn, jiǎngjiu シィリエン, ジアンジウ	refinement; refine リ**ファ**インメント, リ**ファ**イン
せんろ **線路** senro	**铁路, 轨道** tiělù, guǐdào ティエルゥ, グゥイダオ	railway line レイルウェイ **ラ**イン

そ, ソ

そあく **粗悪** soaku	**低劣** dīliè ディーリエ	of poor quality オヴ **プ**ア ク**ワ**リティ
そう **沿う** sou	**沿着, 顺着** yánzhe, shùnzhe イエンヂャ, シュンヂャ	along, on ア**ロ**ング, **オ**ン
そう **添う** sou	**随, 陪** suí, péi スゥイ, ペイ	accompany ア**カ**ンパニ
ぞう **象** zou	**(大)象** (dà)xiàng (ダァ)シアン	elephant **エ**レファント

日	中	英
ぞう **像** zou	**像，雕像** xiàng, diāoxiàng シアン, ディアオシアン	image, figure, statue イミヂ, **フィ**ギャ, ス**タ**チュー
そうあん **草案** souan	**草案** cǎo'àn ツァオアン	draft ド**ラ**フト
そうい **相異[違]** soui	**不同，差异** bù tóng, chāyì プウトン, チァアイー	difference, variation ディ**ファ**レンス, ヴェアリ**エ**イション
ぞうお(する) **憎悪(する)** zouo (suru)	**仇恨，憎恶** chóuhèn, zēngwù チョウヘン, ヅンウゥ	hatred; hate ヘイトリッド, ヘイト
そうおん **騒音** souon	**噪音，噪声** zàoyīn, zàoshēng ヅァオイン, ヅァオション	noise ノイズ
ぞうか(する) **増加(する)** zouka (suru)	**增长，增加** zēngzhǎng, zēngjiā ヅンヂャァン, ヅンジア	increase; increase イン**ク**リース, イン**ク**リース
そうかい **総会** soukai	**大会，全会** dàhuì, quánhuì ダァホウイ, チュエンホウイ	general meeting **チェ**ネラル **ミー**ティング
そうがく **総額** sougaku	**总额，总数** zǒng'é, zǒngshù ヅォンウァ, ヅォンシュウ	total (amount) **ト**ウトル (ア**マ**ウント)
そうかん **創刊** soukan	**创刊** chuàngkān チュアンカン	foundation ファウン**デ**イション
そうかんかんけい **相関関係** soukankankei	**连带关系** liándài guānxi リエンダイ グワンシ	correlation コーリ**レ**イション
そうがんきょう **双眼鏡** sougankyou	**双筒望远镜** shuāngtǒng wàngyuǎnjìng シュアントン ワンユエンジィン	binoculars バイ**ナ**キュラズ
そうき **早期** souki	**早期，早日** zǎoqī, zǎorì ヅァオチィ, ヅァオリー	early stage **アー**リ ス**テ**イヂ
そうぎ **葬儀** sougi	**丧事，葬礼** sāngshì, zànglǐ サンシー, ヅァァンリィ	funeral **フュ**ーネラル

日	中	英
ぞうきばやし **雑木林** zoukibayashi	**杂木林** zámùlín ヅァアムゥリン	coppice カピス
そうきん(する) **送金(する)** soukin (suru)	**汇款，寄钱** huìkuǎn, jì qián ホウイクワン，ジィ チエン	remittance; send money リミタンス，**セ**ンド **マ**ニ
ぞうきん **雑巾** zoukin	〔块／条〕**抹布** 〔kuài/tiáo〕mābù 〔クアイ／ティアオ〕マアブゥ	dustcloth **ダ**ストクロース
ぞうげ **象牙** zouge	**象牙** xiàngyá シアンヤア	ivory **ア**イヴォリ
そうけい **総計** soukei	**总计，总共** zǒngjì, zǒnggòng ヅォンジィ，ヅォンゴン	total amount トゥトル ア**マ**ウント
そうげん **草原** sougen	**草原** cǎoyuán ツァオユエン	plain, prairie プレイン，プ**レ**アリ
そうこ **倉庫** souko	**仓库，库房** cāngkù, kùfáng ツァァンクゥ，クゥファアン	warehouse **ウェ**アハウス
そうご **相互** sougo	**互相，相互** hùxiāng, xiānghù ホゥシアン，シアンホゥ	mutuality ミューチュア**リ**ティ
～の	**互相** hùxiāng ホゥシアン	mutual ミ**ュ**ーチュアル
そうこう(する) **走行(する)** soukou (suru)	**行驶** xíngshǐ シィンシー	traveling; travel ト**ラ**ヴリング，ト**ラ**ヴェル
～距離	**行驶距离** xíngshǐ jùlí シィンシー ジュリィ	mileage **マ**イリヂ
そうごう(する) **総合(する)** sougou (suru)	**综合，总括** zōnghé, zǒngkuò ヅォンホゥァ，ヅォンクゥォ	synthesize **ス**ィンセサイズ
～的な	**综合性** zōnghéxìng ヅォンホゥァシィン	synthetic スィン**セ**ティク
そうごん(な) **荘厳(な)** sougon (na)	**庄严** zhuāngyán ヂュアンイエン	solemn, sublime **サ**レム，サブ**ラ**イム

日	中	英
そうさ(する) **捜査(する)** sousa (suru)	**捜査，侦查** sōuchá, zhēnchá ソウチアァ，ヂェンチアァ	investigation, search インヴェスティ**ゲ**イション，**サ**ーチ
そうさ(する) **操作(する)** sousa (suru)	**操纵，操作** cāozòng, cāozuò ツァオヅォン，ツァオヅゥオ	operation; operate アペ**レ**イション，**ア**ペレイト
そうさい(する) **相殺(する)** sousai (suru)	**抵消，对消** dǐxiāo, duìxiāo ディーシアオ，ドゥイシアオ	offset, set off **オ**ーフセト，**セ**ト **オ**ーフ
そうさく(する) **創作(する)** sousaku (suru)	**创作，创造** chuàngzuò, chuàngzào チュアンヅゥオ，チュアンヅァオ	creation; create クリ**エ**イション，クリ**エ**イト
そうさく(する) **捜索(する)** sousaku (suru)	**搜索，搜寻** sōusuǒ, sōuxún ソウスゥオ，ソウシュイン	investigation; search for インヴェスティ**ゲ**イション，**サ**ーチ フォ
そうじ(する) **掃除(する)** souji (suru)	**打扫，清扫** dǎsǎo, qīngsǎo ダァサオ，チンサオ	cleaning; clean, sweep ク**リ**ーニング，ク**リ**ーン，ス**ウ**ィープ
そうしき **葬式** soushiki	**葬礼，丧事** zànglǐ, sāngshì ヅァアンリィ，サンシー	funeral **フ**ューネラル
そうじゅう(する) **操縦(する)** soujuu (suru)	**操纵，驾驶** cāozòng, jiàshǐ ツァオヅォン，ジアシー	handling; operate **ハ**ンドリング，**ア**ペレイト
～士	**飞行员** fēixíngyuán フェイシィンユエン	pilot **パ**イロト
そうじゅく(な) **早熟(な)** soujuku (na)	**早熟** zǎoshú ヅァオシュウ	precocious, premature プリ**コ**ウシャス，プリーマ**チュ**ア
そうしゅん **早春** soushun	**早春** zǎochūn ヅァオチュン	early spring **ア**ーリ ス**プ**リング
そうしょく(する) **装飾(する)** soushoku (suru)	**装饰，修饰** zhuāngshì, xiūshì ヂュアンシー，シウシー	decoration; decorate デコ**レ**イション，**デ**コレイト
そうしん(する) **送信(する)** soushin (suru)	**发送** fāsòng ファアソン	transmission; transmit トランス**ミ**ション，トランス**ミ**ト

日	中	英
そうしんぐ **装身具** soushingu	**装饰品，首饰** zhuāngshìpǐn, shǒushi デュアンシーピン，ショウシ	accessories アク**セ**サリズ
ぞうぜい **増税** zouzei	**増税，加税** zēngshuì, jiāshuì ヅンシュイ，ジアシュイ	tax increase **タ**クス インク**リ**ース
そうせつ(する) **創設(する)** sousetsu (suru)	**创设，创建** chuàngshè, chuàngjiàn チュアンショア，チュアンジエン	foundation; found ファウン**デ**イション，**ファ**ウンド
ぞうせん **造船** zousen	**造船** zàochuán ヅァオチュワン	shipbuilding **シ**プビルディング
そうぞう(する) **創造(する)** souzou (suru)	**创造，首创** chuàngzào, shǒuchuàng チュアンヅァオ，ショウチュアン	creation; create クリ**エ**イション，クリ**エ**イト
そうぞう(する) **想像(する)** souzou (suru)	**想像，假想** xiǎngxiàng, jiǎxiǎng シアンシアン，ジアシアン	imagination; imagine イマヂ**ネ**イション，イ**マ**ヂン
そうぞうしい **騒々しい** souzoushii	**吵闹** chǎonào チャオナオ	noisy, loud **ノ**イズィ，**ラ**ウド
そうぞく(する) **相続(する)** souzoku (suru)	**継承** jìchéng ジィチョン	inheritance; inherit イン**ヘ**リタンス，イン**ヘ**リト
〜税	**遺产税** yíchǎnshuì イーチャンシュイ	inheritance tax イン**ヘ**リタンス **タ**クス
〜人	**継承人** jìchéngrén ジィチョンレン	heir, heiress **エ**ア，**エ**アレス
そうそふ **曾祖父** （父の祖父） sousofu	**曾祖父** zēngzǔfù ヅンヅゥフゥ	great-grandfather グレイトグ**ラ**ンドファーザ
（母の祖父）	**外曾祖父** wàizēngzǔfù ワイヅンヅゥフゥ	great-grandfather グレイトグ**ラ**ンドファーザ
そうそぼ **曾祖母** （父の祖母） sousobo	**曾祖母** zēngzǔmǔ ヅンヅゥムゥ	great-grandmother グレイトグ**ラ**ンドマザ
（母の祖母）	**外曾祖母** wàizēngzǔmǔ ワイヅンヅゥムゥ	great-grandmother グレイトグ**ラ**ンドマザ

日	中	英
そうたい(する) **早退(する)** soutai (suru)	**早退** zǎotuì ヅァオトゥイ	leave earlier than usual リーヴ アーリア ザン ユージュアル
そうだい(な) **壮大(な)** soudai (na)	**宏伟，雄伟** hóngwěi, xióngwěi ホンウェイ, シオンウェイ	magnificent, grand マグ二フィセント, グランド
そうたいてきな **相対的な** soutaitekina	**相对** xiāngduì シアンドゥイ	relative レラティヴ
そうだん(する) **相談(する)** soudan (suru)	**商量，协商** shāngliang, xiéshāng シャァンリアン, シエシャァン	consultation; consult with カンサルテイション, コンサルト ウィズ
そうち **装置** souchi	〔套〕**装置，设备** 〔tào〕zhuāngzhì, shèbèi 〔タオ〕ヂュアンデー, ショァペイ	equipment イクウィップメント
そうちょう **早朝** souchou	**清晨** qīngchén チィンチェン	early morning アーリ モーニング
ぞうてい(する) **贈呈(する)** zoutei (suru)	**赠送** zèngsòng ヅンソン	presentation; present プリーゼンテイション, プリゼント
そうとう(する) **相当(する)** soutou (suru)	**适合，适当** shìhé, shìdàng シーホォァ, シーダァン	suit, (be) fit for スート, (ビ) フィト フォ
そうどう **騒動** soudou	**纠纷，风波** jiūfēn, fēngbō ジウフェン, フォンボォ	disturbance, confusion ディスターバンス, コンフュージョン
そうなん(する) **遭難(する)** sounan (suru)	**遇难，遇险** yùnàn, yùxiǎn ユィナン, ユィシエン	(have a) disaster (ハヴ ア) ディザスタ
そうにゅう(する) **挿入(する)** sounyuu (suru)	**插入，插进** chārù, chājìn チャアルゥ, チャアジン	insertion; insert インサーション, インサート
そうば **相場** souba	**行市，行情** hángshì, hángqíng ハァンシ, ハァンチィン	market price マーケト プライス
そうび **装備** soubi	**装备，配备** zhuāngbèi, pèibèi ヂュアンペイ, ペイペイ	equipment, outfit イクウィップメント, アウトフィト

日	中	英
そうふ（する） **送付（する）** soufu (suru)	**寄送，发送** jìsòng, fāsòng ジィソン，ファアソン	sending; send **セ**ンディング，**セ**ンド
〜先	**收件人地址** shōujiànrén dìzhǐ ショウジエンレン ディーヂー	addressee アドレ**スィ**ー
そうべつかい **送別会** soubetsukai	**欢送会** huānsònghuì ホワンソンホゥイ	farewell party **フェ**アウェル **パ**ーティ
そうほう **双方** souhou	**双方，彼此** shuāngfāng, bǐcǐ シュアンファアン，ビィツー	both parties **ボ**ウス **パ**ーティズ
そうめい（な） **聡明（な）** soumei (na)	**聪明，贤明** cōngmíng, xiánmíng ツォンミン，シエンミン	bright, intelligent ブ**ラ**イト，イン**テ**リヂェント
そうりだいじん **総理大臣** souridaijin	**总理大臣** zǒnglǐ dàchén ヅォンリィ ダアチェン	Prime Minister プ**ラ**イム **ミ**ニスタ
そうりつ（する） **創立（する）** souritsu (suru)	**创立，创建** chuànglì, chuàngjiàn チュアンリィ，チュアンジエン	foundation; found ファウン**デ**イション，**ファ**ウ ンド
〜者	**创始人，创立者** chuàngshǐrén, chuànglìzhě チュアンシーレン，チュアンリィヂョァ	founder **ファ**ウンダ
そうりょ **僧侶** souryo	**僧侣，和尚** sēnglǚ, héshang スォンリュィ，ホゥアシャァン	priest, bonze プ**リ**ースト，**バ**ンズ
そうりょう **送料** souryou	**运费，邮费** yùnfèi, yóufèi ユィンフェイ，ヨウフェイ	postage, carriage **ボ**ウスティヂ，**キャ**リヂ
ぞうわい **贈賄** zouwai	**贿赂，行贿** huìlù, xínghuì ホゥイルゥ，シィンホゥイ	bribery ブ**ラ**イバリ
そえる **添える** soeru	**添，附加** tiān, fùjiā ティエン，フゥジア	affix, attach ア**フィ**クス，ア**タ**チ
そーす **ソース** soosu	〔瓶〕**调味汁** 〔píng〕tiáowèizhī 〔ピィン〕ティアオウェイヂー	sauce **ソ**ース
そーせーじ **ソーセージ** sooseeji	〔根〕**香肠，腊肠** 〔gēn〕xiāngcháng, làcháng 〔ゲン〕シアンチャァン，ラァチャァン	sausage **ソ**スィヂ

日	中	英
そーだ **ソーダ** sooda	碱, 苏打 jiǎn, sūdá ジエン, スゥダァ	soda ソウダ
ぞーん **ゾーン** zoon	范围 fànwéi ファンウェイ	zone ゾウン
ぞくご **俗語** zokugo	俚语 lǐyǔ リィユィ	colloquial language, slang コロウクウィアル ラングウィヂ, スラング
そくし(する) **即死(する)** sokushi (suru)	当场死亡 dāngchǎng sǐwáng ダァンチァァン スーワァン	instant death; die on the spot インスタント デス, ダイ オン ザ スパト
そくしん(する) **促進(する)** sokushin (suru)	促进, 促成 cùjìn, cùchéng ツゥジン, ツゥチョン	promotion; promote プロモウション, プロモウト
ぞくする **属する** zokusuru	属于 shǔyú シュウユィ	belong to ビローング トゥ
そくせき **即席** sokuseki	即席 jíxí ジィシィ	improvised, instant インプロヴァイズド, インスタント
ぞくぞくする **ぞくぞくする** zokuzokusuru	激动 jīdòng ジィドン	(be) thrilled with (ビ) スリルド ウィズ
ぞくぞくと **続々と** zokuzokuto	陆续, 接二连三 lùxù, jiē èr lián sān ルゥシュィ, ジエ アル リエン サン	one after another ワン アフタ アナザ
そくたつ **速達** sokutatsu	〔封〕快信, 快件 〔fēng〕kuàixìn, kuàijiàn 〔フォン〕クアイシン, クアイジエン	special delivery スペシャル ディリヴァリ
そくてい(する) **測定(する)** sokutei (suru)	测定, 测量 cèdìng, cèliáng ツゥアディン, ツゥアリアン	measurement; measure メジャメント, メジャ
そくど **速度** sokudo	速度, 速率 sùdù, sùlǜ スゥドゥ, スゥリュィ	speed, velocity スピード, ヴェラスィティ
～計	速度表, 里程表 sùdùbiǎo, lǐchéngbiǎo スゥドゥビアオ, リィチョンビアオ	speedometer スピダメタ

日	中	英
〜制限	速度限制 sùdù xiànzhì スゥドゥ シエンデー	speed limit スピード リミト
そくばい(する) 即売(する) sokubai(suru)	展销，当场出售 zhǎnxiāo, dāngchǎng chūshòu チャンシアオ，ダァンチァァン チュウショウ	spot sale; sell on the spot スパト セイル，セル オン ザ スパト
そくばく(する) 束縛(する) sokubaku(suru)	束缚，拘束 shùfù, jūshù シュウフゥ，ジュイシュウ	restraint; restrain リストレイント，リストレイ ン
そくほう 速報 sokuhou	快报 kuàibào クアイバオ	prompt report プランプト リポート
そくめん 側面 sokumen	侧面 cèmiàn ツゥアミエン	side サイド
そくりょう(する) 測量(する) sokuryou(suru)	测量，丈量 cèliáng, zhàngliáng ツゥアリアン，ヂァァンリアン	measurement; measure メジャメント，メジャ
そくりょく 速力 sokuryoku	速度，速率 sùdù, sùlǜ スゥドゥ，スゥリュイ	speed, velocity スピード，ヴェラスィティ
そこ 底 soko	底，底子 dǐ, dǐzi ディー，ディーツ	bottom バトム
そこく 祖国 sokoku	祖国 zǔguó ヅゥグゥオ	motherland, fa- therland マザランド，ファーザランド
そこぢから 底力 sokojikara	潜力 qiánlì チエンリィ	latent power レイテント パウア
そこなう 損なう sokonau	损坏 sǔnhuài スゥンホアイ	hurt, harm ハート，ハーム
そざい 素材 sozai	素材，原材料 sùcái, yuáncáiliào スゥツァイ，ユエンツァイリアオ	material マティアリアル
そし(する) 阻止(する) soshi(suru)	阻拦，阻止 zǔlán, zǔzhǐ ヅゥラン，ヅゥデー	obstruction; ob- struct オプストラクション，オプス トラクト

日	中	英
そしき(する) **組織(する)** soshiki (suru)	组织，构成 zǔzhī, gòuchéng ヅゥヂー, ゴウチョン	organization; organize オーガニ**ゼ**イション, **オ**ーガナイズ
そしつ **素質** soshitsu	素质，天分 sùzhì, tiānfèn スゥヂー, ティエンフェン	nature, gift **ネ**イチャ, **ギ**フト
そして **そして** soshite	于是 yúshì ユィシー	and, then **ア**ンド, **ゼ**ン
そしょう(する) **訴訟(する)** soshou (suru)	诉讼，(打)官司 sùsòng, (dǎ)guānsi スゥソン, (ダァ)グワンス	suit, action **ス**ート, **ア**クション
そしょく **粗食** soshoku	粗食 cūshí ツゥシー	simple diet **ス**ィンプル **ダ**イエト
そせん **祖先** sosen	祖先，祖宗 zǔxiān, zǔzong ヅゥシエン, ヅゥヅォン	ancestor **ア**ンセスタ
そそぐ **注ぐ** sosogu	流入，注入 liúrù, zhùrù リウルゥ, ヂュウルゥ	flow into フ**ロ**ウ イントゥ
そそっかしい **そそっかしい** sosokkashii	冒失，粗心 màoshi, cūxīn マオシ, ツゥシン	careless **ケ**アレス
そそのかす **唆す** sosonokasu	挑唆，怂恿 tiǎosuo, sǒngyǒng ティアオスゥオ, ソンヨン	tempt, seduce **テ**ンプト, スィ**デュ**ース
そだつ **育つ** sodatsu	生长，成长 shēngzhǎng, chéngzhǎng ションヂャァン, チョンヂャァン	grow グ**ロ**ウ
そだてる **育てる** sodateru	培养，抚育 péiyǎng, fǔyù ペイヤン, フゥユィ	bring up ブ**リ**ング **ア**プ
そち **措置** sochi	[条]措施 [tiáo] cuòshī [ティアオ] ツゥオシー	measure, step **メ**ジャ, ス**テ**プ
そちら **そちら** sochira	那边，那里 nàbiān, nàli ナァビエン, ナァリ	that way, there **ザ**ト **ウェ**イ, **ゼ**ア

日	中	英
そっきょう **即興** sokkyou	**即兴** jíxìng ジイシイン	improvisation インプロヴィゼイション
そつぎょう(する) **卒業(する)** sotsugyou (suru)	**毕业** bì'yè ビイイエ	graduation; gradu- ate from グラデュ**エ**イシヨン, グ**ラ** デュエイト フラム
〜生	**毕业生** bìyèshēng ビイイエシヨン	graduate グ**ラ**デュエト
そっくす **ソックス** sokkusu	〔双〕**短袜** 〔shuāng〕duǎnwà 〔シュアン〕ドワンワァ	socks **サ**クス
そっくり **そっくり** sokkuri	**酷似, 一模一样** kùsì, yì mú yí yàng クウスー, イームゥ イーヤン	just like **ヂャ**スト ライク
そっけない **そっけない** sokkenai	**冷淡** lěngdàn ルゥオンダン	cold, blunt **コ**ウルド, ブラント
そっこう **即効** sokkou	**立刻生效, 速效** lìkè shēngxiào, sùxiào リイクァ シヨンシアオ, スウシアオ	immediate effect イミーディエト イ**フェ**クト
そっちょく **率直** socchoku	**坦率, 直率** tǎnshuài, zhíshuài タンシュアイ, デーシュアイ	frank, outspoken フ**ラ**ンク, **ア**ウトスポウクン
そっと **そっと** sotto	**轻轻地** qīngqīng de チィンチィン ダ	quietly, softly ク**ワ**イエトリ, **ソ**ーフトリ
ぞっとする **ぞっとする** zottosuru	**毛骨悚然** máo gǔ sǒng rán マオ グゥ ソン ラン	shudder, shiver **シャ**ダ, **シ**ヴァ
そつろん **卒論** sotsuron	〔篇〕**毕业论文** 〔piān〕bìyè lùnwén 〔ピエン〕ビイイエ ルゥンウェン	graduation thesis グラデュ**エ**イシヨン **スィ**ースィス
そで **袖** sode	〔条〕**袖子** 〔tiáo〕xiùzi 〔ティアオ〕シウヅ	sleeve ス**リ**ーヴ
そと **外** soto	**外边, 外面** wàibian, wàimiàn ワイビエン, ワイミエン	outside アウト**サ**イド

日	中	英
そとがわ **外側** sotogawa	外边，外面 wàibian, wàimiàn ワイビエン, ワイミエン	outside アウト**サイド**
そなえる **備える** sonaeru	准备，安装 zhǔnbèi, ānzhuāng デュンベイ, アンデュアン	provide, equip プロ**ヴァイ**ド, イク**ウィ**プ
その **その** sono	那 nà ナァ	that **ザ**ト
そのうえ **その上** sonoue	并且，此外 bìngqiě, cǐwài ビンチエ, ツーワイ	besides ビ**サイ**ズ
そのうち **その内** sonouchi	不久，一会儿 bùjiǔ, yíhuìr ブジウ, イーホァル	soon **スー**ン
そのかわり **その代わり** sonokawari	但是，可是 dànshì, kěshì ダンシー, クァシー	instead インス**テ**ド
そのご **その後** sonogo	此后，后来 cǐhòu, hòulái ツーホウ, ホウライ	after that アフタ **ザ**ト
そのころ **その頃** sonokoro	当时，那个时候 dāngshí, nàge shíhou ダァンシー, ナァガ シーホウ	about that time アバウト **ザ**ト **タイ**ム
そのとき **その時** sonotoki	那时，当时 nà shí, dāngshí ナァ シー, ダァンシー	then, at that time **ゼ**ン, アト **ザ**ト **タイ**ム
そば **傍** soba	旁边，附近 pángbiān, fùjìn パァンビエン, フゥジン	side **サイ**ド
そふ **祖父**　　(父の父) sofu	祖父 zǔfù ヅフゥ	grandfather グ**ラ**ンドファーザ
(母の父)	外祖父 wàizǔfù ワイヅフゥ	grandfather グ**ラ**ンドファーザ
そふぁー **ソファー** sofaa	〔张〕沙发 〔zhāng〕shāfā 〔デャァン〕シャアファア	sofa **ソ**ウファ
そふとうぇあ **ソフトウェア** sofutowea	〔套〕软件 〔tào〕ruǎnjiàn 〔タオ〕ルワンジエン	software **ソ**ーフトウェア

425

日	中	英
そふとくりーむ **ソフトクリーム** sofutokuriimu	**软冰糕** ruǎnbīnggāo ルワンビィンガオ	soft ice cream ソーフト アイス クリーム
そふぼ **祖父母** （父方） sofubo	**祖父母** zǔfùmǔ ヅゥフウムゥ	grandparents グランドペアレンツ
（母方）	**外祖父母** wàizǔfùmǔ ワイヅゥフウムゥ	grandparents グランドペアレンツ
そぷらの **ソプラノ** sopurano	**女高音** nǚgāoyīn ニュィガオイン	soprano ソプラーノゥ
そぶり **素振り** soburi	**态度，神态** tàidu, shéntài タイドゥ，シェンタイ	air, behavior エア，ビヘイヴァ
そぼ **祖母** （父の母） sobo	**祖母** zǔmǔ ヅゥムゥ	grandmother グランドマザ
（母の母）	**外祖母** wàizǔmǔ ワイヅゥムゥ	grandmother グランドマザ
そぼくな **素朴な** sobokuna	**朴素，朴实** pǔsù, pǔshí プゥスゥ，プゥシー	simple, artless スィンプル，アートレス
そまつな **粗末な** somatsuna	**粗劣，粗陋** cūliè, cūlòu ツゥリエ，ツゥロウ	poor, humble プア，ハンブル
そむく **背く** somuku	**违背，违反** wéibèi, wéifǎn ウェイペイ，ウェイファン	disobey, betray ディスオベイ，ビトレイ
そむける **背ける** somukeru	**背过去** bèiguòqu ベイグゥオチュ	avert アヴァート
そむりえ **ソムリエ** somurie	〔位〕**酒侍** 〔wèi〕jiǔshì 〔ウェイ〕ジウシー	sommelier サムリエイ
そめる **染める** someru	**染** rǎn ラン	dye, color ダイ，カラ
そよかぜ **微風** soyokaze	**微风，和风** wēifēng, héfēng ウェイフォン，ホォァフォン	breeze ブリーズ

日	中	英
そら **空** sora	**天空** tiānkōng ティエンコン	sky スカイ
そらまめ **空豆** soramame	〔颗〕**蚕豆，罗汉豆** 〔kē〕cándòu, luóhàndòu 〔クァ〕ツァンドウ, ルゥオハンドウ	broad bean ブロード ビーン
そる **剃る** soru	**剃，刮** tì, guā ティー, グア	shave シェイヴ
それ **それ** sore	**那** nà ナァ	it, that イト, ザト
それから **それから** sorekara	**那以后** nà yǐhòu ナァ イーホウ	and, since then アンド, スィンス ゼン
それぞれ **それぞれ** sorezore	**各个** gègè グァグァ	respectively リスペクティヴリ
それでも **それでも** soredemo	**尽管如此** jǐnguǎn rúcǐ ジングワン ルゥツー	but, nevertheless バト, ネヴァザレス
それどころか **それどころか** soredokoroka	**恰恰相反** qiàqià xiāngfǎn チアチア シアンファン	on the contrary オン ザ カントレリ
それとも **それとも** soretomo	**还是** háishi ハイシ	or オー
それなら **それなら** sorenara	**那么，如果那样** nàme, rúguǒ nàyàng ナァマ, ルゥグゥオ ナァヤン	if so, in that case イフ ソウ, イン ザト ケイス
それに **それに** soreni	**而且，再说** érqiě, zàishuō アルチエ, ヅァイシュオ	besides, moreover ビサイヅ, モーロウヴァ
それはそうと **それはそうと** sorewasouto	**另外，此外** lìngwài, cǐwài リィンワイ, ツーワイ	meanwhile ミーン(ホ)ワイル
それまで **それまで** soremade	**到那时** dào nà shí ダオ ナァ シー	till then ティル ゼン
それる **逸れる** soreru	**偏离** piānlí ピエンリィ	turn away ターン アウェイ

日	中	英
そろ **ソロ** soro	**独奏，独唱** dúzòu, dúchàng ドゥヅォウ，ドゥチャアン	solo ソウロウ
そろう **揃う** sorou	**一致，整齐** yízhì, zhěngqí イーヂー，ヂョンチィ	(be) even (ビ) イーヴン
そろえる **揃える** soroeru	**使一致** shǐ yízhì シー イーヂー	make even メイク イーヴン
そん **損** son	**损失，不利** sǔnshī, búlì スゥンシー，ブゥリィ	loss, disadvantage ロース，ディサドヴァンティヂ
～をする	**吃亏，损失** chīkuī, sǔnshī チークゥイ，スゥンシー	lose ルーズ
そんがい **損害** songai	**损害，损失** sǔnhài, sǔnshī スゥンハイ，スゥンシー	damage, loss ダミヂ，ロース
そんけい(する) **尊敬(する)** sonkei (suru)	**尊敬** zūnjìng ヅゥンジィン	respect; esteem リスペクト，イスティーム
そんげん **尊厳** songen	**尊严** zūnyán ヅゥンイエン	dignity, prestige ディグニティ，プレスティージ
そんざい(する) **存在(する)** sonzai (suru)	**存在** cúnzài ツゥンヅァイ	existence; exist イグズィステンス，イグズィスト
ぞんざい(な) **ぞんざい(な)** zonzai (na)	**草率，马虎** cǎoshuài, mǎhu ツァオシュアイ，マァホ	impolite, rough インポライト，ラフ
そんしつ **損失** sonshitsu	**损失** sǔnshī スゥンシー	loss, disadvantage ロース，ディサドヴァンティヂ
そんちょう(する) **尊重(する)** sonchou (suru)	**尊重，重视** zūnzhòng, zhòngshì ヅゥンヂォン，ヂォンシー	respect, esteem リスペクト，イスティーム

日	中	英

た，タ

た
田
ta

田，水地
tián, shuǐdì
ティエン，シュイディー

rice field
ライス フィールド

た―げっと
ターゲット
taagetto

目标，对象
mùbiāo, duìxiàng
ムゥビアオ，ドゥイシアン

target
ターゲト

だ―す
ダース
daasu

打
dá
ダァ

dozen
ダズン

た―とるねっく
タートルネック
taatorunekku

高领
gāolǐng
ガオリィン

turtleneck
タートルネク

だ―びー
ダービー
daabii

大赛马
dàsàimǎ
ダァサイマァ

Derby
ダービ

た―ん
ターン
taan

回转，转动
huízhuǎn, zhuàndòng
ホゥイヂュワン，ヂュワンドン

turn
ターン

たい
対
tai

对
duì
ドゥイ

versus
ヴァーサス

たい
鯛
tai

鲷鱼
diāoyú
ディアオユィ

sea bream
スィー ブリーム

だい
代
dai

(…)费，钱
(…)fèi, qián
(…)フェイ，チエン

price
プライス

(時代)
年代
niándài
ニエンダイ

age, period
エイヂ，ピアリオド

(世代)
代，辈
dài, bèi
ダイ，ペイ

generation
デェネレイション

だい
台
dai

案子，台
ànzi, tái
アンヅ，タイ

stand, pedestal
スタンド，ペデストル

たいい
大意
taii

大意，大旨
dàyì, dàzhǐ
ダァイー，ダァヂー

summary
サマリ

日	中	英
たいいく **体育** taiiku	**体育** tǐyù ティーユィ	physical education フィズィカル エヂュケイション
〜館	**体育馆** tǐyùguǎn ティーユィグワン	gymnasium ヂムネイズィアム
たいいん(する) **退院(する)** taiin (suru)	**出院** chū'yuàn チュウユエン	leave the hospital リーヴ ザ ハスピトル
たいえき(する) **退役(する)** taieki (suru)	**退伍，退役** tuì'wǔ, tuì'yì トゥイウウ，トゥイイー	retirement; retire リタイアメント，リタイア
だいえっと **ダイエット** daietto	**减肥** jiǎnféi ジエンフェイ	diet ダイエト
たいおう(する) **対応(する)** taiou (suru)	**対応，应付** duìyìng, yìngfu ドゥイイン，イィンフ	correspondence; correspond コレスパンデンス，コレスパンド
だいおきしん **ダイオキシン** daiokishin	**二恶英** èr'èyīng アルウァイイン	dioxin ダイアクスィン
たいおん **体温** taion	**体温** tǐwēn ティーウェン	temperature テンペラチャ
〜計	**体温表** tǐwēnbiǎo ティーウェンビアオ	thermometer サマメタ
たいか **大家** taika	**大师，权威** dàshī, quánwēi ダァシー，チュエンウェイ	great master, authority グレイト マスタ，オサリティ
たいかい **大会** taikai	**大会** dàhuì ダァホウイ	general meeting ヂェネラル ミーティング
たいがい **大概** taigai	**大概，几乎** dàgài, jīhū ダァガイ，ジィホゥ	generally, almost ヂェネラリ，オールモウスト
たいかく **体格** taikaku	**体格** tǐgé ティーグァ	physique, build フィズィーク，ビルド

日	中	英
たいがく(する) **退学(する)** taigaku (suru)	**退学** tuì'xué トゥイシュエ	leave school リーヴ スクール
だいがく **大学** daigaku	**大学** dàxué ダアシュエ	university, college ユーニヴァースィティ, カレヂ
~院	**研究生院** yánjiūshēngyuàn イエンジウションユエン	graduate school グラヂュエト スクール
~生	**大学生** dàxuéshēng ダアシュエション	university [college] student ユーニヴァースィティ [カレヂ] ステューデント
たいき **大気** taiki	**大气** dàqì ダアチイ	atmosphere, air アトモスフィア, エア
~汚染	**空气污染** kōngqì wūrǎn コンチイ ウウラン	air pollution エア ポリューション
~圏	**大气层, 大气圈** dàqìcéng, dàqìquān ダアチイツン, ダアチイチュエン	atmosphere アトモスフィア
だいきぼ **大規模** daikibo	**大规模** dàguīmó ダアグイモオ	large scale ラーヂ スケイル
たいきゃく(する) **退却(する)** taikyaku (suru)	**撤退, 退却** chètuì, tuìquè チョアトゥイ, トゥイチュエ	retreat リトリート
たいきゅうせい **耐久性** taikyuusei	**耐久性** nàijiǔxìng ナイジウシィン	durability デュアラビリティ
たいきょ(する) **退去(する)** taikyo (suru)	**离开** líkāi リィカイ	leave, withdraw リーヴ, ウィズドロー
たいきん **大金** taikin	**巨款, 大钱** jùkuǎn, dàqián ジュイクワン, ダアチエン	a large amount of money ア ラーヂ アマウント オヴ マニ
だいきん **代金** daikin	**价款** jiàkuǎn ジアクワン	price, cost プライス, コースト

日	中	英
だいく **大工** daiku	**木匠，木工** mùjiàng, mùgōng ムゥジアン，ムゥゴン	carpenter カーペンタ
たいぐう(する) **待遇(する)** taiguu (suru)	**待遇，对待** dàiyù, duìdài ダイユィ，ドゥイダイ	treatment; treat トリートメント，トリート
たいくつ **退屈** taikutsu	**无聊** wúliáo ウゥリアオ	boring, tedious ボーリング，**ティ**ーディアス
たいけい **体形** taikei	**体型，身形** tǐxíng, shēnxíng ティーシィン，シェンシィン	figure **フィ**ギャ
たいけい **体系** taikei	**体系，系统** tǐxì, xìtǒng ティーシィ，シィトン	system **スィ**ステム
だいけい **台形** daikei	**梯形** tīxíng ティーシィン	trapezoid トラペゾイド
たいけつ(する) **対決(する)** taiketsu (suru)	**较量，交锋** jiàoliàng, jiāo'fēng ジアオリアン，ジアオフォン	confrontation; confront カンフランテイション，コンフラント
たいけん(する) **体験(する)** taiken (suru)	**经历，体验** jīnglì, tǐyàn ジィンリィ，ティーイエン	experience イクス**ピ**アリアンス
たいこ **太鼓** taiko	〔个／面〕**鼓** (ge/miàn) gǔ 〔ガ／ミエン〕グゥ	drum ド**ラ**ム
たいこう(する) **対抗(する)** taikou (suru)	**对抗** duìkàng ドゥイカァン	opposition; oppose アポ**ズィ**ション，オ**ポ**ウズ
だいこう(する) **代行(する)** daikou (suru)	**代办，代理** dàibàn, dàilǐ ダイバン，ダイリィ	act for **ア**クト フォ
たいこく **大国** taikoku	**大国** dàguó ダァグゥオ	great nation グ**レ**イト **ネ**イション
だいこん **大根** daikon	〔根〕**萝卜** (gēn) luóbo 〔ゲン〕ルゥオボ	Japanese radish ヂャパ**ニ**ーズ **ラ**ディシュ

日	中	英
たいざい(する) **滞在(する)** taizai(suru)	逗留，停留 dòuliú, tíngliú ドウリウ, ティンリウ	stay ステイ
だいざい **題材** daizai	题材 tícái ティーツァイ	subject, theme サブジェクト, スィーム
たいさく **対策** taisaku	对策，措施 duìcè, cuòshī ドゥイツァ, ツゥオシー	measures メジャズ
たいし **大使** taishi	大使 dàshǐ ダアシー	ambassador アンバサダ
〜館	(大)使馆 (dà)shǐguǎn (ダア)シーグワン	embassy エンバスィ
だいじ **大事** daiji	大事，重要的事情 dàshì, zhòngyào de shìqing ダアシー, ヂォンヤオ ダ シーチィン	importance, very important matter インポータンス, ヴェリ インポータント マタ
〜な	重要，宝贵 zhòngyào, bǎoguì ヂォンヤオ, バオグゥイ	important, precious インポータント, プレシャス
〜にする	珍惜，珍重，爱护 zhēnxī, zhēnzhòng, àihù ヂェンシィ, ヂェンヂォン, アイホゥ	make much of メイク マチ オヴ
だいじぇすと **ダイジェスト** daijesuto	摘要，文摘 zhāiyào, wénzhāi ヂャイヤオ, ウェンヂャイ	digest ダイヂェスト
たいしつ **体質** taishitsu	体质 tǐzhì ティーヂー	constitution カンスティテューション
たいしゅう **大衆** taishuu	群众，大众 qúnzhòng, dàzhòng チュインヂォン, ダアヂォン	general public ヂェネラル パブリク
たいじゅう **体重** taijuu	体重 tǐzhòng ティーヂォン	weight ウェイト
たいしょう **対象** taishou	对象 duìxiàng ドゥイシアン	object アブヂェクト

日	中	英
たいしょう(する) **対照(する)** taishou (suru)	**対照，対比** duìzhào, duìbǐ ドゥイヂャオ，ドゥイビィ	contrast; contrast **カ**ントラスト，コント**ラ**スト
たいじょう(する) **退場(する)** taijou (suru)	**退场，退席** tuì’chǎng, tuì’xí トゥイチャァン，トゥイシィ	leave, exit **リ**ーヴ，**エ**グズィット
だいじょうぶ **大丈夫** daijoubu	**不要紧，没关系** bú yàojǐn, méi guānxi ブゥ ヤオジン，メイ グワンシ	safe, secure **セ**イフ，スィ**キュ**ア
たいしょく(する) **退職(する)** taishoku (suru)	**退休，退职** tuìxiū, tuì’zhí トゥイシウ，トゥイデー	retirement; retire from リ**タ**イアメント，リ**タ**イア フ ラム
たいしん(の) **耐震(の)** taishin (no)	**抗震** kàngzhèn カァンヂェン	earthquake-proof **ア**ースクウェイクプルーフ
だいじん **大臣** daijin	**大臣** dàchén ダァチェン	minister **ミ**ニスタ
だいず **大豆** daizu	〔颗／粒〕**大豆，黄豆** 〔kē／lì〕dàdòu, huángdòu 〔クァ／リィ〕ダァドウ，ホアンドウ	soybean **ソ**イビーン
たいすい(の) **耐水(の)** taisui (no)	**防水，耐水** fángshuǐ, nàishuǐ ファァンシュイ，ナイシュイ	waterproof **ウォ**ータプルーフ
～性	**防水，耐水** fángshuǐ, nàishuǐ ファァンシュイ，ナイシュイ	water-resistant **ウォ**ータリ**ズィ**スタント
だいすう **代数** daisuu	**代数(学)** dàishù(xué) ダイシュウ(シュエ)	algebra **ア**ルヂブラ
たいせい **体制** taisei	**体制** tǐzhì ティーヂー	organization, struc- ture オーガニ**ゼ**イション，スト**ラ** クチャ
たいせいよう **大西洋** taiseiyou	**大西洋** Dàxīyáng ダァシィヤン	Atlantic アト**ラ**ンティク
たいせき **体積** taiseki	**体积** tǐjī ティージィ	volume **ヴァ**リュム

日	中	英
たいせつ **大切** taisetsu		
〜な	**重要，宝贵** zhòngyào, bǎogùi ヂョンヤオ, バオグゥイ	important インポータント
〜にする	**珍惜** zhēnxī ヂェンシィ	take care of テイク ケア オヴ
たいせん(する) **対戦(する)** taisen (suru)	**比赛** bǐsài ビィサイ	match; match with マチ, マチ ウィズ
たいそう **体操** taisou	**体操** tǐcāo ティーツァオ	gymnastics ヂムナスティクス
だいたい **大体** (およそ) daitai	**大约，差不多** dàyuē, chàbuduō ダァユエ, チャアブドゥオ	about アバウト
だいたすう **大多数** daitasuu	**大多数** dàduōshù ダァドゥオシュウ	a large majority ア ラーヂ マヂョーリティ
たいだん(する) **対談(する)** taidan (suru)	**对谈，对话** duìtán, duìhuà ドゥイタン, ドゥイホア	talk; have a talk with トーク, ハヴ ア トーク ウィズ
だいたんな **大胆な** daitanna	**大胆，勇敢** dàdǎn, yǒnggǎn ダァダン, ヨンガン	bold, daring ボウルド, デアリング
たいちょう **体調** taichou	**健康状态** jiànkāng zhuàngtài ジエンカァン ヂュアンタイ	physical condition フィズィカル コンディション
だいちょう **大腸** daichou	**大肠** dàcháng ダァチャァン	large intestine ラーヂ インテスティン
タイツ taitsu	**连裤袜，紧身衣裤** liánkùwà, jǐnshēn yīkù リエンクゥワァ, ジンシェン イークゥ	tights タイツ
たいてい **大抵** taitei	**一般，通常** yìbān, tōngcháng イーバン, トンチャァン	generally, almost ヂェネラリ, オールモウスト

た

日	中	英
（大部分） dàdū, duōbàn	大都，多半 dàdū, duōbàn ダァドゥ，ドゥオバン	almost オールモゥスト
たいど 態度 taido	态度，表现 tàidu, biǎoxiàn タイドゥ，ビアオシエン	attitude, manner アティテュード，マナ
たいとう(の) 対等(の) taitou (no)	对等，平等 duìděng, píngděng ドゥイデゥン，ピィンデゥン	equal, even イークワル，イーヴン
だいどうみゃく 大動脈 daidoumyaku	主动脉，大动脉 zhǔdòngmài, dàdòngmài デュウドンマイ，ダァドンマイ	aorta エイオータ
だいとうりょう 大統領 daitouryou	总统 zǒngtǒng ヅォントン	president プレズィデント
だいどころ 台所 daidokoro	厨房 chúfáng チュウファアン	kitchen キチン
だいとし 大都市 daitoshi	大城市 dàchéngshì ダァチョンシー	big city ビグ スィティ
たいとる タイトル taitoru	标题，题目 biāotí, tímù ビアオティー，ティームゥ	title タイトル
だいなまいと ダイナマイト dainamaito	炸药 zhàyào ヂャアヤオ	dynamite ダイナマイト
だいなみっく(な) ダイナミック(な) dainamikku (na)	有力，生动 yǒulì, shēngdòng ヨウリィ，ションドン	dynamic ダイナミク
たいねつ 耐熱 tainetsu	耐热 nàirè ナイルァ	heat-resist, heat-proof ヒートリズィスト，ヒートプルーフ
だいばー ダイバー daibaa	潜水员 qiánshuǐyuán チエンシュイユエン	diver ダイヴァ
たいはいてきな 退廃的な taihaitekina	颓废的 tuífèi de トゥイフェイ ダ	decadent デカダント

日	中	英
たいはん **大半** taihan	多半，大多 duōbàn, dàduō ドゥオバン, ダアドゥオ	greater part of グレイタ **パ**ート オヴ
だいひょう(する) **代表(する)** daihyou (suru)	代表 dàibiǎo ダイビアオ	representative; represent レプリ**ゼ**ンタティヴ, レプリ**ゼ**ント
〜的な	有代表性的 yǒu dàibiǎoxìng de ヨウ ダイビアオシィン ダ	representative レプリ**ゼ**ンタティヴ
たいぴん **タイピン** taipin	领带夹，领带别针 lǐngdàijiā, lǐngdài biézhēn リィンダイジア, リィンダイ ビエヂェン	tiepin **タ**イピン
だいびんぐ **ダイビング** daibingu	潜水 qiánshuǐ チエンシュイ	diving **ダ**イヴィング
たいぷ **タイプ** taipu	类型，样式 lèixíng, yàngshì レイシィン, ヤンシー	type **タ**イプ
だいぶ **大分** daibu	相当 xiāngdāng シアンダァン	very, pretty **ヴェ**リ, プ**リ**ティ
たいふう **台風** taifuu	台风 táifēng タイフォン	typhoon タイ**フ**ーン
だいぶぶん **大部分** daibubun	大部分，多半 dàbùfen, duōbàn ダアブウフェン, ドゥオバン	greater part グレイタ **パ**ート
たいへいよう **太平洋** taiheiyou	太平洋 Tàipíngyáng タイピィンヤン	Pacific パ**ス**ィフィク
たいへん **大変**　(とても) taihen	很，非常 hěn, fēicháng ヘン, フェイチャァン	very, extremely **ヴェ**リ, イクスト**リ**ームリ
(やっかいな)	了不得，还了得 liǎobude, hái liǎode リアオブドゥァ, ハイ リアオダ	troublesome ト**ラ**ブルサム
だいべん **大便** daiben	大便 dàbiàn ダアビエン	feces **フ**ィースィーズ

日	中	英
たいほ(する) **逮捕(する)** taiho (suru)	**逮捕，拘捕** dàibǔ, jūbǔ ダイブゥ, ジュイブゥ	arrest, capture アレスト, **キャ**プチャ
たいほう **大砲** taihou	〔门／架〕(大)炮 〔mén/jià〕(dà)pào 〔メン／ジア〕(ダァ)パオ	gun, cannon ガン, **キャ**ノン
たいぼうの **待望の** taibouno	**期待，期望** qīdài, qīwàng チィダイ, チィワァン	long-awaited ロングアウェイテド
だいほん **台本** daihon	**剧本，脚本** jùběn, jiǎoběn ジュイベン, ジアオベン	playbook, script プレイブク, スク**リ**プト
たいまー **タイマー** taimaa	**定时器** dìngshíqì ディンシーチィ	timer **タ**イマ
たいまん(な) **怠慢(な)** taiman (na)	**懈怠，玩忽** xièdài, wánhū シエダイ, ワンホゥ	negligent **ネ**グリヂェント
たいみんぐ **タイミング** taimingu	**时机，时宜** shíjī, shíyí シージィ, シーイー	timing **タ**イミング
たいむ **タイム** taimu	**时间** shíjiān シージエン	time **タ**イム
だいめい **題名** daimei	**标题，题名** biāotí, tímíng ビアオティー, ティーミィン	title **タ**イトル
たいや **タイヤ** taiya	〔只〕**轮胎，车胎** 〔zhī〕lúntāi, chētāi 〔ヂー〕ルゥンタイ, チョァタイ	tire **タ**イア
だいや　　(列車の) **ダイヤ** daiya	**列车时刻表** lièchē shíkèbiǎo リエチョァ シークァビアオ	timetable **タ**イムテイブル
だいやもんど **ダイヤモンド** daiyamondo	**钻石，金刚石** zuànshí, jīngāngshí ヅワンシー, ジンガァンシー	diamond **ダ**イアモンド
たいよう **太陽** taiyou	**太阳** tàiyang タイヤン	sun **サ**ン

日	中	英
だいよう(する) **代用(する)** daiyou (suru)	**代用，代替** dàiyòng, dàitì ダイヨン，ダイティー	substitution; substitute for サブスティ**テュ**ーション，**サ**ブスティテュート フォ
たいらげる **平らげる** tairageru	**吃光** chīguāng チーグアン	eat up **イ**ート **ア**プ
たいらな **平らな** tairana	**平(坦)** píng(tǎn) ピィン(タン)	even, level, flat **イ**ーヴン，**レ**ヴェル，フ**ラ**ト
だいり **代理** dairi	**代理** dàilǐ ダイリィ	deputy, proxy **デ**ピュティ，プ**ラ**クスィ
〜店	**代理店** dàilǐdiàn ダイリィディエン	agency **エ**イヂェンスィ
たいりく **大陸** tairiku	**大陆** dàlù ダァルゥ	continent **カ**ンティネント
だいりせき **大理石** dairiseki	**大理石** dàlǐshí ダァリィシー	marble **マ**ーブル
たいりつ(する) **対立(する)** tairitsu (suru)	**対立，対抗** duìlì, duìkàng ドゥイリィ，ドゥイカァン	opposition; oppose アポ**ズィ**ション，オ**ポ**ウズ
たいりょう **大量** tairyou	**大量，大批** dàliàng, dàpī ダァリアン，ダァピィ	mass, large quantities **マ**ス，**ラ**ーヂ ク**ワ**ンティティズ
〜生産	**大量生产** dàliàng shēngchǎn ダァリアン ションチャン	mass production **マ**ス プロ**ダ**クション
たいりょく **体力** tairyoku	**体力** tǐlì ティーリィ	physical strength **フィ**ズィカル スト**レ**ングス
だいれくとめーる **ダイレクトメール** dairekutomeeru	**邮寄广告** yóujì guǎnggào ヨウヂィ グアンガオ	direct mail ディ**レ**クト **メ**イル
たいわ(する) **対話(する)** taiwa (suru)	**対話** duìhuà ドゥイホア	dialogue **ダ**イアローグ

た

日	中	英
たいわん **台湾** taiwan	**台湾** Táiwān タイワン	Taiwan タイワーン
たうえ **田植え** taue	**插秧** chāyāng チャアヤン	rice-planting ライスプランティング
だうんろーど(する) **ダウンロード(する)** daunroodo (suru)	**下载** xiàzài シアヅァイ	download ダウンロウド
だえき **唾液** daeki	**唾液，口水** tuòyè, kǒushuǐ トゥオイエ, コウシュイ	saliva サライヴァ
たえず **絶えず** taezu	**不断，经常** búduàn, jīngcháng ブゥドワン, ジィンチャァン	always, all the time オールウェイズ, オール ザ タイム
たえる **絶える** taeru	**断绝，绝灭** duànjué, juémiè ドワンジュエ, ジュエミエ	cease, die out スィース, ダイ アウト
たえる **耐える** taeru	**忍受，忍耐** rěnshòu, rěnnài レンショウ, レンナイ	bear, stand ベア, スタンド
(持ちこたえる)	**耐，经得起** nài, jīngdeqǐ ナイ, ジィンダチィ	withstand ウィズスタンド
だえん **楕円** daen	**椭圆，长圆** tuǒyuán, chángyuán トゥオユエン, チャァンユエン	ellipse, oval イリプス, オウヴァル
たおす **倒す** taosu	**倒下，打翻** dǎoxià, dǎfān ダオシア, ダァファン	knock down ナク ダウン
(負かす)	**打败，击败** dǎbài, jībài ダァバイ, ジィバイ	defeat, beat ディフィート, ビート
たおる **タオル** taoru	**毛巾** máojīn マオジン	towel タウエル
たおれる **倒れる** taoreru	**倒，垮** dǎo, kuǎ ダオ, クア	fall, break down フォール, ブレイク ダウン

日	中	英
たか **鷹** taka	**鷹** yīng イィン	hawk ホーク
たかい **高い** takai	**高** gāo ガオ	high, tall ハイ, トール
（値段が）	**貴** guì グゥイ	expensive イクスペンスィヴ
たがい(に) **互い(に)** tagai (ni)	**互相，彼此** hùxiāng, bǐcǐ ホウシアン, ビィツー	mutually ミューチュアリ
だかい(する) **打開(する)** dakai (suru)	**打开，解决** dǎkāi, jiějué ダァカイ, ジエジュエ	break ブレイク
たがく **多額** tagaku	**巨额** jù'é ジュィウァ	a large sum of ア ラーヂ サム オヴ
たかさ **高さ** takasa	**高度，高低** gāodù, gāodī ガオドゥ, ガオディー	height, altitude ハイト, アルティテュード
たかね **高値** takane	**高价** gāojià ガオジア	high price ハイ プライス
たかめる **高める** takameru	**提高** tígāo ティーガオ	raise レイズ
たがやす **耕す** tagayasu	**耕(地)** gēng(dì) グン(ディー)	cultivate, plow カルティヴェイト, プラウ
たから **宝** takara	**宝贝，珍宝** bǎobèi, zhēnbǎo バオベイ, チェンバオ	treasure トレジャ
たからくじ **宝籤** takarakuji	**彩票** cǎipiào ツァイピアオ	public lottery パブリク ラタリ
たかる **たかる** （ゆすり） takaru	**敲诈，勒索** qiāozhà, lèsuǒ チアオヂァア, ルァスゥオ	blackmail ブラクメイル
たき **滝** taki	**瀑布** pùbù プゥブゥ	waterfall, falls ウォータフォール, フォールズ

た

日	中	英
たきしーど **タキシード** takishiido	晩礼服 wǎnlǐfú ワンリィフウ	tuxedo タク**スィ**ードウ
だきょう(する) **妥協(する)** dakyou (suru)	妥协，调和 tuǒxié, tiáohé トゥオシエ, ティアオホォア	compromise **カ**ンプロマイズ
たく **炊く** taku	煮，烧 zhǔ, shāo ヂュウ, シャオ	cook, boil ク**ク**, **ボ**イル
たく **焚く** taku	烧，焚 shāo, fén シャオ, フェン	make a fire メイク ア **ファ**イア
だく **抱く** daku	抱 bào バオ	embrace インブ**レ**イス
たくえつした **卓越した** takuetsushita	卓越 zhuóyuè ヂュオユエ	excellent **エ**クセレント
たくさん **沢山** takusan	很多，许多 hěn duō, xǔduō ヘンドゥオ, シュイドゥオ	many, much **メ**ニ, **マ**チ
たくしー **タクシー** takushii	出租(汽)车，的士 chūzū (qì)chē, dīshì チュウヅゥ (チィ)チョア, ディーシー	taxi **タ**クスィ
たくはい **宅配** takuhai	送货上门 sònghuò shàngmén ソンホゥオ シャンメン	door-to-door delivery ドータドー ディ**リ**ヴァリ
たくましい **逞しい** takumashii	健壮，强壮 jiànzhuàng, qiángzhuàng ジエンヂュアン, チアンヂュアン	sturdy, stout ス**ター**ディ, ス**タ**ウト
たくみな **巧な** takumina	巧妙，熟练 qiǎomiào, shúliàn チアオミアオ, シュウリエン	skillful ス**キ**ルフル
たくらむ **企む** takuramu	企图，策划 qǐtú, cèhuà チィトゥ, ツゥアホア	plan, scheme プ**ラ**ン, ス**キ**ーム
たくわえ **蓄[貯]え** takuwae	储备，储存 chǔbèi, chǔcún チュウペイ, チュウツゥン	store, reserve ス**トー**, リ**ザ**ーヴ
(貯金)	存款，积蓄 cúnkuǎn, jīxù ツゥンクワン, ジィシュィ	savings **セ**イヴィングズ

日	中	英
たくわえる **蓄[貯]える** takuwaeru	**貯存，積攢** zhùcún, jīzǎn デュウツゥン，ジィヅァン	store, keep スト一，キ一プ
（貯金）	**積蓄** jīxù ジィシュィ	save セイヴ
たけ **竹** take	〔根〕**竹子** [gēn] zhúzi [ゲン] デュウヅ	bamboo バンブ一
だげき **打撃** dageki	**打击** dǎjī ダァジィ	blow, shock ブロウ，シャク
だけつ（する） **妥結（する）** daketsu (suru)	**达成协议** dáchéng xiéyì ダァチョン シエイ一	agreement; agree アグリ一メント，アグリ一
たこ **凧** tako	〔只〕**风筝** [zhī] fēngzheng [ヂ一] フォンヂョン	kite カイト
たこ **蛸** tako	**章鱼** zhāngyú ヂャァンユィ	octopus アクトパス
たこくせき **多国籍** takokuseki	**跨国，多国** kuàguó, duōguó クアグゥオ，ドゥオグゥオ	multinational マルティナショナル
たさいな **多彩な** tasaina	**丰富多彩** fēng fù duō cǎi フォン フゥ ドゥオ ツァイ	multicolor, various マルティカラ，ヴェアリアス
ださんてきな **打算的な** dasantekina	**患得患失的** huàn dé huàn shī de ホワン ドゥァ ホワン シ一 ダ	calculating キャルキュレイティング
たしかな **確かな** （間違いのない） tashikana	**确实，真确** quèshí, zhēnquè チュエシ一，ヂェンチュエ	sure, certain シュア，サ一トン
（信用できる）	**可靠，信得过** kěkào, xìndeguò カァカオ，シンダグゥオ	reliable リ ライアブル
たしかめる **確かめる** tashikameru	**查明** chámíng チァアミィン	make sure of メイク シュア オヴ
たしざん **足し算** tashizan	**加法** jiāfǎ ジアファア	addition アディション

日	中	英
だしん（する） **打診（する）** （意向を） dashin (suru)	**试探，探问** shìtàn, tànwèn シータン, タンウェン	sound out サウンド アウト
たす **足す** tasu	**加** jiā ジア	add アド
だす **出す** dasu	**拿出** náchū ナァチュウ	take out テイク アウト
（提出）	**交出，提出** jiāochū, tíchū ジアオチュウ, ティーチュウ	hand in ハンド イン
（発行）	**发行** fāxíng ファアシィン	publish パブリシュ
（露出）	**露出** lùchū ルゥチュウ	expose イクスポウズ
（手紙などを）	**发，寄** fā, jì ファア, ジィ	mail, post メイル, ポウスト
たすう **多数** tasuu	**许多，好些** xǔduō, hǎoxiē シュィドゥオ, ハオシエ	majority マ**ヂョ**ーリティ
〜決	**多数表决** duōshù biǎojué ドゥオシュウ ビアオジュエ	decision by majority ディス**ィ**ジョン バイ マ**ヂョ**ーリティ
たすかる **助かる** tasukaru	**获救，得救** huòjiù, déjiù ホゥオジウ, ドゥァジウ	(be) rescued (ビ) レスキュード
たすける **助ける** tasukeru	**帮助，救** bāngzhù, jiù バァンヂュウ, ジウ	help, save ヘルプ, セイヴ
たずねる **尋ねる** tazuneru	**（询）问，打听** (xún)wèn, dǎtīng (シュィン)ウェン, ダァティン	ask アスク
たずねる **訪ねる** tazuneru	**找，访问** zhǎo, fǎngwèn ヂァオ, ファアンウェン	visit ヴィズィト
だせい **惰性** dasei	**惰性，惯性** duòxìng, guànxìng ドゥオシィン, グワンシィン	inertia イ**ナ**ーシャ

日	中	英
（習慣）	习惯 xíguàn シィグワン	habit ハビト
たそがれ **黄昏** tasogare	黄昏 huánghūn ホアンホゥン	dusk, twilight ダスク, トワイライト
ただ **只** tada　（無料）	免费 miǎnfèi ミエンフェイ	gratis, free グラティス, フリー
ただ **唯** tada	只, 仅 zhǐ, jǐn デー, ジン	only, just オゥンリ, チャスト
ただいま **只今** tadaima	现在 xiànzài シエンヅァイ	right now ライト ナゥ
（すぐに）	马上, 立刻 mǎshàng, lìkè マァシャァン, リィクァ	soon スーン
たたかい **戦[闘]い** tatakai	战争 zhànzhēng ヂャンヂョン	war, battle ウォー, バトル
たたかう **戦[闘]う** tatakau	战斗, 作战 zhàndòu, zuòzhàn ヂャンドゥ, ヅゥオヂャン	fight, battle ファイト, バトル
たたく **叩く** tataku	敲, 打, 拍 qiāo, dǎ, pāi チアオ, ダァ, パイ	strike, hit ストライク, ヒト
ただし **但し** tadashi	但(是), 不过 dàn(shì), búguò ダン(シー), ブゥグゥオ	but, however バト, ハウエヴァ
ただしい **正しい** tadashii	正确, 对 zhèngquè, duì ヂョンチュエ, ドゥイ	right, correct ライト, コレクト
ただす **正す** tadasu	纠正, 改正 jiūzhèng, gǎizhèng ジゥヂョン, ガイヂョン	correct コレクト
たたずむ **佇む** tatazumu	伫立 zhùlì ヂュウリィ	stand still スタンド スティル
ただちに **直ちに** tadachini	立刻, 马上 lìkè, mǎshàng リィクァ, マァシャァン	at once アト ワンス

日	中	英
たたむ **畳む** tatamu	**(折)畳** (zhé)dié (ヂョァ)ディエ	fold フォウルド
（商売などを）	**关闭** guānbì グワンビィ	shut, close シャト，クロウズ
ただよう **漂う** tadayou	**漂荡，浮动** piāodàng, fúdòng ピアオダァン，フゥドン	drift, float ドリフト，フロウト
ただれる **爛れる** tadareru	**(糜)烂** (mí)làn (ミィ)ラン	(be) inflamed (ビ) インフレイムド
たちあがる **立ち上がる** tachiagaru	**站起来** zhànqǐlai チャンチィライ	stand up スタンド アプ
たちあげる **立ち上げる** tachiageru	**设立** shèlì ショァリィ	start up スタート アプ
（パソコンを）	**启动** qǐdòng チィドン	boot ブート
たちいりきんし **立入禁止** tachiirikinshi	**禁止入内** jìnzhǐ rùnèi ジンヂー ルゥネイ	No Admittance ノウ アドミタンス
たちさる **立ち去る** tachisaru	**离开** líkāi リィカイ	leave リーヴ
たちどまる **立ち止まる** tachidomaru	**止步，站住** zhǐbù, zhànzhù ヂーブゥ，チャンヂュウ	stop, halt スタプ，ホールト
たちなおる **立ち直る** tachinaoru	**恢复** huīfù ホウイフゥ	get over, recover ゲト オウヴァ，リカヴァ
たちのく **立ち退く** tachinoku	**搬出，离开** bānchū, líkāi バンチュウ，リィカイ	leave, move out リーヴ，ムーヴ アウト
たちば **立場** tachiba	**立场，处境** lìchǎng, chǔjìng リィチャァン，チュウジン	standpoint スタンドポイント
たちよる **立ち寄る** tachiyoru	**顺路到，顺便去** shùnlù dào, shùnbiàn qù シュンルゥ ダオ，シュンビエン チュィ	drop by ドラプ バイ

日	中	英
たつ **経つ** tatsu	**过**《时间》 guò ... グゥオ …	pass, go by パス, **ゴ**ウ バイ
たつ **建つ** tatsu	**建，盖** jiàn, gài ジエン, ガイ	(be) built (ビ) **ビ**ルト
たつ **発つ** tatsu	**出发，动身** chūfā, dòng'shēn チュウファア, ドンシェン	start, leave ス**タ**ート, **リ**ーヴ
たつ **立つ** tatsu	**站**(立) zhàn(lì) ヂャン(リィ)	stand, rise ス**タ**ンド, **ラ**イズ
たつ **断つ** tatsu	**断绝，截断** duànjué, jiéduàn ドワンジュエ, ジエドワン	cut off **カ**ト **オ**ーフ
たっきゅう **卓球** takkyuu	**乒乓球** pīngpāngqiú ピィンパァンチゥ	table tennis **テ**イブル **テ**ニス
だっきゅう(する) **脱臼(する)** dakkyuu (suru)	**脱位，脱臼** tuō'wèi, tuō'jiù トゥオウェイ, トゥオジウ	dislocation; dislocate *one's* ディスロウ**ケ**イション, **ディ**スロウケイト
たっしゃな **達者な** tasshana	**健康，结实** jiànkāng, jiēshi ジエンカァン, ジエシ	healthy **ヘ**ルスィ
(上手な)	**熟练，会** shúliàn, huì シュウリエン, ホゥイ	good, skillful **グ**ド, ス**キ**ルフル
だっしゅ(する) **ダッシュ(する)** dasshu (suru)	**猛冲，全力奔跑** měngchōng, quánlì bēnpǎo モンチォン, チュエンリィ ベンパオ	dash **ダ**シュ
だっしゅつ(する) **脱出(する)** dasshutsu (suru)	**逃脱，脱出** táotuō, tuōchū タオトゥオ, トゥオチュウ	escape イス**ケ**イプ
たっする **達する** tassuru	**达到** dádào ダァダオ	reach **リ**ーチ
(到着する)	**到达，抵达** dàodá, dǐdá ダオダァ, ディーダァ	arrive at ア**ラ**イヴ アト

日	中	英
だつぜい **脱税** datsuzei	**漏税，偷税** lòu'shuì, tōu'shuì ロウシュイ, トウシュイ	tax evasion **タ**クス イ**ヴェ**イジョン
たっせいする **達成する** tasseisuru	**达成，成就** dáchéng, chéngjiù ダァチョン, チョンジウ	accomplish, achieve ア**カ**ンプリシュ, ア**チ**ーヴ
だっせん(する) **脱線(する)** dassen (suru)	**脱轨** tuō'guǐ トウオグイ	derailment, (be) derailed ディ**レ**イルメント, (ビ) ディ**レ**イルド
たった **たった** tatta	**只，仅仅** zhǐ, jǐnjǐn デー, ジンジン	only, just **オ**ウンリ, **チャ**スト
~今	**刚才，刚刚** gāngcái, gānggāng ガァンツァイ, ガァンガァン	just now **チャ**スト **ナ**ウ
だったい(する) **脱退(する)** dattai (suru)	**脱离，退出** tuōlí, tuìchū トウオリィ, トウイチュウ	withdrawal ウィズド**ロ**ーアル
たっち **タッチ** tacchi	**接触** jiēchù ジエチュウ	touch **タ**チ
~する	**干预，涉及** gānyù, shèjí ガンユィ, ショァジィ	touch **タ**チ
だっぴ(する) **脱皮(する)** dappi (suru)	**蜕皮** tuì'pí トウイピィ	ecdysis; shed *one's* skin エク**ディ**スィス, **シェ**ド ス**キ**ン
たっぷり **たっぷり** tappuri	**充分，足够** chōngfèn, zúgòu チョンフェン, ヅゴウ	fully **フ**リ
たつまき **竜巻** tatsumaki	**龙卷风** lóngjuǎnfēng ロンジュエンフォン	tornado ト−**ネ**イドウ
だつらくする **脱落する** datsurakusuru	**脱落** tuōluò トウオルゥオ	fall out **フォ**ール **ア**ウト
たて **縦** tate	**纵** zòng ヅォン	length **レ**ングス

日	中	英
たて **盾** tate	〔张〕盾 〔zhāng〕dùn 〔ヂァァン〕ドゥン	shield シールド
たてじま **縦縞** tatejima	竖条纹 shùtiáowén シュウティアオウェン	vertical stripes **ヴァ**ーティカル スト**ラ**イプス
たてふだ **立て札** tatefuda	〔块〕告示牌 〔kuài〕gàoshìpái 〔クアイ〕ガオシーパイ	bulletin board **ブ**レティン **ボ**ード
たてまえ **建前** tatemae	方针，原则 fāngzhēn, yuánzé ファァンヂェン, ユエンヅゥァ	professed intention プロ**フェ**スト インテンション
たてもの **建物** tatemono	建筑(物)，房屋 jiànzhù(wù), fángwū ジエンヂュウ(ウゥ), ファァンウゥ	building **ビ**ルディング
たてる **建てる** tateru	建造，修建 jiànzào, xiūjiàn ジエンヅァオ, シウジエン	build, construct **ビ**ルド, コンスト**ラ**クト
たてる **立てる** tateru	(竖)立 (shù)lì (シュウ)リィ	stand, put up ス**タ**ンド, **プ**ト **ア**プ
だとう **妥当** datou	恰当，妥当 qiàdàng, tuǒdang チアダァン, トゥオダァン	propriety プロプ**ラ**イアティ
だとう(する) **打倒(する)** datou (suru)	打倒 dǎdǎo ダァダオ	defeat ディ**フィ**ート
たとえば **例えば** tatoeba	比如，例如 bǐrú, lìrú ビィルゥ, リィルゥ	for example フォ イグ**ザ**ンプル
たとえる **例える** tatoeru	比方，比喻 bǐfang, bǐyù ビィファァン, ビィユィ	compare to コン**ペ**ア トゥ
たな **棚** tana	架子 jiàzi ジアヅ	shelf, rack **シェ**ルフ, **ラ**ク
たなばた **七夕** tanabata	七夕 Qīxī チィシィ	Star Festival ス**タ**ー **フェ**スティヴァル
たに **谷** tani	山谷，山沟 shāngǔ, shāngōu シャングゥ, シャンゴゥ	valley **ヴァ**リ

日	中	英
だに **ダニ** dani	**蜱，壁虱** pí, bìshī ピィ, ビィシー	tick ティク
たにん **他人** tanin	**别人，他人** biéren, tārén ビエレン, タァレン	others アザズ
（知らない人）	**陌生人** mòshēngrén モォションレン	stranger ストレインヂャ
たね **種** tane	**种子** zhǒngzi ヂォンヅ	seed スィード
（原因）	**原因** yuányīn ユエンイン	cause コーズ
たのしい **楽しい** tanoshii	**愉快，快乐** yúkuài, kuàilè ユィクアイ, クアイルァ	happy, cheerful ハピ, チアフル
たのしみ **楽しみ** tanoshimi	**乐趣，乐事** lèqù, lèshì ルァチュィ, ルァシー	pleasure, joy プレジャ, チョイ
たのしむ **楽しむ** tanoshimu	**享受，欣赏** xiǎngshòu, xīnshǎng シアンショウ, シンシァン	enjoy インチョイ
たのみ **頼み** tanomi	**请求，要求** qǐngqiú, yāoqiú チンチウ, ヤオチウ	request, favor リクウェスト, フェイヴァ
（信頼）	**信赖，依靠** xìnlài, yīkào シンライ, イーカオ	reliance, trust リライアンス, トラスト
たのむ **頼む** tanomu	**请求，委托** qǐngqiú, wěituō チンチウ, ウェイトゥオ	ask, request アスク, リクウェスト
たのもしい **頼もしい** tanomoshii	**可靠，靠得住** kěkào, kàodezhù ファカオ, カオダヂュウ	reliable リライアブル
たば **束** taba	**束，捆** shù, kǔn シュウ, クゥン	bundle, bunch バンドル, バンチ
たばこ **煙草** tabako	**烟** yān イエン	tobacco タバコウ

日	中	英
たび **旅** tabi	**旅行，旅游** lǚxíng, lǚyóu リュィシィン, リュィヨウ	travel, journey トラヴェル, **チャ**ーニ
〜立つ	**动身，起身** dòng'shēn, qǐ'shēn ドンシェン, チィシェン	start on a journey ス**タ**ート オン ア **チャ**ーニ
たびたび **度々** tabitabi	**再三，屡次** zàisān, lǚcì ヅァイサン, リュィツー	often **オ**ーフン
たびびと **旅人** tabibito	**过客，旅客** guòkè, lǚkè グゥオクァ, リュィクァ	traveler ト**ラ**ヴェラ
だびんぐ(する) **ダビング(する)** dabingu (suru)	**翻录，复制** fānlù, fùzhì ファンルゥ, フゥヂー	dubbing; dub **ダ**ビング, **ダ**プ
たぶー **タブー** tabuu	**禁忌，忌讳** jìnjì, jìhui ジンジィ, ジィホゥイ	taboo タ**ブ**ー
だぶる **ダブる** daburu	**重(复)** chóng(fù) チョン(フゥ)	overlap オウヴァ**ラ**プ
だぶる **ダブル** daburu	**双** shuāng シュアン	double **ダ**プル
たぶろいど **タブロイド** taburoido	**小报** xiǎobào シアオバオ	tabloid **タ**プロイド
たぶん **多分** tabun	**大概，可能** dàgài, kěnéng ダァガイ, クァヌォン	perhaps, maybe パ**ハ**プス, **メ**イビ
たべもの **食べ物** tabemono	**食物，食品** shíwù, shípǐn シーウゥ, シーピン	food, provisions **フ**ード, プロ**ヴィ**ジョンズ
たべる **食べる** taberu	**吃** chī チー	eat **イ**ート
たぼう **多忙** tabou	**繁忙，忙碌** fánmáng, mánglù ファンマァン, マァンルゥ	busy **ビ**ズィ
だぼく **打撲** daboku	**碰伤，跌打损伤** pèngshāng, diēdǎ sǔnshāng ポンシャァン, ディエダァ スゥンシャァン	bruise プ**ル**ーズ

日	中	英
たま **球** tama	**球** qiú チウ	ball, bulb ボール, バルブ
たま **珠** tama	〔顆〕**珠** 〔kē〕zhū 〔クァ〕ヂュウ	bead ビード
たま **弾** tama	〔顆〕（子）**弾** 〔kē〕(zǐ)dàn 〔クァ〕(ヅー)ダン	bullet, shot ブレト, シャト
たまご **卵** tamago	**鸡蛋** jīdàn ジィダン	egg エグ
たましい **魂** tamashii	**灵魂, 魂魄** línghún, húnpò リィンホゥン, ホゥンポォ	soul, spirit ソウル, スピリト
だます **騙す** damasu	（欺）**骗** (qī)piàn (チィ)ピエン	deceive, cheat ディスィーヴ, チート
たまたま **たまたま** tamatama	**偶然** ǒurán オウラン	by chance バイ チャンス
だまって **黙って** damatte	**默默地, 沉默地** mòmò de, chénmò de モォモォ ダ, チェンモォ ダ	silently サイレントリ
（無断で）	**悄悄地** qiāoqiāo de チアオチアオ ダ	without notice ウィザウト ノウティス
たまに **たまに** tamani	**偶尔, 有时** ǒu'ěr, yǒushí オウアル, ヨウシー	occasionally オケイジョナリ
たまねぎ **玉葱** tamanegi	**洋葱** yángcōng ヤンツォン	onion アニョン
たまらない **堪らない** （我慢できない） tamaranai	**受不了, 够受的** shòubuliǎo, gòushòude ショウブリアォ, ゴウショウダ	unbearable アンベアラブル
たまる **溜まる** tamaru	**积存** jīcún ジィツゥン	accumulate, gather アキューミュレイト, ギャザ
だまる **黙る** damaru	**沉默, 住口** chénmò, zhù'kǒu チェンモォ, ヂュウコウ	(become) silent (ビカム) サイレント

日	中	英
だむ **ダム** damu	**水坝，水库** shuǐbà, shuǐkù シュイバァ，シュイクゥ	dam ダム
ためいき **溜め息** tameiki	**叹气** tàn'qì タンチィ	sigh サイ
だめーじ **ダメージ** dameeji	**损害，损坏** sǔnhài, sǔnhuài スゥンハイ，スゥンホアイ	damage ダミヂ
ためす **試す** tamesu	**(尝)试** (cháng)shì (チャァン)シー	try, test トライ，テスト
だめな **駄目な** damena	**不好，坏** bù hǎo, huài ブゥ ハオ，ホアイ	useless, no use ユースレス，ノウ ユース
ためになる **為になる** tameninaru	**有益** yǒuyì ヨウイー	good for, profit-able グド フォ，プラフィタブル
ためらう **躊躇う** tamerau	**犹豫，踌躇** yóuyù, chóuchú ヨウユィ，チョウチュウ	hesitate ヘズィテイト
ためる **貯める** tameru	**蓄积，攒** xùjī, zǎn シュィジィ，ヅァン	save, store セイヴ，ストー
ためる **溜める** tameru	**积存** jīcún ジィツゥン	accumulate, col-lect アキューミュレイト，コレクト
たもつ **保つ** tamotsu	**保存** bǎocún バオツゥン	keep キープ
（維持する）	**保持，维持** bǎochí, wéichí バオチー，ウェイチー	hold, maintain ホウルド，メインテイン
たより **頼り** tayori	**依靠** yīkào イーカオ	reliance, confi-dence リライアンス，カンフィデンス
（信頼）	**信赖，信任** xìnlài, xìnrèn シンライ，シンレン	confidence カンフィデンス

日	中	英
たよる **頼る** tayoru	（依）靠，依赖 (yī)kào, yīlài (イー)カオ，イーライ	rely on, depend on リライ **オン**，ディペンド **オ** **ン**
たら **鱈** tara	〔条〕鳕鱼 〔tiáo〕xuěyú 〔ティアオ〕シュエユィ	cod **カ**ド
だらく(する) **堕落(する)** daraku (suru)	堕落 duòluò ドゥオルゥオ	degeneration; de- generate ディヂェネ**レイ**ション，ディ **ヂェ**ネレイト
だらける **だらける** darakeru	懈怠，松懈 xièdài, sōngxiè シエダイ，ソンシエ	(be) lazy (ビ) **レイ**ズィ
だらしない **だらしない** darashinai	衣冠不整 yīguān bù zhěng イーグワン ブゥ ヂョン	slovenly ス**ラ**ヴンリ
（内面的に）	懒散 lǎnsǎn ランサン	untidy アン**タイ**ディ
たらす **垂らす** tarasu	吊，垂 diào, chuí ディアオ，チュイ	hang down **ハ**ング **ダ**ウン
（液体を）	滴 dī ディー	drop, spill ド**ラ**プ，ス**ピ**ル
だらだら(と) **だらだら(と)** daradara (to)	懒懒散散 lǎnlǎnsǎnsǎn ランランサンサン	lazily **レイ**ズィリ
たりない **足りない** tarinai	不足，不够 bùzú, búgòu ブゥヅゥ，ブゥゴウ	(be) short of (ビ) **ショ**ート オヴ
たりょうに **多量に** taryouni	大量 dàliàng ダァリアン	abundantly ア**バ**ンダントリ
たりる **足りる** tariru	（足）够 (zú)gòu (ヅゥ)ゴウ	(be) enough (ビ) イ**ナ**フ
たる **樽** taru	（木）桶 (mù)tǒng (ムゥ)トン	barrel, cask **バ**レル，**キャ**スク

日	中	英
だるい **だるい** darui	**(发)懒, (发)酸** (fā)lǎn, (fā)suān （ファァ）ラン，（ファァ）スワン	feel heavy, (be) dull フィール ヘヴィ,（ビ）ダル
たるむ **弛む** tarumu	**松弛** sōngchí ソンチー	(become) loose, slacken （ビカム）ルース, スラクン
だれ **誰** dare	**谁** shéi シェイ	who フー
〜か	**谁, 某人** shéi, mǒurén シェイ, モウレン	someone, somebody サムワン, サムバディ
たれる **垂れる** tareru	**垂, 下垂** chuí, xiàchuí チュイ, シアチュイ	hang ハング
（滴る）	**滴** dī ディー	drop, drip ドラプ, ドリプ
だれる **だれる** （退屈） dareru	**厌倦, 厌腻** yànjuàn, yàn nì イエンジュエン, イエン ニィ	(be) bored with （ビ）ボード ウィズ
たれんと **タレント** tarento	**演员, 电视明星** yǎnyuán, diànshì míngxīng イエンユエン, ディエンシー ミィンシィン	personality パーソナリティ
たわむ **撓む** tawamu	**弯曲** wānqū ワンチュイ	bend ベンド
たわむれる **戯れる** tawamureru	**玩儿, 玩耍, 游戏** wánr, wánshuǎ, yóuxì ワル, ワンシュア, ヨウシィ	play プレイ
たん **痰** tan	**痰** tán タン	phlegm, sputum フレム, スピュータム
だん **段** dan	**台阶, 层** táijiē, céng タイジエ, ツン	step, stair ステプ, ステア
だんあつ（する） **弾圧（する）** dan-atsu (suru)	**镇压, 压制** zhènyā, yāzhì チェンヤァ, ヤァヂー	suppression; suppress サプレション, サプレス
たんい **単位** tan-i	**单位** dānwèi ダンウェイ	unit ユーニト

日	中	英
（授業の）	学分 xuéfēn シュエフェン	credit クレジット
たんいつ **単一** tan-itsu	単一 dānyī ダンイー	single, sole **ス**ィングル，**ソ**ウル
たんか **担架** tanka	〔副〕担架 〔fù〕dānjià 〔フウ〕ダンジア	stretcher スト**レ**チャ
たんかー **タンカー** tankaa	油船，油轮 yóuchuán, yóulún ヨウチュワン，ヨウルゥン	tanker **タ**ンカ
だんかい **段階** dankai	阶段 jiēduàn ジエドワン	step, stage ステプ，ス**テ**イヂ
だんがい **断崖** dangai	悬崖 xuányá シュエンヤァ	cliff ク**リ**フ
だんがん **弾丸** dangan	子弹，枪弹 zǐdàn, qiāngdàn ヅーダン，チアンダン	bullet, shot **ブ**レト，**シャ**ト
たんき **短期** tanki	短期 duǎnqī ドワンチィ	short term ショート **タ**ーム
たんきな **短気な** tankina	性急，火性 xìngjí, huǒxìng シィンジィ，ホゥオシィン	quick-tempered クウィク**テ**ンパド
たんきゅう（する） **探究（する）** tankyuu (suru)	探究 tànjiū タンジウ	study, investigate ス**タ**ディ，イン**ヴェ**スティゲイト
たんきょり **短距離** tankyori	短距离 duǎnjùlí ドワンジュィリィ	short distance ショート **ディ**スタンス
～競走	短跑 duǎnpǎo ドワンパオ	short-distance race ショートディスタンス **レ**イス
たんく **タンク** tanku	罐 guàn グワン	tank **タ**ンク
だんけつ（する） **団結（する）** danketsu (suru)	团结 tuánjié トワンジエ	union; unite **ユ**ーニョン，ユー**ナ**イト

日	中	英
たんけん(する) **探検(する)** tanken (suru)	探険 tànxiǎn タンシエン	exploration; explore エクスプロ**レ**イション, イクス**プ**ロー
だんげん(する) **断言(する)** dangen (suru)	断言，断定 duànyán, duàndìng ドウイエン, ドワンディン	assertion; assert ア**サ**ーション, ア**サ**ート
たんご **単語** tango	(単)词 (dān)cí (ダン)ツー	word **ワ**ード
だんごう(する) **談合(する)** dangou (suru)	勾结投标 gōujié tóubiāo ゴウジエ トウビアオ	bid rigging **ビ**ド **リ**ギング
ダンサー dansaa	舞蹈演员，舞蹈家 wǔdǎo yǎnyuán, wǔdǎojiā ウゥダオ イエンユエン, ウゥダオジア	dancer **ダ**ンサ
たんさん **炭酸** tansan	碳酸 tànsuān タンスワン	carbonic acid カー**バ**ニク **ア**スィド
〜ガス	二氧化碳 èryǎnghuàtàn アルヤンホアタン	carbonic acid gas カー**バ**ニク **ア**スィド **ギャ**ス
〜水	汽水 qìshuǐ チィシュイ	soda water **ソ**ウダ **ウォ**ータ
たんしゅく(する) **短縮(する)** tanshuku (suru)	缩短 suōduǎn スゥオドワン	shorten; reduction; reduce **ショ**ートン, リ**ダ**クション, リ**デュ**ース
たんじゅん **単純** tanjun	单纯，简单 dānchún, jiǎndān ダンチュン, ジエンダン	plain, simple プ**レ**イン, **ス**ィンプル
たんしょ **短所** tansho	短处，缺点 duǎnchù, quēdiǎn ドワンチュウ, チュエディエン	shortcoming **ショ**ートカミング
たんじょう(する) **誕生(する)** tanjou (suru)	诞生，出生 dànshēng, chūshēng ダンション, チュウション	birth; (be) born **バ**ース, (ビ) **ボ**ーン
たんじょうせき **誕生石** tanjouseki	诞生石 dànshēngshí ダンションシー	birthstone **バ**ーススストウン

日	中	英
たんじょうび **誕生日** tanjoubi	**生日** shēngrì ションリィ	birthday バースデイ
たんす **箪笥** tansu	**衣柜，衣橱** yīguì, yīchú イーグゥイ，イーチュウ	chest of drawers チェスト オヴ ドローズ
だんす **ダンス** dansu	**舞蹈，跳舞** wǔdǎo, tiàowǔ ウゥダオ，ティアオウゥ	dancing, dance ダンスィング，ダンス
たんすい **淡水** tansui	**淡水** dànshuǐ ダンシュイ	fresh water フレシュ ウォータ
たんすう **単数** tansuu	**単数** dānshù ダンシュウ	singular スィンギュラ
だんせい **男性** dansei	**男性，男人** nánxìng, nánrén ナンシィン，ナンレン	male メイル
たんせき **胆石** tanseki	**胆石** dǎnshí ダンシー	bilestone バイルストゥン
だんぜん **断然** danzen	**断然，堅決** duànrán, jiānjué ドワンラン，ジエンジュエ	resolutely, firmly レゾルートリ，ファームリ
たんそ **炭素** tanso	**碳** tàn タン	carbon カーボン
だんそう **断層** dansou	**断层** duàncéng ドワンツン	fault フォールト
たんだい **短大** tandai	**短期大学** duǎnqī dàxué ドワンチイ ダァシュエ	junior college チューニャ カレヂ
だんたい **団体** dantai	**団体，集体** tuántǐ, jítǐ トワンティー，ジィティー	party, organization パーティ，オーガニゼイション
だんだん **段々** dandan	**渐渐，逐渐** jiànjiàn, zhújiàn ジエンジエン，ヂュウジエン	gradually グラヂュアリ
たんちょうな **単調な** tanchouna	**単调，平板** dāndiào, píngbǎn ダンディアオ，ピィンバン	monotonous, dull モナトナス，ダル

日	中	英
たんてい **探偵** tantei	**侦探** zhēntàn ヂェンタン	detective ディ**テ**クティヴ
たんとう(する) **担当(する)** tantou (suru)	**担任，负责** dānrèn, fùzé ダンレン，フヅゥァ	charge; take charge of **チャ**ーヂ，テイク **チャ**ーヂ オヴ
たんどく **単独** tandoku	**独自，单独** dúzì, dāndú ドゥヅー，ダンドゥ	single, individual **ス**ィングル，インディ**ヴィ**デュアル
たんなる **単なる** tannaru	**仅仅(是)，只不过(是)** jǐnjǐn (shì), zhǐ búguò (shì) ジンジン (シー)，ヂー ブゥグゥオ (シー)	mere, simple **ミ**ア，**ス**ィンプル
たんに **単に** tanni	**仅仅，只** jǐnjǐn, zhǐ ジンジン，ヂー	only, merely **オ**ウンリ，**ミ**アリ
たんにん **担任**　(先生) tannin	**班主任** bānzhǔrèn バンヂュウレン	teacher in charge of **ティ**ーチャ イン **チャ**ーヂ オヴ
だんねんする **断念する** dannensuru	**死心，放弃** sǐ'xīn, fàngqì スーシン，ファァンチィ	abandon, give up ア**バ**ンドン，**ギ**ヴ **ア**プ
たんねんに **丹念に** tannenni	**细心，精心** xìxīn, jīngxīn シィシン，ジンシン	laboriously ラ**ボ**ーリアスリ
たんのう **胆嚢** tannou	**胆(囊)** dǎn(náng) ダン(ナァン)	gall(-)bladder **ゴ**ールブラダ
たんのう(する) **堪能(する)** tannou (suru)	**心满意足** xīn mǎn yì zú シン マン イーヅゥ	(be) satisfied (ビ) **サ**ティスファイド
〜な	**擅长，长于** shàncháng, chángyú シャンチャァン，チァンユィ	good, proficient **グ**ド，プロ**フィ**シェント
たんぱ **短波** tanpa	**短波** duǎnbō ドワンボォ	shortwave **ショ**ート**ウェ**イヴ
たんぱく **淡白**　(味・色が) tanpaku	**清淡** qīngdàn チィンダン	light, simple **ラ**イト，**ス**ィンプル

日	中	英
たんぱくしつ **蛋白質** tanpakushitsu	**蛋白质** dànbáizhì ダンバイヂー	protein プロウティーイン
だんぱん **談判** danpan	**谈判, 交涉** tánpàn, jiāoshè タンパン, ジアオショア	negotiation ニゴウシエイション
ダンピング danpingu	**倾销** qīngxiāo チィンシアオ	dumping ダンピング
だんぷかー **ダンプカー** danpukaa	〔辆〕**翻斗车** 〔liàng〕fāndǒuchē 〔リアン〕ファンドウチョア	dump truck ダンプ トラク
だんぺん **断片** danpen	**片断** piànduàn ピエンドワン	fragment フラグメント
たんぺんしょうせつ **短編小説** tanpenshousetsu	**短篇小说** duǎnpiān xiǎoshuō ドワンピエン シアオシュオ	short story ショート ストーリ
たんぼ **田圃** tanbo	**水地, 水田** shuǐdì, shuǐtián シュイディー, シュイティエン	rice field ライス フィールド
たんぽ **担保** tanpo	**抵押** dǐyā ディーヤァ	security, mortgage スィキュアリティ, モーギヂ
だんぼう **暖房** danbou	**暖气, 供暖** nuǎnqì, gōngnuǎn ヌワンチィ, ゴンヌワン	heating ヒーティング
だんぼーる **段ボール** danbooru	**瓦楞纸** wǎléngzhǐ ワァルォンヂー	corrugated paper コラゲイテド ペイパ
たんぽぽ **蒲公英** tanpopo	**蒲公英** púgōngyīng プゥゴンイィン	dandelion ダンデライオン
たんぽん **タンポン** tanpon	**棉塞, 止血栓** miánsāi, zhǐxuèshuān ミエンサイ, デーシュエシュワン	tampon タンパン
たんまつ **端末** tanmatsu	**终端** zhōngduān ヂョンドワン	terminal ターミナル
だんめん **断面** danmen	**断面, 切面** duànmiàn, qiēmiàn ドワンミエン, チエミエン	section, phase セクション, フェイズ

461

日	中	英
だんらく **段落** danraku	**段落** duànluò ドワンルゥォ	paragraph **パ**ラグラフ
だんりゅう **暖流** danryuu	**暖流** nuǎnliú ヌワンリウ	warm current **ウォ**ーム **カ**ーレント
だんりょく **弾力** danryoku	**弹力，弹性** tánlì, tánxìng タンリィ，タンシィン	elasticity イラス**ティ**スィティ
だんわ **談話** danwa	**谈话** tán'huà タンホア	talk, conversation **トー**ク，カンヴァ**セ**イション

ち

ち，チ

ち **血** chi	**血** xuè シュエ	blood ブ**ラ**ド
ちあがーる **チアガール** chiagaaru	**啦啦队姑娘** lālāduì gūniang ラァラァドゥイ グゥニアン	cheerleader **チ**アリーダ
ちあん **治安** chian	**治安** zhì'ān ヂーアン	public peace **パ**ブリク **ピ**ース
ちい **地位** chii	**地位** dìwèi ディーウェイ	position ポ**ズィ**ション
ちいき **地域** chiiki	**地区，地域** dìqū, dìyù ディーチュイ，ディーユィ	area, region, zone **エ**アリア，**リ**ーヂョン，**ゾ**ゥ ン
ちいさい **小さい** chiisai	**小** xiǎo シアオ	small, little ス**モ**ール，**リ**トル
（幼い）	**（幼）小** (yòu)xiǎo （ヨウ）シアオ	little, young **リ**トル，**ヤ**ング
（微細な）	**微小，微细** wēixiǎo, wēixì ウェイシアオ，ウェイシィ	minute, fine マイ**ニュ**ート，**ファ**イン
（こまごました）	**琐细** suǒxì スゥオシィ	trifling, petty ト**ラ**イフリング，**ペ**ティ

日	中	英
ちーず **チーズ** chiizu	**干酪，奶酪** gānlào, nǎilào ガンラオ，ナイラオ	cheese チーズ
ちーふ **チーフ** chiifu	**主任** zhǔrèn ヂュウレン	chief, head チーフ，ヘド
ちーむ **チーム** chiimu	**队** duì ドゥイ	team ティーム
〜ワーク	**配合，合作** pèihé, hézuò ペイホアァ，ホアヅゥオ	teamwork ティームワーク
ちえ **知恵** chie	**才智，智慧** cáizhì, zhìhuì ツァイデー，デーホゥイ	wisdom ウィズダム
ちぇーん **チェーン** cheen	**锁链，链条** suǒliàn, liàntiáo スゥオリエン，リエンティアオ	chain チェイン
ちぇーんてん **チェーン店** cheenten	**连锁店** liánsuǒdiàn リエンスゥオディエン	chain store チェイン ストー
ちぇす **チェス** chesu	**国际象棋** guójì xiàngqí グゥオジィ シアンチィ	chess チェス
ちぇっく(する) **チェック(する)** chekku (suru)	**核对，检点** héduì, jiǎndiǎn ホアドゥイ，ジエンディエン	check チェク
ちぇろ **チェロ** chero	**大提琴** dàtíqín ダァティーチン	cello チェロウ
ちえん **遅延** chien	**拖延，晚点** tuōyán, wǎndiǎn トゥオイエン，ワンディエン	delay ディレイ
ちか **地下** chika	**地下** dìxià ディーシア	underground アンダグラウンド
〜室	**地下室** dìxiàshì ディーシアシー	basement, cellar ベイスメント，セラ
〜鉄	**地铁** dìtiě ディーティエ	subway サブウェイ

日	中	英

〜道

地下通道
dìxià tōngdào
ディーシア トンダオ

underpass, subway
アンダパス, サブウェイ

ちかい
近い
chikai

近, 接近
jìn, jiējìn
ジン, ジエジン

near, close to
ニア, クロウス トゥ

（似ている）

近乎, 近似
jìnhū, jìnsì
ジンホゥ, ジンスー

closely related
クロウスリ リレイテド

ちがい
違い
chigai

差异
chāyì
チャアイー

difference
ディファレンス

ちがいほうけん
治外法権
chigaihouken

治外法权
zhìwài fǎquán
ヂーワイ ファアチュエン

extraterritorial rights
エクストラテリトーリアル ライツ

ちかう
誓う
chikau

发誓
fā'shì
ファアシー

vow, swear
ヴァウ, スウェア

ちがう
違う
chigau

不一样
bù yíyàng
プゥ イーヤン

differ from
ディファ フラム

ちがく
地学
chigaku

地学
dìxué
ディーシュエ

physical geography
フィズィカル ヂアグラフィ

ちかごろ
近頃
chikagoro

最近, 近来
zuìjìn, jìnlái
ヅゥイジン, ジンライ

recently, these days
リーセントリ, ズィーズ デイズ

ちかづく
近付く
chikazuku

靠近, 接近
kàojìn, jiējìn
カオジン, ジエジン

approach
アプロウチ

ちかみち
近道
chikamichi

便道, 近路
biàndào, jìnlù
ピエンダオ, ジンルゥ

short cut
ショート カト

ちかよる
近寄る
chikayoru

接近, 靠近
jiējìn, kàojìn
ジエジン, カオジン

approach
アプロウチ

ちから
力
chikara

力气, 力量
lìqì, lìliang
リィチ, リィリアン

power, energy
パウア, エナヂ

日	中	英
(体力)	**体力** tǐlì ティーリィ	strength, force ストレングス，**フォ**ース
(能力)	**能力** nénglì ヌォンリィ	ability, power ア**ビ**リティ，**パ**ウア
ちきゅう **地球** chikyuu	**地球** dìqiú ディーチウ	earth **ア**ース
〜儀	**地球仪** dìqiúyí ディーチウイー	globe グ**ロ**ウブ
ちぎる **千切る** chigiru	**扯碎，撕扯** chěsuì, sīchě チョァスウイ，スーチョァ	tear off **テ**ア **オ**ーフ
ちきん **チキン** chikin	**鸡肉** jīròu ジィロウ	chicken **チ**キン
ちく **地区** chiku	**地区，区域** dìqū, qūyù ディーチュイ，チュィユィ	district, section **ディ**ストリクト，**セ**クション
ちくいち **逐一** chikuichi	**逐个，逐一** zhúgè, zhúyī デュウグァ，デュウイー	in detail イン ディ**テ**イル
ちくさん **畜産** chikusan	**畜产** xùchǎn シュイチャン	stockbreeding ス**タ**クブリーディング
ちくせき(する) **蓄積(する)** chikuseki (suru)	**积累** jīlěi ジィレイ	accumulation;　accumulate アキュー**ミュ**レイション，ア**キュ**ーミュレイト
ちくのうしょう **蓄膿症** chikunoushou	**蓄脓症** xùnóngzhèng シュィノンヂョン	empyema エン**ピ**イーマ
ちくび **乳首** chikubi	**奶头，乳头** nǎitóu, rǔtóu ナイトウ，ルゥトウ	nipple, teat **ニ**プル，**ティ**ート
(哺乳瓶の)	**奶头，奶嘴** nǎitóu, nǎizuǐ ナイトウ，ナイヅゥイ	nipple, teat **ニ**プル，**ティ**ート

日	中	英
ちけい **地形** chikei	**地势，地形** dìshì，dìxíng ディーシー，ディーシィン	landform ランドフォーム
ちけっと **チケット** chiketto	**票** piào ピアオ	ticket ティケト
ちこく(する) **遅刻(する)** chikoku (suru)	**迟到** chídào チーダオ	(be) late for (ビ) レイト フォ
ちじ **知事** chiji	**知事** zhīshì デーシー	governor ガヴァナ
ちしき **知識** chishiki	**知识** zhīshi デーシ	knowledge ナリヂ
ちじょう **地上** chijou	**地面，地上** dìmiàn，dìshang ディーミエン，ディーシャァン	ground グラウンド
ちじん **知人** chijin	**相识，熟人** xiāngshí，shúrén シアンシー，シュウレン	acquaintance アクウェインタンス
ちず **地図** chizu	〔张／幅〕**地图** 〔zhāng／fú〕dìtú 〔ヂァァン／フゥ〕ディートゥ	map, atlas マプ，アトラス
ちせい **知性** chisei	**理智，才智** lǐzhì，cáizhì リィヂー，ツァイヂー	intellect, intelligence インテレクト，インテリヂェンス
ちそう **地層** chisou	**地层** dìcéng ディーツン	stratum, layer ストレイタム，レイア
ちたい **地帯** chitai	**地带** dìdài ディーダイ	zone, region ゾウン，リーヂョン
ちたん **チタン** chitan	**钛** tài タイ	titanium タイテイニアム
ちち **乳** chichi	**奶，乳汁** nǎi，rǔzhī ナイ，ルゥデー	mother's milk マザズ ミルク

日	中	英
ちちおや **父親** chichioya	**父亲** fùqin フゥチン	father ファーザ
ちぢまる **縮まる** chijimaru	**缩短，缩小** suōduǎn, suōxiǎo スゥオドワン，スゥオシアオ	(be) shortened (ビ) ショートンド
ちぢむ **縮む** chijimu	**抽缩，萎缩** chōusuō, wěisuō チョウスゥオ，ウェイスゥオ	shrink シュリンク
ちぢめる **縮める** chijimeru	**缩小，缩短** suōxiǎo, suōduǎn スゥオシアオ，スゥオドワン	shorten, abridge ショートン，アプリヂ
ちぢれる **縮れる** chijireru	**卷曲** juǎnqū ジュエンチュイ	(be) curled; wrin- kle (ビ) カールド，リンクル
ちつ **腟** chitsu	**阴道** yīndào インダオ	vagina ヴァチャイナ
ちつじょ **秩序** chitsujo	**规律，秩序** guīlù, zhìxù グウイリュイ，ヂーシュイ	order オーダ
ちっそ **窒素** chisso	**氮** dàn ダン	nitrogen ナイトロヂェン
ちっそく(する) **窒息(する)** chissoku (suru)	**窒息** zhìxī ヂーシィ	suffocation; (be) suffocated サフォケイション，(ビ) サ フォケイテド
ちっぷ **チップ** chippu	**小费，酒钱** xiǎofèi, jiǔqián シアオフェイ，ジウチエン	tip ティプ
ちてき **知的** chiteki	**智慧的，理智的** zhìhuì de, lǐzhì de ヂーホゥイ ダ，リィヂー ダ	intellectual インテレクチュアル
ちなみに **ちなみに** chinamini	**顺便说一下** shùnbiàn shuō yíxià シュンビエン シュオ イーシア	by the way バイ ザ ウェイ
ちのう **知能** chinou	**智力，智能** zhìlì, zhìnéng ヂーリィ，ヂーヌォン	intellect, intelli- gence インテレクト，インテリヂェ ンス

日	中	英
ちぶさ **乳房** chibusa	**乳房** rǔfáng ルゥファァン	breast ブレスト
ちへいせん **地平線** chiheisen	**地平线** dìpíngxiàn ディーピィンシエン	horizon ホライズン
ちべっと **チベット** chibetto	**西藏** Xīzàng シィヅァァン	Tibet **ティ**ベット
ちほう **地方** chihou	**地方** dìfāng ディーファァン	locality, country ロウ**キャ**リティ, **カン**トリ
ちめい **地名** chimei	**地名** dìmíng ディーミィン	place name プレイス **ネ**イム
ちめいど **知名度** chimeido	**知名度** zhīmíngdù ヂーミィンドゥ	celebrity スィ**レ**ブリティ
ちゃ **茶** cha	**茶, 茶水** chá, cháshuǐ チァア, チァアシュイ	tea **ティ**ー
ちゃーたー(する) **チャーター(する)** chaataa (suru)	**包, 包租** bāo, bāozū バオ, バオヅゥ	charter **チャ**ータ
ちゃあはん **炒飯** chaahan	**炒饭** chǎofàn チャオファン	fried rice フライド **ラ**イス
ちゃーみんぐな **チャーミングな** chaaminguna	**有魅力, 可爱** yǒu mèilì, kě'ài ヨウ メイリィ, クァアイ	charming **チャ**ーミング
ちゃいむ **チャイム** chaimu	**(组)钟, 门铃** (zǔ)zhōng, ménlíng (ヅゥ)ヂォン, メンリィン	chime **チャ**イム
ちゃいろ **茶色** chairo	**褐色, 茶色** hèsè, chásè ホァスァ, チァアスァ	light brown ライト ブ**ラ**ウン
ちゃくじつに **着実に** chakujitsuni	**逐步, 塌实** zhúbù, tāshi ヂュウブゥ, タァシ	steadily ス**テ**ディリ
ちゃくしゅ(する) **着手(する)** chakushu (suru)	**动手, 着手** dòng'shǒu, zhuóshǒu ドンショウ, ヂュオショウ	start, commencement ス**タ**ート, コ**メ**ンスメント

日	中	英
ちゃくしょく（する） **着色（する）** chakushoku (suru)	**上色，着色** shàng'shǎi, zhuó'sè シャアンシャイ，デュオスァ	coloring; color **カ**ラリング，**カ**ラ
ちゃくそう **着想** chakusou	**想法，主意** xiǎngfa, zhǔyi シアンファ，デュウイ	idea アイ**ディ**ーア
ちゃくち（する） **着地（する）** chakuchi (suru)	**落地** luò'dì ルゥオディー	landing; land **ラ**ンディング，**ラ**ンド
ちゃくちゃく **着々** chakuchaku	**顺利** shùnlì シュンリィ	steadily, step by step ス**テ**ディリ，ス**テ**プ バイ ス**テ**プ
ちゃくばらい **着払い** chakubarai	**收方付运费** shōufāng fù yùnfèi ショウファアン フゥ ユィンフェイ	collect on delivery コ**レ**クト オン ディ**リ**ヴァリ
（品物代） chakubarai	**到货付款** dào huò fùkuǎn ダオ ホゥオ フゥクワン	collect on delivery コ**レ**クト オン ディ**リ**ヴァリ
ちゃくりく（する） **着陸（する）** chakuriku (suru)	**降落，着陆** jiàngluò, zhuó'lù ジアンルゥオ，デュオルゥ	landing; land **ラ**ンディング，**ラ**ンド
ちゃりてぃー **チャリティー** charitii	**慈善** císhàn ツーシャン	charity **チャ**リティ
ちゃわん **茶碗** chawan	**饭碗** fànwǎn ファンワン	rice bowl **ラ**イス **ボ**ウル
ちゃんす **チャンス** chansu	**好机会，时机** hǎojīhuì, shíjī ハオジィホゥイ，シージィ	chance, opportuni-ty **チャ**ンス，アパ**テュ**ーニティ
ちゃんと （きちんと） **ちゃんと** chanto	**整齐，端正** zhěngqí, duānzhèng デョンチィ，ドワンデョン	neatly **ニ**ートリ
（正しく） chanto	**正确，正当** zhèngquè, zhèngdàng デョンチュエ，デョンダァン	properly プ**ラ**パリ
ちゃんねる **チャンネル** channeru	**频道** píndào ピンダオ	channel **チャ**ネル
ちゃんぴおん **チャンピオン** chanpion	**冠军** guànjūn グワンジュィン	champion **チャ**ンピオン

日	中	英
ちゅう **中** chuu	**中等** zhōngděng ヂォンデゥン	middle ミドル
ちゅう **注** chuu	**附注，注解** fùzhù, zhùjiě フゥヂゥ，ヂゥウジエ	notes ノゥツ
ちゅうい(する) **注意(する)** chuui(suru)	**留神，注意** liú'shén, zhù'yì リウシェン，ヂゥウイー	attention; pay at- tention to アテンション，ペイ アテン ション トゥ
(忠告)	**提醒，忠告** tíxǐng, zhōnggào ティーシィン，ヂォンガオ	advice アドヴァイス
ちゅうおう **中央** chuuou	**中央，中心** zhōngyāng, zhōngxīn ヂォンヤン，ヂォンシン	center センタ
ちゅうかい(する) **仲介(する)** chuukai(suru)	**从中介绍** cóngzhōng jièshào ツォンヂォン ジエシャォ	mediation; medi- ate ミーディエイション，ミー ディエイト
〜者	**中介人** zhōngjièrén ヂォンジエレン	mediator ミーディエイタ
ちゅうがく **中学** chuugaku	**初(级)中(学)** chū(jí) zhōng(xué) チュウ(ジィ) ヂォン(シュエ)	junior high school ヂューニア ハイ スクール
〜生	**初中生** chūzhōngshēng チュウヂォンション	junior high school student ヂューニア ハイ スクール ステューデント
ちゅうかりょうり **中華料理** chuukaryouri	**中国菜，中餐** Zhōngguócài, Zhōngcān ヂォングゥオツァイ，ヂォンツァン	Chinese food チャイニーズ フード
ちゅうかん **中間** chuukan	**中间** zhōngjiān ヂォンジエン	middle ミドル
ちゅうきゅう **中級** chuukyuu	**中等，中级** zhōngděng, zhōngjí ヂォンデゥン，ヂォンジィ	intermediate インタミーディエト
ちゅうけい **中継** chuukei	**中继，转播** zhōngjì, zhuǎnbō ヂォンジィ，ヂュワンボー	relay リーレイ

日	中	英
ちゅうこ **中古** chuuko	**半旧，半新** bànjiù, bànxīn バンジュ，バンシン	used, secondhand ユーズド，セカンドハンド
〜車	**二手车** èrshǒuchē アルショウチョア	used car ユーズド カー
ちゅうこく(する) **忠告(する)** chuukoku (suru)	**劝告，忠告** quàngào, zhōnggào チュエンガオ，ヂォンガオ	advice; advise アドヴァイス，アドヴァイズ
ちゅうごく **中国** chuugoku	**中国** Zhōngguó ヂォングゥオ	China チャイナ
〜語	**汉语，中文** Hànyǔ, Zhōngwén ハンユィ，ヂォンウェン	Chinese チャイニーズ
ちゅうさい(する) **仲裁(する)** chuusai (suru)	**调解，调停** tiáojiě, tiáotíng ティアオジエ，ティアオティン	arbitration; arbitrate アービトレイション，アービトレイト
ちゅうざい(する) **駐在(する)** chuuzai (suru)	**驻在** zhùzài デュウヅァイ	residence; reside レズィデンス，リザイド
ちゅうし(する) **中止(する)** chuushi (suru)	**中止，停止** zhōngzhǐ, tíngzhǐ ヂォンヂー，ティンヂー	suspension; stop, suspend サスペンション，スタプ，サスペンド
ちゅうじえん **中耳炎** chuujien	**中耳炎** zhōng'ěryán ヂォンアルイエン	tympanitis ティンパナイティス
ちゅうじつな **忠実な** chuujitsuna	**忠实** zhōngshí ヂォンシー	faithful フェイスフル
ちゅうしゃ(する) **注射(する)** chuusha (suru)	**打针，注射** dǎ'zhēn, zhùshè ダァヂェン，デュウショオ	injection, shot インチェクション，シャト
ちゅうしゃ(する) **駐車(する)** chuusha (suru)	**停车** tíng'chē ティンチョア	parking; park パーキング，パーク
〜禁止	**禁止停车** jìnzhǐ tíngchē ジンデー ティンチョア	No Parking ノウ パーキング

日	中	英
〜場	停车处 tíngchēchù ティンチョァチュウ	parking lot パーキング ラ卜
ちゅうしゃく **注釈** chuushaku	注释，注脚 zhùshì, zhùjiǎo デュウシー，デュウジアオ	notes, annotation ノウツ，アノテイション
ちゅうじゅん **中旬** chuujun	中旬 zhōngxún ヂォンシュイン	middle of a month ミドル オヴ ア マンス
ちゅうしょう **抽象** chuushou	抽象 chōuxiàng チョウシアン	abstraction アプストラクション
〜画	抽象画 chōuxiànghuà チョウシアンホア	abstract アプストラクト
〜的な	抽象的 chōuxiàng de チョウシアン ダ	abstract アプストラクト
ちゅうしょう(する) **中傷(する)** chuushou (suru)	诽谤，中伤 fěibàng, zhòngshāng フェイパァン，ヂォンシァァン	slander; speak ill of スランダ，スピーク イル オヴ
ちゅうしょうきぎょう **中小企業** chuushoukigyou	中小企业 zhōngxiǎo qǐyè ヂォンシアオ チィイエ	smaller enterprises スモーラ エンタプライゼズ
ちゅうしょく **昼食** chuushoku	午饭 wǔfàn ウゥファン	lunch ランチ
ちゅうしん **中心** chuushin	中心 zhōngxīn ヂォンシン	center, core センタ，コー
〜地	中心区 zhōngxīnqū ヂォンシンチュイ	center センタ
ちゅうせい **中世** chuusei	中世纪 zhōngshìjì ヂォンシージィ	Middle Ages ミドル エイヂズ
ちゅうせいし **中性子** chuuseishi	中子 zhōngzǐ ヂォンズー	neutron ニュートラン
ちゅうぜつ(する) **中絶(する)** chuuzetsu (suru)	人工流产，打胎 réngōng liúchǎn, dǎ'tāi レンゴン リウチャン，ダァタイ	abortion; abort アボーション，アポート

日	中	英
ちゅうせん（する） **抽選（する）** chuusen (suru)	**抽签** chōu'qiān チョウチエン	lottery; lot ラタリ，ラト
ちゅうたい（する） **中退（する）** chuutai (suru)	**中途退学** zhōngtú tuìxué ヂォントゥ トゥイシュエ	dropout; drop out ドラパウト，ドラプ アウト
ちゅうだん（する） **中断（する）** chuudan (suru)	**间断，中断** jiànduàn, zhōngduàn ジエンドワン，ヂォンドワン	interruption; inter- rupt インタラプション，インタラプト
ちゅうちょ（する） **躊躇（する）** chuucho (suru)	**犹豫，踌躇** yóuyù, chóuchú ヨウユィ，チョウチュウ	hesitation; hesitate ヘズィテイション，ヘズィテイト
ちゅうと（で） **中途（で）** chuuto (de)	**半途，中途** bàntú, zhōngtú バントゥ，ヂォントゥ	halfway ハフウェイ
ちゅうとうきょういく **中等教育** chuutoukyouiku	**中等教育** zhōngděng jiàoyù ヂォンデゥン ジアオユィ	secondary educa- tion セカンデリ エヂュケイション
ちゅうどく **中毒** chuudoku	**中毒** zhòngdú ヂォンドゥ	poisoning ポイズニング
ちゅーにんぐ **チューニング** chuuningu	**调谐** tiáoxié ティアオシエ	tuning テューニング
ちゅうねん **中年** chuunen	**中年** zhōngnián ヂォンニエン	middle age ミドル エイヂ
ちゅーぶ **チューブ** chuubu	**软管** ruǎnguǎn ルワングワン	tube テューブ
ちゅうもく（する） **注目（する）** chuumoku (suru)	**注视，注目** zhùshì, zhùmù ヂュウシー，ヂュウムゥ	notice, pay atten- tion ノウティス，ペイ アテンション
～の的	**注视目标** zhùshì mùbiāo ヂュウシー ムゥビアオ	center of attention センタ オヴ アテンション
ちゅうもん（する） **注文（する）** chuumon (suru)	**订货** dìng'huò ディンホゥオ	order, request オーダ，リクウェスト

日	中	英
（料理の）	**点菜** diǎn'cài ディエンツァイ	order オーダ
ちゅうりつ **中立** chuuritsu	**中立** zhōnglì ヂォンリィ	neutrality ニュートラリティ
ちゅうりゅう **中流** chuuryuu	**中游** zhōngyóu ヂォンヨウ	midstream ミドストリーム
（階級）	**小康，中等** xiǎokāng, zhōngděng シアオカァン，ヂォンデゥン	middle class ミドル クラス
ちゅうわ（する） **中和(する)** chuuwa (suru)	**中和** zhōnghé ヂォンホァ	neutralization; neutralize ニュートラリゼイション， ニュートラライズ
ちょう **腸** chou	**肠**（管） cháng(guǎn) チャァン（グワン）	intestine インテスティン
ちょう **蝶** chou	〔只〕**蝴蝶** 〔zhī〕húdié 〔ヂー〕ホゥディエ	butterfly バタフライ
ちょういん（する） **調印(する)** chouin (suru)	**签字，签约** qiān'zì, qiān'yuē チエンズー，チエンユエ	signing; sign サイニング，サイン
ちょうえき **懲役** choueki	**徒刑** túxíng トゥシィン	imprisonment インプリザンメント
ちょうえつ（する） **超越(する)** chouetsu (suru)	**超越，超脱** chāoyuè, chāotuō チャオユエ，チャオトゥオ	transcendence; transcend トランセンデンス，トランセ ンド
ちょうおんぱ **超音波** chouonpa	**超声波** chāoshēngbō チャオションボォ	ultrasound アルトラサウンド
ちょうか（する） **超過(する)** chouka (suru)	**超过，超出** chāoguò, chāochū チャオグゥオ，チャオチュウ	excess; exceed イクセス，イクスィード
ちょうかく **聴覚** choukaku	**听觉** tīngjué ティンジュエ	hearing ヒアリング

日	中	英
ちょうかん **朝刊** choukan	**日报，晨报** rìbào, chénbào リーバオ，チェンバオ	morning paper モーニング ペイパ
ちょうかんず **鳥瞰図** choukanzu	**鸟瞰图** niǎokàntú ニアオカントゥ	bird's-eye view バーヴザイ ヴュー
ちょうき **長期** chouki	**长期** chángqī チャアンチィ	long period ローング ピアリオド
ちょうきょり **長距離** choukyori	**长途** chángtú チャアントゥ	long distance ローング ディスタンス
ちょうこう(する) **聴講(する)** choukou (suru)	**旁听** pángtīng パァンティン	auditing; audit オーディティング，オーディト
〜生	**旁听生** pángtīngshēng パァンティンション	auditor オーディタ
ちょうごう(する) **調合(する)** chougou (suru)	**调剂，配药** tiáojì, pèi'yào ティアオジィ，ペイヤオ	mixing, mix ミクスィング，ミクス
ちょうこうそうびる **超高層ビル** choukousoubiru	**超高大厦** chāogāo dàshà チャオガオ ダァシャア	skyscraper スカイスクレイパ
ちょうこく **彫刻** choukoku	**雕刻** diāokè ディアオクァ	sculpture スカルプチャ
〜家	**雕刻家** diāokèjiā ディアオクァジア	sculptor, carver スカルプタ，カーヴァ
ちょうさ(する) **調査(する)** chousa (suru)	**调查** diàochá ディアオチャア	examination; examine イグザミネイション，イグザミン
ちょうし **調子** choushi	**音调** yīndiào インディアオ	tune テューン
(具合)	**情况，状态** qíngkuàng, zhuàngtài チィンクアン，ヂュアンタイ	condition コンディション

日	中	英
ちょうしゅ(する) **聴取(する)** choushu (suru)	**听取** tīngqǔ ティンチュイ	hearing, audition ヒアリング, オーディション
ちょうしゅう **聴衆** choushuu	**听众** tīngzhòng ティンヂォン	audience, listener オーディエンス, リスナ
ちょうしょ **長所** chousho	**长处，优点** chángchù, yōudiǎn チャァンチュウ, ヨウディエン	strong point, merit ストローング ポイント, メリト
ちょうじょ **長女** choujo	**长女** zhǎngnǚ ヂャァンニュイ	oldest daughter オウルデスト ドータ
ちょうしょう(する) **嘲笑(する)** choushou (suru)	**嘲笑，耻笑** cháoxiào, chǐxiào チャオシアオ, チーシアオ	ridicule リディキュール
ちょうじょう **頂上** choujou	**山顶，顶峰** shāndǐng, dǐngfēng シャンディン, ディンフォン	summit サミト
ちょうしょく **朝食** choushoku	**早餐，早饭** zǎocān, zǎofàn ヅァオツァン, ヅァオファン	breakfast ブレクファスト
ちょうじん **超人** choujin	**超人** chāorén チャオレン	superman スーパマン
ちょうせい(する) **調整(する)** chousei (suru)	**调整** tiáozhěng ティアオヂョン	regulation; regulate レギュレイション, レギュレイト
ちょうせつ(する) **調節(する)** chousetsu (suru)	**调节** tiáojié ティアオジエ	regulation, control レギュレイション, コントロウル
ちょうせん(する) **挑戦(する)** chousen (suru)	**挑战** tiǎo'zhàn ティアオヂャン	challenge チャレンヂ
〜者	**挑战者** tiǎozhànzhě ティアオヂャンヂョァ	challenger チャレンヂャ
ちょうぞう **彫像** chouzou	**造像，雕像** zàoxiàng, diāoxiàng ヅァオシアン, ディアオシアン	statue スタチュー

ち

日	中	英
ちょうだいする **頂戴する** choudaisuru	领受，收到 lǐngshòu, shōudào リィンショウ, ショウダオ	receive, get リ**スィ**ーヴ, **ゲ**ト
ちょうたつ(する) **調達(する)** choutatsu (suru)	采购，筹集 cǎigòu, chóují ツァイゴウ, チョウジィ	get, provide **ゲ**ト, プロ**ヴァ**イド
ちょうつがい **蝶番** choutsugai	合叶 héyè ホァアイエ	hinge **ヒ**ンデ
ちょうてい(する) **調停(する)** choutei (suru)	调解，调停 tiáojiě, tiáotíng ティアオジエ, ティアオティン	arbitration; arbitrate アービ**レ**イション, **ア**ービトレイト
ちょうてん **頂点** chouten	顶点，极点 dǐngdiǎn, jídiǎn ディンディエン, ジィディエン	peak **ピ**ーク
ちょうど **丁度** choudo	正，刚 zhèng, gāng ヂョン, ガァン	just, exactly **ヂャ**スト, イグ**ザ**クトリ
ちょうなん **長男** chounan	长子，大儿子 zhǎngzǐ, dà érzi ヂァァンヅー, ダァ アルヅ	oldest son **オ**ウルデスト **サ**ン
ちょうねくたい **蝶ネクタイ** chounekutai	（蝴蝶）领结 (húdié) lǐngjié (ホゥディエ) リィンジエ	bow tie **ボ**ウ **タ**イ
ちょうのうりょく **超能力** chounouryoku	超级功能，特异功能 chāojí gōngnéng, tèyì gōngnéng チァオジィ ゴンヌォン, トゥァイー ゴンヌォン	extrasensory perception エクストラ**セ**ンソリ パ**セ**プション
ちょうふく(する) **重複(する)** choufuku (suru)	重复 chóngfù チォンフウ	repetition; repeat レペ**ティ**ション, リ**ピ**ート
ちょうへい **徴兵** chouhei	征兵 zhēngbīng ヂョンビィン	conscription, draft コンスク**リ**プション, ド**ラ**フト
ちょうへん **長編** chouhen	长篇 chángpiān チァァンピエン	long piece **ロ**ーング **ピ**ース
〜小説	长篇小说 chángpiān xiǎoshuō チァァンピエン シアオシュオ	long piece novel **ロ**ーング **ピ**ース **ナ**ヴェル

日	中	英
ちょうぼ **帳簿** choubo	账本，账簿 zhàngběn, zhàngbù ヂャァンベン, ヂャァンブゥ	account book アカウント ブク
ちょうぼう **眺望** choubou	眺望，风景 tiàowàng, fēngjǐng ティアオワァン, フォンジィン	view ヴューー
ちょうほうけい **長方形** chouhoukei	长方形，矩形 chángfāngxíng, jǔxíng チャァンファァンシィン, ジュイシィン	rectangle レクタングル
ちょうほうな **重宝な** chouhouna	方便 fāngbiàn ファァンビエン	convenience コンヴィーニェンス
ちょうみりょう **調味料** choumiryou	调料，作料 tiáoliào, zuòliao ティアオリアオ, ヅゥオリアオ	seasoning スィーズニング
ちょうやく(する) **跳躍(する)** chouyaku (suru)	跳跃 tiàoyuè ティアオユエ	jump チャンプ
ちょうり(する) **調理(する)** chouri (suru)	烹调 pēngtiáo ポンティアオ	cooking; cook クキング, クク
ちょうりつ **調律** chouritsu	定弦 dìngxián ディンシエン	tuning テューーニング
ちょうりゅう **潮流** chouryuu	潮流 cháoliú チャオリウ	current, tide カーレント, タイド
ちょうりょく **聴力** chouryoku	听力 tīnglì ティンリィ	hearing ヒアリング
ちょうれい **朝礼** chourei	早会 zǎohuì ヅァオホウイ	morning gathering モーニング ギャザリング
ちょうわ(する) **調和(する)** chouwa (suru)	协调，调和 xiétiáo, tiáohé シエティアオ, ティアオホォア	harmony; harmonize ハーモニ, ハーモナイズ
ちょきん(する) **貯金(する)** chokin (suru)	储蓄，存款 chǔxù, cún'kuǎn チュウシュイ, ツゥンクワン	savings; save セイヴィングズ, セイヴ
ちょくしん(する) **直進(する)** chokushin (suru)	一直前进 yìzhí qiánjìn イーヂー チエンジン	go straight ゴウ ストレイト

日	中	英
ちょくせつ **直接** chokusetsu	**直接** zhíjiē デージエ	directly ディレクトリ
ちょくせん **直線** chokusen	**直线** zhíxiàn デーシエン	straight line ストレイト ライン
ちょくちょう **直腸** chokuchou	**直肠** zhícháng デーチャアン	rectum レクタム
ちょくつう(の) **直通(の)** chokutsuu (no)	**直通，直达** zhítōng, zhídá デートン，デーダァ	direct, nonstop ディレクト，ナンスタプ
ちょくばい **直売** chokubai	**直接销售** zhíjiē xiāoshòu デージエ シアオショウ	direct sales ディレクト セイルズ
ちょくめん(する) **直面(する)** chokumen (suru)	**面对，面临** miànduì, miànlín ミエンドゥイ，ミエンリン	face, confront フェイス，コンフラント
ちょくやく **直訳** chokuyaku	**直译** zhíyì デーイー	literal translation リタラル トランスレイション
ちょくりゅう **直流** chokuryuu	**直流** zhíliú デーリウ	direct current, DC ディレクト カーレント，ディースィー
ちょこれーと **チョコレート** chokoreeto	**巧克力(糖)** qiǎokèlì(táng) チアオクァリィ(タァン)	chocolate チョークレト
ちょさく(する) **著作(する)** chosaku (suru)	**著作，著述** zhùzuò, zhùshù デュウヅゥオ，デュウシュウ	writing; write ライティング，ライト
〜権	**版权，著作权** bǎnquán, zhùzuòquán バンチュエン，デュウヅゥオチュエン	copyright カピライト
ちょしゃ **著者** chosha	**著者，作者** zhùzhě, zuòzhě デュウデョァ，ヅゥオデョァ	author, writer オーサ，ライタ
ちょぞう(する) **貯蔵(する)** chozou (suru)	**储藏，贮存** chǔcáng, zhùcún チュウツァァン，デュウツゥン	storage; store ストーリヂ，ストー
ちょちく(する) **貯蓄(する)** chochiku (suru)	**储蓄，存款** chǔxù, cún'kuǎn チュウシュィ，ツゥンクワン	savings; save セイヴィングズ，セイヴ

日	中	英
ちょっかく **直角** chokkaku	**直角** zhíjiǎo デージアオ	right angle ライト アングル
ちょっかん **直感** chokkan	**直觉, 直感** zhíjué, zhígǎn デージュエ, デーガン	intuition インテューイション
ちょっけい **直径** chokkei	**直径** zhíjìng デージィン	diameter ダイアメタ
ちょっこう(する) **直行(する)** chokkou (suru)	**直达** zhídá デーダァ	go direct ゴウ ディレクト
ちょっと (時間) **ちょっと** chotto	**一会儿, 一会** yíhuìr, yíhuì イーホァル, イーホゥイ	for a moment フォ ア モウメント
(少し)	**稍微, 一点儿** shāowēi, yìdiǎnr シャオウェイ, イーディアル	a little ア リトル
ちょめいな **著名な** chomeina	**著名, 有名** zhùmíng, yǒumíng デュウミン, ヨウミン	famous フェイマス
ちらかる **散らかる** chirakaru	**零乱, 乱七八糟** língluàn, luànqībāzāo リィンルワン, ルワンチィパァヅァオ	(be) scattered (ビ) スキャタド
ちり **塵** chiri	**尘土, 灰尘** chéntǔ, huīchén チェントゥ, ホゥイチェン	dust, dirt ダスト, ダート
ちり **地理** chiri	**地理** dìlǐ ディーリィ	geography デアグラフィ
ちりょう(する) **治療(する)** chiryou (suru)	**医治, 治疗** yīzhì, zhìliáo イーデー, デーリアオ	medical treatment; treat メディカル トリートメント, トリート
ちる **散る** chiru	**散, 分散** sàn, fēnsàn サン, フェンサン	scatter, disperse スキャタ, ディスパース
(花が)	**花谢, 花落** huā xiè, huā luò ホア シエ, ホア ルゥオ	fall フォール

日	中	英
ちんあげ **賃上げ** chin-age	**加薪** jiāxīn ジアシン	wage increase **ウェ**イデ **イ**ンクリース
ちんか(する) **沈下(する)** chinka (suru)	**下沉，沉降** xiàchén, chénjiàng シアチェン，チェンジアン	sink **ス**ィンク
ちんがり(する) **賃借り(する)** chingari (suru)	**租借** zūjiè ヅゥジエ	rent, lease **レ**ント，**リ**ース
ちんぎん **賃金** chingin	**工资，薪水** gōngzī, xīnshui ゴンヅー，シンシュイ	wages, pay **ウェ**イデェズ，**ペ**イ
ちんじょう(する) **陳情(する)** chinjou (suru)	**请愿** qǐngyuàn チンユエン	petition ペ**ティ**ション
ちんせいざい **鎮静剤** chinseizai	**定心丸，镇静剂** dìngxīnwán, zhènjìngjì ディンシンワン，ヂェンジィンジィ	sedative **セ**ダティヴ
ちんたい **賃貸** chintai	**出租** chūzū チュヴヅゥ	rent **レ**ント
ちんたい(する) **沈滞(する)** chintai (suru)	**呆滞，沉闷** dāizhì, chénmèn ダイヂー，チェンメン	inactivity; stagnate イナク**ティ**ヴィティ，ス**タ**グ ネイト
ちんちゃくな **沈着な** chinchakuna	**沉着** chénzhuó チェンヂュオ	calm, composed **カ**ーム，コンポウズド
ちんつうざい **鎮痛剤** chintsuuzai	**止痛药** zhǐtòngyào ヂートンヤオ	analgesic アナル**ヂ**ーズィク
ちんぱんじー **チンパンジー** chinpanjii	**黑猩猩** hēixīngxing ヘイシンシィン	chimpanzee チンパン**ズ**ィー
ちんぼつ(する) **沈没(する)** chinbotsu (suru)	**沉没，下沉** chénmò, xiàchén チェンモォ，シアチェン	sinking; sink **ス**ィンキング，**ス**ィンク
ちんもく(する) **沈黙(する)** chinmoku (suru)	**沉默，沉寂** chénmò, chénjì チェンモォ，チェンジィ	silence; (be) silent **サ**イレンス，(ビ) **サ**イレント
ちんれつ(する) **陳列(する)** chinretsu (suru)	**陈列，铺陈** chénliè, pūchén チェンリエ，プゥチェン	display ディス**プ**レイ

日	中	英

つ, ツ

ツアー
tsuaa
旅游，巡回演出
lǚyóu, xúnhuí yǎnchū
リュィヨウ, シュィンホゥイ イエンチュウ
tour
トゥア

対
tsui
（成）対
（chéng）duì
（チョン）ドゥイ
pair, couple
ペア, カプル

追加（する）
tsuika (suru)
追加，添补
zhuījiā, tiānbu
デュイジア, ティエンプ
addition; add to
アディション, アド トゥ

追及（する）
tsuikyuu (suru)
追查，追究
zhuīchá, zhuījiū
デュイチァア, デュイジウ
questioning; cross-examine
クウェスチョニング, クロースイグザミン

追求（する）
tsuikyuu (suru)
追求
zhuīqiú
デュイチウ
pursuit; pursue
パスート, パスー

追究（する）
tsuikyuu (suru)
追究，探索
zhuījiū, tànsuǒ
デュイジウ, タンスゥオ
investigation; investigate
インヴェスティゲイション, インヴェスティゲイト

追伸
tsuishin
又及，再者
yòují, zàizhě
ヨウジィ, ヴァイヂョァ
postscript
ポウストスクリプト

追跡（する）
tsuiseki (suru)
跟踪，追踪
gēnzōng, zhuīzōng
ゲンゾォン, デュイヅォン
pursuit, chase
パスート, チェイス

一日
tsuitachi
一号
yī hào
イー ハオ
the first
ザ ファースト

ついている
tsuiteiru
运气好，走运
yùnqi hǎo, zǒu'yùn
ユィンチ ハオ, ヅォウユィン
(be) lucky
(ビ) ラキ

追悼する
tsuitousuru
追悼
zhuīdào
デュイダオ
mourn
モーン

追突する
tsuitotsusuru
从后面撞上
cóng hòumiàn zhuàngshàng
ツォン ホウミエン デュアンシァァン
crash into the rear of
クラシュ イントゥ ザ リア オヴ

日	中	英
ついに **遂に** tsuini	**终于，到底** zhōngyú, dàodǐ ヂォンユイ，ダオディー	at last アト ラスト
ついほう(する) **追放(する)** tsuihou (suru)	**驱逐，放逐** qūzhú, fàngzhú チュイヂウ，ファァンヂウ	banishment; banish バニシュメント，バニシュ
ついやす **費やす** tsuiyasu	**花，费** huā, fèi ホア，フェイ	spend スペンド
ついらく(する) **墜落(する)** tsuiraku (suru)	**坠落** zhuìluò ヂュイルゥオ	fall, drop; crash フォール，ドラプ，クラシュ
ついんるーむ **ツインルーム** tsuinruumu	**双人房间** shuāngrén fángjiān シュアンレン ファァンジエン	twin room トゥィン ルーム
つう **通** tsuu	**内行，行家** nèiháng, hángjia ネイハァン，ハァンジア	authority オサリティ
つうか(する) **通過(する)** tsuuka (suru)	**通过，经过** tōngguò, jīngguò トングゥオ，ジィングゥオ	passing by; pass by パスィング バイ，パス バイ
つうがく(する) **通学(する)** tsuugaku (suru)	**走读，上学** zǒudú, shàng'xué ヅォウドゥ，シャァンシュエ	go to school ゴウ トゥ スクール
つうかん **通関** tsuukan	**过关手续，报关** guòguān shǒuxù, bàoguān グゥオグワン ショウシュィ，バオグワン	customs clearance カスタムズ クリアランス
つうきん(する) **通勤(する)** tsuukin (suru)	**上班** shàng'bān シャァンバン	go to the office ゴウ トゥ ズィ オーフィス
つうこう(する) **通行(する)** tsuukou (suru)	**通行，往来** tōngxíng, wǎnglái トンシィン，ワンライ	traffic; pass トラフィク，パス
〜人	**行人** xíngrén シィンレン	passer-by パサバイ
つうじょう **通常** tsuujou	**一般，通常** yìbān, tōngcháng イーバン，トンチァァン	usually ユージュアリ
つうしん **通信** tsuushin	**通信，通讯** tōngxìn, tōngxùn トンシン，トンシュィン	communication コミューニケイション

日	中	英
〜社	**通讯社** tōngxùnshè トンシュインショァ	news agency ニューズ **エ**イヂェンスィ
つうち(する) **通知(する)** tsuuchi (suru)	**通知** tōngzhī トンデー	notice, information; inform ノウティス, インフォメイション, イン**フォ**ーム
つうちょう **通帳** tsuuchou	**存折** cúnzhé ツゥンヂョァ	passbook パスブク
つうふう **痛風** tsuufuu	**痛风** tòngfēng トンフォン	gout **ガ**ウト
つうやく(する) **通訳(する)** tsuuyaku (suru)	**翻译** fānyì ファンイー	interpreter; interpret イン**タ**ープリタ, イン**タ**ープリト
つうようする **通用する** tsuuyousuru	**通用** tōngyòng トンヨン	pass for, (be) in use パス フォ, (ビ) イン **ユ**ース
つうれつな **痛烈な** tsuuretsuna	**激烈, 猛烈** jīliè, měngliè ジィリエ, モンリエ	severe, bitter スィ**ヴィ**ア, **ビ**タ
つうろ **通路** tsuuro	**过道, 通路** guòdào, tōnglù グゥオダオ, トンルゥ	passage, path パスィヂ, パス
〜側の席	**靠走道的座位** kào zǒudào de zuòwei カオ ヅォウダオ ダ ヅゥオウェイ	aisle seat **ア**イル ス**ィ**ート
つえ **杖** tsue	**手杖, 拐杖** shǒuzhàng, guǎizhàng ショウヂァン, グアイヂァン	stick, cane ス**ティ**ク, **ケ**イン
つかい **使い** tsukai	**派去的人** pàiqù de rén パイチュィ ダ レン	errand, messenger **エ**ランド, **メ**センヂャ
つかいかた **使い方** tsukaikata	**用法** yòngfǎ ヨンファア	how to use ハウ トゥ **ユ**ーズ
つかいこなす **使いこなす** tsukaikonasu	**运用自如** yùnyòng zìrú ユィンヨン ヅールゥ	have a good command **ハ**ヴ ア グド カ**マ**ンド

日	中	英
つかう **使う** tsukau	**用，使用** yòng, shǐyòng ヨン，シーヨン	use ユーズ
（費やす） tsuiyasu	**花，费** huā, fèi ホア，フェイ	spend スペンド
つかえる **仕える** tsukaeru	**服侍，伺候** fúshi, cìhou フゥシ，ツーホウ	serve サーヴ
つかのま **束の間** tsukanoma	**一瞬间，转眼之间** yíshùnjiān, zhuǎnyǎn zhī jiān イーシュンジエン，ヂュワンイエン ヂー ジ エン	for a moment フォア **モ**ウメント
つかまえる **捕まえる** tsukamaeru	**捉，捕捉** zhuō, bǔzhuō ヂュオ，ブゥヂュオ	catch **キャ**チ
つかまる **捕まる** tsukamaru	**被抓住，被捕** bèi zhuāzhù, bèibǔ ペイ ヂュアヂュウ，ベイブゥ	(be) caught (ビ) **コー**ト
つかまる **掴まる** （すがる） tsukamaru	**扶，抓住** fú, zhuāzhù フゥ，ヂュアヂュウ	grasp, hold on to グ**ラ**スプ，**ホ**ウルド オン トゥ
つかむ **掴む** tsukamu	**抓，揪** zhuā, jiū ヂュア，ジウ	seize, catch **スィー**ズ，**キャ**チ
つかる **浸かる** tsukaru	**泡** pào パオ	(be) soaked (ビ) **ソ**ウクト
つかれ **疲れ** tsukare	**疲劳** píláo ピィラオ	fatigue ファ**ティー**グ
つかれる **疲れる** tsukareru	**累，疲劳，疲倦** lèi, píláo, píjuàn レイ，ピィラオ，ピィジュエン	(be) tired (ビ) **タ**イアド
つき **月** tsuki	**月亮** yuèliang ユエリアン	moon **ムー**ン
（暦の） koyomi no	**月（份）** yuè(fèn) ユエ(フェン)	month **マ**ンス

日	中	英
つぎ **次** tsugi	下次，下一个 xiàcì, xiàyíge シアツー，シアイーガ	next one ネクスト **ワン**
つきあい **付き合い** tsukiai	交往，应酬 jiāowǎng, yìngchou ジアオワン，イィンチョウ	association アソウスィ**エ**イション
つきあう **付き合う** tsukiau	交往，来往 jiāowǎng, láiwǎng ジアオワン，ライワン	keep company with **キ**ープ **カ**ンパニ ウィズ
（男女が）	交朋友，谈恋爱 jiāo péngyou, tán liàn'ài ジアオ ポンヨウ，タン リエンアイ	go together ゴウ ト**ゲ**ザ
つきあたる **突き当たる** tsukiataru	撞上，碰到 zhuàngshàng, pèngdào デュアンシャン，ポンダオ	run against **ラ**ン ア**ゲ**ンスト
つきぎめの **月極めの** tsukigimeno	按月 àn yuè アン ユエ	monthly **マ**ンスリ
つきさす **突き刺す** tsukisasu	扎，刺 zhā, cì ヂァア，ツー	thrust, pierce ス**ラ**スト，**ピ**アス
つきそい **付き添い** tsukisoi	照看，护理 zhàokàn, hùlǐ ヂャオカン，ホゥリィ	attendant, escort ア**テ**ンダント，**エ**スコート
つきそう **付き添う** tsukisou	服侍，陪伴 fúshi, péibàn フゥシ，ペイバン	attend on, accompany ア**テ**ンド オン，ア**カ**ンパニ
つきだす **突き出す** tsukidasu	挺起，伸出 tǐngqǐ, shēnchū ティンチィ，シェンチュウ	thrust out ス**ラ**スト **ア**ウト
つぎたす **継ぎ足す** tsugitasu	补上，添上 bǔshàng, tiānshàng ブゥシャン，ティエンシャン	add to **ア**ド トゥ
つきづき **月々** tsukizuki	每个月 měige yuè メイガ ユエ	every month **エ**ヴリ **マ**ンス
つぎつぎ **次々** tsugitsugi	接二连三，接连不断 jiē èr lián sān, jiēlián búduàn ジエ アル リエン サン，ジエリエン ブゥドワン	one after another **ワ**ン アフタ ア**ナ**ザ
つきでる **突き出る** tsukideru	突出 tūchū トゥチュウ	stick out, project ス**ティ**ク **ア**ウト，プロ**チェ**クト

日	中	英
つきとめる **突き止める** tsukitomeru	**査明，追究** chámíng, zhuījiū チャアミィン，デュイジウ	find out, trace ファインド アウト, トレイス
つきなみな **月並みな** tsukinamina	**平庸，平淡无奇** píngyōng, píngdàn wúqí ピィンヨン，ピィンダン ウゥチィ	common カモン
つぎに **次に** tsugini	**第二，下面** dì'èr, xiàmiàn ディーアル，シアミエン	next, secondly ネクスト, セカンドリ
つきひ **月日** tsukihi	**时光，岁月** shíguāng, suìyuè シーグアン，スゥイユエ	days, time デイズ, タイム
つきまとう **付き纏う** tsukimatou	**缠住，纠缠** chánzhù, jiūchán チャンヂュウ，ジウチャン	follow about ファロウ アバウト
つぎめ **継ぎ目** tsugime	**接缝** jiēfèng ジエフォン	joint, juncture ヂョイント, ヂャンクチャ
つきる **尽きる** tsukiru	**尽，完** jìn, wán ジン，ワン	(be) exhausted (ビ) イグゾーステド
つく **付く** tsuku	**附着，粘上** fùzhuó, zhānshàng フゥヂュオ，ヂャンシャァン	stick to スティク トゥ
つく **突く** tsuku	**扎，戳** zhā, chuō ヂァア，チュオ	thrust, pierce スラスト, ピアス
つく **着く** tsuku	**到** dào ダオ	arrive at アライヴ アト
つく **就く** tsuku	**就任** jiùrèn ジウレン	get a job ゲト ア ヂャブ
つぐ **継ぐ** tsugu	**继承** jìchéng ジイチョン	succeed, inherit サクスィード, インヘリト
つくえ **机** tsukue	**书桌，桌子** shūzhuō, zhuōzi シュウヂュオ，ヂュオヅ	desk, bureau デスク, ビュアロウ
つくす **尽くす** (尽力) tsukusu	**尽力，效力** jìn'lì, xiàolì ジンリィ，シアオリィ	endeavor インデヴァ

日	中	英
つぐなう **償う** tsugunau	赔，赔偿 péi, péicháng ペイ，ペイチァン	compensate for カンペンセイト フォ
つくりかた **作り方** tsukurikata	做法，制作法 zuòfǎ, zhìzuòfǎ ヅゥオファア，ヂーヅゥオファア	how to make ハウ トゥ メイク
つくりだす **作り出す** tsukuridasu	创造，造成 chuàngzào, zàochéng チュアンヅァオ，ヅァオチョン	create クリエイト
（生産）	制造，生产 zhìzào, shēngchǎn ヂーヅァオ，ションチャン	produce プロデュース
つくりばなし **作り話** tsukuribanashi	假话，编造的话 jiǎhuà, biānzào de huà ジアホア，ビエンヅァオ ダ ホア	made-up story メイダプ ストーリ
つくる **作る** tsukuru	做，造 zuò, zào ヅゥオ，ヅァオ	make メイク
つくろう **繕う** tsukurou	缝补，修补 féngbǔ, xiūbǔ フォンブゥ，シウブゥ	repair, mend リペア，メンド
つけあわせ **付け合わせ** tsukeawase	配菜 pèicài ペイツァイ	garnish ガーニシュ
つけくわえる **付け加える** tsukekuwaeru	附加，补充 fùjiā, bǔchōng フゥジア，ブゥチョン	add アド
つけもの **漬物** tsukemono	咸菜，泡菜 xiáncài, pàocài シエンツァイ，パオツァイ	pickles ピクルズ
つける **付ける** tsukeru	安上，加上 ānshàng, jiāshàng アンシャァン，ジアシャァン	put, attach プト，アタチ
つける **着ける** tsukeru	带，穿 dài, chuān ダイ，チュワン	put on, wear プト オン，ウェア
つける **点ける** tsukeru	点《火》，开《灯》 diǎnhuǒ, kāidēng ディエンホゥオ，カイデゥン	light, set fire ライト，セト ファイア
つげる **告げる** tsugeru	告诉 gàosu ガオスゥ	tell, inform テル，インフォーム

日	中	英
つごう **都合** tsugou	**情況** qíngkuàng チィンクアン	convenience コンヴィーニェンス
～のよい	**方便** fāngbiàn ファァンビエン	convenient コンヴィーニェント
つじつま **辻褄** tsujitsuma	**条理** tiáolǐ ティアオリィ	logic ラヂク
～が合う	**有条有理** yǒu tiáo yǒu lǐ ヨウ ティアオ ヨウ リィ	(be) consistent with (ビ) コンスィステント ウィ ズ
つたえる **伝える** tsutaeru	**传(达)，转告** chuán(dá), zhuǎngào チュワン(ダァ), ヂュワンガオ	tell, report テル, リポート
（伝承）	**传承** chuánchéng チュワンチョン	hand down to ハンド ダウン トゥ
（伝授）	**传授** chuánshòu チュワンショウ	teach, initiate ティーチ, イニシエイト
（熱や光を）	**传(导)** chuán(dǎo) チュワン(ダオ)	transmit トランスミト
つたわる **伝わる** tsutawaru	**传到** chuándào チュワンダオ	(be) conveyed (ビ) コンヴェイド
つち **土** tsuchi	**土，土壤** tǔ, tǔrǎng トゥ, トゥラァン	earth, soil アース, ソイル
つちかう **培う** tsuchikau	**培养** péiyǎng ペイヤン	cultivate カルティヴェイト
つつ **筒** tsutsu	**管子，筒子** guǎnzi, tǒngzi グワンヅ, トンヅ	pipe, tube パイプ, テューブ
つづき **続き** tsuzuki	**继续，接续** jìxù, jiēxù ジィシュィ, ジエシュィ	sequel スィークウェル

日	中	英
つっく **突付く** tsutsuku	**捅** tǒng トン	poke at ポゥク アト
つづく **続く** tsuzuku	**继续，持续** jìxù, chíxù ジィシュィ, チーシュィ	continue, last コンティニュー, ラスト
（後に）	**接连，接着** jiēlián, jiēzhe ジエリエン, ジエヂャ	follow, succeed to ファロゥ, サクスィード トゥ
つづける **続ける** tsuzukeru	**继续，持续** jìxù, chíxù ジィシュィ, チーシュィ	continue コンティニュー
つっこむ **突っ込む** tsukkomu	**插进，塞进** chājìn, sāijìn チァアジン, サイジン	thrust into スラスト イントゥ
つつじ **躑躅** tsutsuji	**杜鹃，映山红** dùjuān, yìngshānhóng ドゥジュエン, イインシャンホン	azalea アゼイリャ
つつしむ **慎む** tsutsushimu	**谨慎，节制** jǐnshèn, jiézhì ジンシェン, ジエヂー	refrain from リフレイン フラム
つつましい **慎ましい** tsutsumashii	**谦虚，朴实** qiānxū, pǔshí チエンシュィ, プゥシー	modest, humble マデスト, ハンプル
つつみ **包み** tsutsumi	**包裹** bāoguǒ バオグゥオ	package, parcel パキヂ, パースル
つつむ **包む** tsutsumu	**包，裹** bāo, guǒ バオ, グゥオ	wrap, envelop in ラプ, インヴェロプ イン
つづり **綴り** tsuzuri	**拼写，拼字** pīnxiě, pīnzì ピンシエ, ピンヅー	spelling スペリング
（書類の）	**(一)册** (yí) cè (イー) ツゥァ	file ファイル
つづる **綴る** tsuzuru	**缀字，拼(写)** zhuì zì, pīn(xiě) ヂュイ ヅー, ピン(シエ)	bind, file バインド, ファイル
つどい **集い** tsudoi	**集会** jíhuì ジィホゥイ	gathering ギャザリング

日	中	英
つとめ **勤め** tsutome	**工作，职务** gōngzuò, zhíwù ゴンヅゥオ, デーウゥ	business, work ビズネス, **ワ**ーク
つとめ **務め** tsutome	**任务，义务** rènwu, yìwù レンウ, イーウゥ	duty, service **デュ**ーティ, **サ**ーヴィス
つとめる **勤める** tsutomeru	**工作，任职** gōngzuò, rènzhí ゴンヅゥオ, レンデー	work **ワ**ーク
つとめる **務める** tsutomeru	**担任** dānrèn ダンレン	serve **サ**ーヴ
つとめる **努める** tsutomeru	**努力，尽力** nǔlì, jìnˈlì ヌゥリィ, ジンリィ	try to ト**ラ**イ トゥ
つな **綱** tsuna	〔条〕**绳子，绳索** 〔tiáo〕shéngzi, shéngsuǒ 〔ティアオ〕ションヅ, ションスゥオ	rope **ロ**ウプ
つながる **繋がる** tsunagaru	**联结，连接** liánjié, liánjiē リエンジエ, リエンジエ	(be) connected with (ビ) コ**ネ**クテド ウィズ
つなぐ **繋ぐ** tsunagu	**拴，连接** shuān, liánjiē シュワン, リエンジエ	tie, connect **タ**イ, コ**ネ**クト
つなみ **津波** tsunami	**海啸** hǎixiào ハイシアオ	*tsunami* ツ**ナ**ーミ
つねに **常に** tsuneni	**经常，总(是)** jīngcháng, zǒng(shì) ジィンチャアン, ヅォン(シー)	always, usually **オ**ールウェイズ, **ユ**ージュア リ
つねる **抓る** tsuneru	**拧，掐** níng, qiā ニィン, チア	pinch, nip **ピ**ンチ, **ニ**プ
つの **角** tsuno	**角，犄角** jiǎo, jījiao ジアオ, ジィジアオ	horn **ホ**ーン
つのる **募る** tsunoru	**招募** zhāomù ヂァオムゥ	gather, collect **ギャ**ザ, コ**レ**クト
つば **唾** tsuba	**唾沫，口水** tuòmo, kǒushuǐ トゥオモ, コウシュイ	spittle, saliva ス**ピ**トル, サ**ラ**イヴァ

491

日	中	英
つばき **椿** tsubaki	山茶，茶花 shānchá, cháhuā シャンチャア，チャアホア	camellia カミーリア
つばさ **翼** tsubasa	〔只/对/双〕翅膀 〔zhī/duì/shuāng〕chìbǎng 〔デー/ドゥイ/シュアン〕チーバァン	wing **ウィ**ング
つばめ **燕** tsubame	〔只〕燕子 〔zhī〕yànzi 〔デー〕イエンズ	swallow ス**ワ**ロウ
つぶ **粒** tsubu	粒子 lìzi リィヅ	grain, drop グ**レ**イン，ド**ラ**プ
つぶす **潰す** tsubusu	压坏，挤碎 yāhuài, jǐsuì ヤァホアイ，ジィスゥイ	break, crush ブ**レ**イク，ク**ラ**シュ
（暇・時間を）	消磨 xiāomó シアオモォ	waste, kill **ウェ**イスト，**キ**ル
つぶやく **呟く** tsubuyaku	咕哝，小声说 gūnong, xiǎoshēng shuō グゥノン，シアオション シュオ	murmur **マ**ーマ
つぶれる **潰れる** tsubureru	压坏 yāhuài ヤァホアイ	break, (be) crushed ブ**レ**イク，(ビ) ク**ラ**シュト
（破産する）	破产，倒闭 pòchǎn, dǎobì ポォチャン，ダオビィ	go bankrupt **ゴ**ウ バンク**ラ**プト
つぼみ **蕾** tsubomi	花蕾，花苞 huālěi, huābāo ホアレイ，ホアバオ	bud **バ**ド
つま **妻** tsuma	妻子，老婆 qīzi, lǎopo チィヅ，ラオポ	wife **ワ**イフ
つまさき **爪先** tsumasaki	脚尖 jiǎojiān ジアオジエン	tiptoe **ティ**プトウ
つまずく **躓く** tsumazuku	绊(倒)，跌跤 bàn(dǎo), diējiāo バン(ダオ)，ディエジアオ	stumble ス**タ**ンブル
（失敗）	受挫 shòucuò ショウツゥオ	fail **フェ**イル

つ

日	中	英
つまみ **摘まみ** tsumami	**提扭** tíniǔ ティーニウ	knob ナブ
（一つまみ）	**一撮** yì cuō イー ツゥオ	a pinch ア ピンチ
（酒の）	**下酒菜，酒肴** xiàjiǔcài, jiǔyáo シアジウツァイ，ジウヤオ	relish レリシュ
つまむ **摘まむ** tsumamu	**撮，捏** cuō, niē ツゥオ，ニエ	pick, pinch ピク，ピンチ
つまらない **つまらない** tsumaranai	**无聊，没趣** wúliáo, méiqù ウゥリアオ，メイチュイ	worthless, trivial ワースレス，トリヴィアル
つまり **つまり** tsumari	**就是说，总之** jiùshì shuō, zǒngzhī ジウシー シュオ，ヅォンデー	after all, in short アフタ オール，イン ショート
つまる **詰まる** tsumaru	**堵塞** dǔsè ドゥスァ	(be) stuffed （ビ）スタフト
（充満）	**塞满，挤满** sāimǎn, jǐmǎn サイマン，ジィマン	(be) packed （ビ）パクト
つみ **罪** tsumi	**罪，罪过** zuì, zuìguo ヅイ，ヅイグゥオ	crime, sin クライム，スィン
つみかさねる **積み重ねる** tsumikasaneru	**垒积，积累** lěijī, jīlěi レイジィ，ジィレイ	pile up パイル アプ
つみき **積み木** tsumiki	**积木** jīmù ジィムゥ	block, brick ブラク，ブリク
つみこむ **積み込む** tsumikomu	**装载，装进** zhuāngzài, zhuāngjìn デュアンヅァイ，デュアンジン	load ロウド
つみだす **積み出す** tsumidasu	**装出，发送** zhuāngchū, fāsòng デュアンチゥ，ファアソン	send, forward センド，フォーワド
つみたてる **積み立てる** tsumitateru	**积存，积攒** jīcún, jīzǎn ジィツゥン，ジィヅァン	deposit ディパズィト

日	中	英
つむ **積む** tsumu	**堆积，积累** duījī, jīlěi ドゥイジィ, ジィレイ	pile, lay パイル, **レ**イ
（積載）	**装载** zhuāngzài ヂュアンヅァイ	load ロウド
つむ **摘む** tsumu	**摘** zhāi ヂャイ	pick, pluck ピク, プ**ラ**ク
つめ **爪** tsume	**指甲** zhǐjia ヂージア	nail, claw **ネ**イル, ク**ロ**ー
〜切り	**指甲刀** zhǐjiadāo ヂージアダオ	nail clipper **ネ**イル ク**リ**パ
つめあわせ **詰め合わせ** tsumeawase	**混装** hùnzhuāng ホゥンヂュアン	assortment アソートメント
つめこむ **詰め込む** tsumekomu	**塞进，装入** sāijìn, zhuāngrù サイジン, ヂュアンルゥ	cram, pack with ク**ラ**ム, **パ**ク ウィズ
つめたい **冷たい** tsumetai	**冷，凉** lěng, liáng ルォン, リアン	cold, chilly コウルド, **チ**リ
つめる **詰める** tsumeru	**塞，装** sāi, zhuāng サイ, ヂュアン	stuff, fill ス**タ**フ, **フィ**ル
（席を）	**挤紧，靠紧** jǐjǐn, kàojǐn ジィジン, カオジン	move over **ムー**ヴ **オ**ウヴァ
つもり **積もり** tsumori	**打算** dǎsuan ダァスワン	intention イン**テ**ンション
つもる **積もる** tsumoru	**积累，累积** jīlěi, lěijī ジィレイ, レイジィ	accumulate ア**キュ**ーミュレイト
つや **艶** tsuya	**光泽** guāngzé グアンヅァ	gloss, luster グロス, **ラ**スタ
つゆ **梅雨** tsuyu	**梅雨，黄梅天** méiyǔ, huángméitiān メイユィ, ホアンメイティエン	rainy season **レ**イニ **スィ**ーズン

日	中	英
つゆ **露** tsuyu	**露水** lùshuǐ ルゥシュイ	dew, dewdrop **デュ**ー, **デュ**ードラプ
つよい **強い** tsuyoi	**強, 強烈** qiáng, qiángliè チアン, チアンリエ	strong, powerful **スト**ロング, **パ**ウアフル
つよき **強気** tsuyoki	**強硬, 坚决** qiángyìng, jiānjué チアンイン, ジエンジュエ	strong, aggressive **スト**ロング, **ア**グレスィヴ
つよさ **強さ** tsuyosa	**強度** qiángdù チアンドゥ	strength **スト**レングス
つよび **強火** tsuyobi	**武火, 大火** wǔhuǒ, dàhuǒ ウゥホゥオ, ダァホゥオ	high flame **ハ**イ フレイム
つよまる **強まる** tsuyomaru	**加强起来, 增强** jiāqiángqǐlai, zēngqiáng ジアチアンチィライ, ヅンチアン	(become) strong (ビカム) **スト**ローング
つよみ **強み** tsuyomi	**优点, 长处** yōudiǎn, chángchù ヨウディエン, チャァンチュウ	strong point **スト**ローング **ポ**イント
つらい **辛い** tsurai	**难过, 难受** nánguò, nánshòu ナングゥオ, ナンショウ	hard, painful **ハ**ード, **ペ**インフル
つらなる **連なる** tsuranaru	**连接, 相连** liánjiē, xiānglián リエンジエ, シアンリエン	stretch, run **スト**レチ, **ラ**ン
つらぬく **貫く** tsuranuku	**贯通, 穿透** guàntōng, chuāntòu グワントン, チュワントウ	pierce, penetrate **ピ**アス, **ペ**ネトレイト
(初志を)	**贯彻《初衷》** guànchè chūzhōng グワンチョァ **チュウヂォ**ン	accomplish **ア**カンプリシュ
つらら **氷柱** tsurara	**冰锥, 冰柱** bīngzhuī, bīngzhù ビンヂュイ, ビンヂュウ	icicle **ア**イスィクル
つり **釣り** tsuri	**钓鱼** diàoyú ディアオユィ	fishing **フ**ィシング
つりあい **釣り合い** tsuriai	**平衡, 均衡** pínghéng, jūnhéng ピィンヘゥン, ジュィンヘゥン	balance **バ**ランス

日	中	英
～を取る	**保持平衡** bǎochí pínghéng パオチー ピンヘゥン	balance, harmonize バランス, ハーモナイズ
<ruby>釣<rt>つ</rt></ruby>り<ruby>合<rt>あ</rt></ruby>う tsuriau	**平衡, 相配** pínghéng, xiāngpèi ピンヘゥン, シアンペイ	balance, match バランス, マチ
<ruby>釣<rt>つ</rt></ruby>り<ruby>銭<rt>せん</rt></ruby> tsurisen	**找头** zhǎotou ヂャオトウ	change チェインヂ
<ruby>吊<rt>つ</rt></ruby>り<ruby>橋<rt>ばし</rt></ruby> tsuribashi	**吊桥, 悬索桥** diàoqiáo, xuánsuǒqiáo ディアオチアオ, シュエンスゥオチアオ	suspension bridge サスペンション ブリヂ
<ruby>釣<rt>つ</rt></ruby>る　（魚を） tsuru	**钓** diào ディアオ	fish フィシュ
（誘惑する）	**引诱** yǐnyòu インヨウ	entice インタイス
<ruby>鶴<rt>つる</rt></ruby> tsuru	**仙鹤** xiānhè シエンホァ	crane クレイン
<ruby>吊<rt>つ</rt></ruby>るす tsurusu	**吊, 挂** diào, guà ディアオ, グア	hang, suspend ハング, サスペンド
<ruby>連<rt>つ</rt></ruby>れ tsure	**同伴, 伴侣** tóngbàn, bànlǚ トンバン, バンリュイ	companion コンパニョン
<ruby>連<rt>つ</rt></ruby>れていく tsureteiku	**带走** dàizǒu ダイヅォウ	take テイク

て，テ

日	中	英
<ruby>手<rt>て</rt></ruby> te	**〔只／双〕手** 〔zhī／shuāng〕shǒu 〔ヂー／シュアン〕ショウ	hand, arm ハンド, アーム
（手段・方法）	**手段, 办法** shǒuduàn, bànfǎ ショウドワン, バンファア	way, means ウェイ, ミーンズ
<ruby>出会<rt>であ</rt></ruby>う deau	**遇见, 碰见** yùjiàn, pèngjiàn ユイジエン, ポンジエン	meet, come across ミート, カム アクロス

日	中	英
てあつい **手厚い** teatsui	**优厚** yōuhòu ヨウホウ	cordial, warm コーデャル, **ウォーム**
てあて **手当て** teate	**治疗** zhìliáo デーリアオ	medical treatment メディカル **ト**リートメント
（給与）	**津贴, 补贴** jīntiē, bǔtiē ジンティエ, プゥティエ	allowance ア**ラ**ウアンス
ていあん（する） **提案(する)** teian (suru)	**建议, 提议** jiànyì, tíyì ジエンイー, ティーイー	proposal; propose プロ**ポ**ウザル, プロ**ポ**ウズ
てぃーかっぷ **ティーカップ** tiikappu	**茶杯** chábēi チァアベイ	teacup **ティ**ーカプ
Tしゃつ **Tシャツ** Tshatsu	**T恤衫, 汗衫** T xùshān, hànshān T シュイシャン, ハンシャン	T-shirt **ティ**ーシャート
てぃーばっぐ **ティーバッグ** tiibaggu	**袋泡茶** dàipàochá ダイパオチァア	teabag **ティ**ーバグ
でぃーぶいでぃー(DVD) **ディーブイディー (DVD)** diibuidii	**DVD(盘)** DVD(pán) DVD(パン)	digital versatile disk **ディ**ヂトル **ヴァ**ーサタイル **ディ**スク
ていいん **定員** teiin	**名额, 定员** míng'é, dìngyuán ミィンウァ, ディンユエン	capacity カ**パ**スィティ
てぃーんえーじゃー **ティーンエージャー** tiin-eejaa	**十几岁的青少年** shíjǐ suì de qīngshàonián シージィ スゥイ ダ チンシャオニエン	teenager **ティ**ーネイヂャ
ていえん **庭園** teien	**花园, 庭园** huāyuán, tíngyuán ホアユエン, ティンユエン	garden **ガ**ードン
ていか **定価** teika	**定价** dìngjià ディンジア	fixed price **フィ**クスト プ**ラ**イス
ていぎ **定義** teigi	**定义** dìngyì ディンイー	definition デフィ**ニ**ション

日	中	英
ていきあつ **低気圧** teikiatsu	**低气压** dīqìyā ディーチイヤァ	low pressure, depression ロウ プレシャ, ディプレション
ていきけん **定期券** teikiken	**月票** yuèpiào ユエピアオ	commuter pass コミュータ パス
ていきてきな **定期的な** teikitekina	**定期** dìngqī ディンチイ	regular, periodic レギュラ, ピアリアディク
ていきゅうな **低級な** teikyuuna	**低级，劣等** dījí, lièděng ディージィ, リエデゥン	inferior, low インフィアリア, ロウ
ていきゅうび **定休日** teikyuubi	**（定期）休息日** (dìngqī) xiūxirì (ディンチイ) シウシリー	regular holiday レギュラ ハリデイ
ていきょう(する) **提供(する)** teikyou (suru)	**提供，供给** tígōng, gōngjǐ ティーゴン, ゴンジィ	supply, offer サプライ, オファ
ていくあうと **テイクアウト** teikuauto	**外卖** wàimài ワイマイ	takeout テイカウト
ていけい(する) **提携(する)** teikei (suru)	**合作** hézuò ホォアヅゥオ	cooperation, tie-up コウアペレイション, タイアプ
ていけつあつ **低血圧** teiketsuatsu	**低血压** dīxuèyā ディーシュエヤァ	low blood pressure ロウ ブラド プレシャ
ていこう(する) **抵抗(する)** teikou (suru)	**抵抗，反抗** dǐkàng, fǎnkàng ディーカァン, ファンカァン	resistance; resist リズィスタンス, リズィスト
ていこく **定刻** teikoku	**正点，定时** zhèngdiǎn, dìngshí ヂョンディエン, ディンシー	regular time レギュラ タイム
ていさい **体裁** teisai	**外表，体面** wàibiǎo, tǐmiàn ワイビアオ, ティーミエン	appearance アピアランス
ていさつ(する) **偵察(する)** teisatsu (suru)	**侦察** zhēnchá ヂェンチャア	reconnaissance; reconnoiter リカナザンス, リーコノイタ
ていし(する) **停止(する)** teishi (suru)	**停止** tíngzhǐ ティンヂー	stop, suspension スタプ, サスペンション

て

日	中	英
ていじ **定時** teiji	**正点，准时** zhèngdiǎn, zhǔnshí ヂョンディエン，ヂュンシー	fixed time フィクスト タイム
ていしゃ(する) **停車(する)** teisha (suru)	**停车** tíng'chē ティンチョア	stop スタプ
ていじゅう(する) **定住(する)** teijuu (suru)	**定居，落户** dìng'jū, luò'hù ディンジュイ，ルゥオホゥ	settlement; settle セトルメント，セトル
ていしゅつ(する) **提出(する)** teishutsu (suru)	**提出，提交** tíchū, tíjiāo ティーチュウ，ティージアオ	presentation; present プリゼンテイション，プリゼント
ていしょう(する) **提唱(する)** teishou (suru)	**提倡，倡导** tíchàng, chàngdǎo ティーチァン，チャァンダオ	propose, advocate プロポウズ，アドヴォケイト
ていしょく **定食** teishoku	**份儿饭，套餐** fènrfàn, tàocān フェルファン，タオツァン	set meal セト ミール
でぃすかうんと **ディスカウント** disukaunto	**减价，折扣** jiǎnjià, zhékòu ジエンジア，ヂョァコウ	discount ディスカウント
ていする **呈する** teisuru	**呈现** chéngxiàn チョンシエン	offer, show オファ，ショウ
ていせい(する) **訂正(する)** teisei (suru)	**改正，订正** gǎizhèng, dìngzhèng ガイヂョン，ディンヂョン	correction; correct コレクション，コレクト
ていせつ **定説** teisetsu	**定论，定说** dìnglùn, dìngshuō ディンルゥン，ディンシュオ	established theory イスタブリシュト スィオリ
ていぞくな **低俗な** teizokuna	**庸俗，下流** yōngsú, xiàliú ヨンスゥ，シアリゥ	vulgar, lowbrow ヴァルガ，ロウブラウ
ていそする **提訴する** teisosuru	**起诉，控诉** qǐsù, kòngsù チィスゥ，コンスゥ	file a suit ファイル ア スート
ていたい(する) **停滞(する)** teitai (suru)	**停滞，停顿** tíngzhì, tíngdùn ティンヂー，ティンドゥン	slump; stagnate スランプ，スタグネイト

日	中	英
ていたく **邸宅** teitaku	**宅第，公馆** zháidì, gōngguǎn ヂャイディー，ゴングワン	residence レズィデンス
ていちゃく(する) **定着(する)** teichaku (suru)	**固定，扎根** gùdìng, zhā'gēn グゥディン，ヂァアゲン	fixing; fix フィクスィング，フィクス
ていちょう(な) **丁重(な)** teichou (na)	**郑重，殷勤** zhèngzhòng, yīnqín ヂョンヂォン，インチン	polite, courteous ポライト，カーティアス
ていちょう(な) **低調(な)** teichou (na)	**不热烈，低沉** bú rèliè, dīchén プゥ ルァリエ，ディーチェン	inactive, dull イナクティヴ，ダル
ていっしゅ **ティッシュ** tisshu	**卫生纸，手纸** wèishēngzhǐ, shǒuzhǐ ウェイションヂー，ショウヂー	tissue ティシュー
ていでん **停電** teiden	**停电** tíngdiàn ティンディエン	power failure パウア フェイリャ
ていど **程度** teido	**程度，水平** chéngdù, shuǐpíng チョンドゥ，シュイピィン	degree, grade ディグリー，グレイド
ていとう **抵当** teitou	**抵押** dǐyā ディーヤァ	mortgage モーギヂ
～に入れる	**作抵押** zuò dǐyā ヅゥオ ディーヤァ	mortgage モーギヂ
ていねい **丁寧** teinei		
～な	**有礼貌，恳切** yǒulǐmào, kěnqiè ヨウ リィマオ，ケンチエ	polite, courteous ポライト，カーティアス
～に	**殷勤，亲切，细心** yīnqín, qīnqiè, xìxīn インチン，チンチエ，シィシン	politely, courte- ously ポライトリ，カーティアスリ
ていねん **定年** teinen	**退休年龄** tuìxiū niánlíng トゥイシウ ニエンリィン	retirement age リタイアメント エイヂ
ていはくする **停泊する** teihakusuru	**停泊** tíngbó ティンボォ	anchor アンカ

日	中	英
ていぼう **堤防** teibou	**堤，堤坝** dī, dībà ディー，ディーバァ	bank, embank-ment バンク，インバンクメント
ていりゅうじょ **停留所** teiryuujo	**(汽)车站** (qì)chēzhàn (チィ)チョアヂャン	stop スタプ
でぃれくたー **ディレクター** direkutaa	**导演** dǎoyǎn ダオイエン	director ディレクタ
ていれする **手入れする** teiresuru	**保养，修整** bǎoyǎng, xiūzhěng バオヤン，シウヂョン	maintain メインテイン
でーた **データ** deeta	**数据，资料** shùjù, zīliào シュウジュィ，ヅーリアオ	data デイタ
〜ベース	**数据库** shùjùkù シュウジュィクゥ	data base デイタ ベイス
でーと(する) **デート(する)** deeto (suru)	**约会** yuēhuì ユエホゥイ	date; date with デイト，デイト ウィズ
てーぷ **テープ** teepu	**带** dài ダイ	tape テイプ
(磁気テープ)	**磁带** cídài ツーダイ	tape テイプ
てーぶる **テーブル** teeburu	〔**张**〕**桌子，饭桌** 〔zhāng〕zhuōzi, fànzhuō 〔ヂァン〕デュオヅ，ファンヂュオ	table テイブル
てーま **テーマ** teema	**题目，主题** tímù, zhǔtí ティームゥ，ヂュウティー	theme, subject スィーム，サブヂェクト
ておくれ **手遅れになる** teokure	**耽误，为时已晚** dānwu, wéi shí yǐ wǎn ダンウ，ウェイ シー イー ワン	(be) too late (ビ) トゥー レイト
てがかり **手掛かり** tegakari	**线索，头绪** xiànsuǒ, tóuxù シエンスゥオ，トウシュィ	clue, key クルー，キー
てがきの **手書きの** tegakino	**手写** shǒuxiě ショウシエ	handwritten ハンドリトン

日	中	英
でかける **出掛ける** dekakeru	**出门** chū'mén チュウメン	go out ゴウ アウト
てがた **手形** tegata	〔张〕**票据** 〔zhāng〕piàojù 〔ヂャァン〕ピアオジュィ	note, bill ノウト，ビル
（手の形）	**手印** shǒuyìn ショウイン	handprint ハンドプリント
てがみ **手紙** tegami	〔封〕**信，书信** 〔fēng〕xìn, shūxìn 〔フォン〕シン，シュウシン	letter レタ
てがら **手柄** tegara	**功劳，功绩** gōngláo, gōngjì ゴンラオ，ゴンジィ	exploit イクスプ**ロ**イト
てがるな **手軽な** tegaruna	**轻便，简便** qīngbiàn, jiǎnbiàn チンビエン，ジエンビエン	easy, handy **イ**ーズィ，**ハ**ンディ
てき **敵** teki	**敌人，对头** dírén, duìtou ディーレン，ドゥイトウ	enemy, opponent **エ**ネミ，オ**ポ**ウネント
できあがる **出来上がる** dekiagaru	**做好** zuòhǎo ヅゥオハオ	(be) completed (ビ) コンプ**リ**ーテド
てきい **敵意** tekii	**敌意，敌对情绪** díyì, díduì qíngxù ディーイー，ディードゥイ チンシュイ	hostility ハス**ティ**リティ
てきおう(する) **適応(する)** tekiou (suru)	**适应** shìyìng シーイィン	adjustment; adjust ア**チャ**ストメント，ア**チャ**スト
てきかくな **的確な** tekikakuna	**准确，确切** zhǔnquè, quèqiè ヂュンチュエ，チュエチエ	precise, exact プリ**サ**イス，イグ**ザ**クト
てきごう(する) **適合(する)** tekigou (suru)	**适合，符合** shìhé, fúhé シーホァ，フゥホァ	fitness; conform to **フィ**トネス，コン**フォ**ームトゥ
できごと **出来事** dekigoto	〔件〕**事，事件** 〔jiàn〕shì, shìjiàn 〔ジエン〕シー，シージエン	event, incident イ**ヴェ**ント，**イ**ンスィデント

日	中	英
てきし(する) **敵視(する)** tekishi (suru)	**敵視, 仇視** díshì, chóushì ディーシー, チョウシー	hostility; (be) hostile to ハス**ティ**リティ, (ビ) ハス**ト**ル トゥ
てきしゅつ(する) **摘出(する)** tekishutsu (suru)	**摘除** zhāichú ヂャイチュウ	removal; remove リ**ムー**ヴァル, リ**ムー**ヴ
てきすと **テキスト** tekisuto	〔本〕**课本, 教材, 讲义** 〔běn〕kèběn, jiàocái, jiǎngyì 〔ベン〕クァベン, ジアオツァイ, ジアンイー	text **テ**クスト
てきする **適する** tekisuru	**适合, 适应** shìhé, shìyìng シーホァァ, シーイィン	fit, suit フィト, **スー**ト
てきせい **適性** tekisei	**适应性** shìyìngxìng シーイィンシイン	aptitude **ア**プティテュード
てきせつな **適切な** tekisetsuna	**适当, 恰当** shìdàng, qiàdàng シーダァン, チアダァン	proper, adequate プラパ, **ア**ディクワト
できだか **出来高** dekidaka	**收获量, 产量** shōuhuòliàng, chǎnliàng ショウホゥオリアン, チャンリアン	output, yield **ア**ウトプト, **イー**ルド
できたて **出来立て** dekitate	**刚做好** gāng zuòhǎo ガァン ヅゥオハオ	new ニュー
てきちゅう(する) **的中(する)** tekichuu (suru)	**射中** shèzhòng ショァヂォン	hit the mark ヒト ザ **マー**ク
てきとうな **適当な** tekitouna	**适当, 恰当** shìdàng, qiàdàng シーダァン, チアダァン	fit for, suitable to フィト フォ, **スー**タブル トゥ
てきどな **適度な** tekidona	**适当, 适度** shìdàng, shìdù シーダァン, シードゥ	moderate, temperate **マ**ダレト, **テ**ンパレト
てきぱき **てきぱき** tekipaki	**麻利, 利落** máli, lìluo マァリ, リィルゥオ	promptly プラ**ン**プトリ
てきよう(する) **適用(する)** tekiyou (suru)	**适用, 应用** shìyòng, yìngyòng シーヨン, イィンヨン	application; apply アプリ**ケ**イション, ア**プ**ライ

日	中	英
できる **出来る** dekiru	**能，会，可以** néng, huì, kěyǐ ヌォン, ホウイ, ㇰァイー	can do, (be) possible キャン ドゥ, (ビ) パスィブル
（可能）	**可以，可能** kěyǐ, kěnéng ㇰァイー, ㇰァヌォン	(be) possible (ビ) パスィブル
（生産・産出）	**生产，出产** shēngchǎn, chūchǎn ションチャン, チュウチャン	(be) produced (ビ) プロデュースト
（生じる）	**产生，发生** chǎnshēng, fāshēng チャンション, ファアション	(be) born, form (ビ) ボーン, フォーム
（能力がある）	**能，能够** néng, nénggòu ヌォン, ヌォンゴウ	able, good エイブル, グド
てぎわ **手際** tegiwa	**技巧，手法** jìqiǎo, shǒufǎ ジィチァオ, ショウファア	skill スキル
～がよい	**有技巧，手法好** yǒu jìqiǎo, shǒufǎ hǎo ヨウ ジィチァオ, ショウファア ハオ	skillful スキルフル
てぐち **手口** teguchi	**手段，手法** shǒuduàn, shǒufǎ ショウドワン, ショウファア	way, style ウェイ, スタイル
でぐち **出口** deguchi	**出口，出路** chūkǒu, chūlù チュウコウ, チュウルゥ	exit, way out エグズィト, ウェイ アウト
てくにっく **テクニック** tekunikku	**技巧，技艺** jìqiǎo, jìyì ジィチァオ, ジィイー	technique テクニーク
てくび **手首** tekubi	**手腕子，腕子** shǒuwànzi, wànzi ショウワンヅ, ワンヅ	wrist リスト
てこずる **てこずる** tekozuru	**难办，棘手** nánbàn, jíshǒu ナンバン, ジィショウ	have trouble doing ハヴ トラブル ドゥイング
てごたえがある **手応えがある** tegotaegaaru	**有效果** yǒu xiàoguǒ ヨウ シアオグゥオ	have effect ハヴ フェクト
てごろな **手頃な** tegorona	**轻便** qīngbiàn チィンビエン	handy, reasonable ハンディ, リーズナブル

日	中	英
(適している)	合适，适宜 héshì, shìyí ホァシー, シーイー	reasonable リーズナブル
てごわい **手強い** tegowai	难对付，棘手 nán duìfu, jíshǒu ナンドゥイフ, ジィショウ	tough, formidable タフ, **フォ**ーミダブル
でざーと **デザート** dezaato	甜点，甜食 tiándiǎn, tiánshí ティエンディエン, ティエンシー	dessert ディ**ザ**ート
でざいなー **デザイナー** dezainaa	设计家 shèjìjiā ショァジィジア	designer ディ**ザ**イナ
(服飾の)	服装设计师 fúzhuāng shèjìshī フゥヂュアン ショァジイシー	designer ディ**ザ**イナ
でざいん **デザイン** dezain	设计，式样 shèjì, shìyàng ショァジィ, シーヤン	design ディ**ザ**イン
てさぐりする **手探りする** tesagurisuru	摸，摸索 mō, mōsuo モォ, モォスゥオ	grope グ**ロ**ウプ
てざわり **手触り** tezawari	手感 shǒugǎn ショウガン	touch, feel **タ**チ, **フィ**ール
てしごと **手仕事** teshigoto	手工 shǒugōng ショウゴン	manual work **マ**ニュアル **ワ**ーク
でじたる **デジタル** dejitaru	数字（式），数码 shùzì (shì), shùmǎ シュウヅー(シー), シュウマァ	digital **ディ**ヂタル
てじな **手品** tejina	魔术，戏法 móshù, xìfǎ モォシュウ, シィファァ	magic tricks **マ**ヂク ト**リ**クス
でしゃばる **出しゃばる** deshabaru	出风头，多嘴 chū fēngtou, duō'zuǐ チュウ フォントウ, ドゥオヅゥイ	thrust *one's* nose into ス**ラ**スト **ノ**ウズ イントゥ
てじゅん **手順** tejun	程序，顺序 chéngxù, shùnxù チョンシュィ, シュンシュィ	order, process **オ**ーダ, プ**ラ**セス
てすうりょう **手数料** tesuuryou	佣金，手续费 yòngjīn, shǒuxùfèi ヨンジン, ショウシュィフェイ	commission コ**ミ**ション

日	中	英
デスクトップ でですくとっぷ desukutoppu	**台式机** táishìjī タイシージィ	desk-top computer デスクタプ コンピュータ
テスト てすと tesuto	**试验，考试** shìyàn, kǎoshì シーイエン, カオシー	exam, test イグザム, テスト
手摺 てすり tesuri	〔排〕**栏杆，扶手** (pái) lángān, fúshou 〔パイ〕ランガン, フゥショウ	handrail ハンドレイル
手製の てせいの teseino	**手制，自制** shǒuzhì, zìzhì ショウヂー, ヅーヂー	handmade ハンドメイド
手相 てそう tesou	**手相** shǒuxiàng ショウシアン	lines of the palm ラインズ オヴ ザ パーム
出鱈目 でたらめ detarame	**胡说，屁话** húshuō, pìhuà ホゥシュオ, ピィホア	nonsense ナンセンス
手違い てちがい techigai	**差错，错误** chācuò, cuòwù チャアツウオ, ツゥオウゥ	mistake ミステイク
手帳 てちょう techou	〔本〕**笔记本** (běn) bǐjìběn 〔ベン〕ビィジィベン	notebook ノウトブク
鉄 てつ tetsu	〔块〕**铁** (kuài) tiě 〔クアイ〕ティエ	iron アイアン
撤回(する) てっかい(する) tekkai(suru)	**撤回，撤销** chèhuí, chèxiāo チョァホゥイ, チョァシアオ	withdrawal; withdraw ウィズドローアル, ウィズドロー
哲学 てつがく tetsugaku	**哲学** zhéxué ヂョァシュエ	philosophy フィラソフィ
〜者	**哲学家** zhéxuéjiā ヂョァシュエジア	philosopher フィラソファ
鉄橋 てっきょう tekkyou	**铁桥** tiěqiáo ティエチアオ	iron bridge アイアン ブリヂ

日	中	英
てづくりの **手作りの** tezukurino	**手工，亲手做** shǒugōng, qīnshǒu zuò ショウゴン, チンショウ ヅゥオ	handmade ハンドメイド
てつけきん **手付け金** tetsukekin	**定钱** dìngqián ディンチエン	earnest money アーニスト マニ
てっこう **鉄鋼** tekkou	**钢铁** gāngtiě ガァンティエ	iron and steel アイアン アンド スティール
てっこつ **鉄骨** tekkotsu	**钢骨** gānggǔ ガァングゥ	iron frame アイアン フレイム
でっさん **デッサン** dessan	**素描** sùmiáo スゥミアオ	sketch スケチ
てったい(する) **撤退(する)** tettai (suru)	**撤退** chètuì チョァトゥイ	withdrawal; withdraw ウィズドローアル, ウィズドロー
てつだい **手伝い** tetsudai	**帮助，帮忙** bāngzhù, bāngmáng バァンチュゥ, バァンマァン	help ヘルプ
(人)	**帮手** bāngshǒu バァンショウ	help, assistant ヘルプ, アスィスタント
てつだう **手伝う** tetsudau	**帮助，帮忙** bāngzhù, bāngmáng バァンチュゥ, バァンマァン	help, assist ヘルプ, アスィスト
てつづき **手続き** tetsuzuki	**手续** shǒuxù ショウシュイ	procedure プロスィーヂャ
てっていてきな **徹底的な** tetteitekina	**彻底** chèdǐ チョァディー	thorough, complete サロ, コンプリート
てつどう **鉄道** tetsudou	〔条〕**铁路，铁道** 〔tiáo〕tiělù, tiědào 〔ティアオ〕ティエルゥ, ティエダオ	railroad レイルロウド
てっぱん **鉄板** teppan	〔块〕**铁板** 〔kuài〕tiěbǎn 〔クアイ〕ティエバン	sheet iron シート アイアン

日	中	英
てつぼう **鉄棒** tetsubou	〔架〕**铁棍** (jià) tiěgùn 〔ジア〕ティエグゥン	iron bar **ア**イアン バー
（体操の） 	〔根〕**单杠** (gēn) dāngàng 〔ゲン〕ダンガァン	horizontal bar ホリ**ザ**ントル バー
てつや **徹夜** tetsuya	**彻夜** chèyè チョァイエ	staying up all night ス**テ**イング アプ **オ**ール **ナ** イト
てなー **テナー** tenaa	**男高音** nángāoyīn ナンガオイン	tenor **テ**ナ
てなんと **テナント** tenanto	**房客，租赁者** fángkè, zūlìnzhě ファァンクァ，ヅゥリンヂョァ	tenant **テ**ナント
てにす **テニス** tenisu	**网球** wǎngqiú ワァンチウ	tennis **テ**ニス
てにもつ **手荷物** tenimotsu	**随身行李，手提行李** suíshēn xíngli, shǒutí xíngli スゥイシェン シィンリ，ショウティー シィ ンリ	baggage バ**ギ**ヂ
てのーる **テノール** tenooru	**男高音** nángāoyīn ナンガオイン	tenor **テ**ナ
てのこう **手の甲** tenokou	**手背** shǒubèi ショウベイ	back of *one's* hand バク オヴ **ハ**ンド
てのひら **掌・手の平** tenohira	**手掌，掌** shǒuzhǎng, zhǎng ショウヂァアン，ヂァアン	palm **パ**ーム
でぱーと **デパート** depaato	〔家〕**百货商店，百货大楼** (jiā) bǎihuò shāngdiàn, bǎihuò dàlóu 〔ジア〕バイホゥオ シャァンディエン，バイ ホゥオ ダァロウ	department store ディ**パ**ートメント ス**ト**ー
てはい(する) **手配(する)** tehai (suru)	**安排，筹备** ānpái, chóubèi アンパイ，チョウベイ	arrangement; ar- range ア**レ**インヂメント，ア**レ**イン ヂ
てばなす **手放す** tebanasu	**割舍，脱手** gēshě, tuō'shǒu グァショァ，トゥオショウ	dispose of ディス**ポ**ウズ オヴ

日	中	英
てびき **手引き** tebiki	指导 zhǐdǎo デーダオ	guidance ガイダンス
～書	〔本〕指南，手册 〔běn〕zhǐnán, shǒucè 〔ベン〕ヂーナン，ショウツゥァ	guide, manual ガイド，マニュアル
でびゅー(する) **デビュー(する)** debyuu (suru)	初次登台，初次演出 chūcì dēngtái, chūcì yǎnchū チュウツー デゥンタイ，チュウツー イエン チュウ	debut デイビュー
てぶくろ **手袋** tebukuro	〔副〕手套 〔fù〕shǒutào 〔フゥ〕ショウタオ	gloves グラヴズ
てぶら **手ぶら** tebura	空手 kōngshǒu コンショウ	empty-handed エンプティハンデド
でふれ **デフレ** defure	通货紧缩 tōnghuò jǐnsuō トンホゥオ ジンスゥオ	deflation ディフレイション
てほん **手本** tehon	榜样，模范 bǎngyàng, mófàn バァンヤン，モォファン	example, model イグザンプル，マドル
てま **手間** tema	工夫，劳力 gōngfu, láolì ゴンフ，ラオリィ	time and labor タイム アンド レイバ
でまえ **出前** demae	送菜 sòng cài ソン ツァイ	delivery ディリヴァリ
でむかえる **出迎える** demukaeru	迎接 yíngjiē イィンジエ	meet, receive ミート，リスィーヴ
でめりっと **デメリット** demeritto	缺点 quēdiǎn チュエディエン	demerit ディーメリット
でも **デモ** demo	示威，游行 shìwēi, yóuxíng シーウェイ，ヨウシィン	demonstration デモンストレイション
てもとに **手許[元]に** temotoni	手头，手底下 shǒutóu, shǒudǐxia ショウトウ，ショウディーシア	at hand アト ハンド

日	中	英
でゅえっと **デュエット** （重唱） dyuetto	二重唱 èrchóngchàng アルチョンチャァン	duet デューエト
てら **寺** tera	〔座〕寺院，寺庙 〔zuò〕sìyuàn, sìmiào 〔ヅゥオ〕スーユエン, スーミアオ	temple テンプル
てらす **照らす** terasu	照，照耀，照射 zhào, zhàoyào, zhàoshè ヂャオ, ヂャオヤオ, ヂャオショア	light, illuminate ライト, イリューミネイト
でりけーとな **デリケートな** derikeetona	微妙，精致，敏感（的） wēimiào, jīngzhì, mǐngǎn (de) ウェイミアオ, ジィンヂー, ミンガン (ダ)	delicate デリケト
てる **照る** teru	照，照耀 zhào, zhàoyào ヂャオ, ヂャオヤオ	shine シャイン
でる **出る** deru	出 chū チュウ	go out ゴウ アウト
（出席・参加）	出席，参加 chūxí, cānjiā チュウシィ, ツァンジア	attend, join アテンド, ヂョイン
（現れる）	出现，显露 chūxiàn, xiǎnlù チュウシエン, シエンルゥ	come out, appear カム アウト, アピア
てれぱしー **テレパシー** terepashii	心灵感应 xīnlíng gǎnyìng シンリィン ガンイィン	telepathy テレパスィ
てれび **テレビ** terebi	电视（机） diànshì(jī) ディエンシー(ジィ)	television テレヴィジョン
てれる **照れる** tereru	害羞，腼腆 hàixiū, miǎntiǎn ハイシウ, ミエンティエン	(be) shy (ビ) シャイ
てろ **テロ** tero	恐怖主义，恐怖行动 kǒngbù zhǔyì, kǒngbù xíngdòng コンブゥ ヂュウイー, コンブゥ シィンドン	terrorism テラリズム
てろりすと **テロリスト** terorisuto	恐怖分子 kǒngbù fènzǐ コンブゥ フェンヅー	terrorist テラリスト

日	中	英
てわたす **手渡す** tewatasu	递交，交给 dìjiāo, jiāogěi ディージアオ，ジアオゲイ	hand ハンド
てん **天** ten	天，天空 tiān, tiānkōng ティエン，ティエンコン	sky スカイ
てん **点** ten	点 diǎn ディエン	dot, point ダ卜，ポイント
（点数） 	比分，得分 bǐfēn, défēn ビィフェン，ドゥァフェン	score, point スコー，ポイント
（品物の数） 	件，个 jiàn, ge ジエン，ガ	piece, item ピース，アイテム
でんあつ **電圧** den-atsu	电压 diànyā ディエンヤァ	voltage ヴォウルティヂ
てんい(する) **転移(する)** ten-i (suru)	转移 zhuǎnyí デュワンイー	metastasis; metastasize メタスタスィス，メタスタサイズ
てんいん **店員** ten-in	店员，售货员 diànyuán, shòuhuòyuán ディエンユエン，ショウホゥオユエン	clerk クラーク
てんか **天下** tenka	天下 tiānxià ティエンシア	world ワールド
てんか(する) **点火(する)** tenka (suru)	点火，点燃 diǎnhuǒ, diǎnrán ディエンホゥオ，ディエンラン	ignition; ignite イグニション，イグナイト
てんかい(する) **展開(する)** tenkai (suru)	开展，展开 kāizhǎn, zhǎnkāi カイヂャン，ヂャンカイ	development; develop ディヴェロプメント，ディヴェロプ
てんかぶつ **添加物** tenkabutsu	添加物 tiānjiāwù ティエンジアウゥ	additive アディティヴ
てんき **天気** tenki	天气 tiānqì ティエンチィ	weather ウェザ

日	中	英
（晴天）	晴天 qíngtiān チンティエン	fine weather ファイン ウェザ
～予報	天气预报 tiānqì yùbào ティエンチィ ユィバオ	weather forecast ウェザ フォーキャスト
でんき 伝記 denki	传，传记 zhuàn, zhuànjì デュワン，デュワンジィ	biography バイアグラフィ
でんき 電気 denki	电，电气 diàn, diànqì ディエン，ディエンチィ	electricity イレクトリスィティ
（電灯）	电灯 diàndēng ディエンデゥン	electric light イレクトリク ライト
でんきそうじき 電気掃除機 denkisoujiki	吸尘器 xīchénqì シィチェンチィ	vacuum cleaner ヴァキュアム クリーナ
でんきゅう 電球 denkyuu	灯泡 dēngpào デゥンパオ	electric bulb イレクトリク バルブ
てんきょ（する） 転居（する） tenkyo (suru)	搬家，迁居 bān'jiā, qiānjū バンジア，チエンジュィ	move ムーヴ
てんきん（する） 転勤（する） tenkin (suru)	调动工作 diàodòng gōngzuò ディアオドン ゴンヅゥオ	transference; transfer トランスファーレンス，トランスファー
てんけい 典型 tenkei	典型 diǎnxíng ディエンシィン	model, type マドル，タイプ
～的な	典型（的） diǎnxíng (de) ディエンシィン（ダ）	typical, ideal ティピカル，アイディーアル
てんけん（する） 点検（する） tenken (suru)	检查，检点 jiǎnchá, jiǎndiǎn ジエンチァア，ジエンディエン	inspection, check インスペクション，チェク
でんげん 電源 dengen	电源 diànyuán ディエンユエン	power supply パウア サプライ

日	中	英
てんこう **天候** tenkou	**天气，天候** tiānqì, tiānhòu ティエンチイ，ティエンホウ	weather ウェザ
てんこう(する) **転向(する)** tenkou (suru)	**转向，转变方向** zhuǎnxiàng, zhuǎnbiàn fāngxiàng ヂュワンシアン，ヂュワンビエン ファン シアン	conversion; convert コンヴァージョン，コン ヴァート
てんこう(する) **転校(する)** tenkou (suru)	**转学，转校** zhuǎn'xué, zhuǎn'xiào ヂュワンシュエ，ヂュワンシアオ	change *one's* schools チェインヂ スクールズ
てんごく **天国** tengoku	**天国，天堂** tiānguó, tiāntáng ティエングゥオ，ティエンタァン	Heaven, paradise ヘヴン，パラダイス
でんごん **伝言** dengon	**口信** kǒuxìn コウシン	message メスィヂ
てんさい **天才** tensai	**天才** tiāncái ティエンツァイ	genius ヂーニアス
てんさい **天災** tensai	**天灾，自然灾害** tiānzāi, zìrán zāihài ティエンヅァイ，ヅーラン ヅァイハイ	calamity, disaster カラミティ，ディザスタ
てんさく(する) **添削(する)** tensaku (suru)	**删改，批改** shāngǎi, pīgǎi シャンガイ，ピィガイ	correction; correct コレクション，コレクト
てんし **天使** tenshi	**天使，安琪儿** tiānshǐ, ānqí'ér ティエンシー，アンチアル	angel エインヂェル
てんじ **点字** tenji	**盲字，点字** mángzì, diǎnzì マァンヅー，ディエンヅー	Braille ブレイル
てんじ(する) **展示(する)** tenji (suru)	**展览，陈列** zhǎnlǎn, chénliè ヂャンラン，チェンリエ	exhibition; exhibit エクスィビション，イグズィ ビト
〜会	**展览会** zhǎnlǎnhuì ヂャンランホゥイ	exhibition, show エクスィビション，ショウ
でんし **電子** denshi	**电子** diànzǐ ディエンヅー	electron イレクトラン

日	中	英
～工学	电子学 diànzǐxué ディエンズーシュエ	electronics イレクト**ラ**ニクス
～レンジ	微波炉 wēibōlú ウェイボォルゥ	microwave oven **マ**イクロウェイヴ **ア**ヴン
でんじ 電磁 denji	电磁 diàncí ディエンツー	electromagnetism イレクトロウマグ**ネ**ティズム
～波	电磁波 diàncíbō ディエンツーボォ	electromagnetic wave イレクトロウマグ**ネ**ティク **ウェ**イヴ
でんしゃ 電車 densha	〔辆〕电车 〔liàng〕diànchē 〔リアン〕ディエンチョァ	(electric) train (イレクトリク) ト**レ**イン
てんじょう 天井 tenjou	顶棚，天棚 dǐngpéng, tiānpéng ディンポン，ティエンポン	ceiling **ス**ィーリング
でんしょう 伝承 denshou	口传，传说 kǒuchuán, chuánshuō コウチュワン，チュワンシュオ	tradition トラ**ディ**ション
てんじょういん 添乗員 tenjouin	陪同 péitóng ペイトン	tour conductor **トゥ**ァ コン**ダ**クタ
てんしょく(する) 転職(する) tenshoku (suru)	改行，转业 gǎi'háng, zhuǎn'yè ガイハァン，デュワンイエ	job change; change jobs **チャ**プ **チェ**インデ，**チェ**イ ンデ **チャ**プズ
てんじる 転じる tenjiru	转变，转换 zhuǎnbiàn, zhuǎnhuàn デュワンビエン，デュワンホワン	change, turn **チェ**インデ，**タ**ーン
でんしん 電信 denshin	电信，电报 diànxìn, diànbào ディエンシン，ディエンバオ	telegraph **テ**レグラフ
てんすう 点数 tensuu	分数 fēnshù フェンシュウ	mark, score, point **マ**ーク，ス**コ**ー，**ポ**イント
(試合の)	得分，比分 défēn, bǐfēn ドゥァフェン，ビィフェン	score ス**コ**ー

日	中	英
てんせいの **天性の** tenseino	**天性，天賦** tiānxìng, tiānfù ティエンシイン，ティエンフウ	natural ナチュラル
でんせつ **伝説** densetsu	**传说** chuánshuō チュワンシュオ	legend レヂェンド
てんせん **点線** tensen	〔条〕**虚线，点线** 〔tiáo〕xūxiàn, diǎnxiàn 〔ティアオ〕シュィシエン，ディエンシエン	dotted line ダテド ライン
でんせん **電線** densen	〔条〕**电线** 〔tiáo〕diànxiàn 〔ティアオ〕ディエンシエン	electric wire イレクトリク ワイア
でんせん(する) **伝染(する)** densen (suru)	**传染** chuánrǎn チュワンラン	infection; infect インフェクション，インフェクト
～病	**传染病** chuánrǎnbìng チュワンランビィン	infectious disease インフェクシャス ディズィーズ
てんそう(する) **転送(する)** tensou (suru)	**转送** zhuǎnsòng デュワンソン	forward フォーワド
てんたい **天体** tentai	**天体，星球** tiāntǐ, xīngqiú ティエンティー，シィンチウ	heavenly body ヘヴンリ バディ
でんたく **電卓** dentaku	**(袖珍)计算器** (xiùzhēn) jìsuànqì (シウヂェン) ジィスワンチィ	calculator キャルキュレイタ
でんたつ(する) **伝達(する)** dentatsu (suru)	**传达，转达** chuándá, zhuǎndá チュワンダァ，デュワンダァ	communication; communicate コミューニケイション，コミューニケイト
てんち **天地** tenchi	**天地** tiāndì ティエンディー	heaven and earth ヘヴン アンド アース
(上と下)	**上下** shàngxià シャアンシア	top and bottom タプ アンド バトム
でんち **電池** denchi	**电池** diànchí ディエンチー	electric cell イレクトリク セル

日	中	英
てんてき **点滴** tenteki	**点滴** diǎndī ディエンディー	intravenous drip injection イントラ**ヴィ**ーナス ドリプ イン**チェ**クション
てんと **テント** tento	**帐篷，营帐** zhàngpeng, yíngzhàng ヂァァンポン, イィンヂァァン	tent **テ**ント
てんとう(する) **転倒(する)** tentou (suru)	**摔跤，跌倒** shuāijiāo, diēdǎo シュアイジアオ, ディエダオ	fall; fall down **フォ**ール, **フォ**ール **ダ**ウン
でんとう **伝統** dentou	**传统** chuántǒng チュワントン	tradition トラ**ディ**ション
てんねんの **天然の** tennenno	**天然** tiānrán ティエンラン	natural **ナ**チュラル
～ガス	**天然气** tiānránqì ティエンランチィ	natural gas **ナ**チュラル **ギ**ャス
てんのう **天皇** tennou	**天皇** tiānhuáng ティエンホアン	emperor **エ**ンペラ
てんのうせい **天王星** tennousei	**天王星** tiānwángxīng ティエンワァンシィン	Uranus **ユ**アラナス
でんぱ **電波** denpa	**电波** diànbō ディエンボォ	electric wave イ**レ**クトリク **ウェ**イヴ
てんびき(する) **天引(する)** tenbiki (suru)	**预扣，预先扣除** yùkòu, yùxiān kòuchú ユィコウ, ユィシエン コウチュウ	deduction; deduct ディ**ダ**クション, ディ**ダ**クト
でんぴょう **伝票** denpyou	〔张〕**传票** 〔zhāng〕chuánpiào 〔ヂァァン〕チュワンピアオ	slip ス**リ**プ
てんびんざ **天秤座** tenbinza	**天秤座** tiānchèngzuò ティエンチョンヅゥオ	Balance, Libra **バ**ランス, **リ**ーブラ
てんぷ(する) **添付(する)** tenpu (suru)	**添上，附上** tiānshàng, fùshàng ティエンシャァン, フゥシャァン	attachment; attach ア**タ**チメント, ア**タ**チ

日	中	英
てんぷく(する) **転覆(する)** tenpuku(suru)	翻倒, 颠覆 fāndǎo, diānfù ファンダオ, ディエンフゥ	overturn; turn over オウヴァ**ターン**, **ター**ン **オ**ウヴァ
でんぷん 澱粉 denpun	淀粉 diànfěn ディエンフェン	starch ス**ター**チ
てんぽ **テンポ** tenpo	速度, 拍子 sùdù, pāizi スゥドゥ, パイヅ	tempo **テ**ンポウ
てんぼう(する) **展望(する)** tenbou(suru)	展望, 眺望 zhǎnwàng, tiàowàng チャンワン, ティアオワン	view **ヴュー**
でんぽう 電報 denpou	〔份〕电报 〔fèn〕diànbào 〔フェン〕ディエンバオ	telegram **テ**レグラム
てんまつ 顛末 tenmatsu	始末, 原委 shǐmò, yuánwěi シーモォ, ユエンウェイ	detail ディ**テ**イル
てんまど 天窓 tenmado	天窗 tiānchuāng ティエンチュアン	skylight ス**カ**イライト
てんめつ(する) **点滅(する)** tenmetsu(suru)	一亮一灭 yí liàng yí miè イー リアン イー ミエ	flash, blink フ**ラ**シュ, ブ**リ**ンク
てんもんがく 天文学 tenmongaku	天文学 tiānwénxué ティエンウェンシュエ	astronomy アスト**ラ**ノミ
てんもんだい 天文台 tenmondai	天文台 tiānwéntái ティエンウェンタイ	observatory オブ**ザー**ヴァトリ
てんらく(する) **転落(する)** tenraku(suru)	滚落, 摔落 gǔnluò, shuāiluò グゥンルゥオ, シュアイルゥオ	fall **フォ**ール
てんらんかい 展覧会 tenrankai	展览会 zhǎnlǎnhuì チャンランホゥイ	exhibition エクスィ**ビ**ション
でんりゅう 電流 denryuu	电流 diànliú ディエンリウ	electric current イ**レ**クトリク **カー**レント
でんりょく 電力 denryoku	电力 diànlì ディエンリィ	electric power イ**レ**クトリク **パ**ウア

日	中	英

でんわ（する）
電話（する）
denwa (suru)

（打）电话
(dǎ) diànhuà
（ダァ）ディエンホア

telephone; call
テレフォウン, **コ**ール

～番号

电话号码
diànhuà hàomǎ
ディエンホア ハオマァ

telephone number
テレフォウン **ナ**ンバ

と, ト

と
戸
to

〔扇〕**门**
〔shàn〕mén
〔シャン〕メン

door
ドー

ど
度
do

…次
… cì
… ツー

time
タイム

（角度・温度）

…度
… dù
… ドゥ

degree
ディ**グ**リー

（程度）

程度
chéngdù
チョンドゥ

degree, extent
ディ**グ**リー, イクス**テ**ント

どあ
ドア
doa

〔扇〕**门**
〔shàn〕mén
〔シャン〕メン

door
ドー

とい
問い
toi

问题
wèntí
ウェンティー

question
ク**ウェ**スチョン

といあわせる
問い合わせる
toiawaseru

询问，打听
xúnwèn, dǎting
シュインウェン, ダァティン

inquire
インク**ワ**イア

どいつ
ドイツ
doitsu

德国
Déguó
ドゥアグゥオ

Germany
チャーマニ

～語

德语
Déyǔ
ドゥアユイ

German
チャーマン

といれ
トイレ
toire

洗手间，厕所
xǐshǒujiān, cèsuǒ
シィショウジエン, ツゥアスゥオ

bathroom, toilet
バスルーム, **ト**イレト

といれっとぺーぱー
トイレットペーパー
toirettopeepaa

卫生纸
wèishēngzhǐ
ウェイションヂー

toilet paper
トイレト **ペ**イパ

日	中	英
とう **党** tou	**党** dǎng ダァン	party パーティ
どう **胴** dou	**躯干** qūgàn チュィガン	trunk トランク
どう **銅** dou	**铜** tóng ドン	copper カパ
とうあん **答案** touan	**答卷，卷子** dájuàn, juànzi ダァジュエン，ジュエンヅ	(exam) paper (イグザム) ペイパ
どうい(する) **同意(する)** doui (suru)	**同意** tóngyì トンイー	agree with, con- sent アグリー ウィズ，コンセント
とういつ(する) **統一(する)** touitsu (suru)	**统一** tǒngyī トンイー	unite, unify ユーナイト，ユーニファイ
どういつ **同一** douitsu	**同一** tóngyī トンイー	identity アイデンティティ
どういん(する) **動員(する)** douin (suru)	**动员** dòngyuán ドンユエン	mobilization; mo- bilize モウビリゼイション，モウビライズ
とうおう **東欧** touou	**东欧** Dōng'ōu ドンオウ	East Europe イースト ユアロプ
どうか(する) **同化(する)** douka (suru)	**同化** tónghuà トンホア	assimilation; as- similate アスィミレイション，アスィミレイト
とうがらし **唐辛子** tougarashi	**辣椒，辣子** làjiāo, làzi ラァジアオ，ラァヅ	red pepper レド ペパ
どうかん **同感** doukan	**同感** tónggǎn トンガン	agreement アグリーメント
とうき **冬期** touki	**冬季** dōngjì ドンジィ	winter ウィンタ

日	中	英
とうき **投機** touki	**投机** tóujī トウジィ	speculation スペキュ**レ**イション
とうき **陶器** touki	**陶器** táoqì タオチィ	earthenware **ア**ースンウェア
とうぎ **討議** tougi	**讨论，商讨** tǎolùn, shāngtǎo タオルゥン，シァンタオ	discussion ディス**カ**ション
どうき **動機** douki	**动机** dòngjī ドンジィ	motive **モ**ウティヴ
どうぎご **同義語** dougigo	**同义词** tóngyìcí トンイーツー	synonym **ス**ィノニム
とうきゅう **等級** toukyuu	**等级** děngjí デゥンジィ	class, rank ク**ラ**ス，**ラ**ンク
どうきゅうせい **同級生** doukyuusei	**(同班)同学** (tóngbān) tóngxué (トンバン) トンシュエ	classmate ク**ラ**スメイト
どうぎょう **同業** dougyou	**同行，同业** tóngháng, tóngyè トンハァン，トンイエ	same profession **セ**イム プロ**フェ**ション
どうきょする **同居する** doukyosuru	**同居** tóngjū トンジュィ	live with **リ**ヴ ウィズ
どうぐ **道具** dougu	**工具，用具** gōngjù, yòngjù ゴンジュィ，ヨンジュィ	tool **トゥ**ール
どうくつ **洞窟** doukutsu	**洞穴，山洞** dòngxué, shāndòng ドンシュエ，シャンドン	cave **ケ**イヴ
とうげ **峠** touge	**山口** shānkǒu シャンコウ	pass **パ**ス
とうけい **統計** toukei	**统计** tǒngjì トンジィ	statistics スタ**ティ**スティクス
～学	**统计学** tǒngjìxué トンジィシュエ	statistics スタ**ティ**スティクス

日	中	英
とうげい **陶芸** tougei	**陶艺** táoyì タオイー	ceramics セラミクス
とうごう(する) **統合(する)** tougou (suru)	**合并** hébìng ホォアビイン	unity; unite **ユ**ーニティ，ユー**ナ**イト
どうこう **動向** doukou	**动向** dòngxiàng ドンシアン	trend, tendency ト**レ**ンド，**テ**ンデンスィ
どうこう(する) **同行(する)** doukou (suru)	**同行，一起去** tóngxíng, yìqǐ qù トンシィン，イーチィ チュィ	accompanying; go together ア**カ**ンパニイング，**ゴ**ゥ ト**ゲ**ザ
どうさ **動作** dousa	**动作** dòngzuò ドンヅゥオ	action **ア**クション
とうざい **東西** touzai	**东西** dōngxī ドンシィ	east and west **イ**ースト アンド **ウェ**スト
どうさつりょく **洞察力** dousatsuryoku	**洞察力** dòngchálì ドンチャアリィ	insight **イ**ンサイト
とうざよきん **当座預金** touzayokin	**活期存款** huóqī cúnkuǎn ホゥオチィ ツゥンクワン	current deposit **カ**ーレント ディ**パ**ズィト
とうさんする **倒産する** tousansuru	**倒闭** dǎobì ダオビィ	go bankrupt **ゴ**ゥ バンクラプト
とうし **投資** toushi	**投资** tóuzī トウヅー	investment イン**ヴェ**ストメント
〜家	**投资人** tóuzīrén トウヅーレン	investor イン**ヴェ**スタ
とうし(する) **凍死(する)** toushi (suru)	**冻死** dòngsǐ ドンスー	death by freezing; (be) frozen to death **デ**ス バイ フ**リ**ーズィング，(ビ) フ**ロ**ウズン トゥ **デ**ス
とうじ **冬至** touji	**冬至** dōngzhì ドンデー	winter solstice **ウィ**ンタ **サ**ルスティス

日	中	英
とうじ **当時** touji	当年，当时 dāngnián, dāngshí ダァンニエン，ダァンシー	at that time アト ザト タイム
どうし **同士** doushi	同伴，伙计 tóngbàn, huǒji トンバン，ホウオジ	friend, comrade フレンド，カムラド
とうじき **陶磁器** toujiki	陶瓷 táocí タオツー	pottery, ceramics パタリ，セラミクス
どうじだいの **同時代の** doujidaino	同时代的 tóng shídài de トン シーダイ ダ	contemporary コンテンポレリ
とうじつ **当日** toujitsu	当日，当天 dàngrì, dàngtiān ダァンリー，ダァンティエン	on that day オン ザト デイ
どうして　(なぜ) **どうして** doushite	为什么，怎么 wèi shénme, zěnme ウェイ シェンマ，ヅェンマ	why (ホ)ワイ
どうしても **どうしても** doushitemo	无论如何，偏 wúlùn rúhé, piān ウゥルゥン ルゥホォア，ピエン	by all means バイ オール ミーンズ
(否定)	怎么也（…） zěnme yě(...) ヅェンマ イエ(…)	never ネヴァ
どうじに **同時に** doujini	同时 tóngshí トンシー	at the same time アト ザ セイム タイム
とうしょ(する) **投書(する)** tousho (suru)	投稿 tóu'gǎo トウガオ	contribution; contribute to カントリビューション，コントリビュート トゥ
とうじょう(する) **登場(する)** toujou (suru)	登台，登场 dēng'tái, dēng'chǎng デゥンタイ，デゥンチァァン	enter, appear エンタ，アピア
～人物	登场人物，剧中人 dēngchǎng rénwù, jùzhōngrén デゥンチァァンレンウゥ，ジュィヂォンレン	character キャラクタ
とうじょう(する) **搭乗(する)** toujou (suru)	登机，搭乘（飞机） dēng'jī, dāchéng (fēijī) デゥンジィ，ダァチョン (フェイジィ)	boarding; board ボーディング，ボード

日	中	英
～ゲート	登机口 dēngjīkǒu デゥンジィコウ	boarding gate ボーディング ゲイト
～券	登机牌 dēngjīpái デゥンジィパイ	boarding pass ボーディング パス
どうじょう(する) 同情(する) doujou (suru)	同情，哀怜 tóngqíng, āilián トンチィン，アイリエン	sympathy; sympa- thize スィンパスィ，スィンパサイ ズ
とうすいする 陶酔する tousuisuru	沉醉，陶醉 chénzuì, táozuì チェンヅゥイ，タオヅゥイ	intoxicate インタクスィケイト
どうせ どうせ douse	反正 fǎnzheng ファンヂョン	anyway エニウェイ
(結局)	总归 zǒngguī ヅォングゥイ	after all アフタ オール
とうせい(する) 統制(する) tousei (suru)	统制，管制 tǒngzhì, guǎnzhì トンヂー，グワンヂー	control, regulation コントロウル，レギュレー ション
どうせい 同性 dousei	同性 tóngxìng トンシィン	same sex セイム セクス
どうせい 同棲 dousei	同居，姘居 tóngjū, pīnjū トンジュィ，ピンジュィ	cohabitation コウハビテイション
とうせん(する) 当選(する) tousen (suru)	当选，中选 dāngxuǎn, zhòngxuǎn ダァンシュエン，ヂォンシュエン	election; (be) elect- ed イレクション，(ビ) イレクテ ド
とうぜん 当然 touzen	应当，应该 yīngdāng, yīnggāi イィンダァン，イィンガイ	naturally ナチュラリ
どうそう 同窓 dousou	同窗 tóngchuāng トンチュアン	from the same school フラム ザ セイム スクール
～会	同学会 tóngxuéhuì トンシュエホウイ	class reunion クラス リユーニョン

日	中	英
〜生	同学，同窗 tóngxué, tóngchuāng トンシュエ，トンチュアン	alumnus, alumna アラムナス，アラムナ
どうぞう **銅像** douzou	铜像 tóngxiàng トンシアン	bronze statue ブランズ スタチュー
とうだい **灯台** toudai	灯塔 dēngtǎ デウンタァ	lighthouse ライトハウス
どうたい **胴体** doutai	躯体，躯干 qūtǐ, qūgàn チュイティー，チュイガン	body, trunk バディ，トランク
とうち(する) **統治(する)** touchi (suru)	统治 tǒngzhì トンデー	government; govern ガヴァンメント，ガヴァン
とうちゃく(する) **到着(する)** touchaku (suru)	到达，抵达 dàodá, dǐdá ダオダァ，ディーダァ	arrival; arrive at アライヴァル，アライヴ アト
とうちょう(する) **盗聴(する)** touchou (suru)	窃听 qiètīng チエティン	wiretap ワイアタプ
とうてい **到底** toutei	怎么也(…) zěnme yě(…) ヅェンマ イエ(…)	not at all ナト アト オール
どうてん **同点** douten	平分 píngfēn ピィンフェン	tie タイ
とうとい **尊い** toutoi	高贵，尊贵 gāoguì, zūnguì ガオグゥイ，ヅゥングゥイ	noble ノウブル
(貴重な)	珍贵，宝贵 zhēnguì, bǎoguì チェングゥイ，バオグゥイ	precious プレシャス
とうとう **とうとう** toutou	终于 zhōngyú ヂョンユィ	at last アト ラスト
どうとうの **同等の** doutouno	同等 tóngděng トンデゥン	equal イークワル
どうとく **道徳** doutoku	道德 dàodé ダオドゥァ	morality モラリティ

日	中	英
とうなん **東南** tounan	**东南** dōngnán ドンナン	southeast サウス**イー**スト
～アジア	**东南亚** Dōngnányà ドンナンヤァ	Southeast Asia サウス**イー**スト **エ**イジャ
とうなん **盗難** tounan	**失盗，被盗** shīdào, bèidào シーダオ，ベイダオ	robbery **ラ**バリ
どうにか **どうにか** dounika	**好歹想个办法** hǎodǎi xiǎng ge bànfǎ ハオダイ シアン ガ バンファア	somehow, barely **サ**ムハウ，**ベ**アリ
（かろうじて）	**好歹，总算** hǎodǎi, zǒngsuàn ハオダイ，ヅォンスワン	barely **ベ**アリ
どうにゅう(する) **導入(する)** dounyuu (suru)	**引进** yǐnjìn インジン	introduction; in- troduce イントロ**ダ**クション，イン**ト** ロ**デュ**ース
とうにょうびょう **糖尿病** tounyoubyou	**糖尿病** tángniàobìng タァンニアオビィン	diabetes ダイア**ビ**ーティーズ
どうねんぱい **同年輩** dounenpai	**年岁相仿** niánsuì xiāngfǎng ニエンスイ シアンファァン	same age **セ**イム **エ**イヂ
どうはん(する) **同伴(する)** douhan (suru)	**同伴，偕同** tóngbàn, xiétóng トンバン，シエトン	company; accom- pany **カ**ンパニ，ア**カ**ンパニ
とうひ(する) **逃避(する)** touhi (suru)	**逃避** táobì タオビィ	escape イス**ケ**イプ
とうひょうする **投票する** touhyousuru	**投票** tóupiào トウピアオ	vote for **ヴォ**ウト フォ
とうふ **豆腐** toufu	**豆腐** dòufu ドウフ	*tofu*, bean curd **ト**ウフー，**ビ**ーン **カ**ード
どうふう(する) **同封(する)** doufuu (suru)	**附在信内** fù zài xìnnèi フゥ ヅァイ シンネイ	enclose インク**ロ**ウズ

日	中	英
どうぶつ **動物** doubutsu	**动物** dòngwù ドンウゥ	animal **ア**ニマル
～園	**动物园** dòngwùyuán ドンウゥユエン	zoo **ズ**ー
とうぶん **当分** toubun	**暂时** zànshí ヅァンシー	for the time being フォ ザ **タ**イム **ビ**ーイング
とうぶん **糖分** toubun	**糖分** tángfèn タァンフェン	sugar **シュ**ガ
とうぼう **逃亡** toubou	**潜逃，逃跑** qiántáo, táopǎo チエンタオ，タオパオ	escape イス**ケ**イプ
～する	**潜逃，逃走** qiántáo, táozǒu チエンタオ，タオヅォウ	escape from イス**ケ**イプ フラム
どうほう **同胞** douhou	**同胞** tóngbāo トンバオ	brethren ブ**レ**ズレン
とうほく **東北** touhoku	**东北** dōngběi ドンベイ	northeast ノース**イ**ースト
どうみゃく **動脈** doumyaku	**动脉** dòngmài ドンマイ	artery **ア**ータリ
～硬化	**动脉硬化** dòngmài yìnghuà ドンマイ イィンホア	arteriosclerosis **ア**ーティアリオウスクレ**ロ**ウスィス
とうみん(する) **冬眠(する)** toumin(suru)	**冬眠** dōngmián ドンミエン	hibernation; hibernate ハイバ**ネ**イション，**ハ**イバネイト
とうめいな **透明な** toumeina	**透明** tòumíng トウミィン	transparent トランス**ペ**アレント
とうめん **当面** toumen	**当前，眼前** dāngqián, yǎnqián ダァンチエン，イエンチエン	for the present フォ ザ プ**レ**ズント

日	中	英
とうもろこし **玉蜀黍** toumorokoshi	**玉米** yùmǐ ユィミィ	corn コーン
とうゆ **灯油** touyu	**灯油** dēngyóu デゥンヨウ	kerosene ケロスィーン
とうよう **東洋** touyou	**东方** Dōngfāng ドンファン	East, Orient イースト, **オ**リエント
どうよう **同様** douyou	**同样** tóngyàng トンヤン	similar **ス**ィミラ
どうよう(する) **動揺(する)** douyou (suru)	**动摇** dòngyáo ドンヤオ	agitation; (be) agi- tated アヂ**テ**イション, (ビ) **ア**ヂテ イテド
どうり **道理** douri	**道理** dàoli ダオリ	reason **リ**ーズン
どうりょう **同僚** douryou	**同事** tóngshì トンシー	colleague **カ**リーグ
どうりょく **動力** douryoku	**动力, 原动力** dònglì, yuándònglì ドンリィ, ユエンドンリィ	power **パ**ウア
どうろ **道路** douro	**道路** dàolù ダオルゥ	road **ロ**ウド
とうろく(する) **登録(する)** touroku (suru)	**登记, 注册** dēngjì, zhùcè デゥンジィ, ヂュウツゥァ	registration; regis- ter レヂスト**レ**イション, **レ**ヂス タ
とうろん(する) **討論(する)** touron (suru)	**讨论, 研讨** tǎolùn, yántǎo タオルゥン, イエンタオ	discussion; discuss ディス**カ**ション, ディス**カ**ス
どうわ **童話** douwa	**童话** tónghuà トンホア	fairy tale **フェ**アリ **テ**イル
とうわくする **当惑する** touwakusuru	**困惑** kùnhuò クゥンホゥオ	(be) embarrassed (ビ) イン**パ**ラスト

日	中	英
とおい **遠い** tooi	远 yuǎn ユエン	far, distant ファー, **ディ**スタント
とおざかる **遠ざかる** toozakaru	走远, 离远 zǒuyuǎn, líyuǎn ヅォウユエン, リィユエン	go away ゴウ ア**ウェ**イ
とおざける **遠ざける** toozakeru	支走, 躲开 zhīzǒu, duǒkāi ヂーヅォウ, ドゥオカイ	keep away **キ**ープ ア**ウェ**イ
とおす **通す** toosu	通过, 透过 tōngguò, tòuguò トングゥオ, トウグゥオ	pass through パス ス**ル**ー
とーすと **トースト** toosuto	烤面包 kǎomiànbāo カオミエンバオ	toast **ト**ウスト
とーたる **トータル** tootaru	总计 zǒngjì ヅォンジィ	total **ト**ウトル
どーなつ **ドーナツ** doonatsu	炸面圈儿 zhámiànquānr ヂャアミエンチュアル	doughnut **ド**ウナト
とーなめんと **トーナメント** toonamento	淘汰赛 táotàisài タオタイサイ	tournament **ト**ゥアナメント
とおまわし **遠回し** toomawashi	委婉, 绕弯子 wěiwǎn, rào wānzi ウェイワン, ラオ ワンヅ	indirectly インディ**レ**クトリ
とおまわり(する) **遠回り(する)** toomawari (suru)	绕道, 绕远儿 ràodào, ràoyuǎnr ラオダオ, ラオユアル	detour **ディ**ートゥア
どーむ **ドーム** doomu	圆顶 yuándǐng ユエンディン	dome **ド**ウム
とおり **通り** toori	街道, 马路 jiēdào, mǎlù ジエダオ, マァルゥ	road, street **ロ**ウド, スト**リ**ート
とおりかかる **通り掛る** toorikakaru	路过, 过路 lùguò, guòlù ルゥグゥオ, グゥオルゥ	happen to pass **ハ**プン トゥ パス
とおりすぎる **通り過ぎる** toorisugiru	过去, 经过 guòqu, jīngguò グゥオチュィ, ジィングゥオ	pass by パス **バ**イ

日	中	英
とおりみち **通り道** toorimichi	**通路** tōnglù トンルゥ	way to **ウェ**イ トゥ
とおる **通る** tooru	**通过，走过** tōngguò, zǒuguò トングゥオ，ヂォウグゥオ	pass パス
とかい **都会** tokai	**城市，都市** chéngshì, dūshì チョンシー，ドゥシー	city, town **ス**ィティ，**タ**ウン
とかげ **蜥蜴** tokage	**四脚蛇，蜥蜴** sìjiǎoshé, xīyì スージアオショァ，シィイー	lizard **リ**ザド
とかす **解かす** tokasu	**熔化，溶化** rónghuà, rónghuà ロンホァ，ロンホァ	melt, dissolve **メ**ルト，ディ**ザ**ルヴ
とがめる **咎める** togameru	**责备，责难** zébèi, zénàn ヅゥァベイ，ヅゥァナン	blame ブ**レ**イム
とき **時** toki	**时间，时候** shíjiān, shíhou シージエン，シーホウ	time, hour **タ**イム，**ア**ウア
どき **土器** doki	**土器** tǔqì トゥチィ	earthen vessel **アー**スン **ヴェ**セル
どぎつい **どぎつい** dogitsui	**非常强烈，刺眼** fēicháng qiángliè, cìyǎn フェイチァン チアンリエ，ツーイエン	loud, heavy **ラ**ウド，**ヘ**ヴィ
どきっとする **どきっとする** dokittosuru	**吓一跳** xià yí tiào シア イー ティアオ	(be) shocked (ビ) **シャ**クト
ときどき **時々** tokidoki	**有时(候)** yǒushí(hou) ヨウシー(ホウ)	sometimes **サ**ムタイムズ
どきどきする **どきどきする** dokidokisuru	**心跳** xīntiào シンティアオ	beat, throb **ビ**ート，ス**ラ**ブ
どきゅめんたりー **ドキュメンタリー** dokyumentarii	**记录片** jìlùpiàn ヂィルゥピエン	documentary ダキュ**メ**ンタリ
どきょう **度胸** dokyou	**胆量** dǎnliàng ダンリアン	courage, bravery **カー**リヂ，ブ**レ**イヴァリ

日	中	英
とぎれる **途切れる** togireru	**间断** jiànduàn ジエンドワン	break, stop ブレイク, スタプ
とく **解く** toku	**解开** jiěkāi ジエカイ	untie, undo アンタイ, アンドゥー
(解除)	**解除** jiěchú ジエチュウ	cancel, release **キャ**ンセル, リリース
(問題を)	**解答** jiědá ジエダァ	solve, answer サルヴ, **ア**ンサ
とく **得** toku	**利益, 好处** lìyì, hǎochù リィイー, ハオチュウ	profit, gains プラフィト, **ゲ**インズ
とく **説く** toku	**说明** shuōmíng シュオミィン	explain イクスプレイン
(説教)	**说服, 劝说** shuōfú, quànshuō シュオフゥ, チュエンシュオ	preach プリーチ
とぐ **研ぐ** togu	**磨快, 钢** mókuài, gàng モォクアイ, ガァン	grind, whet グラインド, (ホ)**ウェ**ト
どく **退く** doku	**躲开** duǒkāi ドゥオカイ	get out of the way ゲト アウト オヴ ザ **ウェ**イ
どく **毒** doku	**毒** dú ドゥ	poison **ポ**イズン
～ガス	**毒气** dúqì ドゥチィ	poison gas **ポ**イズン **ギャ**ス
とくい **特異** tokui	**特殊, 异常** tèshū, yìcháng トゥァシュウ, イーチァァン	uniqueness ユーニークネス
～体質	**特别的体质** tèbié de tǐzhì トゥァビエ ダ ティーヂー	idiosyncrasy イディオ**スィ**ンクラスィ
とくいさき **得意先** tokuisaki	**老主顾** lǎozhǔgù ラオヂュウグゥ	customer, patron **カ**スタマ, **ペ**イトロン

日	中	英
とくいな **得意な** tokuina	**拿手** náshǒu ナァショウ	good at グド アト
どくがく(する) **独学(する)** dokugaku (suru)	**自修，自学** zìxiū, zìxué ヅーシウ，ヅーシュエ	self-education; teach *oneself* セルフエデュケイション， **ティ**ーチ
とくぎ **特技** tokugi	**专长，特长** zhuāncháng, tècháng デュワンチァン，トゥアチァァン	specialty スペシャルティ
とくさんひん **特産品** tokusanhin	**特产** tèchǎn トゥアチァン	specialty スペシャルティ
どくじ **独自** dokuji	**独特，单独** dútè, dāndú ドゥトゥァ，ダンドゥ	original, unique オリヂナル，ユーニーク
どくしゃ **読者** dokusha	**读者** dúzhě ドゥヂョア	reader リーダ
とくしゅう **特集** tokushuu	**专集** zhuānjí デュワンジィ	feature フィーチャ
とくしゅな **特殊な** tokushuna	**特殊** tèshū トゥアシュウ	special, unique スペシャル，ユーニーク
どくしょ(する) **読書(する)** dokusho (suru)	**看书，读书** kàn'shū, dú'shū カンシュウ，ドゥシュウ	reading; read リーディング，リード
どくしょう **独唱** dokushou	**独唱** dúchàng ドゥチァァン	vocal solo **ヴォ**ウカル **ソ**ウロウ
とくしょく **特色** tokushoku	**特点，特色** tèdiǎn, tèsè トゥアディエン，トゥアスァ	characteristic キャラクタリスティク
どくしん **独身** dokushin	**单身** dānshēn ダンシェン	unmarried person アンマリド パースン
どくぜつ **毒舌** dokuzetsu	**说刻薄话** shuō kèbó huà シュオ クァボォ ホア	spiteful tongue スパイトフル **タ**ング

日	中	英
どくせん（する） **独占（する）** dokusen (suru)	独占，垄断 dúzhàn, lǒngduàn ドゥヂャン, ロンドワン	monopoly; monopolize モナポリ, モナポライズ
どくそうてき **独創的** dokusouteki	独创，独到 dúchuàng, dúdào ドゥチュアン, ドゥダオ	original オリヂナル
とくそく（する） **督促（する）** tokusoku (suru)	督促，催促 dūcù, cuīcù ドゥツゥ, ツゥイツゥ	press, urge プレス, アーヂ
どくだん **独断** dokudan	独断，专断 dúduàn, zhuānduàn ドゥドワン, ヂュワンドワン	on *one's* own judgment オン **オ**ウン **ヂャ**ヂメント
とくちょう **特徴** tokuchou	特点，特征 tèdiǎn, tèzhēng トゥァディエン, トゥァヂョン	characteristic キャラクタ**リ**スティク
とくちょう **特長** tokuchou	特长 tècháng トゥァチャアン	strong point ストローング **ポ**イント
とくていの **特定の** tokuteino	特定，一定 tèdìng, yídìng トゥァディン, イーディン	specific スペ**スィ**フィク
とくてん（する） **得点（する）** tokuten (suru)	得分 dé'fēn ドゥァフェン	score スコー
どくとくの **独特の** dokutokuno	独特 dútè ドゥトゥァ	unique, peculiar ユーニーク, ピ**キュー**リャ
とくに **特に** tokuni	特别，分外 tèbié, fènwài トゥァビエ, フェンワイ	especially イス**ペ**シャリ
とくばい **特売** tokubai	特别贱卖 tèbié jiànmài トゥァビエ ジエンマイ	sale **セ**イル
とくはいん **特派員** tokuhain	特派员 tèpàiyuán トゥァパイユエン	correspondent コレス**パ**ンデント
とくべつの **特別の** tokubetsuno	特别 tèbié トゥァビエ	special, exceptional ス**ペ**シャル, イク**セ**プショナル
どくへび **毒蛇** dokuhebi	毒蛇 dúshé ドゥショァ	venomous snake **ヴェ**ノマス ス**ネ**イク

と

日	中	英
とくめい **匿名** tokumei	**匿名** nìmíng ニィミィン	anonymity アノニミティ
とくゆうの **特有の** tokuyuuno	**特有** tèyǒu トゥァヨウ	peculiar to ピ**キュ**ーリャトゥ
どくりつ(する) **独立(する)** dokuritsu (suru)	**独立** dúlì ドゥリィ	independence; (be- come) independent インディペンデンス, (ビカ ム) インディペンデント
どくりょく **独力** dokuryoku	**独力, 自力** dúlì, zìlì ドゥリィ, ヅーリィ	*one's* own efforts **オ**ウン **エ**フォツ
とげ **刺・棘** toge	**刺** cì ツー	thorn, prickle **ソ**ーン, **プリ**クル
とけい **時計** tokei	**表, 钟** biǎo, zhōng ビアオ, ヂォン	watch, clock **ワ**チ, ク**ラ**ク
とける **解ける** tokeru	**解开, 解消** jiěkāi, jiěxiāo ジエカイ, ジエシアオ	get loose **ゲ**ト **ル**ース
とける **溶ける** tokeru	**熔化, 溶化** rónghuà, rónghuà ロンホア, ロンホア	melt, dissolve **メ**ルト, ディ**ザ**ルヴ
とげる **遂げる** togeru	**完成, 达到** wánchéng, dádào ワンチョン, ダァダオ	accomplish, com- plete ア**カ**ンプリシュ, コン**プリ**ー ト
どける **退ける** dokeru	**挪开** nuókāi ヌオカイ	remove リ**ム**ーヴ
どこ **どこ** doko	**哪儿, 哪里** nǎr, nǎli ナァル, ナァリ	where (ホ)**ウェ**ア
どこか **どこか** dokoka	**什么地方** shénme dìfang シェンマ ディーファァン	somewhere **サ**ム(ホ)ウェア
とこや **床屋** tokoya	**理发店** lǐfàdiàn リィファァディエン	barbershop **バ**ーバシャプ

日	中	英
ところ **所** tokoro	**地方，部分** dìfang, bùfen ディーファアン, ブゥフェン	place, spot プレイス, スパト
ところが **ところが** tokoroga	**可是** kěshì クァシー	but, however バト, ハウエヴァ
ところで **ところで** tokorode	**对了** duì le ドゥイ ラ	by the way バイ ザ ウェイ
ところどころ **所々** tokorodokoro	**这儿那儿，有些地方** zhèr nàr, yǒuxiē dìfang ヂョァル ナァル, ヨウシエ ディーファアン	here and there ヒア アンド ゼア
とざす **閉ざす** tozasu	**关闭** guānbì グワンビィ	shut, close シャト, クロウズ
とざん(する) **登山(する)** tozan (suru)	**登山，爬山** dēng'shān, pá'shān デゥンシャン, パァシャン	mountain climb-ing; climb マウンテン クライミング, クライム
とし **都市** toshi	**城市** chéngshì チョンシー	city スィティ
とし **年・歳** toshi	**年** nián ニエン	year イヤ
(年齢) 	**年纪** niánjì ニエンヂィ	age, years エイヂ, イヤズ
どじ **どじ** doji	**失败，差错** shībài, chācuò シーバイ, チァアツゥオ	goof, blunder グーフ, ブランダ
としうえの **年上の** toshiueno	**年长** niánzhǎng ニエンヂャアン	older オウルダ
とじこめる **閉じ込める** tojikomeru	**关在里面** guānzài lǐmiàn グワンヅァイ リィミエン	shut in, keep in シャト イン, キープ イン
とじこもる **閉じ籠もる** tojikomoru	**闷在家里** mēnzài jiāli メンヅァイ ジアリ	shut *oneself* up シャト アプ

日	中	英
としごろの **年頃の** toshigorono	**婚齢** hūnlíng ホゥンリィン	marriageable マリチャブル
とししたの **年下の** toshishitano	**年岁小** niánsuì xiǎo ニエンスゥイ シアオ	younger ヤンガ
としつき **年月** toshitsuki	**岁月** suìyuè スゥイユエ	years イヤズ
どしゃ **土砂** dosha	**泥沙** níshā ニィシャア	earth and sand アース アンド サンド
〜崩れ	**山崩** shānbēng シャンボン	landslide ランドスライド
としょ **図書** tosho	**图书** túshū トゥシュウ	books ブクス
〜館	**图书馆** túshūguǎn トゥシュウグワン	library ライブレリ
どじょう **土壌** dojou	**泥土, 土壤** nítǔ, tǔrǎng ニィトゥ, トゥラァン	soil ソイル
とじる **綴じる** tojiru	**订(上)** dìng(shang) ディン(シャァン)	bind, file バインド, ファイル
とじる **閉じる** tojiru	**关, 闭** guān, bì グワン, ビィ	shut, close シャト, クロウズ
としん **都心** toshin	**市中心** shì zhōngxīn シー ヂォンシン	center of a city センタ オヴ ア スィティ
どせい **土星** dosei	**土星** tǔxīng トゥシィン	Saturn サタン
とそう **塗装** tosou	**涂抹, 涂漆** túmǒ, túqī トゥモォ, トゥチィ	painting, coating ペインティング, コウティング
どそく(で) **土足(で)** dosoku(de)	**不脱鞋** bù tuō xié ブゥ トゥオ シエ	with *one's* shoes on ウィズ シューズ オン

日	中	英
どだい **土台** dodai	**地基，根基** dìjī, gēnjī ディージィ，ゲンジィ	foundation ファウンデイション
とだえる **途絶える** todaeru	**中断** zhōngduàn ヂォンドワン	stop, cease スタプ，スィース
とだな **戸棚** todana	**橱儿，柜子** chúr, guìzi チュウル，グゥイヅ	cabinet, locker キャビネト，ラカ
どたんば **土壇場** dotanba	**绝境，最后关头** juéjìng, zuìhòu guāntóu ジュエジィン，ヅゥイホウ グワントウ	last moment ラスト モウメント
とち **土地** tochi	**土地，地产** tǔdì, dìchǎn トゥディー，ディーチャン	land ランド
とちゅう **途中** tochuu	**中途** zhōngtú ヂォントゥ	on the way オン ザ ウェイ
〜下車（する）	**中途下车** zhōngtú xiàchē ヂォントゥ シアチョァ	stop over at スタプ オウヴァ アト
どちら **どちら** dochira	**哪个** nǎge ナァガ	which (ホ)ウィチ
（場所）	**哪儿，哪里** nǎr, nǎli ナァル，ナァリ	where (ホ)ウェア
どちらか **どちらか** dochiraka	**哪一个** nǎ yí ge ナァ イー ガ	either イーザ
とっか **特価** tokka	**特价** tèjià トゥァジア	special price スペシャル プライス
どっかいりょく **読解力** dokkairyoku	**阅读能力** yuèdú nénglì ユエドゥ ヌォンリィ	reading リーディング
とっきゅう **特急** tokkyuu	**特快，特别快车** tèkuài, tèbié kuàichē トゥァクアイ，トゥァビエ クアイチョァ	special express スペシャル イクスプレス
とっきょ **特許** tokkyo	**专利** zhuānlì ヂュワンリィ	patent パテント

日	中	英
どっきんぐ **ドッキング** dokkingu	**相接，对接** xiāngjiē, duìjiē シアンジエ，ドゥイジエ	docking **ダ**キング
とっくん **特訓** tokkun	**特别训练** tèbié xùnliàn トゥアビエ シュインリエン	special training スペシャル ト**レ**イニング
とっけん **特権** tokken	**特权** tèquán トゥアチュエン	privilege プ**リ**ヴィリヂ
どっしりした **どっしりした** dosshirishita	**沉甸甸** chéndiàndiàn チェンディエンディエン	heavy, dignified **ヘ**ヴィ，**ディ**グニファイド
とつぜん **突然** totsuzen	**忽然，突然** hūrán, tūrán ホゥラン，トゥラン	suddenly **サ**ドンリ
とって **取っ手** totte	**把子，拉手** bàzi, lāshou バアヅ，ラアショウ	handle, knob **ハ**ンドル，**ナ**ブ
とつにゅう(する) **突入(する)** totsunyuu (suru)	**冲入** chōngrù チォンルゥ	rush; rush into **ラ**シュ，**ラ**シュ イントゥ
とっぱ(する) **突破(する)** toppa (suru)	**冲破，突破** chōngpò, tūpò チォンポォ，トゥポォ	breakthrough; break through プ**レ**イクスルー，プ**レ**イク スルー
とっぴんぐ **トッピング** toppingu	**装点** zhuāngdiǎn ヂュアンディエン	topping **タ**ピング
とっぷ **トップ** toppu	**第一名，最高** dìyī míng, zuìgāo ディーイー ミン，ヅゥイガオ	top **タ**プ
どて **土手** dote	**堤，堤坝** dī, dībà ディー，ディーバァ	bank, embank- ment **バ**ンク，イン**バ**ンクメント
とても **とても** totemo	**很，挺** hěn, tǐng ヘン，ティン	very **ヴェ**リ
とどく **届く** todoku	**(手)够得着，达到** (shǒu) gòudezháo, dádào (ショウ) ゴウダヂャオ，ダァダオ	reach **リ**ーチ

日	中	英
(到着)	(收)到 (shōu)dào (ショウ)ダオ	arrive at アライヴ アト
とどけ **届け** todoke	申请，登记 shēnqǐng, dēngjì シェンチン, デゥンジィ	report, notice リポート, ノウティス
とどける **届ける** todokeru	报告 bàogào バオガオ	report to, notify リポート トゥ, ノウティファイ
(送る)	送 sòng ソン	send, deliver センド, ディリヴァ
とどこおる **滞る** todokooru	迟误，拖延 chíwù, tuōyán チーウゥ, トゥオイエン	(be) delayed (ビ) ディレイド
(支払いが)	拖欠 tuōqiàn トゥオチエン	(be) overdue (ビ) オウヴァデュー
ととのう **整う** totonou	整齐 zhěngqí デョンチィ	(be) in good order (ビ) イン グド オーダ
(準備が)	准备好 zhǔnbèihǎo デュンペイハオ	(be) ready (ビ) レディ
ととのえる **整える** totonoeru	整理，收拾 zhěnglǐ, shōushi デョンリィ, ショウシ	put in order プト イン オーダ
(準備)	准备 zhǔnbèi デュンペイ	prepare プリペア
(調整)	调整 tiáozhěng ティアオデョン	adjust, fix アチャスト, フィクス
とどまる **止[留]まる** todomaru	停留，待 tíngliú, dāi ティンリウ, ダイ	stay, remain ステイ, リメイン
とどめる **止[留]める** todomeru	停住，留下 tíngzhù, liúxià ティンデュウ, リウシア	stop, suspend スタプ, サスペンド
どなー **ドナー** donaa	(脏器的)捐献人 (zàngqì de) juānxiànrén (ヅァァンチィ ダ) ジュエンシエンレン	donor ドゥナ

と

日	中	英
となえる **唱える** tonaeru	**念** niàn ニエン	recite, chant リサイト, **チャント**
どなた **どなた** donata	**哪位** nǎwèi ナァウェイ	who **フー**
となり **隣** tonari	**邻居，隔壁** línjū, gébì リンジュイ, グァビィ	next door ネクスト ド—
～近所	**邻居，街坊** línjū, jiēfang リンジュイ, ジエファァン	neighborhood **ネ**イバフド
どなる **怒鳴る** donaru	**大声喊叫** dàshēng hǎnjiào ダァション ハンジアオ	cry, yell ク**ラ**イ, **イェ**ル
とにかく **兎に角** tonikaku	**反正** fǎnzheng ファンヂョン	anyway **エ**ニウェイ
どの **どの** dono	**哪，哪个** nǎ, nǎge ナァ, ナァガ	which (ホ)**ウィ**チ
どのくらい **どのくらい** donokurai	**多少** duōshao ドゥオシャオ	how **ハ**ウ
とばす **飛ばす** tobasu	**放** fàng ファァン	fly フ**ラ**イ
（省く）	**跳** tiào ティアオ	skip ス**キ**プ
とびあがる **跳び上がる** tobiagaru	**跳起** tiàoqǐ ティアオチィ	jump up, leap **チャ**ンプ **ア**プ, **リ**ープ
とびおりる **飛び降りる** tobioriru	**跳下** tiàoxià ティアオシア	jump down **チャ**ンプ **ダ**ウン
とびこえる **跳び越える** tobikoeru	**跳过** tiàoguò ティアオグゥオ	jump over **チャ**ンプ **オ**ウヴァ

日	中	英

飛び込む
とびこむ
tobikomu

跳进
tiàojìn
ティアオジン

jump into, dive into
チャンプ イントゥ, ダイヴ イントゥ

飛び出す
とびだす
tobidasu

跳出来
tiàochūlai
ティアオチュウライ

fly out, jump out of
フライ アウト, チャンプ アウト オヴ

飛び立つ
とびたつ
tobitatsu

起飞
qǐfēi
チィフェイ

fly away
フライ アウェイ

と

飛び散る
とびちる
tobichiru

迸, 溅
bèng, jiàn
ボン, ジエン

scatter
スキャタ

飛び付く
とびつく
tobitsuku

扑过去
pūguòqu
プゥグゥオチュイ

jump at, fly at
チャンプ アト, フライ アト

トピック
とぴっく
topikku

话题, 简讯
huàtí, jiǎnxùn
ホアティー, ジエンシュィン

topic
タピク

扉
とびら
tobira

门扇, 门扉
ménshàn, ménfēi
メンシャン, メンフェイ

door
ドー

跳ぶ
とぶ
tobu

跳, 蹿
tiào, cuān
ティアオ, ツワン

jump, leap
チャンプ, リープ

飛ぶ
とぶ
tobu

飞
fēi
フェイ

fly, soar
フライ, ソー

溝
どぶ
dobu

污水沟, 阳沟
wūshuǐgōu, yánggōu
ウゥシュイゴウ, ヤンゴウ

ditch
ディチ

徒歩
とほ
toho

徒步, 步行
túbù, bùxíng
トゥブゥ, ブゥシィン

walk, on foot
ウォーク, オン フト

惚[恍]ける
とぼける
tobokeru

装糊涂, 装傻
zhuāng hútu, zhuāngshǎ
デュアン ホゥトゥ, デュアンシャア

pretend not to know
プリテンド ナト トゥ ノウ

乏しい
とぼしい
toboshii

贫乏, 缺乏
pínfá, quēfá
ピンファア, チュエファア

scarce, scanty
スケアス, スキャンティ

日	中	英
とまと **トマト** tomato	**西红柿，番茄** xīhóngshì, fānqié シィホンシー, ファンチエ	tomato トメイトウ
とまどう **戸惑う** tomadou	**困惑，不知所措** kùnhuò, bù zhī suǒ cuò クゥンホウオ, プゥ ヂー スゥオ ツオ	(be) at a loss (ビ) アト ア ロス
とまる **止まる** tomaru	**停，停止** tíng, tíngzhǐ ティン, ティンヂー	stop, halt スタプ, **ホールト**
とまる **泊まる** tomaru	**住宿，住** zhùsù, zhù デュウスゥ, デュウ	stay ステイ
とみ **富** tomi	**财富** cáifù ツァイフウ	wealth ウェルス
どみの **ドミノ** domino	**多米诺骨牌** duōmǐnuò gǔpái ドゥオミィヌゥオ グゥパイ	domino ダミノウ
とむ **富む** tomu	**富裕，富有** fùyù, fùyǒu フウユィ, フウヨウ	(become) rich (ビカム) リチ
とむらう **弔う** tomurau	**祭奠** jìdiàn ジィディエン	hold a funeral **ホ**ウルド ア **フュ**ーネラル
とめがね **留め金** tomegane	**别扣** biékòu ビエコウ	clasp, hook クラスプ, **フ**ク
とめる **止める** tomeru	**停止，(把…)停下** tíngzhǐ, (bǎ ...) tíngxià ティンヂー, (バァ …) ティンシア	stop スタプ
(抑止する)	**制止，阻止** zhìzhǐ, zǔzhǐ ヂーヂー, ヅゥヂー	hold, check **ホ**ウルド, **チェ**ク
(禁止する)	**制止，劝阻** zhìzhǐ, quànzǔ ヂーヂー, チュエンヅゥ	forbid, prohibit フォビド, プロ**ヒ**ビト
とめる **泊める** tomeru	**留宿** liúsù リウスゥ	take in テイク イン
とめる **留める** tomeru	**固定** gùdìng グゥディン	fasten, fix **ファ**スン, **フィ**クス

日	中	英
ともかく **ともかく** tomokaku	**好歹，无论如何** hǎodǎi, wúlùn rúhé ハオダイ, ウゥルゥン ルゥホァ	at any rate アト エニ レイト
ともす **灯[点]す** tomosu	**点灯** diǎn'dēng ディエンデゥン	burn, light バーン, ライト
ともだち **友達** tomodachi	**朋友** péngyou ポンヨウ	friend フレンド
ともなう **伴う** tomonau	**伴随** bànsuí バンスゥイ	accompany, (be) followed アカンパニ, (ビ) ファロウド
ともに **共に** tomoni	**都，一起** dōu, yìqǐ ドゥ, イーチィ	both, together ボゥス, トゲザ
（一緒に）	**和《人》一起** hé ... yìqǐ ホァ … イーチィ	with ウィズ
ともばたらき **共働き** tomobataraki	**夫妇都工作，双职工** fūfù dōu gōngzuò, shuāngzhígōng フゥフゥ ドゥ ゴンヅゥオ, シュアンヂーゴン	double-income ダブルインカム
どようび **土曜日** doyoubi	**星期六** xīngqīliù シィンチィリウ	Saturday サタデイ
とら **虎** tora	**老虎** lǎohǔ ラオホゥ	tiger タイガ
どらいくりーにんぐ **ドライクリーニング** doraikuriiningu	**干洗** gānxǐ ガンシィ	dry cleaning ドライ クリーニング
どらいばー **ドライバー** doraibaa	**司机** sījī スージィ	driver ドライヴァ
（ねじ回し）	**〔把〕改锥，螺丝刀** (bǎ) gǎizhuī, luósīdāo 〔バァ〕ガイヂュイ, ルゥオスーダオ	screwdriver スクルードライヴァ
（パソコンの）	**驱动程序** qūdòng chéngxù チュイドン チョンシュイ	driver ドライヴァ

日	中	英
どらいぶ **ドライブ** doraibu	**兜风** dōu'fēng ドウフォン	drive ドライヴ
（コンピュータ）	**驱动器** qūdòngqì チュィドンチイ	drive ドライヴ
どらいやー **ドライヤー** doraiyaa	**吹风机** chuīfēngjī チュイフォンジイ	drier ドライア
とらえる **捕える** toraeru	**抓住，捉住** zhuāzhù, zhuōzhù デュアデュウ，デュオデュウ	catch, capture **キャチ**, **キャ**プチャ
とらくたー **トラクター** torakutaa	**拖拉机** tuōlājī トゥオラァジイ	tractor ト**ラ**クタ
とらっく **トラック** torakku	**货车，卡车** huòchē, kǎchē ホウオチョァ，カァチョァ	truck ト**ラ**ク
（競走路）	**跑道** pǎodào パオダオ	track ト**ラ**ク
どらっぐ **ドラッグ**（麻薬類） doraggu	**毒品** dúpǐn ドゥピン	drug ド**ラ**グ
とらぶる **トラブル** toraburu	**纠纷** jiūfēn ジウフェン	trouble ト**ラ**ブル
どらま **ドラマ** dorama	**戏剧** xìjù シィジュイ	drama ド**ラ**ーマ
どらまてぃっくな **ドラマティックな** doramatikkuna	**戏剧性（的）** xìjùxìng（de） シィジュイシィン（ダ）	dramatic ドラ**マ**ティク
どらむ **ドラム** doramu	**大鼓** dàgǔ ダァグウ	drum ド**ラ**ム
とらんく **トランク** toranku	**（手）提箱，皮箱** （shǒu）tíxiāng, píxiāng （ショウ）ティーシアン，ピィシアン	trunk, suitcase ト**ラ**ンク, **ス**ートケイス
（車の）	**行李箱** xínglixiāng シィンリシアン	trunk ト**ラ**ンク

日	中	英
とらんぷ **トランプ** toranpu	**扑克牌** pūkèpái プゥクァパイ	cards カーヅ
とらんぺっと **トランペット** toranpetto	**小号** xiǎohào シアオハオ	trumpet トランペット
とり **鳥** tori	〔只〕**鸟** 〔zhī〕niǎo 〔ヂー〕ニアオ	bird, fowl, chicken バード, **ファウル**, **チ**キン
とりあえず **取り敢えず** toriaezu	**赶快, 姑且** gǎnkuài, gūqiě ガンクァイ, グゥチエ	for now フォ ナウ
（第一に）	**首先** shǒuxiān ショウシエン	first of all **ファ**ースト オヴ **オ**ール
とりあげる **取り上げる** toriageru	**拿起来** náqǐlai ナァチィライ	take up テイク **ア**プ
（奪う）	**夺取, 没收** duóqǔ, mòshōu ドゥオチュィ, モシヨウ	take away テイク ア**ウェ**イ
（採用）	**采纳, 接受** cǎinà, jiēshòu ツァイナァ, ジエショウ	adopt ア**ダ**プト
とりあつかい **取り扱い** toriatsukai	**使用, 操纵** shǐyòng, cāozòng シーヨン, ツァオヅォン	handling, treat- ment ハンドリング, トリートメント
とりあつかう **取り扱う** toriatsukau	**使用, 操纵** shǐyòng, cāozòng シーヨン, ツァオヅォン	handle, treat ハンドル, トリート
（人を）	**对待, 接待** duìdài, jiēdài ドゥイダイ, ジエダイ	treat トリート
（事を）	**处理** chǔlǐ チュウリィ	handle ハンドル
とりいれる **取り入れる** toriireru	**吸收, 采用** xīshōu, cǎiyòng シィショウ, ツァイヨン	harvest ハーヴェスト
（受け入れる）	**接受, 引进** jiēshòu, yǐnjìn ジエショウ, インジン	adopt ア**ダ**プト

日	中	英
とりえ **取り柄** torie	**优点** yōudiǎn ヨウディエン	merit メリト
とりお **トリオ** torio	**三人帮，三重奏** sānrénbāng, sānchóngzòu サンレンバァン，サンチォンヅォウ	trio トリーオウ
とりかえす **取り返す** torikaesu	**取回，夺回** qǔhuí, duóhuí チュイホウイ，ドゥオホウイ	take back, recover テイク バク，リカヴァ
とりかえる **取り替える** torikaeru	**换，交换** huàn, jiāohuàn ホワン，ジアオホワン	exchange, replace イクスチェインヂ，リプレイス
とりくむ **取り組む** torikumu	**从事，致力于** cóngshì, zhìlìyú ツォンシー，ヂーリィユイ	tackle タクル
とりけす **取り消す** torikesu	**取消，撤消** qǔxiāo, chèxiāo チュイシアオ，チョアシアオ	cancel キャンセル
とりしまりやく **取締役** torishimariyaku	**董事** dǒngshì ドンシー	director ディレクタ
とりしまる **取り締まる** torishimaru	**取缔，管制** qǔdì, guǎnzhì チュイディー，グワンヂー	control, regulate コントロウル，レギュレイト
とりしらべ **取り調べ** torishirabe	**审讯** shěnxùn シェンシュィン	examination イグザミネイション
とりしらべる **取り調べる** torishiraberu	**审问** shěnwèn シェンウェン	investigate, inquire インヴェスティゲイト，インクワイア
とりだす **取り出す** toridasu	**拿出** náchū ナァチュウ	take out テイク アウト
とりたてる **取り立てる** toritateru	**催款，催收** cuīkuǎn, cuīshōu ツゥイクワン，ツゥイショウ	collect コレクト
とりっく **トリック** torikku	**诡计** guǐjì グゥイジィ	trick トリク

日	中	英
とりつける **取り付ける** toritsukeru	**安装** ānzhuāng アンヂュアン	install インストール
とりにく **鶏肉** toriniku	**鸡肉** jīròu ジィロウ	chicken チキン
とりのぞく **取り除く** torinozoku	**排除，除掉** páichú, chúdiào パイチュウ，チュウディアオ	remove リムーヴ
とりひき(する) **取引(する)** torihiki (suru)	**交易** jiāoyì ジアオイー	deal; deal with ディール，ディール ウィズ
どりぶる **ドリブル** doriburu	**运球** yùnqiú ユィンチウ	dribble ドリブル
とりぶん **取り分** toribun	**份额** fèn'é フェンウァ	share シェア
とりまく **取り巻く** torimaku	**围绕** wéirào ウェイラオ	surround サラウンド
とりみだす **取り乱す** torimidasu	**发慌，慌乱** fāhuāng, huāngluàn ファアホアン，ホアンルワン	(be) confused (ビ) コンフューズド
とりもどす **取り戻す** torimodosu	**恢复，收回** huīfù, shōuhuí ホウイフウ，ショウホウイ	take back, recover テイク バク，リカヴァ
とりやめる **取り止める** toriyameru	**取消，作罢** qǔxiāo, zuòbà チュィシアオ，ヅゥオバァ	cancel, call off キャンセル，コール オーフ
どりょく **努力** doryoku	**努力** nǔlì ヌゥリィ	effort エフォト
〜する	**奋斗，努力** fèndòu, nǔlì フェンドウ，ヌゥリィ	make an effort メイク アン エフォト
とりよせる **取り寄せる** toriyoseru	**订购** dìnggòu ディンゴウ	order オーダ
どりる **ドリル** doriru	**钻** zuàn ヅワン	drill ドリル

日	中	英
（練習問題）	**习题** xítí シィティー	drill ドリル
とりわける **取り分ける** toriwakeru	**分开，拨** fēnkāi, bō フェンカイ，ボォ	distribute, serve ディストリビュート，**サ**ーヴ
とる **捕[獲]る** toru	**获得** huòdé ホゥオドゥア	catch, capture **キャ**チ，**キャ**プチャ
とる **採る** toru	**采用** cǎiyòng ツァイヨン	adopt, take ア**ダ**プト，**テ**イク
（採集）	**采集** cǎijí ツァイジィ	gather, pick **ギャ**ザ，**ピ**ク
とる **取る** toru	**拿** ná ナァ	take, hold **テ**イク，**ホ**ウルド
（受け取る）	**接受** jiēshòu ジエショウ	get, receive **ゲ**ト，リ**スィ**ーヴ
（除去）	**脱** tuō トゥオ	take off, remove **テ**イク **オ**ーフ，リ**ム**ーヴ
（盗む）	**偷** tōu トウ	steal, rob ス**ティ**ール，**ラ**ブ
どれ **どれ** dore	**哪个** nǎge ナァガ	which (ホ)**ウィ**チ
とれーど **トレード**（取引で） toreedo	**交易** jiāoyì ジアオイー	trading ト**レ**イディング
（スポーツで）	**交换运动员** jiāohuàn yùndòngyuán ジアオホワン ユィンドンユエン	trading ト**レ**イディング
とれーなー **トレーナー**（コーチ） toreenaa	**教练** jiàoliàn ジアオリエン	trainer ト**レ**イナ
（衣服）	**运动衣** yùndòngyī ユィンドンイー	sweat shirt ス**ウェ**ット **シャ**ート

日	中	英
どれす **ドレス** doresu	**女礼服，礼裙** nǚlǐfú, lǐqún ニュイリィフウ，リィチュィン	dress ドレス
どれっしんぐ **ドレッシング** doresshingu	**调味汁** tiáowèizhī ティアオウェイヂー	dressing ドレスィング
どれほど **どれ程** dorehodo	**多少，多么** duōshao, duōme ドゥオシャオ，ドゥオマ	how ハウ
とれる **取れる** toreru	**能取得** néng qǔdé ヌォン チュイドゥァ	(be) got (ビ) **ガ**ト
（脱落）	**脱落，掉下** tuōluò, diàoxià トゥオルゥオ，ディアオシア	come off **カ**ム オフ
（得られる）	**能收获，能生产** néng shōuhuò, néng shēngchǎn ヌォン ショウホゥオ，ヌォン ションチャン	(be) produced (ビ) プロ**デュ**ースト
どろ **泥** doro	**泥，烂泥** ní, lànní ニィ，ランニィ	mud, dirt **マ**ド，**ダ**ート
とろう **徒労** torou	**徒劳，白费劲** túláo, báifèijìn トゥラオ，バイフェイジン	vain effort **ヴェ**イン **エ**フォト
どろどろの **どろどろの** dorodorono	**沾满了泥** zhānmǎnle ní ヂャンマンラ ニィ	muddy **マ**ディ
どろぼう **泥棒** dorobou	**小偷儿** xiǎotōur シアオトウル	thief, burglar ス**ィ**ーフ，**バ**ーグラ
どわすれする **度忘れする** dowasuresuru	**一时想不起来** yìshí xiǎngbuqǐlai イーシー シアンブチィライ	slip from *one's* memory ス**リ**ップ フラム **メ**モリ
とんかつ **豚カツ** tonkatsu	**炸猪排** zházhūpái ヂャアヂュウパイ	pork cutlet **ポ**ーク **カ**トレト
どんかんな **鈍感な** donkanna	**反应迟钝** fǎnyìng chídùn ファンイィン チードゥン	stupid, dull ス**テュ**ーピド，**ダ**ル

日	中	英
とんでもない **とんでもない** （思いもかけない） tondemonai	**出乎意料** chū hū yì liào チュウ ホゥ イー リアオ	surprising, shock-ing サプライズィング, **シャ**キング
（大変な）	**岂有此理，荒唐的** qǐ yǒu cǐ lǐ, huāngtang de チィ ヨウ ツー リィ, ホアンタァン ダ	awful, terrible **オ**ーフル, **テ**リブル
どんな **どんな** donna	**什么（样的），怎么样的** shénme(yàng de), zěnmeyàng de シェンマ(ヤン ダ), ヅェンマヤン ダ	what (ホ)**ワ**ト
とんねる **トンネル** tonneru	**隧道** suìdào スゥイダオ	tunnel **タ**ネル
とんぼ **蜻蛉** tonbo	〔只〕**蜻蜓** 〔zhī〕qīngtíng 〔ヂー〕チィンティン	dragonfly ド**ラ**ゴンフライ
どんよく **貪欲** don-yoku	**贪婪，贪心** tānlán, tānxīn タンラン, タンシン	greed グ**リ**ード

な, ナ

日	中	英
な **名** na	**名字** míngzi ミィンヅ	name **ネ**イム
（名称）	**名称** míngchēng ミィンチョン	name **ネ**イム
（姓名）	**姓名** xìngmíng シィンミィン	full name フル **ネ**イム
なーばすな **ナーバスな** naabasuna	**神经过敏，神经质** shénjīng guòmǐn, shénjīngzhì シェンジィン グゥオミン, シェンジィンヂー	nervous **ナ**ーヴァス
ない **無い** nai	**没有，无** méiyou, wú メイヨウ, ウゥ	there is no **ゼ**ア イズ ノウ
ないーぶな **ナイーブな** naiibuna	**天真，纯真** tiānzhēn, chúnzhēn ティエンヂェン, チュンヂェン	naive ナー**イ**ーヴ

日	中	英
ないか **内科** naika	**内科** nèikē ネイクァ	internal medicine インターナル メディスィン
〜医	**内科医生** nèikē yīshēng ネイクァ イーション	physician フィズィシャン
ないかく **内閣** naikaku	**内阁** nèigé ネイグァ	Cabinet, Ministry キャビネット, ミニストリ
ないこうてきな **内向的な** naikoutekina	**内向** nèixiàng ネイシアン	introverted イントロヴァーテド
ないしょ **内緒** naisho	**秘密** mìmì ミィミィ	secret スィークレト
ないしん **内心** naishin	**内心, 心中** nèixīn, xīnzhōng ネイシン, シンヂォン	*one's* mind, *one's* heart マインド, ハート
ないせん **内戦** naisen	**内战** nèizhàn ネイヂャン	civil war スィヴィル ウォー
ないぞう **内臓** naizou	**内脏, 脏腑** nèizàng, zàngfǔ ネイヅァン, ヅァァンフゥ	internal organs インターナル オーガンズ
ないたー **ナイター** naitaa	**夜间竞赛** yèjiān jìngsài イエジエン ジィンサイ	night game ナイト ゲイム
ないてい（する） **内定(する)** naitei (suru)	**内定** nèidìng ネイディン	unofficial decision アナフィシャル ディスィジョン
ないふ **ナイフ** naifu	**〔把〕刀子, 小刀** 〔bǎ〕 dāozi, xiǎodāo 〔バァ〕 ダオヅ, シアオダオ	knife ナイフ
ないぶ **内部** naibu	**内部, 里边** nèibù, lǐbian ネイブゥ, リィビエン	inside インサイド
ないふくやく **内服薬** naifukuyaku	**内服药** nèifúyào ネイフゥヤオ	internal medicine インターナル メディスィン
ないめん **内面** naimen	**内部, 里面** nèibù, lǐmiàn ネイブゥ, リィミエン	inside インサイド

日	中	英
ないよう **内容** naiyou	**内容** nèiróng ネイロン	contents **カ**ンテンツ
ないらん **内乱** nairan	**内乱** nèiluàn ネイルワン	civil war スィヴィル **ウォ**ー
ないろん **ナイロン** nairon	**尼龙，锦纶** nílóng, jǐnlún ニィロン，ジンルゥン	nylon **ナ**イラン
なえ **苗** nae	**秧子** yāngzi ヤンヅ	seedling ス**ィ**ードリング
なおさら **尚更** naosara	**更加，越发** gèngjiā, yuèfā グンジア，ユエファア	still more スティル **モ**ー
なおす **直す**　(正しくする) naosu	**纠正，改正** jiūzhèng, gǎizhèng ジウヂョン，ガイヂョン	correct, reform コ**レ**クト，リ**フォ**ーム
(修理)	**修理** xiūlǐ シウリィ	mend, repair **メ**ンド，リ**ペ**ア
なおす **治す** naosu	**治疗，医治** zhìliáo, yīzhì ヂーリアオ，イーヂー	cure **キ**ュア
なおる **直る** naoru	**改过来** gǎiguòlai ガイグゥオライ	(be) corrected (ビ) コ**レ**クテド
(修理して)	**修理好** xiūlǐhǎo シウリィハオ	(be) repaired (ビ) リ**ペ**アド
なおる **治る** naoru	**治好** zhìhǎo ヂーハオ	get well **ゲ**ト **ウェ**ル
なか **中** naka	**里面，里边** lǐmiàn, lǐbian リィミエン，リィビエン	inside イン**サ**イド
なか **仲** naka	**关系** guānxi グワンシ	relations リ**レ**イションズ
ながい **長い** nagai	**长** cháng チャアン	long **ロ**ーング

日	中	英
ながいき（する） **長生き（する）** nagaiki (suru)	长寿 chángshòu チャァンショウ	long life; live long ローング ライフ, リヴ ローング
ながぐつ **長靴** nagagutsu	靴子，长筒靴 xuēzi, chángtǒngxuē シュエヅ, チャァントンシュエ	boots ブーツ
ながさ **長さ** nagasa	长度，长短 chángdù, chángduǎn チャァンドゥ, チャァンドワン	length レングス
流す （水などを） nagasu	流 liú リウ	pour, drain ポー, ドレイン
（物を）	流走，冲走 liúzǒu, chōngzǒu リウヅォウ, チォンヅォウ	float フロウト
ながそで **長袖** nagasode	长袖 chángxiù チャァンシウ	long sleeve ローング スリーヴ
なかなおり（する） **仲直り（する）** nakanaori (suru)	和好，和解 héhǎo, héjiě ホァハオ, ホァジエ	reconciliation; reconcile with レコンスィリエイション, レコンサイル ウィズ
なかなか **中々** nakanaka	很 hěn ヘン	very, quite ヴェリ, クワイト
（かなり）	相当，颇 xiāngdāng, pō シアンダァン, ポォ	rather, pretty ラザ, プリティ
ながねん **長年** naganen	多年 duōnián ドゥオニエン	for years フォ イヤズ
なかば **半ば** nakaba	半，一半 bàn, yíbàn バン, イーバン	half ハフ
（いくぶん）	半 bàn バン	partly パートリ
（途中）	半途，中途 bàntú, zhōngtú バントゥ, デォントゥ	half ハフ

な

日	中	英
（中旬）	**中旬** zhōngxún ヂョンシュイン	middle ミドル
^{ながびく} **長引く** nagabiku	**迟延，拖长** chíyán, tuōcháng チーイエン，トゥオチャアン	(be) prolonged （ビ）プロロングド
^{なかま} **仲間** nakama	**同伴，伙伴** tóngbàn, huǒbàn トンバン，ホウオバン	friend, comrade フレンド，**カ**ムラド
（同類）	**同类** tónglèi トンレイ	same kind **セ**イム **カ**インド
^{なかみ} **中身** nakami	**内容，里面的东西** nèiróng, lǐmiàn de dōngxi ネイロン，リィミエン ダ ドンシ	contents, substance **カ**ンテンツ，**サ**プスタンス
^{ながめ} **眺め** nagame	**景色，风景** jǐngsè, fēngjǐng ジンスァ，フォンジン	view **ヴュ**ー
^{ながめる} **眺める**　（見渡す）	**眺望，望** tiàowàng, wàng ティアオワン，ワアン	see, look at **ス**ィー，**ル**クアト
^{ながめる} nagameru		
^{ながもちする} **長持ちする** nagamochisuru	**经久耐用，耐久** jīngjiǔ nàiyòng, nàijiǔ ジンジウ ナイヨン，ナイジウ	(be) durable （ビ）**デュ**アラブル
^{なかゆび} **中指** nakayubi	**中指** zhōngzhǐ ヂョンヂー	middle finger **ミ**ドル **フィ**ンガ
^{なかよし} **仲良し** nakayoshi	**好朋友，要好** hǎo péngyou, yàohǎo ハオ ポンヨウ，ヤオハオ	close friend, chum ク**ロ**ウス **フ**レンド，**チャ**ム
^{ながれ} **流れ** nagare	**水流，河流** shuǐliú, héliú シュイリウ，ホォアリウ	stream, current ス**ト**リーム，**カ**ーレント
（時の）	**推移** tuīyí トゥイイー	passage **パ**スィヂ
^{ながれぼし} **流れ星** nagareboshi	**流星** liúxīng リウシィン	shooting star **シュ**ーティング ス**タ**ー
^{ながれる} **流れる** nagareru	**流，漂动** liú, piāodòng リウ，ピアオドン	flow, run フ**ロ**ウ，**ラ**ン

日	中	英
（時が）	流逝 liúshì リウシー	pass パス
なきごえ **泣き声** nakigoe	哭声 kūshēng クゥション	cry クライ
なきごえ **鳴き声** nakigoe	叫声，鸣声 jiàoshēng, míngshēng ジアオション，ミンション	twitter, bark トウィタ，バーク
なきむし **泣き虫** nakimushi	爱哭的 ài kū de アイ クゥ ダ	crybaby クライベイビ
なく **泣く** naku	哭，哭泣 kū, kūqì クゥ，クゥチイ	cry, weep クライ，**ウィ**ープ
なく **鳴く** naku	叫，鸣 jiào, míng ジアオ，ミィン	cry クライ
（犬が）	叫，吠 jiào, fèi ジアオ，フェイ	bark バーク
（小鳥が）	叫，啭 jiào, zhuàn ジアオ，デュワン	sing **ス**ィング
（猫が）	咪咪 叫 mīmī jiào ミィミィ ジアオ	mew ミュー
なぐさめる **慰める** nagusameru	安慰，抚慰 ānwèi, fǔwèi アンウェイ，フゥウェイ	console, comfort コン**ソ**ゥル，**カ**ンファト
なくす **無[失]くす** nakusu	丢，失去 diū, shīqù ディウ，シーチュイ	lose ルーズ
なくなる **亡くなる** nakunaru	死去，去世 sǐqù, qùshì スーチュイ，チュイシー	die; pass away **ダ**イ，**パ**ス アウェイ
なくなる **無[失]くなる** nakunaru	丢，不见 diū, bú jiàn ディウ，ブゥ ジエン	get lost **ゲ**ト ロースト
（消滅）	消灭 xiāomiè シアオミエ	disappear ディサ**ピ**ア

な

日	中	英
（尽きる）	尽，完 jìn, wán ジン，ワン	run short ラン ショート
なぐる **殴る** naguru	打，揍 dǎ, zòu ダァ，ヅォウ	strike, beat ストライク，ビート
なげき **嘆き** nageki	悲叹，悲伤 bēitàn, bēishāng ベイタン，ベイシァン	sorrow, grief サロウ，グリーフ
なげく **嘆く** nageku	叹气，叹息 tàn'qì, tànxī タンチィ，タンシィ	lament, grieve ラメント，グリーヴ
なげすてる **投げ捨てる** nagesuteru	扔掉，扔弃 rēngdiào, rēngqì ルォンディアオ，ルォンチィ	throw away スロウ アウェイ
なげる **投げる** nageru	扔，抛 rēng, pāo ルォン，パオ	throw, cast スロウ，キャスト
（放棄）	放弃，死心 fàngqì, sǐ'xīn ファァンチィ，スーシン	give up ギヴ アプ
なごやかな **和やかな** nagoyakana	和谐，和睦 héxié, hémù ホォアシエ，ホォアムゥ	peaceful, friendly ピースフル，フレンドリ
なごり **名残** nagori	痕迹，残余 hénjì, cányú ヘンジィ，ツァンユイ	trace, vestige トレイス，ヴェスティヂ
なさけ **情け** nasake	同情 tóngqíng トンチン	sympathy スィンパスィ
（哀れみ）	怜悯 liánmǐn リエンミン	pity ピティ
（慈悲）	恩情，慈悲 ēnqíng, cíbēi エンチン，ツーペイ	mercy マースィ
（親切）	善心 shànxīn シャンシン	kindness カインドネス
なさけない **情け無い** nasakenai	可耻 kěchǐ クァチー	miserable, lamen-table ミゼラブル，ラメンタブル

日	中	英
なし **梨** nashi	**梨** lí リィ	pear ペア
なしとげる **成し遂げる** nashitogeru	**完成，达成** wánchéng, dáchéng ワンチョン，ダァチョン	accomplish アカンプリシュ
なじむ **馴染む** najimu	**适应，习惯** shìyìng, xíguàn シーイン，シィグワン	(become) attached to (ビカム) アタチト トゥ
なじる **詰る** najiru	**责问，责备** zéwèn, zébèi ヅゥアウェン，ヅゥアベイ	rebuke, blame リビューク，ブレイム
なす **茄子** nasu	**茄子** qiézi チエヅ	eggplant, aubergine エグプラント，オウバジーン
なぜ **何故** naze	**为什么，怎么** wèi shénme, zěnme ウェイ シェンマ，ヅェンマ	why (ホ)ワイ
なぜなら **何故なら** nazenara	**因为** yīnwei インウェイ	because, for ビコーズ，フォー
なぞ **謎** nazo	**谜，闷葫芦** mí, mènhúlu ミィ，メンホゥル	riddle, mystery リドル，ミスタリ
なだかい **名高い** nadakai	**有名，著名** yǒumíng, zhùmíng ヨウミィン，ヂュウミィン	famous, well-known フェイマス，ウェルノウン
なだめる **なだめる** nadameru	**安抚** ānfǔ アンフゥ	calm, soothe カーム，スーズ
なだらかな **なだらかな** nadarakana	**平缓** pínghuǎn ピィンホワン	gentle ヂェントル
なだれ **雪崩** nadare	**雪崩** xuěbēng シュエボン	avalanche アヴァランチ
なつ **夏** natsu	**夏天，夏季** xiàtiān, xiàjì シアティエン，シアジィ	summer サマ
なついん(する) **捺印(する)** natsuin (suru)	**盖章** gài'zhāng ガイヂァアン	seal スィール

日	中	英
なつかしい **懐かしい** natsukashii	**怀念，想念** huáiniàn, xiǎngniàn ホアイニエン, シアンニエン	good old, dear グド オウルド, **ディ**ア
なつかしむ **懐かしむ** natsukashimu	**想念，怀念** xiǎngniàn, huáiniàn シアンニエン, ホアイニエン	long for ローング フォ
なづける **名付ける** nazukeru	**起名儿** qǐˊmíngr チィミィル	name, call **ネ**イム, **コ**ール
なっとくする **納得する** nattokusuru	**理解，领会** lǐjiě, lǐnghuì リィジエ, リィンホウイ	consent コン**セ**ント
なつめ **棗** natsume	**枣** zǎo ヅァオ	jujube **チ**ューヂューブ
なでしこ **撫子** nadeshiko	**红瞿麦，石竹** hóngqúmài, shízhú ホンチュィマイ, シーヂュウ	pink ピンク
なでる **撫でる** naderu	**抚摩，抚摸** fǔmó, fǔmō フゥモォ, フゥモォ	stroke, pat スト**ロ**ウク, **パ**ト
など **等** nado	**等，等等** děng, děngděng デゥン, デゥンデゥン	and so on アンド **ソ**ウ **オ**ン
なとりうむ **ナトリウム** natoriumu	**钠** nà ナァ	sodium **ソ**ウディアム
ななめの **斜めの** nanameno	**斜，倾斜** xié, qīngxié シエ, チィンシエ	slant, oblique ス**ラ**ント, オプ**リ**ーク
なに **何** nani	**什么** shénme シェンマ	what (ホ)**ワ**ト
(聞き返し)	**什么？** Shénme? シェンマ？	What? (ホ)**ワ**ト？
なにか **何か** nanika	**什么** shénme シェンマ	something **サ**ムスィング
なにも **何も** nanimo	**什么也…，全都** shénme yě ..., quándōu シェンマ イエ …, チュエンドウ	nothing, no **ナ**スィング, **ノ**ウ

日	中	英
なにより **何より** naniyori	**最好，比什么都…** zuìhǎo, bǐ shénme dōu ... ヅゥイハオ, ビィ シェンマ ドウ …	above all アバヴ **オール**
なびげーたー **ナビゲーター** nabigeetaa	**领航员** lǐnghángyuán リィンハァンユエン	navigator **ナ**ヴィゲイタ
なぷきん **ナプキン** napukin	**餐巾** cānjīn ツァンジン	napkin **ナ**プキン
（生理用）	**卫生巾** wèishēngjīn ウェイションジン	sanitary napkin **サ**ニテリ **ナ**プキン
なべ **鍋** nabe	〔口〕**锅** 〔kǒu〕guō 〔コウ〕グゥオ	pan パン
なま(の) **生(の)** nama (no)	**生** shēng ション	raw **ロ**ー
なまあたたかい **生暖かい** namaatatakai	**微暖** wēinuǎn ウェイヌワン	uncomfortably warm アン**カ**ムフォタブリ **ウォ**ーム
なまいきな **生意気な** namaikina	**自大，傲慢** zìdà, àomàn ヅーダァ, アオマン	insolent, saucy **イ**ンソレント, **ソ**ースィ
なまえ **名前** namae	**名，名字** míng, míngzi ミィン, ミィンヅ	name **ネ**イム
なまぐさい **生臭い** namagusai	**腥** xīng シン	fishy **フィ**シ
なまけもの **怠け者** namakemono	**懒汉** lǎnhàn ランハン	lazy person **レ**イズィ **パ**ースン
なまける **怠ける** namakeru	**偷懒，懈怠** tōulǎn, xièdài トウラン, シエダイ	(be) idle (ビ) **ア**イドル
なまこ **海鼠** namako	〔只〕**海参** 〔zhī〕hǎishēn 〔ヂー〕ハイシェン	sea cucumber **スィ**ー **キュ**ーカンバ

日	中	英
なまなましい **生々しい** namanamashii	**活生生，鮮明** huóshēngshēng, xiānmíng ホウオションション，シエンミィン	fresh, vivid フレシュ，**ヴィ**ヴィド
なまぬるい **生ぬるい**（温度が） namanurui	**微温** wēiwēn ウェイウェン	lukewarm **ルー**クウォーム
なまびーる **生ビール** namabiiru	**扎啤，生啤酒** zhāpí, shēngpíjiǔ ヂャアピィ，ションピィジウ	draft beer ド**ラ**フト ビア
なまほうそう **生放送** namahousou	**直播** zhíbō デーボォ	live broadcast **ラ**イヴ ブロードキャスト
なまもの **生物** namamono	**生鮮食品，鮮货** shēngxiān shípǐn, xiānhuò ションシエン シーピン，シエンホゥオ	uncooked food アン**クク**ト **フー**ド
なまり **鉛** namari	**铅** qiān チエン	lead **リー**ド
なみ **波** nami	**波浪** bōlàng ボォラァン	wave **ウェ**イヴ
なみ(の) **並(の)** nami(no)	**普通，一般** pǔtōng, yìbān プゥトン，イーバン	ordinary, common **オー**ディネリ，**カ**モン
なみだ **涙** namida	**泪水，眼泪** lèishuǐ, yǎnlèi レイシュイ，イエンレイ	tears **ティ**アズ
〜を流す	**流眼泪** liú yǎnlèi リウ イエンレイ	shed tears **シェ**ド **ティ**アズ
なみはずれた **並外れた** namihazureta	**卓越，非凡** zhuóyuè, fēifán ヂュオユエ，フェイファン	extraordinary イクスト**ロー**ディネリ
なめらかな **滑らかな** namerakana	**平滑，光滑** pínghuá, guānghuá ピィンホア，グアンホア	smooth ス**ムー**ズ
（文章や会話が）	**流利，流畅** liúlì, liúchàng リウリィ，リウチャァン	smooth ス**ムー**ズ
なめる **舐める** nameru	**舔** tiǎn ティエン	lick, lap **リ**ク，**ラ**プ

日	中	英
（侮る）	**小看** xiǎokàn シアオカン	despise ディスパイズ
なやます **悩ます** nayamasu	**苦恼，困扰** kǔnǎo, kùnrǎo クゥナオ，クゥンラオ	torment, worry トーメント，**ワ**ーリ
（頭を）	**伤脑筋** shāng nǎojīn シァァン ナオジン	torment, worry トーメント，**ワ**ーリ
（心を）	**操心** cāo'xīn ツァオシン	torment, worry トーメント，**ワ**ーリ
なやみ **悩み** nayami	**苦恼，烦恼** kǔnǎo, fánnǎo クゥナオ，ファンナオ	anxiety, worry アング**ザ**イエティ，**ワ**ーリ
なやむ **悩む** nayamu	**烦恼，苦恼** fánnǎo, kǔnǎo ファンナオ，クゥナオ	suffer from **サ**ファ フラム
ならう **習う** narau	**学习** xuéxí シュエシィ	learn **ラ**ーン
ならす **慣らす** narasu	**使习惯，使适应** shǐ xíguàn, shǐ shìyìng シー シィグワン，シー シーイィン	accustom ア**カ**スタム
ならす **鳴らす** narasu	**响，鸣** xiǎng, míng シアン，ミィン	sound, ring **サ**ウンド，**リ**ング
ならぶ **並ぶ** narabu	**排队，排** pái'duì, pái パイドゥイ，パイ	line up **ラ**イン **ア**プ
ならべる **並べる** naraberu	**摆** bǎi バイ	arrange ア**レ**インヂ
（列挙）	**列举，罗列** lièjǔ, luóliè リエジュイ，ルゥオリエ	enumerate イ**ニュ**ーメレイト
ならわし **習わし** narawashi	**习惯，习俗** xíguàn, xísú シィグワン，シィスゥ	custom **カ**スタム
（慣例）	**惯例** guànlì グワンリィ	custom **カ**スタム

日	中	英
なりきん **成り金** narikin	**暴发户** bàofāhù バオファアホゥ	upstart **ア**プスタート
なりたち **成り立ち** naritachi	**构成** gòuchéng ゴウチョン	formation フォー**メ**イション
（起源）	**成立经过，由来** chénglì jīngguò, yóulái チョンリィ ジングゥオ，ヨウライ	origin **オ**ーリヂン
なりたつ **成り立つ** naritatsu	**构成，形成** gòuchéng, xíngchéng ゴウチョン，シィンチョン	consist of コン**スィ**スト オヴ
（実現）	**成立** chénglì チョンリィ	(be) realized (ビ) リー**ア**ライズド
なりゆき **成り行き** nariyuki	**趋势** qūshì チュィシー	course of **コ**ース オヴ
なる **成る** naru	**成为** chéngwéi チョンウェイ	become ビ**カ**ム
なる **生る** naru	**结果** jiēguǒ ジエグオ	grow, bear グ**ロ**ウ, **ベ**ア
なる **鳴る** naru	**响，鸣** xiǎng, míng シアン，ミィン	sound, ring **サ**ウンド, **リ**ング
なるべく **なるべく** narubeku	**尽量** jǐnliàng ジンリアン	if possible **イ**フ **パ**スィブル
なるほど **なるほど** naruhodo	**的确，诚然** díquè, chéngrán ディーチュエ，チョンラン	indeed イン**ディ**ード
なれーしょん **ナレーション** nareeshon	**解说** jiěshuō ジエシュオ	narration ナ**レ**イション
なれーたー **ナレーター** nareetaa	**解说员** jiěshuōyuán ジエシュオユエン	narrator ナ**レ**イタ
なれなれしい **馴れ馴れしい** narenareshii	**过分亲昵** guòfèn qīnnì グゥオフェン チンニィ	too familiar **トゥ**ー ファ**ミ**リャ

日	中	英
なれる **慣れる** nareru	**习惯，适应** xíguàn, shìyìng シィグワン，シーイィン	get used to ゲト ユースト トゥ
なわ **縄** nawa	〔条〕**绳子** 〔tiáo〕shéngzi 〔ティアオ〕ションヅ	rope ロウプ
〜跳び	**跳绳** tiàoshéng ティアオション	jump rope チャンプ ロウプ
なわばり **縄張り** nawabari	**地盘，势力范围** dìpán, shìlì fànwéi ディーパン，シーリィ ファンウェイ	territory テリトーリ
なんかい(な) **難解(な)** nankai (na)	**费解，难懂** fèijiě, nándǒng フェイジエ，ナンドン	very difficult ヴェリ ディフィカルト
なんきょく **南極** nankyoku	**南极** nánjí ナンジィ	South Pole サウス ポウル
なんこう **軟膏** nankou	**软膏，药膏** ruǎngāo, yàogāo ルワンガオ，ヤオガオ	ointment オイントメント
なんせい **南西** nansei	**西南** xīnán シィナン	southwest サウスウェスト
なんせんす **ナンセンス** nansensu	**无意义，荒谬** wú yìyì, huāngmiù ウゥ イーイー，ホアンミウ	nonsense ナンセンス
なんとう **南東** nantou	**东南** dōngnán ドンナン	southeast サウスイースト
なんばー **ナンバー** nanbaa	**号码** hàomǎ ハオマァ	number ナンバ
〜プレート	**牌照，车牌** páizhào, chēpái パイヂャオ，チョアパイ	license plate ライセンス プレイト
なんばーわん **ナンバーワン** nanbaawan	**第一名** dìyī míng ディーイー ミィン	number one ナンバ ワン
なんびょう **難病** nanbyou	**顽症，难治病** wánzhèng, nánzhìbìng ワンヂョン，ナンデービィン	incurable disease インキュアラブル ディ ズィーズ

日	中	英
なんぼく **南北** nanboku	**南北** nánběi ナンペイ	north and south ノース アンド **サ**ウス
なんみん **難民** nanmin	**难民** nànmín ナンミン	refugee レフュ**ヂ**ー

に, 二

日	中	英
に **荷** ni	**货物** huòwù ホゥオウゥ	load ロゥド
にあう **似合う** niau	**相称，合适** xiāngchèn, héshì シアンチェン, ホォァシー	become, suit ビ**カ**ム, **ス**ート
にえきらない **煮え切らない** niekiranai	**不果断，犹豫不定** bù guǒduàn, yóuyù búdìng ブゥ グゥオドワン, ヨウユィ ブディン	vague, irresolute **ヴェ**イグ, イレ**ゾ**ルート
にえる **煮える** nieru	**煮熟** zhǔshú デュウシュウ	boil **ボ**イル
におい **匂い** nioi	**气味儿** qìwèir チィウェル	smell, odor ス**メ**ル, **オ**ウダ
におう **臭う** niou	**发臭，有臭味儿** fāchòu, yǒu chòuwèir ファアチョウ, ヨウ チョウウェル	stink ス**ティ**ンク
におう **匂う** niou	**有香味儿** yǒu xiāngwèir ヨウ シアンウェル	smell ス**メ**ル
にかい **二階** nikai	**二楼** èr lóu アル ロウ	second floor **セ**コンド フ**ロ**ー
にがい **苦い** nigai	**苦** kǔ クゥ	bitter **ビ**タ
にがす **逃がす** nigasu	**放** fàng ファァン	let go, set free **レ**ト **ゴ**ウ, **セ**ト フ**リ**ー
(取り逃がす)	**没有抓住** méiyou zhuāzhù メイヨウ デュアヂュウ	let escape, miss **レ**ト イス**ケ**イプ, **ミ**ス

日	中	英
にがつ **二月** nigatsu	**二月** èryuè アルユエ	February フェブルエリ
にがてである **苦手である** nigatedearu	**不擅长，不善于…** bú shàncháng, bú shànyú … プゥ シャンチァァン，プゥ シャンユィ …	(be) weak in (ビ) ウィーク イン
にかよう **似通う** nikayou	**相仿，相似** xiāngfǎng, xiāngsì シアンファァン，シアンスー	resemble リゼンブル
にがわらい **苦笑い** nigawarai	**苦笑** kǔxiào クゥシアオ	bitter smile ビタ スマイル
〜する	**苦笑** kǔxiào クゥシアオ	smile bitterly スマイル ビタリ
にきび **にきび** nikibi	**痤疮，粉刺** cuóchuāng, fěncì ツゥオチュアン，フェンツー	pimple ピンプル
にぎやかな **賑やかな** nigiyakana	**繁华** fánhuá ファンホア	crowded, busy クラウデド，ビズィ
（活気のある）	**热闹** rènao ルァナオ	lively ライヴリ
（騒がしい）	**喧闹** xuānnào シュエンナオ	noisy ノイズィ
にぎる **握る** nigiru	**握** wò ウォ	grasp グラスプ
にぎわう **賑わう** nigiwau	**热闹** rènao ルァナオ	(be) crowded (ビ) クラウデド
にく **肉** niku	**肉** ròu ロウ	flesh, meat フレシュ，ミート
にくい **憎い** nikui	**可恶，可恨** kěwù, kěhèn クァウゥ，クァヘン	hateful, detestable ヘイトフル，ディテスタブル
にくがん **肉眼** nikugan	**肉眼** ròuyǎn ロウイエン	naked eye ネイキド アイ

日	中	英
にくしみ **憎しみ** nikushimi	**怨恨，嫌怨** yuànhèn, xiányuàn ユエンヘン，シエンユエン	hatred ヘイトレド
にくしん **肉親** nikushin	**骨肉** gǔròu グゥロウ	near relatives ニア レラティヴズ
にくたい **肉体** nikutai	**肉体** ròutǐ ロウティー	body, flesh バディ，フレシュ
～労働	**体力劳动，活路** tǐlì láodòng, huólu ティーリィ ラオドン，ホゥオル	physical labor フィズィカル レイバ
にくむ **憎む** nikumu	**怨恨** yuànhèn ユエンヘン	hate ヘイト
にくや **肉屋** nikuya	**肉店** ròudiàn ロウディエン	meat shop ミート シャプ
にくらしい **憎らしい** nikurashii	**可恨，可恶** kěhèn, kěwù クァヘン，クァウゥ	hateful, detestable ヘイトフル，ディテスタブル
にげる **逃げる** nigeru	**逃跑** táopǎo タオパオ	run away, escape ラン アウェイ，イスケイプ
（回避する）	**逃避** táobì タオビィ	escape イスケイプ
にごす **濁す** nigosu	**弄浊** nòngzhuó ノンヂュオ	make muddy メイク マディ
にこにこ（する） **にこにこ（する）** nikoniko (suru)	**笑吟吟** xiàoyínyín シアオインイン	smile, beam スマイル，ビーム
にごる **濁る** nigoru	**浑浊，不清** húnzhuó, bù qīng ホゥンヂュオ，ブゥ チィン	(become) muddy （ビカム）マディ
にさんかたんそ **二酸化炭素** nisankatanso	**二氧化碳** èryǎnghuàtàn アルヤンホアタン	carbon dioxide カーボン ダイアクサイド
にし **西** nishi	**西** xī シィ	west ウェスト

日	中	英

にじ
虹
niji

彩虹
cǎihóng
ツァイホン

rainbow
レインボウ

にじむ
滲む
nijimu

滲
shèn
シェン

blot
ブラト

にじゅう
二重
nijuu

双重
shuāngchóng
シュアンチョン

double, dual
ダブル, デュアル

にしん
鰊
nishin

鲱
fēi
フェイ

herring
ヘリング

にせ
偽
nise

假
jiǎ
ジア

imitation
イミテイション

にせい
二世
nisei

第二代
dì'èr dài
ディーアル ダイ

second generation
セカンド ジェネレイション

(王室)

二世
èr shì
アル シー

second
セカンド

にせもの
偽物
nisemono

冒牌货
màopáihuò
マオパイホゥオ

imitation, counter-feit
イミテイション, カウンタフィト

にちじ
日時
nichiji

日期和时间
rìqī hé shíjiān
リーチィ ホァア シージエン

time, date
タイム, デイト

にちじょう(の)
日常(の)
nichijou (no)

日常
rìcháng
リーチァアン

daily
デイリ

にちぼつ
日没
nichibotsu

日落
rìluò
リールゥオ

sunset
サンセト

にちや
日夜
nichiya

日夜
rìyè
リーイエ

night and day
ナイト アンド デイ

にちようび
日曜日
nichiyoubi

星期日, 星期天
xīngqīrì, xīngqītiān
シンチィリー, シンチィティエン

Sunday
サンデイ

日	中	英
にちようひん **日用品** nichiyouhin	**日用品，小百货** rìyòngpǐn, xiǎobǎihuò リーヨンピン，シアオバイホゥオ	daily necessaries デイリ ネセセリズ
にっか **日課** nikka	**每天的活动** měitiān de huódòng メイティエン ダ ホゥオドン	daily work デイリ ワーク
にっき **日記** nikki	**日记** rìjì リージィ	diary ダイアリ
にっきゅう **日給** nikkyuu	**日薪** rìxīn リーシン	day's wage デイズ ウェイヂ
にづくり **荷造り** nizukuri	**包装** bāozhuāng バオヂュアン	packing パキング
～する	**打行李** dǎ xíngli ダァ シィンリ	pack パク
にっける **ニッケル** nikkeru	**镍** niè ニエ	nickel ニクル
にっこう **日光** nikkou	**日光，阳光** rìguāng, yángguāng リーグアン，ヤングアン	sunlight, sunshine サンライト，サンシャイン
にっし **日誌** nisshi	**日记，日志** rìjì, rìzhì リージィ，リーヂー	diary, journal ダイアリ，チャーナル
にっしょく **日食** nisshoku	**日食** rìshí リーシー	solar eclipse ソウラ イクリプス
にっすう **日数** nissuu	**日数，天数** rìshù, tiānshù リーシュウ，ティエンシュウ	number of days ナンバ オヴ デイズ
にってい **日程** nittei	**日程** rìchéng リーチョン	schedule スケヂュール
にっと **ニット** nitto	**编织物** biānzhīwù ビエンデーウゥ	knit ニト
にっとう **日当** nittou	**日薪，日工资** rìxīn, rìgōngzī リーシン，リーゴンヅー	daily allowance デイリ アラウアンス

日	中	英
にっぽん **日本** nippon	**日本** Rìběn リーベン	Japan ヂァパン
につめる **煮詰める** nitsumeru	**熬** áo アオ	boil down ボイル **ダ**ウン
にとうぶん（する） **二等分（する）** nitoubun (suru)	**平分** píngfēn ピィンフェン	halve ハヴ
になう **担う** ninau	**担，担负** dān, dānfù ダン，ダンフゥ	carry, bear, take **キャ**リ，**ベ**ア，**テ**イク
にぶい **鈍い** nibui	**迟钝** chídùn チードゥン	dull, blunt **ダ**ル，ブラント
にふだ **荷札** nifuda	**货签** huòqiān ホゥオチエン	tag **タ**グ
にほん **日本** nihon	**日本** Rìběn リーベン	Japan ヂァパン
〜海	**日本海** Rìběnhǎi リーベンハイ	Sea of Japan **ス**ィー オヴ ヂァ**パ**ン
〜語	**日语** Rìyǔ リーユィ	Japanese ヂァパ**ニ**ーズ
〜酒	**日本酒，清酒** Rìběnjiǔ, qīngjiǔ リーベンジウ，チィンジウ	*sake* **サ**ーキ
〜人	**日本人** Rìběnrén リーベンレン	Japanese ヂァパ**ニ**ーズ
〜料理	**日本菜** Rìběncài リーベンツァイ	Japanese cooking ヂァパ**ニ**ーズ **ク**キング
にもつ **荷物** nimotsu	**行李** xíngli シィンリ	baggage **バ**ギヂ
にやにやする **にやにやする** niyaniyasuru	**嘻皮笑脸** xī pí xiào liǎn シィ ピィ シアオ リエン	grin グリン

日	中	英
にゅあんす **ニュアンス** nyuansu	**细微差别** xìwēi chābié シィウェイ チャアビエ	nuance ニューアーンス
にゅういん（する） **入院（する）** nyuuin (suru)	**住院** zhù 'yuàn デュウ ユエン	hospitalization; go to the hospital ハスピタリゼイション, **ゴウ** トゥ ザ **ハ**スピトル
にゅうか（する） **入荷（する）** nyuuka (suru)	**进货** jìn'huò ジンホウォ	arrival of goods アラ**イ**ヴァル オヴ **グ**ヅ
にゅうかい（する） **入会（する）** nyuukai (suru)	**入会** rù'huì ルゥホウイ	admission; join アド**ミ**ション, **ヂョ**イン
にゅうがく（する） **入学（する）** nyuugaku (suru)	**入学** rù'xué ルゥシュエ	entrance, enter a school **エ**ントランス, **エ**ンタ ア ス**ク**ール
〜金	**入学金** rùxuéjīn ルゥシュエジン	entrance fee **エ**ントランス **フ**ィー
にゅうがん **乳癌** nyuugan	**乳腺癌** rǔxiàn'ái ルゥシエンアイ	breast cancer ブレスト **キャ**ンサ
にゅうきん（する） **入金（する）** nyuukin (suru)	**进款, 入款** jìnkuǎn, rùkuǎn ジンクワン, ルゥクワン	receipt of money; pay deposit レ**シ**ート オヴ **マ**ニ, ペイ ディパ**ジ**ット
にゅうこく（する） **入国（する）** nyuukoku (suru)	**入境** rù'jìng ルゥジィン	entry; enter a country **エ**ントリ, **エ**ンタ ア **カ**ントリ
〜管理	**入境管理** rùjìng guǎnlǐ ルゥジィン グワンリィ	immigration イミグ**レ**イション
にゅうさつ（する） **入札（する）** nyuusatsu (suru)	**投标** tóu'biāo トウビアオ	bid, tender **ビ**ド, **テ**ンダ
にゅうさんきん **乳酸菌** nyuusankin	**乳酸菌** rǔsuānjūn ルゥスワンジュィン	lactobacillus ラクトウパ**シ**ィルス
にゅうし **入試** nyuushi	**入学考试** rùxué kǎoshì ルゥシュエ カオシー	entrance examination **エ**ントランス イグザミ**ネ**イション

日	中	英
にゅうしゃ(する) **入社(する)** nyuusha (suru)	**进公司** jìn gōngsī ジン ゴンスー	join a company チョイン ア カンパニ
にゅうしゅ(する) **入手(する)** nyuushu (suru)	**得到, 拿到** dédào, nádào ドゥアダオ, ナァダオ	acquisition; get アクウィズィション, ゲト
にゅうじょう(する) **入場(する)** nyuujou (suru)	**入场** rù'chǎng ルゥチャァン	entrance; enter, get in エントランス, エンタ, ゲト イン
～券	**入场券** rùchǎngquàn ルゥチャァンチュエン	admission ticket アドミション ティケト
～料	**票价** piàojià ピアオジア	admission fee アドミション フィー
にゅーす **ニュース** nyuusu	**消息, 新闻** xiāoxi, xīnwén シアオシ, シンウェン	news ニューズ
～キャスター	**新闻主持人** xīnwén zhǔchírén シンウェン ヂュウチーレン	newscaster ニューズキャスタ
にゅうせいひん **乳製品** nyuuseihin	**乳制品** rǔzhìpǐn ルゥヂーピン	dairy products デアリ プラダクツ
にゅうもん(する) **入門(する)** nyuumon (suru)	**入门** rù'mén ルゥメン	(become) a pupil of (ビカム) ア ピューピル オヴ
にゅうよく(する) **入浴(する)** nyuuyoku (suru)	**洗澡, 沐浴** xǐ'zǎo, mùyù シィヅァオ, ムゥユィ	bathing; take a bath ベイズィング, テイク ア バス
にゅうりょく(する) **入力(する)** nyuuryoku (suru)	**输入** shūrù シュウルゥ	input インプト
にょう **尿** nyou	**尿** niào ニアオ	urine ユアリン
にら **韮** nira	**韭菜** jiǔcài ジウツァイ	leek リーク

に

日	中	英
にらむ **睨む** niramu	**瞪** dèng デゥン	glare at グレア アト
にりゅう **二流** niryuu	**二流** èrliú アルリウ	second-rate セカンドレイト
にる **似る** niru	**像** xiàng シアン	resemble リゼンブル
にる **煮る** niru	**煮** zhǔ ヂュウ	boil, cook ボイル, クク
にわ **庭** niwa	**庭园，院子** tíngyuán, yuànzi ティンユエン, ユエンヅ	garden, yard ガードン, ヤード
にわかあめ **俄雨** niwakaame	**阵雨，骤雨** zhènyǔ, zhòuyǔ ヂェンユィ, ヂョウユィ	shower シャウア
にわかに **俄に** niwakani	**突然** tūrán トゥラン	suddenly サドンリ
にわとり **鶏** niwatori	**鸡** jī ジィ	fowl, chicken ファウル, チキン
にんか(する) **認可(する)** ninka (suru)	**认可，批准** rènkě, pī'zhǔn レンクァ, ピィヂュン	authorization; authorize オーソリゼイション, オーソライズ
にんき **人気** ninki	**受欢迎，声望** shòu huānyíng, shēngwàng ショウ ホワンイィン, ションワァン	popularity パピュラリティ
にんぎょう **人形** ningyou	**偶人，玩偶** ǒurén, wán'ǒu オウレン, ワンオウ	doll ダル
にんげん **人間** ningen	**人** rén レン	human being ヒューマン ビーイング
にんしき(する) **認識(する)** ninshiki (suru)	**认识** rènshi レンシ	recognition; recognize レコグニション, レコグナイズ

日	中	英
にんじょう **人情** ninjou	**人情** rénqíng レンチィン	human nature **ヒュ**ーマン **ネ**イチャ
にんしん（する） **妊娠（する）** ninshin (suru)	**怀孕** huái'yùn ホアイユィン	pregnancy; get pregnant プレグナンスィ, **ゲ**ト プ**レ** グナント
にんじん **人参** ninjin	**胡萝卜，红萝卜** húluóbo, hóngluóbo ホゥルゥオボ, ホンルゥオボ	carrot **キャ**ロト
にんずう **人数** ninzuu	**人数** rénshù レンシュウ	number **ナ**ンバ
にんそう **人相** ninsou	**相貌** xiàngmào シアンマオ	physiognomy フィズィ**ア**グノミ
にんたい（する） **忍耐（する）** nintai (suru)	**忍耐** rěnnài レンナイ	patience; (be) pa- tient with **ペ**イシェンス, (ビ) **ペ**イシェ ント ウィズ
にんちしょう **認知症** ninchishou	**认知症，痴呆症** rènzhīzhèng, chīdāizhèng レンヂーヂョン, チーダイヂョン	dementia ディ**メ**ンシャ
にんてい（する） **認定（する）** nintei (suru)	**认定** rèndìng レンディン	authorization; au- thorize オーソリ**ゼ**イション, **オ**ーソ ライズ
にんにく **にんにく** ninniku	**蒜** suàn スワン	garlic **ガ**ーリク
にんぷ **妊婦** ninpu	**孕妇，妊妇** yùnfù, rènfù ユィンフゥ, レンフゥ	pregnant woman プレグナント **ウ**マン
にんむ **任務** ninmu	**任务** rènwu レンウ	duty, office **デュ**ーティ, **オ**ーフィス
にんめい（する） **任命（する）** ninmei (suru)	**任命** rènmìng レンミィン	appointment; ap- point ア**ポ**イントメント, ア**ポ**イン ト

日	中	英

ぬ, ヌ

ぬいぐるみ **縫いぐるみ** nuigurumi	**布制玩偶** bùzhì wán'ǒu ブゥデー ワンオウ	stuffed toy スタフト トイ
ぬいめ **縫い目** nuime	**针脚** zhēnjiao デェンジアオ	seam スィーム
ぬう **縫う** nuu	**缝** féng フォン	sew, stitch ソウ, スティチ
ぬーど **ヌード** nuudo	**裸体** luǒtǐ ルゥオティー	nude ヌード
ぬかす **抜かす** nukasu	**遗漏** yílòu イーロウ	omit, skip オウミト, スキプ
ぬく **抜く** nuku	**抽出** chōuchū チョウチュウ	pull out プル アウト
(省く)	**省略** shěnglüè ションリュエ	omit, skip オウミト, スキプ
(除く)	**除掉** chúdiào チュウディアオ	remove リムーヴ
ぬぐ **脱ぐ** nugu	**脱** tuō トゥオ	put off プト オーフ
ぬぐう **拭う** nuguu	**擦去** cāqù ツァアチュィ	wipe ワイプ
ぬける **抜ける** nukeru	**脱落** tuōluò トゥオルゥオ	come off カム オーフ
(脱退)	**退出** tuìchū トゥイチュウ	leave, withdraw リーヴ, ウィズドロー
ぬすむ **盗む** nusumu	**盗窃** dàoqiè ダオチエ	steal, rob スティール, ラブ

日	中	英
ぬの **布** nuno	**布** bù プゥ	cloth クロース
ぬま **沼** numa	**沼沢** zhǎozé ヂャオヅゥア	marsh, bog マーシュ, バグ
ぬらす **濡らす** nurasu	**沾湿, 弄湿** zhānshī, nòngshī ヂャンシー, ノンシー	wet, moisten ウェト, モイスン
ぬる **塗る** nuru	**涂** tú トゥ	paint ペイント
（薬などを）	**擦, 抹** cā, mǒ ツァア, モォ	apply アプライ
（ジャムなどを）	**抹, 涂** mǒ, tú モォ, トゥ	spread スプレド
ぬるい **温い** nurui	**微温, 不够热** wēiwēn, bú gòu rè ウェイウェン, ブゥ ゴウ ルァ	tepid, lukewarm テピド, ルークウォーム
ぬれる **濡れる** nureru	**沾, 淋湿** zhān, línshī ヂャン, リンシー	get wet ゲト ウェト

ね, ネ

ね **根** ne	〔条〕**根** 〔tiáo〕gēn 〔ティアオ〕ゲン	root ルート
ねあがり **値上がり** neagari	**涨价** zhǎng'jià ヂァァンジア	rise in price ライズ イン プライス
ねあげ(する) **値上げ(する)** neage (suru)	**加价, 涨价** jiā'jià, zhǎng'jià ジアジア, ヂァァンジア	raise the price レイズ ザ プライス
ねうち **値打ち** neuchi	**价值** jiàzhí ジアヂー	value, merit ヴァリュ, メリト
ねがい **願い** negai	**心愿, 愿望** xīnyuàn, yuànwàng シンユエン, ユエンワァン	wish, desire ウィシュ, ディザイア

日	中	英
ねがう **願う** negau	**希望，愿意** xīwàng, yuànyì シィワン，ユエンイー	wish **ウィ**シュ
ねかす **寝かす** nekasu	**使…睡觉** shǐ ... shuìˈjiào シー … シュイジアオ	put to bed プト トゥ **ベ**ド
（体を） 	**使…躺下** shǐ ... tǎngxià シー … タァンシア	lay down **レ**イ **ダ**ウン
（物を） 	**把…放倒** bǎ ... fàngdǎo バァ … ファアンダオ	lay down **レ**イ **ダ**ウン
（熟成・発酵） 	**使发酵** shǐ fāˈjiào シー ファアジアオ	mature, age マ**チュ**ア，**エ**イヂ
ねがてぃぶな **ネガティブな** negatibuna	**消极** xiāojí シアオジィ	negative **ネ**ガティヴ
ねぎ **葱** negi	〔根／把〕(大)**葱** 〔gēn/bǎ〕(dà)cōng 〔ゲン/バァ〕(ダァ)ツォン	leek **リ**ーク
ねぎる **値切る** negiru	**还价，杀价** huánˈjià, shāˈjià ホワンジア，シャアジア	bargain **バ**ーゲン
ねくたい **ネクタイ** nekutai	〔条〕**领带** 〔tiáo〕lǐngdài 〔ティアオ〕リィンダイ	necktie, tie **ネ**クタイ，**タ**イ
ねぐりじぇ **ネグリジェ** negurije	〔件〕**睡袍，女睡衣** 〔jiàn〕shuìpáo, nǚshuìyī 〔ジエン〕シュイパオ，ニュイシュイイー	night gown **ナ**イト **ガ**ウン
ねこ **猫** neko	〔只〕**猫** 〔zhī〕māo 〔ヂー〕マオ	cat **キャ**ト
ねごと **寝言** negoto	**梦话** mènghuà モンホア	talk in *one's* sleep **ト**ーク イン ス**リ**ープ
〜を言う 	**说梦话** shuō mènghuà シュオ モンホア	talk in *one's* sleep **ト**ーク イン ス**リ**ープ
ねこむ **寝込む** nekomu	**睡着，入睡** shuìˈzháo, rùshuì シュイヂャオ，ルゥシュイ	nod off **ナ**ド **オ**ーフ

日	中	英
（病気で）	卧床不起，卧病 wòchuáng bù qǐ, wòbìng ウオチュアン プゥ チィ, ウオビィン	(be) ill in bed （ビ）イル イン ベド
ねころぶ **寝転ぶ** nekorobu	躺卧 tǎngwò タァンウオ	lie down ライ ダウン
ねさがり **値下がり** nesagari	降价，跌价 jiàng'jià, diē'jià ジアンジア, ディエジア	fall in price フォール イン プライス
ねさげ（する） **値下げ（する）** nesage（suru）	减价，降价 jiǎn'jià, jiàng'jià ジエンジア, ジアンジア	reduction; reduce the price リダクション, リデュース ザ プライス
ねじ **ねじ** neji	螺钉，螺丝钉 luódīng, luósīdīng ルゥオディン, ルゥオスーディン	screw スクルー
ねじまわし **ねじ回し** nejimawashi	改锥，螺丝刀 gǎizhuī, luósīdāo ガイデュイ, ルゥオスーダオ	screwdriver スクルードライヴァ
ねじる **捻る** nejiru	拧，扭 nǐng, niǔ ニィン, ニウ	twist, turn トゥィスト, ターン
ねずみ **鼠** nezumi	老鼠，耗子 lǎoshǔ, hàozi ラオシュウ, ハオヅ	rat, mouse ラト, マウス
ねたむ **妬む** netamu	忌妒，眼红 jìdu, yǎnhóng ジイドゥ, イエンホン	(be) jealous of, envy （ビ）チェラス オヴ, エンヴィ
ねだる **ねだる** nedaru	磨蹭，死乞白赖地要求 móceng, sǐqibáilài de yāoqiú モオツン, スーチバイライ ダ ヤオチウ	tease ティーズ
ねだん **値段** nedan	价格，价钱 jiàgé, jiàqian ジアグァ, ジアチエン	price プライス
ねつ **熱** netsu	热，热度 rè, rèdù ルァ, ルァドゥ	heat, fever ヒート, フィーヴァ
ねつい **熱意** netsui	热情 rèqíng ルァチイン	zeal, eagerness ズィール, イーガネス

日	中	英
ねっきょう（する） **熱狂(する)** nekkyou (suru)	**狂热** kuángrè クアンルァ	enthusiasm インス**ュ**ーズィアズム
〜的な	**狂热的** kuángrè de クアンルァ ダ	enthusiastic インスーズィ**ア**スティク
ねっくれす **ネックレス** nekkuresu	〔条／根〕**项链** 〔tiáo/gēn〕xiàngliàn 〔ティアオ／ゲン〕シアンリエン	necklace **ネ**クレス
ねっしん **熱心** nesshin	**热心** rèxīn ルァシン	zeal, eagerness **ズ**ィール，**イ**ーガネス
〜な	**热心，热情** rèxīn，rèqíng ルァシン，ルァチィン	eager, ardent **イ**ーガ，**ア**ーデント
ねっする **熱する** nessuru	**加热** jiā'rè ジアルァ	heat **ヒ**ート
ねったい **熱帯** nettai	**热带** rèdài ルァダイ	Torrid Zone **ト**ーリド **ゾ**ウン
ねっちゅう（する） **熱中(する)** necchuu (suru)	**热中，专心** rèzhōng, zhuānxīn ルァヂョン，ヂュワンシン	absorption; (be) absorbed in アブ**ソ**ープション，(ビ) アブ**ソ**ープド イン
ねっちゅうしょう **熱中症** necchuushou	**中暑** zhòngshǔ ヂョンシュウ	heat stroke **ヒ**ート スト**ロ**ウク
ねっと **ネット**(テニスなどの) netto	**球网** qiúwǎng チウワァン	net **ネ**ト
(インターネット)	**网络，因特网** wǎngluò,yīntèwǎng ワァンルゥオ，イントゥァワァン	Internet; Net **イ**ンタネト，**ネ**ト
ねっとう **熱湯** nettou	**开水，热水** kāishuǐ, rèshuǐ カイシュイ，ルァシュイ	boiling water **ボ**イリング **ウォ**ータ
ねっとわーく **ネットワーク** nettowaaku	**网络** wǎngluò ワァンルゥオ	network **ネ**トワーク

日	中	英
ねづよい **根強い** nezuyoi	**根深蒂固** gēn shēn dì gù ゲン シェン ディー グゥ	deep-rooted ディープルーテド
ねつれつ(な) **熱烈(な)** netsuretsu (na)	**热烈** rèliè ルァリエ	passionate, fervent, passionate, ardent パショネト, **ファ**ーヴェント, パショネト, **ア**ーデント
ねぱーる **ネパール** nepaaru	**尼泊尔** Níbó'ěr ニィボオアル	Nepal ネ**ポ**ール
ねばねばの **ねばねばの** nebanebano	**黏糊** niánhu ニエンホ	sticky ス**ティ**キ
ねばり **粘り** nebari	**黏性** niánxìng ニエンシィン	stickiness ス**ティ**キネス
ねばりづよい **粘り強い** nebarizuyoi	**不屈不挠** bù qū bù náo プゥ チュイ プゥ ナオ	tenacious, persistent テ**ネ**イシャス, パ**シ**ステント
ねびき **値引き** nebiki	**减价，折扣** jiǎnjià, zhékòu ジエンジア, ヂョアコウ	discount **ディ**スカウント
～する	**减价，打折扣** jiǎn'jià, dǎ zhékòu ジエンジア, ダァ ヂョアコウ	discount **ディ**スカウント
ねぶくろ **寝袋** nebukuro	**睡袋** shuìdài シュイダイ	sleeping bag ス**リ**ーピング バグ
ねぶそく **寝不足** nebusoku	**睡眠不足** shuìmián bùzú シュイミエン プゥヅゥ	want of sleep **ワ**ント オヴ ス**リ**ープ
ねふだ **値札** nefuda	**价格标签，标价签** jiàgé biāoqiān, biāojiàqiān ジアグァ ビアオチエン, ビアオジアチエン	price tag プ**ラ**イス **タ**グ
ねぼう **寝坊** nebou	**睡虎子，贪睡者** shuìhǔzi, tānshuìzhě シュイホウヅ, タンシュイヂョア	late riser **レ**イト **ラ**イザ
～する	**睡懒觉** shuì lǎnjiào シュイ ランジアオ	get up late **ゲ**ト アプ **レ**イト

日	中	英
ねぼける **寝惚ける** nebokeru	**睡迷糊** shuìmíhu シュイミィホ	(be) half asleep (ピ) ハフ アスリープ
ねまわし **根回し** nemawashi	**酝酿，做准备工作** yùnniàng, zuò zhǔnbèi gōngzuò ユンニアン，ヅゥオ ヂュンペイ ゴンヅゥ オ	groundwork グラウンドワーク
ねむい **眠い** nemui	**困，困倦** kùn, kùnjuàn クゥン，クゥンジュエン	(be) sleepy (ピ) スリーピ
ねむけ **眠気** nemuke	**睡意** shuìyì シュイイー	drowsiness ドラウズィネス
ねむり **眠り** nemuri	**睡眠，觉** shuìmián, jiào シュイミエン，ジアオ	sleep スリープ
ねむる **眠る** nemuru	**睡觉** shuìʼjiào シュイジアオ	sleep スリープ
ねらい **狙い** nerai	**瞄准，对准** miáozhǔn, duìzhǔn ミアオヂュン，ドゥイヂュン	aim エイム
（意図）	**意图** yìtú イートゥ	aim エイム
ねらう **狙う** nerau	**瞄，瞄准** miáo, miáoʼzhǔn ミアオ，ミアオヂュン	aim at エイム アト
（機会などを）	**窥伺，伺机** kuīsì, sìjī クゥイスー，スージィ	aim at エイム アト
ねる **寝る** neru	**睡，睡觉** shuì, shuìʼjiào シュイ，シュイジアオ	sleep スリープ
（寝床に入る）	**就寝，安歇** jiùqǐn, ānxiē ジウチン，アンシエ	go to bed ゴウ トゥ ベド
（横になる）	**躺，卧** tǎng, wò タァン，ウオ	lie down ライ ダウン

日	中	英
ねん **年** nen	**年** nián ニエン	year イヤ
ねんいりな **念入りな** nen-irina	**周到，细心** zhōudào, xìxīn ヂョウダオ, シィシン	careful, deliberate ケアフル, ディリバレト
ねんがじょう **年賀状** nengajou	**贺年片** hèniánpiàn ホァニエンピエン	New Year's card ニュー イヤズ カード
ねんかん **年間** nenkan	**全年，一年** quánnián, yì nián チュエンニエン, イー ニエン	annual, yearly アニュアル, イヤリ
ねんきん **年金** nenkin	**养老金** yǎnglǎojīn ヤンラオジン	pension, annuity ペンション, アニューイティ
ねんげつ **年月** nengetsu	**年月，岁月** niányuè, suìyuè ニエンユエ, スウイユエ	time, years タイム, イヤズ
ねんざする **捻挫する** nenzasuru	**扭伤，挫伤** niǔshāng, cuòshāng ニウシャァン, ツウオシャァン	sprain スプレイン
ねんしゅう **年収** nenshuu	**年收入** niánshōurù ニエンショウルゥ	annual income アニュアル インカム
ねんしょう **年商** nenshou	**年销售额** nián xiāoshòu'é ニエン シアオショウウァ	yearly turnover イヤリ ターノウヴァ
ねんしょう(する) **燃焼(する)** nenshou (suru)	**燃烧** ránshāo ランシャオ	combustion; burn コンバスチョン, バーン
ねんしょう(の) **年少(の)** nenshou (no)	**年轻，年少** niánqīng, niánshào ニエンチィン, ニエンシャオ	young ヤング
ねんすう **年数** nensuu	**年头儿，年数** niántóur, niánshù ニエントウル, ニエンシュウ	years イヤズ
ねんだい **年代** nendai	**年代** niándài ニエンダイ	age, era エイヂ, イアラ
(世代)	**代，辈** dài, bèi ダイ, ペイ	age エイヂ

日	中	英
ねんちゅうぎょうじ **年中行事** nenchuugyouji	**毎年的活动，年例** měinián de huódòng, niánlì メイニエン ダ ホゥオドン，ニエンリィ	annual event ア二ュアル イヴェント
ねんちょう(の) **年長(の)** nenchou (no)	**年长，年尊** niánzhǎng, niánzūn ニエンチャァン，ニエンヅゥン	senior スィーニャ
ねんど **粘土** nendo	**黏土** niántǔ ニエントゥ	clay クレイ
ねんぱい(の) **年配(の)** nenpai (no)	**年纪大** niánjì dà ニエンジィ ダァ	elderly, aged エルダリ，エイヂェド
ねんぴょう **年表** nenpyou	**年表** niánbiǎo ニエンビアオ	chronological table クラノ**ラ**ヂカル **テ**イブル
ねんぽう **年俸** nenpou	**年薪** niánxīn ニエンシン	annual salary ア二ュアル サラリ
ねんまつ **年末** nenmatsu	**年底，年终** niándǐ, niánzhōng ニエンディー，ニエンヂォン	end of the year エンド オヴ ザ イヤ
ねんりょう **燃料** nenryou	**燃料** ránliào ランリアオ	fuel フューエル
ねんりん **年輪** nenrin	**年轮** niánlún ニエンルゥン	annual ring ア二ュアル リング
ねんれい **年齢** nenrei	**年龄，年纪** niánlíng, niánjì ニエンリィン，ニエンジィ	age エイヂ
～層	**年龄层** niánlíngcéng ニエンリィンツン	age bracket エイヂ ブ**ラ**ケト

の, ノ

日	中	英
のいろーぜ **ノイローゼ** noirooze	**神经症** shénjīngzhèng シェンジィンヂョン	neurosis ニュア**ロ**ウスィス
のう **脳** nou	**脑子，脑筋** nǎozi, nǎojīn ナオヅ，ナオジン	brain ブレイン

日	中	英
のういっけつ **脳溢血** nouikketsu	**脑溢血** nǎoyìxuè ナオイーシュエ	cerebral hemor- rhage **セ**レブラル **ヘ**モリヂ
のうえん **農園** nouen	**种植园** zhòngzhíyuán ヂォンヂーユエン	farm, plantation **ファ**ーム，プラン**テ**イション
のうか **農家** nouka	**农家** nóngjiā ノンジア	farmhouse **ファ**ームハウス
のうがく **農学** nougaku	**农学** nóngxué ノンシュエ	agriculture **ア**グリカルチャ
のうぎょう **農業** nougyou	**农业** nóngyè ノンイエ	agriculture **ア**グリカルチャ
のうぐ **農具** nougu	**农具** nóngjù ノンジュィ	farming tool **ファ**ーミング **トゥ**ール
のうこう(な) **濃厚(な)** noukou (na)	**浓** nóng ノン	thick, dense ス**ィ**ク，**デ**ンス
のうさんぶつ **農産物** nousanbutsu	**农产品** nóngchǎnpǐn ノンチャンピン	farm produce **ファ**ーム プラ**デ**ュース
のうしゅく(する) **濃縮(する)** noushuku (suru)	**浓缩** nóngsuō ノンスゥオ	concentrate; con- centration **カ**ンセントレイト，カンセン ト**レ**イション
のうじょう **農場** noujou	**农场** nóngchǎng ノンチャァン	farm **ファ**ーム
のうしんとう **脳震盪** noushintou	**脑震荡** nǎozhèndàng ナオヂェンダァン	concussion コン**カ**ション
のうぜい **納税** nouzei	**纳税** nà'shuì ナァシュイ	payment of taxes **ペ**イメント オヴ **タ**クセズ
のうそっちゅう **脳卒中** nousocchuu	**中风** zhòngfēng ヂォンフォン	apoplexy **ア**ポプレクスィ

の

日	中	英
のうそん **農村** nouson	**农村，乡村** nóngcūn, xiāngcūn ノンツゥン，シアンツゥン	farm village ファーム **ヴィ**リヂ
のうたん **濃淡** noutan	**深浅** shēnqiǎn シェンチエン	shading **シェ**イディング
のうち **農地** nouchi	**农田** nóngtián ノンティエン	farmland **ファー**ムランド
のうど **濃度** noudo	**浓度** nóngdù ノンドゥ	density **デ**ンスィティ
のうどう **能動** noudou	**主动** zhǔdòng デュウドン	activity アク**ティ**ヴィティ
～的な	**主动的** zhǔdòng de デュウドン ダ	active **ア**クティヴ
のうにゅう（する） **納入（する）** nounyuu (suru)	**交纳，缴纳** jiāonà, jiǎonà ジアオナァ，ジアオナァ	delivery; deliver ディ**リ**ヴァリ，ディ**リ**ヴァ
のうはう **ノウハウ** nouhau	**技术情报，诀窍** jìshù qíngbào, juéqiào ジィシゥウ チンバオ，ジュエチアオ	know-how **ノ**ウハウ
のうひん（する） **納品（する）** nouhin (suru)	**交货** jiāo'huò ジアオホゥオ	delivery of goods; deliver goods ディ**リ**ヴァリ オヴ **グ**ッ， ディ**リ**ヴァ **グ**ッ
のうみん **農民** noumin	**农民** nóngmín ノンミン	peasant, farmer **ペ**ザント，**ファー**マ
のうやく **農薬** nouyaku	**农药** nóngyào ノンヤオ	agricultural chem- icals アグリ**カ**ルチュラル **ケ**ミカ ルズ
のうりつ **能率** nouritsu	**效率** xiàolù シアオリュィ	efficiency イ**フィ**シェンスィ
～的な	**有效率的** yǒu xiàolù de ヨウ シアオリュィ ダ	efficient イ**フィ**シェント

日	中	英
のうりょく **能力** nouryoku	**能力，本领** nénglì, běnlǐng ヌォンリィ, ベンリィン	ability, capacity アビリティ, カパスィティ
のーと **ノート** nooto	〔本〕**笔记本，本子** 〔běn〕bǐjìběn, běnzi 〔ベン〕ビジィベン, ベンヅ	notebook ノウトブク
のがす **逃す** nogasu	**放过** fàngguò ファァングゥオ	let go, set free レト ゴウ, セト フリー
（取り損なう）	**错过** cuòguò ツゥオグゥオ	fail to catch フェイル トゥ キャチ
のがれる **逃れる** nogareru	**逃脱** táotuō タオトゥオ	escape, get off イスケイプ, ゲト オフ
（避ける）	**逃避** táobì タオビィ	avoid アヴォイド
のこぎり **鋸** nokogiri	〔把〕**锯** 〔bǎ〕jù 〔バァ〕ジュイ	saw ソー
のこす **遺す** nokosu	**遗留** yíliú イーリウ	bequeath ビクウィーズ
のこす **残す** nokosu	**留下** liúxià リウシア	leave behind, save リーヴ ビハインド, セイヴ
（余らせる）	**剩下，保留** shèngxià, bǎoliú ションシア, バオリウ	save セイヴ
のこらず **残らず** nokorazu	**一个不剩，全部** yí ge bú shèng, quánbù イー ガ ブゥ ション, チュエンブゥ	all, wholly オール, ホウリ
のこり **残り** nokori	**剩余，其余** shèngyú, qíyú ションユィ, チィユィ	rest レスト
のこる **残る** nokoru	**留下** liúxià リウシア	stay ステイ
（余る）	**剩** shèng ション	remain リメイン

日	中	英
（残存する）	**残存** cáncún ツァンツゥン	remain リメイン
のせる **載せる** noseru	**放，搁** fàng, gē ファァン，グァ	put, set プト，セト
（積む）	**装上，装载** zhuāngshàng, zhuāngzài デュアンシャァン，デュアンヴァイ	load ロゥド
（記載）	**记载** jìzǎi ジィヴァイ	record, write down リコード，ライトダゥン
のせる **乗せる** noseru	**乘上** chéng shàng チョンシャァン	give a lift, pick up ギヴァリフト，ピクアプ
のぞく **除く** nozoku	**去掉，取消** qùdiào, qǔxiāo チュイディアオ，チュイシアオ	remove リムーヴ
（除外）	**除外** chúwài チュウワイ	exclude, omit イクスクルード，オウミト
のぞく **覗く** nozoku	**窥视** kuīshì クゥイシー	peep ピープ
のぞみ **望み** nozomi	**愿望** yuànwàng ユエンワァン	wish, desire ウィシュ，ディザイア
（期待）	**期望** qīwàng チィワァン	hope, expectation ホウプ，エクスペクテイション
（見込み）	**前途** qiántú チエントゥ	prospect, chance プラスペクト，チャンス
のぞむ **望む** nozomu	**希望** xīwàng シィワァン	want, wish ワント，ウィシュ
（期待）	**期望** qīwàng チィワァン	hope, expect ホウプ，イクスペクト
のち **後** nochi	**后，以后** hòu, yǐhòu ホウ，イーホウ	after, afterward アフタ，アフタワド

日	中	英
〜に	**后来** hòulái ホウライ	afterward, later ア**フ**タワド, **レ**イタ
のちほど **後ほど** nochihodo	**随后** suíhòu スウイホウ	later **レ**イタ
のっく(する) **ノック(する)** nokku (suru)	**敲门** qiāo'mén チアオメン	knock **ナ**ク
のっくあうと **ノックアウト** nokkuauto	**击倒** jīdǎo ジイダオ	knockout **ナ**カウト
のっとる **則る** nottoru	**遵照，根据** zūnzhào, gēnjù ヅゥンヂャオ, ゲンジュィ	conform to コン**フォ**ーム トゥ
のっとる **乗っ取る** nottoru	**夺取，劫持** duóqǔ, jiéchí ドゥオチュィ, ジエチー	take over **テ**イク **オ**ウヴァ
(飛行機を)	**劫持飞机** jiéchí fēijī ジエチー フェイジィ	hijack **ハ**イヂャク
のど **喉** nodo	**喉咙，嗓子** hóulong, sǎngzi ホウロン, サァンヅ	throat ス**ロ**ウト
ののしる **罵る** nonoshiru	**骂，咒骂** mà, zhòumà マァ, ヂョウマァ	abuse ア**ビュ**ーズ
のばす **延ばす** nobasu	**拉长** lācháng ラァチャァン	lengthen, extend **レ**ングスン, イクス**テ**ンド
(延期)	**延长，延期** yáncháng, yánqī イエンチャァン, イエンチー	put off, delay **プ**ト **オ**ーフ, ディ**レ**イ
のばす **伸ばす** nobasu	**延伸** yánshēn イエンシェン	lengthen, stretch **レ**ングスン, スト**レ**チ
(まっすぐにする)	**伸直** shēnzhí シェンヂー	straighten スト**レ**イ**ト**ン
(才能を)	**提高，增长** tígāo, zēngzhǎng ティーガオ, ヅンジャァン	develop ディ**ヴェ**ロプ

日	中	英
のはら **野原** nohara	**野地** yědì イエディー	field フィールド
のびる **延びる** nobiru	**延长** yáncháng イエンチャァン	(be) put off (ビ) プト オフ
（距離が）	**延长** yáncháng イエンチャァン	(be) prolonged (ビ) プロロングド
のびる **伸びる** nobiru	**伸长，舒展** shēncháng, shūzhǎn シェンチャァン, シュウヂャン	extend, stretch イクステンド, ストレチ
（発展・成長）	**发展，增加** fāzhǎn, zēngjiā ファアヂャン, ヅンジア	develop, grow ディヴェロプ, グロウ
のべる **述べる** noberu	**叙述，陈述** xùshù, chénshù シュイシュウ, チェンシュウ	tell, state テル, ステイト
のぼせる **のぼせる** noboseru	**头昏脑涨** tóuhūn nǎozhàng トウホゥン ナオヂャァン	(be) flushed (ビ) フラシュト
（夢中）	**迷恋** míliàn ミィリエン	(be) crazy about (ビ) クレイズィ アバウト
のぼり **上[昇]り** nobori	**上** shàng シャァン	rise, ascent ライズ, アセント
のぼる **昇る** noboru	**上升** shàngshēng シャァンション	rise ライズ
（昇進）	**升级** shēng'jí ションジィ	(be) promoted (ビ) プロモウテド
のぼる **上る** noboru	**上** shàng シャァン	go up ゴウ アプ
（ある数量に）	**达到** dádào ダァダオ	amount to, reach アマウント トゥ, リーチ
のぼる **登る** noboru	**登，上** dēng, shàng デゥン, シャァン	climb クライム

日	中	英
のみ **蚤** nomi	〔只〕**跳蚤** 〔zhī〕tiàozao 〔ヂー〕ティアオヅァオ	flea フリー
のみぐすり **飲み薬** nomigusuri	**内服药** nèifúyào ネイフゥヤオ	internal medicine インターナル メディスィン
のみこむ **飲み込む** nomikomu	**咽下** yànxià イエンシア	swallow スワロウ
(理解)	**了解，领会** liǎojiě, lǐnghuì リアオジエ, リィンホゥイ	understand アンダスタンド
のみほす **飲み干す** nomihosu	**喝干** hēgān ホァガン	gulp down ガルプ ダウン
のみみず **飲み水** nomimizu	**饮用水** yǐnyòngshuǐ インヨンシュイ	drinking water ドリンキング ウォータ
のみや **飲み屋** nomiya	**酒吧，小饭馆** jiǔbā, xiǎofànguǎn ジウバァ, シアオファングワン	tavern, bar タヴァン, バー
のむ **飲む** nomu	**喝** hē ホァ	drink, take ドリンク, テイク
(受諾)	**接受** jiēshòu ジエショウ	accept アクセプト
のり **海苔** nori	**紫菜** zǐcài ヅーツァイ	laver レイヴァ
のり **糊** nori	**糨糊，浆** jiànghu, jiāng ジアンホゥ, ジアン	paste, starch, glue ペイスト, スターチ, グルー
のりおくれる **乗り遅れる** noriokureru	**误车，没赶上** wù'chē, méi gǎnshàng ウゥチョァ, メイ ガンシャァン	miss ミス
(時代に)	**跟不上** gēnbushàng ゲンブシャァン	(be) left behind (ビ) レフト ビハインド
のりかえ **乗り換え** norikae	**换车，倒车** huàn'chē, dǎo'chē ホワンチョァ, ダオチョァ	change, transfer チェインヂ, トランスファ

日	中	英
のりくみいん **乗組員** norikumiin	**乗务员** chéngwùyuán チョンウゥユエン	crew クルー
のりこす **乗り越す** norikosu	**坐过站** zuòguò zhàn ヅゥオグゥオ ヂャン	pass パス
のりば **乗り場** noriba	**车站** chēzhàn チョァヂャン	stop, platform スタプ, プラットフォーム
のりもの **乗り物** norimono	**交通工具** jiāotōng gōngjù ジアオトン ゴンジュィ	vehicle ヴィーイクル
のる **載る** noru	**登载** dēngzǎi デゥンヅァイ	(be) mentioned (ビ) メンションド
のる **乗る** noru	**上** shàng シャァン	get on ゲト オン
（自転車などに）	**骑** qí チィ	ride, take ライド, テイク
（車・飛行機などに）	**坐** zuò ヅゥオ	ride, take ライド, テイク
のろのろ(と) **のろのろ(と)** noronoro (to)	**迟缓，慢吞吞** chíhuǎn, màntūntūn チーホワン, マントゥントゥン	slowly, idly スロウリ, アイドリ
のんきな **暢気な** nonkina	**悠闲，不慌不忙** yōuxián, bù huāng bù máng ヨウシエン, ブゥ ホアン ブゥ マァン	easy, carefree イーズィ, ケアフリー
のんびりする **のんびりする** nonbirisuru	**悠闲自在，舒舒服服** yōuxián zìzai, shūshūfúfú ヨウシエン ヅーヅァイ, シュウシュウフゥフゥ	feel at ease フィール アト イーズ
のんふぃくしょん **ノンフィクション** nonfikushon	**非虚构作品** fēixūgòu zuòpǐn フェイシュィゴゥ ヅゥオピン	nonfiction ナンフィクション

日	中	英

は，ハ

は 歯 ha	牙（齿） yá(chǐ) ヤァ(チー)	tooth トゥース
は 刃 ha	（刀）刃 (dāo)rèn (ダオ)レン	edge, blade エヂ，ブレイド
は 葉 ha	叶子 yèzi イエヅ	leaf, blade リーフ，ブレイド
ばー バー baa	酒吧 jiǔbā ジウバァ	bar バー
（高跳びなどの）	横竿 hénggān ヘゥンガン	bar バー
ばあい 場合 baai	场合，情况，时候 chǎnghé, qíngkuàng, shíhou チャァンホァァ，チンクアン，シーホウ	case, occasion ケイス，オケイジョン
ぱーきんぐ パーキング paakingu	停车场 tíngchēchǎng ティンチョァチャァン	parking パーキング
はあくする 把握する haakusuru	掌握，把握 zhǎngwò, bǎwò ヂャァンウオ，バァウオ	grasp グラスプ
ばーげん バーゲン baagen	大减价，大甩卖 dàjiǎnjià, dàshuǎimài ダァジエンジァ，ダァシュアイマイ	bargain sale バーゲン セイル
ばーこーど バーコード baakoodo	条（形）码 tiáo(xíng)mǎ ティアオ(シィン)マァ	bar code バー コウド
ばーじょん バージョン baajon	版本 bǎnběn バンベン	version ヴァージョン
ぱーせんてーじ パーセンテージ paasenteeji	百分比，百分率 bǎifēnbǐ, bǎifēnlǜ バイフェンビィ，バイフェンリュィ	percentage パセンティヂ
ぱーせんと パーセント paasento	百分数，百分之… bǎifēnshù, bǎi fēn zhī ... バイフェンシュウ，バイ フェン ヂー …	percent パセント

日	中	英
ぱーそなりてぃー **パーソナリティー** （ディスクジョッキー） paasonaritii	音乐节目主持人 yīnyuè jiémù zhǔchírén インユエ ジエムゥ デュウチーレン	personality パーソナリティ
はーどうぇあ **ハードウェア** haadowea	硬件 yìngjiàn イィンジエン	hardware ハードウェア
ぱーとたいまー **パートタイマー** paatotaimaa	钟点工，零工 zhōngdiǎngōng, línggōng ヂョンディエンゴン，リィンゴン	part-timer パートタイマ
ぱーとたいむ **パートタイム** paatotaimu	计时工作，钟点工作 jìshí gōngzuò,zhōngdiǎn gōngzuò ジィシー ゴンヅゥオ，ヂョンディエン ゴン ヅゥオ	part-time パートタイム
ぱーとなー **パートナー** paatonaa	伙伴 huǒbàn ホゥオバン	partner パートナ
はーどる **ハードル** haadoru	(跳)栏 (tiào)lán (ティアオ)ラン	hurdle ハードル
〜競走	跨栏，跳栏 kuàlán, tiàolán クアラン，ティアオラン	hurdle race ハードル レイス
ばーなー **バーナー** baanaa	燃烧器 ránshāoqì ランシャオチィ	burner バーナ
はーふ **ハーフ** haafu	一半 yíbàn イーバン	half ハフ
（混血児）	混血儿 hùnxuè'ér ホゥンシュエアル	hybrid ハイブリド
（試合の）	半场 bànchǎng バンチャアン	half ハフ
はーぶ **ハーブ** haabu	药草 yàocǎo ヤオツァオ	herb アーブ
ばーべきゅー **バーベキュー** baabekyuu	烤肉，烧烤 kǎoròu, shāokǎo カオロウ，シャオカオ	barbecue バービキュー

日	中	英
<ruby>パ<rt>ぱ</rt></ruby>ーマ paama	烫发 tàngfà タァンファア	permanent wave パーマネント **ウェ**イヴ
ハーモニー （和声） haamonii	和声 héshēng ホァシォン	harmony ハーモニ
（調和）	协调，和谐 xiétiáo, héxié シエティアオ，ホァシエ	harmony ハーモニ
ハーモニカ haamonika	口琴 kǒuqín コウチン	harmonica ハー**マ**ニカ
はい hai	是，对 shì, duì シー，ドゥイ	yes **イ**ェス
灰 hai	灰 huī ホゥイ	ash **ア**シュ
〜皿	烟(灰)缸，烟(灰)碟 yān(huī)gāng, yān(huī)dié イエン(ホゥイ)ガァン，イエン(ホゥイ)ディエ	ashtray **ア**シュトレイ
肺 hai	肺(脏) fèi(zàng) フェイ(ヅァァン)	lung **ラ**ング
倍 bai	两倍 liǎng bèi リアン ペイ	twice, double ト**ワ**イス，**ダ**ブル
パイ （料理） pai	…排，…派，馅饼 …pái, …pài, xiànbǐng …パイ，…パイ，シエンビィン	pie, tart パイ，**タ**ート
灰色 haiiro	灰色 huīsè ホゥイスァ	gray グ**レ**イ
背泳 haiei	仰泳 yǎngyǒng ヤンヨン	backstroke **バ**クストロウク
肺炎 haien	肺炎 fèiyán フェイイエン	pneumonia ニュ**モ**ウニア

は

日	中	英
ばいお **バイオ** baio	**生物** shēngwù ションウゥ	bio- バイオウ
ばいおにあ **パイオニア** （先駆者） paionia	**先驱，先锋** xiānqū, xiānfēng シエンチュイ，シエンフォン	pioneer パイオニア
ばいおりん **バイオリン** baiorin	〔把〕**小提琴** 〔bǎ〕xiǎotíqín 〔パァ〕シアオティーチン	violin ヴァイオリン
ばいかい（する） **媒介（する）** baikai (suru)	**媒介，中介** méijiè, zhōngjiè メイジエ，ヂォンジエ	agency; mediate エイヂェンスィ，ミーディエイト
はいかつりょう **肺活量** haikatsuryou	**肺活量** fèihuóliàng フェイホゥオリアン	breathing capacity ブリーズィング カパスィティ
はいがん **肺癌** haigan	**肺癌** fèi'ái フェイアイ	lung cancer ラング キャンサ
はいきがす **排気ガス** haikigasu	**废气** fèiqì フェイチィ	exhaust gas イグゾースト ギャス
はいきぶつ **廃棄物** haikibutsu	**废弃物，废料，废渣** fèiqìwù, fèiliào, fèizhā フェイチィウゥ，フェイリアオ，フェイヂァア	waste ウェイスト
ばいきん **黴菌** baikin	**细菌** xìjūn シィジュイン	bacteria, germs バクティアリア，ヂャームズ
ばいく **バイク** baiku	〔辆〕**摩托车** 〔liàng〕mótuōchē 〔リアン〕モォトゥオチョア	motorbike モウタバイク
はいぐうしゃ **配偶者** haiguusha	**配偶** pèi'ǒu ペイオウ	spouse スパウズ
はいけい **背景** haikei	**背景** bèijǐng ペイジィン	background バクグラウンド
はいけっかく **肺結核** haikekkaku	**肺结核，肺病** fèijiéhé, fèibìng フェイジエホォァ，フェイビィン	tuberculosis テュバーキュロウスィス

日	中	英
はいご **背後** haigo	**背后** bèihòu ペイホウ	back, rear バク, リア
はいし(する) **廃止(する)** haishi (suru)	**废止, 废除, 取消** fèizhǐ, fèichú, qǔxiāo フェイデー, フェイチュウ, チュイシアオ	abolition; abolish アバリション, アバリシュ
はいしゃ **歯医者** haisha	**牙科医生** yákē yīshēng ヤァクァ イーション	dentist デンティスト
はいじゃっく(する) **ハイジャック(する)** haijakku (suru)	**劫机, 劫持飞机** jiéjī, jiéchí fēijī ジエジィ, ジエチー フェイジィ	hijack ハイヂャク
ばいしゅう(する) **買収(する)** baishuu (suru)	**收购, 购买** shōugòu, gòumǎi ショウゴウ, ゴウマイ	purchase; buy out パーチェス, バイ アウト
ばいしょう(する) **賠償(する)** baishou (suru)	**赔偿** péicháng ペイチァン	reparation; compensate レパレイション, カンペンセイト
はいしょく **配色** haishoku	**配色** pèisè ペイスァ	color scheme カラ スキーム
はいすい **排水** haisui	**排水** páishuǐ パイシュイ	drainage ドレイニヂ
はいせき(する) **排斥(する)** haiseki (suru)	**排斥** páichì パイチー	exclusion; exclude イクスクルージョン, イクスクルード
はいせつ(する) **排泄(する)** haisetsu (suru)	**排泄** páixiè パイシエ	excretion; excrete イクスクリーション, イクスクリート
ばいたい **媒体** baitai	**媒质, 媒体, 媒介** méizhì, méitǐ, méijiè メイデー, メイティー, メイジエ	medium ミーディアム
はいたつ(する) **配達(する)** haitatsu (suru)	**递送, 投递** dìsòng, tóudì ディーソン, トウディー	delivery; deliver ディリヴァリ, ディリヴァ
はいたてき **排他的** haitateki	**排他, 排外** páitā, páiwài パイタァ, パイワイ	exclusive イクスクルースィヴ

は

日	中	英
はいち(する) **配置(する)** haichi (suru)	**配置，安置** pèizhì, ānzhì ペイヂー，アンヂー	arrangement; arrange アレインヂメント，アレインヂ
はいてく **ハイテク** haiteku	**高科技** gāokējì ガオクァジィ	high tech ハイ テク
ばいてん **売店** baiten	**小卖部** xiǎomàibù シアオマイブゥ	stall, stand ストール，スタンド
ばいと **バイト** baito	**零工，临时工** línggōng, línshígōng リィンゴン，リンシーゴン	part-time job, part-time worker パートタイム チャブ，パートタイム ワーカ
はいとう **配当** haitou	**分配** fēnpèi フェンペイ	dividend ディヴィデンド
ぱいなっぷる **パイナップル** painappuru	**菠萝，凤梨** bōluó, fènglí ボォルゥオ，フォンリィ	pineapple パイナプル
ばいばい(する) **売買(する)** baibai (suru)	**买卖** mǎimai マイマイ	dealing; deal in ディーリング，ディール イン
はいひーる **ハイヒール** haihiiru	**高跟鞋** gāogēnxié ガオゲンシエ	high-heeled shoes ハイヒールド シューズ
はいふ(する) **配布(する)** haifu (suru)	**分发，散发** fēnfā, sànfā フェンファア，サンファア	distribution; distribute ディストリビューション，ディストリビュト
ぱいぷ **パイプ** paipu	**烟斗** yāndǒu イエンドウ	pipe パイプ
(管)	**管道，管子** guǎndào, guǎnzi グワンダオ，グワンヅ	pipe パイプ
〜ライン	**管路，管道** guǎnlù, guǎndào グワンルゥ，グワンダオ	pipeline パイプライン
ぱいぷおるがん **パイプオルガン** paipuorugan	**管风琴** guǎnfēngqín グワンフォンチン	pipe organ パイプ オーガン

日	中	英
はいぶつ **廃物** haibutsu	**废物，废品** fèiwù, fèipǐn フェイウゥ, フェイピン	waste materials **ウェ**イスト マ**ティ**アリアル ズ
はいぼく(する) **敗北(する)** haiboku (suru)	**败仗，败北** bàizhàng, bàiběi バイヂァン, バイベイ	defeat; (be) defeat- ed ディ**フィー**ト,(ビ) ディ **フィー**テド
ばいやー **バイヤー** baiyaa	**买方，买主** mǎifāng, mǎizhǔ マイファン, マイヂュウ	buyer **バ**イア
はいゆう **俳優** haiyuu	**演员** yǎnyuán イエンユエン	actor, actress **ア**クタ, **ア**クトレス
はいりょ **配慮** hairyo	**照顾，关心** zhàogù, guānxīn ヂャオグゥ, グワンシン	consideration コンスィダ**レ**イション
はいる (場所に) **入る** hairu	**进入** jìnrù ジンルゥ	enter, go in **エ**ンタ, **ゴ**ウ イン
(加入) 	**加入，参加** jiārù, cānjiā ジアルゥ, ツァンジア	join **ヂョ**イン
はいれつ **配列** hairetsu	**排列，编排** páiliè, biānpái パイリエ, ビエンパイ	arrangement ア**レ**インヂメント
ぱいろっと **パイロット** pairotto	**飞行员** fēixíngyuán フェイシィンユエン	pilot **パ**イロト
はう **這う** hau	**爬行，匍匐** páxíng, púfú パァシィン, プゥフゥ	crawl, creep ク**ロ**ール, ク**リ**ープ
ぱうだー **パウダー** paudaa	**粉，粉末** fěn, fěnmò フェン, フェンモォ	powder **パ**ウダ
はえ **蝿** hae	**苍蝇** cāngying ツァァンイィン	fly フ**ラ**イ
はえる **生える** haeru	**长，生，发** zhǎng, shēng, fā ヂャァン, ション, ファア	grow, come out グ**ロ**ウ, **カ**ム **ア**ウト

は

日	中	英
はか **墓** haka	〔座〕坟墓 〔zuò〕fénmù 〔ヅゥオ〕フェンムゥ	grave, tomb グレイヴ, **トゥ**ーム
ばか **馬鹿** baka	愚蠢, 傻, 笨 yúchǔn, shǎ, bèn ユィチュン, シァア, ペン	fool **フ**ール
〜な	蠢, 傻, 笨 chǔn, shǎ, bèn チュン, シァア, ペン	foolish **フ**ーリシュ
はかい(する) **破壊(する)** hakai(suru)	破坏, 毁坏 pòhuài, huǐhuài ポォホアイ, ホウイホアイ	destruction; de- stroy ディスト**ラ**クション, ディス ト**ロ**イ
はがき **葉書** hagaki	〔张〕明信片 〔zhāng〕míngxìnpiàn 〔ヂァン〕ミィンシンピェン	post card **ポ**ウスト **カ**ード
はがす **剥がす** hagasu	揭开, 剥下 jiēkāi, bāoxià ジエカイ, パオシア	tear off, peel **テ**ア オフ, **ピ**ール
はかせ **博士** hakase	博士 bóshì ポォシー	doctor **ダ**クタ
〜課程	博士课程 bóshì kèchéng ポォシー クァチョン	doctoral course **ダ**クトラル **コ**ース
〜号	博士学位 bóshì xuéwèi ポォシー シュエウェイ	doctorate **ダ**クトレト
はかどる **捗る** hakadoru	进展 jìnzhǎn ジンヂャン	make progress **メ**イク プ**ラ**グレス
はかない **儚い** hakanai	无常, 短暂 wúcháng, duǎnzàn ウゥチァァン, ドワンヅァン	transient, vain ト**ラ**ンシェント, **ヴェ**イン
はかば **墓場** hakaba	〔块〕坟地, 墓地 〔kuài〕féndì, mùdì 〔クアイ〕フェンディー, ムゥディー	graveyard グ**レ**イヴャード
ばかばかしい **馬鹿馬鹿しい** bakabakashii	愚蠢, 可笑 yúchǔn, kěxiào ユィチュン, クァシアオ	ridiculous, absurd リ**ディ**キュラス, アブ**サ**ード

日	中	英
はからう **計らう** hakarau	**处理，安排** chǔlǐ, ānpái チユウリィ，アンパイ	manage, arrange マ**ニ**ヂ，アレイ**ン**ヂ
はからずも **図らずも** hakarazumo	**不料，不意** búliào, búyì ブゥリアオ，ブゥイー	unexpectedly アニクスペ**ク**テドリ
はかり **秤** hakari	**秤** chèng チョン	balance, scales **バ**ランス，ス**ケ**イルズ
はかる **計る** hakaru	**量，称** liáng, chēng リアン，チョン	measure, weigh **メ**ジャ，**ウェ**イ
はかる **図る** hakaru	**谋求** móuqiú モウチウ	plan, attempt プラン，ア**テ**ンプト
（悪事を）	**企图** qǐtú チィトゥ	attempt ア**テ**ンプト
はき(する) **破棄(する)** haki (suru)	**取消，撕毁** qǔxiāo, sīhuǐ チュイシアオ，スーホゥイ	cancellation; can-cel キャンセ**レ**イション，**キャ**ンセル
はきけ **吐き気** hakike	**恶心** ěxin ウァシン	nausea **ノ**ーズィア
はきゅう(する) **波及(する)** hakyuu (suru)	**波及，影响** bōjí, yíngxiǎng ボォジィ，イィンシアン	influence **イ**ンフルエンス
はきょく **破局** hakyoku	**悲惨的结局** bēicǎn de jiéjú ベイツァン ダ ジエジュィ	catastrophe カ**タ**ストロフィ
はく **掃く** haku	**扫** sǎo サオ	sweep, clean ス**ウィ**ープ，クリーン
はく **吐く** haku	**吐** tù トゥ	vomit **ヴァ**ミト
はく **履く** haku	**穿** chuān チュワン	put on, wear プト オン，**ウェ**ア

日	中	英
はぐ **剥ぐ** hagu	**剥** bāo バオ	tear off, peel off テア オフ, ピール オーフ
ばくが **麦芽** bakuga	**麦芽** màiyá マイヤァ	malt モルト
はくがい(する) **迫害(する)** hakugai (suru)	**迫害** pòhài ポオハイ	persecution; perse-cute パースィキューション, パースィキュート
はぐき **歯茎** haguki	**牙床, 牙龈, 齿龈** yáchuáng, yáyín, chǐyín ヤァチュアン, ヤァイン, チーイン	gums ガムズ
ばくげき **爆撃** bakugeki	**轰炸** hōngzhà ホンヂァア	bombing バミング
はくさい **白菜** hakusai	〔棵〕**白菜** [kē] báicài 〔クァ〕バイツァイ	Chinese cabbage チャイニーズ キャビヂ
はくし **白紙** hakushi	〔张〕**白纸** [zhāng] báizhǐ 〔ヂァン〕バイデー	blank paper ブランク ペイパ
はくしゅ(する) **拍手(する)** hakushu (suru)	**鼓掌, 拍手** gǔ'zhǎng, pāi'shǒu グウヂァアン, パイショウ	handclap; clap *one's* hands ハンドクラプ, クラプ ハンツ
はくしょ **白書** hakusho	**白皮书, 蓝皮书** báipíshū, lánpíshū バイピィシュウ, ランピィシュウ	white book (ホ)ワイト ブク
はくじょう(する) **白状(する)** hakujou (suru)	**招认, 招供** zhāorèn, zhāo'gòng ヂァオレン, ヂャオゴン	confession; con-fess コンフェション, コンフェス
はくじょうな **薄情な** hakujouna	**薄情, 薄幸** bóqíng, bóxìng ボォチィン, ボォシィン	coldhearted コウルドハーテド
ばくぜんと **漠然と** bakuzento	**含糊, 模糊** hánhu, móhu ハンホウ, モオホ	vaguely ヴェイグリ
ばくだいな **莫大な** bakudaina	**庞大, 巨大** pángdà, jùdà パァンダァ, ジュイダァ	vast, immense ヴァスト, イメンス

日	中	英
ばくだん **爆弾** bakudan	**炸弹** zhàdàn ヂャアダン	bomb バム
はくちょう **白鳥** hakuchou	**天鹅** tiān'é ティエンウァ	swan スワン
ばくてりあ **バクテリア** bakuteria	**细菌** xìjūn シィジュィン	bacteria バクティアリア
ばくはする **爆破する** bakuhasuru	**爆破** bàopò バオポォ	blast ブラスト
ばくはつ(する) **爆発(する)** bakuhatsu (suru)	**爆发，爆炸** bàofā, bàozhà バオファア，バオヂァア	explosion; explode イクスプロウジョン，イクス プロウド
はくぶつかん **博物館** hakubutsukan	**博物馆** bówùguǎn ボォウゥグワン	museum ミューズィアム
はくらんかい **博覧会** hakurankai	**博览会** bólǎnhuì ボォランホゥイ	exposition エクスポズィション
はぐるま **歯車** haguruma	**齿轮，牙轮** chǐlún, yálún チールゥン，ヤァルゥン	cogwheel, gear カグ(ホ)ウィール，ギア
はけ **刷毛** hake	〔把〕**刷子** 〔bǎ〕shuāzi 〔バァ〕シュアヅ	brush ブラシュ
はげ **禿** hage	**秃头，秃子** tūtóu, tūzi トゥトウ，トゥヅ	baldness ボールドネス
はげしい **激しい** hageshii	**激烈，猛烈** jīliè, měngliè ジィリエ，モンリエ	violent, intense ヴァイオレント，インテンス
ばけつ **バケツ** baketsu	**水桶** shuǐtǒng シュイトン	pail, bucket ペイル，バケト
はげます **励ます** hagemasu	**鼓励，激励** gǔlì, jīlì グゥリィ，ジィリィ	encourage インカーリヂ
はげむ **励む** hagemu	**努力，奋勉** nǔlì, fènmiǎn ヌゥリィ，フェンミエン	work hard ワーク ハード

は

日	中	英
はげる **禿げる** hageru	**禿** tū トゥ	(become) bald (ビカム) **ボ**ールド
はげる **剥げる** hageru	**脱落, 剥落** tuōluò, bōluò トゥオルゥオ, ボオルゥオ	come off **カ**ム オフ
はけん(する) **派遣(する)** haken (suru)	**派遣, 差遣** pàiqiǎn, chāiqiǎn パイチエン, チャイチエン	dispatch ディス**パ**チ
はこ **箱** hako	**盒子, 箱子** hézi, xiāngzi ホァヅ, シアンヅ	box, case **バ**クス, **ケ**イス
はこぶ **運ぶ** hakobu	**搬运, 运送** bānyùn, yùnsòng バンユィン, ユィンソン	carry **キャ**リ
ばざー **バザー** bazaa	**义卖会** yìmàihuì イーマイホゥイ	charity bazaar **チャ**リティ バ**ザ**ー
はさまる **挟まる** hasamaru	**夹** jiā ジア	get in between **ゲ**ト イン ビ**トゥィ**ーン
はさみ **鋏** hasami	〔把〕**剪刀, 剪子** (bǎ) jiǎndāo, jiǎnzi (バァ) ジエンダオ, ジエンヅ	scissors **ス**ィザズ
はさむ **挟む** hasamu	**夹** jiā ジア	put in between **プ**ト イン ビ**トゥィ**ーン
はさん(する) **破産(する)** hasan (suru)	**破产, 倒闭** pòchǎn, dǎobì ポォチャン, ダオビィ	bankruptcy; go bankrupt バンクラプトスィ, **ゴ**ウ バ ンク**ラ**プト
はし **橋** hashi	〔座〕**桥, 桥梁** (zuò) qiáo, qiáoliáng (ヅゥオ) チアオ, チアオリアン	bridge ブ**リ**ヂ
はし **端** hashi	**端, 头** duān, tóu ドワン, トウ	end, tip **エ**ンド, **ティ**プ
はし **箸** hashi	〔双〕**筷子** (shuāng) kuàizi (シュアン) クアイヅ	chopsticks **チャ**プスティクス

日	中	英
はじ **恥** haji	耻辱，羞耻 chǐrǔ, xiūchǐ チールゥ，シウチー	shame, humiliation シェイム，ヒューミリエイ ション
はしか **麻疹** hashika	麻疹 mázhěn マァヂェン	measles ミーズルズ
はしご **梯子** hashigo	阶梯，梯子 jiētī, tīzi ジエティー，ティーヅ	ladder ラダ
～車	云梯消防车 yúntī xiāofángchē ユィンティー シアオファンチョア	ladder truck ラダ トラク
はじまり **始まり** hajimari	开始，起点 kāishǐ, qǐdiǎn カイシー，チィディエン	beginning ビギニング
（起源）	起源 qǐyuán チィユエン	origin オーリヂン
はじまる **始まる** hajimaru	开始 kāishǐ カイシー	begin, start ビギン，スタート
はじめ **初め** hajime	最初，开头 zuìchū, kāitóu ヅゥイチュウ，カイトウ	beginning ビギニング
はじめて **初めて** hajimete	第一次，初次 dìyī cì, chūcì ディーイー ツー，チュウツー	for the first time フォ ザ ファースト タイム
はじめる **始める** hajimeru	开始 kāishǐ カイシー	begin, start ビギン，スタート
ぱじゃま **パジャマ** pajama	〔件／套〕睡衣 〔jiàn/tào〕shuìyī 〔ジエン／タオ〕シュイイー	pajamas パヂャーマズ
はしゅつじょ **派出所** hashutsujo	派出所 pàichūsuǒ パイチュウスウォ	police box ポリース バクス
ばしょ **場所** basho	地方，地点 dìfang, dìdiǎn ディーファァン，ディーディエン	place, site プレイス，サイト
（余地）	空当，空地 kòngdāng, kòngdì コンダァン，コンディー	room, space ルーム，スペイス

は

日	中	英
はしら **柱** hashira	〔根〕柱子，柱头 [gēn] zhùzi, zhùtóu [ゲン] デュウヅ, デュウトウ	pillar, post ピラ, ポウスト
はしらどけい **柱時計** hashiradokei	**挂钟** guàzhōng グアヂォン	(wall) clock (ウォール) クラク
はしりたかとび **走り高跳び** hashiritakatobi	**跳高** tiàogāo ティアオガオ	high jump ハイ ヂャンプ
はしりはばとび **走り幅跳び** hashirihabatobi	**跳远** tiàoyuǎn ティアオユエン	broad jump ブロード ヂャンプ
はしる **走る** hashiru	**跑** pǎo パオ	run, dash ラン, ダシュ
はじる **恥じる** hajiru	**羞愧，惭愧** xiūkuì, cánkuì シウクゥイ, ツァンクゥイ	(be) ashamed (ビ) アシェイムド
はす **蓮** hasu	**荷花** héhuā ホァホァ	lotus ロウタス
ばす **バス** basu	**公共汽车** gōnggòng qìchē ゴンゴン チチョァ	bus バス
～停	**汽车站** qìchēzhàn チチョァヂャン	bus stop バス スタプ
ばす **バス**　　　(風呂) basu	**浴室，洗澡间** yùshì, xǐzǎojiān ユイシー, シィヅァオジエン	bath バス
ばす **バス**　　　(音楽) basu	**低音** dīyīn ディーイン	bass バス
ぱす **パス**　　(定期券) pasu	**月票** yuèpiào ユエピアオ	commuter's ticket コミュータズ ティケト
(スポーツで)	**传球** chuán'qiú チュワンチウ	pass パス
はずかしい **恥ずかしい** hazukashii	**害羞** hàixiū ハイシウ	shameful シェイムフル

日	中	英
（きまりが悪い）	难为情，不好意思 nánwéiqíng, bù hǎoyìsi ナンウェイチィン，ブゥ ハオイース	(be) ashamed (ビ) アシェイムド
はすきーな **ハスキーな** hasukiina	沙哑，嘶哑 shāyǎ, sīyǎ シャアヤァ，スーヤァ	husky ハスキ
ばすけっとぼーる **バスケットボール** basukettobooru	篮球 lánqiú ランチウ	basketball バスケトボール
はずす **外す** hazusu	取，摘 qǔ, zhāi チュイ，ヂャイ	take off, remove テイク オーフ，リムーヴ
ぱすぽーと **パスポート** pasupooto	护照 hùzhào ホゥヂャオ	passport パスポート
はずむ **弾む** hazumu	跳，弹 tiào, tán ティアオ，タン	bounce, bound バウンス，バウンド
はずれ **外れ** hazure	空签，没中 kōngqiān, méi zhòng コンチエン，メイ ヂョン	blank ブランク
（町の）	尽头，郊外 jìntóu, jiāowài ジントウ，ジアオワイ	outskirts アウトスカーツ
はずれる **外れる** hazureru	脱落，掉下 tuōluò, diàoxià トゥオルウオ，ディアオシア	come off カム オフ
（当たらない）	不中 bú zhòng ブゥ ヂョン	miss, fail ミス，フェイル
ぱすわーど **パスワード** pasuwaado	密码 mìmǎ ミィマァ	password パスワード
はせい（する） **派生（する）** hasei (suru)	派生 pàishēng パイション	derivation; derive from デリヴェイション，ディライヴ フラム
ぱせり **パセリ** paseri	荷兰芹，欧芹 hélánqín, ōuqín ホァランチン，オウチン	parsley パースリ

日	中	英
ぱそこん **パソコン** pasokon	（个人）电脑 (gèrén)diànnǎo (グァレン)ディエンナオ	personal computer パーソナル コンピュータ
はそん（する） **破損（する）** hason (suru)	破损，损坏 pòsǔn, sǔnhuài ポォスゥン, スゥンホアイ	damage; (be) dam-aged **ダ**ミデ, (ピ) **ダ**ミデド
はた **旗** hata	〔面〕旗子，旗帜 [miàn] qízi, qízhì 〔ミエン〕チィヅ, チィヂー	flag, banner フ**ラ**グ, **バ**ナ
はだ **肌** hada	皮肤 pífū ピィフゥ	skin ス**キ**ン
〜寒い	清冷 qīnglěng チィンルォン	chilly **チ**リ
ぱたー **バター** bataa	黄油，奶油 huángyóu, nǎiyóu ホアンヨウ, ナイヨウ	butter **バ**タ
ぱたーん **パターン** pataan	型，式样 xíng, shìyàng シィン, シーヤン	pattern パ**タ**ン
はだか **裸** hadaka	裸体，赤身 luǒtǐ, chìshēn ルゥオティー, チーシェン	nakedness **ネ**イキドネス
はだぎ **肌着** hadagi	内衣，汗衫 nèiyī, hànshān ネイイー, ハンシャン	underwear **ア**ンダウェア
はたけ **畑** hatake	〔块／亩〕旱田，田地 [kuài/mǔ] hàntián, tiándì 〔クアイ／ムゥ〕ハンティエン, ティエンディー	field, farm **フ**ィールド, **ファ**ーム
はだし **裸足** hadashi	赤脚 chìjiǎo チージアオ	bare feet ベア **フ**ィート
はたす **果たす** hatasu	实行，实践 shíxíng, shíjiàn シーシィン, シージエン	realize, carry out **リ**ーアライズ, **キャ**リ **ア**ウト
（成就）	完成，实现 wánchéng, shíxiàn ワンチョン, シーシエン	achieve ア**チ**ーヴ

日	中	英
はたらき **働き** hataraki	**工作，劳动** gōngzuò, láodòng ゴンヅゥオ, ラオドン	work, labor ワーク, レイバ
（活動）	**活动** huódòng ホゥオドン	action, activity アクション, アク**ティ**ヴィティ
（機能）	**作用，功能** zuòyòng, gōngnéng ヅゥオヨン, ゴンヌオン	function **ファ**ンクション
（功績）	**功劳，功绩** gōngláo, gōngjì ゴンラオ, ゴンジィ	achievement ア**チ**ーヴメント
はたらく **働く** hataraku	**工作，劳动** gōngzuò, láodòng ゴンヅゥオ, ラオドン	work ワーク
（作用）	**起作用，发挥作用** qǐ zuòyòng, fāhuī zuòyòng チィ ヅゥオヨン, ファアホゥイ ヅゥオヨン	act on **ア**クト オン
はち **鉢** hachi	**盆，大碗** pén, dàwǎn ペン, ダアワン	bowl, pot **ボ**ウル, **パ**ト
はち **蜂** hachi	〔只〕**蜂** 〔zhī〕fēng 〔ヂー〕フォン	bee **ビ**ー
～の巣	**蜂窝，蜂巢** fēngwō, fēngcháo フォンウオ, フォンチャオ	beehive, honey-comb **ビ**ーハイヴ, **ハ**ニコウム
～蜜	**蜂蜜** fēngmì フォンミィ	honey **ハ**ニ
ばち **罰** bachi	**报应** bàoying バオイン	divine punishment ディ**ヴァ**イン **パ**ニシュメント
はちがつ **八月** hachigatsu	**八月** bāyuè バァユエ	August **オ**ーガスト
はちょう **波長** hachou	**波长** bōcháng ボォチャアン	wavelength **ウェ**イヴレングス
ばつ **罰** batsu	**惩罚，处罚** chéngfá, chǔfá チョンファア, チュウファア	punishment, penalty **パ**ニシュメント, **ペ**ナルティ

は

日	中	英
はついく（する） **発育（する）** hatsuiku (suru)	**发育，成长** fāyù, chéngzhǎng ファアユィ, チョンヂァァン	growth; grow グロウス, グロウ
はつおん（する） **発音（する）** hatsuon (suru)	**发音** fā'yīn ファアイン	pronunciation; pronounce プロナンスィエイション, プ ロナウンス
はっきする **発揮する** hakkisuru	**发挥，施展** fāhuī, shīzhǎn ファアホゥイ, シーヂャン	display, show ディスプレイ, **ショ**ウ
はっきり **はっきり** hakkiri	**清楚，明确** qīngchu, míngquè チンチュ, ミンチュエ	clearly クリアリ
〜する	**清楚，明白** qīngchu, míngbai チンチュ, ミンバイ	(become) clear (ビカム) クリア
ばっきん **罰金** bakkin	**罚款** fá'kuǎn ファアクワン	fine **ファ**イン
ばっく **バック** bakku	**后面，背后** hòumiàn, bèihòu ホウミエン, ペイホウ	back, rear バク, リア
（背景）	**背景** bèijǐng ペイジン	background バクグラウンド
（後援）	**后援** hòuyuán ホウユエン	backing, support バキング, サポート
ばっぐ **バッグ** baggu	**包** bāo バオ	bag バグ
ぱっく（する） **パック（する）** （美容の） pakku (suru)	**面膜** miànmó ミエンモォ	pack パク
はっくつ（する） **発掘（する）** hakkutsu (suru)	**发掘** fājué ファアジュエ	excavation; exca- vate エクスカ**ヴェ**イション, **エ**ク スカヴェイト
ばつぐんの **抜群の** batsugunno	**出众** chūzhòng チュウヂォン	outstanding アウトス**タ**ンディング

607

日	中	英
ぱっけーじ **パッケージ** pakkeeji	**包装** bāozhuāng パオヂュアン	package パケヂ
はっけっきゅう **白血球** hakkekkyuu	**白血球** báixuèqiú バイシュエチウ	white blood cell (ホ)**ワ**イト ブラド **セ**ル
はっけつびょう **白血病** hakketsubyou	**白血病** báixuèbìng バイシュエビイン	leukemia ルー**キ**ーミア
はっけん(する) **発見(する)** hakken (suru)	**发现** fāxiàn ファアシエン	discovery; discover ディス**カ**ヴァリ, ディス**カ**ヴァ
はつげん(する) **発言(する)** hatsugen (suru)	**发言** fā'yán ファアイエン	statement; speak ス**テ**イトメント, ス**ピ**ーク
はつこい **初恋** hatsukoi	**初恋** chūliàn チュウリエン	first love **ファ**ースト ラヴ
はっこう(する) **発行(する)** hakkou (suru)	**发行** fāxíng ファアシイン	publication; publish パブリ**ケ**イション, **パ**ブリシュ
はっさん(する) **発散(する)** hassan (suru)	**发散** fāsàn ファアサン	emission; emit イ**ミ**ション, イ**ミ**ト
ばっじ **バッジ** bajji	〔枚〕**徽章, 证章** 〔méi〕huīzhāng, zhèngzhāng 〔メイ〕ホウイヂァン, ヂョンヂァン	badge バヂ
はっしゃする **発射する** hasshasuru	**发射, 开枪** fāshè, kāiqiāng ファアショア, カイチアン	fire, shoot **ファ**イア, **シュ**ート
はっしゃする **発車する** hasshasuru	**开车, 发车** kāi'chē, fā'chē カイチョア, ファアチョア	depart ディ**パ**ート
はっしん(する) **発信(する)** hasshin (suru)	**发报** fā'bào ファアバオ	transmission; transmit トランス**ミ**ション, トランス**ミ**ト
ばっすい(する) **抜粋(する)** bassui (suru)	**摘录** zhāilù ヂャイルゥ	extraction; extract イクスト**ラ**クション, イクスト**ラ**クト

は

日	中	英
はっする **発する** hassuru	**发，发出** fā, fāchū ファア，ファアチュウ	give off, emit ギヴ オーフ, イミト
（声を）	**发出声音** fāchū shēngyīn ファアチュウ ションイン	utter アタ
ばっする **罰する** bassuru	**处罚，惩罚** chǔfá, chéngfá チュウファア，チョンファア	punish パニシュ
はっせいする **発生する** hasseisuru	**发生，出现** fāshēng, chūxiàn ファアション，チュウシエン	occur オカー
はっそう(する) **発送(する)** hassou (suru)	**发送，寄出** fāsòng, jìchū ファアソン，ジィチュウ	sending out; send out センディング アウト, センド アウト
ばった **飛蝗** batta	〔只〕**蚱蜢，飞蝗** 〔zhī〕zhàměng, fēihuáng 〔ヂー〕ヂャアモン，フェイホアン	grasshopper グラスハパ
はったつ(する) **発達(する)** hattatsu (suru)	**发达，发展** fādá, fāzhǎn ファアダァ，ファアヂャン	development; develop ディヴェロプメント, ディヴェロプ
はっちゅう(する) **発注(する)** hacchuu (suru)	**订购，订货** dìnggòu, dìng'huò ディンゴウ，ディンホゥオ	ordering; order オーダリング, オーダ
ぱっちわーく **パッチワーク** pacchiwaaku	**拼凑** pīncòu ピンツォウ	patchwork パチワーク
ばってりー **バッテリー** batterii	**蓄电池** xùdiànchí シュイディエンチー	battery バタリ
はってん(する) **発展(する)** hatten (suru)	**发展** fāzhǎn ファアヂャン	development; develop ディヴェロプメント, ディヴェロプ
〜途上国	**发展中国家** fāzhǎnzhōng guójiā ファアヂャンヂォン グゥオジア	developing country ディヴェロピング カントリ

609

日	中	英
はつでん（する） **発電（する）** hatsuden (suru)	**发电** fā'diàn ファアディエン	generation of electricity; generate electricity ヂェネ**レ**イション オヴ イレク**ト**リスィティ, **ヂェ**ネレイト イレク**ト**リスィティ
はっぱ **発破** happa	**爆破** bàopò バオポォ	blast ブ**ラ**スト
はつばい（する） **発売（する）** hatsubai (suru)	**发售，出售** fāshòu, chūshòu ファアショウ, チュウショウ	sale; put on sale **セ**イル, **プ**ト オン **セ**イル
はっぴーえんど **ハッピーエンド** happiiendo	**大团圆** dàtuányuán ダァトワンユエン	happy ending ハピ **エ**ンディング
はっぴょう（する） **発表（する）** happyou (suru)	**发表** fābiǎo ファアビアオ	announcement; announce ア**ナ**ウンスメント, ア**ナ**ウンス
はつびょう（する） **発病（する）** hatsubyou (suru)	**生病，得病** shēng'bìng, dé'bìng ションビィン, ドゥァビィン	attack; get sick ア**タ**ク, **ゲ**ト ス**ィ**ク
はつめい（する） **発明（する）** hatsumei (suru)	**发明** fāmíng ファアミィン	invention; invent イン**ヴェ**ンション, イン**ヴェ**ント
はて **果て** hate	**边际，尽头** biānjì, jìntóu ビエンジィ, ジントウ	end **エ**ンド
はてしない **果てしない** hateshinai	**无涯，无限** wúyá, wúxiàn ウゥヤァ, ウゥシエン	endless **エ**ンドレス
はでな **派手な** hadena	**浮华，鲜艳** fúhuá, xiānyàn フゥホア, シエンイエン	gay, showy **ゲ**イ, **ショ**ウイ
はと **鳩** hato	〔只〕**鸽子** 〔zhī〕gēzi 〔ヂー〕 グァヅ	pigeon, dove **ピ**ヂョン, **ダ**ヴ
ばとうする **罵倒する** batousuru	**漫骂，痛骂** mànmà, tòngmà マンマァ, トンマァ	denounce ディ**ナ**ウンス
ぱとかー **パトカー** patokaa	**警车，巡逻车** jǐngchē, xúnluóchē ジィンチョア, シュインルゥオチョア	squad car スク**ワ**ド **カ**ー

は

日	中	英
ばどみんとん **バドミントン** badominton	**羽毛球** yǔmáoqiú ユィマオチウ	badminton バドミントン
ぱとろーる **パトロール** patorooru	**巡逻，巡查** xúnluó, xúnchá シュインルゥオ，シュインチァア	patrol パトロウル
はな **花** hana	〔朵〕**花** 〔duǒ〕huā 〔ドゥオ〕ホア	flower フラワア
はな **鼻** hana	**鼻子** bízi ビィヅ	nose ノウズ
はなし **話** hanashi	〔句／段〕**话，会话** 〔jù/duàn〕huà, huìhuà 〔ジュィ／ドワン〕ホア，ホゥイホア	talk, conversation トーク，カンヴァセイション
（物語）	**故事** gùshi グゥシ	story ストーリ
はなしあい **話し合い** hanashiai	**谈判，协商** tánpàn, xiéshāng タンパン，シエシャァン	talk, discussion トーク，ディスカション
はなしあう **話し合う** hanashiau	**谈话，商量** tán'huà, shāngliang タンホア，シャァンリアン	talk with, discuss with トーク ウィズ，ディスカス ウィズ
はなす **放す** hanasu	**放开，松开** fàngkāi, sōngkāi ファァンカイ，ソンカイ	free, release フリー，リリース
はなす **話す** hanasu	**说，讲，谈** shuō, jiǎng, tán シュオ，ジアン，タン	speak, talk スピーク，トーク
はなす **離す** hanasu	**分开，离开** fēnkāi, líkāi フェンカイ，リィカイ	separate, detach セパレイト，ディタチ
はなたば **花束** hanataba	**花束** huāshù ホアシュウ	bouquet ブーケイ
はなぢ **鼻血** hanaji	**鼻血** bíxuè ビィシュエ	nosebleed ノウズブリード

日	中	英
ばなな **バナナ** banana	〔根／把〕香蕉 〔gēn/bǎ〕xiāngjiāo 〔ゲン／バァ〕シアンジアオ	banana バナナ
はなはだしい **甚だしい** hanahadashii	很，甚，非常 hěn, shèn, fēicháng ヘン，シェン，フェイチァァン	extreme イクストリーム
はなび **花火** hanabi	烟火，焰火 yānhuo, yànhuǒ イエンホゥオ，イエンホゥオ	fireworks ファイアワークス
はなびら **花びら** hanabira	花瓣 huābàn ホアバン	petal ペタル
はなみ **花見** hanami	观赏樱花 guānshǎng yīnghuā グワンシャァン イィンホア	cherry blossom viewing チェリ ブラソム **ヴ**ューイン グ
はなみず **鼻水** hanamizu	鼻涕 bítì ビィティー	snivel スニヴル
はなやかな **華やかな** hanayakana	华丽，盛大 huálì, shèngdà ホアリィ，ションダァ	gorgeous, bright **ゴ**ーヂャス，ブ**ラ**イト
はなれる **離れる** hanareru	离开，分离 líkāi, fēnlí リィカイ，フェンリィ	leave, go away from **リ**ーヴ，**ゴ**ウ ア**ウェ**イ フラ ム
はにかむ **はにかむ** hanikamu	腼腆，害羞 miǎntiǎn, hàixiū ミエンティエン，ハイシウ	(be) shy (ビ) **シャ**イ
ぱにっく **パニック** panikku	恐慌，惊慌 kǒnghuāng, jīnghuāng コンホアン，ジィンホアン	panic パニク
ばにら **バニラ** banira	香草 xiāngcǎo シアンツァオ	vanilla ヴァニラ
はね **羽** hane	羽毛 yǔmáo ユィマオ	feather, plume **フェ**ザ，ブルーム
（翼）	翅膀，翼 chìbǎng, yì チーバァン，イー	wing **ウィ**ング

は

日	中	英
ばね **ばね** bane	**弾簧，发条** tánhuáng, fātiáo タンホアン，ファアティアオ	spring スプリング
はねむーん **ハネムーン** hanemuun	**新婚旅行** xīnhūn lǚxíng シンホゥン リュィシィン	honeymoon ハニムーン
はねる **跳ねる** haneru	**跳，蹦** tiào, bèng ティアオ，ボン	leap, jump リープ，チャンプ
はは（おや） **母(親)** haha (oya)	**母亲** mǔqin ムゥチン	mother マザ
〜方	**母系** mǔxì ムゥシィ	mother's side マザズ サイド
はば **幅・巾** haba	**宽度，幅度** kuāndù, fúdù クワンドゥ，フゥドゥ	width, breadth ウィドス，ブレドス
はばたく **羽ばたく** habataku	**振翅，拍打翅膀** zhènchì, pāida chìbǎng ヂェンチー，パイダ チーバァン	flutter, flap フラタ，フラプ
はばつ **派閥** habatsu	**派系** pàixì パイシィ	faction ファクション
はばとび **幅跳び** habatobi	**跳远** tiàoyuǎn ティアオユエン	broad jump ブロード チャンプ
はばひろい **幅広い** habahiroi	**广泛，广大** guǎngfàn, guǎngdà グアンファン，グアンダァ	wide, broad ワイド，ブロード
はばむ **阻む** habamu	**挡住，阻止** dǎngzhù, zǔzhǐ ダァンヂュウ，ヅゥヂー	prevent from, block プリヴェント フラム，ブラック
ぱふぇ **パフェ** pafe	**冻糕，冷糕** dònggāo, lěnggāo ドンガオ，ルォンガオ	parfait パーフェイ
はぶく **省く** habuku	**去掉，省略** qùdiào, shěnglüè チュィディアオ，ションリュエ	omit, exclude オウミト，イクスクルード

は

日	中	英
(削減)	节省，紧缩 jiéshěng, jǐnsuō ジエション，ジンスウオ	save, reduce セイヴ, リデュース
はぷにんぐ **ハプニング** hapuningu	意外事件，偶发事件 yìwài shìjiàn, ǒufā shìjiàn イーワイ シージエン，オウファア シージエン	happening ハプニング
はぶらし **歯ブラシ** haburashi	〔把〕牙刷 〔bǎ〕yáshuā 〔バァ〕ヤアシュア	toothbrush トゥースブラシュ
はまき **葉巻** hamaki	〔支／根〕雪茄，叶卷烟 〔zhī／gēn〕xuějiā, yèjuǎnyān 〔ヂー／ゲン〕シュエジア，イエジュエンイエン	cigar スィガー
はまぐり **蛤** hamaguri	文蛤，蛤蜊 wéngé, géli ウェングァ，グァリ	clam クラム
はまべ **浜辺** hamabe	海滨 hǎibīn ハイビン	beach, seashore ビーチ, スィーショー
はまる **嵌まる** hamaru	套上，嵌入 tàoshàng, qiànrù タオシャァン，チエンルゥ	fit into フィト イントゥ
はみがき **歯磨き** hamigaki	〔支／管〕牙膏，牙粉 〔zhī／guǎn〕yágāo, yáfěn 〔ヂー／グワン〕ヤァガオ，ヤァフェン	toothpaste トゥースペイスト
はむ **ハム** hamu	火腿 huǒtuǐ ホウオトウイ	ham ハム
はめつ(する) **破滅(する)** hametsu (suru)	毁灭，灭亡 huǐmiè, mièwáng ホウイミエ，ミエファン	ruin; (be) ruined ルーイン, (ビ) ルーインド
はめる **嵌める** hameru	嵌，镶 qiàn, xiāng チエン，シアン	put in, set プト イン, セト
(騙す)	欺骗，陷害 qīpiàn, xiànhài チイピエン，シエンハイ	entrap, cheat イントラプ, チート
ばめん **場面** bamen	场面，情景 chǎngmiàn, qíngjǐng チャァンミエン，チンジィン	scene スィーン

は

日	中	英
はやい **早い** hayai	**早** zǎo ヴァオ	early **ア**ーリ
はやい **速い** hayai	**快，迅速** kuài, xùnsù クアイ，シュインスゥ	quick, fast ク**ウィ**ク，**ファ**スト
はやおきする **早起きする** hayaokisuru	**早起** zǎo qǐ ヴァオ チィ	get up early **ゲ**ト アプ **ア**ーリ
はやく **早く** hayaku	**早，早就** zǎo, zǎojiù ヴァオ，ヴァオジウ	early, soon **ア**ーリ，**ス**ーン
はやく **速く** hayaku	**快，迅速** kuài, xùnsù クアイ，シュインスゥ	quickly, fast ク**ウィ**クリ，**ファ**スト
はやさ **速さ** hayasa	**速度，速率** sùdù, sùlǜ スゥドゥ，スゥリュィ	speed, velocity ス**ピ**ード，ヴェ**ラ**スィティ
はやし **林** hayashi	**树林** shùlín シュウリン	grove, woods グ**ロ**ウヴ，**ウ**ヅ
はやす **生やす** hayasu	**生长，留《胡子》** shēngzhǎng, liúhúzi ションヂャァン，リウ**フゥ**ヅ	grow, cultivate グ**ロ**ウ，**カ**ルティヴェイト
はやねする **早寝する** hayanesuru	**早睡** zǎo shuì ヴァオ シュイ	go to bed early **ゴ**ウ トゥ **ベ**ド **ア**ーリ
はやめに **早めに** hayameni	**提前，早些** tíqián, zǎoxiē ティーチエン，ヴァオシエ	early, in advance **ア**ーリ，イン アド**ヴァ**ンス
はやめる **速[早]める** hayameru	**加快，提前** jiākuài, tíqián ジアクアイ，ティーチエン	quicken, hasten ク**ウィ**クン，**ヘ**イスン
はやり **流行り** hayari	**流行，时髦** liúxíng, shímáo リウシィン，シーマオ	fashion, mode **ファ**ション，**モ**ウド
はやる **流行る** hayaru	**流行，时髦** liúxíng, shímáo リウシィン，シーマオ	(be) popular (ビ) **パ**ピュラ
（病気などが）	**流行，蔓延** liúxíng, mànyán リウシィン，マンイエン	(be) prevalent (ビ) プ**レ**ヴァレント

日	中	英
（繁盛）	繁荣，兴旺 fánróng, xīngwàng ファンロン，シィンワン	(be) prosperous (ビ) プラスペラス
はら **腹** hara	肚子 dùzi ドゥヅ	belly ベリ
ばら **薔薇** bara	玫瑰，蔷薇 méiguì, qiángwēi メイグゥイ，チアンウェイ	rose ロゥズ
ばらーど **バラード** baraado	叙事曲，抒情曲 xùshìqǔ, shūqíngqǔ シュィシーチュィ，シュウチンチュィ	ballad バラド
はらいもどし **払い戻し** haraimodoshi	付还，退还 fùhuán, tuìhuán フゥフワン，トゥイホワン	repayment, refund リペイメント，リ**ファ**ンド
はらいもどす **払い戻す** haraimodosu	付还，退还 fùhuán, tuìhuán フゥフワン，トゥイホワン	refund, repay リ**ファ**ンド，リ**ペ**イ
はらう **払う** harau	付款，支付 fùkuǎn, zhīfù フゥクワン，ヂーフゥ	pay ペイ
ばらす **ばらす** （ばらばらに） barasu	拆开，拆卸 chāikāi, chāixiè チャイカイ，チャイシエ	take to pieces **テ**イク トゥ **ピ**ースィズ
（暴露）	揭露，揭穿 jiēlù, jiēchuān ジエルゥ，ジエチュワン	disclose, expose ディスク**ロ**ゥズ，イクス**ポ**ゥ ズ
ぱらどっくす **パラドックス** paradokkusu	悖论，反论 bèilùn, fǎnlùn ベイルゥン，ファンルゥン	paradox パラダクス
ばらばら **ばらばら** barabara	零散，七零八落 língsan, qī líng bā luò リィンサン，チィ リィン バァ ルゥオ	separate, scattered **セ**パレイト，ス**キャ**タド
ばらまく **ばら撒く** baramaku	散播，散布 sànbō, sànbù サンボォ，サンプゥ	scatter ス**キャ**タ
ぱらりんぴっく **パラリンピック** pararinpikku	残疾人奥运会 Cánjírén Àoyùnhuì ツァンジレン アオユィンホゥイ	Paralympics パラ**リ**ンピクス
はらわた **腸** harawata	肠 cháng チァァン	bowels, intestines **バ**ウエルズ，イン**テ**スティン ズ

日	中	英
(動物の)	内脏 nèizàng ネイヅァン	entrails エントレイルズ
ばらんす **バランス** baransu	平衡，均衡 pínghéng, jūnhéng ピィンヘゥン, ジュィンヘゥン	balance バランス
はり **針** hari	〔根〕针 [gēn] zhēn 〔ゲン〕ヂェン	needle ニードル
(釣り針)	钓钩，鱼钩 diàogōu, yúgōu ディアオゴウ, ユイゴウ	hook フク
(時計の)	表针 biǎozhēn ビアオヂェン	hand ハンド
ばりうむ **バリウム** bariumu	钡 bèi ペイ	barium ベアリアム
はりがね **針金** harigane	〔条／根〕铁丝，钢丝 [tiáo/gēn] tiěsī, gāngsī 〔ティアオ／ゲン〕ティエスー, ガァンスー	wire ワイア
はりがみ **張り紙** harigami	贴纸 tiēzhǐ ティエヂー	bill, poster ビル, ポウスタ
はりきる **張り切る** harikiru	干劲儿十足，精力充沛 gànjìnr shízú, jīnglì chōngpèi ガンジル シーヅゥ, ジィンリィ チォンペイ	(be) vigorous (ビ) ヴィゴラス
ばりけーど **バリケード** barikeedo	路障，街垒 lùzhàng, jiēlěi ルゥヂァァン, ジエレイ	barricade バリケイド
ばりとん **バリトン** bariton	男中音 nánzhōngyīn ナンヂォンイン	baritone バリトウン
はる **春** haru	春天，春季 chūntiān, chūnjì チュンティエン, チュンジィ	spring スプリング
はる **張る** haru	拉长，伸展 lācháng, shēnzhǎn ラァチャァン, シェンヂャン	stretch, extend ストレチ, イクステンド
はる **貼る** haru	贴，粘，糊 tiē, zhān, hú ティエ, ヂャン, ホゥ	stick, put on スティク, プト オン

日	中	英
ばるこにー **バルコニー** barukonii	阳台，凉台 yángtái, liángtái ヤンタイ，リアンタイ	balcony バルコニ
ばるぶ **バルブ** barubu	阀，活门 fá, huómén ファア，ホウォメン	valve **ヴァ**ルヴ
はれ **晴れ** hare	晴，晴天 qíng, qíngtiān チン，チンティエン	fine weather **ファイン ウェ**ザ
ばれえ **バレエ** baree	芭蕾舞 bālěiwǔ バァレイウゥ	ballet バレイ
ばれーぼーる **バレーボール** bareebooru	排球 páiqiú パイチウ	volleyball **ヴァ**リボール
はれつ（する） **破裂（する）** haretsu (suru)	破裂 pòliè ポォリエ	explosion; explode イクスプロウジョン，イクス プロウド
ぱれっと **パレット** paretto	调色板 tiáosèbǎn ティアオスァバン	palette パレト
はれもの **腫物** haremono	疙瘩，疖子 gēda, jiēzi グァダ，ジエヅ	swelling, boil スウェリング，**ボ**イル
ばれりーな **バレリーナ** bareriina	芭蕾舞女演员 bālěiwǔ nǚyǎnyuán バァレイウゥ ニュイイエンユエン	ballerina バレ**リ**ーナ
はれる **腫れる** hareru	肿，肿胀 zhǒng, zhǒngzhàng ヂォン，ヂォンヂァ ン	(become) swollen (ビカム) ス**ウォ**ウルン
はれる **晴れる** hareru	晴，转晴 qíng, zhuǎn qíng チン，ヂュワン チン	clear up ク**リ**ア **ア**プ
ばれる **ばれる** bareru	暴露，败露 bàolù, bàilù パオルゥ，バイルゥ	(be) exposed (ビ) イクス**ポ**ウズド
ばろっく **バロック** barokku	巴洛克式 Bāluòkèshì バァルゥオクァシー	Baroque バ**ロ**ウク
はん **半** han	半，一半 bàn, yíbàn バン，イーバン	half ハフ

日	中	英
はん(こ) **判・判子** han (ko)	**图章，印章** túzhāng, yìnzhāng トゥヂャアン，インヂャアン	seal, stamp スィール，スタンプ
ばん **晩** ban	**晩上** wǎnshang ワンシャアン	evening, night イーヴニング，**ナ**イト
ぱん **パン** pan	**面包** miànbāo ミエンバオ	bread ブレド
～屋	**面包店** miànbāodiàn ミエンバオディエン	bakery ベイカリ
はんい **範囲** han-i	**范围** fànwéi ファンウェイ	limit, sphere リミト，ス**フィ**ア
はんいご **反意語** han-igo	**反义词** fǎnyìcí ファンイーツー	antonym **ア**ントニム
はんえい(する) **繁栄(する)** han-ei (suru)	**繁荣，兴旺** fánróng, xīngwàng ファンロン，シィンワン	prosperity; (be) prosperous プラス**ペ**リティ，(ビ) プラス ペラス
はんが **版画** hanga	〔幅／张〕**版画** 〔fú/zhāng〕bǎnhuà 〔フゥ／ヂャアン〕バンホア	print, woodcut プリント，**ウ**ドカト
はんがー **ハンガー** hangaa	**衣架** yījià イージア	hanger ハンガ
はんがく **半額** hangaku	**半价** bànjià バンジア	half the price ハフ ザ プ**ラ**イス
はんかち **ハンカチ** hankachi	〔块／条〕**手帕，手绢** 〔kuài/tiáo〕shǒupà, shǒujuàn 〔クアイ／ティアオ〕ショウパ，ショウ ジュエン	handkerchief ハンカチフ
はんかん **反感** hankan	**反感** fǎngǎn ファンガン	antipathy アン**ティ**パスィ
はんぎゃく(する) **反逆(する)** hangyaku (suru)	**背叛，造反** bèipàn, zào'fǎn ベイパン，ヅァオファン	rebellion; rebel リ**ベ**リオン，リベル

日	中	英
はんきょう **反響** hankyou	**回响** huíxiǎng ホウイシアン	echo エコウ
（反応） 	**反应，反响** fǎnyìng, fǎnxiǎng ファンイィン，ファンシアン	response リスパンス
ぱんく **パンク** panku	**放炮** fàngpào ファァンパオ	puncture パンクチャ
ばんぐみ **番組** bangumi	**节目** jiémù ジエムゥ	program プロウグラム
ばんぐらでしゅ **バングラデシュ** banguradeshu	**孟加拉国** Mèngjiālāguó モンジアラァグゥオ	Bangladesh バングラ**デ**シュ
はんけい **半径** hankei	**半径** bànjìng バンジィン	radius **レ**イディアス
はんげき（する） **反撃（する）** hangeki (suru)	**反击，反攻** fǎnjī, fǎngōng ファンジィ，ファンゴン	counterattack; strike back **カ**ウンタラタク，スト**ラ**イク バク
はんけつ **判決** hanketsu	**判决** pànjué パンジュエ	judgment **ヂャ**デメント
ばんけん **番犬** banken	**看门狗，看家狗** kānméngǒu, kānjiāgǒu カンメンゴウ，カンジアゴウ	watchdog **ワ**チドーグ
はんご **反語** （皮肉） hango	**反话，讽刺** fǎnhuà, fěngcì ファンホア，フォンツー	irony **ア**イアロニ
はんこう（する） **反抗（する）** hankou (suru)	**反抗，抵抗** fǎnkàng, dǐkàng ファンカァン，ディーカァン	resistance; resist レ**ズィ**スタンス，リ**ズィ**スト
ばんごう **番号** bangou	**号码** hàomǎ ハオマァ	number **ナ**ンバ
はんざい **犯罪** hanzai	**犯罪，罪行** fànzuì, zuìxíng ファンヅゥイ，ヅゥイシィン	crime ク**ラ**イム

日	中	英
～者	罪犯，犯人 zuìfàn, fànrén ヅゥイファン，ファンレン	criminal クリミナル
ばんざい 万歳 banzai	万岁 wànsuì ワンスゥイ	cheers チアズ
はんさよう 反作用 hansayou	反作用 fǎnzuòyòng ファンヅゥオヨン	reaction リアクション
ばんさん 晩餐 bansan	晚餐 wǎncān ワンツァン	dinner ディナ
はんじ 判事 hanji	法官，审判员 fǎguān, shěnpànyuán ファアグワン，シェンパンユエン	judge ヂャヂ
はんしゃ(する) 反射(する) hansha (suru)	反射 fǎnshè ファンショァ	reflection; reflect リフレクション，リフレクト
はんじゅくたまご 半熟卵 hanjukutamago	半熟鸡蛋 bànshú jīdàn パンシュウ ジィダン	soft-boiled egg ソフトボイルド エグ
はんじょうする 繁盛する hanjousuru	兴隆，繁荣 xīnglóng, fánróng シィンロン，ファンロン	prosperity プラスペリティ
はんしょく(する) 繁殖(する) hanshoku (suru)	繁殖，滋生 fánzhí, zīshēng ファンヂー，ヅーション	propagation; prop- agate プラパゲイション，プラパゲ イト
はんずぼん 半ズボン hanzubon	短裤 duǎnkù ドワンクゥ	shorts, knee pants ショーツ，ニー パンツ
はんする 反する hansuru	相反 xiāngfǎn シアンファン	(be) contrary to (ビ) カントレリ トゥ
はんせい(する) 反省(する) hansei (suru)	反省，省察 fǎnxǐng, xǐngchá ファンシィン，シィンチァア	reflection; reflect on リフレクション，リフレクト オン
ばんそう(する) 伴奏(する) bansou (suru)	伴奏 bànzòu パンヅォウ	accompaniment; accompany アカンパニメント，アカンパ ニ

日	中	英
ばんそうこう **絆創膏** bansoukou	**橡皮膏，胶布** xiàngpígāo, jiāobù シアンピィガオ, ジアオブゥ	adhesive plaster アド**ヒ**ースィヴ プラスタ
はんそく **反則** hansoku	**犯规** fànguī ファングゥイ	foul **ファ**ウル
はんそで **半袖** hansode	**短袖，半袖** duǎnxiù, bànxiù ドワンシウ, バンシウ	short sleeves **ショー**ト スリーヴズ
ぱんだ **パンダ** panda	**(大)熊猫** (dà)xióngmāo (ダァ)シオンマオ	panda **パ**ンダ
はんたい(の) **反対(の)** hantai (no)	**相反，颠倒** xiāngfǎn, diāndǎo シアンファン, ディエンダオ	opposite **ア**ポズィト
～側	**对面** duìmiàn ドゥイミエン	opposite side **ア**ポズィト **サ**イド
～(する)	**反对** fǎnduì ファンドゥイ	opposition アポ**ズィ**ション
はんだん(する) **判断(する)** handan (suru)	**判断** pànduàn パンドワン	judgment; judge **チャ**ヂメント, **チャ**ヂ
ばんち **番地** banchi	**门牌号码** ménpái hàomǎ メンパイ ハオマァ	street number ストリート **ナ**ンバ
ぱんち **パンチ** panchi	**殴打，拳击** ōudǎ, quánjī オウダァ, チュエンジィ	punch **パ**ンチ
ぱんつ **パンツ** pantsu	〔件〕**裤衩，内裤** (jiàn) kùchǎ, nèikù (ジエン) クゥチャァ, ネイクゥ	briefs, shorts プリーフス, **ショー**ツ
(ズボン)	**裤子** kùzi クゥヅ	pants **パ**ンツ
はんでぃきゃっぷ **ハンディキャップ** handikyappu	**不利条件** búlì tiáojiàn ブゥリィ ティアオジエン	handicap **ハ**ンディキャプ
(障害)	**障碍** zhàng'ài ヂャァンアイ	handicap **ハ**ンディキャプ

日	中	英
はんてい(する) **判定(する)** hantei (suru)	**判定，判断** pàndìng, pànduàn パンディン，パンドワン	judgment; judge **ヂャ**ヂメント，**ヂャ**ヂ
ぱんてぃー **パンティー** pantii	**三角裤** sānjiǎokù サンジアオクゥ	panties **パ**ンティズ
〜ストッキング	**连裤袜** liánkùwà リエンクゥワァ	pantyhose **パ**ンティホウズ
ばんど **バンド** (楽隊) bando	**乐队，乐团** yuèduì, yuètuán ユエドゥイ，ユエトワン	band **バ**ンド
はんとう **半島** hantou	**半岛** bàndǎo バンダオ	peninsula ペ**ニ**ンシュラ
はんどうたい **半導体** handoutai	**半导体** bàndǎotǐ バンダオティー	semiconductor セミコン**ダ**クタ
はんどばっぐ **ハンドバッグ** handobaggu	**手提包** shǒutíbāo ショウティーパオ	handbag, purse **ハ**ンドバグ，**パ**ース
はんどぶっく **ハンドブック** handobukku	〔**本**〕**手册，便览** 〔běn〕shǒucè, biànlǎn 〔ベン〕ショウツゥァ，ビエンラン	handbook **ハ**ンドブク
はんどる **ハンドル** handoru	**把柄，把手** bǎbǐng, bǎshou バァビィン，バァショウ	handle **ハ**ンドル
(自動車などの)	**方向盘，舵轮** fāngxiàngpán, duòlún ファァンシアンパン，ドゥオルゥン	wheel (ホ)**ウィ**ール
(自転車などの)	**车把** chēbǎ チョァバァ	handlebars **ハ**ンドルバーズ
はんにち **半日** hannichi	**半天** bàntiān バンティエン	half a day ハフ ア **デ**イ
はんにん **犯人** hannin	**罪犯，犯人** zuìfàn, fànrén ヅイファン，ファンレン	offender, criminal オ**フェ**ンダ，ク**リ**ミナル
ばんねん **晩年** bannen	**晚年** wǎnnián ワンニエン	last years **ラ**スト **イ**ヤズ

日	中	英
はんのう(する) **反応(する)** hannou (suru)	反应 fǎnyìng ファンイィン	reaction, response; react to, respond to リアクション, リスパンス, リアクト トゥ, リスパンド トゥ
ばんのうの **万能の** bannouno	全能，万能 quánnéng, wànnéng チュエンヌォン, ワンヌォン	almighty オールマイティ
ばんぱー **バンパー** banpaa	保险杠 bǎoxiǎngàng バオシエンガァン	bumper バンパ
はんばーがー **ハンバーガー** hanbaagaa	汉堡包 hànbǎobāo ハンバオバオ	hamburger ハンバーガ
はんばーぐ **ハンバーグ** hanbaagu	汉堡牛肉饼 hànbǎo niúròubǐng ハンバオ ニウロウビィン	hamburg steak ハンバーグ ステイク
はんばい(する) **販売(する)** hanbai (suru)	销售，出售 xiāoshòu, chūshòu シアオショウ, チュウショウ	sale; sell セイル, セル
ばんぱく **万博** banpaku	世博会，世界博览会 shìbóhuì, shìjiè bólǎnhuì シーボォホゥイ, シージエ ボォランホゥイ	Expo エクスポウ
はんぱつ(する) **反発(する)** hanpatsu (suru)	排斥，反抗 páichì, fǎnkàng パイチー, ファンカァン	repulsion; repulse, repel リパルション, リパルス, リペル
はんぷく(する) **反復(する)** hanpuku (suru)	反复 fǎnfù ファンフゥ	repetition; repeat レペティション, リピート
ぱんふれっと **パンフレット** panfuretto	小册子 xiǎocèzi シアオツゥアヅ	pamphlet, brochure パンフレト, ブロウシュア
はんぶん **半分** hanbun	一半，二分之一 yíbàn, èr fēn zhī yī イーバン, アル フェン デー イー	half ハフ
はんまー **ハンマー** hanmaa	〔把〕锤子，榔头 〔bǎ〕chuízi, lángtou 〔バァ〕チュイヅ, ラァントウ	hammer ハマ
はんもくする **反目する** hanmokusuru	反目，敌对 fǎnmù, díduì ファンムゥ, ディードゥイ	(be) at enmity with (ビ) アト エンミティ ウィズ

日	中	英
はんらん **反乱** hanran	**叛乱，造反** pànluàn, zàofǎn パンルワン，ヅァオファン	revolt リ**ヴォ**ウルト
〜を起こす	**发动叛乱** fādòng pànluàn ファアドン パンルワン	rebel against リ**ベ**ル アゲンスト
はんらん(する) **氾濫(する)** hanran (suru)	**泛滥，充斥** fànlàn, chōngchì ファンラン，チォンチー	flood; overflow フ**ラ**ド，オウ**ヴァフ**ロウ
はんれい **凡例** hanrei	**凡例，例言** fánlì, lìyán ファンリィ，リィイエン	explanatory notes イクスプ**ラ**ナトーリ **ノ**ウツ
はんろん(する) **反論(する)** hanron (suru)	**辩驳，反驳** biànbó, fǎnbó ビエンボォ，ファンボォ	refutation; argue against レフュ**テ**イション，**アー**ギュー アゲンスト

ひ，ヒ

ひ **火** hi	**火** huǒ ホゥオ	fire **ファ**イア
ひ **日** hi	**太阳，阳光** tàiyang, yángguāng タイヤン，ヤングアン	sun, sunlight **サ**ン，**サ**ンライト
(日付)	**日子** rìzi リーヅ	day, date **デ**イ，**デ**イト
び **美** bi	**美，美丽** měi, měilì メイ，メイリィ	beauty **ビ**ューティ
ひあい **悲哀** hiai	**悲哀** bēi'āi ペイアイ	sadness **サ**ドネス
ぴあす **ピアス** piasu	**耳钉，耳环** ěrdīng, ěrhuán アルディン，アルホワン	pierced earrings **ピ**アスト **イ**アリングズ
ひあたり **日当たり** hiatari	**阳光照射** yángguāng zhàoshè ヤングアン ヂャオシォア	sunshine **サ**ンシャイン

日	中	英
ぴあにすと **ピアニスト** pianisuto	**钢琴家** gāngqínjiā ガァンチンジア	pianist ピアニスト
ぴあの **ピアノ** piano	**钢琴** gāngqín ガァンチン	piano ピアーノウ
ぴーあーる（する） **ピーアール（する）** piiaaru (suru)	**宣传** xuānchuán シュエンチュワン	PR; give publicity to ピーアー, ギヴ パブリスィティ トゥ
ひいき **贔屓** hiiki	**偏袒，偏爱** piāntǎn, piān'ài ピエンタン, ピエンアイ	favoritism フェイヴァリティズム
～する	**偏袒，偏爱** piāntǎn, piān'ài ピエンタン, ピエンアイ	favor, patronage フェイヴァ, パトラニヂ
ひいでる **秀でる** hiideru	**优秀，擅长** yōuxiù, shàncháng ヨウシウ, シャンチャァン	excel イクセル
ぴーなっつ **ピーナッツ** piinattsu	**花生米，落花生** huāshēngmǐ, luòhuāshēng ホアションミィ, ルゥオホアション	peanut ピーナト
ぴーふ **ビーフ** biifu	**牛肉** niúròu ニウロウ	beef ビーフ
～シチュー	**炖牛肉** dùn niúròu ドゥン ニウロウ	beef stew ビーフ ステュー
～ステーキ	**煎牛排** jiān niúpái ジエン ニウパイ	beefsteak ビーフステイク
ぴーまん **ピーマン** piiman	**青椒** qīngjiāo チィンジアオ	green pepper グリーン ペパ
ぴーる **ビール** biiru	**啤酒** píjiǔ ピィジウ	beer ビア
ひえしょう **冷え性** hieshou	**寒症** hánzhèng ハンヂョン	poor circulation プア サーキュレイション

日	中	英
冷える ひえる hieru	**放凉，变冷** fàngliáng, biànlěng ファァンリアン, ビエンルォン	get cold ゲト コウルド
（気温が）	**凉，冷** liáng, lěng リアン, ルォン	get cold ゲト コウルド
（関係が）	**冷淡** lěngdàn ルォンダン	get cold ゲト コウルド
鼻炎 びえん bien	**鼻炎** bíyán ビィイエン	nasal inflammation ネイザル インフラメイション
ビオラ びおら biora	**中提琴** zhōngtíqín ヂォンティーチン	viola ヴァイオラ
被害 ひがい higai	**受灾** shòuzāi ショウヅァイ	damage ダミヂ
〜者	**受害者，被害人** shòuhàizhě, bèihàirén ショウハイヂョァ, ベイハイレン	sufferer, victim サファラ, ヴィクティム
控え ひかえ hikae	**副本，抄件** fùběn, chāojiàn フゥベン, チャオジエン	copy, duplicate カピ, デュープリケト
控え目な ひかえめな hikaemena	**客气，谨慎** kèqì, jǐnshèn クァチ, ジンシェン	moderate, unassuming マダレト, アナスューミング
控える （制限する） ひかえる hikaeru	**控制，抑制** kòngzhì, yìzhì コンヂー, イーヂー	refrain from リフレイン フラム
（書き留める）	**记下，记录** jìxià, jìlù ジィシア, ジィルゥ	write down ライト ダウン
（待機する）	**等候，待命** děnghòu, dàimìng デゥンホウ, ダイミィン	wait ウェイト
比較(する) ひかく(する) hikaku (suru)	**比较** bǐjiào ビィジアオ	comparison; compare コンパリスン, コンペア
美学 びがく bigaku	**美学** měixué メイシュエ	aesthetics エスセティクス

627

日	中	英

ひかくせいひん
皮革製品
hikakuseihin

皮革制品
pígé zhìpǐn
ピィグァ デーピン

leather goods
レザ グヅ

ひかげ
日陰
hikage

背阴处，阴凉处
bèiyīnchù, yīnliángchù
ペイインチュウ, インリァンチュウ

shade
シェイド

ひがさ
日傘
higasa

〔把〕阳伞，旱伞
〔bǎ〕yángsǎn, hànsǎn
〔バァ〕ヤンサン, ハンサン

sunshade, parasol
サンシェイド, **パ**ラソル

ひがし
東
higashi

东
dōng
ドン

east
イースト

～側

东边
dōngbian
ドンビエン

east side
イースト サイド

ぴかぴか(の)
ぴかぴか(の)
pikapika (no)

闪闪
shǎnshǎn
シャンシャン

shining
シャイニング

～する

闪闪发光
shǎnshǎn fāguāng
シャンシャン ファアグァン

glitter, twinkle
グリタ, トウィンクル

ひかり
光
hikari

光
guāng
グァン

light, ray
ライト, レイ

ひかる
光る
hikaru

发光，发亮
fāguāng, fāliàng
ファアグァン, ファアリアン

shine, flash
シャイン, フラシュ

ひかれる
引かれる
hikareru

被吸引
bèi xīyǐn
ペイ シィイン

(be) charmed with
(ビ) **チャ**ームド ウィズ

ひかん(する)
悲観(する)
hikan (suru)

悲观，失望
bēiguān, shīwàng
ベイグワン, シーワァン

pessimism; take a pessimistic view of
ペスィミズム, **テ**イク ア ペスィ**ミ**スティク **ヴュ**ー オヴ

～的な

悲观的
bēiguān de
ベイグワン ダ

pessimistic
ペスィ**ミ**スティク

ひきあげる
引き上[揚]げる
hikiageru

吊起，提起
diàoqǐ, tíqǐ
ディアオチィ, ティーチィ

pull up, raise
プル **ア**プ, レイズ

日	中	英
（値段を）	**提高** tígāo ティーガオ	raise レイズ
（戻る）	**撤回，返回** chèhuí, fǎnhuí チョアホウイ，ファンホウイ	withdraw ウィズドロー
ひきいる **率いる** hikiiru	**率領** shuàilǐng シュアイリィン	lead, conduct リード，カンダクト
ひきうける **引き受ける** hikiukeru	**承办，接受** chéngbàn, jiēshòu チョンバン，ジエショウ	undertake アンダテイク
ひきおこす **引き起こす** （倒れたものを） hikiokosu	**扶起** fúqǐ フウチイ	raise レイズ
（惹起）	**引起** yǐnqǐ インチイ	cause コーズ
ひきかえす **引き返す** hikikaesu	**返回** fǎnhuí ファンホウイ	return リターン
ひきかえる **引き換える** hikikaeru	**交換** jiāohuàn ジアオホワン	exchange イクスチェインヂ
ひきがね **引き金** hikigane	**扳机** bānjī バンジィ	trigger トリガ
（誘因）	**诱因** yòuyīn ヨウイン	trigger トリガ
ひきさく **引き裂く** hikisaku	**撕裂** sīliè スーリエ	tear up テア アプ
ひきさげる **引き下げる** hikisageru	**拉下** lāxià ラァシア	pull down プル ダウン
（値段を）	**降低** jiàngdī ジアンディー	reduce リデュース
ひきざん **引き算** hikizan	**减法** jiǎnfǎ ジエンファア	subtraction サブトラクション

日	中	英
ひきしお **引き潮** hikishio	退潮，低潮 tuìcháo, dīcháo トゥイチャオ，ディーチャオ	ebb tide **エ**プ **タ**イド
ひきしめる **引き締める** hikishimeru	拉紧，紧缩 lājǐn, jǐnsuō ラァジン，ジンスゥオ	tighten **タ**イトン
ひきずる **引き摺る** hikizuru	拖 tuō トゥオ	trail, drag トレイル，**ド**ラグ
ひきだし **引き出し** hikidashi	抽屉 chōuti チョウティ	drawer **ド**ローア
（預金の）	提取 tíqǔ ティーチュイ	withdrawal ウィズ**ド**ローアル
ひきだす **引き出す** hikidasu	拉出 lāchū ラァチュウ	draw out **ド**ロー **ア**ウト
（預金を）	提取，提出 tíqǔ, tíchū ティーチュイ，ティーチュウ	withdraw ウィズ**ド**ロー
ひきたてる **引き立てる** hikitateru	抬举，照顾 táiju, zhàogù タイジュイ，ヂャオグウ	favor **フェ**イヴァ
ひきつぐ （人から） **引き継ぐ** hikitsugu	接，交接 jiē, jiāojiē ジエ，ジアオジエ	succeed to サク**ス**ィード トゥ
（人に）	交给 jiāogěi ジアオゲイ	hand over ハンド **オ**ウヴァ
ひきつける **引き付ける** hikitsukeru	吸引，诱惑 xīyǐn, yòuhuò シィイン，ヨウホゥオ	attract ア**ト**ラクト
ひきつづき **引き続き** hikitsuzuki	继续，接着 jìxù, jiēzhe ジィシュイ，ジエヂャ	continuously コン**テ**ィニュアスリ
ひきとめる **引き留[止]める** hikitomeru	挽留，劝阻 wǎnliú, quànzǔ ワンリウ，チュエンヅゥ	keep, stop **キ**ープ，ス**タ**プ
ひきとる **引き取る** hikitoru	领取 lǐngqǔ リィンチュイ	receive リ**ス**ィーヴ

日	中	英
ひきにく **挽き肉** hikiniku	**绞肉，肉末** jiǎoròu, ròumò ジアオロウ, ロウモォ	minced meat ミンスト ミート
ひきにげ **轢き逃げ** hikinige	**轧人后逃跑** yà rén hòu táopǎo ヤァ レン ホウ タオパオ	hit and run ヒト アンド ラン
ひきぬく **引き抜く** hikinuku	**抽出** chōuchū チョウチュウ	pull out プル アウト
ひきのばす **引き延[伸]ばす** hikinobasu	**拖延，拉长** tuōyán,lācháng トゥオイエン, ラァチャァン	stretch ストレチ
(写真を)	**放大** fàngdà ファァンダア	enlarge インラーヂ
ひきはらう **引き払う** hikiharau	**搬出去，离开** bānchūqu, líkāi バンチュウチュイ, リィカイ	move out ムーヴ アウト
ひきょうな **卑怯な** hikyouna	**卑鄙，卑怯** bēibǐ, bēiqiè ベイビィ, ベイチエ	mean, foul ミーン, ファウル
ひきわける **引き分ける** hikiwakeru	**打成平局，打平手** dǎchéng píngjú, dǎ píngshǒu ダァチョン ピィンジュィ, ダァ ピィンショウ	draw ドロー
ひきわたす **引き渡す** hikiwatasu	**交给，提交** jiāogěi, tíjiāo ジアオゲイ, ティージアオ	hand over ハンド オウヴァ
ひく **引く** hiku	**拉，拖，牵** lā, tuō, qiān ラァ, トゥオ, チエン	pull, draw プル, ドロー
(注意などを)	**引起，招引** yǐnqǐ, zhāoyǐn インチィ, ヂャオイン	attract アトラクト
(辞書を)	**查** chá チャア	consult コンサルト
(引き算する)	**减** jiǎn ジエン	subtract サブトラクト
ひく **弾く** hiku	**弹** tán タン	play プレイ

日	中	英
ひく **轢く** hiku	**轧** yà ヤァ	run over, hit ラン **オ**ウヴァ, **ヒ**ト
ひくい **低い** hikui	**低** dī ディー	low ロウ
（背が）**矮**	**矮** ǎi アイ	short **ショ**ート
ひくつな **卑屈な** hikutsuna	**卑屈, 卑躬屈膝** bēiqū, bēi gōng qū xī ベイチュイ, ベイ ゴン チュイ シィ	servile **サ**ーヴァル
びくびくする **びくびくする** bikubikusuru	**害怕, 提心吊胆** hàipà, tí xīn diào dǎn ハイパァ, ティー シン ディアオ ダン	(be) scared of (ビ) ス**ケ**アド オヴ
ひぐれ **日暮れ** higure	**傍晚, 黄昏** bàngwǎn, huánghūn パァンワン, ホアンホゥン	evening, dusk **イ**ーヴニング, **ダ**スク
ひげ **髭** hige	**胡子, 髭须** húzi, zīxū ホゥヅ, ヅーシュイ	mustache **マ**スタシュ
～を剃る	**刮脸, 刮胡子** guā'liǎn, guā húzi グアリエン, グア ホゥヅ	shave *one's* beard **シェ**イヴ **ビ**アド
（あごの）**胡须**	**胡须** húxū ホゥシュイ	beard **ビ**アド
（頬の）**连鬓胡子**	**连鬓胡子, 髯** liánbìn húzi, rán リエンビン ホゥヅ, ラン	whiskers (ホ)**ウ**ィスカズ
ひげき **悲劇** higeki	**悲剧, 惨剧** bēijù, cǎnjù ベイジュイ, ツァンジュイ	tragedy ト**ラ**ヂェディ
ひげする **卑下する** higesuru	**自卑, 贬低自己** zìbēi, biǎndī zìjǐ ヅーペイ, ビエンディー ヅージィ	humble *oneself* **ハ**ンブル
ひけつ **秘訣** hiketsu	**秘诀, 窍门** mìjué, qiàomén ミィジュエ, チアオメン	secret **ス**ィークレト
ひけつ（する） **否決（する）** hiketsu (suru)	**否决, 批驳** fǒujué, pībó フォウジュエ, ピィボォ	rejection; reject リ**ヂェ**クション, リ**ヂェ**クト

日	中	英
ひこうき **飛行機** hikouki	**飞机** fēijī フェイジィ	airplane, plane エアプレイン，プレイン
ひこうしきの **非公式の** hikoushikino	**非正式** fēizhèngshì フェイヂョンシー	unofficial, informal アナフィシャル，インフォーマル
ひごうほうの **非合法の** higouhouno	**非法，违法** fēifǎ, wéifǎ フェイファア，ウェイファア	illegal イリーガル
ひこく **被告** hikoku	**被告** bèigào ペイガオ	accused アキューズド
ひごろ **日頃** higoro	**平时，平素** píngshí, píngsù ピィンシー，ピィンスゥ	usually, always ユージュアリ，オールウェイズ
ひざ **膝** hiza	**膝盖，膝头** xīgài, xītóu シィガイ，シィトウ	knee, lap ニー，ラプ
ビザ **ビザ** biza	**签证** qiānzhèng チエンヂョン	visa ヴィーザ
ひさい（する） **被災（する）** hisai（suru）		
（地震[台風]で）	**受灾，遭灾** shòuzāi, zāozāi ショウヅァイ，ヅァオヅァイ	suffer from an earthquake [a typhoon] サファー フラム アン アーススクウェイク [ア タイフーン]
～者	**灾民，遭灾者** zāimín, zāozāizhě ヅァイミン，ヅァオヅァイヂョァ	sufferer サファラ
～地	**灾区** zāiqū ヅァイチュイ	disaster-stricken area ディザスターストリクン エアリア
ひざし **日差し** hizashi	**阳光** yángguāng ヤングアン	sunlight サンライト
ひざまずく **跪く** hizamazuku	**跪下** guìxià グゥイシア	kneel down ニール ダウン

日	中	英
ひさんな **悲惨な** hisanna	**悲惨，凄惨** bēicǎn, qīcǎn ベイツァン，チィツァン	miserable ミザラブル
ひじ **肘** hiji	**（胳膊）肘子** (gēbo)zhǒuzi （グァボ）ヂョウヅ	elbow エルボウ
ひしがた **菱形** hishigata	**菱形** língxíng リィンシィン	rhombus, lozenge ランバス，ラズィンヂ
びじねす **ビジネス** bijinesu	**工作，事务** gōngzuò, shìwù ゴンヅゥオ，シーウゥ	business ビズネス
～マン	**实业家，公司职员** shíyèjiā, gōngsī zhíyuán シーイエジア，ゴンスー ヂーユエン	businessman ビズネスマン
ひじゅう **比重** hijuu	**比重，比例** bǐzhòng, bǐlì ビィヂォン，ビィリィ	specific gravity スピ**スィ**フィク グラ**ヴィ**ティ
びじゅつ **美術** bijutsu	**美术** měishù メイシュウ	art, fine arts アート，**ファ**イン アーツ
～館	**美术馆** měishùguǎn メイシュウグワン	art museum アート ミュー**ズィ**アム
ひじゅん（する） **批准（する）** hijun (suru)	**批准** pīzhǔn ピィヂュン	ratification; ratify ラティフィ**ケ**イション，**ラ**ティファイ
ひしょ **秘書** hisho	**秘书** mìshū ミィシュウ	secretary **セ**クレテリ
ひじょう **非常** hijou	**紧急，紧迫** jǐnjí, jǐnpò ジンジィ，ジンポォ	emergency イ**マ**ーヂェンスィ
～階段	**太平梯** tàipíngtī タイピィンティー	emergency staircase イ**マ**ーヂェンスィ ス**テ**アケイス
～口	**太平门** tàipíngmén タイピィンメン	emergency exit イ**マ**ーヂェンスィ **エ**グズィト

日	中	英
〜に	非常 fēicháng フェイチャアン	very ヴェリ
ひじょうきん **非常勤** hijoukin	兼任 jiānrèn ジエンレン	part-time パートタイム
ひじょうしき **非常識な** hijoushiki	没有常识，不懂常理 méiyou chángshí, bù dǒng chánglǐ メイヨウ チャアンシー，ブゥ ドン チャアン リィ	absurd, unreason- able アブサード，アンリーズナブ ル
ひじょうな **非情な** hijouna	无情 wúqíng ウゥチィン	heartless ハートレス
ひしょち **避暑地** hishochi	避暑地 bìshǔdì ビィシュウディー	summer resort サマ リゾート
びしょぬれ **びしょ濡れ** bishonure	湿透，濡湿 shītòu, rúshī シートウ，ルゥシー	soaked ソゥクト
びじょん **ビジョン** bijon	理想 lǐxiǎng リィシアン	vision ヴィジョン
びじん **美人** bijin	美人，美女 měirén, měinǚ メイレン，メイニュィ	beauty ビューティ
ひすい **翡翠** hisui	翡翠 fěicuì フェイツウイ	jade チェイド
ぴすとる **ピストル** pisutoru	〔支〕手枪 〔zhī〕shǒuqiāng 〔ヂー〕ショウチアン	pistol ピストル
ぴすとん **ピストン** pisuton	活塞 huósāi ホゥオサイ	piston ピストン
ひずむ **歪む** hizumu	歪斜，翘曲 wāixié, qiáoqū ワイシエ，チアオチュイ	(be) warped (ビ) ウォープト
びせいぶつ **微生物** biseibutsu	微生物，细菌 wēishēngwù, xìjūn ウェイションウゥ，シィジュィン	microorganism マイクロウオーガニズム

日	中	英
ひぞう **脾臓** hizou	脾脏 pízàng ピィヅァァン	spleen スプリーン
ひそうな **悲壮な** hisouna	悲壮，壮烈 bēizhuàng, zhuàngliè ベイヂュアン，ヂュアンリエ	pathetic, grievous パ**セ**ティク，グ**リ**ーヴァス
ひだ **襞** hida	褶子 zhězi ヂョァヅ	fold **フォ**ウルド
ひたい **額** hitai	额头，脑门儿 étou, nǎoménr ウァトウ，ナオメル	forehead **フォ**ーレド
ひたす **浸す** hitasu	泡，浸泡 pào, jìnpào パオ，ジンパオ	soak in, dip in **ソ**ウク イン，**ディ**プ イン
びたみん **ビタミン** bitamin	维生素，维他命 wéishēngsù, wéitāmìng ウェイションスゥ，ウェイタァミィン	vitamin **ヴァ**イタミン
ひだり **左** hidari	左 zuǒ ヅゥオ	left **レ**フト
〜側	左边，左面 zuǒbian, zuǒmiàn ヅゥオビエン，ヅゥオミエン	left side **レ**フト **サ**イド
ひつうな **悲痛な** hitsuuna	悲痛 bēitòng ベイトン	grievous, painful グ**リ**ーヴァス，**ペ**インフル
ひっかかる **引っ掛かる** hikkakaru	挂，卡 guà, qiǎ グア，チア	get caught on **ゲ**ト **コ**ート オン
ひっかく **引っ掻く** hikkaku	搔，挠，抓 sāo, náo, zhuā サオ，ナオ，ヂュア	scratch スク**ラ**チ
ひっかける **引っ掛ける** hikkakeru	挂 guà グア	hang **ハ**ング
ひっき(する) **筆記(する)** hikki (suru)	笔记，记下 bǐjì, jìxià ビイジィ，ジィシア	note; write down **ノ**ウト，**ラ**イト **ダ**ウン
〜試験	笔试 bǐshì ビイシー	written examination **リ**トン イグザ**ミ**ネイション

日	中	英
ひつぎ **棺** hitsugi	**棺，灵柩** guān, língjiù グワン，リィンジウ	coffin コフィン
ひっくりかえす **引っ繰り返す** hikkurikaesu	**弄倒，翻倒** nòngdǎo, fāndǎo ノンダオ，ファンダオ	overturn オウヴァ**ターン**
（上下に）	**颠倒** diāndǎo ディエンダオ	turn upside down **ターン ア**プサイド ダウン
（裏返しに）	**翻过来** fānguòlai ファングゥオライ	turn inside out **ターン イン**サイド アウト
ひっくりかえる **引っ繰り返る** hikkurikaeru	**翻，翻倒** fān, fāndǎo ファン，ファンダオ	overturn オウヴァ**ターン**
（倒れる）	**倒** dǎo ダオ	fall over **フォール オ**ウヴァ
びっくりする **びっくりする** bikkurisuru	**吃惊，吓一跳** chī jīng, xià yí tiào チージン，シア イー ティアオ	(be) surprised (ビ) サプ**ラ**イズド
ひづけ **日付** hizuke	**日期** rìqī リーチィ	date **デ**イト
ひっこし **引っ越し** hikkoshi	**搬家，迁居** bānjiā, qiānjū バンジア，チエンジュイ	moving **ムー**ヴィング
ひっこす **引っ越す** hikkosu	**搬家，迁居** bān'jiā, qiānjū バンジア，チエンジュイ	move, remove **ムー**ヴ，リ**ムー**ヴ
ひっこむ **引っ込む** hikkomu	**引退** yǐntuì イントゥイ	retire リ**タ**イア
ひっこめる **引っ込める** hikkomeru	**撤回** chèhuí チョアホゥイ	take back **テ**イク バク
ひっし **必死** hisshi	**拼命** pīnmìng ピンミィン	desperate **デ**スパレト
ひつじ **羊** hitsuji	〔只〕**羊，绵羊** 〔zhī〕yáng, miányáng 〔ヂー〕ヤン，ミエンヤン	sheep **シー**プ

日	中	英
ひっしゃ **筆者** hissha	**笔者** bǐzhě ビィヂョア	author, writer **オ**ーサ, **ラ**イタ
ひっしゅう **必修** hisshuu	**必修** bìxiū ビィシウ	compulsory コン**パ**ルソリ
ひつじゅひん **必需品** hitsujuhin	**必需品** bìxūpǐn ビィシュィピン	necessaries **ネ**セセリズ
ひっす **必須** hissu	**必需, 必须** bìxū, bìxū ビィシュィ, ビィシュィ	indispensable インディス**ペ**ンサブル
ひっせき **筆跡** hisseki	**笔迹, 手迹** bǐjì, shǒujì ビィジィ, ショウジィ	handwriting **ハ**ンドライティング
ひっそり(と) **ひっそり(と)** hissori (to)	**沉静, 静悄悄** chénjìng, jìngqiāoqiāo チェンジィン, ジィンチアオチアオ	quietly ク**ワ**イエトリ
ぴっちゃー **ピッチャー** picchaa	**投手** tóushǒu トウショウ	pitcher **ピ**チャ
(水差し)	**水罐** shuǐguàn シュイグワン	pitcher **ピ**チャ
ひってきする **匹敵する** hittekisuru	**匹敌, 比得上** pǐdí, bǐdeshàng ピィディー, ビィダシャァン	(be) equal to (ビ) **イ**ークワル トゥ
ひっと **ヒット** hitto	**安全打** ānquándǎ アンチュエンダア	hit **ヒ**ト
(成功)	**大受欢迎, 畅销** dà shòu huānyíng, chàngxiāo ダァ ショウ ホワンイィン, チャァンシアオ	hit, success **ヒ**ト, サク**セ**ス
びっと **ビット** bitto	**位, 比特** wèi, bǐtè ウェイ, ビィトゥァ	bit **ビ**ト
ひっぱる **引っ張る** hipparu	**拉, 扯, 牵引** lā, chě, qiānyǐn ラァ, チョァ, チエンイン	stretch, pull スト**レ**チ, **プ**ル

日	中	英
ひづめ **蹄** hizume	**蹄子** tízi ティーヅ	hoof フーフ
ひつよう(な) **必要(な)** hitsuyou (na)	**必要，需要** bìyào, xūyào ビィヤオ, シュィヤオ	necessity, need; necessary ネセスィティ, ニード, ネセ セリ
ひてい(する) **否定(する)** hitei (suru)	**否定，否认** fǒudìng, fǒurèn フォウディン, フォウレン	denial; deny ディナイアル, ディナイ
ひでお **ビデオ** bideo	**录像机** lùxiàngjī ルゥシアンジィ	video ヴィディオウ
〜テープ	〔盘〕**录像带** 〔pán〕lùxiàngdài 〔パン〕ルゥシアンダイ	videotape ヴィディオウテイプ
びてき **美的** biteki	**美的** měi de メイダ	aesthetic エスセティク
ひでん **秘伝** hiden	**秘传** mìchuán ミィチュワン	secret スィークレト
ひと **人** hito	**人** rén レン	person, one パースン, ワン
(他人)	**别人** biéren ビエレン	others, other peo- ple アザズ, アザ ピープル
(人類)	**人类** rénlèi レンレイ	humankind ヒューマンカインド
ひどい **酷い** hidoi	**残酷，厉害** cánkù, lìhai ツァンクゥ, リィハイ	cruel, terrible クルエル, テリブル
ひといき **一息** hitoiki	**喘口气** chuǎn kǒu qì チュワン コウ チィ	breath ブレス
ひとがら **人柄** hitogara	**人品** rénpǐn レンピン	character キャラクタ

日	中	英
ひときれ **一切れ** hitokire	一块，一片 yí kuài, yí piàn イー クアイ, イー ピエン	a piece of ア **ピ**ース オヴ
ひときわ **一際** hitokiwa	格外，尤其 géwài, yóuqí グァワイ, ヨウチィ	particularly パ**ティ**キュラリ
ひとくち **一口** hitokuchi	一口 yì kǒu イー コウ	a mouthful ア **マ**ウスフル
（飲み物）	一口 yì kǒu イー コウ	a gulp ア **ガ**ルプ
（出資など）	一份 yí fèn イー フェン	a share ア **シェ**ア
ひとこと **一言** hitokoto	一句话，一言 yí jù huà, yì yán イー ジュィ ホァ, イー イエン	a word ア **ワ**ード
ひとごみ **人込み** hitogomi	人群，人山人海 rénqún, rén shān rén hǎi レンチュィン, レン シャン レン ハイ	crowd ク**ラ**ウド
ひところ **一頃** hitokoro	前些日子，曾有一时 qián xiē rìzi, céng yǒu yìshí チエン シエ リーヅ, ツン ヨウ イーシー	once **ワ**ンス
ひとさしゆび **人差し指** hitosashiyubi	二拇指，食指 èrmǔzhǐ, shízhǐ アルムゥヂー, シーヂー	forefinger **フォ**ーフィンガ
ひとしい **等しい** hitoshii	相等，相同 xiāngděng, xiāngtóng シアンデゥン, シアントン	(be) equal to (ビ) **イ**ークワル トゥ
ひとじち **人質** hitojichi	人质 rénzhì レンヂー	hostage **ハ**スティヂ
ひとそろい **一揃い** hitosoroi	一套 yí tào イー タオ	a set of ア **セ**ト オヴ
ひとだかり **人だかり** hitodakari	人群，人山人海 rénqún, rén shān rén hǎi レンチュィン, レン シャン レン ハイ	crowd ク**ラ**ウド
ひとつ **一つ** hitotsu	一个 yí ge イー ガ	one **ワ**ン

日	中	英
ひとで **人手** （他人の力） hitode	**帮手，别人的帮助** bāngshǒu, biéren de bāngzhù バンショウ, ピエレン ダ バンチュウ	help, hand ヘルプ, ハンド
（働き手）	**人手，劳力** rénshǒu, láolì レンショウ, ラオリィ	hand ハンド
ひとどおり **人通り** hitodoori	**来往行人** láiwǎng xíngrén ライワン シンレン	traffic トラフィク
ひととき **一時** hitotoki	**片刻，暂时** piànkè, zànshí ピエンクァ, ヅァンシー	a moment ア モウメント
ひとなつっこい **人懐っこい** hitonatsukkoi	**和蔼可亲，和善** hé ǎi kě qīn, héshàn ホァ アイ クァ チン, ホァシャン	amiable エイミアブル
ひとなみ **人並み** hitonami	**普通，一般** pǔtōng, yìbān プゥトン, イーバン	ordinary, average オーディネリ, アヴェリヂ
ひとびと **人々** hitobito	**人们** rénmen レンメン	people ピープル
ひとみ **瞳** hitomi	**瞳孔，瞳人儿** tóngkǒng, tóngrénr トンコン, トンレル	pupil ピューピル
ひとみしりする **人見知りする** hitomishirisuru	**怕生，认生** pàshēng, rènshēng パァション, レンション	(be) shy (ビ) シャイ
ひとやすみする **一休みする** hitoyasumisuru	**歇一会儿** xiē yíhuìr シエ イーホァル	take a rest テイク ア レスト
ひとり **一人** hitori	**一个人** yí ge rén イー ガ レン	one, a man ワン, ア マン
ひとりごと **独り言** hitorigoto	**自言自语** zì yán zì yǔ ヅー イエン ヅー ユィ	monologue マノローグ
～を言う	**自言自语** zì yán zì yǔ ヅー イエン ヅー ユィ	talk to *oneself* トークトゥ

日	中	英
ひとりっこ **一人っ子** hitorikko	**独生子女** dúshēng zǐnǚ ドゥション ヅーニュイ	only child **オ**ウンリ **チャ**イルド
ひとりぼっち **一人ぼっち** hitoribocchi	**单独，孤独** dāndú, gūdú ダンドゥ，グウドゥ	alone ア**ロ**ウン
ひとりよがり **独り善がり** hitoriyogari	**自以为是，自命不凡** zì yǐ wéi shì, zì mìng bù fán ヅー イー ウェイ シー，ヅー ミィン ブゥ ファン	self-satisfaction **セ**ルフサティス**ファ**クション
ひな **雛** hina	**鸟雏** niǎochú ニアオチュウ	chick **チ**ク
ひなた **日向** hinata	**向阳处，太阳地儿** xiàngyángchù, tàiyángdìr シアンヤンチゥ，タイヤンディル	sunny place **サ**ニ プ**レ**イス
ひなん(する) **避難(する)** hinan (suru)	**避难，逃难** bì'nàn, táo'nàn ビィナン，タオナン	refuge, shelter; take refuge in **レ**フューヂ，**シェ**ルタ，**テ**イ ク **レ**フューヂ イン
～経路	**避难路径** bìnàn lùjìng ビィナン ルゥジィン	evacuation route イヴァキュ**エ**イション **ル**ー ト
～所	**避难所** bìnànsuǒ ビィナンスゥオ	shelter **シェ**ルタ
ひなん(する) **非難(する)** hinan (suru)	**责备，谴责** zébèi, qiǎnzé ヅゥアベイ，チエンヅゥア	blame プ**レ**イム
びにーる **ビニール** biniiru	**乙烯树脂** yǐxīshùzhī イーシィシュヂー	vinyl **ヴァ**イニル
～ハウス	**塑料棚** sùliàopéng スゥリアオポン	greenhouse グ**リ**ーンハウス
～袋	**塑料袋** sùliàodài スゥリアオダイ	plastic bag プ**ラ**スティク **バ**グ
ひにく **皮肉** hiniku	**讽刺，反语** fěngcì, fǎnyǔ フォンツー，ファンユイ	sarcasm, irony **サ**ーキャズム，**ア**イアロニ

日	中	英
ひにん **避妊** hinin	**避孕** bìyùn ビィユィン	contraception カントラセプション
ひにん(する) **否認(する)** hinin (suru)	**否认** fǒurèn フォウレン	denial; deny ディナイアル, ディナイ
びねつ **微熱** binetsu	**发低烧** fā dīshāo ファア ディーシャオ	slight fever スライト フィーヴァ
ひねる **捻る** hineru	**扭** niǔ ニウ	twist, twirl トウィスト, トワール
ひのいり **日の入り** hinoiri	**日没, 黄昏** rìmò, huánghūn リーモォ, ホアンホゥン	sunset サンセト
ひので **日の出** hinode	**日出** rìchū リーチュウ	sunrise サンライズ
ひばな **火花** hibana	**火星, 火花** huǒxīng, huǒhuā ホゥオシィン, ホゥオホア	spark スパーク
ひばり **雲雀** hibari	**云雀** yúnquè ユィンチュエ	lark ラーク
ひはん(する) **批判(する)** hihan (suru)	**批判, 批评** pīpàn, pīpíng ピィパン, ピィピィン	criticism; criticize クリティスィズム, クリティ サイズ
ひび **罅** hibi	**裂缝, 裂痕** lièfèng, lièhén リエフォン, リエヘン	crack クラク
ひび **皹** hibi	**皲裂, 皴** jūnliè, cūn ジュィンリエ, ツゥン	chap チャプ
ひびき **響き** hibiki	**响声** xiǎngshēng シアンション	sound サウンド
ひびく **響く** hibiku	**响** xiǎng シアン	sound, resound サウンド, リザウンド
ひひょう(する) **批評(する)** hihyou (suru)	**评论, 批评** pínglùn, pīpíng ピィンルゥン, ピィピィン	criticism, criticize クリティスィズム, クリティ サイズ

日	中	英
ひふ **皮膚** hifu	**皮肤** pífū ピィフゥ	skin スキン
～科	**皮肤科** pífūkē ピィフゥクァ	dermatology デーマ**タ**ロヂ
びぼう **美貌** bibou	**美貌** měimào メイマオ	beauty **ビュ**ーティ
ひぼうする **誹謗する** hibousuru	**诽谤** fěibàng フェイパァン	slander ス**ラ**ンダ
ひぼんな **非凡な** hibonna	**非凡，卓绝** fēifán, zhuójué フェイファン，ヂュオジュエ	exceptional イク**セ**プショナル
ひま **暇** hima	**时间，闲暇** shíjiān, xiánxiá シージエン，シエンシア	time, leisure **タ**イム，**リ**ージャ
ひまご **曾孫** himago	**曾孙** zēngsūn ヅンスゥン	great-grandchild グレイト**グラ**ンドチャイルド
（男児）	**曾孙** zēngsūn ヅンスゥン	great-grandson グレイト**グラ**ンドサン
（女児）	**曾孙女** zēngsūnnü ヅンスゥンニュイ	great-granddaughter グレイト**グラ**ンドドータ
ひまわり **向日葵** himawari	**向日葵，葵花** xiàngrìkuí, kuíhuā シアンリークゥイ，クゥイホア	sunflower **サ**ンフラウア
ひまん **肥満** himan	**肥胖** féipàng フェイパァン	obesity オウ**ビ**ースィティ
ひみつ **秘密** himitsu	**隐秘，秘密** yǐnmì, mìmì インミィ，ミィミィ	secret **スィ**ークレット
びみょうな **微妙な** bimyouna	**微妙** wēimiào ウェイミアオ	subtle, delicate **サ**トル，**デ**リケト
ひめい **悲鳴** himei	**惊叫声，尖叫** jīngjiàoshēng, jiānjiào ジィンジアオション，ジエンジアオ	scream, cry ス**ク**リーム，ク**ラ**イ

ひ

日	中	英
〜を上げる	惊叫，尖叫 jīngjiào, jiānjiào ジィンジアオ，ジエンジアオ	scream, cry スクリーム，クライ
ひも 紐 himo	〔条〕带子，绳子 〔tiáo〕dàizi, shéngzi 〔ティアオ〕ダイヅ，ションヅ	string, cord ストリング，コード
ひもと 火元 himoto	火主，起火处 huǒzhǔ, qǐhuǒchù ホゥオデュウ，チィホゥオチュウ	origin of a fire オーリヂン オヴ ア ファイア
ひやかす 冷やかす hiyakasu	打趣，挖苦，嘲弄 dǎ'qù, wāku, cháonòng ダァチュイ，ワク，チャオノン	banter, tease バンタ，ティーズ
ひゃく 百 hyaku	一百 yìbǎi イーバイ	hundred ハンドレド
ひゃく（する） 飛躍（する） hiyaku (suru)	飞跃 fēiyuè フェイユエ	leap, jump リープ，ヂャンプ
ひゃくにちぜき 百日咳 hyakunichizeki	百日咳 bǎirìké バイリーク	whooping cough フーピング コーフ
ひゃくまん 百万 hyakuman	一百万 yìbǎiwàn イーバイワン	million ミリオン
ひやけ（する） 日焼け（する） hiyake (suru)	晒黑 shàihēi シャイヘイ	sunburn,　suntan; (get) suntanned サンバーン，サンタン，（ゲト） サンタンド
ひやす 冷やす hiyasu	冰镇，冷却 bīngzhèn, lěngquè ビィンヂェン，ルォンチュエ	cool, ice クール，アイス
ひゃっかじてん 百科事典 hyakkajiten	百科全书 bǎikē quánshū バイクァ チュエンシュウ	encyclopedia エンサイクロウピーディア
ひゃっかてん 百貨店 hyakkaten	百货商店 bǎihuò shāngdiàn バイホゥオ シャァンディエン	department store ディパートメント ストー
びやほーる ビヤホール biyahooru	啤酒馆，啤酒园 píjiǔguǎn, píjiǔyuán ピィジウグワン，ピィジウユエン	beer hall ビア ホール

日	中	英
ひややかな **冷ややかな** hiyayakana	**冷淡** lěngdàn ルォンダン	cold, indifferent コウルド, インディファレント
ひゆ **比喩** hiyu	**隐喻，借喻** yǐnyù, jièyù インユィ, ジエユィ	figure of speech フィギャ オヴ スピーチ
ひゅーず **ヒューズ** hyuuzu	**保险丝** bǎoxiǎnsī バオシエンスー	fuse フューズ
ひゅーまにずむ **ヒューマニズム** hyuumanizumu	**人道主义** réndào zhǔyì レンダオ デュウイー	humanitarianism ヒューマニテアリアニズム
びゅっふぇ **ビュッフェ** byuffe	**餐室，简易食堂** cānshì, jiǎnyì shítáng ツァンシー, ジエンイー シータァン	buffet ブフェイ
ひょう **票** hyou	**票，选票** piào, xuǎnpiào ピアオ, シュエンピアオ	vote ヴォウト
ひょう **表** hyou	**图表，表格** túbiǎo, biǎogé トゥビアオ, ビアオグァ	table, diagram テイブル, ダイアグラム
ひょう **豹** hyou	〔只〕**豹** 〔zhǐ〕bào 〔デー〕バオ	leopard, panther レパド, パンサ
ひょう **雹** hyou	〔颗／粒〕**雹子，冰雹** 〔kē／lì〕báozi, bīngbáo 〔クァ／リィ〕バオヅ, ビィンバオ	hail ヘイル
ひよう **費用** hiyou	**费用，经费** fèiyong, jīngfèi フェイヨン, ジィンフェイ	cost コスト
びょう **秒** byou	**秒** miǎo ミアオ	second セコンド
びよう **美容** biyou	**美容** měiróng メイロン	beauty treatment ビューティ トリートメント
～院	**美容院** měiróngyuàn メイロンユエン	beauty salon ビューティ サラン
～師	**美发师，美容师** měifàshī, měiróngshī メイファアシー, メイロンシー	beautician ビューティシャン

日	中	英
びょういん **病院** byouin	**医院** yīyuàn イーユエン	hospital ハスピトル
ひょうか(する) **評価(する)** hyouka (suru)	**评价** píngjià ピィンジア	estimation; esti- mate エスティメイション，**エス** **ティ**メト
ひょうが **氷河** hyouga	〔条〕**冰河，冰川** 〔tiáo〕bīnghé, bīngchuān 〔ティアオ〕ビンホァ，ビンチュワン	glacier グレイシャ
びょうき **病気** byouki	**病，疾病** bìng, jíbìng ビィン，ジィビィン	sickness, disease **スィ**クネス，ディ**ズィ**ーズ
ひょうきんな **ひょうきんな** hyoukinna	**滑稽，诙谐** huáji, huīxié ホアジ，ホウイシエ	humorous, funny **ヒュー**マラス，**ファ**ニ
ひょうげん(する) **表現(する)** hyougen (suru)	**表现，表达** biǎoxiàn, biǎodá ビアオシエン，ビアオダァ	expression; ex- press イクスプレション，イクスプ **レ**ス
びょうげんきん **病原菌** byougenkin	**病菌** bìngjūn ビィンジュィン	disease germ ディ**ズィ**ーズ **チャ**ーム
ひょうさつ **表札** hyousatsu	**门牌，名牌** ménpái, míngpái メンパイ，ミィンパイ	doorplate **ド**ープレイト
ひょうざん **氷山** hyouzan	〔座〕**冰山** 〔zuò〕bīngshān 〔ヅゥオ〕ビィンシャン	iceberg **ア**イスバーグ
ひょうし **表紙** hyoushi	**封面** fēngmiàn フォンミエン	cover **カ**ヴァ
ひょうじ(する) **表示(する)** hyouji (suru)	**表示** biǎoshì ビアオシー	indication; indi- cate インディ**ケ**イション，**イン** ディケイト
ひょうしき **標識** hyoushiki	**标识，标志** biāozhì, biāozhì ビアオヂー，ビアオヂー	sign, mark **サ**イン，**マ**ーク
びょうしつ **病室** byoushitsu	**病房** bìngfáng ビィンファァン	sickroom, ward **スィ**クルーム，**ウォ**ード

日	中	英
びょうしゃ(する) **描写(する)** byousha (suru)	描写，描绘 miáoxiě, miáohuì ミアオシエ，ミアオホゥイ	description; describe ディスク**リ**プション，ディスク**ラ**イブ
びょうじゃくな **病弱な** byoujakuna	虚弱 xūruò シュィルゥオ	sickly ス**ィ**クリ
ひょうじゅん **標準** hyoujun	标准，基准 biāozhǔn, jīzhǔn ビアオヂュン，ジィヂュン	standard ス**タ**ンダド
〜語	标准语，普通话 biāozhǔnyǔ, pǔtōnghuà ビアオヂュンユィ，プゥトンホア	standard language ス**タ**ンダド **ラ**ングウィヂ
ひょうしょう(する) **表彰(する)** hyoushou (suru)	表扬，表彰 biǎoyáng, biǎozhāng ビアオヤン，ビアオヂァァン	commendation; commend, honor カメン**デ**イション，コ**メ**ンド，**ア**ナ
ひょうじょう **表情** hyoujou	表情，神情 biǎoqíng, shénqíng ビアオチン，シェンチン	expression イクス**プ**レション
びょうしょう **病床** byoushou	病床 bìngchuáng ビンチュアン	sickbed ス**ィ**クベド
びょうじょう **病状** byoujou	病情 bìngqíng ビンチン	condition コン**デ**ィション
びょうしん **秒針** byoushin	秒针 miǎozhēn ミアオヂェン	second hand **セ**カンド **ハ**ンド
ひょうてき **標的** hyouteki	靶子，目标 bǎzi, mùbiāo バァヅ，ムゥビアオ	target **タ**ーゲト
びょうてきな **病的な** byoutekina	病态，不健康 bìngtài, bú jiànkāng ビンタイ，プゥ ジエンカァン	morbid **モ**ービド
びょうどう(な) **平等** byoudou (na)	平等 píngděng ピィンドゥン	equality; equal イク**ワ**リティ，**イ**ークワル
びょうにん **病人** byounin	病人，患者 bìngrén, huànzhě ビィンレン，ホワンヂョァ	sick person ス**ィ**ク **パ**ースン

日	中	英
ひょうはく（する） **漂白（する）** hyouhaku (suru)	**漂白** piǎobái ピアオバイ	bleaching; bleach ブリーチング，ブリーチ
〜剤	**漂白粉** piǎobáifěn ピアオバイフェン	bleach ブリーチ
ひょうばん **評判** hyouban	**评价，名望** píngjià, míngwàng ピィンジア，ミィンワァン	reputation レピュテイション
ひょうほん **標本** hyouhon	**标本** biāoběn ビアオベン	specimen, sample スペスィメン，**サ**ンプル
ひょうめい（する） **表明（する）** hyoumei (suru)	**表明，表示** biǎomíng, biǎoshì ビアオミィン，ビアオシー	manifestation; manifest マニフェス**テ**イション，**マ**ニ フェスト
ひょうめん **表面** hyoumen	**表面，表层** biǎomiàn, biǎocéng ビアオミエン，ビアオツン	surface **サ**ーフェス
〜張力	**表面张力** biǎomiàn zhānglì ビアオミエン ヂャァンリィ	surface tension **サ**ーフィス **テ**ンション
ひょうりゅう（する） **漂流（する）** hyouryuu (suru)	**漂流，漂移** piāoliú, piāoyí ピアオリウ，ピアオイー	drift ド**リ**フト
ひょうろん **評論** hyouron	**评论，评** pínglùn, píng ピィンルゥン，ピィン	critique, review クリ**ティ**ーク，リ**ヴュ**ー
〜家	**评论家** pínglùnjiā ピィンルゥンジア	critic, reviewer ク**リ**ティク，リ**ヴュ**ーア
ひよくな **肥沃な** hiyokuna	**肥沃** féiwò フェイウオ	fertile **ファ**ートル
ひよけ **日除け** hiyoke	**遮阳，遮篷** zhēyáng, zhēpéng ヂョァヤン，ヂョァポン	sunshade **サ**ンシェイド
ひよこ **雛** hiyoko	**雏鸡，小鸡** chújī, xiǎojī チュウジィ，シアオジィ	chick **チ**ク

日	中	英
ひらおよぎ **平泳ぎ** hiraoyogi	**蛙泳** wāyǒng ワァヨン	breaststroke プレストストロウク
ひらがな **平仮名** hiragana	**平假名** píngjiǎmíng ピィンジアミィン	*hiragana* ヒラガーナ
ひらく **開く** hiraku	**开，打开** kāi, dǎkāi カイ，ダァカイ	open オウプン
（開始） 	**开始** kāishǐ カイシー	open, start オウプン，スタート
ひらたい **平たい** hiratai	**平坦，扁平** píngtǎn, biǎnpíng ピィンタン，ビエンピィン	flat, level フラト，レヴェル
ぴらふ **ピラフ** pirafu	**炒饭，烩饭** chǎofàn, huìfàn チャオファン，ホウイファン	pilaf ピラーフ
ひらめ **平目** hirame	**鲆，牙鲆** píng, yápíng ピィン，ヤァピィン	flatfish フラトフィシュ
ひらめく **閃く** hirameku	**闪动，闪烁** shǎndòng, shǎnshuò シャンドン，シャンシュオ	flash, gleam フラシュ，グリーム
（考えが） 	**闪现，忽然想出** shǎnxiàn, hūrán xiǎngchū シャンシエン，ホウラン シアンチュウ	flash フラシュ
ぴりおど **ピリオド** piriodo	**句号** jùhào ジュイハオ	period ピアリオド
ひりつ **比率** hiritsu	**比率，比例** bǐlǜ, bǐlì ビィリュイ，ビィリィ	ratio レイショウ
ひりょう **肥料** hiryou	**肥料** féiliào フェイリアオ	fertilizer, manure ファーティライザ，マニュア
ひる **昼** hiru	**白天，中午** báitiān, zhōngwǔ バイティエン，ヂォンウゥ	daytime, noon デイタイム，ヌーン
ぴる **ビル** biru	〔座〕**大楼，大厦** 〔zuò〕dàlóu, dàshà 〔ヅオ〕ダァロウ，ダァシァア	building ビルディング

ひ

日	中	英
ひるがえる **翻る** hirugaeru	飘扬，飘动 piāoyáng, piāodòng ピアオヤン，ピアオドン	flutter フラタ
ひるごはん **昼御飯** hirugohan	〔顿/次〕午饭，午餐 〔dùn/cì〕wǔfàn, wǔcān 〔ドゥン/ツー〕ウゥファン，ウゥツァン	lunch ランチ
ひるね **昼寝** hirune	午睡，睡午觉 wǔshuì, shuì wǔjiào ウゥシュイ，シュイ ウゥジアオ	afternoon nap アフタヌーン ナプ
ひるま **昼間** hiruma	白天，日间 báitiān, rìjiān バイティエン，リージエン	daytime デイタイム
ひるやすみ **昼休み** hiruyasumi	午休 wǔxiū ウゥシウ	lunch break, noon recess ランチ ブレイク，ヌーン リセス
ひれ **鰭** hire	鳍 qí チィ	fin フィン
ひれい **比例** hirei	比例 bǐlì ビィリィ	proportion プロポーション
〜する	成正比 chéng zhèngbǐ チョン ヂョンビィ	(be) in proportion to (ビ) イン プロポーション トゥ
ひれつな **卑劣な** hiretsuna	卑劣，卑鄙 bēiliè, bēibǐ ベイリエ，ベイビィ	mean ミーン
ひれにく **ヒレ肉** hireniku	里脊(肉) lǐji(ròu) リィジ(ロウ)	fillet フィレト
ひろい **広い** hiroi	宽阔，广大 kuānkuò, guǎngdà クワンクゥオ，グアンダァ	wide, broad ワイド，ブロード
ひろう **拾う** hirou	捡，拾 jiǎn, shí ジエン，シー	pick up ピク アプ
ひろうえん **披露宴** hirouen	喜筵，婚宴 xǐyán, hūnyàn シィイエン，ホゥンイエン	wedding banquet ウェディング バンクウェト

日	中	英
ひろがる **広がる** hirogaru	**扩大，扩展** kuòdà, kuòzhǎn クゥオダァ，クゥオヂャン	extend, expand イクス**テ**ンド，イクス**パ**ンド
ひろげる **広げる** hirogeru	**扩张，开阔** kuòzhāng, kāikuò クゥオヂャァン，カイクゥオ	extend, expand イクス**テ**ンド，イクス**パ**ンド
ひろさ **広さ** hirosa	**宽度，宽窄** kuāndù, kuānzhǎi クワンドゥ，クワンヂャイ	width **ウ**ィドス
ひろば **広場** hiroba	**广场** guǎngchǎng グアンチャァン	square スク**ウェ**ア
ひろまる **広まる** hiromaru	**扩大，蔓延** kuòdà, mànyán クゥオダァ，マンイエン	spread スプ**レ**ド
（普及する）	**流传，普及** liúchuán, pǔjí リウチュワン，プゥジィ	spread スプ**レ**ド
ひろめる **広める** hiromeru	**扩大，推广** kuòdà, tuīguǎng クゥオダァ，トゥイグアン	spread スプ**レ**ド
びわ **枇杷** biwa	**枇杷** pípa ピィパ	loquat ロウク**ワ**ト
ひん **品** hin	**风度** fēngdù フォンドゥ	dignity **デ**ィグニティ
びん **瓶** bin	**瓶** píng ピィン	bottle **バ**トル
びん **便**　（飛行機の）	**班机** bānjī バンジィ	flight フ**ラ**イト
びん bin		
ぴん **ピン** pin	**别针，大头针** biézhēn, dàtóuzhēn ビエヂェン，ダァトウヂェン	pin **ピ**ン
びんかんな **敏感な** binkanna	**敏感，灵敏** mǐngǎn, língmǐn ミンガン，リィンミン	sensitive **セ**ンスィティヴ
ぴんく **ピンク** pinku	**粉红色** fěnhóngsè フェンホンスァ	pink **ピ**ンク

日	中	英
ひんけつ **貧血** hinketsu	**贫血** pínxuè ピンシュエ	anemia アニーミア
ひんこん **貧困** hinkon	**贫困, 贫穷** pínkùn, pínqióng ピンクゥン, ピンチオン	poverty パヴァティ
ひんしつ **品質** hinshitsu	**品质, 质量** pǐnzhì, zhìliàng ピンヂー, ヂーリアン	quality クワリティ
ひんじゃくな **貧弱な** hinjakuna	**贫乏** pínfá ピンファア	poor, meager プア, ミーガ
ひんしゅ **品種** hinshu	**品种** pǐnzhǒng ピンヂォン	kind, variety カインド, ヴァラィエティ
ひんしゅくをかう **顰蹙を買う** hinshukuwokau	**让人讨厌** ràng rén tǎoyàn ラァン レン タオイエン	incur disgust インカー ディスガスト
びんせん **便箋** binsen	〔张〕**信纸, 信笺** 〔zhāng〕xìnzhǐ, xìnjiān 〔ヂァァン〕シンヂー, シンジエン	letter paper レタ ペイパ
ぴんち **ピンチ** pinchi	**危机, 危急局面** wēijī, wēijí júmiàn ウェイジィ, ウェイジィ ジュィミエン	pinch ピンチ
〜ヒッター	**代打者, 紧急时代替** dàidǎzhě, jǐnjí shí dàitì ダイダァヂョァ, ジンジィ シー ダイティー	pinch hitter ピンチ ヒタ
ひんと **ヒント** hinto	**暗示, 启发** ànshì, qǐfā アンシー, チィファア	hint ヒント
ひんど **頻度** hindo	**频次, 频率** píncì, pínlǜ ピンツー, ピンリュィ	frequency フリークウェンスィ
ぴんと **ピント** pinto	**焦点, 焦距** jiāodiǎn, jiāojù ジアオディエン, ジアオジュィ	focus フォゥカス
ぴんはね **ピン撥ね** pinhane	**克扣, 抽头** kèkòu, chōu'tóu クァコウ, チョウトウ	kickback, rake-off キクバク, レイコフ
ひんぱんに **頻繁に** hinpanni	**频繁, 屡次** pínfán, lǚcì ピンファン, リュィツー	frequently フリークウェントリ

日	中	英
びんぼう **貧乏** binbou	**穷，贫穷** qióng, pínqióng チオン，ピンチオン	poverty パヴァティ

ふ，フ

日	中	英
ふ **府** fu	**中心机关，领导部门** zhōngxīn jīguān, lǐngdǎo bùmén ヂォンシン ジィグワン，リィンダオ ブゥメン	prefecture プリーフェクチャ
ぶ **部** bu	**部门** bùmén ブゥメン	section セクション
（本の） 	**本，部，册** běn, bù, cè ベン，ブゥ，ツゥァ	copy カピ
ふぁーすと **ファースト** （一塁手） faasuto	**一垒手** yīlěishǒu イーレイショウ	first baseman ファースト ベイスマン
ふぁすとふーど **ファストフード** fasutofuudo	**快餐** kuàicān クアイツァン	fast food ファスト フード
ぶあい **歩合** buai	**比率** bǐlǜ ビィリュィ	rate, percentage レイト，パセンティヂ
ぶあいそうな **無愛想な** buaisouna	**冷淡** lěngdàn ルォンダン	unsociable アンソウシャブル
ふぁいる **ファイル**（書類とじ） fairu	**文件夹** wénjiànjiā ウェンジエンジア	file ファイル
（資料） 	**文件，档案** wénjiàn, dàng'àn ウェンジエン，ダァンアン	file ファイル
ふぁうる **ファウル**（反則） fauru	**犯规** fànguī ファングゥイ	foul ファウル
ふぁしずむ **ファシズム** fashizumu	**法西斯主义** fǎxīsī zhǔyì ファアシィスー ヂュウイー	fascism ファシズム

日	中	英
ふぁすなー **ファスナー** fasunaa	**拉锁** lāsuǒ ラァスゥオ	zipper **ズィ**パ
ふぁつい **分厚い** buatsui	**厚** hòu ホウ	thick **スィ**ク
ふぁっくす **ファックス** fakkusu	**传真** chuánzhēn チュワンヂェン	fax **ファ**クス
ふぁっしょん **ファッション** fasshon	**时装** shízhuāng シーヂュアン	fashion **ファ**ション
ふぁん **ファン** fan	**…迷，粉丝** …mí, fěnsī …ミィ, フェンスー	fan **ファ**ン
ふぁん **不安** fuan	**不安，担心** bù'ān, dānxīn ブゥアン, ダンシン	uneasiness アニーズィネス
ふぁんてい **不安定** fuantei	**不稳定，不安定** bù wěndìng, bù āndìng ブゥ ウェンディン, ブゥ アンディン	instability インスタ**ビ**リティ
〜な	**不稳定，不安定** bù wěndìng, bù āndìng ブゥ ウェンディン, ブゥ アンディン	unstable アンス**テ**イブル
ふぁんでーしょん **ファンデーション** fandeeshon	**粉底(霜)** fěndǐ(shuāng) フェンディー(シュアン)	foundation ファウン**デ**イション
ふぃあんせ **フィアンセ** fianse	**对象** duìxiàng ドゥイシアン	fiancé(e) フィーアーン**セ**イ
(男)	**未婚夫** wèihūnfū ウェイホゥンフゥ	fiancé フィーアーン**セ**イ
(女)	**未婚妻** wèihūnqī ウェイホゥンチィ	fiancée フィーアーン**セ**イ
ふぃーるど **フィールド** fiirudo	**田径运动场** tiánjìng yùndòngchǎng ティエンジィン ユィンドンチャァン	field **フィ**ールド
ふぃぎゅあすけーと **フィギュアスケート** figyuasukeeto	**花样滑冰** huāyàng huábīng ホアヤン ホアビィン	figure skating **フィ**ギャ ス**ケ**イティング

ふ

日	中	英
ふぃくしょん **フィクション** fikushon	**虚构** xūgòu シュィゴウ	fiction **フ**ィクション
ふいっち **不一致** fuicchi	**分歧，不一致** fēnqí, bù yízhì フェンチィ，ブゥ イーチー	disagreement ディスグ**リ**ーメント
ふぃりぴん **フィリピン** firipin	**菲律宾** Fēilǜbīn フェイリュビン	Philippines **フ**ィリピーンズ
ふぃるたー **フィルター** （写真の） firutaa	**滤色镜** lǜsèjìng リュィスァジン	filter **フ**ィルタ
（タバコの）	**过滤嘴** guòlǜzuǐ グゥオリュィヅゥイ	filter tip **フ**ィルタ **ティ**プ
ふぃるむ **フィルム** firumu	**胶卷** jiāojuǎn ジアオジュエン	film **フ**ィルム
ふうか(する) **風化(する)** fuuka (suru)	**风化** fēnghuà フォンホア	weathering; weather **ウェ**ザリング，**ウェ**ザ
ふうがわりな **風変わりな** fuugawarina	**奇特，古怪** qítè, gǔguài チィトゥァ，グゥグァイ	curious **キュ**アリアス
ふうき **風紀** fuuki	**风纪，纪律** fēngjì, jìlǜ フォンジィ，ジィリュィ	discipline, public morals **ディ**スィプリン，**パ**ブリク **モ**ーラルズ
ふうきり **封切** fuukiri	**初次放映** chūcì fàngyìng チュウツー ファァンイィン	release リ**リ**ース
ぶーけ **ブーケ** buuke	**花束** huāshù ホアシュウ	bouquet ブー**ケ**イ
ふうけい **風景** fuukei	**风景** fēngjǐng フォンジィン	scenery **ス**ィーナリ
ふうさ(する) **封鎖(する)** fuusa (suru)	**封锁** fēngsuǒ フォンスゥオ	blockade ブラ**ケ**イド

日	中	英
ふうさい **風采** fuusai	相貌，仪容 xiàngmào, yíróng シアンマオ，イーロン	appearance アピアランス
ふうし(する) **風刺(する)** fuushi (suru)	讽刺 fěngcì フォンツー	satire; satirize サタイア，サタライズ
ふうしゃ **風車** fuusha	风车 fēngchē フォンチョア	windmill ウィンドミル
ふうしゅう **風習** fuushuu	风俗习惯 fēngsú xíguàn フォンスゥ シィグワン	custom カスタム
ふうしん **風疹** fuushin	风疹 fēngzhěn フォンヂェン	rubella ルーベラ
ふうせん **風船** fuusen	气球 qìqiú チィチウ	balloon バルーン
ふうそく **風速** fuusoku	风速 fēngsù フォンスゥ	wind velocity ウィンド ヴェラスィティ
ふうぞく **風俗** fuuzoku	风俗 fēngsú フォンスゥ	custom, manners カスタム，マナズ
ふうちょう **風潮** fuuchou	潮流，时势 cháoliú, shíshì チャオリウ，シーシー	trend トレンド
ぶーつ **ブーツ** buutsu	长筒皮靴 chángtǒng píxuē チャァントン ピィシュエ	boots ブーツ
ふうど **風土** fuudo	风土，水土 fēngtǔ, shuǐtǔ フォントゥ，シュイトゥ	climate クライメト
ふーど **フード** fuudo	风帽 fēngmào フォンマオ	hood フド
ふうとう **封筒** fuutou	信封 xìnfēng シンフォン	envelope エンヴェロウプ
ふうひょう **風評** fuuhyou	传闻，流言 chuánwén, liúyán チュワンウェン，リウイエン	rumor ルーマ

日	中	英
ふうふ **夫婦** fuufu	**夫妻，夫妇** fūqī, fūfù フゥチィ，フゥフゥ	(married) couple （マリド）**カ**プル
ふうみ **風味** fuumi	**风味，味道** fēngwèi, wèidao フォンウェイ，ウェイダオ	flavor, taste フ**レ**イヴァ，**テ**イスト
ぶーむ **ブーム** buumu	**热潮，…热** rècháo, ...rè ルァチャオ，…ルァ	boom **ブ**ーム
ふうりょく **風力** fuuryoku	**风力** fēnglì フォンリィ	force of the wind **フォ**ース オヴ ザ **ウィ**ンド
ぷーる **プール** puuru	**游泳池** yóuyǒngchí ヨウヨンチー	swimming pool ス**ウィ**ミング **プ**ール
ふうん **不運** fuun	**背运，倒霉** bèiyùn, dǎoméi ベイユィン，ダオメイ	bad luck **バ**ド **ラ**ク
ふえ **笛** fue	**哨子，警笛** shàozi, jǐngdí シャオヅ，ジィンディー	whistle （ホ）**ウィ**スル
（横笛）	**横笛** héngdí ヘゥンディー	flute フ**ルー**ト
ふぇいんと **フェイント** feinto	**佯攻** yánggōng ヤンゴン	feint **フェ**イント
ふぇーんげんしょう **フェーン現象** feengenshou	**焚风现象** fénfēng xiànxiàng フェンフォン シエンシアン	foehn phenomenon **フェ**イン フィ**ナ**メノン
ふぇみにすと **フェミニスト** feminisuto	**女权论者** nǚquánlùnzhě ニュイチュエンルゥンヂョァ	feminist **フェ**ミニスト
ふぇみにずむ **フェミニズム** feminizumu	**男女平权主义** nánnǚ píngquán zhǔyì ナンニュイ ピィンチュエン ヂュウイー	feminism **フェ**ミニズム
ふえる **増える** fueru	**增多，增加** zēngduō, zēngjiā ヅンドゥオ，ヅンジア	increase イン**ク**リース
ふぇんしんぐ **フェンシング** fenshingu	**击剑，剑术** jījiàn, jiànshù ジィジエン，ジエンシゥウ	fencing **フェ**ンスィング

日	中	英
ぶえんりょな **無遠慮な** buenryona	**不客气** bú kèqi プ クァチ	rude ルード
ふぉーく **フォーク** （食器） fooku	**叉子** chāzi チャアヅ	fork フォーク
ふぉーまっと **フォーマット** foomatto	**格式** géshi グァシ	format フォーマト
ふぉーまるな **フォーマルな** foomaruna	**正式** zhèngshì ヂョンシー	formal フォーマル
ふぉーむ **フォーム** foomu	**形式** xíngshì シィンシー	form フォーム
ふぉーらむ **フォーラム** fooramu	**论坛** lùntán ルゥンタン	forum フォーラム
ふおんな **不穏な** fuonna	**不稳，险恶** bùwěn, xiǎn'è ブゥウェン，シエンウァ	threatening スレトニング
ぶか **部下** buka	**部下，部属** bùxià, bùshǔ ブゥシア，ブゥシュウ	subordinate サブオーディネト
ふかい **深い** fukai	**深** shēn シェン	deep, profound ディープ，プロファウンド
ふかいな **不快な** fukaina	**不快，不愉快** búkuài, bù yúkuài ブゥクアイ，ブゥ ユイクアイ	unpleasant アンプレザント
ふかかいな **不可解な** fukakaina	**费解，不可思议** fèijiě, bù sī yì フェイジエ，ブゥ クァ スー イー	incomprehensible インカンプリヘンスィブル
ふかけつな **不可欠な** fukaketsuna	**不可缺少，必需** bùkě quēshǎo, bìxū ブゥクァ チュエシャオ，ビィシュイ	indispensable インディスペンサブル
ふかさ **深さ** fukasa	**深度** shēndù シェンドゥ	depth デプス
ふかのうな **不可能な** fukanouna	**不可能，办不到** bù kěnéng, bànbudào ブゥ クァヌォン，バンブダオ	impossible インパスィブル

日	中	英
ふかんぜん **不完全** fukanzen	**不完全** bù wánquán プウ ワンチュエン	imperfection インパー**フェ**クション
ぶき **武器** buki	**武器** wǔqì ウウチイ	arms, weapon **アー**ムズ, **ウェ**ポン
ふきかえ **吹き替え** fukikae	**配音** pèiyīn ペイイン	dubbing **ダ**ビング
ふきげんな **不機嫌な** fukigenna	**不高兴** bù gāoxìng プウ ガオシィン	bad-tempered **バ**デ**テン**バド
ふきそ **不起訴** fukiso	**不起诉** bù qǐsù プウ チイスウ	non-prosecution **ノン**プラスィ**キュー**ション
ふきそくな **不規則な** fukisokuna	**不规则** bù guīzé プウ グウイヅゥア	irregular イ**レ**ギュラ
ふきだす **吹き出す** (水などが) fukidasu	**冒出, 喷出** màochū, pēnchū マオチュウ, ペンチュウ	spout ス**パ**ウト
(笑い出す)	**发笑** fāxiào ファアシアオ	burst out laughing **バー**スト **ア**ウト **ラ**フィング
ふきつな **不吉な** fukitsuna	**不吉利, 不吉祥** bù jílì, bù jíxiáng プウ ジイリィ, プウ ジイシアン	ominous **ア**ミナス
ふきでもの **吹き出物** fukidemono	**疖子** jiēzi ジエヅ	pimple **ピ**ンプル
ぶきみな **不気味な** bukimina	**令人害怕** lìng rén hàipà リィン レン ハイパァ	weird, uncanny **ウィ**アド, アン**キャ**ニ
ふきゅうする **普及する** fukyuusuru	**普及** pǔjí プゥジィ	spread, diffuse ス**プ**レド, ディ**フュー**ズ
ふきょう **不況** fukyou	**不景气, 萧条** bù jǐngqì, xiāotiáo プゥ ジィンチイ, シアオティアオ	depression, slump ディ**プ**レション, ス**ラ**ンプ
ぶきような **不器用な** bukiyouna	**手拙, 拙笨** shǒu zhuō, zhuōbèn ショウ デュオ, デュオベン	clumsy, awkward ク**ラ**ムズィ, **オー**クワド

日	中	英
ふきん **付近** fukin	**附近，邻近** fùjìn, línjìn フゥジン，リンジン	neighborhood ネイバフド
ふきんこう **不均衡** fukinkou	**不均衡，不平衡** bù jūnhéng, bù pínghéng ブゥ ジュインヘゥン，ブゥ ピインヘゥン	imbalance インバランス
ふく **拭く** fuku	**擦，抹** cā, mǒ ツァア，モオ	wipe ワイプ
ふく **吹く** （風などが） fuku	**吹** chuī チュイ	blow ブロウ
ふく **服** fuku	〔件〕**衣服，衣裳** [jiàn] yīfu, yīshang [ジエン] イーフ，イーシャァン	clothes クロウズ
ふくげん(する) **復元(する)** fukugen (suru)	**复原** fùyuán フゥユエン	restoration; restore レストレイション，リスト–
ふくごう **複合** fukugou	**复合** fùhé フゥホォァ	composition カンポズィション
ふくざつな **複雑な** fukuzatsuna	**复杂** fùzá フゥツァア	complicated カンプリケイテド
ふくさよう **副作用** fukusayou	**副作用** fùzuòyòng フゥヅゥオヨン	side effect サイド イフェクト
ふくさんぶつ **副産物** fukusanbutsu	**副产品** fùchǎnpǐn フゥチャンピン	by-product バイプロダクト
ふくし **福祉** fukushi	**福利** fúlì フゥリィ	welfare ウェルフェア
ふくしゅう(する) **復習(する)** fukushuu (suru)	**复习，温习** fùxí, wēnxí フゥシィ，ウェンシィ	review リヴュー
ふくしゅう(する) **復讐(する)** fukushuu (suru)	**报仇** bào'chóu バオチョウ	revenge; revenge on リヴェンヂ，リヴェンヂ オン

日	中	英
ふくじゅう(する) **服従(する)** fukujuu (suru)	**服从，顺从** fúcóng, shùncóng フゥツォン，シュンツォン	obedience; obey オウ**ビ**ーディエンス，オ**ベ**イ
ふくすう **複数** fukusuu	**复数** fùshù フゥシュウ	plural プル**ア**ラル
ふくせい **複製** fukusei	**复印，复制** fùyìn, fùzhì フゥイン，フゥヂー	reproduction リープロ**ダ**クション
ふくそう **服装** fukusou	**服装，服饰** fúzhuāng, fúshì フゥヂュアン，フゥシー	dress, clothing ドレス，ク**ロ**ウズィング
ふくつう **腹痛** fukutsuu	**腹痛** fùtòng フゥトン	stomachache ス**タ**マケイク
ふくまくえん **腹膜炎** fukumakuen	**腹膜炎** fùmóyán フゥモォイエン	peritonitis ペリト**ナ**イティス
ふくむ **含む** fukumu	**包括** bāokuò バオクゥオ	contain, include コン**テ**イン，インク**ルー**ド
ふくようする **服用する** fukuyousuru	**服用** fúyòng フゥヨン	take medicine **テ**イク メ**デ**ィスィン
ふくらはぎ **脹脛** fukurahagi	**腿肚子** tuǐdùzi トゥイドゥヅ	calf **キャ**フ
ふくらます **脹[膨]らます** fukuramasu	**鼓** gǔ グゥ	swell ス**ウェ**ル
ふくらむ **脹[膨]らむ** fukuramu	**膨大** péngdà ポンダァ	swell ス**ウェ**ル
ふくり **複利** fukuri	**复利** fùlì フゥリィ	compound interest コン**パ**ウンド **イ**ンタレスト
ふくれる **膨れる** fukureru	**膨大** péngdà ポンダァ	swell ス**ウェ**ル
ふくろ **袋** fukuro	**口袋，袋子** kǒudai, dàizi コウダイ，ダイヅ	bag, sac バグ，**サ**ク

日	中	英

ふくろう
梟
fukurou

猫头鹰，夜猫子
māotóuyīng, yèmāozi
マオトウイン，イエマオヅ

owl
アウル

ふけいき
不景気
fukeiki

萧条，不景气
xiāotiáo, bù jǐngqì
シアオティアオ，ブゥ ジンチイ

depression
ディプレション

ふけいざいな
不経済な
fukeizaina

费钱，不经济
fèiqián, bù jīngjì
フェイチエン，ブゥ ジンジィ

uneconomical
アニーコナミカル

ふけつな
不潔な
fuketsuna

不干净，脏
bù gānjìng, zāng
ブゥ ガンジン，ヅァアン

unclean, dirty
アンクリーン，ダーティ

ふける
老ける
fukeru

上年纪，老
shàng niánjì, lǎo
シャアン ニエンジィ，ラオ

grow old
グロウ オウルド

ふこう(な)
不幸(な)
fukou (na)

不幸
búxìng
ブゥシイン

unhappiness; unhappy
アンハピネス，アンハピ

ふごう
符号
fugou

符号
fúhào
フゥハオ

sign
サイン

ふごうかく
不合格
fugoukaku

不合格
bù hégé
ブゥ ホオアグア

failure
フェイリャ

ふこうへいな
不公平な
fukouheina

不公平，不公正
bù gōngpíng, bù gōngzhèng
ブゥ ゴンピィン，ブゥ ゴンヂョン

unfair, partial
アンフェア，パーシャル

ふごうりな
不合理な
fugourina

不合理
bù hélǐ
ブゥ ホオアリィ

unreasonable
アンリーズナブル

ふさ
房
fusa

穗子，穗
suìzi, suì
スウイヅ，スウイ

tuft, tassel
タフト，タセル

(果実の)

一串，一挂
yí chuàn, yí guà
イー チュワン，イー グア

bunch
バンチ

ぶざー
ブザー
buzaa

蜂鸣器
fēngmíngqì
フォンミィンチイ

buzzer
バザ

日	中	英

ふさい
夫妻
fusai

夫妇，夫妻
fūfù, fūqī
フゥフゥ，フゥチィ

man and wife, Mr. and Mrs.
マン アンド ワイフ，ミスタ アンド ミスィズ

ふざい
不在
fuzai

不在
bú zài
ブゥ ヅァイ

absence
アプセンス

ふさがる
塞がる
fusagaru

占用，堵塞
zhànyòng, dǔsè
チャンヨン，ドゥスァ

(be) occupied
(ビ) アキュパイド

ふさぐ
塞ぐ
fusagu

堵塞，填
dǔsè, tián
ドゥスァ，ティエン

close, block
クロウス，ブラク

（占める）

占
zhàn
チャン

occupy
アキュパイ

ふざける
ふざける
fuzakeru

开玩笑，闹着玩儿
kāi wánxiào, nàozhe wánr
カイ ワンシアオ，ナオヂャ ワル

joke, jest
ヂョウク，ヂェスト

ぶさほうな
無作法な
busahouna

不礼貌
bù lǐmào
ブゥ リィマオ

rude
ルード

ふさわしい
相応しい
fusawashii

适当，相配
shìdàng, xiāngpèi
シーダァン，シアンペイ

suitable, becoming
スータブル，ビカミング

ふし
節
fushi

节
jié
ジエ

joint, knuckle
ヂョイント，ナクル

ぶじ(に)
無事(に)
buji (ni)

平安地
píng'ān de
ピィンアン ダ

safety; safely
セイフティ，セイフリ

ふしぎ
不思議
fushigi

不可思议
bù kě sī yì
ブゥ クァ スー イー

wonder, mystery
ワンダ，ミスタリ

～な

奇怪，奇妙
qíguài, qímiào
チィグアイ，チィミアオ

mysterious, strange
ミステァリアス，ストレインヂ

ふしぜんな
不自然な
fushizenna

不自然，尴尬
bú zìrán, gāngà
ブゥ ヅーラン，ガンガァ

unnatural
アンナチュラル

ふ

日	中	英
ふじゆう(な) **不自由(な)** fujiyuu (na)	**不自由，不好使** bú zìyóu, bù hǎoshǐ プゥ ヅーヨウ, プゥ ハオシー	inconvenience; inconvenient インコンヴィーニェンス, インコンヴィーニェント
ふじゅうぶんな **不十分な** fujuubunna	**不够** bú gòu プゥ ゴウ	insufficient インサフィシェント
ぶしょ **部署** busho	**部门** bùmén プゥメン	post ポウスト
ふしょう(する) **負傷(する)** fushou (suru)	**负伤，受伤** fù'shāng, shòu'shāng フゥシャァン, ショウシャァン	wound; (be) injured ウーンド, (ビ) インヂャド
〜者	**伤员** shāngyuán シャァンユエン	injured person インヂャド パースン
ぶしょうな **不[無]精な** bushouna	**懒，懒惰** lǎn, lǎnduò ラン, ランドゥオ	lazy レイズィ
ふしょく(する) **腐食(する)** fushoku (suru)	**腐蚀** fǔshí フゥシー	corrosion; corrode コロウジョン, コロウド
ぶじょく(する) **侮辱(する)** bujoku (suru)	**污辱，侮辱** wūrǔ, wǔrǔ ウゥルゥ, ウゥルゥ	insult インサルト
ふしん **不信** fushin	**不相信** bù xiāngxìn プゥ シアンシン	distrust ディストラスト
ふじん **夫人** fujin	**夫人，太太** fūrén, tàitai フゥレン, タイタイ	wife ワイフ
ふじん **婦人** fujin	**妇女** fùnǚ フゥニュイ	woman, lady ウマン, レイディ
ふしんせつ(な) **不親切(な)** fushinsetsu (na)	**冷淡** lěngdàn ルォンダン	unkindness; unkind アンカインドネス, アンカインド
ふしんにん **不信任** fushinnin	**不信任** bú xìnrèn プゥ シンレン	nonconfidence ナンカンフィデンス

日	中	英
ぶすいな **無粋な** busuina	**不懂世故** bù dǒng shìgù ブゥ ドン シーグゥ	inelegant イ**ネ**リガント
ふせい **不正** fusei	**非法，违法** fēifǎ, wéifǎ フェイファア, ウェイファア	injustice イン**チャ**スティス
ふせいかくな **不正確な** fuseikakuna	**不正确** bú zhèngquè ブゥ ヂョンチュエ	inaccurate イ**ナ**キュレト
ふせぐ **防ぐ** (防御) fusegu	**防守，守卫** fángshǒu, shǒuwèi ファァンショウ, ショウウェイ	defend, protect ディ**フェ**ンド, プロ**テ**クト
(防止)	**抵御，防止** dǐyù, fángzhǐ ディーユィ, ファァンヂー	prevent プリ**ヴェ**ント
ふせる **伏せる** fuseru	**扣，伏** kòu, fú コウ, フゥ	turn down **タ**ーン **ダ**ウン
(隠す)	**隐藏** yǐncáng インツァァン	conceal コン**スィ**ール
ぶそう(する) **武装(する)** busou (suru)	**武装** wǔzhuāng ウゥヂュアン	armaments; arm **ア**ーマメンツ, **ア**ーム
ふそく(する) **不足(する)** fusoku (suru)	**欠缺，不足** qiànquē, bùzú チエンチュエ, ブゥヅゥ	want, lack **ワ**ント, **ラ**ク
ふそくの **不測の** fusokuno	**不测，意外** búcè, yìwài ブゥツゥア, イーワイ	unforeseen アンフォー**スィ**ーン
ふぞくの **付属の** fuzokuno	**附属** fùshǔ フゥシュウ	attached ア**タ**チト
ふた **蓋** futa	**盖子** gàizi ガイヅ	lid **リ**ド
ふだ **札** fuda	**牌，牌子** pái, páizi パイ, パイヅ	label, tag **レ**イベル, **タ**グ
ぶた **豚** buta	〔头〕**猪** 〔tóu〕 zhū 〔トウ〕デュウ	pig **ピ**グ

日	中	英
～肉	〔块／片〕猪肉 〔kuài/piàn〕zhūròu 〔クアイ／ピエン〕ヂュウロウ	pork ポーク
ぶたい **舞台** butai	**舞台，戏台** wǔtái, xìtái ウウタイ, シィタイ	stage ステイヂ
ふたご **双子** futago	**双胞胎，孪生** shuāngbāotāi, luánshēng シュアンパオタイ, ルワンション	twins トゥインズ
～座	**双子座** shuāngzǐzuò シュアンヅヅゥオ	Twins; Gemini トゥインズ, ヂェミナイ
ふたたび **再び** futatabi	**再次，重新** zàicì, chóngxīn ヅァイツー, チョンシン	again, once more アゲイン, ワンス モー
ふたり **二人** futari	**两个人** liǎng ge rén リアン ガ レン	two persons トゥー パースンズ
ふたん(する) **負担(する)** futan (suru)	**负担** fùdān フゥダン	burden; bear, share バードン, ベア, シェア
ふだん **普段** fudan	**平常，平时** píngcháng, píngshí ピィンチャアン, ピィンシー	usual ユージュアル
～着	**便服，便衣** biànfú, biànyī ビエンフゥ, ビエンイー	casual wear キャジュアル ウェア
ふち **縁** fuchi	**界线，周缘** jièxiàn, zhōuyuán ジエシエン, ヂョウユエン	edge, brink エヂ, ブリンク
ふちゅうい **不注意** fuchuui	**不经意，粗心大意** bù jīngyì, cū xīn dà yì ブゥ ジンイー, ツゥ シン ダァ イー	carelessness ケアレスネス
ふつう **普通** futsuu	**一般，普通** yìbān, pǔtōng イーバン, プゥトン	usually, generally ユージュアリ, ヂェナラリ
～預金	**活期存款** huóqī cúnkuǎn ホウォチィ ツゥンクワン	ordinary deposit オーディネリ ディパズィト
ぶっか **物価** bukka	**物价** wùjià ウゥジア	prices プライセズ

日	中	英
ふっかつ(する) **復活(する)** fukkatsu (suru)	复活，更生 fùhuó, gēngshēng フゥホゥオ，グンション	revival; revive リ**ヴァ**イヴァル，リ**ヴァ**イヴ
ぶつかる **ぶつかる** butsukaru	碰撞，撞击 pèngzhuàng, zhuàngjī ポンヂュアン，ヂュアンジィ	hit, strike **ヒ**ト，スト**ラ**イク
ふっきゅう(する) **復旧(する)** fukkyuu (suru)	修复 xiūfù シウフゥ	restoration; (be) restored レスト**レ**イション，(ビ) リス**ト**ード
ぶっきょう **仏教** bukkyou	佛教 Fójiào フォオジアオ	Buddhism **ブ**ディズム
〜徒	佛教徒 Fójiàotú フォオジアオトゥ	Buddhist **ブ**ディスト
ぶつける **ぶつける** butsukeru	扔，投 rēng, tóu ルォン，トウ	throw at ス**ロ**ウ アト
(衝突)	碰上 pèngshang ポンシャアン	bump against **バ**ンプ アゲンスト
ふっこう(する) **復興(する)** fukkou (suru)	复兴 fùxīng フゥシイン	revival; revive リ**ヴァ**イヴァル，リ**ヴァ**イヴ
ふつごう **不都合** futsugou	不便，不方便 búbiàn, bù fāngbiàn ブゥビエン，ブゥ ファンビエン	inconvenience インコン**ヴィ**ーニェンス
ふっこく(する) **復刻(する)** fukkoku (suru)	翻印 fānyìn ファンイン	reproduction; reproduce リープロ**ダ**クション，リープロ**デュ**ース
ぶっしつ **物質** busshitsu	物质 wùzhì ウゥヂー	matter, substance **マ**タ，**サ**ブスタンス
ぶっしょくする **物色する** busshokusuru	物色 wùsè ウゥスァ	look for **ル**ク フォ
ぶつぞう **仏像** butsuzou	〔尊／座〕佛像 〔zūn/zuò〕fóxiàng 〔ヅゥン／ヅゥオ〕フォオシアン	Buddhist image **ブ**ディスト **イ**ミヂ

ふ

日	中	英
ぶっそうな **物騒な** bussouna	**騒乱，危険** sāoluàn, wēixiǎn サオルワン，ウェイシエン	dangerous デインヂャラス
ぶっだ **仏陀** budda	**佛陀，释迦牟尼** Fótuó, Shìjiāmóuní フォトゥオ，シージアモウニィ	Buddha ブダ
ぶったい **物体** buttai	**物体** wùtǐ ウゥティー	matter, object, thing マタ，**ア**ブヂェクト，**ス**ィング
ふっとうする **沸騰する** futtousuru	**沸腾** fèiténg フェイテゥン	boil ボイル
ぶつり **物理** butsuri	**物理** wùlǐ ウゥリィ	physics フィズィクス
～学者	**物理学家** wùlǐxuéjiā ウゥリィシュエジア	physicist フィズィスィスト
ふで **筆** fude	**笔，毛笔** bǐ, máobǐ ビィ，マオビィ	writing brush ラ**イ**ティング ブ**ラ**シュ
ふてい **不定** futei	**不定** búdìng ブゥディン	indefinite イン**デ**フィニト
ふてきとうな **不適当な** futekitouna	**不适当，不合适** bú shìdàng, bù héshì ブゥ シーダァン，ブゥ ホゥァシー	unsuitable アン**ス**ータブル
ふと **ふと** futo	**忽然，偶然** hūrán, ǒurán ホゥラン，オウラン	suddenly, by chance **サ**ドンリ，バイ **チャ**ンス
ふとい **太い** futoi	**粗** cū ツゥ	big, thick ビグ，スィク
ぶどう **葡萄** budou	〔粒/颗〕**葡萄** 〔lì/kē〕pútao 〔リィ/クァ〕プゥタオ	grapes グレイプス
ふどうさん **不動産** fudousan	**不动产，房地产** búdòngchǎn, fángdìchǎn ブゥドンチャン，ファァンディーチャン	immovables イ**ム**ーヴァブルズ
ふとうな **不当な** futouna	**不正当** bú zhèngdàng ブゥ ヂョンダァン	unjust アン**ヂャ**スト

日	中	英
ふところ **懐** futokoro	**怀抱** huáibào ホアイバオ	bosom, breast ブザム，ブレスト
（懐中・財布）	**腰包** yāobāo ヤオバオ	pocket, purse パケト，パース
ふとさ **太さ** futosa	**粗细** cūxì ツゥシィ	thickness スィクネス
ふとじ **太字** futoji	**粗体** cūtǐ ツゥティー	bold type ボウルド タイプ
ふともも **太股** futomomo	〔条〕**大腿** 〔tiáo〕dàtuǐ 〔ティアオ〕ダァトゥイ	thigh サイ
ふとる **太[肥]る** futoru	**发胖，发福** fāpàng, fā'fú ファアパァン，ファアフゥ	grow fat グロウ ファト
ふとん **布団** futon	〔套／床〕**被褥，被子** 〔tào/chuáng〕bèirù, bèizi 〔タオ/チュアン〕ペイルゥ，ペイヅ	*futon* フータン
ふなびん(で) **船便(で)** funabin (de)	**海运** hǎiyùn ハイユィン	by surface mail バイ サーフィス メイル
ふなよい **船酔い** funayoi	**晕船** yùn'chuán ユィンチュワン	seasickness スィースィクネス
ぶなんな **無難な** bunanna	**无可非议** wú kě fēi yì ウゥ クァ フェイ イー	safe, acceptable セイフ，アクセプタブル
ふね **船・舟** fune	〔只〕**船，舟楫** 〔zhī〕chuán, zhōují 〔デー〕チュワン，ヂョウジィ	boat, ship ボウト，シプ
ふねんせい **不燃性** funensei	**不燃性，耐火性** bùránxìng, nàihuǒxìng ブゥランシィン，ナイホゥオシィン	nonflammable ナンフラマブル
ふはい(する) **腐敗(する)** fuhai (suru)	**朽坏，腐败** xiǔhuài, fǔbài シウホアイ，フゥパイ	putrefaction; rot ピュートレファクション，ラト
ぶひん **部品** buhin	**零件，配件** língjiàn, pèijiàn リィンジエン，ペイジエン	parts パーツ

日	中	英
ふぶき **吹雪** fubuki	**暴风雪** bàofēngxuě バオフォンシュエ	snowstorm スノウストーム
ぶぶん **部分** bubun	**部分** bùfen プゥフェン	part パート
ふへい **不平** fuhei	**怨言，牢骚** yuànyán, láosao ユエンイエン, ラオサオ	dissatisfaction ディスサティス**ファ**クション
ふへん **普遍** fuhen	**普遍** pǔbiàn プゥビエン	universality ユーニヴァー**サ**リティ
～的な	**普遍性的** pǔbiànxìng de プゥビエンシィン ダ	universal ユーニ**ヴァ**ーサル
ふべんな **不便(な)** fubenna	**不方便，不便** bù fāngbiàn, búbiàn プゥ ファアンビエン, プゥビエン	inconvenience; in- convenient インコン**ヴィ**ーニェンス, イ ンコン**ヴィ**ーニェント
ふぼ **父母** fubo	**爹娘，父母** diēniáng, fùmǔ ディエニアン, フゥムゥ	parents ペアレンツ
ふほう **不法** fuhou	**违法，不法** wéifǎ, bùfǎ ウェイファア, プゥファア	unlawfulness アン**ロ**ーフルネス
～な	**违法，不法** wéifǎ , bùfǎ ウェイファア, プゥファア	unlawful アン**ロ**ーフル
ふまん **不満** fuman	**不满** bùmǎn プゥマン	discontent ディスコン**テ**ント
ふみきり **踏切** fumikiri	**道口** dàokǒu ダオコウ	(railroad) crossing (**レ**イルロウド) ク**ロ**ースィ ング
ふみだい **踏み台** fumidai	**脚搭子** jiǎodāzi ジアオダヅ	footstool **フ**トストゥール
ふみんしょう **不眠症** fuminshou	**失眠症** shīmiánzhèng シーミエンヂョン	insomnia イン**サ**ムニア

日	中	英
ふむ **踏む** fumu	**踏，踩** tà, cǎi タァ, ツァイ	step, tread ステプ, トレド
ふめいな **不明な** fumeina	**不明** bùmíng プゥミィン	unknown アンノウン
ふめいよ **不名誉** fumeiyo	**耻辱，污点** chǐrǔ, wūdiǎn チールゥ, ウゥディエン	dishonor ディスアナ
〜な	**耻辱** chǐrǔ チールゥ	dishonorable ディサナラブル
ふめいりょうな **不明瞭な** fumeiryouna	**不明确** bù míngquè プゥ ミィンチュエ	not clear ナト クリア
ふもと **麓** fumoto	**山脚，山根** shānjiǎo, shāngēn シャンジアオ, シャンゲン	foot フト
ぶもん **部門** bumon	**部门** bùmén プゥメン	section セクション
ふやす **増やす** fuyasu	**添，增添** tiān, zēngtiān ティエン, ヅンティエン	increase インクリース
ふゆ **冬** fuyu	**冬天，冬季** dōngtiān, dōngjì ドンティエン, ドンディ	winter ウィンタ
ふゆかいな **不愉快な** fuyukaina	**不快，不高兴** búkuài, bù gāoxìng プゥクアイ, プゥ ガオシィン	disagreeable ディサグリーアブル
ふよう **不用** fuyou	**不需要** bù xūyào プゥ シュィヤオ	disuse ディスューズ
ふよう（する） **扶養（する）** fuyou (suru)	**扶养，养活** fúyǎng, yǎnghuo フゥヤン, ヤンホゥオ	support サポート
ぶよう **舞踊** buyou	**舞蹈** wǔdǎo ウゥダオ	dance ダンス
ふらい **フライ**　（揚げ物） furai	**油炸食品** yóuzhá shípǐn ヨウヂァア シーピン	fry フライ

ふ

日	中	英
（野球）	**騰空球** téngkōngqiú テゥンコンチウ	fly フライ
ぶらいど **ブライド** puraido	**自豪感，自尊心** zìháogǎn, zìzūnxīn ヅーハオガン，ヅーヅゥンシン	pride プライド
ぶらいばしー **プライバシー** puraibashii	**隐私** yǐnsī インスー	privacy プライヴァスィ
ふらいぱん **フライパン** furaipan	**煎锅** jiānguō ジエングゥオ	frying pan フライイング パン
ぷらいべーと **プライベート** puraibeeto	**私人** sīrén スーレン	private プライヴェト
ぶらうす **ブラウス** burausu	〔件〕**衬衫** 〔jiàn〕chènshān 〔ジエン〕チェンシャン	blouse ブラウス
ぶらかーど **プラカード** purakaado	**标语牌** biāoyǔpái ビアオユィパイ	placard プラカード
ぷらぐ **プラグ** puragu	**插头，插销** chātóu, chāxiāo チャアトウ，チャアシアオ	plug プラグ
ぶらさがる **ぶら下がる** burasagaru	**吊垂，悬** diàochuí, xuán ディアオチュイ，シュエン	hang, dangle ハング，ダングル
ぶらし **ブラシ** burashi	〔把〕**刷，刷子** 〔bǎ〕shuā, shuāzi 〔バァ〕シュア，シュアヅ	brush ブラシュ
ぶらじゃー **ブラジャー** burajaa	**乳罩** rǔzhào ルゥヂャオ	brassiere ブラズィア
ぷらす **プラス** purasu	**加，有利，正极** jiā,yǒulì,zhèngjí ジア，ヨウリィ，ヂョンジィ	plus プラス
ぷらすちっく **プラスチック** purasuchikku	**塑料** sùliào スゥリアオ	plastic プラスティク
ぷらすばんど **ブラスバンド** burasubando	**铜管乐队** tóngguǎn yuèduì トングワン ユエドゥイ	brass band ブラス バンド

日	中	英
ぷらちな **プラチナ** purachina	白金，铂 báijīn, bó バイジン，ボォ	platinum プラティナム
ぷらつく **ぶらつく** buratsuku	闲逛，溜达 xiánguàng, liūda シエングアン，リウダ	walk about ウォーク アバウト
ぶらっくりすと **ブラックリスト** burakkurisuto	黑名单 hēimíngdān ヘイミィンダン	blacklist ブラクリスト
ふらっしゅ **フラッシュ** furasshu	闪光灯，镁光 shǎnguāngdēng, měiguāng シャングアンデゥン，メイグアン	flash フラシュ
ぷらっとほーむ **プラットホーム** purattohoomu	月台，站台 yuètái, zhàntái ユエタイ，ヂャンタイ	platform プラトフォーム
ぶらぶらする **ぶらぶらする** （揺れ動く） buraburasuru	摇晃，晃荡 yáohuang, huàngdang ヤオホアン，ホアンダァン	swing, dangle スウィング，ダングル
（さまよう）	徘徊，溜达 páihuái, liūda パイホアイ，リウダ	wander ワンダ
（怠ける）	赋闲，闲呆着 fùxián, xiándāizhe フゥシエン，シエンダイヂャ	(be) lazy (ビ) レイズィ
ぷらむ **プラム** puramu	李子，洋李 lǐzi, yánglǐ リィズ，ヤンリィ	plum プラム
ぷらもでる **プラモデル** puramoderu	塑料模型 sùliào móxíng スゥリアオ モシィン	plastic model プラスティク マドル
ぶらんこ **ぶらんこ** buranko	秋千 qiūqiān チウチエン	swing スウィング
ふらんす **フランス** furansu	法国 Fǎguó ファアグゥオ	France フランス
～語	法语 Fǎyǔ ファアユィ	French フレンチ
～料理	法国菜 Fǎguócài ファアグゥオツァイ	French food フレンチ フード

日	中	英
ふらんちゃいず **フランチャイズ** furanchaizu	**特许经营，专营权** tèxǔ jīngyíng, zhuānyíngquán トゥアシュィ ジインイィン, ヂュワンイィ ンチュエン	franchise フ**ラ**ンチャイズ
ぶらんでー **ブランデー** burandee	**白兰地** báilándì バイランディー	brandy ブ**ラ**ンディ
ぶらんど **ブランド** burando	**商标，名牌** shāngbiāo, míngpái シャアンビアオ, ミィンパイ	brand ブ**ラ**ンド
ぶりーふ **ブリーフ** buriifu	**男用短内裤** nányòng duǎnnèikù ナンヨン ドワンネイクゥ	briefs ブ**リ**ーフス
ぶりーふけーす **ブリーフケース** buriifukeesu	**公文包** gōngwénbāo ゴンウェンバオ	briefcase ブ**リ**ーフケイス
ふりえき **不利益** furieki	**亏损** kuīsǔn クゥイスゥン	disadvantage ディサド**ヴァ**ンティヂ
ふりかえ **振替** furikae	**转账** zhuǎnzhàng ヂュワンヂャアン	transfer ト**ラ**ンスファ
ふりかえる **振り返る** furikaeru	**回头，回首** huí'tóu, huíshǒu ホゥイトゥ, ホゥイショゥ	look back at **ル**ク **バ**ク **ア**ト
（過去を）	**回顾，回首** huígù, huíshǒu ホゥイグゥ, ホゥイショゥ	look back on **ル**ク **バ**ク **オ**ン
ふりこむ **振り込む** furikomu	**存入，汇款** cúnrù,huìkuǎn ツゥンルゥ, ホゥイクアン	transfer into ト**ラ**ンス**ファ**ー イントゥ
ふりな **不利な** furina	**不利** búlì ブゥリィ	disadvantage ディサド**ヴァ**ンティヂ
ぷりぺいど **プリペイド** puripeido	**预付** yùfù ユィフゥ	prepaid プリー**ペ**イド
ふりむく **振り向く** furimuku	**掉头，回头** diào'tóu, huí'tóu ディアオトゥ, ホゥイトゥ	turn to, look back **タ**ーン トゥ, **ル**ク **バ**ク

日	中	英
ふりょうの **不良の** furyouno	**不好，不良** bùhǎo , bùliáng プゥハオ，プゥリアン	bad バド
ぶりょく **武力** buryoku	**武力** wǔlì ウゥリィ	military power ミリテリ **パ**ウア
ふりる **フリル** furiru	**褶边** zhěbiān ヂョアビエン	frill フリル
ふりん **不倫** furin	**婚外恋** hūnwàiliàn ホゥンワイリエン	adultery ア**ダ**ルタリ
ぷりん **プリン** purin	**布丁** bùdīng プゥディン	custard pudding **カ**スタド **プ**ディング
ぷりんたー **プリンター** purintaa	**打印机** dǎyìnjī ダァインジィ	printer プ**リ**ンタ
ぷりんと **プリント** purinto	**印刷品** yìnshuāpǐn インシュアピン	copy, print **カ**ピ，プ**リ**ント
～アウト	**印出** yìnchū インチュウ	printout プ**リ**ンタウト
ふる **降る** furu	**下，降** xià,jiàng シア，ジアン	fall **フォ**ール
ふる **振る** furu	**挥，摇，摆** huī, yáo, bǎi ホゥイ，ヤオ，バイ	shake, wave シェ**イ**ク，**ウェ**イヴ
ふるい **古い** furui	**旧** jiù ジウ	old, ancient **オ**ウルド，**エ**インシェント
ぶるーす **ブルース** buruusu	**布鲁斯舞曲** bùlǔsī wǔqǔ プゥルゥスー ウゥチュイ	blues ブ**ルー**ズ
ふるーと **フルート** furuuto	〔支〕**长笛** 〔zhī〕chángdí 〔ヂー〕チャァンディー	flute フ**ルー**ト
ぶるーべりー **ブルーベリー** buruuberii	**蓝莓** lánméi ランメイ	blueberry ブ**ルー**ベリ

日	中	英

ふるえる
震える
furueru

抖，发颤
dǒu, fāchàn
ドウ，ファアチャン

tremble, shiver
トレンブル，シヴァ

ふるくさい
古臭い
furukusai

陈腐，老掉牙
chénfǔ, lǎodiàoyá
チェンフゥ，ラオディアオヤヤ

old-fashioned
オウルド**ファ**ションド

ふるさと
故郷
furusato

故乡
gùxiāng
グゥシアン

home, hometown
ホウム，ホウムタウン

ぶるどーざー
ブルドーザー
burudoozaa

〔台〕推土机
[tái] tuītǔjī
[タイ] トゥイトゥジィ

bulldozer
ブルドウザ

ふるほん
古本
furuhon

旧书
jiùshū
ジウシュウ

used book
ユーズド **ブ**ク

ふるまう
振る舞う
furumau

动作，行动
dòngzuò, xíngdòng
ドンヅゥオ，シィンドン

behave
ビ**ヘ**イヴ

ふるめかしい
古めかしい
furumekashii

古老
gǔlǎo
グゥラオ

old-fashioned
オウルド**ファ**ションド

ふるわせる
震わせる
furuwaseru

哆嗦，颤抖
duōsuo, chàndǒu
ドゥオスゥオ，チャンドゥ

shake, tremble
シェイク，トレンブル

ぶれいな
無礼な
bureina

不礼貌，无礼
bù lǐmào, wúlǐ
プゥ リィマオ，ウゥリィ

impolite, rude
インポ**ラ**イト，**ルー**ド

ぶれーおふ
プレーオフ
pureeofu

延长赛
yánchángsài
イエンチャンサイ

play-off
プレイオフ

ぶれーかー
ブレーカー
bureekaa

电流断路器
diànliú duànlùqì
ディエンリウ ドワンルゥチィ

breaker
ブレイカ

ぶれーき
ブレーキ
bureeki

制动器，闸
zhìdòngqì, zhá
ヂードンチィ，ヂァア

brake
プレイク

～をかける

刹车
shā'chē
シャアチョア

brake
プレイク

ぷれーと
プレート
pureeto

板，牌子
bǎn, páizi
パン，パイヅ

plate
プレイト

日	中	英
ぷれーぼーい **プレーボーイ** pureebooi	**花花公子** huāhuā gōngzǐ ホアホア ゴンヅー	playboy プレイボイ
ぶれーん **ブレーン** bureen	**智嚢団** zhìnángtuán ヂーナァントワン	brains ブレインズ
ぷれすれっと **ブレスレット** buresuretto	**手镯** shǒuzhuó ショウヂュオ	bracelet ブレイスレト
ぷれぜんと **プレゼント** purezento	**礼物** lǐwù リィウゥ	present プレズント
ぷれっしゃー **プレッシャー** puresshaa	**压力** yālì ヤァリィ	pressure プレシャ
ふれっしゅな **フレッシュな** furesshuna	**新鲜** xīnxian シンシエン	fresh フレシュ
ぷれはぶじゅうたく **プレハブ住宅** purehabujuutaku	**预制住宅** yùzhì zhùzhái ユィヂー ヂュウヂャイ	prefabricated house プリー**ファ**ブリケイテド **ハ** ウス
ぷれみあむ **プレミアム** puremiamu	**加价，追加高价** jiājià, zhuījiā gāojià ジアジア，ヂュイジア ガオジア	premium プリーミアム
ふれる **触れる** fureru	**接触** jiēchù ジエチュウ	touch **タ**チ
（言及）	**谈到，提及** tándào, tíjí タンダオ，ティージィ	mention メンション
ふろ **風呂** furo	**洗澡间，澡堂** xǐzǎojiān, zǎotáng シィヅァオジエン，ヅァオタァン	bath バス
～に入る	**洗澡** xǐ'zǎo シィヅァオ	take a bath **テ**イク ア バス
ぷろ **プロ** puro	**内行，专家** nèiháng, zhuānjiā ネイハァン，ヂュワンジア	pro プロウ

日	中	英
ふろあ **フロア** furoa	层 céng ツン	story ストーリー
ぶろーかー **ブローカー** burookaa	经纪人，掮客 jīngjìrén, qiánkè ジンジィレン，チエンクァ	broker ブロウカ
ぶろーち **ブローチ** buroochi	别针 biézhēn ピエヂェン	brooch ブロウチ
ふろく **付録** furoku	附录 fùlù フゥルゥ	supplement **サ**プリメント
ぶろぐらまー **プログラマー** puroguramaa	程序设计员 chéngxù shèjìyuán チョンシュイ ショアジィユエン	programmer プロウグラマ
ぷろぐらみんぐ **プログラミング** puroguramingu	程序设计 chéngxù shèjì チョンシュイ ショアジィ	programming プロウグラミング
ぷろぐらむ **プログラム** puroguramu	节目 jiémù ジエムゥ	program プロウグラム
（コンピュータの）	程序 chéngxù チョンシュイ	program プロウグラム
ぷろじぇくと **プロジェクト** purojekuto	工程，计划 gōngchéng, jìhuà ゴンチョン，ジィホア	project プラヂェクト
ふろしき **風呂敷** furoshiki	〔张〕包袱 〔zhāng〕 bāofu 〔ヂャン〕バオフ	cloth wrapper クロース ラパ
ぷろだくしょん **プロダクション** purodakushon	生产 shēngchǎn ションチャン	production プロ**ダ**クション
ぶろっこりー **ブロッコリー** burokkorii	西兰花 xīlánhuā シィランホア	broccoli ブラコリ
ぷろっと **プロット** purotto	情节 qíngjié チィンジエ	plot プラト
ぷろでゅーさー **プロデューサー** purodyuusaa	制片人，编制人 zhìpiànrén, biānzhìrén デーピエンレン，ピエンデーレン	producer プロ**デュ**ーサ

日	中	英

ぷろばいだー
プロバイダー
purobaidaa

网络服务商
wǎngluò fúwùshāng
ワンルウオ フウウシァァン

provider
プロヴァイダ

ぷろぱん
プロパン
puropan

丙烷
bǐngwán
ビィンワン

propane
プロウペイン

ぷろふぃーる
プロフィール
purofiiru

側面像，传略
cèmiànxiàng, zhuǎnlüè
ツァミエンシアン，デュワンリュエ

profile
プロウファイル

ぷろぺら
プロペラ
puropera

螺旋桨
luóxuánjiǎng
ルウオシュエンジアン

propeller
プロペラ

ぷろぽーず(する)
プロポーズ(する)
puropoozu (suru)

求婚
qiú'hūn
チウホゥン

proposal; propose
プロポウザル，プロポウズ

ぷろもーしょん
プロモーション
puromooshon

推销，广告
tuīxiāo, guǎnggào
トゥイシアオ，グアンガオ

promotion
プロモウション

ふろんと
フロント
furonto

服务台
fúwùtái
フウウタイ

front desk
フラント デスク

～ガラス

〔块〕挡风玻璃
〔kuài〕dǎngfēng bōli
〔クアイ〕ダァンフォン ボォリ

windshield
ウィンドシールド

ふわ
不和
fuwa

不和
bùhé
ブゥホゥァ

discord
ディスコード

ふわたり
不渡り
fuwatari

拒付
jùfù
ジュイフゥ

dishonor
ディスアナ

ふん
分
fun

分
fēn
フェン

minute
ミヌト

ぶん
文
bun

句子，文章
jùzi, wénzhāng
ジュイヅ，ウェンヂャァン

sentence
センテンス

ふんいき
雰囲気
fun-iki

氛围，气氛
fēnwéi, qìfen
フェンウェイ，チィフェン

atmosphere
アトモスフィア

ふんか(する)
噴火(する)
funka (suru)

喷火
pēnhuǒ
ペンホゥオ

eruption; erupt
イラプション，イラプト

日	中	英
ぶんか **文化** bunka	**文化，文明** wénhuà, wénmíng ウェンホア，ウェンミィン	culture カルチャ
〜的な	**有文化的** yǒu wénhuà de ヨウ ウェンホア ダ	cultural カルチャラル
ぶんがい(する) **憤慨(する)** fungai (suru)	**愤慨，气愤** fènkǎi, qìfèn フェンカイ，チィフェン	indignation; (be) indignant インディグ**ネ**イション, (ビ) インディグナント
ぶんかい(する) **分解(する)** bunkai (suru)	**分解** fēnjiě フェンジエ	decomposition; decompose ディーカンポ**ズィ**ション, ディーコン**ポ**ウズ
ぶんがく **文学** bungaku	**文学** wénxué ウェンシュエ	literature リテラチャ
ぶんかつ **分割** bunkatsu	**分割，划分** fēngē, huàfēn フェングァ，ホアフェン	division; divide ディ**ヴィ**ジョン，ディ**ヴァ**イ ド
〜払い	**分期付款** fēnqī fùkuǎn フェンチィ フックワン	installment plan インス**ト**ールメント プ**ラ**ン
ぶんきゅう(する) **紛糾(する)** funkyuu (suru)	**纠纷** jiūfēn ジウフェン	complication; complicate カンプリ**ケ**イション，**カ**ンプ リケイト
ぶんぎょう **分業** bungyou	**分工** fēngōng フェンゴン	division of labor ディ**ヴィ**ジョン オヴ **レ**イバ
ぶんげい **文芸** bungei	**文艺** wényì ウェンイー	arts and literature **ア**ーツ アンド **リ**テラチャ
ぶんけん **文献** bunken	**文件，文献** wénjiàn, wénxiàn ウェンジエン，ウェンシエン	literature, docu- ments **リ**テラチャ，**ダ**キュメンツ
ぶんこ **文庫** bunko	**丛书，文库** cóngshū, wénkù ツォンシュウ，ウェンクゥ	library **ラ**イブレリ

日	中	英
〜本	**袖珍本，小型平装本** xiùzhēnběn, xiǎoxíng píngzhuāngběn シウヂェンペン，シアオシン ピィンデュアンペン	pocket book パケト ブク
ぶんご **文語** bungo	**文言** wényán ウェンイエン	literary language リタレリ ラングウィヂ
ふんさいする **粉砕する** funsaisuru	**粉碎，破碎** fěnsuì, pòsuì フェンスウイ，ポオスウイ	smash, crush スマシュ，クラシュ
ぶんし **分子** （物質の） bunshi	**分子** fēnzǐ フェンヅー	molecule マレキュール
（数学）	**分子** fēnzǐ フェンヅー	numerator ニューマレイタ
ふんしつ(する) **紛失(する)** funshitsu (suru)	**丢失，遗失** diūshī, yíshī ディウシー，イーシー	loss; lose ロース，ルーズ
ぶんしょ **文書** bunsho	**文书，文件** wénshū, wénjiàn ウェンシュウ，ウェンジエン	document ダキュメント
ぶんしょう **文章** bunshou	**文章** wénzhāng ウェンヂァァン	sentence センテンス
ふんすい **噴水** funsui	**喷泉** pēnquán ペンチュエン	fountain ファウンテン
ぶんすう **分数** bunsuu	**分数** fēnshù フェンシュウ	fraction フラクション
ぶんせき(する) **分析(する)** bunseki (suru)	**分析，剖析** fēnxī, pōuxī フェンシィ，ポウシィ	analysis; analyze アナリスィス，アナライズ
ふんそう **紛争** funsou	**纷争，纠纷** fēnzhēng, jiūfēn フェンヂョン，ジウフェン	conflict カンフリクト
ぶんたい **文体** buntai	**文体，体式** wéntǐ, tǐshì ウェンティー，ティーシー	style スタイル

日	中	英
ぶんたん（する） **分担（する）** buntan (suru)	**分担** fēndān フェンダン	share シェア
ぶんちん **文鎮** bunchin	**镇纸** zhènzhǐ ヂェンヂー	paperweight ペイパウェイト
ぶんつう（する） **文通（する）** buntsuu (suru)	**通信** tōngxìn トンシン	correspondence; correspond コーレス**パン**デンス, コーレ ス**パン**ド
ぶんどき **分度器** bundoki	**量角器** liángjiǎoqì リアンジアオチィ	protractor プロト**ラ**クタ
ぶんぱい（する） **分配（する）** bunpai (suru)	**分配** fēnpèi フェンペイ	distribution; dis- tribute ディストリ**ビュ**ーション, ディストリ**ビュ**ト
ぶんぴ（する） **分泌（する）** bunpi (suru)	**分泌** fēnmì フェンミィ	secretion スィク**リ**ーション
ぶんぷ（する） **分布（する）** bunpu (suru)	**分布** fēnbù フェンブゥ	distribution; (be) distributed ディストリ**ビュ**ーション, (ビ) ディストリ**ビュ**ーテド
ふんべつ **分別** funbetsu	**辨别力，判断力** biànbiélì, pànduànlì ビエンビエリィ, パンドワンリィ	discretion ディスク**レ**ション
ぶんべつ（する） **分別（する）** bunbetsu (suru)	**区别，分类** qūbié, fēnlèi チュィビエ, フェンレイ	separate **セ**パレイト
ぶんべん（する） **分娩（する）** bunben (suru)	**分娩，临盆** fēnmiǎn, línpén フェンミエン, リンペン	childbirth; deliver **チャ**イルドバース, ディ**リ** ヴァ
ぶんぼ **分母** bunbo	**分母** fēnmǔ フェンムゥ	denominator ディ**ナ**ミネイタ
ぶんぽう **文法** bunpou	**语法，文法** yǔfǎ, wénfǎ ユィファア, ウェンファア	grammar グ**ラ**マ
ぶんぼうぐ **文房具** bunbougu	**文具** wénjù ウェンジュィ	stationery ス**テ**イショネリ

日	中	英
〜店	**文具店** wénjùdiàn ウェンジュイディエン	stationery store ステイショネリ ストー
ふんまつ **粉末** funmatsu	**粉末** fěnmò フェンモォ	powder パウダ
ぶんめい **文明** bunmei	**文明** wénmíng ウェンミン	civilization スィヴィリゼイション
ぶんや **分野** bun-ya	**方面，领域** fāngmiàn, lǐngyù ファァンミエン, リィンユィ	field, line フィールド, ライン
ぶんらく **文楽** bunraku	**人形净琉璃** rénxíng jìngliúli レンシィン ジィンリウリ	*Bunraku* ブンラーク
ぶんり(する) **分離(する)** bunri(suru)	**分割，分离** fēngē, fēnlí フェングァ, フェンリィ	separation; separate セパレイション, セパレイト
ぶんりょう **分量** bunryou	**分量，重量** fènliang, zhòngliàng フェンリアン, ヂョンリアン	quantity クワンティティ
ぶんるい(する) **分類(する)** bunrui(suru)	**分类，分门别类** fēnlèi, fēn mén bié lèi フェンレイ, フェン メン ビエ レイ	classification; classify into クラスィフィケイション, クラスィファイ イントゥ
ぶんれつ(する) **分裂(する)** bunretsu(suru)	**分化，分裂** fēnhuà, fēnliè フェンホア, フェンリエ	split, division; split into スプリト, ディヴィジョン, スプリト イントゥ

へ, ヘ

へあ **ヘア** hea	**头发** tóufa トウファ	hair ヘア
〜スタイル	**发型** fàxíng ファアシィン	hairstyle ヘアスタイル
ぺあ **ペア** pea	**一对** yí duì イードゥイ	pair ペア

日	中	英
ベありんぐ **ベアリング** bearingu	**軸承** zhóuchéng ヂョウチョン	bearing ベアリング
へい **塀** hei	〔堵〕**墙** 〔dǔ〕qiáng 〔ドゥ〕チアン	wall, fence **ウォール**, **フェンス**
へいあん **平安** heian	**太平**, **平安** tàipíng, píng'ān タイピイン, ピィンアン	peace ピース
へいいな **平易な** heiina	**易懂** yìdǒng イードン	easy, simple **イーズィ**, **スィンプル**
へいおんな **平穏な** heionna	**平安** píng'ān ピィンアン	calm カーム
へいかい(する) **閉会(する)** heikai (suru)	**闭会**, **闭幕** bìhuì, bìmù ビィホウイ, ビィムゥ	closing; close **クロウズィング**, **クロウズ**
へいがい **弊害** heigai	**弊病**, **弊端** bìbìng, bìduān ビィビイン, ビィドワン	evil, abuse **イーヴィル**, **アビュース**
へいき **兵器** heiki	〔件〕**兵器**, **武器** 〔jiàn〕bīngqì, wǔqì 〔ジエン〕ビィンチィ, ウゥチィ	arms, weapon **アームズ**, **ウェポン**
へいきな **平気な** heikina	**冷静**, **不在乎** lěngjìng, búzàihu ルゥンジィン, ブゥヅァイホ	calm カーム
へいきん(する) **平均(する)** heikin (suru)	**平均** píngjūn ピィンジュィン	average **ア**ヴェリヂ
へいきんだい **平均台** heikindai	**平衡木** pínghéngmù ピィンヘゥンムゥ	balance beam **バ**ランス ビーム
へいげん **平原** heigen	**平原** píngyuán ピィンユエン	plain プレイン
へいこう **平衡** heikou	**平衡** pínghéng ピィンヘゥン	equilibrium イークウィ**リ**ブリアム
へいこう(する) **平行(する)** heikou (suru)	**平行** píngxíng ピィンシィン	parallel **パ**ラレル

日	中	英
へいごう(する) **併合(する)** heigou (suru)	**并吞** bìngtūn ピィントゥン	absorption; absorb アブ**ソ**ープション，アブ**ソ**ーブ
へいこうする **閉口する** heikousuru	**为难** wéinán ウェイナン	(be) embarrassed at (ビ) イン**バ**ラスト アト
へいこうせん **平行線** heikousen	**平行线** píngxíngxiàn ピィンシィンシエン	parallel lines **パ**ラレル **ラ**インズ
へいこうぼう **平行棒** heikoubou	**双杠** shuānggàng シュアンガァン	parallel bars **パ**ラレル **バ**ーズ
へいさ(する) **閉鎖(する)** heisa (suru)	**封锁，关闭** fēngsuǒ, guānbì フォンスゥオ，グワンビィ	closing; close ク**ロ**ウズィング，ク**ロ**ウズ
へいし **兵士** heishi	**士兵** shìbīng シービィン	soldier **ソ**ウルヂャ
へいじつ **平日** heijitsu	**平日** píngrì ピィンリー	weekday **ウィ**ークデイ
へいじょう(の) **平常(の)** heijou (no)	**平常，平时** píngcháng, píngshí ピィンチャァン，ピィンシー	normal **ノ**ーマル
へいぜんと **平然と** heizento	**镇静地** zhènjìng de ヂェンジィン ダ	calmly **カ**ームリ
へいち **平地** heichi	**平川，平地** píngchuān, píngdì ピィンチュワン，ピィンディー	flat (ground) フ**ラ**ット (グ**ラ**ウンド)
へいてん(する) **閉店(する)** heiten (suru)	**关门，打烊** guān'mén, dǎ'yàng グワンメン，ダァヤン	closing; close ク**ロ**ウズィング，ク**ロ**ウズ
へいねん **平年** heinen	**常年，平年** chángnián, píngnián チャァンニエン，ピィンニエン	ordinary year **オ**ーディネリ **イ**ヤ
へいほう **平方** heihou	**平方** píngfāng ピィンファァン	square スク**ウェ**ア
～キロメートル	**平方公里** píngfāng gōnglǐ ピィンファァン ゴンリィ	square kilometer スク**ウェ**ア キラミタ

日	中	英
〜メートル	平方米 píngfāngmǐ ピィンファンミィ	square meter スクウェア ミータ
へいぼんな 平凡な heibonna	平凡，普通 píngfán, pǔtōng ピィンファン，プゥトン	common, ordinary カモン，オーディネリ
へいめん 平面 heimen	平面 píngmiàn ピィンミエン	plane プレイン
へいや 平野 heiya	平原，平野 píngyuán, píngyě ピィンユエン，ピィンイエ	plain プレイン
へいわ 平和 heiwa	和平 hépíng ホォアピィン	peace ピース
〜な	和平 hépíng ホォアピィン	peaceful ピースフル
べーこん ベーコン beekon	〔块/片〕咸肉，腌肉 〔kuài/piàn〕xiánròu, yānròu 〔クアイ/ピエン〕シエンロウ，イエンロウ	bacon ベイコン
ぺーじ ページ peeji	页 yè イエ	page ペイヂ
べーじゅ ベージュ beeju	浅驼色 qiǎntuósè チエントゥオスァ	beige ベイジ
べーす ベース beesu	基础，基本 jīchǔ, jīběn ジィチュウ，ジィベン	base ベイス
（野球の）	垒 lěi レイ	base ベイス
（音楽）	贝斯 bèisī ベイスー	bass ベイス
べーすめーかー ペースメーカー （競技などの） peesumeekaa	带步人 dàibùrén ダイブゥレン	pacemaker ペイスメイカ
（心臓の）	起搏器 qǐbóqì チィボォチィ	pacemaker ペイスメイカ

日	中	英
べーる **ベール** beeru	面纱 miànshā ミエンシャア	veil ヴェイル
へきが **壁画** hekiga	〔幅〕壁画 〔fú〕bìhuà 〔フゥ〕ビイホア	mural ミュアラル
へきち **僻地** hekichi	偏僻地方 piānpì dìfang ピエンピィ ディーファァン	remote place リモウト プレイス
べきん **北京** pekin	北京 Běijīng ベイジィン	Beijing, Peking ベイヂング，ピーキング
へくたーる **ヘクタール** hekutaaru	公顷 gōngqǐng ゴンチィン	hectare ヘクテア
へこむ **凹む** hekomu	凹，瘪 āo, biě アオ，ビエ	(be) dented, sink (ビ) デンテド，スィンク
べすと **ベスト** besuto	最好 zuì hǎo ヅゥイ ハオ	best ベスト
～セラー	〔本〕畅销书 〔běn〕chàngxiāoshū 〔ベン〕チャンシアオシュウ	best seller ベスト セラ
べすと **ベスト** （衣服の） besuto	背心 bèixīn ベイシン	vest ヴェスト
へそ **臍** heso	肚脐 dùqí ドゥチィ	navel ネイヴェル
へだたり **隔たり** hedatari	距离，间隔 jùlí, jiàngé ジュイリィ，ジエンヂァ	distance ディスタンス
（差異）	隔阂，隔膜 géhé, gémó グァホォァ，グァモオ	difference ディファレンス
へだたる **隔たる** hedataru	相隔，相距 xiānggé, xiāngjù シアングァ，シアンジュイ	(be) away from (ビ) アウェイ フラム
へだてる **隔てる** hedateru	分隔，隔断 fēngé, géduàn フェングァ，グァドワン	partition パーティション

日	中	英
へたな **下手な** hetana	**笨拙** bènzhuō ベンヂュオ	bad at, unskilled バド アト，アンスキルド
ぺだる **ペダル** pedaru	**脚蹬子** jiǎodēngzi ジアオデゥンツ	pedal ペドル
べっかん **別館** bekkan	**配楼** pèilóu ペイロウ	annex アネクス
べっきょする **別居する** bekkyosuru	**分居** fēnjū フェンジュィ	live separately リヴ セパレトリ
べっそう **別荘** bessou	**别墅** biéshù ビエシュウ	villa ヴィラ
べっど **ベッド** beddo	**床** chuáng チュアン	bed ベド
〜カバー	**床罩** chuángzhào チュアンヂャオ	bedspread ベドスプレド
ぺっと **ペット** petto	**宠物** chǒngwù チォンウゥ	pet ペト
ぺっとぼとる **ペットボトル** pettobotoru	**塑料瓶** sùliàopíng スゥリアオピィン	PET bottle ペト バトル
へっどほん **ヘッドホン** heddohon	**耳机** ěrjī アルジィ	headphone ヘドフォウン
へっどらいと **ヘッドライト** heddoraito	**车头灯** chētóudēng チョトウデゥン	headlight ヘドライト
べつに **別に** betsuni	**另外** lìngwài リィンワイ	apart アパート
（取り立てて）	**并没有什么** bìng méiyou shénme ビィン メイヨウ シェンマ	in particular イン パティキュラ
べつべつ **別々** betsubetsu	**各自** gèzì グァヅー	separate, respective セパレイト，リスペクティヴ

日	中	英
べつめい **別名** betsumei	**别称，别名** biéchēng, biémíng ビエチョン，ビエミィン	another name アナザ ネイム
へつらう **諂う** hetsurau	**恭维，拍马屁** gōngwei, pāi mǎpì ゴンウェイ，パイ マァピィ	flatter フラタ
へでぃんぐ **ヘディング** hedingu	**头球** tóuqiú トウチウ	heading ヘディング
べてらん **ベテラン** beteran	**老兵，老手** lǎobīng, lǎoshǒu ラオビン，ラオショウ	veteran, expert ヴェテラン，エクスパート
べとなむ **ベトナム** betonamu	**越南** Yuènán ユエナン	Vietnam ヴィエトナーム
へとへと(の) **へとへと(の)** hetoheto (no)	**非常疲乏，精疲力尽** fēicháng pífá, jīng pí lì jìn フェイチァン ピィファァ，ジィン ピィ リィ ジン	exhausted イグ**ゾ**ーステド
べとべとの **べとべとの** betobetono	**黏** nián ニエン	sticky ス**ティ**キ
ぺなるてぃー **ペナルティー** penarutii	**刑罚** xíngfá シィンファア	penalty **ペ**ナルティ
～キック	**罚点球** fádiǎnqiú ファアディエンチウ	penalty kick ペナルティ **キ**ク
ぺにしりん **ペニシリン** penishirin	**青霉素** qīngméisù チンメイスゥ	penicillin ペニ**スィ**リン
ぺにす **ペニス** penisu	**阴茎** yīnjīng インジィン	penis **ピ**ーニス
べにやいた **ベニヤ板** beniyaita	**胶合板，三合板** jiāohébǎn, sānhébǎn ジアオホァバン，サンホァバン	plywood プ**ラ**イウド
へび **蛇** hebi	〔条〕**蛇** 〔tiáo〕shé 〔ティアオ〕ショァ	snake, serpent ス**ネ**イク，**サ**ーペント

日	中	英
ベビーカー bebiikaa	婴儿车 yīng'érchē イィンアルチョァ	baby carriage, buggy ベイビ キャリヂ, バギ
へま hema	失误，疏忽 shīwù, shūhu シーウゥ, シュウホ	blunder, goof ブランダ, グーフ
～をする	失误，做错 shīwù, zuò cuò シーウゥ, ヅゥオ ツゥオ	commit a blunder コミト ア ブランダ
部屋 heya	〔间〕房间，屋子 [jiān] fángjiān, wūzi 〔ジエン〕ファアンジエン, ウゥヅ	room ルーム
減らす herasu	减少，削减 jiǎnshǎo, xuējiǎn ジエンシャオ, シュエジエン	decrease, reduce ディクリース, リデュース
ベランダ beranda	晒台，阳台 shàitái, yángtái シャイタイ, ヤンタイ	veranda ヴェランダ
縁 heri	边 biān ビエン	edge, border エヂ, ボーダ
謙[遜]る herikudaru	谦虚 qiānxū チエンシュィ	(be) humble (ビ) ハンプル
ヘリコプター herikoputaa	〔架〕直升飞机，直升机 [jià] zhíshēng fēijī, zhíshēngjī 〔ジア〕デーション フェイジィ, デーションジィ	helicopter ヘリカプタ
経る heru	经过 jīngguò ジィングゥォ	pass, go by パス, ゴウ バイ
減る heru	减轻，减少 jiǎnqīng, jiǎnshǎo ジエンチィン, ジエンシャオ	decrease, diminish ディクリース, ディミニシュ
ベル beru	铃，电铃 líng, diànlíng リィン, ディエンリィン	bell ベル
ベルト beruto	〔条〕带子，腰带 [tiáo] dàizi, yāodài 〔ティアオ〕ダイヅ, ヤオダイ	belt ベルト

日	中	英
〜コンベアー	皮带运输机，输送带 pídài yùnshūjī, shūsòngdài ピィダイ ユィンシュウジィ，シュウソンダイ	belt conveyor ベルト カンヴェイア
へるにあ **ヘルニア** herunia	小肠串气，疝气 xiǎocháng chuànqì, shànqì シアオチャン チュワンチィ，シャンチィ	hernia ハーニア
へるめっと **ヘルメット** herumetto	钢盔，头盔 gāngkuī, tóukuī ガァンクゥイ，トウクゥイ	helmet ヘルメト
へん **辺** hen	一带 yídài イーダイ	neighborhood ネイバフド
（図形の）	边 biān ビエン	side サイド
べん **便** （利便） ben	方便 fāngbiàn ファンビエン	convenience コンヴィーニェンス
（大便）	大便 dàbiàn ダァビエン	feces フィースィーズ
べん **ペン** pen	〔支〕钢笔 〔zhī〕gāngbǐ 〔ヂー〕ガァンビィ	pen ペン
へんあつき **変圧器** hen-atsuki	变压器 biànyāqì ビエンヤァチィ	transformer トランスフォーマ
へんか（する） **変化（する）** henka (suru)	转变，变化 zhuǎnbiàn, biànhuà デュワンビエン，ビエンホア	change チェインヂ
べんかい（する） **弁解（する）** benkai (suru)	辩解，分辩 biànjiě, fēnbiàn ビエンジエ，フェンビエン	excuse; explain イクスキュース，イクスプレイン
へんかく（する） **変革（する）** henkaku (suru)	变革，改革 biàngé, gǎigé ビエングァ，ガイグァ	change, reform チェインヂ，リフォーム
へんかん（する） **返還（する）** henkan (suru)	返还，交还 fǎnhuán, jiāohuán ファンホワン，ジアオホワン	return リターン

日	中	英
べんぎ **便宜** bengi	**方便** fāngbiàn ファァンビエン	convenience コンヴィーニェンス
ペんき **ペンキ** penki	**油漆** yóuqī ヨウチィ	paint ペイント
へんきゃく(する) **返却(する)** henkyaku (suru)	**交还，退还** jiāohuán, tuìhuán ジアオホワン，トゥイホワン	return リターン
べんきょう(する) **勉強(する)** benkyou (suru)	**学习** xuéxí シュエシィ	study, work スタディ，ワーク
へんきょく(する) **編曲(する)** henkyoku (suru)	**编曲** biānqǔ ビエンチュィ	arrangement; arrange アレインヂメント，アレインヂ
ぺんぎん **ペンギン** pengin	〔只〕**企鹅** 〔zhī〕qǐ'é 〔ヂー〕チィウァ	penguin ペングウィン
へんけん **偏見** henken	**成见，偏见** chéngjiàn, piānjiàn チョンジエン，ピエンジエン	prejudice, bias プレヂュディス，バイアス
べんご(する) **弁護(する)** bengo (suru)	**辩护** biànhù ビエンホゥ	defense; defend ディフェンス，ディフェンド
〜士	**律师** lùshī リュィシー	lawyer, barrister ローヤ，バリスタ
へんこう(する) **変更(する)** henkou (suru)	**变更，更动** biàngēng, gēngdòng ビエングン，グンドン	change, alteration; alter チェインヂ，オールタレイション，オルタ
へんさい(する) **返済(する)** hensai (suru)	**偿还** chánghuán チャァンホワン	repayment; repay リペイメント，リペイ
へんさん(する) **編纂(する)** hensan (suru)	**编写，编纂** biānxiě, biānzuǎn ビエンシエ，ビエンヅワン	compile; compilation; edit コンパイル，カンピレイション，エディト
へんじ(する) **返事(する)** henji (suru)	**回答，回音** huídá, huíyīn ホゥイダァ，ホゥイイン	answer, reply アンサ，リプライ

日	中	英
へんしゅう(する) **編集(する)** henshuu (suru)	**编辑，编纂** biānjí, biānzuǎn ビエンジィ，ビエンヅワン	editing; edit エディティング，エディト
～者	**编辑** biānjí ビエンジィ	editor エディタ
べんじょ **便所** benjo	〔座〕**厕所** [zuò] cèsuǒ [ヅオ] ツウアスウオ	lavatory, toilet ラヴァトーリ，トイレト
べんしょう(する) **弁償(する)** benshou (suru)	**抵偿，赔偿** dǐcháng, péicháng ディーチャァン，ペイチャァン	reparation; repair レパレイション，リペア
へんしょく(する) **変色(する)** henshoku (suru)	**变色，褪色** biànsè, tuì'shǎi ビエンスァ，トゥイシャイ	discoloration; discolor ディスカラレイション，ディスカラ
へんしん **返信** henshin	**复信，回信** fùxìn, huíxìn フゥシン，ホゥイシン	answer, reply アンサ，リプライ
へんじん **変人** henjin	**怪物** guàiwu グアイウ	eccentric person イクセントリク パースン
べんじん **ベンジン** benjin	**挥发油** huīfāyóu ホゥイファアヨウ	benzine ベンズィーン
へんずつう **偏頭痛** henzutsuu	**偏头痛** piāntóutòng ピエントウトン	migraine マイグレイン
へんせい(する) **編成(する)** hensei (suru)	**编成，组成** biānchéng, zǔchéng ビエンチョン，ヅゥチョン	formation; form フォーメイション，フォーム
べんぜつ **弁舌** benzetsu	**唇舌，谈锋** chúnshé, tánfēng チュンショァ，タンフォン	eloquence エロクウェンス
へんそう(する) **変装(する)** hensou (suru)	**伪装，假扮** wěizhuāng, jiǎbàn ウェイデュアン，ジアバン	disguise ディスガイズ
ぺんだんと **ペンダント** pendanto	**垂饰** chuíshì チュイシー	pendant ペンダント

日	中	英
<ruby>べんち</ruby> **ベンチ** benchi	**条凳，长椅** tiáodèng, chángyǐ ティアオデゥン，チャアンイー	bench ベンチ
<ruby>ぺんち</ruby> **ペンチ** penchi	〔把〕**老虎钳，钳子** 〔bǎ〕lǎohǔqián, qiánzi 〔パァ〕ラオフゥチエン，チエンヅ	pincers ピンサズ
<ruby>へんどう(する)</ruby> **変動(する)** hendou (suru)	**变动，浮动** biàndòng, fúdòng ビエンドン，フゥドン	change チェインヂ
（物価などの）	**波动，涨幅** bōdòng, zhǎngfú ボオドン，ヂァアンフゥ	fluctuations フラクチュエイションズ
<ruby>べんとう</ruby> **弁当** bentou	**盒饭** héfàn ホォアファン	lunch ランチ
<ruby>へんとうせん</ruby> **扁桃腺** hentousen	**扁桃体** biǎntáotǐ ビエンタオティー	tonsil タンスィル
～炎	**扁桃体炎** biǎntáotǐyán ビエンタオティーイエン	tonsillitis タンスィライティス
<ruby>へんな</ruby> **変な** henna	**奇怪** qíguài チイグアイ	strange, peculiar ストレインヂ，ピキューリア
<ruby>ぺんねーむ</ruby> **ペンネーム** penneemu	**笔名** bǐmíng ビイミン	pen name ペン ネイム
<ruby>べんぴ</ruby> **便秘** benpi	**便秘** biànmì ビエンミィ	constipation カンスティペイション
<ruby>へんぴん(する)</ruby> **返品(する)** henpin (suru)	**退货** tuìhuò トゥイホゥオ	returned goods; return リターンド グヅ，リターン
<ruby>へんぼう(する)</ruby> **変貌(する)** henbou (suru)	**变形，改变面貌** biànxíng, gǎibiàn miànmào ビエンシン，ガイビエン ミエンマオ	transfiguration; transfigure トランスフィギュレイション，トランスフィギャ
<ruby>べんり(な)</ruby> **便利(な)** benri (na)	**便利，方便** biànlì, fāngbiàn ビエンリィ，ファアンビエン	convenience; convenient コンヴィーニェンス，コンヴィーニェント

日	中	英

ほ, ホ

ほ **穂** ho	**穂** suì スゥイ	ear イア
ほあん **保安** hoan	**保安** bǎo'ān バオアン	security スィ**キュ**アリティ
ほいく **保育** hoiku	**保育** bǎoyù バオユィ	childcare **チャ**イルドケア
～士	**保育員** bǎoyùyuán バオユィユエン	childcare worker **チャ**イルドケア **ワ**ーカ
～所	**托儿所** tuō'érsuǒ トゥオアルスゥオ	day nursery デイ **ナ**ーサリ
ぼいこっと(する) **ボイコット(する)** boikotto (suru)	**联合抵制** liánhé dǐzhì リエンホォァ ディーヂー	boycott **ボ**イカト
ぼいらー **ボイラー** boiraa	**锅炉** guōlú グゥオルゥ	boiler **ボ**イラ
ぼいん **拇印** boin	**手印, 指印** shǒuyìn, zhǐyìn ショウイン, ヂーイン	thumb imprint **サ**ム **イ**ンプリント
ぽいんと **ポイント** (得点) pointo	**得分** défēn ドゥァフェン	point **ポ**イント
(重要な点)	**要点** yàodiǎn ヤオディエン	point **ポ**イント
ほう **法** hou	**法律** fǎlù ファアリュィ	law, rule ロー, **ル**ール
(方法)	**方法** fāngfǎ ファァンファア	method, way **メ**ソド, **ウェ**イ
ぼう **棒** bou	**棍子** gùnzi グゥンヅ	stick, rod ス**ティ**ク, **ラ**ド

ほ

日	中	英
ほうあん **法案** houan	法案 fǎ'àn ファアアン	bill ビル
ほうい **方位** houi	方位 fāngwèi ファアンウェイ	direction ディ**レ**クション
ほうえい(する) **放映(する)** houei (suru)	播送，播放 bōsòng, bōfàng ボオソン, ボオファアン	telecast **テ**レキャスト
ぼうえい(する) **防衛(する)** bouei (suru)	保卫，防卫 bǎowèi, fángwèi バオウェイ, ファアンウェイ	defense; defend ディ**フェ**ンス, ディ**フェ**ンド
ぼうえき **貿易** boueki	贸易 màoyì マオイー	trade, commerce ト**レ**イド, **カ**マス
ぼうえんきょう **望遠鏡** bouenkyou	〔架〕望远镜 〔jià〕wàngyuǎnjìng 〔ジア〕ワンユエンジィン	telescope **テ**レスコウプ
ぼうえんレンズ **望遠レンズ** bouenrenzu	长焦距镜头 chángjiāojù jìngtóu チャアンジアオジュィ ジィントウ	telephoto lens **テ**レフォウトウ **レ**ンズ
ほうおう **法王** houou	教皇 jiàohuáng ジアオホアン	Pope **ポ**ウプ
ぼうおんの **防音の** bouonno	隔音 géyīn グァイン	soundproof **サ**ウンドプルーフ
ほうか **放火** houka	放火，纵火 fànghuǒ, zònghuǒ ファアンホゥオ, ヅォンホゥオ	arson **ア**ーソン
ぼうか **防火** bouka	防火 fánghuǒ ファアンホゥオ	fire prevention **ファ**イア プリ**ヴェ**ンション
ほうかい(する) **崩壊(する)** houkai (suru)	垮台，瓦解 kuǎtái, wǎjiě クアタイ, ワジエ	collapse コ**ラ**プス
ぼうがい(する) **妨害(する)** bougai (suru)	妨碍，干扰 fáng'ài, gānrǎo ファアンアイ, ガンラオ	obstruction; disturb オブスト**ラ**クション, ディス**タ**ーブ

日	中	英
ほうがく **方角** hougaku	**方位** fāngwèi ファァンウェイ	direction ディ**レ**クション
ほうかご **放課後** houkago	**放学后** fàngxué hòu ファァンシュエ ホウ	after school ア**フ**タ ス**ク**ール
ぼうかん(する) **傍観(する)** boukan (suru)	**旁观** pángguān パァングワン	onlooking; look on ア**ン**ルキング，**ル**ク オン
～者	**旁观者** pángguānzhě パァングワンヂョァ	onlooker ア**ン**ルカ
ほうがんなげ **砲丸投げ** hougannage	**推铅球** tuīqiānqiú トゥイチエンチウ	shot put **シャ**ト **プ**ト
ほうき **箒** houki	〔把〕**笤帚，扫帚** 〔bǎ〕tiáozhou, sàozhou 〔パァ〕ティアオヂョウ，サオヂョウ	broom ブ**ル**ーム
ぼうぎょ(する) **防御(する)** bougyo (suru)	**防御，守卫** fángyù, shǒuwèi ファァンユィ，ショウウェイ	defense; defend ディ**フェ**ンス，ディ**フェ**ンド
ほうげん **方言** hougen	**方言，土话** fāngyán, tǔhuà ファァンイエン，トゥホア	dialect **ダ**イアレクト
ぼうけん **冒険** bouken	**冒险** màoxiǎn マオシエン	adventure アド**ヴェ**ンチャ
ぼうげん **暴言** bougen	**粗鲁的言辞** cūlǔ de yáncí ツゥルゥ ダ イエンツー	abusive words ア**ビュ**ースィヴ **ワ**ーヅ
ほうけんてきな **封建的な** houkentekina	**封建** fēngjiàn フォンジエン	feudal **フュ**ーダル
ほうこう **方向** houkou	**方向** fāngxiàng ファァンシアン	direction ディ**レ**クション
ぼうこう **暴行** boukou	**暴行** bàoxíng バオシン	violence, outrage **ヴァ**イオレンス，**ア**ウトレイ ヂ
ほうさく **豊作** housaku	**丰产** fēngchǎn フォンチャン	good harvest **グ**ド **ハ**ーヴェスト

ほ

日	中	英
ほうし（する） **奉仕(する)** houshi (suru)	**效劳，效力** xiàoláo, xiàolì シアオラオ，シアオリィ	service; serve サーヴィス，サーヴ
ほうじ **法事** houji	**法事** fǎshì ファアシー	Buddhist ceremony ブディスト セレモウニ
ぼうし **帽子** boushi	〔顶〕**帽子** (dǐng)màozi 〔ディン〕マオヅ	hat, cap ハト，キャプ
ほうしき **方式** houshiki	**方式** fāngshì ファアンシー	form, method フォーム，メソド
ほうしゃ（する） **放射(する)** housha (suru)	**放射，辐射** fàngshè, fúshè ファアンショア，フウショア	radiation; radiate レイディエイション，レイディエイト
ほうしゃせん **放射線** houshasen	**放射线** fàngshèxiàn ファアンショアシエン	radioactive rays レイディオウアクティヴ レイズ
ほうしゅう **報酬** houshuu	**报酬，酬金** bàochou, chóujīn バオチョウ，チョウジン	remuneration リミューナレイション
ほうしん **方針** houshin	**方针** fāngzhēn ファアンヂェン	course, policy コース，パリスィ
ぼうすいの **防水の** bousuino	**防水** fángshuǐ ファアンシュイ	waterproof ウォータプルーフ
ほうせき **宝石** houseki	**宝石** bǎoshí バオシー	jewel ヂューエル
ぼうぜん **茫然** bouzen	**茫然** mángrán マァンラン	blankly ブランクリ
ほうそう（する） **包装(する)** housou (suru)	**包装** bāozhuāng バオデュアン	wrapping; wrap ラピング，ラプ
ほうそう（する） **放送(する)** housou (suru)	**广播** guǎngbō グアンボォ	broadcast ブロードキャスト

日	中	英
ぼうそう（する） **暴走(する)** bousou (suru)	**狂奔** kuángbēn クアンベン	reckless driving; drive recklessly レクレス ドライヴィング, ドライヴ レクレスリ
ほうそうきょく **放送局** housoukyoku	**广播电台** guǎngbō diàntái グアンボォ ディエンタイ	broadcasting sta- tion ブロードキャスティング ス テイション
ぼうそうぞく **暴走族** bousouzoku	**飙车族** biāochēzú ビアオチョアヅゥ	motorcycle gang モウタサイクル ギャング
ほうそく **法則** housoku	**法则，规律** fǎzé, guīlǜ ファアヅゥァ, グウイリュィ	law, rule ロー, ルール
ほうたい **包帯** houtai	**绷带** bēngdài ボンダイ	bandage バンディヂ
ぼうだいな **膨大な** boudaina	**庞大** pángdà パァンダァ	enormous, huge イノーマス, ヒューヂ
ぼうたかとび **棒高跳び** boutakatobi	**撑杆跳高** chēnggān tiàogāo チョンガン ティアオガオ	pole vault ポウル ヴォールト
ほうちする **放置する** houchisuru	**搁置，置之不理** gēzhì, zhì zhī bù lǐ グァヂー, ヂー ヂー ブゥ リィ	leave alone, ne- glect リーヴ アロウン, ニグレク ト
ぼうちゅうざい **防虫剤** bouchuuzai	**防虫剂** fángchóngjì ファァンチォンジィ	insecticide, moth- ball インセクティサイド, モース ボール
ほうちょう **包丁** houchou	**〔把〕菜刀** 〔bǎ〕càidāo 〔バァ〕ツァイダオ	kitchen knife キチン ナイフ
ぼうちょう（する） **膨張[脹](する)** bouchou (suru)	**膨大，膨胀** péngdà, péngzhàng ポンダァ, ポンヂャァン	expansion; expand イクスパンション, イクスパ ンド
ぼうちょうてい **防潮堤** bouchoutei	**防潮坝，海堤** fángcháobà, hǎidī ファァンチャオバァ, ハイディー	seawall スィーウォール
ほうてい **法廷** houtei	**法庭** fǎtíng ファアティン	court コート

日	中	英
ほうていしき **方程式** houteishiki	**方程式** fāngchéngshì ファァンチョンシー	equation イクウェイション
ほうてき **法的** houteki	**法律上** fǎlùshang ファアリュイシャァン	legal リーガル
ほうどう(する) **報道(する)** houdou (suru)	**报道** bàodào バオダオ	news, report ニューズ, リポート
ぼうどう **暴動** boudou	**暴动, 暴乱** bàodòng, bàoluàn バオドン, バオルワン	riot ライオト
ほうにん(する) **放任(する)** hounin (suru)	**放任** fàngrèn ファァンレン	noninterference; leave to *oneself* ノンインタフィアレンス, リーヴァ トゥ
ぼうはてい **防波堤** bouhatei	**防波堤** fángbōdī ファァンボォディー	breakwater ブレイクウォータ
ぼうはん **防犯** bouhan	**防盗** fángdào ファァンダオ	crime prevention クライム プリヴェンション
ほうび **褒美** houbi	**嘉奖, 奖** jiājiǎng, jiǎng ジアジアン, ジアン	reward リウォード
ほうふ **抱負** houfu	**抱负** bàofù バオフゥ	ambition アンビション
ぼうふう **暴風** boufuu	**暴风** bàofēng バオフォン	storm, gale ストーム, ゲイル
〜雨	**暴风雨** bàofēngyǔ バオフォンユイ	storm, rainstorm ストーム, レインストーム
ほうふく(する) **報復(する)** houfuku (suru)	**报复, 复仇** bàofu, fù'chóu バオフ, フゥチョウ	retaliation; retali-ate リタリエイション, リタリエイト
ぼうふざい **防腐剤** boufuzai	**防腐剂** fángfǔjì ファァンフゥジィ	preservative プリザーヴァティヴ

日	中	英

豊富な
ほうふな
houfuna
丰足，优裕
fēngzú, yōuyù
フォンヅゥ，ヨウユィ
rich in, abundant in
リチ イン，アバンダント イン

方便
ほうべん
houben
权宜之计
quányí zhī jì
チュエンイー ヂー ジィ
expedient
イクスピーディエント

方法
ほうほう
houhou
办法，方法
bànfǎ, fāngfǎ
バンファア，ファンファア
way, method
ウェイ，メソド

豊満な
ほうまんな
houmanna
丰满
fēngmǎn
フォンマン
plump
プランプ

法務大臣
ほうむだいじん
houmudaijin
司法部长
sīfǎ bùzhǎng
スーファア ブヂャァン
Minister of Justice
ミニスタ オヴ チャスティス

葬る
ほうむる
houmuru
埋葬
máizàng
マイヅァァン
bury
ベリ

亡命(する)
ぼうめい(する)
boumei (suru)
亡命
wángmìng
ワンミィン
political asylum; seek refuge in
ポリティカル アサイラム，スィーク レフューヂ イン

方面
ほうめん
houmen
方面，地区
fāngmiàn, dìqū
ファンミエン，ディーチュィ
district
ディストリクト

(方向)
方面，方向
fāngmiàn, fāngxiàng
ファンミエン，ファンシアン
direction
ディレクション

訪問(する)
ほうもん(する)
houmon (suru)
拜访，访问
bàifǎng, fǎngwèn
バイファァン，ファァンウェン
visit, call
ヴィズィト，コール

〜販売
上门推销
shàngmén tuīxiāo
シャァンメン トゥイシアオ
door-to-door selling
ドータドー セリング

抱擁(する)
ほうよう(する)
houyou (suru)
拥抱
yōngbào
ヨンバオ
embrace
インブレイス

暴落(する)
ぼうらく(する)
bouraku (suru)
暴跌
bàodiē
バオディエ
heavy fall; slump
ヘヴィ フォール，スランプ

日	中	英
ぼうり **暴利** bouri	**暴利** bàolì バオリィ	excessive profits イクセスィヴ プラフィツ
ほうりだす **放り出す** houridasu	**扔出去** rēngchūqu ルォンチュウチュ	throw out スロウ **ア**ウト
(放棄) 	**放弃，撇弃** fàngqì,piēqì ファァンチイ，ピエチイ	abandon アバンドン
ほうりつ **法律** houritsu	**法律** fǎlù ファアリュイ	law ロー
ほうりなげる **放り投げる** hourinageru	**抛出** pāochū パオチュウ	throw, toss スロウ，トス
ほうりゅう(する) **放流(する)** houryuu (suru)	**放出** fàngchū ファァンチュウ	discharge ディス**チャ**ーデ
(魚を) 	**放** fàng ファァン	stock スタク
ぼうりょく **暴力** bouryoku	**暴力，武力** bàolì, wǔlì バオリィ，ウゥリィ	violence **ヴァ**イオレンス
～団 	**黑社会** hēishèhuì ヘイショアホウイ	gang **ギャ**ング
ほうる **放る** houru	**扔，掷** rēng, zhì ルォン，デー	throw, toss スロウ，トス
ほうれい **法令** hourei	**法令** fǎlìng ファアリィン	law, ordinance ロー，オーディナンス
ほうれんそう **ほうれん草** hourensou	**菠菜** bōcài ボォツァイ	spinach スピニチ
ほうろう(する) **放浪(する)** hourou (suru)	**流浪** liúlàng リウラァン	wandering; wander **ワ**ンダリング，**ワ**ンダ
ほえる **吠える** hoeru	**吼，叫** hǒu, jiào ホウ，ジアオ	bark, howl, roar バーク，ハウル，ロー

日	中	英
ほお **頰** hoo	**脸颊，腮** liǎnjiá, sāi リエンジア, サイ	cheek チーク
ぼーい **ボーイ** booi	**男服务员** nánfúwùyuán ナンフウゥユエン	waiter, bellboy ウェイタ, ベルボイ
ぼーいふれんど **ボーイフレンド** booifurendo	**男朋友** nánpéngyou ナンポンヨウ	boyfriend ボイフレンド
ぽーかー **ポーカー** pookaa	**扑克** pūkè プゥクァ	poker ポウカ
ほーす **ホース** hoosu	**软管** ruǎnguǎn ルワングワン	hose ホウズ
ぽーず **ポーズ** poozu	**架势，架子** jiàshi, jiàzi ジアシ, ジアヅ	pose ポウズ
〜をとる	**摆姿势** bǎi zīshì バイ ヅーシー	pose ポウズ
ぼーだー **ボーダー** boodaa	**境界** jìngjiè ジィンジエ	border ボーダ
ぼーと **ボート** booto	**小艇** xiǎotǐng シアオティン	boat ボウト
ぼーなす **ボーナス** boonasu	**红利，奖金** hónglì, jiǎngjīn ホンリィ, ジアンジン	bonus ボウナス
ほおべに **頰紅** hoobeni	**胭脂** yānzhi イエンヂ	blusher ブラシャ
ほおぼね **頰骨** hoobone	**颧骨** quángǔ チュエングゥ	cheekbone チークボウン
ほーむ **ホーム** （家） hoomu	**家，家庭** jiā, jiātíng ジア, ジアティン	home ホウム
（駅の）	**月台** yuètái ユエタイ	platform プラトフォーム

日	中	英
ほーむしっく **ホームシック** hoomushikku	**怀乡病** huáixiāngbìng ホアイシアンビィン	homesickness ホウムスィクネス
〜になる	**思乡，想家** sī'xiāng,xiǎng'jiā スーシアン，シアンジア	get homesick ゲト ホウムスィク
ほーむすてい **ホームステイ** hoomusutei	**留学生寄宿在外国人家庭** liúxuéshēng jìsù zài wàiguórén jiātíng リウシュエション ジィスゥ ヴァイ ワイ グゥオレン ジアティン	homestay ホウムステイ
ほーむぺーじ **ホームページ** hoomupeeji	**主页** zhǔyè デュウイエ	homepage ホウムペイヂ
ほーむらん **ホームラン** hoomuran	**本垒打** běnlěidǎ ベンレイダァ	home run ホウム ラン
ほーむれす **ホームレス** hoomuresu	**流浪者** liúlàngzhě リウラァンヂョァ	homeless ホウムレス
ほーる **ホール** hooru	**大厅** dàtīng ダァティン	hall ホール
ぼーる **ボール** booru	**球** qiú チウ	ball ボール
ほーるいんわん **ホールインワン** （ゴルフの） hooruinwan	**一杆进洞** yì gǎn jìn dòng イー ガン ジン ドン	hole in one ホウル イン ワン
ぼーるぺん **ボールペン** boorupen	**圆珠笔** yuánzhūbǐ ユエンデュウビィ	ball-point pen ボールポイント ペン
ほか **他** hoka		
〜に	**另外** lìngwài リィンワイ	besides, else ビサイヅ，エルス
〜の	**另外** lìngwài リィンワイ	another, other アナザ，アザ

日	中	英
ほかく（する） **捕獲（する）** hokaku (suru)	**捕获** bǔhuò プゥホウォ	capture **キャ**プチャ
ぼかす **暈す** bokasu	**弄淡** nòngdàn ノンダン	shade off **シェイド オ**ーフ
ほがらかな **朗らかな** hogarakana	**明朗** mínglǎng ミィンラァン	cheerful **チ**アフル
ほかん（する） **保管（する）** hokan (suru)	**保管** bǎoguǎn バオグワン	storage; keep, store ス**トー**リヂ，**キー**プ，ス**トー**
ぼき **簿記** boki	**簿记** bùjì プゥジィ	bookkeeping **ブ**クキーピング
ほきゅう（する） **補給（する）** hokyuu (suru)	**补给** bǔjǐ プゥジィ	supply サ**プ**ライ
ぼきん **募金** bokin	**募捐** mùjuān ムゥジュエン	fund raising **ファ**ンド **レ**イズィング
ぼく **僕** boku	**我** wǒ ウオ	I, me **ア**イ，**ミ**ー
ほくい **北緯** hokui	**北纬** běiwěi ペイウェイ	north latitude **ノ**ース **ラ**ティテュード
ぼくさー **ボクサー** bokusaa	**拳击家** quánjījiā チュエンジィジア	boxer **バ**クサ
ぼくし **牧師** bokushi	**牧师** mùshī ムゥシー	pastor **パ**スタ
ぼくじょう **牧場** bokujou	**牧场** mùchǎng ムゥチァァン	pasture, ranch **パ**スチャ，**ラ**ンチ
ぼくしんぐ **ボクシング** bokushingu	**拳击** quánjī チュエンジィ	boxing **バ**クスィング
ほくせい **北西** hokusei	**西北** xīběi シィペイ	northwest **ノ**ース**ウェ**スト

ほ

日	中	英
ぼくそう **牧草** bokusou	**牧草** mùcǎo ムゥツァオ	grass グラス
〜地	**草场，草地** cǎochǎng, cǎodì ツァオチァン，ツァオディー	pasture, meadow パスチャ，メドウ
ぼくちく **牧畜** bokuchiku	**牧畜，畜牧** mùxù, xùmù ムゥシュィ，シュィムゥ	stock farming スタク ファーミング
ほくとう **北東** hokutou	**东北** dōngběi ドンペイ	northeast ノースイースト
ほくとしちせい **北斗七星** hokutoshichisei	**北斗星** běidǒuxīng ペイドウシィン	Big Dipper ビグ ディパ
ほくぶ **北部** hokubu	**北部** běibù ペイブゥ	northern part ノーザン パート
ぼくめつ(する) **撲滅(する)** bokumetsu (suru)	**扑灭** pūmiè プゥミエ	extermination; exterminate イクスターミネイション，イクスターミネイト
ほくろ **黒子** hokuro	**黑子，黑痣** hēizǐ, hēizhì ヘイヅー，ヘイヂー	mole モウル
ほけつ **補欠** hoketsu	**后备，候补** hòubèi, hòubǔ ホウペイ，ホウブゥ	substitute サブスティテュート
ぽけっと **ポケット** poketto	**兜子，口袋** dōuzi, kǒudai ドウヅ，コウダイ	pocket パケト
ぼける **惚ける** bokeru	**糊涂** hútu ホゥトゥ	grow senile グロウ スィーナイル
ほけん **保健** hoken	**保健** bǎojiàn パオジエン	health, hygiene ヘルス，ハイヂーン
ほけん **保険** hoken	**保险** bǎoxiǎn パオシエン	insurance インシュアランス

日	中	英
～会社	保险公司 bǎoxiǎn gōngsī バオシエン ゴンスー	insurance company インシュアランス カンパニ
～金	保险金 bǎoxiǎnjīn バオシエンジン	insurance money インシュアランス マニ
ほご(する) **保護(する)** hogo (suru)	保护，卫护 bǎohù, wèihù バオホゥ, ウェイホゥ	protection; protect プロテクション, プロテクト
ぼご **母語** bogo	母语 mǔyǔ ムゥユィ	mother tongue マザ タング
ぼこう **母校** bokou	母校 mǔxiào ムゥシアオ	alma mater, *one's* old school アルマ マータ, オゥルド スクール
ぼこく **母国** bokoku	祖国 zǔguó ヅゥグゥオ	mother country マザ カントリ
ほごしょく **保護色** hogoshoku	保护色 bǎohùsè バオホゥスア	protective coloration プロテクティヴ カラレイション
ほごぼうえきしゅぎ **保護貿易主義** hogobouekishugi	贸易保护主义 màoyì bǎohù zhǔyì マオイー バオホゥ デュウイー	protectionism プロテクショニズム
ほこり **誇り** hokori	自豪感 zìháogǎn ヅーハオガン	pride プライド
ほこる **誇る** hokoru	骄傲，自豪 jiāo'ào, zìháo ジアオアオ, ヅーハオ	(be) proud of (ビ) プラゥド オヴ
ほころびる **綻びる** hokorobiru	开绽 kāizhàn カイヂャン	(be) rent (ビ) レント
ほし **星** hoshi	星，星斗 xīng, xīngdǒu シィン, シィンドウ	star スター
ほしい **欲しい** hoshii	要，希望 yào, xīwàng ヤオ, シィワァン	want, wish for ワント, ウィシュ フォ

日	中	英
ほしうらない **星占い** hoshiuranai	**占星** zhānxīng チャンシィン	horoscope, astrology **ホ**ロスコウプ，アスト**ラ**ロヂ
ほしがる **欲しがる** hoshigaru	**想要，贪图** xiǎngyào, tāntú シアンヤオ，タントゥ	want, wish for **ワ**ント，**ウィ**シュ フォ
ほじくる **穿る** hojikuru	**抠，挖** kōu, wā コウ，ワァ	pick **ピ**ク
ほしぶどう **干し葡萄** hoshibudou	**葡萄干儿** pútaogānr プゥタオガル	raisin **レ**イズン
ほしゃく **保釈** hoshaku	**保释** bǎoshì バオシー	bail **ベ**イル
ほしゅ **保守** hoshu	**保守** bǎoshǒu バオショウ	conservatism コン**サー**ヴァティズム
〜的な	**保守** bǎoshǒu バオショウ	conservative コン**サー**ヴァティヴ
ほじゅう（する） **補充（する）** hojuu (suru)	**补充，添补** bǔchōng, tiānbu ブゥチォン，ティエンプ	supplement; supply **サ**プリメント，サプ**ラ**イ
ぼしゅう（する） **募集（する）** boshuu (suru)	**征募，招募** zhēngmù, zhāomù ヂョンムゥ，ヂャオムゥ	recruitment; recruit リク**ルー**トメント，リク**ルー**ト
ほじょ（する） **補助（する）** hojo (suru)	**补助** bǔzhù ブゥヂュウ	assistance; assist ア**スィ**スタンス，ア**スィ**スト
ほしょう（する） **保証（する）** hoshou (suru)	**保证，担保** bǎozhèng, dānbǎo バオヂョン，ダンバオ	guarantee ギャラン**ティー**
〜書	**包票，保证书** bāopiào, bǎozhèngshū バオピアオ，バオヂョンシュウ	guarantee ギャラン**ティー**
〜人	**保人** bǎoren バオレン	guarantor, surety **ギャ**ラントー，**シュ**アティ

日	中	英
ほす **乾[干]す** hosu	**晒干** shàigān シャイガン	dry ドライ
ぼす **ボス** bosu	**老板，老大** lǎobǎn, lǎodà ラオバン, ラオダァ	boss バス
ぽすたー **ポスター** posutaa	**海报，招贴** hǎibào, zhāotiē ハイバオ, チャオティエ	poster ポウスタ
ほすてす **ホステス** hosutesu	**女主人** nǚzhǔren ニュィデュウレン	hostess ホウステス
ほすと **ホスト** hosuto	**东道主** dōngdàozhǔ ドンダオデュウ	host ホウスト
ぽすと **ポスト** posuto	**信箱** xìnxiāng シンシアン	mailbox メイルバクス
ぼせい **母性** bosei	**母性** mǔxìng ムウシィン	motherhood マザフド
ほそい **細い** hosoi	**细，纤细** xì,xiānxì シィ, シエンシィ	thin, narrow スィン, ナロウ
ほそう(する) **舗装(する)** hosou (suru)	**铺砌** pūqì プゥチィ	pavement; pave ペイヴメント, ペイヴ
ほそく(する) **補足(する)** hosoku (suru)	**补足** bǔzú ブゥヅゥ	supplement サプリメント
ほそながい **細長い** hosonagai	**细长，修长** xìcháng, xiūcháng シィチァァン, シウチァァン	slender スレンダ
ほぞん(する) **保存(する)** hozon (suru)	**保存** bǎocún バオツゥン	preservation; pre-serve, keep プレザ**ヴェ**イション, プリ**ザ**ーヴ, **キ**ープ
ぽたーじゅ **ポタージュ** potaaju	**浓汤** nóngtāng ノンタァン	potage ポウ**タ**ージュ

日	中	英
ほたてがい **帆立貝** hotategai	**海扇** hǎishàn ハイシャン	scallop スカロップ
ほたる **蛍** hotaru	〔只〕**萤火虫** 〔zhī〕yínghuǒchóng 〔ヂー〕イィンホゥオチォン	firefly ファイアフライ
ぼたん **ボタン** botan	**扣子** kòuzi コウヅ	button バトン
ぼち **墓地** bochi	**坟地** féndì フェンディー	graveyard グレイヴヤード
ほちょう **歩調** hochou	**步调** bùdiào ブゥディアオ	pace, step ペイス, ステプ
ほっきにん **発起人** hokkinin	**发起人** fāqǐrén ファアチィレン	promoter, origina-tor プロモウタ, オリヂネイタ
ほっきょく **北極** hokkyoku	**北极** běijí ベイジィ	North Pole ノース ポウル
〜星	**北极星** běijíxīng ベイジィシィン	polestar ポウルスター
ほっけー **ホッケー** hokkee	**曲棍球** qūgùnqiú チュイグゥンチウ	hockey ハキ
ほっさ **発作** hossa	**发作** fāzuò ファアヅゥオ	fit, attack フィト, アタク
ぼっしゅう(する) **没収(する)** bosshuu (suru)	**充公, 没收** chōnggōng, mòshōu チォンゴン, モォショウ	confiscation; con-fiscate カンフィスケイション, カンフィスケイト
ほっそく **発足** hossoku	**开始活动** kāishǐ huódòng カイシー ホゥオドン	inauguration イノーギュレイション
ほっそりした **ほっそりした** hossorishita	**清瘦, 细弱** qīngshòu, xìruò チィンショウ, シィルゥオ	slender スレンダ

日	中	英
ほっちきす **ホッチキス** hocchikisu	**钉书器** dìngshūqì ディンシュウチィ	stapler ステイプラ
ぽっと **ポット** potto	**壺** hú ホウ	pot パト
（保温びん）	**暖壶，热水瓶** nuǎnhú, rèshuǐpíng ヌワンホウ, ルァシュイピィン	thermos サーモス
ぼっとうする **没頭する** bottousuru	**埋头** máitóu マイトウ	(be) absorbed in (ビ) アブソーブド イン
ほっとする **ほっとする** hottosuru	**放心** fàng'xīn ファァンシン	feel relieved フィール リリーヴド
ほっとどっぐ **ホットドッグ** hottodoggu	**热狗** règǒu ルァゴウ	hot dog ハト ドグ
ほっとらいん **ホットライン** hottorain	〔条〕**热线** 〔tiáo〕rèxiàn 〔ティアオ〕ルァシエン	hot line ハト ライン
ぽっぷこーん **ポップコーン** poppukoon	**玉米花儿** yùmǐhuār ユィミィホアル	popcorn パプコン
ぽっぷす **ポップス** poppusu	〔首〕**流行歌曲** 〔shǒu〕liúxíng gēqǔ 〔ショウ〕リウシィン グァチュィ	pop music パプ ミューズィク
ぼつらくする **没落する** botsurakusuru	**没落，败落** mòluò, bàiluò モォルゥオ, バイルゥオ	(be) ruined (ビ) ルーインド
ぼでぃーがーど **ボディーガード** bodiigaado	**保镖** bǎobiāo バオビアオ	bodyguard バディガード
ほてる **ホテル** hoteru	**宾馆，饭店** bīnguǎn, fàndiàn ビングワン, ファンディエン	hotel ホウテル
ほど **程** hodo	**… 左右，程度** …zuǒyòu, chéngdù …ヅゥオヨウ, チョンドゥ	degree ディグリー
（限度）	**限度** xiàndù シエンドゥ	bounds, limit バウンヅ, リミト

ほ

日	中	英
ほどう **舗道** hodou	**柏油马路** bǎiyóu mǎlù バイヨウ マァルゥ	paved road ペイヴド ロッド
ほどう **歩道** hodou	**便道，人行道** biàndào, rénxíngdào ビエンダオ，レンシィンダオ	sidewalk サイドウォーク
～橋	**过街天桥** guòjiē tiānqiáo グゥオジエ ティエンチアオ	footbridge フトブリヂ
ほどく **解く** hodoku	**解开** jiěkāi ジエカイ	untie, unfasten アンタイ，アンファスン
ほとけ **仏** hotoke	**佛，佛像** fó, fóxiàng フォオ，フォオシアン	Buddha ブダ
ほどこす **施す** hodokosu	**施舍** shīshě シーショア	give ギヴ
（行う）	**施行** shīxíng シーシィン	do ドゥー
ほとんど **殆ど** hotondo	**差不多，几乎** chàbuduō, jīhū チァブドゥオ，ジィホゥ	almost, nearly オールモウスト，ニアリ
ぼにゅう **母乳** bonyuu	**母乳** mǔrǔ ムゥルゥ	mother's milk マザズ ミルク
ほにゅうどうぶつ **哺乳動物** honyuudoubutsu	**哺乳动物** bǔrǔ dòngwù ブゥルゥ ドンウゥ	mammal ママル
ほね **骨** hone	**骨头** gǔtou グゥトウ	bone ボウン
ほねおり **骨折り** honeori	**辛劳，血汗** xīnláo, xuèhàn シンラオ，シュエハン	pains ペインズ
ほねぐみ **骨組み** honegumi	**骨架，桁架** gǔjià, héngjià グゥジア，ヘゥンジア	frame, structure フレイム，ストラクチャ
ほねやすめ **骨休め** honeyasume	**休息** xiūxi シウシ	rest, break レスト，ブレイク

日	中	英
ほのお **炎** honoo	**火苗，火焰** huǒmiáo, huǒyàn ホゥオミアオ，ホゥオイエン	flame フレイム
ほのかな **仄かな** honokana	**模糊，隐约** móhu, yǐnyuē モォホゥ，インユエ	faint **フェ**イント
ほのめかす **仄めかす** honomekasu	**隐射，暗示** yǐnshè, ànshì インショァ，アンシー	hint, suggest **ヒ**ント，サグ**チェ**スト
ほほえましい **微笑ましい** hohoemashii	**招人微笑** zhāo rén wēixiào ヂァオ レン ウェイシアオ	pleasing プ**リー**ズィング
ほほえみ **微笑み** hohoemi	**微笑** wēixiào ウェイシアオ	smile ス**マ**イル
ほほえむ **微笑む** hohoemu	**含笑，微笑** hánxiào, wēixiào ハンシアオ，ウェイシアオ	smile at ス**マ**イル アト
ほめる **褒める** homeru	**称赏，夸奖** chēngshǎng, kuājiǎng チョンシャン，クアジアン	praise プ**レ**イズ
ぼやく **ぼやく** boyaku	**嘟囔** dūnang ドゥナァン	complain コンプ**レ**イン
ぼやける **ぼやける** boyakeru	**模糊** móhu モォホ	grow dim グロウ **ディ**ム
ほゆう(する) **保有(する)** hoyuu (suru)	**保有** bǎoyǒu バオヨウ	possession; pos- sess ポ**ゼ**ション，ポゼス
ほよう **保養** hoyou	**保养** bǎoyǎng バオヤン	rest **レ**スト
〜地	**疗养地** liáoyǎngdì リアオヤンディー	health resort **ヘ**ルス リ**ゾ**ート
ほら **ほら**　(大言) hora	**牛皮** niúpí ニウピィ	brag, boast ブ**ラ**グ，**ボ**ゥスト
ほらあな **洞穴** horaana	**山洞** shāndòng シャンドン	cave **ケ**イヴ

日	中	英
ぼらんてぃあ **ボランティア** borantia	**志愿者** zhìyuànzhě デーユエンヂョァ	volunteer ヴァラン**ティ**ア
ほり **堀** hori	**护城河，沟** hùchénghé, gōu ホゥチョンホォァ, ゴウ	moat, ditch **モ**ウト, **ディ**チ
ぽりえすてる **ポリエステル** poriesuteru	**聚酯** jùzhǐ ジュィヂー	polyester パリ**エ**スタ
ぽりえちれん **ポリエチレン** poriechiren	**聚乙烯** jùyǐxī ジュィイーシィ	polyethylene パリ**エ**スィリーン
ぽりお **ポリオ** porio	**小儿麻痹** xiǎo'ér mábì シアオアル マァビィ	polio **ポ**ウリオウ
ほりだしもの **掘り出し物** horidashimono	**偶然弄到的珍品** ǒurán nòngdào de zhēnpǐn オウラン ノンダオ ダ ヂェンピン	find **ファ**インド
ほりだす **掘り出す** horidasu	**挖出** wāchū ワァチュウ	dig out **ディ**グ **ア**ウト
ぽりぶくろ **ポリ袋** poribukuro	**塑料袋** sùliàodài スゥリアオダイ	poly bag **パ**リ **バ**グ
ほりゅう（する） **保留（する）** horyuu (suru)	**保留** bǎoliú バオリウ	putting on hold; reserve **プ**ティング オン **ホ**ウルド, リ**ザ**ーヴ
ぼりゅーむ **ボリューム** boryuumu	**音量** yīnliàng インリアン	volume **ヴァ**リュム
ほりょ **捕虜** horyo	**俘虏，战俘** fúlǔ, zhànfú フゥルゥ, ヂャンフゥ	prisoner of war **プ**リズナ オヴ **ウォ**ー
ほる **掘る** horu	**挖掘** wājué ワァジュエ	dig, excavate **ディ**グ, **エ**クスカヴェイト
ほる **彫る** horu	**雕刻** diāokè ディアオクァ	carve, engrave **カ**ーヴ, イング**レ**イヴ

日	中	英
ぼる **ぼる** boru	牟取暴利 móuqǔ bàolì モウチュイ パオリィ	overcharge オウヴァ**チャー**ヂ
ぼると **ボルト** （ねじ） boruto	〔颗〕螺栓，螺丝钉 [kē] luóshuān, luósīdīng 〔クァ〕ルゥオシュワン, ルゥオスーディン	bolt **ボ**ウルト
（電圧）	伏特 fútè フゥトゥァ	volt **ヴォ**ウルト
ぽるとがる **ポルトガル** porutogaru	葡萄牙 Pútáoyá プゥタオヤァ	Portugal **ポ**ーチュガル
～語	葡萄牙语 Pútáoyáyǔ プゥタオヤァユィ	Portuguese ポーチュ**ギ**ーズ
ぽるの **ポルノ** poruno	色情文学，黄色读物 sèqíng wénxué, huángsè dúwù スァチィン ウェンシュエ, ホアンスァ ドゥ ウゥ	pornography ポー**ナ**グラフィ
ほるもん **ホルモン** horumon	荷尔蒙，激素 hé'ěrméng, jīsù ホォァアルモン, ジィスゥ	hormone **ホ**ーモウン
ほれる **惚れる** horeru	恋慕，迷恋 liànmù, míliàn リエンムゥ, ミィリエン	fall in love with **フォ**ール イン **ラ**ヴ ウィズ
ぽろしゃつ **ポロシャツ** poroshatsu	开领短袖衬衫 kāilǐng duǎnxiù chènshān カイリィン ドワンシウ チェンシャン	polo shirt **ポ**ウロウ **シャ**ート
ほろにがい **ほろ苦い** horonigai	稍苦 shāo kǔ シャオ クゥ	slightly bitter スライトリ **ビ**タ
ほろびる **亡[滅]びる** horobiru	衰亡，灭亡 shuāiwáng, mièwáng シュアイワァン, ミエワァン	(be) destroyed, perish (ビ) ディスト**ロ**イド, **ペリ** シュ
ほろぼす **亡[滅]ぼす** horobosu	毁灭，消灭 huǐmiè, xiāomiè ホウイミエ, シアオミエ	ruin, destroy **ルー**イン, ディスト**ロ**イ
ぼろぼろの **ぼろぼろの** boroborono	破烂不堪 pòlàn bùkān ポォラン プゥカン	ragged **ラ**ギド

日	中	英
ほん **本** hon	**书，书籍** shū, shūjí シュウ，シュウジィ	book ブク
ぼん **盆** bon	**盘子** pánzi パンヅ	tray トレイ
ほんかくてきな **本格的な** honkakutekina	**正式，真正** zhèngshì, zhēnzhèng ヂョンシー，ヂェンヂョン	real, genuine リーアル，**チェ**ニュイン
ほんかん **本館** honkan	**主楼** zhǔlóu ヂュウロウ	main building メイン **ビ**ルディング
ほんき **本気** honki	**真实** zhēnshí ヂェンシー	seriousness スィ**ア**リアスネス
～で	**认真** rènzhēn レンヂェン	seriously スィ**ア**リアスリ
ほんきょち **本拠地** honkyochi	**根据地** gēnjùdì ゲンジュィディー	base ベイス
ほんしつ **本質** honshitsu	**本质，实质** běnzhì, shízhì ベンヂー，シーヂー	essence **エ**センス
ほんじつ **本日** honjitsu	**今日，今天** jīnrì, jīntiān ジンリー，ジンティエン	today トゥ**デ**イ
ほんしゃ **本社** honsha	**总社，总公司** zǒngshè, zǒnggōngsī ヅォンシォァ，ヅォンゴンスー	head office ヘド **オ**ーフィス
ほんしょう **本性** honshou	**本性，天性** běnxìng, tiānxìng ベンシィン，ティエンシィン	nature, true character **ネ**イチャ，トルー **キャ**ラクタ
ほんしん **本心** honshin	**本心，真心** běnxīn, zhēnxīn ベンシン，ヂェンシン	real intention リーアル インテンション
ぼんじん **凡人** bonjin	**普通人，凡人** pǔtōngrén, fánrén プゥトンレン，ファンレン	mediocre person ミーディ**オ**ウカ **パ**ースン

日	中	英
ほんそうする **奔走する** honsousuru	**奔波，奔走** bēnbō, bēnzǒu ベンボォ，ベンヅォウ	make efforts メイク エフォツ
ほんたい **本体** hontai	**本体** běntǐ ベンティー	(main) body （メイン）バディ
ほんだな **本棚** hondana	**书架** shūjià シュウジア	bookshelf ブクシェルフ
ぼんち **盆地** bonchi	**盆地** péndì ベンディー	basin ベイスン
ほんてん **本店** honten	**总店** zǒngdiàn ヅォンディエン	head office ヘド オーフィス
ほんど **本土** hondo	**本土** běntǔ ベントゥ	mainland メインランド
ほんとう **本当** hontou	**真实，真的** zhēnshí, zhēn de ヂェンシー，ヂェン ダ	truth トルース
～に	**实在，真的** shízài, zhēn de シーヅァイ，ヂェン ダ	truly, really トルーリ，リーアリ
～の	**真正** zhēnzhèng ヂェンヂョン	true, real トルー，リーアル
ほんにん **本人** honnin	**本人** běnrén ベンレン	person in question, person oneself パースン イン クウェスチョン，パースン ワンセルフ
ほんね **本音** honne	**心里话** xīnlǐhuà シンリィホア	true mind トルー マインド
ほんの **ほんの** honno	**一点点** yìdiǎndiǎn イーディエンディエン	just, only ヂャスト，オウンリ
ほんのう **本能** honnou	**本能** běnnéng ベンヌオン	instinct インスティンクト

ほ

日	中	英

本場 ほんば
honba
地道 dìdao
ディーダオ
home of
ホウム オヴ

本部 ほんぶ
honbu
中央，总部 zhōngyāng, zǒngbù
ヂォンヤン，ヅォンブゥ
head office
ヘド オーフィス

ポンプ ぽんぷ
ponpu
泵，水泵 bèng, shuǐbèng
ボン，シュイボン
pump
パンプ

ボンベ ぼんべ
bonbe
气瓶 qìpíng
チィピィン
gas cylinder
ギャス スィリンダ

本名 ほんみょう
honmyou
本名 běnmíng
ベンミィン
real name
リーアル ネイム

本命 ほんめい
honmei
最有力候补 zuì yǒulì hòubǔ
ヅゥイ ヨウリィ ホウブゥ
favorite
フェイヴァリト

本物 ほんもの
honmono
真货 zhēnhuò
ヂェンホゥオ
genuine article
チェニュイン アーティクル

本屋 ほんや
hon-ya
书店 shūdiàn
シュウディエン
bookstore
ブクストー

翻訳(する) ほんやく(する)
hon-yaku (suru)
翻译，笔译 fānyì, bǐyì
ファンイー，ビィイー
translation; translate
トランスレイション，トランスレイト

〜家
翻译家 fānyìjiā
ファンイージア
translator
トランスレイタ

ぼんやり ぼんやり
（輪郭などが）
bon-yari
模糊 móhu
モォホ
dim, vague
ディム，ヴェイグ

（心などが）
发呆 fādāi
ファアダイ
absent-minded
アブセントマインデド

日	中	英

ま, マ

間
ma

空隙
kòngxì
コンシィ

space, room
スペイス, ルーム

（時間的）

时间, 间隔
shíjiān, jiàngé
シージエン, ジエングァ

time, interval
タイム, インタヴァル

マーガリン
maagarin
（まーがりん）

人造黄油
rénzào huángyóu
レンヅァオ ホアンヨウ

margarine
マーヂャリン

マーク （記号）
maaku
（まーく）

记号
jìhao
ジィハオ

mark
マーク

〜する

做记号, 标记
zuò jìhao, biāojì
ヅゥオ ジィハオ, ピアオジィ

mark
マーク

マーケット
maaketto
（まーけっと）

商场, 市场
shāngchǎng, shìchǎng
シャァンチァン, シーチァァン

market
マーケト

マーケティング
maaketingu
（まーけてぃんぐ）

营销策略
yíngxiāo cèlüè
イィンシアオ ツゥアリュエ

marketing
マーケティング

麻雀
maajan
（まーじゃん）

〔副〕麻将
〔fù〕májiàng
〔フゥ〕マァジアン

mah-jong
マーヂャング

マージン
maajin
（まーじん）

赚头
zhuàntou
ヂュワントウ

margin
マーヂン

マーマレード
maamareedo
（まーまれーど）

橘皮果酱
júpí guǒjiàng
ジュィピィ グゥオジアン

marmalade
マーマレイド

舞
mai
（まい）

舞蹈
wǔdǎo
ウゥダオ

dance
ダンス

枚
mai
（まい）

张
zhāng
ヂャァン

sheet, piece
シート, ピース

毎
mai
（まい）

每, 各
měi, gè
メイ, グァ

every, each
エヴリ, イーチ

日	中	英
まいあさ **毎朝** maiasa	每天早上 měitiān zǎoshang メイティエン ヅァオシャァン	every morning エヴリ モーニング
まいく **マイク** maiku	话筒，麦克风 huàtǒng, màikèfēng ホアトン, マイクァフォン	microphone マイクロフォウン
まいくろばす **マイクロバス** maikurobasu	小型客车，面包车 xiǎoxíng kèchē, miànbāochē シアオシィン クァチョァ, ミエンバオチョァ	minibus ミニバス
まいご **迷子** maigo	走失的孩子 zǒushī de háizi ヅォウシー ダ ハイヅ	stray child ストレイ チャイルド
まいしゅう **毎週** maishuu	每个星期，每周 měi ge xīngqī, měi zhōu メイ ガ シィンチィ, メイ ヂョウ	every week エヴリ ウィーク
まいそう(する) **埋葬(する)** maisou (suru)	埋葬，下葬 máizàng, xiàzàng マイヅァン, シアヅァン	burial; bury ベリアル, ベリ
まいつき **毎月** maitsuki	每个月，每月 měi ge yuè, měiyuè メイ ガ ユエ, メイユエ	every month エヴリ マンス
まいど **毎度** maido	每次 měi cì メイ ツー	every time エヴリ タイム
まいとし **毎年** maitoshi	每年 měi nián メイ ニエン	every year エヴリ イヤ
まいなー **マイナー** mainaa	少数派 shǎoshùpaì シャオシュウパイ	minor マイナ
(規模などが)	小型，二流 xiǎoxíng, èrliú シアオシィン, アルリウ	minor マイナ
まいなす **マイナス** mainasu	减，负 jiǎn, fù ジエン, フゥ	minus マイナス
(不足)	亏损，亏欠 kuīsǔn, kuīqiàn クゥイスゥン, クゥイチエン	minus マイナス

日	中	英
まいにち **毎日** mainichi	每天，天天 měitiān, tiāntiān メイティエン, ティエンティエン	every day, everyday エヴリ デイ, エヴリデイ
まいばん **毎晩** maiban	每天晚上 měitiān wǎnshang メイティエン ワンシャァン	every evening エヴリ イーヴニング
まいぺーす **マイペース** maipeesu	自己的方式 zìjǐ de fāngshì ヅージィ ダ ファァンシー	at *one's* own pace アト オウン ペイス
まいほーむ **マイホーム** maihoomu	自己的家 zìjǐ de jiā ヅージィ ダ ジア	own house オウン ハウス
まう **舞う** mau	跳舞，舞蹈 tiàowǔ, wǔdǎo ティアオウゥ, ウゥダオ	dance ダンス
まうえ(に) **真上(に)** maue(ni)	正上方 zhèng shàngfāng ヂョン シャァンファァン	right above ライト アバヴ
まうす **マウス** mausu	〔只〕老鼠，耗子 〔zhī〕lǎoshǔ, hàozi 〔ヂー〕ラオシュゥ, ハオヅ	mouse マウス
（パソコンの）	鼠标 shǔbiāo シュウビアオ	mouse マウス
まうんてんばいく **マウンテンバイク** mauntenbaiku	〔辆〕山地车 〔liàng〕shāndìchē 〔リアン〕シャンディーチョア	mountain bike マウンテン バイク
まうんど **マウンド** maundo	投手丘 tóushǒuqiū トウショウチウ	mound マウンド
まえ **前** （空間的） mae	前面，前边 qiánmiàn, qiánbian チエンミエン, チエンビエン	front フラント
（時間的）	以前 yǐqián イーチエン	before, ago ビフォー, アゴウ
まえうり(する) **前売り(する)** maeuri(suru)	预售 yùshòu ユィショウ	sell in advance セル イン アドヴァンス
～券	〔张〕预售票 〔zhāng〕yùshòupiào 〔ヂャァン〕ユィショウピアオ	advance ticket アドヴァンス ティケト

日	中	英
まえがき **前書き** maegaki	序言，前言 xùyán, qiányán シュイイエン，チエンイエン	preface プレフェス
まえがみ **前髪** maegami	额发，刘海 éfà, liúhǎi ウァファア，リウハイ	forelock, bangs フォーラク，バングズ
まえきん **前金** maekin	预付款，定钱 yùfùkuǎn, dìngqián ユィフウクワン，ディンチエン	advance アドヴァンス
まえば **前歯** maeba	门牙 ményá メンヤァ	front tooth フラント トゥース
まえばらい **前払い** maebarai	预付 yùfù ユィフウ	advance payment アドヴァンス ペイメント
まえもって **前もって** maemotte	事先，提前 shìxiān, tíqián シーシエン，ティーチエン	beforehand ビフォーハンド
まかす **負かす** makasu	打败 dǎbài ダァバイ	beat, defeat ビート，ディフィート
まかせる **任せる** makaseru	听任，委托 tīngrèn, wěituō ティンレン，ウェイトゥオ	leave, entrust リーヴ，イントラスト
まがりかど **曲がり角** magarikado	拐角儿，弯儿 guǎijiǎor, wānr グアイジアオル，ワル	corner コーナ
まがる **曲がる** magaru	弯，弯曲 wān, wānqū ワン，ワンチュィ	bend, curve ベンド，カーヴ
（道を）	拐弯，转弯 guǎiwān, zhuǎnwān グアイワン，デュワンワン	turn to ターン トゥ
まかろに **マカロニ** makaroni	通心粉 tōngxīnfěn トンシンフェン	macaroni マカロウニ
まき **薪** maki	木柴 mùchái ムゥチャイ	firewood ファイアウド
まぎらわしい **紛らわしい** magirawashii	不易分辨 bú yì fēnbiàn ブゥ イー フェンビエン	confusing コンフューズィング

日	中	英
まぎれる **紛れる** magireru	**混进，混杂** hùnjìn, hùnzá ホゥンジン，ホゥンヅァア	(be) confused with (ビ) コンフューズド ウィズ
（気が）	**解闷，消遣** jiěmèn, xiāoqiǎn ジエメン，シアオチエン	divert *oneself* ディヴァート
まく **巻く** maku	**卷，绕** juǎn, rào ジュエン，ラオ	roll ロウル
まく **撒く** maku	**散布** sànbù サンブゥ	sprinkle, scatter スプリンクル，スキャタ
まく **蒔く** maku	**播** bō ボォ	sow ソウ
まく **幕** maku	**幔帐，帷幕** mànzhàng, wéimù マンヂァアン，ウェイムゥ	curtain カートン
（芝居の）	**幕，场面** mù, chǎngmiàn ムゥ，チャアンミエン	act アクト
まぐにちゅーど **マグニチュード** magunichuudo	**地震震级** dìzhèn zhènjí ディーヂェン ヂェンジィ	magnitude マグニテュード
まぐねしうむ **マグネシウム** maguneshiumu	**镁** měi メイ	magnesium マグニーズィアム
まくら **枕** makura	**枕头** zhěntou ヂェントウ	pillow ピロウ
まくる **捲る** makuru	**挽，卷** wǎn, juǎn ワン，ジュエン	turn up ターン アプ
まぐれ **まぐれ** magure	**偶然** ǒurán オウラン	fluke フルーク
まぐろ **鮪** maguro	〔只〕**金枪鱼** 〔zhī〕jīnqiāngyú 〔ヂー〕ジンチアンユィ	tuna テューナ
まけ **負け** make	**失败，败北** shībài, bàiběi シーバイ，バイベイ	defeat ディフィート

ま

日	中	英
まける **負ける** makeru	**输，败北** shū, bàiběi シュウ，バイベイ	(be) defeated, lose (ピ) ディ**フィー**テド，**ルー**ズ
（値段を）	**减价，折扣** jiǎn'jià, zhékòu ジエンジア，ヂョァコウ	reduce リ**デュー**ス
まげる **曲げる** mageru	**拳曲，弯** quánqū, wān チュエンチュィ，ワン	bend ベンド
まご **孫** mago	**孙** sūn スゥン	grandchild **グ**ランドチャイルド
（男児）	〔息子の〕**孙子**，〔娘の〕**外孙子** sūnzi, wàisūnzi スゥンヅ，ワイスゥンヅ	grandson **グ**ランドサン
（女児）	〔息子の〕**孙女**，〔娘の〕**外孙女** sūnnü, wàisūnnü スゥンニュィ，ワイスゥンニュィ	granddaughter **グ**ランドータ
まごころ **真心** magokoro	**诚心，真情** chéngxīn, zhēnqíng チョンシン，ヂェンチィン	sincerity スィン**セ**リティ
まごつく **まごつく** magotsuku	**慌张，慌神儿** huāngzhang, huāngshénr ホアンヂァン，ホアンシェル	(be) embarrassed (ピ) イン**バ**ラスト
まこと **誠・真** makoto	**真实** zhēnshí ヂェンシー	truth ト**ルー**ス
（真心）	**真诚** zhēnchéng ヂェンチョン	sincerity スィン**セ**リティ
まざこん **マザコン** mazakon	**恋母情结** liànmǔ qíngjié リエンムゥ チィンジエ	mother complex **マ**ザ **カ**ンプレクス
まさしく **正しく** masashiku	**正是，就是** zhèngshì, jiùshì ヂョンシー，ジウシー	surely, certainly **シュ**アリ，**サー**トンリ
まさつ（する） **摩擦（する）** masatsu (suru)	**摩擦** mócā モォツァア	friction; rub against フ**リ**クション，**ラ**ブ ア**ゲ**ンスト

日	中	英
まさに **正に** masani	**正是，的确** zhèngshì, díquè ヂョンシー, ディーチュエ	just, exactly **チャ**スト, イグ**ザ**クトリ
まさる **勝[優]る** masaru	**强似，胜过** qiángsì, shèngguò チアンスー, ショングゥオ	(be) superior to (ビ) ス**ピ**アリア トゥ
まじっく **マジック** majikku	**戏法，魔术** xìfǎ, móshù シィファア, モォシュウ	magic **マ**ヂク
まじめな **真面目な** majimena	**认真，正经** rènzhēn, zhèngjing レンヂェン, ヂョンジィン	serious **スィ**アリアス
まじる **混[交]じる** majiru	**混，夹杂** hùn, jiāzá ホゥン, ジアヴァア	mix **ミ**クス
まじわる **交わる** majiwaru	**交叉，相交** jiāochā, xiāngjiāo ジアオチャア, シアンジアオ	cross ク**ロ**ース
ます **鱒** masu	**鳟鱼** zūnyú ヴゥンユィ	trout ト**ラ**ウト
ます **増す** masu	**增加，增大** zēngjiā, zēngdà ヅンジア, ヅンダァ	increase イン**クリ**ース
ますい **麻酔** masui	**麻醉** mázuì マァヅゥイ	anesthesia アニス**スィ**ージャ
まずい **不味い** mazui	**不好吃** bù hǎochī ブゥ ハオチー	not good ナト **グ**ド
ますく **マスク** masuku	**口罩** kǒuzhào コウヂャオ	mask **マ**スク
ますこみ **マスコミ** masukomi	**大众传播** dàzhòng chuánbō ダァヂォン チュワンボォ	mass media **マ**ス **ミ**ーディア
まずしい **貧しい** mazushii	**贫穷，贫困** pínqióng, pínkùn ピンチオン, ピンクゥン	poor **プ**ア
ますたー **マスター** masutaa	**老板** lǎobǎn ラオバン	master **マ**スタ

ま

日	中	英
（修士）	硕士 shuòshì シュオシー	master マスタ
ますたーど **マスタード** masutaado	芥子，芥末 jièzǐ, jièmo ジエズー，ジエモ	mustard マスタド
ますます **益々** masumasu	越发，越加 yuèfā, yuèjiā ユエファア，ユエジア	more and more モー アンド モー
まぜる **混[交]ぜる** mazeru	掺，混 chān, hùn チャン，ホウン	mix, blend ミクス，ブレンド
また **股** mata	胯 kuà クア	crotch クラチ
また **又** mata	又，再，还 yòu, zài, hái ヨウ，ヅァイ，ハイ	again アゲイン
（その上）	并且，而且，另外 bìngqiě, érqiě, lìngwài ビィンチエ，アルチエ，リィンワイ	moreover, besides モーロウヴァ，ビサイヅ
まだ **未だ** mada	还 hái ハイ	yet, still イェト，スティル
またがる **跨る** matagaru	跨，骑 kuà, qí クア，チィ	mount マウント
またぐ **跨ぐ** matagu	跨 kuà クア	step over, cross ステプ オウヴァ，クロース
またせる **待たせる** mataseru	使《人》等待 shǐ ... děngdài シー …デウンダイ	keep waiting キープ ウェイティング
またたく **瞬く** matataku	眨眼 zhǎyǎn ヂャアイエン	wink, blink ウィンク，ブリンク
または **又は** matawa	或，或者 huò, huòzhě ホウオ，ホウオヂョア	or オー
まち **町・街** machi	街，城市 jiē, chéngshì ジエ，チョンシー	town, city タウン，スィティ

日	中	英
まちあいしつ **待合室** (駅の) machiaishitsu	候车室 hòuchēshì ホウチョァシー	waiting room **ウェイティング ルーム**
(病院の)	候诊室 hòuzhěnshì ホウヂェンシー	waiting room **ウェイティング ルーム**
まちあわせる **待ち合わせる** machiawaseru	约会 yuēhuì ユエホゥイ	wait for **ウェイト フォ**
まぢか **間近** majika	跟前, 临近 gēnqián, línjìn ゲンチエン, リンジン	nearby **ニアバイ**
まちがい **間違い** machigai	差错, 错误 chācuò, cuòwù チャアツゥオ, ツゥオウゥ	mistake, error **ミステイク, エラ**
(過失)	过失, 错误 guòshī, cuòwù グゥオシー, ツゥオウゥ	fault, slip **フォルト, スリップ**
まちがえる **間違える** machigaeru	弄错 nòngcuò ノンツゥオ	make a mistake **メイク ア ミステイク**
(取り違える)	认错 rèncuò レンツゥオ	take for **ウェイト フォ**
まちかど **街角** machikado	街头, 街口 jiētóu, jiēkǒu ジエトウ, ジエコウ	street corner **ストリート コーナ**
まちどおしい **待ち遠しい** machidooshii	一日三秋, 盼望 yí rì sān qiū, pànwàng イー リー サン チウ, パンワン	(be) looking forward to **(ビ) ルキング フォーワド トゥ**
まちなみ **町並み** machinami	街道, 街上 jiēdào, jiēshang ジエダオ, ジエシャァン	houses on the street **ハウゼズ オン ザ ストリート**
まつ **松** matsu	松树 sōngshù ソンシュウ	pine **パイン**
まつ **待つ** matsu	等, 等待 děng, děngdài デゥン, デゥンダイ	wait **ウェイト**

日	中	英
まっかな **真っ赤な** makkana	**通红，鲜红** tōnghóng, xiānhóng トンホン，シエンホン	bright red ブライト レド
まっき **末期** makki	**末期，晚期** mòqī, wǎnqī モチイ，ワンチイ	end, last stage エンド，ラスト ステイヂ
まっくら **真っ暗** makkura	**黑暗，漆黑** hēi'àn, qīhēi ヘイアン，チイヘイ	pitch-dark ピチダーク
まっくろな **真っ黒な** makkurona	**漆黑** qīhēi チイヘイ	pitch-black ピチブラク
まつげ **睫毛** matsuge	**睫毛** jiémáo ヂエマオ	eyelashes アイラシズ
まっさーじ(する) **マッサージ(する)** massaaji (suru)	**按摩，推拿** ànmó, tuīná アンモォ，トウイナァ	massage マサージ
まっさおな **真っ青な** massaona	**深蓝** shēnlán シェンラン	deep blue ディープ ブルー
（顔の色が）	**苍白，铁青** cāngbái, tiěqīng ツァァンバイ，ティエチイン	pale ペイル
まっさきに **真っ先に** massakini	**最先** zuìxiān ヅイシエン	first of all ファースト オヴ オール
まっしろな **真っ白な** masshirona	**洁白，雪白** jiébái, xuěbái ヂエバイ，シュエバイ	snow-white スノウ(ホ)ワイト
まっすぐな **真っ直ぐな** massuguna	**一直，径直** yìzhí, jìngzhí イーヂー，ヂィンヂー	straight ストレイト
（正直な）	**正直，老实** zhèngzhí, lǎoshi ヂョンヂー，ラオシ	straight ストレイト
まったく **全く** mattaku	**完全，全然** wánquán, quánrán ワンチュエン，チュエンラン	quite, entirely クワイト，インタイアリ
（本当に）	**简直，实在** jiǎnzhí, shízài ヂエンヂー，シーヅァイ	really, truly リーアリ，トルーリ

日	中	英
(否定で)	絶対，完全 juéduì, wánquán ジュエドゥイ，ワンチュエン	not at all ナト アト オール
末端 mattan	末端，尽头 mòduān, jìntóu モォドワン，ジントウ	end エンド
マッチ macchi	〔根〕火柴 [gēn] huǒchái [ゲン] ホゥオチャイ	match マチ
(試合)	比赛，竞赛 bǐsài, jìngsài ビィサイ，ジィンサイ	match マチ
マット matto	〔块〕垫子 [kuài] diànzi [クアイ] ディエンズ	mat マト
松葉杖 matsubazue	〔根〕丁字拐，拐杖 [gēn] dīngzìguǎi, guǎizhàng [ゲン] ディンヅーグアイ，グアイチァァン	crutches クラチズ
祭り matsuri	祭祀，庙会 jìsì, miàohuì ジィスー，ミアオホゥイ	festival フェスティヴァル
的 mato	箭靶子 jiànbǎzi ジエンバァヅ	mark, target マーク，ターゲト
(対象)	目标 mùbiāo ムゥビィアオ	target ターゲト
窓 mado	窗户 chuānghu チュアンホ	window ウィンドウ
窓口 madoguchi	窗口 chuāngkǒu チュアンコウ	window ウィンドウ
纏まる matomaru	凑齐，集合 còuqí, jíhé ツォウチィ，ジィホォァ	gather ギャザ
纏め matome	总结，概括 zǒngjié, gàikuò ヅォンジエ，ガイクォ	summary サマリ
纏める matomeru	集中，汇集 jízhōng, huìjí ジィヂォン，ホゥイジィ	gather, get together ギャザ，ゲト トゲザ

ま

日	中	英
（整える）	整理 zhěnglǐ ヂョンリィ	adjust, arrange ア**チャ**スト, ア**レ**インヂ
（解決する）	解決，了结 jiějué, liǎojié ジエジュエ, リアオジエ	settle セトル
まなー **マナー** manaa	礼貌，礼节 lǐmào, lǐjié リィマオ, リィジエ	manners マナズ
まないた **俎** manaita	砧板，菜板 zhēnbǎn, càibǎn ヂェンバン, ツァイバン	cutting board **カ**ティング ボード
まなざし **眼差し** manazashi	目光，眼光 mùguāng, yǎnguāng ムゥグアン, イエングアン	look ルク
まなつ **真夏** manatsu	盛夏 shèngxià ションシア	midsummer ミドサマ
まなぶ **学ぶ** manabu	学，学习 xué, xuéxí シュエ, シュエシィ	learn, study ラーン, ス**タ**ディ
まにあ **マニア** mania	爱好者，…迷 àihàozhě, ...mí アイハオヂョァ, …ミィ	maniac メイニアク
まにあう **間に合う** maniau	赶得上，来得及 gǎndeshàng, láidejí ガンダシャァン, ライダジィ	(be) in time for (ビ) イン **タ**イム フォ
（満たす）	够 gòu ゴウ	answer, (be) enough **ア**ンサ, (ビ) イ**ナ**フ
まにあわせる **間に合わせる** maniawaseru	将就，凑合 jiāngjiu, còuhe ジアンジウ, ツォウホォ	make do メイク **ドゥ**ー
まにきゅあ **マニキュア** manikyua	指甲油 zhǐjiayóu ヂージアヨウ	manicure マニキュア
まにゅある **マニュアル** manyuaru	使用说明 shǐyòng shuōmíng シーヨン シュオミン	manual マニュアル
まぬがれる **免れる** manugareru	免得，避免 miǎnde, bìmiǎn ミエンダ, ビィミエン	escape イス**ケ**イプ

日	中	英
(回避)	避免 bìmiǎn ビィミエン	avoid, evade アヴォイド, イヴェイド
まぬけな **間抜けな** manukena	糊涂，傻瓜 hútu, shǎguā ホゥトゥ, シャアグア	stupid, silly ステューピド, **ス**ィリ
まね(する) **真似(する)** mane (suru)	模仿，仿效 mófǎng, fǎngxiào モオファァン, ファァンシアオ	imitation; imitate イミ**テ**イション, **イ**ミテイト
まねーじゃー **マネージャー** maneejaa	经理，干事 jīnglǐ, gànshi ジンリィ, ガンシ	manager マ**ニ**ヂャ
まねく **招く** maneku	邀请，约请 yāoqǐng, yuēqǐng ヤオチィン, ユエチィン	invite イン**ヴァ**イト
(もたらす)	招致，导致 zhāozhì, dǎozhì チャオヂー, ダオヂー	cause, incur **コ**ーズ, イン**カ**ー
まばらな **疎らな** mabarana	稀疏，稀少 xīshū, xīshǎo シィシュウ, シィシャオ	scattered ス**キャ**タド
まひ(する) **麻痺(する)** mahi (suru)	麻痹，麻木 mábì, mámù マァビィ, マァムゥ	paralysis; (be) paralyzed パ**ラ**リシィス, (ビ) パララ**イ**ズド
まひる **真昼** mahiru	正午，大白天 zhèngwǔ, dàbáitiān ヂョンウゥ, ダアバイティエン	midday, noon **ミ**ドデイ, **ヌ**ーン
まぶしい **眩しい** mabushii	耀眼，刺眼 yàoyǎn, cìyǎn ヤオイエン, ツーイエン	glaring, dazzling グ**レ**アリング, **ダ**ズリング
まぶた **瞼** mabuta	眼皮，眼睑 yǎnpí, yǎnjiǎn イエンピィ, イエンジエン	eyelid **ア**イリド
まふゆ **真冬** mafuyu	隆冬，严冬 lóngdōng, yándōng ロンドン, イエンドン	midwinter **ミ**ドウィンタ
まふらー **マフラー** mafuraa	〔条〕围巾 〔tiáo〕wéijīn 〔ティアオ〕ウェイジン	muffler **マ**フラ

ま

日	中	英
まほう **魔法** mahou	**魔术** móshù モォシュウ	magic マヂク
まぼろし **幻** maboroshi	**虚幻，幻影** xūhuàn, huànyǐng シュィホワン, ホワンイィン	phantom ファントム
ままごと **ままごと** mamagoto	**过家家** guòjiājiā グゥオジアジア	playing house プレイング ハウス
まみず **真水** mamizu	**淡水** dànshuǐ ダンシュイ	fresh water フレシュ ウォータ
まめ **豆** mame	〔**粒／颗**〕**豆子** 〔lì/kē〕dòuzi 〔リィ/クァ〕ドウヅ	bean ビーン
まめつ(する) **摩滅(する)** mametsu (suru)	**磨灭** mómiè モォミエ	wear; (be) defaced ウェア, (ビ) ディフェイスト
まもなく **間も無く** mamonaku	**不久，一会儿** bùjiǔ, yíhuìr ブゥジウ, イーホァル	soon スーン
まもり **守り** mamori	**防守，护身符** fángshǒu, hùshēnfú ファンショウ, ホゥシェンフゥ	defense ディフェンス
まもる **守る** mamoru	**维护，守卫** wéihù, shǒuwèi ウェイホゥ, ショウウェイ	defend, protect ディフェンド, プロテクト
まやく **麻薬** mayaku	**毒品** dúpǐn ドゥピン	narcotic, drug ナーカティク, ドラグ
〜中毒	**毒瘾** dúyǐn ドゥイン	drug addiction ドラグ アディクション
まゆ **眉** mayu	**眉毛** méimao メイマオ	eyebrow アイブラウ
まよう **迷う** mayou	**犹豫，踌躇** yóuyù, chóuchú ヨウユィ, チョウチュウ	hesitate ヘズィテイト
まよなか **真夜中** mayonaka	**半夜，半夜三更** bànyè, bànyè sān gēng バンイエ, バンイエ サン グン	midnight ミドナイト

日	中	英
まよねーず **マヨネーズ** mayoneezu	**蛋黄酱** dànhuángjiàng ダンホアンジアン	mayonnaise メイアネイズ
まらそん **マラソン** marason	**马拉松** mǎlāsōng マァラァソン	marathon **マ**ラソン
まらりあ **マラリア** mararia	**疟疾，疟子** nüèji, yàozi ニュエジ，ヤオヅ	malaria マレアリア
まりふぁな **マリファナ** marifana	**大麻** dàmá ダァマァ	marijuana マリ**ワ**ーナ
まる **丸** maru	**圈儿，圆形** quānr, yuánxíng チュアル，ユエンシィン	circle, ring **サ**ークル，**リ**ング
まるい **円[丸]い** marui	**圆** yuán ユエン	round, circular **ラ**ウンド，**サ**ーキュラ
まるた **丸太** maruta	**圆木料** yuán mùliào ユエン ムゥリアオ	log **ロ**グ
まるで **まるで** marude	**简直，全然** jiǎnzhí, quánrán ジエンヂー，チュエンラン	completely, quite コンプ**リ**ートリ，ク**ワ**イト
（あたかも）	**好像，仿佛** hǎoxiàng, fǎngfú ハオシアン，ファァンフゥ	like **ラ**イク
まるまる **丸々** （全部） marumaru	**完全，整个** wánquán, zhěnggè ワンチュエン，ヂョングァ	completely コンプ**リ**ートリ
〜とした	**胖乎乎的** pànghūhū de パァンホゥホゥ ダ	plump プ**ラ**ンプ
まるみ **丸み** marumi	**圆，圆形** yuán, yuánxíng ユエン，ユエンシィン	roundness **ラ**ウンドネス
まれ **稀** mare		
〜な	**希罕，罕见** xīhan, hǎnjiàn シィハン，ハンジエン	rare **レ**ア

ま

日	中	英
～に	很少《＋动词》 hěn shǎo ... ヘン シャオ …	rarely, seldom レアリ, セルダム
まれーしあ **マレーシア** mareeshia	马来西亚 Mǎláixīyà マァライシィヤァ	Malaysia マレイジャ
まわす **回す** mawasu	转动 zhuàndòng デュワンドン	turn, spin ターン, スピン
（順に渡す）	传递, 转交 chuándì, zhuǎnjiāo チュワンディー, デュワンジアオ	pass パス
（転送）	转送 zhuǎnsòng デュワンソン	forward フォーワド
まわり **回[周]り** mawari	周围, 四周 zhōuwéi, sìzhōu デョウウェイ, スーデョウ	circumference サーカムフェレンス
（付近）	附近, 近邻 fùjìn, jìnlín フゥジン, ジンリン	neighborhood ネイバフド
まわりみち **回り道** mawarimichi	弯路 wānlù ワンルゥ	detour ディートゥア
まわる **回る** mawaru	转, 旋转 zhuàn, xuánzhuǎn デュワン, シュエンデュワン	turn around, spin ターン アラウンド, スピン
まん **万** man	万 wàn ワン	ten thousand テン サウザンド
まんいち **万一** man-ichi	万一 wànyī ワンイー	by any chance バイ エニ チャンス
まんいん **満員** man-in	满员, 客满 mǎnyuán, kèmǎn マンユエン, クァマン	full house フル ハウス
まんえん（する） **蔓延（する）** man-en（suru）	蔓延 mànyán マンイエン	spread スプレド
まんが **漫画** manga	漫画, 卡通 mànhuà, kǎtōng マンホア, カァトン	cartoon, comics カートゥーン, カミクス

日	中	英
まんかい(だ) **満開(だ)** mankai (da)	**盛开** shèngkāi ションカイ	(be) in full bloom (ビ) イン **フル** ブルーム
まんき **満期** manki	**满期，到期** mǎnqī, dàoqī マンチィ，ダオチィ	expiration エクスピレイション
～になる	**到期** dàoqī ダオチィ	expire イクスパイア
まんきつ(する) **満喫(する)** mankitsu (suru)	**饱尝，尽情享受** bǎocháng, jìnqíng xiǎngshòu バオチャアン，ジンチィン シアンショウ	enjoy fully インチョイ フリ
まんげきょう **万華鏡** mangekyou	**万花筒** wànhuātǒng ワンホアトン	kaleidoscope カライドスコウプ
まんげつ **満月** mangetsu	**满月，望月** mǎnyuè, wàngyuè マンユエ，ワァンユエ	full moon フル **ムー**ン
まんごー **マンゴー** mangoo	**芒果** mángguǒ マァングゥオ	mango **マ**ンゴウ
まんじゅう **饅頭** manjuu	**包子** bāozi パオヅ	bun バン
まんじょういっち **満場一致(で)** manjouicchi	**全场一致** quánchǎng yízhì チュエンチャァン イーヂー	unanimously ユーナニマスリ
まんしょん **マンション** manshon	**公寓大楼** gōngyù dàlóu ゴンユィ ダァロウ	condominium カンド**ミ**ニアム
まんせい **慢性** mansei	**慢性** mànxìng マンシィン	chronic ク**ラ**ニク
まんぞく(する) **満足(する)** manzoku (suru)	**满意，满足** mǎnyì, mǎnzú マンイー，マンヅゥ	satisfaction; satis-fy サティス**ファ**クション，**サ**ティスファイ
まんちょう **満潮** manchou	**高潮，涨潮** gāocháo, zhǎngcháo ガオチャオ，ヂャァンチャオ	high tide ハイ **タ**イド

日	中	英
まんてん **満点** manten	**満分** mǎnfēn マンフェン	full mark フル マーク
まんなか **真ん中** mannaka	**中间** zhōngjiān ヂォンジエン	center of センタ オヴ
まんねり **マンネリ** manneri	**千篇一律，因循守旧** qiān piān yí lǜ, yīn xún shǒu jiù チエン ピエン イー リュィ，イン シュィン ショウ ジウ	mannerism マナリズム
まんねんひつ **万年筆** mannenhitsu	〔支〕**钢笔，自来水笔** 〔zhī〕gāngbǐ, zìláishuǐbǐ 〔デー〕ガァンビィ，ヅーライシュイビィ	fountain pen ファウンティン ペン
まんびき **万引き** manbiki	**行窃，偷窃** xíng'qiè, tōuqiè シィンチエ，トウチエ	shoplifting シャプリフティング
まんぷく **満腹** manpuku	**吃饱** chībǎo チーパオ	(be) full (ビ) フル
まんべんなく **万遍なく** manbennaku	**普遍** pǔbiàn プゥビエン	evenly イーヴンリ
まんぽけい **万歩計** manpokei	**记步器** jìbùqì ジィブゥチイ	pedometer ピダメタ

み、ミ

日	中	英
み **実** mi	**果实，…果** guǒshí, …guǒ グゥオシー，…グゥオ	fruit フルート
み **身** mi	**身体，身上** shēntǐ, shēnshang シェンティー，シェンシャァン	body バディ
みあきる **見飽きる** miakiru	**看够，看腻** kàngòu, kànnì カンゴウ，カンニィ	(be) sick of seeing (ビ) スィク オヴ スィーイン グ
みあげる **見上げる** miageru	**仰视，仰望** yǎngshì, yǎngwàng ヤンシー，ヤンワァン	look up at ルク アプ アト

日	中	英

みあわせる
見合わせる
（互いに）
miawaseru

互看，面面相觑
hù kàn, miàn miàn xiāng qù
ホゥ カン，ミエン ミエン シアン チュィ

look at each other
ルク アト イーチ アザ

（延期）

延缓，拖延
yánhuǎn, tuōyán
イエンホワン，トゥオイエン

put off
プト オーフ

みいだす
見出す
miidasu

找出，发现
zhǎochū, fāxiàn
ヂャオチュウ，ファアシエン

find
ファインド

みうしなう
見失う
miushinau

迷失，看不见
míshī, kànbujiàn
ミィシー，カンブジエン

lose sight of
ルーズ サイト オヴ

みうち
身内
miuchi

亲戚
qīnqi
チンチ

relatives
レラティヴズ

みえ
見栄
mie

虚荣，排场
xūróng, páichang
シュィロン，パイチャァン

show, vanity
ショウ，ヴァニティ

みえる
見える
mieru

看见，看得见
kànjiàn, kàndejiàn
カンジエン，カンデジエン

see, (be) seen
スィー，(ビ) スィーン

みおくる
見送る
miokuru

送别，送行
sòngbié, sòngxíng
ソンビエ，ソンシィン

see off, see
スィー オーフ，スィー

みおとす
見落とす
miotosu

忽略，看漏
hūlüè, kànlòu
ホゥリュエ，カンロウ

overlook, miss
オウヴァルク，ミス

みおろす
見下ろす
miorosu

俯视，往下看
fǔshì, wǎng xià kàn
フゥシー，ワン シア カン

look down
ルク ダウン

みかいけつの
未解決の
mikaiketsuno

还没解决
hái méi jiějué
ハイ メイ ジエジュエ

unsolved
アンサルヴド

みかえり
見返り
mikaeri

抵押
dǐyā
ディーヤァ

rewards
リウォーヅ

みかく
味覚
mikaku

味觉
wèijué
ウェイジュエ

taste, palate
テイスト，パレト

みがく
磨く
migaku

磨
mó
モォ

polish, brush
パリシュ，ブラシュ

日	中	英
(拭いて)	擦，磨 cā, mó ツァア，モォ	polish パリシュ
(刷毛で)	刷 shuā シュア	brush ブラシュ
(技能を)	磨练，钻研 móliàn, zuānyán モォリエン，ヅワンイエン	improve, train インプルーヴ，トレイン
みかけ 見掛け mikake	外观，外表 wàiguān, wàibiǎo ワイグワン，ワイビアオ	appearance アピアランス
みかた 味方 mikata	我方，盟友 wǒfāng, méngyǒu ウオファアン，モンヨウ	friend, ally フレンド，アライ
みかづき 三日月 mikazuki	新月，月牙 xīnyuè, yuèyá シンユエ，ユエヤァ	crescent クレセント
みかん 蜜柑 mikan	橘子 júzi ジュイヅ	*satsuma* サツーマ
みかんせい(の) 未完成(の) mikansei (no)	未完成 wèi wánchéng ウェイ ワンチョン	unfinished アンフィニシュト
みき 幹 miki	树干，主干 shùgàn, zhǔgàn シュウガン，ヂュウガン	trunk トランク
みぎ 右 migi	右 yòu ヨウ	right ライト
みぎうで 右腕 migiude	右手臂，右胳膊 yòu shǒubì, yòu gēbo ヨウ ショウビィ，ヨウ グァボ	right arm ライト アーム
みぎがわ 右側 migigawa	右边，右面 yòubian, yòumiàn ヨウビエン，ヨウミエン	right side ライト サイド
〜通行	右侧通行 yòucè tōngxíng ヨウツァァ トンシン	keep to the right キープ トゥ ザ ライト
みぐるしい 見苦しい migurushii	难看，不体面 nánkàn, bù tǐmiàn ナンカン，ブゥ ティーミエン	unsightly アンサイトリ

み

日	中	英
みごとな **見事な** migotona	精彩，美妙 jīngcǎi, měimiào ジンツァイ，メイミアオ	beautiful, admirable **ビ**ューティフル，**ア**ドミラブル
みこみ **見込み** mikomi	预料，预想 yùliào, yùxiǎng ユィリアオ，ユィシアン	prospect プラスペクト
（有望）	希望，指望 xīwàng, zhǐwang シィワァン，ヂーワァン	promise, hope プラミス，**ホ**ウプ
（可能性）	可能，可能性 kěnéng, kěnéngxìng クァヌォン，クァヌォンシィン	possibility パスィ**ビ**リティ
みこん（の） **未婚（の）** mikon (no)	未婚 wèihūn ウェイホゥン	unmarried, single アン**マ**リド，**ス**ィングル
みさいる **ミサイル** misairu	〔枚〕导弹 〔méi〕dǎodàn 〔メイ〕ダオダン	missile **ミ**スィル
みさき **岬** misaki	岬角，海角 jiǎjiǎo, hǎijiǎo ジアジアオ，ハイジアオ	cape **ケ**イプ
みじかい **短い** mijikai	短 duǎn ドワン	short, brief **ショ**ート，プリーフ
（時間が）	短暂 duǎnzàn ドワンヅァン	short, brief **ショ**ート，プリーフ
みじめな **惨めな** mijimena	悲惨，可怜 bēicǎn, kělián ペイツァン，クァリエン	miserable **ミ**ゼラブル
みじゅくな **未熟な** mijukuna	未熟 wèishú ウェイシュウ	unripe アン**ラ**イプ
（技能が）	不成熟，不熟练 bù chéngshú, bù shúliàn プゥ チョンシュウ，プゥ シュウリエン	immature イマ**テュ**ア
みしらぬ **見知らぬ** mishiranu	陌生，生疏 mòshēng, shēngshū モォション，ションシュウ	strange, unfamiliar スト**レ**インヂ，アンファ**ミ**リャ

日	中	英
みしん **ミシン** mishin	〔架〕縫纫机 〔jià〕féngrènjī 〔ジア〕フォンレンジィ	sewing machine ソウイング マシーン
みす **ミス** （誤り） misu	差错，过失 chācuò, guòshī チャアツゥオ，グゥオシー	mistake ミステイク
みず **水** mizu	水 shuǐ シュイ	water ウォータ
みずあび **水浴び** mizuabi	凉水澡 liángshuǐzǎo リアンシュイヅァオ	bathe ベイズ
みすい **未遂** misui	未遂 wèisuì ウェイスゥイ	attempted アテンプテド
みずいろ **水色** mizuiro	淡蓝色 dànlánsè ダンランスァ	light blue ライト ブルー
みずうみ **湖** mizuumi	湖，湖泊 hú, húpō ホゥ，ホゥポォ	lake レイク
みずがめざ **水瓶座** mizugameza	水瓶座，宝瓶座 shuǐpíngzuò, bǎopíngzuò シュイピィンヅゥオ，バオピィンヅゥオ	Aquarius アクウェアリアス
みずから **自ら** mizukara	亲自 qīnzì チンヅー	personally, in person パーソナリ，イン パースン
みずぎ **水着** （女性の） mizugi	〔件〕游泳衣 〔jiàn〕yóuyǒngyī 〔ジエン〕ヨウヨンイー	swimming suit スウィミング スート
（男性の）	〔条〕游泳裤 〔tiáo〕yóuyǒngkù 〔ティアオ〕ヨウヨンクゥ	swimming trunks スウィミング トランクス
みずくさい **水臭い** mizukusai	见外，客气 jiànwài, kèqi ジエンワイ，クァチ	reserved, unfriendly リザーヴド，アンフレンドリ
みずさし **水差し** mizusashi	水瓶，水罐 shuǐpíng, shuǐguàn シュイピィン，シュイグワン	pitcher ピチャ
みずしょうばい **水商売** mizushoubai	接客行业，饮食业 jiēkè hángyè, yǐnshíyè ジエクァ ハァンイエ，インシーイエ	entertaining trade エンタテイニング トレイド

日	中	英
みずしらずの **見ず知らずの** mizushirazuno	**陌生，生疏** mòshēng, shēngshū モォション，ションシュウ	strange ストレインヂ
みずたまり **水溜まり** mizutamari	**水坑** shuǐkēng シュイクン	pool, puddle プール，パドル
みすてりー **ミステリー** misuterii	**不可思议，神秘** bù kě sī yì, shénmì ブゥ クァ スー イー，シェンミィ	mystery ミスタリ
みすてる **見捨てる** misuteru	**抛弃，遗弃** pāoqì, yíqì パオチィ，イーチィ	abandon アバンドン
みずとり **水鳥** mizutori	〔只〕**水鸟** 〔zhī〕shuǐniǎo 〔ヂー〕シュイニアオ	waterfowl ウォータファウル
みずぶくれ **水脹れ** mizubukure	**水疱** shuǐpào シュイパオ	blister ブリスタ
みずべ **水辺** mizube	**水边，水际** shuǐbiān, shuǐjì シュイビエン，シュイジィ	waterside ウォータサイド
みずぼうそう **水疱瘡** mizubousou	**水痘** shuǐdòu シュイドウ	chicken pox チキン パクス
みすぼらしい **見窄らしい** misuborashii	**寒酸** hánsuān ハンスワン	shabby シャビ
みずみずしい **瑞々しい** mizumizushii	**鲜嫩，娇嫩** xiānnèn, jiāonen シエンネン，ジアオネン	fresh フレシュ
みずむし **水虫** mizumushi	**脚癣，香港脚** jiǎoxuǎn, xiānggǎngjiǎo ジアオシュエン，シアンガァンジアオ	athlete's foot アスリーツ フト
みせ **店** mise	**店铺，商店** diànpù, shāngdiàn ディエンプゥ，シャァンディエン	store, shop ストー，シャプ
みせいねん **未成年** miseinen	**未成年** wèichéngnián ウェイチョンニエン	minority ミノーリティ
みせかけ **見せ掛け** misekake	**伪装，假装** wěizhuāng, jiǎzhuāng ウェイヂュアン，ジアヂュアン	pretense プリテンス

み

日	中	英
みせかける **見せ掛ける** misekakeru	**伪装，假装** wěizhuāng, jiǎzhuāng ウェイヂュアン，ジアヂュアン	pretend, feign プリテンド，**フェ**イン
みせびらかす **見せびらかす** misebirakasu	**炫耀，夸示** xuànyào, kuāshì シュエンヤオ，クアシー	show off **ショ**ウ **オ**ーフ
みせもの **見世物** misemono	**表演，演出** biǎoyǎn, yǎnchū ビアオイエン，イエンチュウ	show **ショ**ウ
みせる **見せる** miseru	**显示，出示** xiǎnshì, chūshì シエンシー，チュウシー	show, display **ショ**ウ，ディス**プレ**イ
みそ **味噌** miso	**黄酱** huángjiàng ホアンジアン	*miso*, soybean paste **ミ**ーソウ，**ソ**イビーン **ペ**イスト
みぞ **溝** mizo	**沟渠，渠道** gōuqú, qúdào ゴウチュイ，チュイダオ	ditch, gutter **ディ**チ，**ガ**タ
（隔たり）	**隔阂，差距** géhé, chājù グァホァア，チャアジュイ	gap **ギャ**プ
みぞおち **鳩尾** mizoochi	**心口** xīnkǒu シンコウ	pit **ピ**ト
みそこなう **見損なう** （見落とす） misokonau	**忽略，看漏** hūlüè, kànlòu ホウリュエ，カンロウ	fail to see **フェ**イル トゥ **スィ**ー
（評価を誤る）	**看错，判断错** kàncuò, pànduàncuò カンツゥオ，パンドゥアンツゥオ	misjudge ミス**チャ**ヂ
みそしる **味噌汁** misoshiru	**酱汤** jiàngtāng ジアンタァン	*miso* soup **ミ**ーソウ **ス**ープ
みぞれ **霙** mizore	**雨夹雪** yǔ jiā xuě ユィ ジア シュエ	sleet ス**リ**ート
みだし **見出し** midashi	**标题** biāotí ビアオティー	heading **ヘ**ディング
～語	**词条** cítiáo ツーティアオ	entry, headword **エ**ントリ，**ヘ**ドワード

日	中	英
みたす **満たす** mitasu	**充满，装满** chōngmǎn, zhuāngmǎn チョンマン，デュアンマン	fill **フィ**ル
（満足させる）	**满足** mǎnzú マンヅゥ	satisfy **サ**ティスファイ
みだす **乱す** midasu	**打乱，扰乱** dǎluàn, rǎoluàn ダァルワン，ラオルワン	throw into disorder ス**ロ**ウ イントゥ ディス**オ**ーダ
みだれる **乱れる** midareru	**乱，混乱** luàn, hùnluàn ルワン，ホゥンルワン	(be) out of order (ビ) **ア**ウト オヴ **オ**ーダ
みち **道** michi	**路，途径** lù, tújìng ルゥ，トゥジィン	way, road **ウェ**イ，**ロ**ウド
みちがえる **見違える** michigaeru	**看错，认错** kàncuò, rèncuò カンツゥオ，レンツゥオ	take for **テ**イク フォ
みちじゅん **道順** michijun	**路线，程序** lùxiàn, chéngxù ルゥシエン，チョンシュィ	route, course **ルー**ト，**コ**ース
みちすう **未知数** michisuu	**未知数** wèizhīshù ウェイデーシュウ	unknown quantity アン**ノ**ウン ク**ワ**ンティティ
みちびく **導く** michibiku	**引导，领导** yǐndǎo, lǐngdǎo インダオ，リィンダオ	lead, guide **リ**ード，**ガ**イド
みちる **満ちる** michiru	**满，充满** mǎn, chōngmǎn マン，チョンマン	(be) filled with (ビ) **フィ**ルド ウィズ
（潮が）	**涨** zhǎng ヂャァン	rise, flow **ラ**イズ，フ**ロ**ウ
みつ **蜜** mitsu	**蜂蜜** fēngmì フォンミィ	honey **ハ**ニ
みっかい **密会** mikkai	**幽会，偷情** yōuhuì, tōu'qíng ヨウホゥイ，トウチィン	secret meeting ス**イ**ークレト **ミ**ーティング

み

日	中	英
みつかる **見つかる** mitsukaru	**找到，被发现** zhǎodào, bèi fāxiàn ヂャオダオ, ペイ ファアシエン	(be) found (ピ) **ファ**ウンド
みつける **見つける** mitsukeru	**发现，找到** fāxiàn, zhǎodào ファアシエン, ヂャオダオ	find, discover **ファ**インド, ディス**カ**ヴァ
みっこく(する) **密告(する)** mikkoku(suru)	**密报，告密** mìbào, gàomì ミィバオ, ガオミィ	tip-off; tip ティ**ポ**ーフ, **ティ**プ
みっしつ **密室** misshitsu	**密室** mìshì ミィシィ	closed room ク**ロ**ウズド **ルー**ム
みっしゅう(する) **密集(する)** misshuu(suru)	**密集，稠密** mìjí, chóumì ミィジィ, チョウミィ	congestion; crowd コン**チェ**スチョン, ク**ラ**ウド
みっせつな **密接な** missetsuna	**密切，紧密** mìqiè, jǐnmì ミィチエ, ジンミィ	close, intimate ク**ロ**ウス, **イ**ンティメト
みつど **密度** mitsudo	**密度** mìdù ミィドゥ	density **デ**ンスィティ
みっともない **みっともない** mittomonai	**难看，不体面** nánkàn, bù tǐmiàn ナンカン, ブゥ ティーミエン	disgraceful ディス**グ**レイスフル
みつにゅうこく **密入国** mitsunyuukoku	**偷渡，潜入国境** tōudù, qiánrù guójìng トウドゥ, チエンルゥ グゥオジン	illegal entry イ**リ**ーガル **エ**ントリ
みつばい **密売** mitsubai	**私贩，私售** sīfàn, sīshòu スーファン, スーショウ	illicit sale イ**リ**スィト **セ**イル
みつばち **蜜蜂** mitsubachi	〔只〕**蜜蜂** 〔zhī〕mìfēng 〔ヂー〕ミィフォン	honeybee **ハ**ニビー
みっぺい(する) **密閉(する)** mippei(suru)	**密闭** mìbì ミィビィ	close up ク**ロ**ウズ **ア**プ
みつめる **見詰める** mitsumeru	**盯，凝视** dīng, níngshì ディン, ニィンシー	gaze at **ゲ**イズ アト
みつもり **見積もり** mitsumori	**估计** gūjì グゥジィ	estimate **エ**スティメト

日	中	英
みつもる **見積もる** mitsumoru	**估计** gūjì グゥジィ	estimate **エ**スティメト
みつやく **密約** mitsuyaku	**密约** mìyuē ミィユエ	secret understanding **ス**ィークレト アンダス**タ**ンディング
みつゆ(する) **密輸(する)** mitsuyu (suru)	**走私** zǒusī ヅォウスー	smuggling; smuggle ス**マ**グリング, ス**マ**グル
みてい **未定** mitei	**未定** wèidìng ウェイディン	undecided アンディ**サ**イデド
みとうの **未到の** mitouno	**未达到** wèi dádào ウェイ ダァダオ	unreached アン**リ**ーチト
みとおし **見通し** mitooshi	**展望, 远景** zhǎnwàng, yuǎnjǐng ヂャンワァン, ユエンジィン	prospect プラ**ス**ペクト
みとめる **認める** mitomeru	**看到, 认定** kàndào, rèndìng カンダオ, レンディン	recognize **レ**コグナイズ
(承認)	**承认** chéngrèn チョンレン	accept アク**セ**プト
(許可)	**许可, 准许** xǔkě, zhǔnxǔ シュイクァ, ヂュンシュイ	admit アド**ミ**ト
みどり **緑** midori	**绿色** lùsè リュイスァ	green グ**リ**ーン
みとりず **見取り図** mitorizu	〔张〕**示意图, 草图** 〔zhāng〕shìyìtú, cǎotú 〔ヂァァン〕シーイートゥ, ツァオトゥ	sketch ス**ケ**チ
みとれる **見とれる** mitoreru	**看得入迷** kànde rùmí カンダ ルゥミィ	look admiringly at **ル**ク アド**マ**イアリングリ アト
みな **皆** mina	**全, 都, 皆** quán, dōu, jiē チュエン, ドウ, ジエ	all **オ**ール

み

日	中	英
みなおす **見直す** minaosu	**重新看** chóngxīn kàn チョンシン カン	look at again ルク アト アゲイン
（再検討）	**重新研究** chóngxīn yánjiū チョンシン イエンジウ	review リヴュー
（再認識）	**重新认识** chóngxīn rènshi チョンシン レンシ	think better of スィンク ベタ オヴ
みなす **見なす** minasu	**看作，当作** kànzuò, dàngzuò カンヅゥオ，ダァンヅゥオ	think of as スィンク オヴ アズ
みなと **港** minato	**港口** gǎngkǒu ガァンコウ	harbor, port ハーバ，ポート
みなみ **南** minami	**南，南方** nán, nánfāng ナン，ナンファァン	south サウス
〜側	**南边，南面** nánbian, nánmiàn ナンビエン，ナンミエン	south side サウス サイド
〜半球	**南半球** nánbànqiú ナンバンチウ	southern hemi-sphere サザン ヘミスフィア
みなもと **源** minamoto	**水源，源头** shuǐyuán, yuántóu シュイユエン，ユエントウ	source ソース
（起源）	**起源，滥觞** qǐyuán, lànshāng チィユエン，ランシャァン	origin オーリヂン
みならい **見習い** minarai	**见习** jiànxí ジエンシィ	apprenticeship アプレンティスシプ
（人）	**见习生，徒弟** jiànxíshēng, túdi ジエンシィション，トゥディ	apprentice アプレンティス
〜期間	**见习期，试用期** jiànxíqī, shìyòngqī ジエンシィチィ，シーヨンチィ	probationary peri-od プロウベイショナリ ピアリオド

日	中	英
みならう **見習う** minarau	**见习，仿效** jiànxí, fǎngxiào ジエンシィ, ファァンシアオ	learn, imitate **ラーン, イ**ミテイト
みなり **身形** minari	**穿着，服装** chuānzhuó, fúzhuāng チュワンヅオ, フゥデュアン	dress, appearance ド**レ**ス, ア**ピ**アランス
みなれる **見慣[馴]れる** minareru	**看惯，看熟** kànguàn, kànshú カングワン, カンシュウ	get used to **ゲ**ト **ユ**ースト トゥ
みに **ミニ** mini	**微型，迷你** wēixíng, mínǐ ウェイシィン, ミィニィ	mini- **ミ**ニ
～スカート	**迷你裙，短裙** mínǐqún, duǎnqún ミィニィチュイン, ドワンチュイン	mini **ミ**ニ
みにくい **見難い** minikui	**看不清楚** kànbuqīngchu カンプチンチュ	hard to see **ハ**ード トゥ **ス**ィー
みにくい **醜い** minikui	**难看，丑** nánkàn, chǒu ナンカン, チョウ	ugly **ア**グリ
みにまむ **ミニマム** minimamu	**最低限度，最小值** zuìdī xiàndù, zuìxiǎozhí ヅゥイディー シエンドゥ, ヅゥイシアオヂー	minimum **ミ**ニマム
みぬく **見抜く** minuku	**看透，看破** kàntòu, kànpò カントウ, カンポォ	see through **ス**ィー スルー
みね **峰** mine	**山峰，山顶** shānfēng, shāndǐng シャンフォン, シャンディン	peak, top **ピ**ーク, **タ**プ
みねらる **ミネラル** mineraru	**矿物质** kuàngwùzhì クアンウゥヂー	mineral **ミ**ネラル
～ウォーター	**矿泉水** kuàngquánshuǐ クアンチュエンシュイ	mineral water **ミ**ネラル **ウォ**ータ
みのう **未納** minou	**未缴纳** wèi jiǎonà ウェイ ジアオナァ	unpaid アン**ペ**イド

日	中	英
みのうえ **身の上** minoue	**身世，境遇** shēnshì, jìngyù シェンシー，ジンユィ	circumstances サーカムスタンセズ
みのがす **見逃す** minogasu	**忽略，看漏** hūlüè, kànlòu ホゥリュエ，カンロウ	overlook オウヴァルク
（黙認）	**默许，宽恕** mòxǔ, kuānshù モォシュィ，クワンシュウ	overlook オウヴァルク
みのしろきん **身代金** minoshirokin	**赎金** shújīn シュウジン	ransom ランソム
みのまわりひん **身の回り品** minomawarihin	**日常用品，衣物** rìcháng yòngpǐn, yīwù リーチァン ヨンピン，イーウゥ	belongings ビローンギングズ
みのる **実る** minoru	**成熟** chéngshú チョンシュウ	ripen ライプン
（実を結ぶ）	**取得成果** qǔdé chéngguǒ チュィドゥァ チョングゥオ	bear fruit ベア フルート
みはらし **見晴らし** miharashi	**眺望，景致** tiàowàng, jǐngzhì ティアオワァン，ジィンデー	view ヴュー
みはり **見張り** mihari	**看守，监视** kānshǒu, jiānshì カンショウ，ジエンシー	watch, lookout ワチ, ルカウト
みはる **見張る** miharu	**监视，看守** jiānshì, kānshǒu ジエンシー，カンショウ	watch ワチ
みぶり **身振り** miburi	**动作，姿态** dòngzuò, zītài ドンヅゥオ，ヅータイ	gesture チェスチャ
みぶん **身分** mibun	**身份，资格** shēnfen, zīgé シェンフェン，ヅーグァ	social status ソウシャル ステイタス
～証明書	**身份证，工作证** shēnfenzhèng, gōngzuòzhèng シェンフェンヂョン，ゴンヅゥオヂョン	identity card アイデンティティ カード

日	中	英
みぼうじん 未亡人 miboujin	寡妇，未亡人 guǎfu, wèiwángrén グアフ，ウェイワンレン	widow ウィドウ
みほん 見本 mihon	〔件〕样品，样本 〔jiàn〕yàngpǐn, yàngběn 〔ジエン〕ヤンピン，ヤンベン	sample サンプル
みまい 見舞い mimai	慰问，探望 wèiwèn, tànwàng ウェイウェン，タンワァン	visit ヴィズィト
みまう 見舞う mimau	慰问，探望 wèiwèn, tànwàng ウェイウェン，タンワァン	visit, inquire after ヴィズィト，インクワイア アフタ
みまもる 見守る mimamoru	注视 zhùshì デュウシー	watch ワチ
みまわす 見回す mimawasu	张望，环顾 zhāngwàng, huángù チャァンワァン，ホワングゥ	look about ルクアバウト
みまん 未満 miman	未满，不足 wèi mǎn, bùzú ウェイ マン，ブゥヅゥ	under, less than アンダ，レスザン
みみ 耳 mimi	耳朵 ěrduo アルドゥオ	ear イア
～掻き	耳挖子 ěrwāzi アルワァズ	earpick イアピク
みみず 蚯蚓 mimizu	〔条〕蚯蚓，曲蟮 〔tiáo〕qiūyǐn, qūshan 〔ティアオ〕チウイン，チュイシャン	earthworm アースワーム
みめい 未明 mimei	黎明，凌晨 límíng, língchén リイミィン，リィンチェン	before daybreak ビフォデイブレイク
みもと 身元 mimoto	身分 shēnfen シェンフェン	identity アイデンティティ
みゃく 脈 myaku	脉搏 màibó マイボォ	pulse パルス
みやげ 土産 miyage	纪念品，礼物 jìniànpǐn, lǐwù ジィニエンピン，リィウゥ	souvenir スーヴェニア

日	中	英
みやこ **都** miyako	**都, 首都** dū, shǒudū ドゥ, ショウドゥ	capital **キャ**ピトル
みゅーじかる **ミュージカル** myuujikaru	**音乐剧** yīnyuèjù インユエジュイ	musical **ミュー**ズィカル
みゅーじしゃん **ミュージシャン** myuujishan	**音乐家, 乐师** yīnyuèjiā, yuèshī インユエジア, ユエシー	musician **ミュー**ズィシャン
みょうあん **妙案** myouan	**妙计, 好主意** miàojì, hǎo zhǔyi ミアオジィ, ハオ デュウイ	good idea **グ**ド アイ**ディー**ア
みょうじ **苗[名]字** myouji	**姓, 姓氏** xìng, xìngshì シィン, シィンシー	family name, sur-name **ファ**ミリ **ネ**イム, **サー**ネイム
みょうな **妙な** myouna	**奇怪** qíguài チィグアイ	strange スト**レ**インヂ
みょうにち **明日** myounichi	**明天** míngtiān ミィンティエン	tomorrow ト**モー**ロウ
みょうみ **妙味** myoumi	**妙趣** miàoqù ミアオチュイ	charm **チャー**ム
みらい **未来** mirai	**未来** wèilái ウェイライ	future **フュー**チャ
みりぐらむ **ミリグラム** miriguramu	**毫克** háokè ハオクァ	milligram **ミ**リグラム
みりめーとる **ミリメートル** mirimeetoru	**毫米** háomǐ ハオミィ	millimeter **ミ**リミータ
みりょうする **魅了する** miryousuru	**吸引, 魅人** xīyǐn, mèirén シィイン, メイレン	fascinate **ファ**スィネイト
みりょく **魅力** miryoku	**魅力, 魔力** mèilì, mólì メイリィ, モォリィ	charm **チャー**ム

日	中	英

〜的な

有魅力
yǒu mèilì
ヨウ メイリィ

charming
チャーミング

みる
見る
miru

看
kàn
カン

see, look at
スィー, ルクアト

みるく
ミルク
miruku

牛奶
niúnǎi
ニウナイ

milk
ミルク

みれん
未練
miren

依恋之情
yīliàn zhī qíng
イーリエン ヂー チィン

attachment, regret
アタチメント, リグレト

みわける
見分ける
miwakeru

识别, 辨别
shíbié, biànbié
シービエ, ビエンビエ

distinguish from
ディスティングウィシュ フ
ラム

みわたす
見渡す
miwatasu

眺望, 展望
tiàowàng, zhǎnwàng
ティアオワァン, ヂャンワァン

look out over
ルクアウト オウヴァ

みんい
民意
min-i

民意
mínyì
ミンイー

public opinion
パブリク オピニョン

みんえい
民営
min-ei

民办, 私营
mínbàn, sīyíng
ミンバン, スーイィン

private manage-
ment
プライヴェト マニヂメント

みんかん
民間
minkan

民间, 民用
mínjiān, mínyòng
ミンジエン, ミンヨン

private, civil
プライヴェト, スィヴィル

みんげいひん
民芸品
mingeihin

民间工艺品
mínjiān gōngyìpǐn
ミンジエン ゴンイーピン

folk-art article
フォウクアート アーティク
ル

みんじそしょう
民事訴訟
minjisoshou

民事诉讼
mínshì sùsòng
ミンシー スゥソン

civil action
スィヴィル アクション

みんしゅう
民衆
minshuu

民众, 老百姓
mínzhòng, lǎobǎixìng
ミンヂォン, ラオバイシィン

people, public
ピープル, パブリク

みんしゅしゅぎ
民主主義
minshushugi

民主主义
mínzhǔ zhǔyì
ミンヂュウ ヂュウイー

democracy
ディマクラスィ

みんぞく
民俗
minzoku

民俗
mínsú
ミンスゥ

folk customs
フォウク カスタムズ

日	中	英

みんぞく
民族
minzoku

民族
mínzú
ミンヅゥ

race, nation
レイス, ネイション

みんと
ミント
minto

薄荷
bòhe
ボォホォ

mint
ミント

みんぽう
民法
minpou

民法
mínfǎ
ミンファア

civil law
スィヴィル ロー

みんよう
民謡
min-you

〔首〕民歌, 民谣
〔shǒu〕míngē, mínyáo
〔ショウ〕ミングァ, ミンヤオ

folk song
フォウク ソーング

みんわ
民話
minwa

民间故事
mínjiān gùshi
ミンジエン グゥシ

folk tale
フォウク テイル

む, ム

む
無
mu

无, 没有
wú, méiyou
ウゥ, メイヨウ

nothing
ナスィング

むいしき
無意識
muishiki

无意识, 下意识
wúyìshi, xiàyìshi
ウゥイーシ, シアイーシ

unconsciousness
アンカンシャスネス

〜に

无意识地, 下意识地
wúyìshi de, xiàyìshi de
ウゥイーシ ダ, シアイーシ ダ

unconsciously
アンカンシャスリ

むいちもん
無一文
muichimon

一无所有, 不名一文
yì wú suǒ yǒu, bù míng yì wén
イー ウゥ スゥオ ヨウ, ブゥ ミィン イーウェン

penniless
ペニレス

むいみ
無意味
muimi

无意义, 没意思
wú yìyì, méi yìsi
ウゥ イーイー, メイ イース

meaningless
ミーニングレス

むーど
ムード
muudo

气氛
qìfen
チィフェン

mood
ムード

むえきな
無益な
muekina

无益, 没好处
wúyì, méi hǎochù
ウゥイー, メイ ハオチュウ

futile
フュートル

日	中	英
むがい **無害** mugai	**无害** wúhài ウゥハイ	harmless ハームレス
むかいあう **向かい合う** mukaiau	**相对，面对** xiāngduì, miànduì シアンドゥイ，ミエンドゥイ	face フェイス
むかいがわ **向かい側** mukaigawa	**对面，对过** duìmiàn, duìguò ドゥイミエン，ドゥイグゥオ	opposite side アポジット サイド
むかう **向かう** mukau	**向，面对** xiàng, miànduì シアン，ミエンドゥイ	face, look on フェイス，ルク オン
（進む）	**去，前往** qù, qiánwǎng チュィ，チエンワン	go to, leave for ゴゥトゥ，リーヴ フォ
むかえる **迎える** mukaeru	**迎接，出迎** yíngjiē, chūyíng イィンジエ，チュウイィン	meet, welcome ミート，ウェルカム
むかし **昔** mukashi	**从前，过去** cóngqián, guòqù ツォンチエン，グゥオチュィ	old times オゥルド タイムズ
（かつて）	**很早以前，曾经** hěn zǎo yǐqián, céngjīng ヘン ヅァオ イーチエン，ツンジィン	long ago ローング アゴゥ
むかつく **むかつく** mukatsuku	**恶心，反胃** ěxin, fǎnwèi ウァシン，ファンウェイ	feel sick フィール スィク
（腹が立つ）	**气人，生气** qì'rén, shēng'qì チィレン，ションチィ	get disgusted ゲト ディスガステド
むかで **百足** mukade	〔只／条〕**蜈蚣** 〔zhī/tiáo〕wúgong 〔ヂー／ティアオ〕ウゥゴン	centipede センティピード
むかんけい **無関係** mukankei	**无关，没有关系** wúguān, méiyou guānxi ウゥグワン，メイヨウ グワンシ	irrelevant イレレヴァント
むかんしん **無関心** mukanshin	**不感兴趣，冷淡** bù gǎn xìngqù, lěngdàn ブゥ ガン シンチュィ，ルゥンダン	indifference インディファレンス
むき **向き** muki	**方向，朝向** fāngxiàng, cháoxiàng ファァンシアン，チャオシアン	direction ディレクション

む

日	中	英
むき **無機** muki	**无机** wújī ウゥジイ	inorganic イノーギャニク
むぎ **麦** mugi	**麦，小麦** mài, xiǎomài マイ，シアオマイ	barley バーリ
むきげん **無期限** mukigen	**无限期** wúxiànqī ウゥシエンチイ	indefinite インデフィニト
むきだし **剥き出し** mukidashi	**赤裸，裸露** chìluǒ, luǒlù チールゥオ，ルゥオルゥ	bare, naked ベア，ネイキド
むきりょく **無気力** mukiryoku	**没有干劲，没精神** méiyou gànjìn, méi jīngshen メイヨウ ガンジン，メイ ジィンシェン	inactive, lazy イナクティヴ，レイズィ
むきん **無菌** mukin	**无菌** wújūn ウゥジュイン	germ-free ヂャームフリー
むく **向く** muku	**朝，向** cháo, xiàng チャオ，シアン	turn to ターントゥ
(適する) 	**对路，适合** duìlù, shìhé ドゥイルゥ，シーホォァ	suit スート
むく **剥く** muku	**剥，削** bāo, xiāo バオ，シアオ	peel, pare ピール，ペア
むくいる **報いる** mukuiru	**报答，回报** bàodá,huíbào バオダァ，ホゥイバオ	reward for リウォード フォ
(恩に) 	**报恩** bào'ēn バオエン	reward for リウォード フォ
むくちな **無口な** mukuchina	**沉默寡言，不爱说话** chénmò guǎyán, bú ài shuōhuà チェンモォ グアイエン，ブゥ アイ シュオ ホア	taciturn, silent タスィターン，サイレント
むくむ **むくむ** mukumu	**膀肿，浮肿** pāngzhǒng, fúzhǒng パァンヂオン，フゥヂオン	swell スウェル

日	中	英
むけい **無形** mukei	无形 wúxíng ウゥシィン	intangible イン**タ**ンヂブル
むける **向ける** mukeru	向，朝 xiàng, cháo シアン, チャオ	turn to, direct to **タ**ーン トゥ, ディ**レ**クト トゥ
むげん **無限** mugen	无限 wúxiàn ウゥシエン	infinite **イ**ンフィニト
むこ **婿** muko	新郎 xīnláng シンラァン	bridegroom ブ**ラ**イドグルーム
むこう **向こう** mukou	那边，对面 nàbiān, duìmiàn ナァビエン, ドゥイミエン	opposite side ア**ポ**ジィト **サ**イド
（先方）	对方 duìfāng ドゥイファァン	other party **ア**ザ **パ**ーティ
むこう **無効** mukou	无效 wúxiào ウゥシアオ	invalidity; invalid インヴァ**リ**ディティ, **イ**ンヴァリド
むこうずね **向こう脛** mukouzune	迎面骨 yíngmiàngǔ イィンミエングゥ	shin シン
むごん **無言** mugon	无言，默不作声 wúyán, mò bú zuò shēng ウゥイエン, モォ プゥ ヅゥオション	silence **サ**イレンス
むざい **無罪** muzai	无罪 wúzuì ウゥヅゥイ	innocence **イ**ノセンス
むざんな **無惨な** muzanna	凄惨，悲惨 qīcǎn, bēicǎn チィツァン, ペイツァン	miserable, cruel **ミ**ゼラブル, ク**ル**ーエル
むし **虫** mushi	昆虫 kūnchóng クゥンチォン	insect **イ**ンセクト
（みみずなど）	虫，虫子 chóng, chóngzi チォン, チォンヅ	worm **ワ**ーム
むし(する) **無視(する)** mushi(suru)	漠视，忽视 mòshì, hūshì モォシー, ホゥシー	ignore イグ**ノ**ー

日	中	英
むじ **無地** muji	**无花纹** wú huāwén ウゥ ホアウェン	plain プレイン
むしあつい **蒸し暑い** mushiatsui	**闷热** mēnrè メンルァ	sultry サルトリ
むしくだし **虫下し** mushikudashi	**驱虫剂** qūchóngjì チュイチォンジイ	vermifuge ヴァーミフューヂ
むじつ **無実** mujitsu	**冤枉** yuānwang ユエンワァン	innocence イノセンス
～の	**冤枉** yuānwang ユエンワァン	innocent イノセント
むしば **虫歯** mushiba	**虫牙，龋齿，蛀齿** chóngyá, qǔchǐ, zhùchǐ チォンヤァ，チュイチー，ヂュウチー	decayed tooth ディケイド **トゥ**ース
むしばむ **蝕む** mushibamu	**腐蚀，侵蚀** fǔshí, qīnshí フゥシー，チンシー	spoil, affect スポイル，ア**フェ**クト
むしめがね **虫眼鏡** mushimegane	**放大镜，凸透镜** fàngdàjìng, tūtòujìng ファンダァジィン，トゥトウジィン	magnifying glass **マ**グニファイイング **グ**ラス
むじゃきな **無邪気な** mujakina	**天真，无邪** tiānzhēn, wúxié ティエンヂェン，ウゥシエ	innocent, naive **イ**ノセント，ナー**イ**ーヴ
むじゅん **矛盾** mujun	**矛盾，抵触** máodùn, dǐchù マオドゥン，ディーチュウ	contradiction カントラ**ディ**クション
むしょう **無償** mushou	**无偿** wúcháng ウゥチャァン	gratis, voluntary グ**ラ**ティス，**ヴァ**ランテリ
むじょう **無常** mujou	**无常** wúcháng ウゥチャァン	mutability ミュー**タ**ビリティ
むじょう（な） **無情（な）** mujou (na)	**无情，冷酷** wúqíng, lěngkù ウゥチィン，ルォンクゥ	hardness; heart- less, cold **ハ**ードネス，**ハ**ートレス，**コ**ウルド

日	中	英
むじょうけん **無条件** mujouken	**无条件** wútiáojiàn ウウティアオジエン	unconditional アンコンディショナル
むしょく **無色** mushoku	**无色** wúsè ウウスァ	colorless カラレス
むしょく **無職** mushoku	**无业，待业** wúyè, dàiyè ウウイエ，ダイイエ	jobless, unem- ployed **チャ**ブレス，アニンプロイド
むしる **毟る** mushiru	**拔，揪** bá, jiū バァ，ジウ	pluck, pick プラク，ピク
むしろ **寧ろ** mushiro	**与其…不如，与其…宁可** yǔqí ... bùrú, yǔqí ... nìngkě ユイチイ … ブウルウ，ユイチイ … ニィン クァ	rather than **ラ**ザ ザン
むしんけいな **無神経な** mushinkeina	**反应迟钝，满不在乎** fǎnyìng chídùn, mǎn bú zàihu ファンイィン チードゥン，マン ブウ ヅァイ ホ	insensitive インセンスィティヴ
むじんぞう **無尽蔵** mujinzou	**无穷无尽，无穷** wú qióng wú jìn, wúqióng ウウ チオン ウウ ジン，ウウチオン	inexhaustible イニグ**ゾ**ースティブル
むじんとう **無人島** mujintou	**无人岛** wúréndǎo ウウレンダオ	desert island **デ**ザト **ア**イランド
むしんに **無心に** mushinni	**天真，无邪** tiānzhēn, wúxié ティエンチェン，ウウシエ	innocently **イ**ノセントリ
むす **蒸す** musu	**蒸** zhēng チョン	steam ス**ティ**ーム
むすうの **無数の** musuuno	**无数** wúshù ウウシュウ	innumerable イ**ニュ**ーマラブル
むずかしい **難しい** muzukashii	**难，困难** nán, kùnnan ナン，クウンナン	difficult, hard **ディ**フィカルト，**ハ**ード
むすこ **息子** musuko	**儿子，小儿** érzi, xiǎo'ér アルヅ，シアオアル	son, boy **サ**ン，**ボ**イ

む

日	中	英
むすびつく **結び付く** musubitsuku	**联系，结合** liánxì, jiéhé リエンシィ, ジエホォァ	(be) tied up with (ビ) **タ**イド アプ ウィズ
むすびつける **結び付ける** musubitsukeru	**拴，绑，系** shuān, bǎng, jì シュワン, バァン, ジィ	tie together, fasten **タ**イト **ゲ**ザ, **フ**ァスン
（関係） 	**联系，联结** liánxì, liánjié リエンシィ, リエンジエ	connect with コ**ネ**クト ウィズ
むすびめ **結び目** musubime	**结子，扣子** jiézi, kòuzi ジエヅ, コウヅ	knot **ナ**ト
むすぶ **結ぶ** musubu	**系，结** jì, jié ジィ, ジエ	tie, bind **タ**イ, バインド
（繋ぐ） 	**联结，连接** liánjié, liánjiē リエンジエ, リエンジエ	link with **リ**ンク ウィズ
むすめ **娘** musume	**女儿，女孩儿** nǚ'ér, nǚháir ニュィアル, ニュィハル	daughter, girl **ド**ータ, **ガ**ール
むせいげん **無制限** museigen	**无限制** wú xiànzhì ウゥ シエンヂー	free, unrestricted フ**リ**ー, アンリスト**リ**クテド
むせきにん **無責任** musekinin	**不负责任** bú fù zérèn ブゥ フゥ ヅゥァレン	irresponsibility イレスポンスィ**ビ**リティ
むせる **噎せる** museru	**呛，噎** qiāng, yē チアン, イエ	(be) choked with (ビ) **チ**ョウクト ウィズ
むせん **無線** musen	**无线** wúxiàn ウゥシエン	wireless **ワ**イアレス
むだ(な) **無駄(な)** muda (na)	**无用，无益** wúyòng, wúyì ウゥヨン, ウゥイー	useless, futile **ユ**ースレス, **フ**ューティル
むだぼね **無駄骨** mudabone	**徒劳** túláo トゥラオ	vain efforts **ヴェ**イン **エ**フォツ
むだんで **無断で** mudande	**私自，擅自** sīzì, shànzì スーヅー, シャンヅー	without permis- sion ウィ**ザ**ウト パ**ミ**ション

日	中	英
むたんぽ **無担保** mutanpo	无担保，无抵押 wú dānbǎo, wú dǐyā ウゥ ダンバオ, ウゥ ディーヤァ	without security ウィザウト スィ**キュ**アリ ティ
むち **無知** muchi	无知 wúzhī ウゥヂー	ignorance; igno- rant **イグ**ノランス, **イグ**ノラント
むちゃな **無茶な** muchana	无道理，不合理 wú dàolǐ, bù hélǐ ウゥ ダオリ, ブゥ ホォアリィ	unreasonable アンリーズナブル
むちゅう（である） **夢中（である）** muchuu (dearu)	专心，入迷 zhuānxīn, rùmí デュワンシン, ルゥミィ	absorption; (be) absorbed in アブソープション, (ビ) アブ **ソー**ブド イン
むちんじょうしゃ **無賃乗車** muchinjousha	无票乘车 wúpiào chéngchē ウゥピアオ チョンチョァ	free ride フリー **ラ**イド
むてんか（の） **無添加（の）** mutenka (no)	没有添加 méiyou tiānjiā メイヨウ ティエンジア	additive-free **ア**ディティヴフリー
むとんちゃくな **無頓着な** mutonchakuna	不在乎，不介意 búzàihu, bú jièyì ブゥヅァイホゥ, ブゥ ジエイー	indifferent イン**ディ**ファレント
むなしい **虚[空]しい** munashii	虚，徒然 xū, túrán シュィ, トゥラン	empty, vain **エ**ンプティ, **ヴェ**イン
むね **胸** mune	胸脯，胸腔 xiōngpú, xiōngtáng シオンプゥ, シオンタァン	breast, chest ブレスト, **チェ**スト
むねやけ **胸焼け** muneyake	烧心 shāoxīn シャオシン	heartburn **ハ**ートバーン
むのうな **無能な** munouna	无能，无才 wúnéng, wúcái ウゥヌォン, ウゥツァイ	incompetent イン**カ**ンピテント
むのうやく **無農薬** munouyaku	无农药 wú nóngyào ウゥ ノンヤオ	organic オー**ギャ**ニク
むふんべつ **無分別** mufunbetsu	轻率，莽撞 qīngshuài, mǎngzhuàng チィンシュアイ, マァンヂュアン	indiscretion インディスク**リ**ーション

む

日	中	英
むぼうな **無謀な** mubouna	鲁莽，轻举妄动 lǔmǎng, qīng jǔ wàng dòng ルゥマァン, チィン ジュイ ワァン ドン	reckless レクレス
むほん **謀叛** muhon	造反，叛乱 zàofǎn, pànluàn ヅァオファン, パンルワン	rebellion リベリオン
むめい **無名** mumei	无名，默默无闻 wúmíng, mò mò wú wén ウゥミィン, モォ モォ ウゥ ウェン	nameless, un- known ネイムレス, アンノウン
むら **村** mura	村庄，村落 cūnzhuāng, cūnluò ツゥンヂュアン, ツゥンルゥオ	village ヴィリヂ
むらがる **群がる** muragaru	群集，聚集 qúnjí, jùjí チュインジィ, ジュイジィ	crowd, flock クラウド, フラク
むらさき **紫** murasaki	紫色 zǐsè ヅースァ	purple, violet パープル, ヴァイオレト
むりな **無理な** murina	勉强，不合理 miǎnqiǎng, bù hélǐ ミエンチアン, ブゥ ホァリィ	unreasonable アンリーズナブル
むりょう **無料** muryou	免费 miǎnfèi ミエンフェイ	free フリー
むりょく **無力** muryoku	无力，无能为力 wúlì, wú néng wéi lì ウゥリィ, ウゥ ヌォン ウェイ リィ	incapacity インカパスィティ
むれ **群** mure	群 qún チュイン	group, crowd グループ, クラウド
むろん **無論** muron	当然，不用说 dāngrán, búyòng shuō ダァンラン, ブゥヨン シュオ	of course オフ コース

め，メ

| め
芽
me | 芽
yá
ヤァ | bud
バド |
| め
目
me | 眼睛
yǎnjing
イエンジィン | eye
アイ |

日	中	英
めあたらしい **目新しい** meatarashii	**新奇，新鲜** xīnqí, xīnxian シンチィ，シンシエン	novel, new ナヴェル，ニュー
めあて **目当て** meate	**目的** mùdì ムゥディー	aim エイム
（目標）	**目标** mùbiāo ムゥビアオ	guide ガイド
めい **姪**　（兄弟の） mei	**侄女** zhínü デーニュイ	niece ニース
（姉妹の）	**甥女** shēngnǚ ションニュイ	niece ニース
めいあん **名案** meian	**好主意，妙计** hǎo zhǔyi, miàojì ハオ デュウイ，ミアオジィ	good idea グド アイディーア
めいおうせい **冥王星** meiousei	**冥王星** míngwángxīng ミィンワァンシィン	Pluto プルートゥ
めいが **名画** meiga	**名画** mínghuà ミィンホア	famous picture フェイマス ピクチャ
（映画の）	**著名影片** zhùmíng yǐngpiàn デュウミィン イィンピエン	good film グド フィルム
めいかいな **明快な** meikaina	**明快** míngkuài ミィンクアイ	clear, lucid クリア，ルースィド
めいかくな **明確な** meikakuna	**明确，清楚** míngquè, qīngchu ミンチュエ，チィンチュ	clear, accurate クリア，アキュレト
めいがら **銘柄** meigara	**牌子，商标** páizi, shāngbiāo パイヅ，シャァンビアオ	brand, description ブランド，ディスクリプション
めいぎ **名義** meigi	**名义** míngyì ミィンイー	name ネイム
めいさい **明細** meisai	**细节，明细** xìjié, míngxì シィジエ，ミィンシィ	detail ディテイル

め

日	中	英
めいさく **名作** meisaku	**名作，杰作** míngzuò, jiézuò ミィンヅゥオ, ジエヅゥオ	masterpiece マスタピース
めいし **名刺** meishi	**名片** míngpiàn ミィンピエン	card カード
めいしょ **名所** meisho	**名胜** míngshèng ミィンション	noted place ノゥテド プレイス
めいしょう **名称** meishou	**名称，名字** míngchēng, míngzi ミィンチョン, ミィンヅ	name, appellation ネイム, アペレイション
めいじる **命じる** meijiru	**吩咐，命令** fēnfu, mìnglìng フェンフ, ミィンリィン	order オーダ
めいしん **迷信** meishin	**迷信** míxìn ミィシン	superstition スーパスティション
めいじん **名人** meijin	**高手，名家** gāoshǒu, míngjiā ガオショウ, ミィンジア	master, expert マスタ, エクスパート
めいせい **名声** meisei	**名声，声价** míngshēng, shēngjià ミィンション, ションジア	fame, reputation フェイム, レピュテイション
めいそう **瞑想** meisou	**冥想** míngxiǎng ミィンシアン	meditation メディテイション
めいちゅう(する) **命中(する)** meichuu (suru)	**命中，打中** mìngzhòng, dǎzhòng ミィンヂォン, ダァヂォン	hit ヒト
めいにち **命日** meinichi	**忌辰，忌日** jìchén, jìrì ジィチェン, ジィリー	anniversary of *a person's* death アニヴァーサリ オヴ デス
めいはくな **明白な** meihakuna	**明白，明显** míngbai, míngxiǎn ミィンバイ, ミィンシエン	clear, evident クリア, エヴィデント
めいぶつ **名物** meibutsu	**名产** míngchǎn ミィンチャン	special product スペシャル プラダクト
めいぼ **名簿** meibo	**名册，名单** míngcè, míngdān ミィンツゥァ, ミィンダン	list of names リスト オヴ ネイムズ

め

日	中	英
めいよ **名誉** meiyo	名誉，荣誉 míngyù, róngyù ミィンユィ, ロンユィ	honor **ア**ナ
～毀損	损害名誉 sǔnhài míngyù スゥンハイ ミィンユィ	libel, slander **ラ**イベル, ス**ラ**ンダ
めいりょうな **明瞭な** meiryouna	明了，明白 míngliǎo, míngbai ミィンリアオ, ミィンバイ	clear, plain ク**リ**ア, プ**レ**イン
めいる **滅入る** meiru	气馁，憋闷 qìněi, biēmen チィネイ, ピエメン	feel depressed **フィ**ール ディプ**レ**スト
めいれい(する) **命令(する)** meirei(suru)	命令，指令 mìnglìng, zhǐlìng ミィンリィン, ヂーリィン	order, command **オ**ーダ, コ**マ**ンド
めいろ **迷路** meiro	迷路 mílù ミィルゥ	maze **メ**イズ
めいろうな **明朗な** meirouna	明朗，开朗 mínglǎng, kāilǎng ミィンラァン, カイラァン	cheerful, bright **チ**アフル, ブ**ラ**イト
めいわく **迷惑** meiwaku	麻烦 máfan マァファン	trouble, nuisance ト**ラ**ブル, **ニュ**ーサンス
～をかける	打搅，添麻烦 dǎjiǎo, tiān máfan ダァジアオ, ティエン マァファン	trouble, bother ト**ラ**ブル, **バ**ザ
めうえ **目上** meue	上级，上司 shàngjí, shàngsi シャァンジィ, シャァンス	superiors スピ**ア**リアズ
(年長の)	长辈，尊长 zhǎngbèi, zūnzhǎng ヂャァンペイ, ヅゥンヂャァン	seniors **スィ**ーニャズ
めーかー **メーカー** meekaa	厂商，制造商 chǎngshāng, zhìzàoshāng チャァンシャァン, ヂーヅァオシャァン	maker **メ**イカ
めーきゃっぷ **メーキャップ** meekyappu	化妆，扮装 huàzhuāng, bànzhuāng ホアヂュアン, バンヂュアン	makeup **メ**イカプ
めーたー **メーター** meetaa	仪表 yíbiǎo イービアオ	meter **ミ**ータ

日	中	英
めーでー **メーデー** meedee	**五一劳动节** Wǔ Yī Láodòng Jié ウゥ イー ラオドン ジエ	May Day メイ デイ
めーとる **メートル** meetoru	**公尺，米** gōngchǐ, mǐ ゴンチー，ミィ	meter ミータ
めかくし **目隠し** mekakushi	**蒙住眼睛** méngzhù yǎnjing モンヂュウ イエンジィン	blindfold ブラインドフォウルド
めかた **目方** mekata	**重量，轻重** zhòngliàng, qīngzhòng ヂォンリアン，チィンヂォン	weight ウェイト
めかにずむ **メカニズム** mekanizumu	**机构，机制** jīgòu, jīzhì ジィゴウ，ジィヂー	mechanism メカニズム
めがね **眼鏡** megane	**眼镜** yǎnjìng イエンジィン	glasses グラスィズ
めがほん **メガホン** megahon	**传声筒，话筒** chuánshēngtǒng, huàtǒng チュワンショントン，ホアトン	megaphone メガフォウン
めがみ **女神** megami	**女神，神女** nǚshén, shénnǚ ニュィシェン，シェンニュィ	goddess ガデス
めきめき(と) **めきめき(と)** mekimeki (to)	**迅速，显著** xùnsù, xiǎnzhù シュインスゥ，シエンヂュウ	remarkably リマーカブリ
めぐすり **目薬** megusuri	**眼药** yǎnyào イエンヤオ	eyewash アイウォシュ
めぐまれる **恵まれる** megumareru	**富有，赋有** fùyǒu, fùyǒu フゥヨウ，フゥヨウ	(be) blessed with (ビ) ブレスト ウィズ
めぐみ **恵み** megumi	**恩惠，雨露** ēnhuì, yǔlù エンホゥイ，ユィルゥ	blessing, benefit ブレスィング，ベネフィト
めぐらす **巡らす** megurasu	**围绕** wéirào ウェイラオ	surround サラウンド
めくる **捲る** mekuru	**翻，揭** fān, jiē ファン，ジエ	turn over ターン オウヴァ

日	中	英
めぐる **巡る** meguru	巡行，巡游 xúnxíng, xúnyóu シュィンシィン，シュィンヨウ	travel around トラヴェル アラウンド
めざす **目指す** mezasu	打算，以…为目标 dǎsuan, yǐ ... wéi mùbiāo ダァスワン，イー … ウェイ ムゥビアオ	aim at エイム アト
めざましい **目覚ましい** mezamashii	显著，惊人 xiǎnzhù, jīngrén シエンヂゥ，ジィンレン	remarkable リマーカブル
めざましどけい **目覚まし時計** mezamashidokei	闹钟 nàozhōng ナオヂョン	alarm clock アラーム クラク
めざめる **目覚める** mezameru	睡醒，醒来 shuìxǐng, xǐnglái シュイシィン，シィンライ	awake アウェイク
めし **飯** meshi	饭，饭食 fàn, fànshi ファン，ファンシ	meal ミール
（米飯）	米饭 mǐfàn ミィファン	rice ライス
めした **目下** meshita	部下，下属 bùxià, xiàshǔ ブゥシア，シアシュウ	inferiors インフィアリアズ
（年少の）	晚辈 wǎnbèi ワンペイ	younger people ヤンガ ピープル
めしべ **雌蘂** meshibe	雌蕊 círuǐ ツールゥイ	pistil ピスティル
めじるし **目印** mejirushi	记号，标志 jìhao, biāozhì ジィハオ，ビアオヂー	sign, mark サイン，マーク
めす **雌** mesu	雌，牝，母 cí, pìn, mǔ ツー，ピン，ムゥ	female フィーメイル
めずらしい **珍しい** mezurashii	稀罕，珍奇 xīhan, zhēnqí シィハン，ヂェンチィ	rare, novel レア，ナヴェル
めずらしがる **珍しがる** mezurashigaru	觉得新奇 juéde xīnqí ジュエダ シンチィ	(be) curious about （ビ）キュアリアス アバウト

日	中	英
めだつ **目立つ** medatsu	**显眼** xiǎnyǎn シエンイエン	(be) conspicuous (ビ) コンスピュアス
めだま **目玉** medama	**眼球，眼珠子** yǎnqiú, yǎnzhūzi イエンチウ, イエンヂュウヅ	eyeball アイボール
～商品	**拳头产品** quántou chǎnpǐn チュエントウ チャンピン	loss leader ロス リーダ
～焼き	**煎鸡蛋** jiān jīdàn ジエン ジィダン	eggs sunny-side up エグズ サニサイド アプ
めだる **メダル** medaru	**奖章，奖牌** jiǎngzhāng, jiǎngpái ジアンヂャアン, ジアンパイ	medal メドル
めっき(する) **鍍金(する)** mekki (suru)	**镀金** dù'jīn ドゥジン	plating; plate, gild プレイティング, プレイト, ギルド
めつき **目付き** metsuki	**眼神** yǎnshén イエンシェン	eyes, look アイズ, ルク
めっきり **めっきり** mekkiri	**显著地** xiǎnzhù de シエンヂュウ ダ	remarkably リマーカブリ
めっせーじ **メッセージ** messeeji	**口信，留言** kǒuxìn, liúyán コウシン, リウイエン	message メスィヂ
めったに **滅多に** mettani	**难得，很少** nándé, hěn shǎo ナンドゥァ, ヘン シャオ	seldom, rarely セルドム, レアリ
めつぼう(する) **滅亡(する)** metsubou (suru)	**灭亡，沦亡** mièwáng, lúnwáng ミエワァン, ルゥンワァン	ruin, destruction ルーイン, ディストラクション
めでぃあ **メディア** media	**媒体，媒介** méitǐ, méijiè メイティー, メイジエ	media ミーディア
めでたい **目出度い** medetai	**吉利，吉祥** jílì, jíxiáng ジィリィ, ジィシアン	good, happy グド, ハピ
めど **目処** medo	**目标，眉目** mùbiāo, méimu ムゥビアオ, メイム	prospect プラスペクト

日	中	英
めどれー **メドレー** medoree	**集成曲，混合曲** jíchéngqǔ, hùnhéqǔ ジイチョンチュイ，ホウンホァチュイ	medley メドリ
めにゅー **メニュー** menyuu	**菜单，菜谱** càidān, càipǔ ツァイダン，ツァイプゥ	menu メニュー
めばえる **芽生える** mebaeru	**发芽，萌芽** fā'yá, méngyá ファアヤァ，モンヤァ	sprout スプラウト
めまい **目眩い** memai	**眼晕** yǎnyùn イエンユィン	dizziness ディズィネス
〜がする	**眼晕，头晕** yǎnyùn, tóuyūn イエンユィン，トウユィン	(be) dizzy (ビ) ディズィ
めまぐるしい **目紛しい** memagurushii	**眼花缭乱，瞬息万变** yǎn huā liáo luàn, shùn xī wàn biàn イエン ホァ リアオ ルワン，シュン シィ ワン ビエン	bewildering, rapid ビウィルダリング，ラピド
めも **メモ** memo	**笔记，便条** bǐjì, biàntiáo ビィジィ，ビエンティアオ	memo メモウ
めもり **目盛り** memori	**刻度，度数** kèdù, dùshu クァドゥ，ドゥシュ	graduation グラデュエイション
めもりー **メモリー** memorii	**内存，存储器** nèicún, cúnchǔqì ネイツゥン，ツゥンチュウチィ	memory メモリ
めやす **目安** meyasu	**标准，规范，基准** biāozhǔn, guīfàn, jīzhǔn ビアオヂュン，グウイファン，ジィヂュン	standard, norm スタンダド，ノーム
めやに **目脂** meyani	**眵，眼屎** chī, yǎnshǐ チー，イエンシー	eye mucus アイ ミューカス
めりっと **メリット** meritto	**优点，好处** yōudiǎn, hǎochù ヨウディエン，ハオチュウ	merit メリト
めろでぃー **メロディー** merodii	**旋律，曲调** xuánlù, qǔdiào シュエンリュィ，チュイディアオ	melody メロディ

日	中	英
めろどらま **メロドラマ** merodorama	**爱情剧** àiqíngjù アイチンジュイ	melodrama メロドラーマ
めろん **メロン** meron	**甜瓜，香瓜** tiánguā, xiāngguā ティエングア，シアングア	melon メロン
めん **綿** men	**棉，棉花** mián, miánhua ミエン，ミエンホア	cotton カトン
めん **面** men	**面具，假面** miànjù, jiǎmiàn ミエンジュイ，ジアミエン	mask マスク
（表面）	**表面，外表** biǎomiàn, wàibiǎo ビアオミエン，ワイビアオ	face フェイス
（側面）	**侧面** cèmiàn ツゥアミエン	aspect, side アスペクト，サイド
めんえき **免疫** men-eki	**免疫** miǎnyì ミエンイー	immunity イミューニティ
めんかい(する) **面会(する)** menkai (suru)	**会面，会见** huìmiàn, huìjiàn ホゥイミエン，ホゥイジエン	interview; meet, see インタヴュー，ミート，スィー
めんきょしょう **免許(証)** menkyoshou	**执照，凭照** zhízhào, píngzhào デーデャオ，ピンデャオ	license ライセンス
めんくらう **面食らう** menkurau	**不知所措，失措** bù zhī suǒ cuò, shīcuò ブゥ デー スゥオ ツゥオ，シーツゥオ	(be) bewildered (ビ) ビウィルダド
めんしき **面識** menshiki	**认识，相识** rènshi, xiāngshí レンシ，シアンシー	acquaintance アクウェインタンス
めんじょ(する) **免除(する)** menjo (suru)	**免除，豁免** miǎnchú, huòmiǎn ミエンチュウ，ホゥオミエン	exemption; exempt イグゼンプション，イグゼンプト
めんじょう **免状** menjou	**许可证** xǔkězhèng シュイクァデョン	diploma, license ディプロウマ，ライセンス

日	中	英
めんしょく（する） **免職（する）** menshoku (suru)	**免职，解职** miǎnzhí, jiězhí ミエンヂー, ジエデー	dismissal; dismiss ディス**ミ**サル, ディス**ミ**ス
めんする **面する** mensuru	**面对，面临** miànduì, miànlín ミエンドゥイ, ミエンリン	face, look **フェ**イス, **ル**ク
めんぜい **免税** menzei	**免税** miǎnshuì ミエンシュイ	tax exemption **タ**クス イグ**ゼ**ンプション
〜店	**免税店，免税商店** miǎnshuìdiàn, miǎnshuì shāngdiàn ミエンシュイディエン, ミエンシュイ シャアンディエン	duty-free shop デュー**ティ**フリー **シャ**プ
めんせき **面積** menseki	**面积** miànjī ミエンジィ	area **エ**アリア
めんせつ **面接** mensetsu	**接见** jiējiàn ジエジエン	interview **イ**ンタヴュー
〜試験	**面试** miànshì ミエンシー	interview **イ**ンタヴュー
めんだん **面談** mendan	**面谈** miàntán ミエンタン	talk, interview **ト**ーク, **イ**ンタヴュー
めんてなんす **メンテナンス** mentenansu	**维修，保养** wéixiū, bǎoyǎng ウェイシウ, バオヤン	maintenance **メ**インテナンス
めんどうな **面倒な** mendouna	**麻烦，费力** máfan, fèilì マァファン, フェイリィ	troublesome, diffi- cult ト**ラ**ブルサム, **ディ**フィカル ト
めんどり **雌鳥** mendori	〔只〕**母鸡** 〔zhǐ〕mǔjī 〔ヂー〕ムゥジィ	hen **ヘ**ン
めんばー **メンバー** menbaa	**成员，组员** chéngyuán, zǔyuán チョンユエン, ヅゥユエン	member **メ**ンバ
めんぼく **面目** menboku	**面目，体面** miànmù, tǐmiàn ミエンムゥ, ティーミエン	honor, credit **ア**ナ, ク**レ**ディト

日	中	英
めんみつな **綿密な** menmitsuna	**绵密，周密** miánmì, zhōumì ミエンミィ，ヂョウミィ	close, minute クロウス，マイニュート
めんるい **麺類** menrui	**面，面条** miàn, miàntiáo ミエン，ミエンティアオ	noodles ヌードルズ

も，モ

もう **もう** mou	**现在，目前** xiànzài, mùqián シエンヅァイ，ムゥチエン	now ナウ
（既に）	**已经** yǐjīng イージン	already オールレディ
（まもなく）	**就要，快要** jiùyào, kuàiyào ジウヤオ，クアイヤオ	soon スーン
もうかる **儲かる** moukaru	**赚，赚钱** zhuàn, zhuànqián ヂュワン，ヂュワンチエン	(be) profitable (ビ) プラフィタブル
もうけ **儲け** mouke	**赚头，利润** zhuàntou, lìrùn ヂュワントウ，リィルゥン	profit, gains プラフィト，ゲインズ
もうける **儲ける** moukeru	**赚，发财** zhuàn, fācái ヂュワン，ファアツァイ	make a profit, gain メイク ア プラフィト，ゲイン
もうしいれ **申し入れ** moushiire	**提议，提案** tíyì, tí'àn ティーイー，ティーアン	proposition プラポズィション
もうしこみ **申し込み** moushikomi	**申请，报名** shēnqǐng, bào'míng シェンチィン，バオミィン	application アプリケイション
（予約などの）	**预约，订（购）** yùyuē, dìng(gòu) ユィユエ，ディン(ゴウ)	subscription サブスクリプション
もうしこむ **申し込む** moushikomu	**申请，报名** shēnqǐng, bào'míng シェンチィン，バオミィン	apply for アプライ フォ
もうしたてる **申し立てる** moushitateru	**陈述，申诉** chénshù, shēnsù チェンシュウ，シェンスゥ	state, allege ステイト，アレヂ

日	中	英
もうしでる **申し出る** moushideru	**提出** tíchū ティーチュウ	offer, propose **オ**ファ，プロ**ポ**ウズ
もうしぶんない **申し分ない** moushibunnai	**理想，无可挑剔** lǐxiǎng,wúkě tiāoti リィシアン，ウゥクァ ティアオティ	perfect, ideal **パ**ーフェクト，アイ**ディ**ーア ル
もうじゅう **猛獣** moujuu	**猛兽** měngshòu モンショウ	fierce animal **フィ**アス **ア**ニマル
もうすぐ **もうすぐ** mousugu	**快要，就要** kuàiyào, jiùyào クアイヤオ，ジウヤオ	soon **ス**ーン
もうすこし **もう少し** mousukoshi	**再…一点儿，再稍微** zài ... yìdiǎnr, zài shāowēi ヅァイ … イーディアル，ヅァイ シャオウェ イ	some more **サ**ム **モ**ー
もうそう **妄想** mousou	**妄想，梦想** wàngxiǎng, mèngxiǎng ワァンシアン，モンシアン	delusion ディ**ル**ージョン
もうちょう **盲腸** mouchou	**盲肠** mángcháng マァンチァァン	appendix ア**ペ**ンディクス
～炎	**阑尾炎，盲肠炎** lánwěiyán, mángchángyán ランウェイイエン，マァンチァァンイエン	appendicitis アペンディ**サ**イティス
もうどうけん **盲導犬** moudouken	**导盲犬** dǎomángquǎn ダオマァンチュエン	guide dog **ガ**イド **ド**ーグ
もうはつ **毛髪** mouhatsu	**头发** tóufa トウファ	hair **ヘ**ア
もうふ **毛布** moufu	**毛毯，毯子** máotǎn, tǎnzi マオタン，タンヅ	blanket ブ**ラ**ンケト
もうまく **網膜** moumaku	**视网膜，网膜** shìwǎngmó, wǎngmó シーワァンモォ，ワァンモォ	retina **レ**ティナ
もうもく(の) **盲目(の)** moumoku (no)	**盲目** mángmù マァンムゥ	blindness; blind ブ**ラ**インドネス，ブ**ラ**インド

も

日	中	英
もうれつな **猛烈な** mouretsuna	**猛烈，强烈** měngliè, qiángliè モンリエ, チアンリエ	violent, furious **ヴァ**イオレント, **フュ**アリアス
もうろう(とした) **朦朧(とした)** mourou (toshita)	**朦胧** ménglóng モンロン	dim, indistinct **ディ**ム, インディス**ティ**ンクト
もえつきる **燃え尽きる** moetsukiru	**烧尽** shāojìn シャオジン	burn out バーン **ア**ウト
もえる **燃える** moeru	**烧，燃烧** shāo, ránshāo シャオ, ランシャオ	burn, blaze バーン, ブ**レ**イズ
もーたー **モーター** mootaa	**马达，摩托** mǎdá, mótuō マアダァ, モトゥオ	motor **モウ**タ
～ボート	〔艘〕**摩托艇，汽艇** [sōu] mótuōtǐng, qìtǐng 〔ソウ〕モトゥオティン, チィティン	motorboat **モウ**タボウト
もーど **モード** (様式) moodo	**样式** yàngshì ヤンシー	mode **モウ**ド
もがく **もがく** mogaku	**挣扎** zhēngzhá ヂョンヂァァ	struggle, writhe スト**ラ**グル, **ラ**イズ
もくげき(する) **目撃(する)** mokugeki (suru)	**目击，目睹** mùjī, mùdǔ ムゥジィ, ムゥドゥ	see, witness ス**イ**ー, **ウィ**トネス
もくげきしゃ **目撃者** mokugekisha	**目击者，目睹者** mùjīzhě, mùdǔzhě ムゥジィヂョァ, ムゥドゥヂョァ	eyewitness **ア**イウィトネス
もくざい **木材** mokuzai	**木材，木料** mùcái, mùliào ムゥツァイ, ムゥリアオ	wood, lumber **ウ**ド, **ラ**ンバ
もくじ **目次** mokuji	**目录** mùlù ムゥルゥ	contents **カ**ンテンツ
もくせい **木星** mokusei	**木星，太岁** mùxīng, tàisuì ムゥシィン, タイスゥイ	Jupiter **ヂュ**ピタ
もくぞう **木造** mokuzou	**木造，木制** mùzào, mùzhì ムゥヅァオ, ムゥヂー	wooden **ウ**ドン

日	中	英
もくたん **木炭** mokutan	木炭 mùtàn ムゥタン	charcoal **チャー**コウル
もくてき **目的** mokuteki	目的 mùdì ムゥディー	purpose **パ**ーパス
～地	目的地 mùdìdì ムゥディーディー	destination デスティ**ネ**イション
もくにん(する) **黙認(する)** mokunin (suru)	默认，默许 mòrèn, mòxǔ モォレン，モォシュィ	tacit consent; consent tacitly **タ**スィト コン**セ**ント，コン**セ**ント **タ**スィトリ
もくはんが **木版画** mokuhanga	木版画，木刻 mùbǎnhuà, mùkè ムゥバンホア，ムゥクァ	woodcut **ウ**ドカト
もくひけん **黙秘権** mokuhiken	沉默权，缄默权 chénmòquán, jiānmòquán チェンモォチュエン，ジエンモォチュエン	right to remain silent **ラ**イト トゥ リ**メ**イン **サ**イレント
もくひょう **目標** mokuhyou	目标，指标 mùbiāo, zhǐbiāo ムゥビアオ，ヂービアオ	mark, target **マ**ーク，**タ**ーゲト
もくもくと **黙々と** mokumokuto	默默地 mòmò de モォモォ ダ	silently **サ**イレントリ
もくようび **木曜日** mokuyoubi	星期四 xīngqīsì シィンチィスー	Thursday **サ**ーズデイ
もぐる **潜る** moguru	潜水 qiánshuǐ チエンシュィ	dive into **ダ**イヴ イントゥ
もくろく **目録** mokuroku	目录 mùlù ムゥルゥ	list, catalog **リ**スト，**キャ**タローグ
もけい **模型** mokei	模型，雏形 móxíng, chúxíng モォシィン，チュウシィン	model **マ**ドル
もざいく **モザイク** mozaiku	马赛克，镶嵌画 mǎsàikè, xiāngqiànhuà マァサイクァ，シアンチエンホア	mosaic モウ**ゼ**イイク

日	中	英
もし **もし** moshi	**如果，假如** rúguǒ, jiǎrú ルゥグゥオ, ジアルゥ	if イフ
もじ **文字** moji	**文字** wénzì ウェンヅー	letter レタ
もしくは **もしくは** moshikuwa	**或，或者** huò, huòzhě ホゥオ, ホゥオヂョア	or オー
もしゃ **模写** mosha	**描摹，临摹** miáomó, línmó ミアオモォ, リンモォ	copy カピ
もしゅ **喪主** moshu	**丧主** sāngzhǔ サァンヂュウ	chief mourner チーフ モーナ
もぞう **模造** mozou	**仿造，仿制** fǎngzào, fǎngzhì ファンヅァオ, ファンヂー	imitation イミテイション
もたれる **凭れる** motareru	**靠，倚靠** kào, yǐkào カオ, イーカオ	lean on, rest リーン オン, レスト
もだんな **モダンな** modanna	**时髦，摩登** shímáo, módēng シーマオ, モォデゥン	modern マダン
もち **餅** mochi	**粘糕，年糕** niángāo, niángāo ニエンガオ, ニエンガオ	rice cake ライス ケイク
もちあがる **持ち上がる** mochiagaru	**举起，抬起** jǔqǐ, táiqǐ ジュィチィ, タイチィ	lift リフト
（隆起する）	**隆起** lóngqǐ ロンチィ	(be) raised (ビ) レイズド
もちあげる **持ち上げる** mochiageru	**举起，抬起** jǔqǐ, táiqǐ ジュィチィ, タイチィ	lift, raise リフト, レイズ
もちあじ **持ち味** mochiaji	**滋味，风味** zīwèi, fēngwèi ヅーウェイ, フォンウェイ	peculiar flavor ピキューリア フレイヴァ
（特色）	**风格，特色** fēnggé, tèsè フォングァ, トゥアスア	characteristic キャラクタリスティク

日	中	英
もちあるく **持ち歩く** mochiaruku	**携帯，带着走** xiédài, dàizhe zǒu シエダイ，ダイヂャ ヅォウ	carry **キャ**リ
もちいる **用いる** mochiiru	**用，使用** yòng, shǐyòng ヨン，シーヨン	use ユーズ
もちかえる **持ち帰る** mochikaeru	**带回去** dàihuíqu ダイホゥイチュ	bring home ブリング **ホ**ウム
もちこたえる **持ち堪える** mochikotaeru	**支持，坚持** zhīchí, jiānchí ヂーチー，ジエンチー	hold on, endure **ホ**ウルド **オ**ン，イン**デュ**ア
もちこむ **持ち込む** mochikomu	**拿进，带入** nájìn, dàirù ナァジン，ダイルゥ	bring in ブリング イン
もちにげする **持ち逃げする** mochinigesuru	**拐走** guǎizǒu グアイゾウ	go away with ゴウ ア**ウェ**イ ウィズ
もちぬし **持ち主** mochinushi	**主人，物主** zhǔrén, wùzhǔ ヂュウレン，ウゥヂュウ	owner **オ**ウナ
もちはこぶ **持ち運ぶ** mochihakobu	**搬运** bānyùn バンゥィン	carry **キャ**リ
もちもの **持ち物** mochimono	**携带物品** xiédài wùpǐn シエダイ ウゥピン	belongings ビ**ロ**ーンギングズ
もちろん **勿論** mochiron	**当然，不用说** dāngrán, búyòng shuō ダァンラン，ブゥヨン シュオ	of course オフ **コ**ース
もつ **持つ** motsu	**拿** ná ナァ	hold **ホ**ウルド
（携帯）	**带，携带** dài, xiédài ダイ，シエダイ	have ハヴ
（所有）	**所有，拥有** suǒyǒu, yōngyǒu スゥオヨウ，ヨンヨウ	have, possess ハヴ，ポゼス
もっかんがっき **木管楽器** mokkangakki	**木管乐器** mùguǎn yuèqì ムゥグワン ユエチィ	woodwind **ウ**ドウィンド

も

日	中	英
もっきん **木琴** mokkin	〔张〕木琴 〔zhāng〕mùqín 〔ヂャァン〕ムゥチン	xylophone ザイロフォウン
もったいぶる **勿体ぶる** mottaiburu	摆架子，装模作样 bǎi jiàzi, zhuāng mú zuò yàng バイ ジアヅ, ヂュアン ムゥ ヅゥオ ヤン	give *oneself* airs ギヴ エアズ
もっと **もっと** motto	更，更加 gèng, gèngjiā グン, グンジア	more モー
もっとー **モットー** mottoo	座右铭 zuòyòumíng ヅゥオヨウミィン	motto マトウ
もっとも **最も** mottomo	最，顶 zuì, dǐng ヅゥイ, ディン	most モウスト
もっともな **尤もな** mottomona	理所当然，正当 lǐ suǒ dāng rán, zhèngdàng リィ スゥオ ダァン ラン, ヂョンダァン	reasonable, natural リーズナブル, ナチュラル
もっぱら **専ら** moppara	专门 zhuānmén ヂュワンメン	chiefly, mainly チーフリ, メインリ
もつれる **縺れる** motsureru	纠缠 jiūchán ジウチャン	(be) tangled (ビ) タングルド
もてあそぶ **弄ぶ** moteasobu	玩弄，摆弄 wánnòng, bǎinòng ワンノン, バイノン	play with プレイ ウィズ
もてなす **持てなす** motenasu	招待，接待 zhāodài, jiēdài ヂャオダイ, ジエダイ	entertain エンタテイン
もてはやす **持て囃す** motehayasu	赞赏，高度评价 zànshǎng, gāodù píngjià ヅァンシャン, ガオドゥ ピィンジア	make much of メイク マチ オヴ
もでむ **モデム** modemu	调制解调器 tiáozhì jiětiáoqì ティアオヂー ジエティアオチィ	modem モウデム
もてる **持てる** moteru	受欢迎 shòu huānyíng ショウ ホワンイィン	(be) popular with (ビ) パピュラ ウィズ

日	中	英
もでる **モデル** moderu	**模式，模型** móshì, móxíng モォシー，モォシィン	model **マ**ドル
もと **元** moto	**本源，根源** běnyuán, gēnyuán ベンユエン，ゲンユエン	origin **オ**ーリヂン
（基礎）	**基礎** jīchǔ ジィチュウ	foundation ファウン**デ**イション
もどかしい **もどかしい** modokashii	**急不可待，令人着急** jí bù kě dài, lìng rén zháojí ジィ ブゥ クァ ダイ，リィン レン ヂャオ ジィ	impatient イン**ペ**イシェント
もどす **戻す** modosu	**退还，退回** tuìhuán, tuìhuí トゥイホワン，トゥイホウイ	return リ**タ**ーン
（吐く）	**吐，呕吐** tù, ǒutù トゥ，オウトゥ	throw up, vomit スロウ **ア**プ，**ヴァ**ミト
もとせん **元栓** motosen	**总开关** zǒngkāiguān ヅォンカイグワン	main cock **メ**イン **カ**ク
もとづく **基づく** motozuku	**由于，按照** yóuyú, ànzhào ヨウユィ，アンヂャオ	come from **カ**ム フラム
（根拠）	**根据，基于** gēnjù, jīyú ゲンジュィ，ジィユィ	(be) based on (ビ) **ペ**イスド オン
もとで **元手** motode	**本钱，资本** běnqián, zīběn ベンチエン，ヅーベン	capital, fund **キャ**ピトル，**ファ**ンド
もとめる **求める** motomeru	**希望，想要** xīwàng, xiǎngyào シィワン，シアンヤオ	want **ワ**ント
（要求）	**要求，请求** yāoqiú, qǐngqiú ヤオチウ，チンチウ	ask, demand **ア**スク，ディ**マ**ンド
（捜す）	**寻求，找** xúnqiú, zhǎo シュィンチウ，ヂャオ	look for **ル**ク フォ

日	中	英
もともと **元々** motomoto	**本来，原来** běnlái, yuánlái ベンライ，ユエンライ	originally オリヂナリ
（生来） 	**生来，天生** shēnglái, tiānshēng ションライ，ティエンション	by nature バイ ネイチャ
もどる **戻る** modoru	**返回，回到** fǎnhuí, huídào ファンホウイ，ホウイダオ	return, come back リターン，カム バク
（引き返す） 	**退回，折回** tuìhuí, zhéhuí トゥイホウイ，ヂョアホウイ	turn back ターン バク
もにたー **モニター** monitaa	**監視器** jiānshìqì ジエンシーチィ	monitor マニタ
もの **者** mono	**人，者** rén, zhě レン，ヂョア	person パースン
もの **物** mono	**东西，物** dōngxi, wù ドンシ，ウゥ	thing, object スィング，アブヂェクト
ものおき **物置** monooki	**堆房，库房** duīfang, kùfáng ドゥイファアン，クゥファアン	storeroom ストールーム
ものおと **物音** monooto	**声音，响声** shēngyīn, xiǎngshēng ションイン，シアンション	noise, sound ノイズ，サウンド
ものおぼえ **物覚え** monooboe	**记性，记忆力** jìxing, jìyìlì ジィシィン，ジィイーリィ	memory メモリ
ものがたり **物語** monogatari	**故事** gùshi グゥシ	story ストーリ
ものごと **物事** monogoto	**事物** shìwù シーウゥ	things スィングズ
ものさし **物差し** monosashi	**尺度，尺子** chǐdù, chǐzi チードゥ，チーヅ	rule, measure ルール，メジャ
ものしり **物知り** monoshiri	**博识，万事通** bóshí, wànshìtōng ボォシー，ワンシートン	learned person ラーネド パースン

日	中	英
ものずきな **物好きな** monozukina	**好事，好奇** hàoshì, hàoqí ハオシー，ハオチィ	curious キュアリアス
ものすごい **物凄い** monosugoi	**可怕，厉害** kěpà, lìhai クァパァ，リィハイ	terrible, horrible テリブル，ホリブル
（素晴らしい）	**了不得，了不起** liǎobude, liǎobuqǐ リアオブドゥァ，リアオブチィ	wonderful, great ワンダフル，グレイト
ものたりない **物足りない** monotarinai	**不过瘾，不够充分** bú guòyǐn, bú gòu chōngfèn ブゥ グゥオイン，ブゥ ゴウ チョンフェン	unsatisfying アンサティスファイイング
ものまね **物真似** monomane	**模仿** mófǎng モォファァン	mimicry ミミクリ
〜をする	**模仿** mófǎng モォファァン	mimic ミミク
ものわかり(のよい) **物分かり(のよい)** monowakari (noyoi)	**知趣，懂事** zhīqù, dǒngshì デーチュィ，ドンシー	sense; sensible センス，センスィブル
もばいる **モバイル** mobairu	**移动通信** yídòng tōngxìn イードン トンシン	mobile モウビル
もはや **最早** mohaya	**已经** yǐjīng イージィン	already, now オールレディ，ナウ
もはん **模範** mohan	**模范** mófàn モォファン	example, model イグザンプル，マドル
もふく **喪服** mofuku	**丧服，孝服** sāngfú, xiàofú サァンフゥ，シアオフゥ	mourning モーニング
もほう(する) **模倣(する)** mohou (suru)	**仿效，模仿** fǎngxiào, mófǎng ファァンシアオ，モォファァン	imitation; imitate イミテイション，イミテイト
もみじ **紅葉** momiji	**槭树，枫树** qìshù, fēngshù チィシュウ，フォンシュウ	maple メイプル
（葉）	**红叶** hóngyè ホンイエ	red leaves レド リーヴズ

日	中	英
もめごと **揉め事** momegoto	**纠纷** jiūfēn ジウフェン	trouble トラブル
もめる **揉める** momeru	**摩擦，发生纠纷** mócā, fāshēng jiūfēn モッツァア，ファションジウフェン	get into trouble ゲトイントゥトラブル
もめん **木綿** momen	**棉布，棉花** miánbù, miánhua ミエンブゥ，ミエンホア	cotton カトン
もも **股** momo	〔条〕**大腿** 〔tiáo〕dàtuǐ 〔ティアオ〕ダアトゥイ	thigh サイ
もも **桃** momo	**桃**(子) táo(zi) タオ(ヅ)	peach ピーチ
もや **靄** moya	**烟霞，烟雾** yānxiá, yānwù イエンシア，イエンウゥ	haze, mist ヘイズ，ミスト
もやし **萌やし** moyashi	**豆芽儿，豆芽菜** dòuyár, dòuyácài ドウヤァル，ドウヤァツァイ	bean sprout ビーンスプラウト
もやす **燃やす** moyasu	**烧，燃** shāo, rán シャオ，ラン	burn バーン
もよう **模様** moyou	**花纹，图案** huāwén, tú'àn ホアウェン，トゥアン	pattern, design パタン，ディザイン
もよおす **催す** moyoosu	**举办，举行** jǔbàn, jǔxíng ジュィバン，ジュィシィン	hold, give ホウルド，ギヴ
(感じる)	**觉得，感到** juéde, gǎndào ジュエダ，ガンダオ	feel フィール
もよりの **最寄りの** moyorino	**附近，最近** fùjìn, zuì jìn フゥジン，ヅゥイジン	nearby ニアバイ
もらう **貰う** morau	**收到，接受** shōudào, jiēshòu ショウダオ，ジエショウ	get, receive ゲト，リスィーヴ
もらす **洩[漏]らす** morasu	**漏** lòu ロウ	leak リーク

日	中	英
（秘密を）	泄露，透露 xièlòu, tòulù シエロウ，トウルゥ	let out, leak レト アウト，リーク
もり **森** mori	森林，树林 sēnlín, shùlín センリン，シュウリン	woods, forest ウヅ，フォレスト
もる **盛る** moru	堆积 duījī ドゥイジィ	pile up パイル アプ
（食物を）	盛 chéng チョン	dish up ディシュ アプ
もれる **洩[漏]れる** moreru	漏 lòu ロウ	leak, come through リーク，カム スルー
（秘密が）	泄露，透露 xièlòu, tòulù シエロウ，トウルゥ	leak out リーク アウト
もろい **脆い** moroi	脆，脆弱 cuì, cuìruò ツゥイ，ツゥイルゥオ	fragile フラヂル
もん **門** mon	（大）门 (dà)mén (ダァ)メン	gate ゲイト
もんく **文句** monku	词句，词语 cíjù, cíyǔ ツージュィ，ツーユィ	words, phrase ワーヅ，フレイズ
（不平）	牢骚 láosao ラオサオ	complaint コンプレイント
～を言う	抱怨，发牢骚 bàoyuan, fā láosao バオユエン，ファア ラオサオ	complain コンプレイン
もんげん **門限** mongen	关门时间 guānmén shíjiān グワンメン シージエン	curfew カーフュー
もんごる **モンゴル** mongoru	蒙古 Měnggǔ モンプウ	Mongolia マンゴウリア
もんだい **問題** mondai	问题 wèntí ウェンティー	question, problem クウェスチョン，プラブレム

日	中	英

や, ヤ

や **矢** ya	〔枝〕箭，矢 〔zhī〕jiàn, shǐ 〔デー〕ジエン，シー	arrow アロウ
やおちょう **八百長** yaochou	假比赛 jiǎbǐsài ジアビィサイ	fixed game フィクスト ゲイム
やおや **八百屋** yaoya	蔬菜店，菜铺 shūcàidiàn, càipù シュウツァイディエン，ツァイプウ	vegetable store ヴェデタブル ストー
やがい **野外** yagai	野外，户外 yěwài, hùwài イエワイ，ホゥワイ	outdoor, open-air アウトドー，オウプンエア
やがて **やがて** yagate	不久，马上 bùjiǔ, mǎshàng ブゥジウ，マァシャァン	soon スーン
やかましい **喧しい** yakamashii	吵闹，喧闹 chǎonào, xuānnào チャオナオ，シュエンナオ	noisy, clamorous ノイズィ，クラモラス
やかん **夜間** yakan	夜间，夜里 yèjiān, yèli イエジエン，イエリ	night, nighttime ナイト，ナイトタイム
やかん **薬缶** yakan	水壶 shuǐhú シュイフゥ	kettle ケトル
やぎ **山羊** yagi	山羊 shānyáng シャンヤン	goat ゴウト
～座	摩羯座 Mójiézuò モォジエヅオ	Capricorn キャプリコーン
やきざかな **焼き魚** yakizakana	烤鱼 kǎoyú カオユィ	grilled fish グリルド フィシュ
やきにく **焼き肉** yakiniku	烤肉 kǎoròu カオロウ	roast meat ロウスト ミート
やきもち **焼き餅** yakimochi	烤年糕 kǎoniángāo カオニエンガオ	baked rice cake ベイクド ライス ケイク

日	中	英
～を焼く	吃醋，嫉妒 chī cù, jídù チーツゥ, ジィドゥ	(be) jealous of (ビ) **ヂェ**ラス オヴ
やきゅう **野球** yakyuu	棒球 bàngqiú パァンチゥ	baseball **ベ**イスボール
やきん **夜勤** yakin	夜班，夜工 yèbān, yègōng イエバン, イエゴン	night shift **ナ**イト **シ**フト
やく **焼く** yaku	烧，烤 shāo, kǎo シャオ, カオ	burn, bake バーン, **ベ**イク
やく **役** yaku	地位，职位 dìwèi, zhíwèi ディーウェイ, デーウェイ	post, position **ポ**ウスト, ポ**ジ**ション
(劇の)	角色 juésè ジュエスァ	part, role パート, **ロ**ウル
～(に)立つ	有用，有益 yǒuyòng, yǒuyì ヨウヨン, ヨウイー	(be) useful (ビ) **ユ**ースフル
やく **約** yaku	大约，大概 dàyuē, dàgài ダァユエ, ダァガイ	about ア**バ**ウト
やく **訳** yaku	翻译，译笔 fānyì, yìbǐ ファンイー, イービィ	translation トランス**レ**イション
～語	译词，翻译词 yìcí, fānyìcí イーツー, ファンイーツー	translation トランス**レ**イション
やくいん **役員** yakuin	职员，干事 zhíyuán, gànshi デーユエン, ガンシ	officer, official **オ**ーフィサ, オ**フィ**シャル
やくがく **薬学** yakugaku	药学 yàoxué ヤオシュエ	pharmacy **ファ**ーマスィ
やくざ **やくざ** yakuza	流氓，无赖 liúmáng, wúlài リウマァン, ウゥライ	gangster, hoodlum **ギャ**ングスタ, **フ**ードラム
やくざい **薬剤** yakuzai	药剂 yàojì ヤオジィ	medicine **メ**ディスィン

日	中	英
〜師	药剂师 yàojìshī ヤオジィシー	pharmacist, drug-gist ファーマスィスト，ドラギスト
やくしゃ 役者 yakusha	演员 yǎnyuán イエンユエン	actor, actress アクタ，アクトレス
やくしょ 役所 yakusho	机关，官署 jīguān, guānshǔ ジィグワン，グワンシュウ	public office パブリク オーフィス
やくしんする 躍進する yakushinsuru	跃进 yuèjìn ユエジン	make progress メイク プラグレス
やくす 訳す yakusu	翻译 fānyì ファンイー	translate into トランスレイト イントゥ
やくそう 薬草 yakusou	药草 yàocǎo ヤオツァオ	herb アーブ
やくそく 約束 yakusoku	诺言 nuòyán ヌゥオイエン	promise プラミス
〜する	约定，承诺 yuēdìng, chéngnuò ユエディン，チョンヌゥオ	promise プラミス
やくにん 役人 yakunin	官员，官吏 guānyuán, guānlì グワンユエン，グワンリィ	government offi-cial ガヴァンメント オフィシャル
やくひん 薬品 yakuhin	药品，药物 yàopǐn, yàowù ヤオピン，ヤオウゥ	medicine メディスィン
やくめ 役目 yakume	作用，任务 zuòyòng, rènwu ヅゥオヨン，レンウ	duty デューティ
やくわり 役割 yakuwari	任务，角色 rènwu, juésè レンウ，ジュエスァ	part, role パート，ロウル
やけい 夜景 yakei	夜景 yèjǐng イエジン	night view ナイト ヴューー

日	中	英
やけど **火傷** yakedo	**烫伤** tàngshāng タァンシャァン	burn, get burned バーン, ゲト バーンド
～する	**烫，烧伤** tàng, shāoshāng タァン, シャオシャァン	(be) burned (ビ) バーンド
やける **焼ける** yakeru	**烧，烧毁** shāo, shāohuǐ シャオ, シャオホゥイ	(be) burned (ビ) バーンド
（肉・魚などが）	**烤好，烧好** kǎohǎo, shāohǎo カオハオ, シャオハオ	(be) roasted, (be) broiled (ビ) ロウステド, (ビ) ブロイ ルド
やこうせい **夜行性** yakousei	**夜行性** yèxíngxìng イエシィンシィン	nocturnal ナク**タ**ーナル
やこうれっしゃ **夜行列車** yakouressha	**夜车** yèchē イエチョァ	night train **ナ**イト トレイン
やさい **野菜** yasai	**蔬菜** shūcài シュウツァイ	vegetables **ヴェ**ヂタブルズ
やさしい **易しい** yasashii	**容易，简单** róngyì, jiǎndān ロンイー, ジエンダン	easy, plain **イ**ーズィ, プレイン
やさしい **優しい** yasashii	**和蔼，温柔** hé'ǎi, wēnróu ホァアアイ, ウェンロウ	gentle, kind **ヂェ**ントル, **カ**インド
やじ **野次** yaji	**倒彩** dàocǎi ダオツァイ	catcall **キャ**トコール
～を飛ばす	**喝倒彩** hè dàocǎi ホァ ダオツァイ	hoot, catcall **フ**ート, **キャ**トコール
やしなう **養う** yashinau	**养育** yǎngyù ヤンユィ	bring up ブリング **ア**プ
（扶養）	**扶养，养活** fúyǎng, yǎnghuo フゥヤン, ヤンホゥオ	support, keep サ**ポ**ート, **キ**ープ

日	中	英
やじるし **矢印** yajirushi	箭头，箭形符号 jiàntóu, jiànxíng fúhào ジエントウ，ジエンシィン フゥハオ	arrow **ア**ロウ
やしん **野心** yashin	野心，雄心 yěxīn, xióngxīn イエシン，シオンシン	ambition アン**ビ**ション
～的な	有野心的 yǒu yěxīn de ヨウ イエシン ダ	ambitious アン**ビ**シャス
やすい **安い** yasui	便宜 piányi ピエンイ	cheap, inexpensive **チ**ープ，イニクス**ペ**ンスィブ
やすうり **安売り** yasuuri	贱卖，甩卖 jiànmài, shuǎimài ジエンマイ，シュアイマイ	bargain sale **バ**ーゲン **セ**イル
やすっぽい **安っぽい** yasuppoi	不值钱 bù zhíqián ブゥ ヂーチエン	cheap, flashy **チ**ープ，**フラ**シ
やすね **安値** yasune	廉价 liánjià リエンジア	low price **ロ**ウ プ**ラ**イス
やすみ **休み** yasumi	休息 xiūxi シウシ	rest **レ**スト
（休日）	假日，休假（日） jiàrì, xiūjià(rì) ジアリー，シウジア(リー)	holiday, vacation **ハ**リデイ，ヴェイ**ケ**イション
やすむ **休む** yasumu	歇，休息 xiē, xiūxi シエ，シウシ	rest **レ**スト
（欠席）	缺席，缺勤 quē'xí, quē'qín チュエシィ，チュエチン	(be) absent from (ビ) **ア**ブセント フラム
やすらかな **安らかな** yasurakana	安静，平安 ānjìng, píng'ān アンジン，ピィンアン	peaceful, quiet **ピ**ースフル，ク**ワ**イエト
やすらぎ **安らぎ** yasuragi	安乐，平静 ānlè, píngjìng アンルァ，ピィンジィン	peace **ピ**ース
やすり **鑢** yasuri	〔把〕锉，锉刀 [bǎ] cuò, cuòdāo [バァ] ツゥオ，ツゥオダオ	file **ファ**イル

787

日	中	英
やせい **野生** yasei	**野生** yěshēng イエション	wild ワイルド
やせた **痩せた** yaseta	**痩，清痩** shòu, qīngshòu ショウ，チィンショウ	thin, slim スィン，スリム
やせる **痩せる** yaseru	**痩，消痩** shòu, xiāoshòu ショウ，シアオショウ	(become) thin (ビカム) スィン
やそう **野草** yasou	**野草** yěcǎo イエツァオ	wild grass ワイルド グラス
やたい **屋台** yatai	**摊子** tānzi タンヅ	stall, stand ストール，スタンド
やたらに **矢鱈に** yatarani	**胡乱，横加** húluàn, héngjiā ホゥルワン，ヘゥンジア	at random アト ランダム
（過度に）	**过分，非常** guòfèn, fēicháng グゥオフェン，フェイチャァン	excessively イクセスィヴリ
やちょう **野鳥** yachou	**野鸟** yěniǎo イエニアオ	wild bird ワイルド バード
やちん **家賃** yachin	**房钱，房租** fángqián, fángzū ファァンチエン，ファァンヅゥ	rent レント
やっかいな **厄介な** yakkaina	**麻烦，棘手** máfan, jíshǒu マァファン，ジィショウ	troublesome トラブルサム
やっきょく **薬局** yakkyoku	**药房，药店** yàofáng, yàodiàn ヤオファァン，ヤオディエン	drugstore, pharmacy ドラグストー，ファーマスィ
やっつける **遣っ付ける** yattsukeru	**打败，击败** dǎbài, jībài ダァバイ，ジィバイ	beat, defeat ビート，ディフィート
（処理）	**处理，对付** chǔlǐ, duìfu チュウリィ，ドゥイフ	finish, fix フィニシュ，フィクス
やっと **やっと**（ついに） yatto	**好容易，总算** hǎoróngyì, zǒngsuàn ハオロンイー，ヅォンスワン	at last アト ラスト

や

日	中	英
（かろうじて）	勉强 miǎnqiǎng ミエンチアン	barely ベアリ
やつれる やつれる yatsureru	憔悴，消瘦 qiáocuì, xiāoshòu チアオツイ，シアオショウ	(be) worn out (ビ) ウォーン アウト
やど 宿 yado	旅馆，旅店 lǚguǎn, lǚdiàn リュィグワン，リュィディエン	hotel, inn ホウテル，イン
やといぬし 雇い主 yatoinushi	雇主 gùzhǔ グゥヂュウ	employer インプロイア
やとう 雇う yatou	雇，雇佣 gù, gùyōng グゥ，グゥヨン	employ インプロイ
やとう 野党 yatou	在野党 zàiyědǎng ヅァイイエダァン	opposition party アポズィション パーティ
やなぎ 柳 yanagi	〔棵〕柳树 〔kē〕liǔshù 〔クァ〕リウシュウ	willow ウィロウ
やぬし 家主 yanushi	房东，房主 fángdōng, fángzhǔ ファァンドン，ファァンヂュウ	landlord ランドロード
やね 屋根 yane	屋顶，房顶 wūdǐng, fángdǐng ウゥディン，ファァンディン	roof ルーフ
～裏	阁楼，顶楼 gélóu, dǐnglóu グァロウ，ディンロウ	garret, attic ギャレト，アティク
やはり やはり yahari	也 yě イエ	also オールソウ
（依然として）	仍然，还是 réngrán, háishi ルォンラン，ハイシ	still, all the same スティル，オール ザ セイム
（結局）	毕竟，到底 bìjìng, dàodǐ ビィジィン，ダオディー	after all アフタ オール
やばんな 野蛮な yabanna	野蛮 yěmán イエマン	barbarous, savage バーバラス，サヴィヂ

や

日	中	英
やぶ **藪** yabu	**草丛，树丛** cǎocóng, shùcóng ツァオツォン, シュウツォン	bush ブシュ
やぶる **破る** yaburu	**破，撕** pò, sī ポォ, スー	tear テア
（壊す） 	**破坏，损坏** pòhuài, sǔnhuài ポォホアイ, スゥンホアイ	break ブレイク
（負かす） 	**打败** dǎˮbài ダァバイ	beat, defeat ビート, ディフィート
やぶれる **破れる** yabureru	**破，裂** pò, liè ポォ, リエ	tear テア
（壊れる） 	**破，破灭** pò, pòmiè ポォ, ポォミエ	break ブレイク
やぶれる **敗れる** yabureru	**输，打败** shū, dǎˮbài シュウ, ダァバイ	(be) beaten (ビ) ビートン
やぼう **野望** yabou	**野心** yěxīn イエシン	ambition アンビション
やま **山** yama	〔座〕**山** 〔zuò〕shān 〔ヅゥオ〕シャン	mountain マウンテン
やまかじ **山火事** yamakaji	**山火** shānhuǒ シャンホゥオ	forest fire フォレスト ファイア
やましい **疚しい** yamashii	**亏心，内疚** kuīxīn, nèijiù クゥイシン, ネイジウ	feel guilty フィール ギルティ
やまのぼり **山登り** yamanobori	**爬山** páshān パァシャン	mountaineering マウンテニアリング
やみ **闇** yami	**黑暗** hēi'àn ヘイアン	darkness ダークネス
やむ **止む** yamu	**停止，停** tíngzhǐ, tíng ティンデー, ティン	stop, (be) over スタプ, (ビ) オウヴァ

や

日	中	英
やむをえない **やむを得ない** yamuwoenai	**不得已** bùdéyǐ プゥドゥァイー	inevitable イネヴィタブル
やめる **止める** yameru	**停止，作罢** tíngzhǐ, zuòbà ティンヂー，ヅゥオバァ	stop, end スタプ，エンド
やめる **辞める** yameru	**辞** cí ツー	resign, leave リザイン，リーヴ
（退職）	**辞职，退休** cízhí, tuìxiū ツーヂー，トゥイシウ	retire リタイア
やや **やや** yaya	**稍微** shāowēi シャオウェイ	a little, somewhat ア リトル，サム(ホ)ワト
ややこしい **ややこしい** yayakoshii	**复杂，烦琐** fùzá, fánsuǒ フゥヅァア，ファンスゥオ	complicated カンプリケイテド
やりかた **遣り方** yarikata	**方法，做法** fāngfǎ, zuòfǎ ファァンファア，ヅゥオファア	way, method ウェイ，メソド
やりとげる **遣り遂げる** yaritogeru	**完成，做完** wánchéng, zuòwán ワンチョン，ヅゥオワン	accomplish アカンプリシュ
やりなおす **遣り直す** yarinaosu	**再做，重做** zàizuò, chóngzuò ヅァイ ヅゥオ，チォンヅゥオ	try again トライ アゲイン
やりなげ **槍投げ** yarinage	**标枪** biāoqiāng ビアオチアン	javelin throw チャヴェリン スロウ
やる **遣る**　（する） yaru	**做，干** zuò, gàn ヅゥオ，ガン	do ドゥー
（与える）	**给** gěi ゲイ	give ギヴ
やるき **遣る気** yaruki	**干劲，劲头** gànjìn, jìntóu ガンジン，ジントウ	will, drive ウィル，ドライヴ
やわらかい **柔[軟]らかい** yawarakai	**软，柔软** ruǎn, róuruǎn ルワン，ロウルワン	soft, tender ソーフト，テンダ

や

日	中	英
（態度などが）	柔和，温和 róuhé, wēnhé ロウホォア，ウェンホォア	soft, tender ソーフト，テンダ
やわらぐ **和らぐ** yawaragu	缓和，变柔软 huǎnhé, biàn róuruǎn ホワンホォア，ビエン ロウルワン	soften ソーフン
（苦痛などが）	减轻，缓和 jiǎnqīng, huǎnhé ジエンチン，ホワンホォア	lessen レスン
（心が）	平静下来 píngjìngxiàlai ピィンジィンシアライ	calm down カーム ダウン
やわらげる **和らげる** yawarageru	缓和 huǎnhé ホワンホォア	soften ソーフン
（苦痛などを）	减轻，缓和 jiǎnqīng, huǎnhé ジエンチン，ホワンホォア	allay, ease アレイ，イーズ
（心を）	放松，使平静 fàngsōng, shǐ píngjìng ファァンソン，シー ピィンジィン	soothe, calm スーズ，カーム
やんちゃな **やんちゃな** yanchana	淘气，顽皮 táoqì, wánpí タオチィ，ワンピィ	naughty ノーティ
やんわりと **やんわりと** yanwarito	委婉地 wěiwǎn de ウェイワン ダ	softly ソーフトリ

ゆ，ユ

日	中	英
ゆ **湯** yu	开水，热水 kāishuǐ, rèshuǐ カイシュイ，ルァシュイ	hot water ハト ウォータ
ゆいいつの **唯一の** yuiitsuno	唯一 wéiyī ウェイイー	only, unique オウンリ，ユーニーク
ゆいごん **遺言** yuigon	遗言，遗嘱 yíyán, yízhǔ イーイエン，イーヂュウ	will ウィル
ゆうい **優位** yuui	优势 yōushì ヨウシー	advantage アドヴァンティヂ

日	中	英
有意義な ゆういぎな yuuigina	**有意义** yǒu yìyì ヨウ イーイー	significant スィグ**ニ**フィカント
憂鬱 ゆううつ yuuutsu	**忧郁，忧闷** yōuyù, yōumèn ヨウ**ユ**ィ，ヨウメン	melancholy, gloomy **メ**ランカリ，グ**ルー**ミ
有益な ゆうえきな yuuekina	**有益，有利** yǒuyì, yǒulì ヨウイー，ヨウ**リ**ィ	useful, beneficial **ユー**スフル，ベネ**フィ**シャル
優越感 ゆうえつかん yuuetsukan	**优越感** yōuyuègǎn ヨウユエガン	sense of superiori- ty **セ**ンス オヴ スピアリ**オー**リ ティ
遊園地 ゆうえんち yuuenchi	**游乐园** yóulèyuán ヨウラユエン	amusement park ア**ミュー**ズメント **パー**ク
誘拐（する） ゆうかい（する） yuukai (suru)	**拐骗，诱拐** guǎipiàn, yòuguǎi グアイピエン，ヨウグアイ	abduction; kidnap アブ**ダ**クション，**キ**ドナプ
有害な ゆうがいな yuugaina	**有害** yǒuhài ヨウハイ	bad, harmful **バ**ド，**ハー**ムフル
有価証券 ゆうかしょうけん yuukashouken	**（有价）证券** (yǒujià) zhèngquàn （ヨウジア）ヂョンチュエン	securities スィ**キュ**アリティズ
夕方 ゆうがた yuugata	**傍晚** bàngwǎn バァンワン	late afternoon, evening **レ**イト アフタ**ヌー**ン，**イー** ヴニング
優雅な ゆうがな yuugana	**优雅，文雅** yōuyǎ, wényǎ ヨウヤァ，ウェンヤァ	graceful, elegant グ**レ**イスフル，**エ**リガント
夕刊 ゆうかん yuukan	**晚报** wǎnbào ワンパオ	evening paper **イー**ヴニング **ペ**イパ
勇敢な ゆうかんな yuukanna	**勇敢** yǒnggǎn ヨンガン	brave, courageous ブ**レ**イヴ，カ**レ**イヂャス
勇気 ゆうき yuuki	**勇气** yǒngqì ヨンチィ	courage, bravery **カー**リヂ，ブ**レ**イヴァリ

ゆ

日	中	英

〜のある

ゆうき（の）
有機（の）
yuuki (no)

ゆうきゅうきゅうか
有給休暇
yuukyuukyuuka

ゆうぐう（する）
優遇（する）
yuuguu (suru)

ゆうぐれ
夕暮れ
yuugure

ゆうけんしゃ
有権者
yuukensha

ゆうこう
友好
yuukou

〜関係

ゆうごう（する）
融合（する）
yuugou (suru)

ゆうこうな
有効な
yuukouna

ゆうごはん
夕御飯
yuugohan

ゆーざー
ユーザー
yuuzaa

ゆうざい
有罪
yuuzai

ゆうしする
融資する
yuushisuru

有勇气
yǒu yǒngqì
ヨウ ヨンチィ

有机
yǒujī
ヨウジィ

带薪休假
dàixīn xiūjià
ダイ シン シウジア

优遇，优待
yōuyù, yōudài
ヨウユィ，ヨウダイ

傍晚，黄昏
bàngwǎn, huánghūn
バァンワン，ホアンホウン

选民
xuǎnmín
シュエンミン

友谊，友好
yǒuyì, yǒuhǎo
ヨウイー，ヨウハオ

友好关系
yǒuhǎo guānxi
ヨウハオ グワンシ

融合
rónghé
ロンホォァ

有效
yǒuxiào
ヨウシアオ

〔顿〕晚饭
〔dùn〕wǎnfàn
〔ドゥン〕ワンファン

用户
yònghù
ヨンホゥ

有罪
yǒuzuì
ヨウヅゥイ

贷款
dàikuǎn
ダイクワン

---

courageous
カレイヂャス

organic
オーガニク

paid holiday
ペイド ハリデイ

favor
フェイヴァ

evening
イーヴニング

electorate
イレクトレト

friendship
フレンドシプ

friendship
フレンドシプ

fusion; fuse
フュージョン，フューズ

valid, effective
ヴァリド，イフェクティヴ

supper, dinner
サパ，ディナ

user
ユーザ

guilty
ギルティ

financing; finance
フィナンスィング，フィナンス

日	中	英
ゆうしゅう（な） **優秀（な）** yuushuu (na)	**优秀，出色** yōuxiù, chūsè ヨウシウ，チュウスァ	excellent エクセレント
ゆうしょう **優勝** yuushou	**冠军** guànjūn グワンジュイン	championship チャンピオンシプ
～する	**夺得冠军，获得第一名** duódé guànjūn, huòdé dìyī míng ドゥオドゥア グワンジュイン，ホゥオドゥア ディーイーミィン	win a champion-ship ウィン ア チャンピオンシプ
ゆうじょう **友情** yuujou	**友情，友谊** yǒuqíng, yǒuyì ヨウチィン，ヨウイー	friendship フレンドシプ
ゆうしょく **夕食** yuushoku	〔顿〕**晚饭，晚餐** 〔dùn〕wǎnfàn, wǎncān 〔ドゥン〕ワンファン，ワンツァン	supper, dinner サパ，ディナ
ゆうじん **友人** yuujin	**朋友** péngyou ポンヨウ	friend フレンド
ゆうせい **優勢** yuusei	**占上风，有优势** zhàn shàngfēng, yǒu yōushì ヂャン シャァンフォン，ヨウ ヨウシー	superior, predomi-nant スピアリア，プリ**ダ**ミナント
ゆうせん（する） **優先（する）** yuusen (suru)	**优先** yōuxiān ヨウシエン	priority; precede プライ**オ**リティ，プリ**スィ**ード
ゆうぜんと **悠然と** yuuzento	**从容，悠然** cóngróng, yōurán ツォンロン，ヨウラン	composedly コンポウズドリ
ゆうそう（する） **郵送（する）** yuusou (suru)	**邮寄，邮递** yóujì, yóudì ヨウヂィ，ヨウディー	send by mail **セ**ンド バイ メイル
～料	**邮资，邮费** yóuzī, yóufèi ヨウヅー，ヨウフェイ	postage **ポ**ウステヂ
ゆーたーん（する） **ユーターン（する）** yuutaan (suru)	**掉头** diàotóu ディアオトウ	U-turn; make a U-turn **ユ**ーターン，**メ**イク ア **ユ**ーターン
ゆうたいけん **優待券** yuutaiken	〔张〕**优待券** 〔zhāng〕yōudàiquàn 〔ヂャァン〕ヨウダイチュエン	complimentary ticket カンプリメンタリ **ティ**ケット

日	中	英
ゆうだいな **雄大な** yuudaina	**雄伟，雄大** xióngwěi, xióngdà シオンウェイ，シオンダァ	grand, magnificent グランド，マグニフィセント
ゆうだち **夕立** yuudachi	**（雷）阵雨** (léi)zhènyǔ (レイ)ヂェンユィ	shower シャウア
ゆうどうする **誘導する** yuudousuru	**引导，诱导** yǐndǎo, yòudǎo インダオ，ヨウダオ	lead リード
ゆうどく **有毒** yuudoku	**有毒，有害** yǒudú, yǒuhài ヨウドゥ，ヨウハイ	poisonous ポイズナス
ゆーとぴあ **ユートピア** yuutopia	**世外桃源，乌托邦** shìwài táoyuán, wūtuōbāng シーワイ タオユエン，ウゥトゥオバァン	Utopia ユートウピア
ゆうのうな **有能な** yuunouna	**能干，精悍** nénggàn, jīnghàn ヌォンガン，ジィンハン	able, capable エイブル，ケイパブル
ゆうはつする **誘発する** yuuhatsusuru	**诱发，引发** yòufā, yǐnfā ヨウファァ，インファァ	induce インデュース
ゆうはん **夕飯** yuuhan	**〔顿〕晚饭，晚餐** 〔dùn〕wǎnfàn, wǎncān 〔ドゥン〕ワンファン，ワンツァン	supper, dinner サパ，ディナ
ゆうひ **夕日** yuuhi	**夕阳，斜阳** xīyáng, xiéyáng シィヤン，シエヤン	setting sun セティング サン
ゆうびな **優美な** yuubina	**优美，优雅** yōuměi, yōuyǎ ヨウメイ，ヨウヤァ	graceful, elegant グレイスフル，エリガント
ゆうびん **郵便** yuubin	**邮政** yóuzhèng ヨウヂョン	mail, post メイル，ポウスト
〜受け	**信箱** xìnxiāng シンシアン	mailbox メイルパクス
〜局	**邮局** yóujú ヨウジュィ	post office ポウスト オーフィス
〜番号	**邮政编码** yóuzhèng biānmǎ ヨウヂョン ビエンマァ	zip code ズィプ コウド

ゆ

日	中	英
ゆーふぉー **ユーフォー** yuufoo	飞碟，不明飞行物 fēidié, bùmíng fēixíngwù フェイディエ，ブゥミィン フェイシィンウゥ	UFO ユーエフオウ
ゆうふくな **裕福な** yuufukuna	富裕 fùyù フゥユイ	rich, wealthy リチ，**ウェ**ルスィ
ゆうべ **夕べ** yuube	昨晚，昨夜 zuówǎn, zuóyè ヅゥオワン，ヅゥオイエ	last night ラスト **ナ**イト
ゆうべんな **雄弁な** yuubenna	雄辩 xióngbiàn シオンビエン	eloquent エロクウェント
ゆうぼうな **有望な** yuubouna	有希望，有前途 yǒu xīwàng, yǒu qiántú ヨウ シィワァン，ヨウ チエントゥ	promising, hopeful プラミスィング，**ホ**ウプフル
ゆうぼくみん **遊牧民** yuubokumin	游牧民族 yóumù mínzú ヨウムゥ ミンヅゥ	nomad ノウマド
ゆうめいな **有名な** yuumeina	著名，有名 zhùmíng, yǒumíng ヂュウミィン，ヨウミィン	famous, well-known **フェ**イマス，**ウェ**ルノウン
ゆーもあ **ユーモア** yuumoa	幽默 yōumò ヨウモォ	humor **ヒュ**ーマ
ゆうやけ **夕焼け** yuuyake	晚霞 wǎnxiá ワンシア	evening glow **イ**ーヴニング グロウ
ゆうやみ **夕闇** yuuyami	暮色，黄昏 mùsè, huánghūn ムゥスァ，ホアンホゥン	dusk, twilight **ダ**スク，ト**ワ**イライト
ゆうよ **猶予** yuuyo	缓期，延期 huǎnqī, yánqī ホワンチィ，イエンチィ	delay, grace ディ**レ**イ，グレイス
〜期間	延缓期间 yánhuǎn qījiān イエンホワン チィジェン	grace period グレイス **ピ**アリアド
ゆうらんせん **遊覧船** yuuransen	游艇，游览船 yóutǐng, yóulǎnchuán ヨウティン，ヨウランチュワン	pleasure boat プレジャ **ボ**ウト

日	中	英

有利な
ゆうりな
yuurina

有利
yǒulì
ヨウリィ

advantageous
アドヴァンテイヂャス

憂慮(する)
ゆうりょ(する)
yuuryo (suru)

忧虑，愁虑
yōulǜ, chóulǜ
ヨウリュイ，チョウリュイ

anxiety; worry about
アングザイエティ，ワーリアバウト

有料
ゆうりょう
yuuryou

收费
shōufèi
ショウフェイ

pay
ペイ

優良な
ゆうりょうな
yuuryouna

优良
yōuliáng
ヨウリアン

superior, excellent
スピアリア，エクセレント

有力な
ゆうりょくな
yuuryokuna

有力
yǒulì
ヨウリィ

strong, powerful
ストローング，パウアフル

幽霊
ゆうれい
yuurei

鬼，幽灵
guǐ, yōulíng
グウィ，ヨウリィン

ghost
ゴウスト

誘惑(する)
ゆうわく(する)
yuuwaku (suru)

诱惑，引诱
yòuhuò, yǐnyòu
ヨウホゥオ，インヨウ

temptation; tempt
テンプテイション，テンプト

床
ゆか
yuka

地，地板
dì, dìbǎn
ディー，ディーバン

floor
フロー

愉快な
ゆかいな
yukaina

愉快，开心
yúkuài, kāixīn
ユィクアイ，カイシン

pleasant, cheerful
プレザント，チアフル

歪む
ゆがむ
yugamu

歪，歪斜
wāi, wāixié
ワイ，ワイシエ

(be) distorted
(ビ) ディストーテド

歪める
ゆがめる
yugameru

弄歪，歪曲
nòngwāi, wāiqū
ノンワイ，ワイチュィ

distort, bend
ディストート，ベンド

雪
ゆき
yuki

雪
xuě
シュエ

snow
スノウ

行方
ゆくえ
yukue

去向，下落
qùxiàng, xiàluò
チュイシアン，シアルゥオ

whereabouts
(ホ)ウェアラバウツ

ゆ

日	中	英
～不明	失踪, 下落不明 shīzōng, xiàluò bùmíng シーヅォン, シアルゥオ ブゥミィン	missing ミスィング
ゆげ 湯気 yuge	热气 rèqì ルァチイ	steam, vapor スティーム, ヴェイパ
ゆけつ(する) 輸血(する) yuketsu (suru)	输血 shū'xuè シュウシュエ	blood transfusion; transfuse blood ブラド トランスフュージョ ン, トランスフューズ ブラ ド
ゆさぶる 揺さぶる yusaburu	摇动, 摇晃 yáodòng, yáohuang ヤオドン, ヤオホアン	shake, move シェイク, ムーヴ
ゆしゅつ(する) 輸出(する) yushutsu (suru)	出口 chū'kǒu チュウコウ	export; export エクスポート, エクスポート
ゆすぐ 濯ぐ yusugu	涮, 漂 shuàn, piǎo シュワン, ピアオ	rinse リンス
ゆすり 強請 yusuri	敲诈 qiāozhà チアオヂャア	blackmail ブラクメイル
ゆずりうける 譲り受ける yuzuriukeru	继承, 承受 jìchéng, chéngshòu ジィチョン, チョンショウ	take over テイク オウヴァ
ゆする 強請る yusuru	勒索, 敲诈 lèsuǒ, qiāozhà ルァスゥオ, チアオヂャア	extort, blackmail イクストート, ブラクメイル
ゆずる 譲る yuzuru	让, 转让 ràng, zhuǎnràng ラァン, デュワンラァン	hand over, give ハンド オウヴァ, ギヴ
(売る)	卖, 出让 mài, chūràng マイ, チュウラァン	sell セル
(譲歩)	让步 ràngbù ラァンブゥ	concede to コンスィード トゥ
(引き渡す)	交给 jiāogěi ジアオゲイ	hand over, give ハンド オウヴァ, ギヴ

日	中	英
ゆせい **油性** yusei	**油性** yóuxìng ヨウシン	oil-based **オ**イルベイスト
ゆそう(する) **輸送(する)** yusou (suru)	**运输，输送** yùnshū, shūsòng ユィンシュウ，シュウソン	transport, carry トランス**ポ**ート，**キャ**リ
ゆたかな **豊かな** yutakana	**丰富，富裕** fēngfù, fùyù フォンフウ，フゥユィ	abundant, rich ア**バ**ンダント，**リ**チ
ゆだねる **委ねる** yudaneru	**付托，委托** fùtuō, wěituō フウトゥオ，ウェイトゥオ	entrust with イント**ラ**スト ウィズ
ゆだん(する) **油断(する)** yudan (suru)	**麻痹，失神** mábì, shīshén マァビィ，シーシェン	(be) off *one's* guard (ビ) オフ **ガ**ード
ゆちゃく(する) **癒着(する)** yuchaku (suru)	**粘连** zhānlián チャンリエン	adhesion; adhere アド**ヒ**ージョン，アド**ヒ**ア
ゆっくり **ゆっくり** yukkuri	**慢慢，缓缓** mànmàn, huǎnhuǎn マンマン，ホワンホワン	slowly ス**ロ**ウリ
ゆでたまご **茹で卵** yudetamago	**煮鸡蛋** zhǔjīdàn ヂュウジィダン	boiled egg **ボ**イルド **エ**グ
ゆでる **茹でる** yuderu	**煮** zhǔ ヂュウ	boil **ボ**イル
ゆでん **油田** yuden	**油田** yóutián ヨウティエン	oil field **オ**イル **フィ**ールド
ゆとり **ゆとり** yutori	**余地，宽裕** yúdì, kuānyù ユィディー，クワンユィ	room **ル**ーム
（気持ちの）	**闲心** xiánxīn シエンシン	peace of mind **ピ**ース オヴ **マ**インド
ゆにーくな **ユニークな** yuniikuna	**独特，独到** dútè, dúdào ドゥトゥア，ドゥダオ	unique ユー**ニ**ーク
ゆにせふ **ユニセフ** yunisefu	**联合国儿童基金** Liánhéguó értóng jījīn リエンホァグゥオ アルトン ジィジン	UNICEF **ユ**ーニセフ

ゆ

日	中	英
ゆにふぉーむ **ユニフォーム** yunifoomu	〔套〕制服 〔tào〕zhìfú 〔タオ〕ヂーフウ	uniform ユーニフォーム
ゆにゅう(する) **輸入(する)** yunyuu (suru)	进口 jìn'kǒu ジンコウ	import; import インポート，インポート
ゆねすこ **ユネスコ** yunesuko	联合国教科文组织 Liánhéguó jiàokēwén zǔzhī リエンホァグウォ ジアオクァウェン ヅゥ ヂー	UNESCO ユーネスコウ
ゆび **指** yubi	〔只〕指，手指 〔zhī〕zhǐ, shǒuzhǐ 〔ヂー〕ヂー，ショウヂー	finger フィンガ
(足の) 	〔只〕脚趾 〔zhī〕jiǎozhǐ 〔ヂー〕ジアオヂー	toe トウ
ゆびわ **指輪** yubiwa	戒指 jièzhi ジエヂ	ring リング
ゆみ **弓** yumi	弓 gōng ゴン	bow バウ
ゆめ **夢** yume	梦 mèng モン	dream ドリーム
(理想) 	理想 lǐxiǎng リィシアン	dream ドリーム
ゆらい **由来** yurai	由来，来历 yóulái, láilì ヨウライ，ライリィ	history ヒストリ
～する	起源于 qǐyuán yú チィユエン ユィ	originate in オリヂネイト イン
ゆり **百合** yuri	百合 bǎihé バイホァ	lily リリ
ゆりかご **揺り籠** yurikago	摇篮 yáolán ヤオラン	cradle クレイドル

日	中	英
ゆるい **緩い** yurui	松 sōng ソン	loose ルース
ゆるがす **揺るがす** yurugasu	震动，震撼 zhèndòng, zhènhàn ヂェンドン，ヂェンハン	shake, swing シェイク，ス**ウィ**ング
ゆるし **許し** yurushi	许可，准许 xǔkě, zhǔnxǔ シュイクァ，ヂュンシュイ	permission, allow パ**ミ**ション，ア**ラ**ウ
ゆるす **許す** yurusu	允许，准许 yǔnxǔ, zhǔnxǔ ュインシュー，ヂュンシュイ	allow, permit ア**ラ**ウ，パ**ミ**ト
（容赦する）	原谅，饶恕 yuánliàng, ráoshù ユエンリアン，ラオシュウ	forgive, pardon フォ**ギ**ヴ，**パ**ードン
ゆるむ **緩む** yurumu	松动，松弛 sōngdòng, sōngchí ソンドン，ソンチー	loosen ルースン
（緊張が）	松懈，放松 sōngxiè, fàngsōng ソンシエ，ファンソン	relax リ**ラ**クス
ゆるめる **緩める** yurumeru	放松，松弛 fàngsōng, sōngchí ファンソン，ソンチー	loosen, unfasten ルースン，アン**ファ**スン
（速度を）	放慢 fàngmàn ファンマン	slow down ス**ロ**ウ **ダ**ウン
ゆるやかな **緩やかな** yuruyakana	松弛，宽松 sōngchí, kuānsong ソンチー，クワンソン	loose, gentle ルース，**チェ**ントル
（傾斜が）	平缓，不陡 pínghuǎn, bù dǒu ピンホワン，ブゥ ドウ	gentle **チェ**ントル
（規制などが）	宽大，不严 kuāndà, bù yán クワンダァ，ブゥ イエン	lenient リー**ニ**エント
ゆれ **揺れ** yure	震动，摇动 zhèndòng, yáodòng ヂェンドン，ヤオドン	shake シェイク
ゆれる **揺れる** yureru	摇晃，震动 yáohuang, zhèndòng ヤオホアン，ヂェンドン	shake, sway シェイク，ス**ウェ**イ

ゆ

日	中	英

よ, ヨ

よ **世** yo	**世上，世** shìshàng, shì シーシャァン，シー	world, life ワールド，**ラ**イフ
（時代）	**时代** shídài シーダイ	age **エ**イヂ
よ **夜** yo	**夜，晚上** yè, wǎnshang イエ，ワンシャァン	night, evening **ナ**イト，**イ**ーヴニング
〜が明ける	**天亮** tiān liàng ティエン リアン	the day breaks ザ **デ**イ ブ**レ**イクス
よあけ **夜明け** yoake	**黎明，天亮** límíng, tiānliàng リィミィン，ティエンリアン	dawn, daybreak **ド**ーン，**デ**イブレイク
〜前	**凌晨** língchén リィンチェン	before dawn ビ**フォ ド**ーン
よい **酔い** yoi	**醉意，酒劲** zuìyì, jiǔjìn ヅゥイイー，ジウジン	drunkenness ド**ラ**ンクンネス
よい **良[善]い** yoi	**好** hǎo ハオ [.]	good **グ**ド
よいん **余韻** yoin	**余韵，余味** yúyùn, yúwèi ユィユィン，ユィウェイ	reverberations リヴァーバ**レ**イションズ
よう **酔う** you	**醉** zuì ヅゥイ	get drunk **ゲ**ト ド**ラ**ンク
よう **用** you	〔件〕**事儿，事情** 〔jiàn〕shìr, shìqíng 〔ヂエン〕シル，シーチィン	business **ビ**ズネス
ようい（する） **用意（する）** youi（suru）	**准备，预备** zhǔnbèi, yùbèi ヂュンベイ，ユィベイ	preparations; pre- pare プレパ**レ**イションズ，プリ**ペ** ア

日	中	英
よういな **容易な** youina	**容易，简单** róngyì, jiǎndān ロンイー，ジエンダン	easy, simple **イ**ーズィ，**ス**ィンプル
よういん **要因** youin	**因素** yīnsù インスゥ	factor **ファ**クタ
ようえき **溶液** youeki	**溶液** róngyè ロンイエ	solution ソ**リュ**ーション
ようかい(する) **溶解(する)** youkai (suru)	**溶解，熔化** róngjiě, rónghuà ロンジエ，ロンホア	melting; melt, dis- solution; dissolve **メ**ルティング，**メ**ルト，ディ ソ**リュ**ーション，ディ**ザ**ルヴ
ようがん **溶岩** yougan	**熔岩** róngyán ロンイエン	lava **ラ**ーヴァ
ようき **容器** youki	**容器，盛器** róngqì, chéngqì ロンチィ，チョンチィ	receptacle リ**セ**プタクル
ようぎ **容疑** yougi	**嫌疑** xiányí シエンイー	suspicion サス**ピ**ション
～者	**嫌疑犯** xiányífàn シエンイーファン	suspect **サ**スペクト
ようきな **陽気な** youkina	**快活，开朗** kuàihuo, kāilǎng クアイホゥオ，カイラァン	cheerful, lively **チ**アフル，**ラ**イヴリ
ようきゅう **要求** youkyuu	**要求，需要** yāoqiú, xūyào ヤオチウ，シュィヤオ	demand, request ディ**マ**ンド，リク**ウェ**スト
～する	**要求** yāoqiú ヤオチウ	demand, require ディ**マ**ンド，リク**ワ**イア
ようぐ **用具** yougu	**用具，工具** yòngjù, gōngjù ヨンジュイ，ゴンジュイ	tool **トゥ**ール
ようけん **用件** youken	〔**件**〕**事儿，事情** 〔jiàn〕shìr, shìqing 〔ジエン〕シル，シーチィン	business **ビ**ズネス

よ

日	中	英
ようさい **要塞** yousai	**要塞** yàosài ヤオサイ	fortress フォートレス
ようさん **養蚕** yousan	**养蚕** yǎngcán ヤンツァン	sericulture セリカルチャ
ようし **用紙** youshi	〔张〕**表格，纸** 〔zhāng〕biǎogé, zhǐ 〔ヂァン〕ビアオグァ，ヂー	form フォーム
ようし **養子** youshi	**继子，养子** jìzǐ, yǎngzǐ ジィズー，ヤンズー	adopted child ア**ダ**プテド **チャ**イルド
ようじ **幼児** youji	**幼儿，小儿** yòu'ér, xiǎo'ér ヨウアル，シアオアル	baby, child ベイビ，**チャ**イルド
ようじ **用事** youji	〔件〕**事儿，事情** 〔jiàn〕shìr, shìqíng 〔ジエン〕シル，シーチィン	business ビズネス
ようじ **楊枝** youji	〔枝〕**牙签** 〔zhī〕yáqiān 〔ヂー〕ヤァチエン	toothpick **トゥ**ースピク
ようしき **様式** youshiki	**式样，格式** shìyàng, géshì シーヤン，グァシ	mode, style モウド，ス**タ**イル
ようしゃ(する) **容赦(する)** yousha (suru)	**饶恕，原谅** ráoshù, yuánliàng ラオシュウ，ユエンリアン	pardon, forgive パードン，フォ**ギ**ヴ
ようじょ **養女** youjo	**继女，养女** jìnǚ, yǎngnǚ ジィニュイ，ヤンニュイ	adopted daughter ア**ダ**プテド **ド**ータ
ようしょく(する) **養殖(する)** youshoku (suru)	**养殖** yǎngzhí ヤンヂー	cultivation; cultivate カルティ**ヴェ**イション，**カ**ルティヴェイト
ようじん **要人** youjin	**要人** yàorén ヤオレン	important person イン**ポー**タント パースン
ようじん(する) **用心(する)** youjin (suru)	**小心，留神** xiǎoxīn, liú'shén シアオシン，リウシェン	attention; pay attention to ア**テ**ンション，**ペ**イ ア**テ**ンション トゥ

日	中	英
ようす **様子** （状態） yousu	**样子，情状** yàngzi, qíngzhuàng ヤンヅ, チンヂュアン	state of affairs ステイト オヴ アフェアズ
（外見）	**状貌** zhuàngmào ヂュアンマオ	appearance アピアランス
（態度）	**态度，姿态** tàidu, zītài タイドゥ, ヅータイ	attitude アティテュード
ようするに **要するに** yousuruni	**总而言之，总之** zǒng ér yán zhī, zǒngzhī ヅォン アル イエン ヂー, ヅォンヂー	in short イン ショート
ようせい（する） **要請（する）** yousei (suru)	**请求，要求** qǐngqiú, yāoqiú チンチウ, ヤオチウ	demand, request ディマンド, リクウェスト
ようせき **容積** youseki	**容积** róngjī ロンジィ	capacity, volume カパスィティ, ヴァリュム
ようそ **要素** youso	**要素，因素** yàosù, yīnsù ヤオスゥ, インスゥ	element, factor エレメント, ファクタ
ようだい **容体** youdai	**病状，病情** bìngzhuàng, bìngqíng ビンヂュアン, ビンチン	condition コンディション
ようちえん **幼稚園** youchien	**幼儿园** yòu'éryuán ヨウアルユエン	kindergarten キンダガートン
ようちな **幼稚な** youchina	**幼稚** yòuzhì ヨウヂー	childish チャイルディシュ
ようちゅう **幼虫** youchuu	〔条〕**幼虫** 〔tiáo〕yòuchóng 〔ティアオ〕ヨウチォン	larva ラーヴァ
ようつう **腰痛** youtsuu	**腰痛** yāotòng ヤオトン	lumbago ランベイゴウ
ようてん **要点** youten	**要点** yàodiǎn ヤオディエン	point, gist ポイント, ヂスト
ようと **用途** youto	**用途，用处** yòngtú, yòngchù ヨントゥ, ヨンチュウ	use, purpose ユース, パーパス

日	中	英
ようとん **養豚** youton	**养猪** yǎngzhū ヤンヂュウ	pig-farming ピグ**ファ**ーミング
ようにん(する) **容認(する)** younin (suru)	**容许，允许** róngxǔ, yǔnxǔ ロンシュイ，ユインシュイ	admit, approve of アドミト，アプ**ルー**ヴ オヴ
ようび **曜日** youbi	**星期** xīngqī シンチィ	day **デ**イ
ようふく **洋服** youfuku	〔件/套〕**西服，西装** (jiàn/tào) xīfú, xīzhuāng 〔ジエン/タオ〕シィフウ，シィヂュアン	clothes, dress ク**ロ**ウズ，**ド**レス
ようぶん **養分** youbun	**养分，营养** yǎngfèn, yíngyǎng ヤンフェン，インイヤン	nourishment **ナ**ーリシュメント
ようぼう **容貌** youbou	**容貌，面貌** róngmào, miànmào ロンマオ，ミエンマオ	looks **ル**クス
ようもう **羊毛** youmou	**羊毛** yángmáo ヤンマオ	wool **ウ**ル
ようやく **漸く** youyaku	**好不容易，终于** hǎobù róngyì, zhōngyú ハオブゥ ロンイー，ヂョンユイ	at last アト **ラ**スト
ようやく(する) **要約(する)** youyaku (suru)	**摘要** zhāiyào ヂャイヤオ	summary; summa- rize **サ**マリ，**サ**マライズ
ようりょう **要領** youryou	**要领，要点** yàolǐng, yàodiǎn ヤオリィン，ヤオディエン	point, knack **ポ**イント，**ナ**ク
ようりょくそ **葉緑素** youryokuso	**叶绿素** yèlǜsù イエリュイスゥ	chlorophyll ク**ロ**ーラフィル
よーぐると **ヨーグルト** yooguruto	**酸奶** suānnǎi スワンナイ	yoghurt **ヨ**ウガト
よーろっぱ **ヨーロッパ** yooroppa	**欧洲** Ōuzhōu オウヂョウ	Europe **ユ**アロプ
よか **余暇** yoka	**业余时间，余暇** yèyú shíjiān, yúxiá イエユィ シージエン，ユィシア	leisure **リ**ージャ

日	中	英
よが **ヨガ** yoga	**瑜伽** yújiā ユィジア	yoga ヨウガ
よかれあしかれ **善かれ悪しかれ** yokareashikare	**好歹，无论如何** hǎodǎi, wúlùn rúhé ハオダイ, ウゥルゥン ルゥホォァ	good or bad グド オーバド
よかん **予感** yokan	**预感** yùgǎn ユィガン	premonition プリーマニシャン
よき(する) **予期(する)** yoki (suru)	**预期** yùqī ユィチィ	anticipation; antic- ipate アンティスィペイション, ア ンティスィペイト
よきん(する) **預金(する)** yokin (suru)	**存款，储蓄** cún'kuǎn, chǔxù ツゥンクワン, チュウシュー	savings, deposit セイヴィングズ, ディパズィ ト
よく **欲** yoku	**欲望，欲念** yùwàng, yùniàn ユィワァン, ユィニエン	desire ディザイア
よく **良く** yoku	**好** hǎo ハオ	well ウェル
(十分に)	**好好儿** hǎohāor ハオハル	fully, well フリ, ウェル
(しばしば)	**常常，时常** chángcháng, shícháng チャアンチャアン, シーチャアン	often, frequently オーフン, フリークウェント リ
よくあさ **翌朝** yokuasa	**第二天早晨** dì'èr tiān zǎochen ディーアル ティエン ヅァオチェン	next morning ネクスト モーニング
よくあつ(する) **抑圧(する)** yokuatsu (suru)	**压迫，压制** yāpò, yāzhì ヤァポォ, ヤァデー	suppression; sup- press サプレション, サプレス
よくしつ **浴室** yokushitsu	**浴室，洗澡间** yùshì, xǐzǎojiān ユィシー, シィヅァオジエン	bathroom バスルーム
よくじつ **翌日** yokujitsu	**第二天** dì'èr tiān ディーアル ティエン	next day ネクスト デイ

日	中	英
よくせい(する) **抑制(する)** yokusei (suru)	**抑制，控制** yìzhì, kòngzhì イーヂー，コンヂー	control コント**ロ**ウル
よくそう **浴槽** yokusou	**浴池，浴盆** yùchí, yùpén ユィチー，ユィペン	bathtub **バ**スタブ
よくばり(な) **欲張り(な)** yokubari (na)	**貪婪，貪心** tānlán, tānxīn タンラン，タンシン	greed; greedy グ**リ**ード，グ**リ**ーディ
よくぼう **欲望** yokubou	**欲望，欲念** yùwàng, yùniàn ユィワン，ユィニエン	desire, ambition ディ**ザ**イア，ア**ンビ**ション
よくよう **抑揚** yokuyou	**抑扬** yìyáng イーヤン	intonation イント**ネ**イション
よけいな **余計な** yokeina	**多余，额外** duōyú, éwài ドゥオユィ，ウァワイ	excessive, surplus イク**セ**スィヴ，**サ**ープラス
(不必要な) yokeina	**不必要** bú bìyào ブ**ー**ビヤオ	unnecessary アン**ネ**セセリ
よける **避[除]ける** yokeru	**躲避，躲开** duǒbì, duǒkāi ドゥオビィ，ドゥオカイ	avoid ア**ヴォ**イド
よげん(する) **予言(する)** yogen (suru)	**预言** yùyán ユィイエン	predict, foretell; prediction プリ**ディ**クト，フォー**テ**ル， プリ**ディ**クション
よこ **横** yoko	**横** héng ヘゥン	side **サ**イド
(幅) yoko	**宽度，幅度** kuāndù, fúdù クワンドゥ，フゥドゥ	width **ウィ**ドス
よこぎる **横切る** yokogiru	**穿过，横穿** chuānguò, héngchuān チュワングゥオ，ヘゥンチュワン	cross ク**ロ**ース
よこく(する) **予告(する)** yokoku (suru)	**预告** yùgào ユィガオ	previous notice; notice previously プリー**ヴィ**アス ノ**ウ**ティス， ノ**ウ**ティス プリー**ヴィ**アス リ

日	中	英
よごす **汚す** yogosu	**弄脏** nòngzāng ノンヅァン	soil, stain ソイル, ステイン
よこたえる **横たえる** yokotaeru	**横，放倒** héng, fàngdǎo ヘゥン, ファンダオ	lay down レイ ダゥン
（身を）	**躺，横卧** tǎng, héngwò タァン, ヘゥンウオ	lay *oneself* down レイ ダゥン
よこたわる **横たわる** yokotawaru	**躺** tǎng タン	lie down ライ ダゥン
よごれ **汚れ** yogore	**污垢，污迹** wūgòu, wūjì ウゥゴウ, ウゥジィ	dirt, stain ダート, ステイン
よごれる **汚れる** yogoreru	**脏** zāng ヅァン	(become) dirty (ビカム) ダーティ
よさん **予算** yosan	**预算** yùsuàn ユィスワン	budget バヂェト
〜を立てる	**做预算** zuò yùsuàn ヅゥオ ユィスワン	make a budget メイク ア バヂェト
よしゅう(する) **予習(する)** yoshuu (suru)	**预习** yùxí ユィシィ	preparation; prepare プレパレイション, プリペア
よしん **余震** yoshin	**余震** yúzhèn ユィヂェン	aftershock アフタショク
よす **止す** yosu	**停止，作罢** tíngzhǐ, zuòbà ティンヂー, ヅゥオバァ	stop スタプ
よせる **寄せる** yoseru	**使…靠近** shǐ ... kàojìn シー … カオジン	draw up ドロー アプ
よせん **予選** yosen	**预赛** yùsài ユィサイ	preliminary contest プリリミネリ カンテスト
よそ **余所** yoso	**别处，别的地方** biéchù, bié de dìfang ビエチュウ, ビエ ダ ディーファン	another place アナザ プレイス

日	中	英
よそう(する) **予想(する)** yosou (suru)	**预想，预料** yùxiǎng, yùliào ユィシアン，ユィリアオ	expectation; expect エクスペクテイション，イクスペクト
よそおう **装う** yosoou	**打扮** dǎban ダアバン	wear ウェア
(ふりをする)	**假装，装** jiǎzhuāng, zhuāng ジアヂュアン，ヂュアン	pretend プリテンド
よそく(する) **予測(する)** yosoku (suru)	**预测，预料** yùcè, yùliào ユィツゥァ，ユィリアオ	prediction; forecast プリディクション，フォーキャスト
よそみする **余所見する** yosomisuru	**往旁处看** wǎng pángchù kàn ワァン パァンチュウ カン	look away ルク アウェイ
よそよそしい **よそよそしい** yosoyososhii	**见外，冷淡** jiànwài, lěngdàn ジエンワイ，ルォンダン	cold コウルド
(無関心な)	**冷淡** lěngdàn ルォンダン	indifferent インディファレント
よだれ **涎** yodare	〔滴〕**口水** 〔dī〕kǒushuǐ 〔ディー〕コウシュイ	slaver スラヴァ
よち **余地** yochi	**余地** yúdì ユィディー	room, space ルーム，スペイス
よっきゅう **欲求** yokkyuu	**欲望，欲求** yùwàng, yùqiú ユィワァン，ユィチウ	desire ディザイア
よっと **ヨット** yotto	**帆船** fānchuán ファンチュワン	yacht ヤト
よっぱらい **酔っ払い** yopparai	**醉汉，醉鬼** zuìhàn, zuìguǐ ヅゥイハン，ヅゥイグゥイ	drunk ドランク
よっぱらう **酔っ払う** yopparau	**醉，喝醉** zuì, hēzuì ヅゥイ，ホァヅゥイ	get drunk ゲト ドランク

日	中	英
よてい **予定** yotei	计划，打算 jìhuà, dǎsuan ジィホア, ダァスワン	plan, program **プラ**ン, **プロ**ウグラム
よとう **与党** yotou	执政党 zhízhèngdǎng デーヂョンダァン	government party **ガ**ヴァンメント **パ**ーティ
よどおし **夜通し** yodooshi	彻夜，通宵 chèyè, tōngxiāo チョァイエ, トンシアオ	all night **オ**ール **ナ**イト
よなか **夜中** yonaka	半夜，深夜 bànyè, shēnyè バンイエ, シェンイエ	midnight **ミ**ドナイト
よのなか **世の中** yononaka	世上，人间 shìshàng, rénjiān シーシャァン, レンジエン	world, life **ワ**ールド, **ラ**イフ
よはく **余白** yohaku	空白 kòngbái コンバイ	blank, space **ブ**ランク, **ス**ペイス
よび **予備** yobi	预备，备品 yùbèi, bèipǐn ユィベイ, ベイピン	reserve, spare リ**ザ**ーヴ, **ス**ペア
よびかける **呼び掛ける** yobikakeru	呼唤，招呼 hūhuàn, zhāohu ホゥホワン, ヂャオホ	call **コ**ール
よびごえ **呼び声** yobigoe	呼唤声 hūhuànshēng ホゥホワンション	cry, call **ク**ライ, **コ**ール
よぶ **呼ぶ** yobu	叫，喊 jiào, hǎn ジアオ, ハン	call **コ**ール
（招く）	邀请，请 yāoqǐng, qǐng ヤオチィン, チィン	invite to イン**ヴァ**イト トゥ
（称する）	称为，叫做 chēngwéi, jiàozuò チョンウェイ, ジアオヅゥオ	call, name **コ**ール, **ネ**イム
よぶんな **余分な** yobunna	多余，剩余 duōyú, shèngyú ドゥオユィ, ションユィ	excess イク**セ**ス
よほう(する) **予報(する)** yohou (suru)	预报 yùbào ユィバオ	forecast **フォ**ーキャスト

よ

日	中	英
よぼう（する） **予防（する）** yobou (suru)	**预防** yùfáng ュィファァン	prevention; prevent プリ**ヴェ**ンション，プリ**ヴェ**ント
〜注射	**防疫针** fángyìzhēn ファァンイーヂェン	preventive injection プリ**ヴェ**ンティヴ イン**ヂェ**クション
よみがえる **蘇る** yomigaeru	**复活，恢复** fùhuó, huīfù フゥホゥオ，ホゥイフゥ	revive リ**ヴァ**イヴ
よみもの **読み物** yomimono	**读物** dúwù ドゥウゥ	reading **リ**ーディング
よむ **読む** yomu	**看，读** kàn, dú カン，ドゥ	read **リ**ード
よめ **嫁** yome	**新娘** xīnniáng シンニアン	bride ブ**ラ**イド
（妻）	**妻子** qīzi チィヅ	wife **ワ**イフ
（息子の妻）	**媳妇，儿媳妇儿** xífù, érxífur シィフゥ，アルシィフル	daughter-in-law **ド**ータリンロー
よやく（する） **予約（する）** yoyaku (suru)	**预订** yùdìng ュィディン	reservation; reserve レザ**ヴェ**イション，リ**ザ**ーヴ
よゆう **余裕** yoyuu	**余地** yúdì ュィディー	room **ル**ーム
（時間）	**富余（时间）** fùyu (shíjiān) フゥユィ（シージエン）	time to spare **タ**イム トゥ ス**ペ**ア
（金銭）	**富余，盈余** fùyu, yíngyú フゥユィ，イィンユィ	money to spare **マ**ニ トゥ ス**ペ**ア
よりかかる **寄り掛かる** yorikakaru	**靠，倚靠** kào, yǐkào カオ，イーカオ	lean against **リ**ーン ア**ゲ**ンスト

日	中	英
（頼る）	依靠 yīkào イーカオ	depend on ディペンド オン
よりそう **寄り添う** yorisou	依偎，贴近 yīwēi, tiējìn イーウェイ, ティエジン	draw close ドロー クロウス
よりみちする **寄り道する** yorimichisuru	绕道 rào'dào ラオダオ	stop on *one's* way ステプ オン **ウェイ**
よりよい **より良い** yoriyoi	更好 gèng hǎo グン ハオ	better ベタ
よる **因る** yoru	由于，因为 yóuyú, yīnwei ヨウユィ, インウェイ	(be) due to (ビ) **デュー** トゥ
よる **依る** yoru	根据，按照 gēnjù, ànzhào ゲンジュィ, アンチャオ	(be) based on (ビ) **ベイスト** オン
よる **寄る** yoru	靠近，接近 kàojìn, jiējìn カオジン, ジエジン	approach アプロウチ
（脇へ）	靠边 kàobiān カオビエン	step aside ステプ ア**サイド**
（立ち寄る）	顺路去 shùnlù qù シュンルゥ チュィ	call at **コール** アト
よる **夜** yoru	夜，晚上 yè, wǎnshang イエ, ワンシャァン	night **ナイト**
よろこばす **喜ばす** yorokobasu	使高兴 shǐ gāoxìng シー ガオシィン	please, delight プリーズ, ディ**ライト**
よろこび **喜び** yorokobi	喜悦 xǐyuè シィユエ	joy, delight **ヂョイ**, ディ**ライト**
よろこぶ **喜ぶ** yorokobu	高兴，欣喜 gāoxìng, xīnxǐ ガオシィン, シンシィ	(be) glad, (be) pleased (ビ) **グラド**, (ビ) **プリーズド**
よろこんで **喜んで** yorokonde	高兴，乐意 gāoxìng, lèyì ガオシィン, ルァイー	with pleasure ウィズ プ**レジャ**

日	中	英
よろめく よろめく yoromeku	**踉蹡，蹣跚** liàngqiàng, pánshān リアンチアン，パンシャン	stagger スタガ
世論 よろん yoron	**輿论** yúlùn ユィルゥン	public opinion パブリク オピニョン
弱い よわい yowai	**弱** ruò ルゥオ	weak ウィーク
（身体が）	**虚弱，病弱** xūruò, bìngruò シュィルゥオ，ビンルゥオ	poor in, delicate プア イン，デリケト
（気が）	**懦弱，软弱** nuòruò, ruǎnruò ヌォルゥオ，ルワンルゥオ	timid ティミド
（光などが）	**微弱** wēiruò ウェイルゥオ	feeble, faint フィーブル，フェイント
弱さ よわさ yowasa	**弱点** ruòdiǎn ルゥオディエン	weakness ウィークネス
弱まる よわまる yowamaru	**减弱，衰弱** jiǎnruò, shuāiruò ジエンルゥオ，シュアイルゥオ	weaken, abate ウィークン，アベイト
（風などが）	**减弱，变弱** jiǎnruò, biànruò ジエンルゥオ，ビエンルゥオ	abate アベイト
弱み よわみ yowami	**弱点** ruòdiǎn ルゥオディエン	weak point ウィーク ポイント
弱虫 よわむし yowamushi	**胆小鬼，怕死鬼** dǎnxiǎoguǐ, pàsǐguǐ ダンシアオグゥイ，パァスーグゥイ	coward カウアド
弱める よわめる yowameru	**减弱，削弱** jiǎnruò, xuēruò ジエンルゥオ，シュエルゥオ	weaken, enfeeble ウィークン，インフィーブル
弱る よわる yowaru	**衰弱，衰退** shuāiruò, shuāituì シュアイルゥオ，シュアイトゥイ	get weak ゲト ウィーク
（困る）	**为难** wéinán ウェイナン	(be) worried (ビ) ワーリド

よ

815

| 日 | 中 | 英 |

ら, ラ

らーめん
ラーメン
raamen

面条
miàntiáo
ミエンティアオ

Chinese noodles
チャイニーズ ヌードルズ

らいおん
ライオン
raion

〔头〕狮子
〔tóu〕shīzi
〔トウ〕シーヅ

lion
ライオン

らいげつ
来月
raigetsu

下（个）月
xià（ge）yuè
シア（ガ）ユエ

next month
ネクスト マンス

らいしゅう
来週
raishuu

下星期，下周
xiàxīngqī, xiàzhōu
シアシンチィ, シアヂョウ

next week
ネクスト ウィーク

らいせ
来世
raise

来生，来世
láishēng, láishì
ライション, ライシー

afterlife, next
world
アフタライフ, ネクスト ワー
ルド

らいせんす
ライセンス
raisensu

许可证，执照
xǔkězhèng, zhízhào
シュイクァヂョン, ヂーヂャオ

license
ライセンス

らいたー
ライター
raitaa

打火机
dǎhuǒjī
ダアホゥオジィ

lighter
ライタ

らいと
ライト
raito

灯，电灯
dēng, diàndēng
デゥン, ディエンデゥン

light
ライト

らいにちする
来日する
rainichisuru

来日，来日本
lái Rì, lái Rìběn
ライ リー, ライ リーベン

come to Japan
カム トゥ ヂャパン

らいねん
来年
rainen

明年
míngnián
ミィンニエン

next year
ネクスト イヤ

らいばる
ライバル
raibaru

敌手，对手
díshǒu, duìshǒu
ディーショウ, ドゥイショウ

rival
ライヴァル

らいひん
来賓
raihin

来宾，贵客
láibīn, guìkè
ライビン, グゥイクァ

guest
ゲスト

ら

日	中	英
らいぶ **ライブ** raibu	**实况直播** shíkuàng zhíbō シークアン デーボォ	live ライヴ
らいふすたいる **ライフスタイル** raifusutairu	**生活方式** shēnghuó fāngshì ションホウォ ファンシー	lifestyle ライフスタイル
らいふわーく **ライフワーク** raifuwaaku	**毕生的事业** bìshēng de shìyè ビィション ダ シーイエ	lifework ライフワーク
らいむぎ **ライ麦** raimugi	**黑麦** hēimài ヘイマイ	rye ライ
らいれき **来歴** raireki	**来历，来路** láilì, láilu ライリィ, ライル	history ヒストリ
（起源）	**由来** yóulái ヨウライ	origin オーリヂン
（経歴）	**经历** jīnglì ジンリィ	career カリア
らくえん **楽園** rakuen	**乐园，天堂** lèyuán, tiāntáng ルァユエン, ティエンタァン	paradise パラダイス
らくがき(する) **落書き(する)** rakugaki(suru)	**乱写，乱画** luàn xiě, luàn huà ルワン シエ, ルワン ホア	scribble, graffiti スクリブル, グラフィーティ
らくご(する) **落伍(する)** rakugo (suru)	**掉队，落伍** diào'duì, luàn'wǔ ディアオドゥイ, ルゥオウゥ	drop out of ドラプ アウト オヴ
らくさ **落差** rakusa	**差距，落差** chājù, luòchā チャアジュィ, ルゥオチャア	gap ギャプ
らくさつする **落札する** rakusatsusuru	**中标** zhòngbiāo チョンビアオ	make a successful bid メイク ア サクセスフル ビド
らくせんする **落選する** rakusensuru	**落选** luò'xuǎn ルゥオシュエン	lose in a election ルーズ イン ア イレクション
らくだ **駱駝** rakuda	〔头〕**骆驼** 〔tóu〕luòtuo 〔トウ〕ルゥオトゥオ	camel キャメル

日	中	英
らくだいする **落第する** rakudaisuru	**不及格，留级** bù jígé, liú'jí プゥ ジィグァ, リウジィ	fail フェイル
らくたんする **落胆する** rakutansuru	**灰心，丧气** huī'xīn, sàng'qì ホウイシン, サァンチィ	(be) discouraged (ビ) ディスカーリヂド
らくちゃくする **落着する** rakuchakusuru	**解决，了结** jiějué, liǎojié ジエジュエ, リアオジエ	(be) settled (ビ) セトルド
らくてんてきな **楽天的な** rakutentekina	**乐观的** lèguān de ルァグワン ダ	optimistic アプティミスティク
らくな **楽な** rakuna	**容易，简便** róngyì, jiǎnbiàn ロンイー, ジエンビエン	easy イーズィ
（安楽な）	**舒适，舒服** shūshì, shūfu シュウシー, シュウフ	comfortable カンフォタブル
らくのう **酪農** rakunou	**制酪，酪农** zhìlào, làonóng ヂーラオ, ラオノン	dairy デアリ
～家	**酪农户** làonónghù ラオノンホウ	dairy farmer デアリ ファーマ
らぐびー **ラグビー** ragubii	**橄榄球** gǎnlǎnqiú ガンランチウ	rugby ラグビ
らくよう **落葉** rakuyou	〔片〕**落叶** 〔piàn〕luòyè 〔ピエン〕ルゥオイエ	fallen leaves フォールン リーヴズ
～樹	**落叶树** luòyèshù ルゥオイエシュウ	deciduous tree ディスィデュアストリー
らくらく **楽々** rakuraku	**容易，轻易** róngyì, qīngyì ロンイー, チィンイー	easily イーズィリ
らけっと **ラケット** raketto	**拍子，球拍** pāizi, qiúpāi パイヅ, チウパイ	racket ラケト
らじお **ラジオ** rajio	〔台〕**收音机** 〔tái〕shōuyīnjī 〔タイ〕ショウインジィ	radio レイディオウ

日	中	英
らずべりー **ラズベリー** razuberii	树莓 shùméi シュウメイ	raspberry **ラ**ズベリ
らせん **螺旋** rasen	螺旋 luóxuán ルゥオシュエン	spiral ス**パ**イアラル
らち(する) **拉致(する)** rachi (suru)	绑架 bǎng'jià バァンジア	abduction; abduct アブ**ダ**クション, アブ**ダ**クト
らっかする **落下する** rakkasuru	落下，降下 luòxià, jiàngxià ルゥオシア，ジアンシア	drop, fall ド**ラ**プ，**フォ**ール
らっかん(する) **楽観(する)** rakkan (suru)	乐观 lèguān ルァグワン	optimism, (be) op- timistic about ア**プ**ティミズム,(ビ) アプ ティ**ミ**スティク アバウト
〜的な	乐观的 lèguān de ルァグワン ダ	optimistic アプティ**ミ**スティク
らっしゅあわー **ラッシュアワー** rasshuawaa	(交通)高峰时间 (jiāotōng) gāofēng shíjiān (ジアオトン) ガオフォン シージエン	rush hour **ラ**シュ **ア**ワア
らっぱ **喇叭** rappa	喇叭 lǎba ラァバ	trumpet, bugle ト**ラ**ンペト，**ビュ**ーグル
らっぷ **ラップ** （包装用の) rappu	保鲜膜 bǎoxiānmó バオシエンモォ	wrap **ラ**プ
（音楽）	说唱音乐 shuōchàng yīnyuè シュオチャァン インユエ	rap music **ラ**プ **ミュ**ーズィク
らてんご **ラテン語** ratengo	拉丁语 Lādīngyǔ ラァディンユィ	Latin **ラ**ティン
らふな **ラフな** rafuna	粗略，随便 cūlüè, suíbiàn ツゥリュエ，スゥイビエン	rough, casual **ラ**フ，**キャ**ジュアル
らぶれたー **ラブレター** raburetaa	〔封〕情书 〔fēng〕qíngshū 〔フォン〕チィンシュウ	love letter ラ**ヴ** レタ

日	中	英
らべる **ラベル** raberu	**标签，标牌** biāoqiān, biāopái ビアオチエン，ビアオパイ	label レイベル
らべんだー **ラベンダー** rabendaa	**熏衣草** xūnyīcǎo シュィンイーツァオ	lavender ラヴェンダ
らむ **ラム** （羊肉） ramu	〔块／片〕**羊羔肉** 〔kuài/piàn〕yánggāoròu 〔クアイ／ピエン〕ヤンガオロウ	lamb ラム
（ラム酒） 	**朗姆酒** lǎngmǔjiǔ ラァンムゥジウ	rum ラム
らん **欄** ran	**栏** lán ラン	column カラム
らん **蘭** ran	**兰，兰花** lán, lánhuā ラン，ランホア	orchid オーキド
らんおう **卵黄** ran-ou	**蛋黄** dànhuáng ダンホアン	yolk ヨウク
らんく **ランク** ranku	**等级** děngjí デゥンジィ	rank ランク
らんざつな **乱雑な** ranzatsuna	**杂乱** záluàn ヅアルワン	disorderly ディスオーダリ
らんし **乱視** ranshi	**散光** sǎnguāng サングアン	astigmatism アスティグマティズム
らんそう **卵巣** ransou	**卵巢** luǎncháo ルワンチャオ	ovary オウヴァリ
らんち **ランチ** ranchi	〔顿〕**午饭，午餐** 〔dùn〕wǔfàn, wǔcān 〔ドゥン〕ウゥファン，ウゥツァン	lunch ランチ
らんとう **乱闘** rantou	**混战，乱斗** hùnzhàn, luàndòu ホゥンチャン，ルワン ドウ	free fight フリー ファイト
らんどせる **ランドセル** randoseru	**双肩包，书包** shuāngjiānbāo, shūbāo シュアンジエン バオ，シュウバオ	satchel サチェル

ら

日	中	英
らんにんぐ **ランニング** ranningu	**跑步** pǎobù パオブゥ	running ラニング
らんぱく **卵白** ranpaku	**蛋白** dànbái ダンバイ	albumen アルビューメン
らんぷ **ランプ** ranpu	〔盏〕灯 〔zhǎn〕dēng 〔ヂャン〕デゥン	lamp ランプ
らんぼうな **乱暴な** ranbouna	**粗暴，粗鲁** cūbào, cūlǔ ツゥバオ，ツゥルゥ	violent, rough ヴァイオレント，ラフ
らんよう(する) **濫用(する)** ran-you (suru)	**濫用** lànyòng ランヨン	abuse; abuse アビュース，アビューズ

り，リ

日	中	英
り **理** ri	**理，道理** lǐ, dàoli リィ，ダオリ	reason リーズン
(真理)	**真理** zhēnlǐ ヂェンリィ	truth トルース
りありずむ **リアリズム** riarizumu	**现实主义** xiànshí zhǔyì シエンシー ヂュウイー	realism リーアリズム
りありてぃ **リアリティ** riariti	**真实性，现实性** zhēnshíxìng, xiànshíxìng ヂェンシーシィン，シエンシーシィン	reality リアリティ
りあるたいむ **リアルタイム** riarutaimu	**实时** shíshí シーシー	real time リーアル タイム
りあるな **リアルな** riaruna	**真实，逼真** zhēnshí, bīzhēn ヂェンシー，ビィヂェン	real リーアル
りーぐ **リーグ** riigu	**联盟** liánméng リエンモン	league リーグ
～戦	**联赛** liánsài リエンサイ	league series リーグ スィアリーズ

日	中	英
りーす **リース** riisu	**租赁，出租** zūlìn, chūzū ヅゥリン，チュウヅゥ	lease リース
りーだー **リーダー** riidaa	**领导(人)** lǐngdǎo(rén) リィンダオ(レン)	leader リーダ
～シップ	**领导能力，领导权** lǐngdǎo nénglì, lǐngdǎoquán リィンダオ ヌォンリィ，リィンダオチュエン	leadership リーダシプ
りーどする **リードする** riidosuru	**领先** lǐngxiān リィンシエン	(be) ahead (ビ) アヘド
りえき **利益** rieki	**利润，利益** lìrùn,lìyì リィルゥン，リィイー	profit, return プラフィト，リターン
りか **理科** rika	**理科** lǐkē リィクァ	science サイエンス
りかい(する) **理解(する)** rikai (suru)	**理解，了解** lǐjiě, liǎojiě リィジエ，リアオジエ	comprehension; comprehend カンプリヘンション，カンプリヘンド
りがい **利害** rigai	**利害，得失** lìhài, déshī リィハイ，ドゥァシー	interests インタレツ
りきがく **力学** rikigaku	**力学** lìxué リィシュエ	dynamics, mechanics ダイナミクス，メカニクス
りきせつ(する) **力説(する)** rikisetsu (suru)	**强调，极力主张** qiángdiào, jílì zhǔzhāng チアンディアオ，ジィリィ デュウチャァン	emphasis; emphasize エンファスィス，エンファサイズ
りきりょう **力量** rikiryou	**力量，能力** lìliang, nénglì リィリアン，ヌォンリィ	ability アビリティ
りく **陸** riku	**陆(地)** lù(dì) ルゥ(ディー)	land ランド
りくえすと **リクエスト** rikuesuto	**要求，请求** yāoqiú, qǐngqiú ヤオチゥ，チィンチゥ	request リクウェスト

り

日	中	英
りくぐん **陸軍** rikugun	**陆军** lùjūn ルゥジュイン	army アーミ
りくじょうきょうぎ **陸上競技** rikujoukyougi	**田径赛** tiánjìngsài ティエンジィンサイ	track and field トラク アンド フィールド
りくつ **理屈** rikutsu	**道理，事理** dàoli, shìlǐ ダオリ，シーリィ	reason, logic リーズン，ラヂク
りけん **利権** riken	**利权，特权** lìquán, tèquán リィチュエン，トゥアチュエン	rights, concessions ライツ，コンセションズ
りこ **利己** riko	**利己** lìjǐ リィジィ	self セルフ
～主義	**利己主义** lìjǐ zhǔyì リィジィ ヂュウイー	self-interest セルフインタレスト
～的な	**自私，自私自利的** zìsī, zìsī zìlìde ズースー，ズースー ズーリィダ	egoistic イーゴウイスティク
りこうな **利口な** rikouna	**聪明，伶俐** cōngming, línglì ツォンミン，リィンリ	clever, bright クレヴァ，ブライト
りこーるする **リコールする** （欠陥車の） rikoorusuru	**召回** zhàohuí ヂャオホゥイ	recall リコール
りこん（する） **離婚（する）** rikon (suru)	**离婚** lí'hūn リィホゥン	divorce ディヴォース
りさいくる **リサイクル** risaikuru	**再利用，循环利用** zàilìyòng, xúnhuán lìyòng ヅァイリィヨン，シュインホワン リィヨン	recycling リーサイクリング
りさいたる **リサイタル** risaitaru	**独奏会，独唱会** dúzòuhuì, dúchànghuì ドゥヅォウホゥイ，ドゥチャアンホゥイ	recital リサイトル
りさんする **離散する** risansuru	**失散，离散** shīsàn, lísàn シーサン，リィサン	(be) scattered （ビ）スキャタド
りし **利子** rishi	**利息** lìxī リィシィ	interest インタレスト

日	中	英
りじ **理事** riji	**董事，理事** dǒngshì, lǐshì ドンシー，リィシー	director, manager ディレクタ，**マ**ニヂャ
りじゅん **利潤** rijun	**利润，赢利** lìrùn, yínglì リィルゥン，イィンリィ	profit, gain プ**ラ**フィト，**ゲ**イン
りす **栗鼠** risu	〔只〕**松鼠** 〔zhī〕sōngshǔ 〔ヂー〕ソンシュウ	squirrel スク**ワ**ーレル
リスク risuku	**风险** fēngxiǎn フォンシエン	risk **リ**スク
りすと **リスト** risuto	**名单，目录** míngdān, mùlù ミィンダン，ムゥルゥ	list **リ**スト
りすとら **リストラ** risutora	（机构）**重组** (jīgòu)chóngzǔ （ジィゴウ）チォンヅゥ	restructuring リース**ト**ラクチャリング
りずみかる(な) **リズミカル(な)** rizumikaru (na)	**有节奏** yǒu jiézòu ヨウ ジエヅォウ	rhythmical **リ**ズミカル
りずむ **リズム** rizumu	**节奏** jiézòu ジエヅォウ	rhythm **リ**ズム
りせい **理性** risei	**理性，理智** lǐxìng, lǐzhì リィシィン，リィデー	reason **リ**ーズン
〜的な	**理性的** lǐxìng de リィシィン ダ	rational **ラ**ショナル
りそう **理想** risou	**理想** lǐxiǎng リィシアン	ideal アイ**ディ**ーアル
〜主義	**理想主义** lǐxiǎng zhǔyì リィシアン ヂュウイー	ideal アイ**ディ**ーアル
〜的な	**理想的** lǐxiǎng de リィシアン ダ	ideal アイ**ディ**ーアル
りぞーと **リゾート** rizooto	**度假地，休养地** dùjiàdì, xiūyǎngdì ドゥジアディー，シウヤンディー	resort リ**ゾ**ート

り

日	中	英
りそく **利息** risoku	**利息** lìxī リィシィ	interest **イ**ンタレスト
りちぎな **律義な** richigina	**忠实，诚实** zhōngshí, chéngshí ヂォンシー，チョンシー	honest **ア**ネスト
りちてきな **理知的な** richitekina	**理智的** lǐzhì de リィヂー ダ	intellectual インテ**レ**クチュアル
りつ **率** ritsu	**比率** bǐlǜ ビィリュィ	rate **レ**イト
（百分率） 	**百分率** bǎifēnlǜ バイフェンリュィ	percentage パ**セ**ンティヂ
りっきょう **陸橋** rikkyou	**高架桥，天桥** gāojiàqiáo, tiānqiáo ガオジアチアオ，ティエンチアオ	viaduct **ヴァ**イアダクト
りっこうほ（する） **立候補（する）** rikkouho (suru)	**参加竞选** cānjiā jìngxuǎn ツァンジア ジィンシュエン	run for **ラ**ン フォ
～者 	**候选人** hòuxuǎnrén ホウシュエンレン	candidate **キャ**ンディデイト
りっしょう（する） **立証（する）** risshou (suru)	**证明，证实** zhèngmíng, zhèngshí ヂョンミィン，ヂョンシー	prove プ**ルー**ヴ
りったい **立体** rittai	**立体** lìtǐ リィティー	solid **サ**リド
～的な 	**立体的** lìtǐ de リィティー ダ	three-dimensional スリーディ**メ**ンショナル
りっち **立地** ricchi	**所在地点，位置** suǒzài dìdiǎn, wèizhi スゥオヅァイ ディーディエン，ウェイヂ	location ロウ**ケ**イション
りっとる **リットル** rittoru	**（公）升** (gōng)shēng （ゴン）ション	liter **リー**タ
りっぱな **立派な** rippana	**优秀，出色** yōuxiù, chūsè ヨウシウ，チウスァ	excellent, splendid **エ**クセレント，スプ**レ**ンディド

日	中	英
りっぽう **立法** rippou	**立法** lìfǎ リィファア	legislation レヂスレイション
〜権	**立法权** lìfǎquán リィファアチュエン	power of legislation パウア オヴ レヂスレイション
りっぽう **立方** rippou	**立方** lìfāng リィファアン	cube キューブ
〜体	**立方体，正方体** lìfāngtǐ, zhèngfāngtǐ リィファアンティー, ヂョンファアンティー	cube キューブ
りてん **利点** riten	**优点，好处** yōudiǎn, hǎochù ヨウディエン, ハオチュウ	advantage アドヴァンティヂ
りとう **離島** ritou	**孤岛** gūdǎo グゥダオ	isolated island アイソレイテド アイランド
りにゅうしょく **離乳食** rinyuushoku	**断奶食品** duànnǎi shípǐn ドワンナイ シーピン	baby food ベイビ フード
りねん **理念** rinen	**理念** lǐniàn リィニエン	idea アイディーア
りはーさる **リハーサル** rihaasaru	**排演，排练** páiyǎn, páiliàn パイイエン, パイリエン	rehearsal リハーサル
りはつてん **理髪店** rihatsuten	**理发店** lǐfàdiàn リィファアディエン	barbershop バーバシャプ
りはびり **リハビリ** rihabiri	**康复锻炼** kāngfù duànliàn カァンフゥ ドワンリエン	rehabilitation リハビリテイション
りびんぐるーむ **リビングルーム** ribinguruumu	**起居室** qǐjūshì チィジュィシー	living room リヴィング ルーム
りふぉーむ（する） **リフォーム（する）** rifoomu (suru)	**翻新，改做** fānxīn, gǎizuò ファンシン, ガイヅゥオ	remodel リーマドル

り

日	中	英
りふじんな **理不尽な** rifujinna	**无理，没有道理** wúlǐ, méiyou dàoli ウゥリィ, メイヨウ ダオリ	unreasonable アンリーズナブル
りふと **リフト** rifuto	**上山吊椅** shàngshān diàoyǐ シャァンシャン ディアオイー	(chair) lift (チェア) リフト
りべつ(する) **離別(する)** ribetsu (suru)	**离别，分手** líbié, fēn'shǒu リィビエ, フェンショウ	separation; separate セパレイション, セパレイト
りべらるな **リベラルな** riberaruna	**自由，自由主义的** zìyóu, zìyóu zhǔyì de ヅーヨウ, ヅーヨウ ヂュウイー ダ	liberal リベラル
りぽーと **リポート** ripooto	**报告** bàogào バオガオ	report リポート
りぼん **リボン** ribon	〔条〕**丝带，缎带** [tiáo]sīdài, duàndài [ティアオ]スーダイ, ドワンダイ	ribbon リボン
りまわり **利回り** rimawari	**收益率** shōuyìlǜ ショウイーリュィ	yield イールド
りめん **裏面** rimen	**背面** bèimiàn ベイミエン	reverse リヴァース
りもこん **リモコン** rimokon	**遥控** yáokòng ヤオコン	remote control リモウト コントロウル
りやかー **リヤカー** riyakaa	〔辆〕**两轮拖车** [liàng]liǎng lún tuōchē [リアン]リアンルゥン トゥオチョァ	cart カート
りゃくご **略語** ryakugo	**略语，缩写** lüèyǔ, suōxiě リュエユィ, スゥオシエ	abbreviation アブリーヴィエイション
りゃくしき **略式** ryakushiki	**简略** jiǎnlüè ジエンリュエ	informal インフォーマル
りゃくす **略す** ryakusu	**缩短** suōduǎn スゥオドワン	abridge, abbreviate アブリヂ, アブリーヴィエイト

日	中	英
(省く)	省略，从略 shěnglüè, cónglüè ションリュエ，ツォンリュエ	omit オウミト
りゃくだつする **略奪する** ryakudatsusuru	掠夺，抢掠 lüèduó, qiǎnglüè リュエドゥオ，チアンリュエ	plunder, pillage プランダ，ピリヂ
りゅう **竜** ryuu	〔条〕龙 〔tiáo〕lóng 〔ティアオ〕ロン	dragon ドラゴン
りゆう **理由** riyuu	理由，缘故 lǐyóu, yuángù リィヨウ，ユエングゥ	reason, cause リーズン，コーズ
りゅういき **流域** ryuuiki	流域 liúyù リウュィ	valley, basin ヴァリ，ベイスン
りゅういする **留意する** ryuuisuru	留心，注意 liú'xīn, zhù'yì リウシン，ヂュウイー	pay attention to ペイ アテンション トゥ
りゅうがく(する) **留学(する)** ryuugaku (suru)	留学 liú'xué リウシュエ	study abroad スタディ アブロード
～生	留学生 liúxuéshēng リウシュエション	foreign student フォリン ステューデント
りゅうこう(する) **流行(する)** ryuukou (suru)	流行，时髦 liúxíng, shímáo リウシィン，シーマオ	fashion, vogue ファション，ヴォウグ
(病気・思想)	流行 liúxíng リウシィン	prevalence プレヴァレンス
りゅうざん(する) **流産(する)** ryuuzan (suru)	流产 liúchǎn リウチャン	have a miscarriage ハヴ ア ミスキャリヂ
りゅうし **粒子** ryuushi	粒子 lìzǐ リィズー	particle パーティクル
りゅうしゅつ(する) **流出(する)** ryuushutsu (suru)	流出，流失 liúchū, liúshī リウチュウ，リウシー	outflow; flow out アウトフロウ，フロウ アウト
りゅうせんけい **流線型** ryuusenkei	流线型 liúxiànxíng リウシエンシィン	streamlined ストリームラインド

り

日	中	英
りゅうちょうに **流暢に** ryuuchouni	流利，流畅 liúlì, liúchàng リウリィ，リウチァァン	fluently フルーエントリ
りゅうつう(する) **流通(する)** ryuutsuu (suru)	流通 liútōng リウトン	circulation; circulate サーキュレイション，**サー**キュレイト
りゅうどうてきな **流動的** ryuudoutekina	流动性的 liúdòngxìng de リウドンシィン ダ	fluid フルーイド
りゅうにゅう(する) **流入(する)** ryuunyuu (suru)	流入 liúrù リウルゥ	inflow; flow in **イ**ンフロウ，フロウ **イ**ン
りゅうねん(する) **留年(する)** ryuunen (suru)	留级，蹲班 liú'jí, dūn'bān リウジィ，ドゥンバン	remain in the same class リメイン イン ザ **セ**イム クラス
りゅうは **流派** ryuuha	流派，派别 liúpài, pàibié リウパイ，パイビエ	school ス**ク**ール
りゅーまち **リューマチ** ryuumachi	风湿病 fēngshībìng フォンシービィン	rheumatism **ル**ーマティズム
りゅっくさっく **リュックサック** ryukkusakku	背包，背囊 bēibāo, bēináng ベイバオ，ベイナァン	rucksack **ラ**クサク
りょう **漁** ryou	捕鱼，打鱼 bǔ'yú, dǎ'yú ブゥユィ，ダァユィ	fishing **フィ**シング
りょう **寮** ryou	宿舍 sùshè スゥショア	dormitory **ド**ーミトーリ
りょう **猟** ryou	打猎，狩猎 dǎ'liè, shòuliè ダァリエ，ショウリエ	hunting, shooting **ハ**ンティング，**シュ**ーティング
りょう **量** ryou	分量，数量 fènliang, shùliàng フェンリアン，シュウリアン	quantity ク**ワ**ンティティ
りょう **理容** riyou	理发 lǐ'fà リィファア	haircut **ヘ**アカト

日	中	英
～師	**理发师** lǐfàshī リィファアシー	hairdresser ヘアドレサ
りよう(する) **利用(する)** riyou (suru)	**利用，运用** lìyòng, yùnyòng リィヨン, ユィンヨン	usage; use, utilize **ユ**ースィヂ, **ユ**ーズ, **ユ**ーティライズ
りょういき **領域** ryouiki	**领域** lǐngyù リィンユィ	domain ドウ**メ**イン
りょうが(する) **凌駕(する)** ryouga (suru)	**凌驾，胜过** língjià, shèngguò リィンジア, ショングゥオ	excellence; surpass **エ**クセレンス, サー**パ**ス
りょうかい(する) **了解(する)** ryoukai (suru)	**了解，谅解** liǎojiě, liàngjiě リアオジエ, リアンジエ	understanding; understand アンダス**タ**ンディング, アンダス**タ**ンド
りょうがえする **両替する** ryougaesuru	**换钱** huàn'qián ホワンチエン	exchange イクス**チェ**インヂ
(外貨を)	**兑换** duìhuàn ドゥイホワン	exchange イクス**チェ**インヂ
りょうがわ **両側** ryougawa	**两边，两侧** liǎngbiān, liǎngcè リアンビエン, リアンツゥァ	both sides **ボ**ウス **サ**イヅ
りょうきん **料金** ryoukin	**…费，费用** ...fèi, fèiyong …フェイ, フェイヨン	charge, fee **チャ**ーヂ, **フィ**ー
りょうくう **領空** ryoukuu	**领空** lǐngkōng リィンコン	airspace **エ**アスペイス
りょうこうな **良好な** ryoukouna	**良好** liánghǎo リアンハオ	good **グ**ド
りょうし **漁師** ryoushi	**渔夫** yúfū ユイフウ	fisher **フィ**シャ
りょうし **猟師** ryoushi	**猎人** lièrén リエレン	hunter **ハ**ンタ

日	中	英
りょうじ **領事** ryouji	**领事** lǐngshì リィンシー	consul カンスル
〜館	**领事馆** lǐngshìguǎn リィンシーグワン	consulate カンスレト
りょうしき **良識** ryoushiki	**良知** liángzhī リアンデー	good sense グド センス
りょうしゅうしょう **領収証** ryoushuushou	〔张〕**发票，收据** 〔zhāng〕fāpiào, shōujù 〔ヂャン〕ファアピアオ, ショウジュィ	receipt リスィート
りょうしょう(する) **了承(する)** ryoushou (suru)	**谅解，同意** liàngjiě, tóngyì リアンジエ, トンイー	understanding; consent アンダスタンディング, コンセント
りょうしん **両親** ryoushin	**双亲，父母** shuāngqīn, fùmǔ シュアンチン, フゥムゥ	parents ペアレンツ
りょうしん . **良心** ryoushin	**良心** liángxīn リアンシン	conscience カンシェンス
りょうせい **良性** ryousei	**良性** liángxìng リアンシィン	benign ビナイン
りょうせいるい **両生類** ryouseirui	**两栖动物** liǎngqī dòngwù リアンチィ ドンウゥ	Amphibia アンフィビア
りょうて **両手** ryoute	**双手** shuāngshǒu シュアンショウ	both hands ボウス ハンヅ
りょうど **領土** ryoudo	**领土，国土** lǐngtǔ, guótǔ リィントゥ, グゥオトゥ	territory テリトーリ
りょうほう **両方** ryouhou	**两者，双方** liǎngzhě, shuāngfāng リアンヂョァ, シュアンファァン	both ボウス
りょうめん **両面** ryoumen	**两面** liǎngmiàn リアンミエン	both sides ボウス サイヅ

日	中	英
りょうよう(する) **療養(する)** ryouyou (suru)	**疗养，养病** liáoyǎng, yǎngbìng リアオヤン，ヤンビン	recuperation; recu-perate リキューペ**レ**イション，リ**キュ**ーペレイト
りょうり(する) **料理(する)** ryouri (suru)	**烹调，做菜** pēngtiáo, zuò'cài ポンティアオ，ヅゥオツァイ	cooking; cook **ク**キング，**ク**ク
りょうりつ(する) **両立(する)** ryouritsu (suru)	**并立，并存** bìnglì, bìngcún ビンリィ，ビンツゥン	compatibility; (be) compatible コンパティ**ビ**リティ，(ビ) コンパティブル
りょかくき **旅客機** ryokakuki	〔架〕**客机** 〔jià〕kèjī 〔ジア〕カジィ	passenger plane **パ**センヂャ プレイン
りょかん **旅館** ryokan	**旅馆，旅店** lǚguǎn, lǚdiàn リュイグワン，リュイディエン	hotel, inn ホウ**テ**ル，**イ**ン
りょくちゃ **緑茶** ryokucha	〔杯〕**绿茶** 〔bēi〕lǜchá 〔ペイ〕リュイチァア	green tea グ**リ**ーン **ティ**ー
りょけん **旅券** ryoken	〔本〕**护照** 〔běn〕hùzhào 〔ペン〕ホウヂャオ	passport **パ**スポート
りょこう(する) **旅行(する)** ryokou (suru)	**旅行，旅游** lǚxíng, lǚyóu リュイシン，リュイヨウ	travel, trip ト**ラ**ヴェル，ト**リ**プ
〜社	〔家〕**旅行社** 〔jiā〕lǚxíngshè 〔ジア〕リュイシンショア	travel agency ト**ラ**ヴェル **エ**イヂェンスィ
りょひ **旅費** ryohi	**旅费，路费** lǚfèi, lùfèi リュイフェイ，ルゥフェイ	traveling expenses ト**ラ**ヴェリング イクス**ペ**ンセズ
りらっくすする **リラックスする** rirakkususuru	**放松，轻松** fàngsōng, qīngsōng ファァンソン，チンソン	relax リ**ラ**クス
りりく(する) **離陸(する)** ririku (suru)	**起飞** qǐfēi チィフェイ	takeoff; take off **テ**イコーフ，**テ**イク **オ**ーフ
りりつ **利率** riritsu	**利率** lìlǜ リィリュイ	rate of interest **レ**イト オヴ **イ**ンタレスト

日	中	英
りれー **リレー** riree	**接力** jiēlì ジエリィ	relay **リ**ーレイ
りれき **履歴** rireki	**履历** lǚlì リュィリィ	career **カ**リア
〜書	**履历书** lǚlìshū リュィリィシュウ	curriculum vitae **カ**リキュラム **ヴィ**ータイ
りろん **理論** riron	**理论** lǐlùn リィルゥン	theory **ス**ィオリ
〜的な	**理论上，理论性** lǐlùnshàng, lǐlùnxìng リィルゥンシャァン, リィルゥンシィン	logical **ラ**ヂカル
りんかく **輪郭** rinkaku	**轮廓** lúnkuò ルゥンクゥオ	outline **ア**ウトライン
（あらまし）	**轮廓，概略** lúnkuò, gàilüè ルゥンクゥオ, ガイリュエ	outline **ア**ウトライン
りんぎょう **林業** ringyou	**林业** línyè リンイエ	forestry **フォ**レストリ
りんく **リンク** rinku	**溜冰场，滑冰场** liūbīngchǎng, huábīngchǎng リウビィンチャァン, ホアビィンチャァン	rink **リ**ンク
りんご **林檎** ringo	**苹果** píngguǒ ピィングゥオ	apple **ア**プル
りんごく **隣国** ringoku	**邻邦，邻国** línbāng, línguó リンバァン, リングゥオ	neighboring coun- try **ネ**イバリング **カ**ントリ
りんじ **臨時** rinji	**临时，暂时** línshí, zànshí リンシー, ヅァンシー	temporary, special **テ**ンポレリ, **ス**ペシャル
りんじゅう **臨終** rinjuu	**临终，临死** línzhōng, línsǐ リンヂォン, リンスゥ	death, deathbed **デ**ス, **デ**スベド
りんしょう **臨床** rinshou	**临床** línchuáng リンチュアン	clinical **ク**リニカル

日	中	英
りんじん **隣人** rinjin	**邻居，邻人** línjū, línrén リンジュィ，リンレン	neighbor ネイバ
りんす(する) **リンス(する)** rinsu (suru)	**(搽／涂)护发素** (chá/tú) hùfàsù (チャア/トゥ) ホウファアスゥ	rinse リンス
りんせつ(する) **隣接(する)** rinsetsu (suru)	**邻接，相邻** línjiē, xiānglín リンジエ，シアンリン	neighboring, adjacent ネイバリング，アチェイセント
りんち **リンチ** rinchi	**私刑** sīxíng スースィン	lynch law リンチ ロー
りんね **輪廻** rinne	**轮回** lúnhuí ルゥンホゥイ	metempsychosis メテンプスィコウスィス
りんぱ **リンパ** rinpa	**淋巴** línbā リンバァ	lymph リンフ
～腺	**淋巴结** línbājié リンバァジエ	lymph gland リンフ グランド
りんり **倫理** rinri	**伦理** lúnlǐ ルゥンリィ	ethics エスィクス
～的な	**伦理性的** lúnlǐxìng de ルゥンリィシィン ダ	ethical, moral エスィカル，モーラル

る，ル

日	中	英
るい **類** rui	**类，种类** lèi, zhǒnglèi レイ，ヂョンレイ	kind, sort カインド，ソート
るいけい **類型** ruikei	**类型** lèixíng レイシィン	type, pattern タイプ，パタン
るいご **類語** ruigo	**近义词，同义词** jìnyìcí, tóngyìcí ジンイーツー，トンイーツー	synonym スィノニム

日	中	英
るいじ(する) **類似(する)** ruiji (suru)	**类似** lèisì レイスー	resemblance; re-semble リゼンブランス, リゼンブル
るいすい(する) **類推(する)** ruisui (suru)	**类比，类推** lèibǐ, lèituī レイビィ, レイトウイ	analogy; analogize アナロヂ, アナロヂャイズ
るいせき(する) **累積(する)** ruiseki (suru)	**累积** lěijī レイジィ	accumulation; ac-cumulate アキューミュレイション, ア**キュー**ミュレイト
るーと **ルート** ruuto	**路线，渠道** lùxiàn, qúdào ルゥシエン, チュイダオ	route, channel ルート, **チャ**ネル
(平方根)	**(方)根，根号** (fāng)gēn, gēnhào (ファァン)ゲン, ゲンハオ	root ルート
るーむ **ルーム** ruumu	**〔间〕房间，…室** [jiān] fángjiān, ...shì [ジエン] ファァンジエン, …シー	room ルーム
～メイト	**〔位〕同屋** [wèi] tóngwū [ウェイ] トンウゥ	roommate ルームメイト
るーる **ルール** ruuru	**规则** guīzé グゥイヅァ	rule ルール
るす **留守** rusu	**不在家** bú zàijiā ブゥ ヅァイジア	absence アブセンス
～番電話	**录音电话** lùyīn diànhuà ルゥイン ディエンホア	answerphone アンサフォウン
るびー **ルビー** rubii	**〔颗〕红宝石** [kē] hóngbǎoshí [クァ] ホンバオシー	ruby ルービ
るふする **流布する** rufusuru	**流传，流布** liúchuán, liúbù リウチュワン, リウブゥ	circulate サーキュレイト

日	中	英
れ, レ		

日	中	英
<small>れい</small> **例** rei	**例, 例子** lì, lìzi リィ, リィヅ	example イグ**ザ**ンプル
<small>れい</small> **礼** （おじぎ） rei	**鞠躬, 行礼** jūgōng, xínglǐ ジュィゴン, シィンリィ	bow, salutation バウ, サリュ**テ**イション
（礼儀）	**礼貌, 礼节** lǐmào, lǐjié リィマオ, リィジエ	etiquette, manners **エ**ティケト, **マ**ナズ
（感謝）	**道谢, 致谢** dàoxiè, zhìxiè ダオシエ, ヂーシエ	thanks **サ**ンクス
<small>れいあうと</small> **レイアウト** reiauto	**版面设计, 布置** bǎnmiàn shèjì, bùzhì バンミエン ショァジィ, ブゥヂー	layout **レ**イアウト
<small>れいえん</small> **霊園** reien	〔座〕**陵园, 公墓** 〔zuò〕língyuán, gōngmù 〔ヅゥオ〕リィンユエン, ゴンムゥ	cemetery **セ**メテリ
<small>れいか</small> **零下** reika	**零下** língxià リィンシア	below zero ビロウ **ズィ**アロウ
<small>れいがい</small> **例外** reigai	**例外** lìwài リィワイ	exception イク**セ**プション
<small>れいがい</small> **冷害** reigai	**冷害** lěnghài ルォンハイ	damage from cold weather **ダ**ミヂ フラム **コ**ウルド **ウェ**ザ
<small>れいかん</small> **霊感** reikan	**灵感** línggǎn リィンガン	inspiration インスピ**レ**イション
<small>れいき</small> **冷気** reiki	**冷气, 凉气** lěngqì, liángqì ルォンチィ, リアンチィ	chill, cold **チ**ル, **コ**ウルド
<small>れいぎ</small> **礼儀** reigi	**礼貌, 礼节** lǐmào, lǐjié リィマオ, リィジエ	etiquette, manners **エ**ティケト, **マ**ナズ

れ

日	中	英
れいきゃく（する） **冷却（する）** reikyaku (suru)	**冷却** lěngquè ルォンチュエ	refrigeration; cool リフリヂャ**レイ**ション，**ク**ール
れいきゅうしゃ **霊柩車** reikyuusha	〔辆〕**灵车** 〔liàng〕língchē 〔リアン〕リィンチョア	hearse **ハ**ース
れいぐう（する） **冷遇（する）** reiguu (suru)	**冷遇，冷待** lěngyù, lěngdài ルォンユィ，ルォンダイ	cold treatment; treat coldly コウルド ト**リ**ートメント，ト**リ**ート **コ**ウルドリ
れいこくな **冷酷な** reikokuna	**冷酷无情** lěngkù wúqíng ルォンクゥ ウゥチィン	cruelty; cruel ク**ル**ーエルティ，ク**ル**ーエル
れいこん **霊魂** reikon	**灵魂** línghún リィンホゥン	soul **ソ**ウル
れいじょう **礼状** reijou	〔封〕**感谢信** 〔fēng〕gǎnxièxìn 〔フォン〕ガンシエシン	letter of thanks **レ**タ オヴ **サ**ンクス
れいせいな **冷静な** reiseina	**冷静，镇定** lěngjìng, zhèndìng ルォンジィン，デェンディン	cool, calm **ク**ール，**カ**ーム
れいせん **冷戦** reisen	**冷战** lěngzhàn ルォンヂャン	cold war **コ**ウルド **ウォ**ー
れいぞうこ **冷蔵庫** reizouko	**冰箱** bīngxiāng ビィンシアン	refrigerator リフ**リ**ヂャレイタ
れいたんな **冷淡な** reitanna	**冷淡，冷漠** lěngdàn, lěngmò ルォンダン，ルォンモォ	cold, indifferent **コ**ウルド，イン**ディ**ファレント
れいだんぼう **冷暖房** reidanbou	**冷暖气，空调** lěngnuǎnqì, kōngtiáo ルォンヌワンチィ，コンティアオ	air conditioning **エ**ア コン**ディ**ショニング
れいとう（する） **冷凍（する）** reitou (suru)	**冷冻** lěngdòng ルォンドン	freezing; freeze フ**リ**ーズィング，フ**リ**ーズ
〜庫	**冰柜，冷柜** bīngguì, lěngguì ビィングゥイ，ルォングゥイ	freezer フ**リ**ーザ

日	中	英
～食品	冷冻食品 lěngdòng shípǐn ルォンドン シーピン	frozen food フローズン フード
れいはい(する) 礼拝(する) reihai (suru)	礼拝 lǐbài リィバイ	worship, service ワーシプ, サーヴィス
～堂	教堂，礼拝堂 jiàotáng, lǐbàitáng ジアオタァン, リィバイタァン	chapel チャペル
れいふく 礼服 reifuku	〔件／套〕礼服 (jiàn／tào) lǐfú 〔ジエン／タオ〕リィフゥ	full dress フル ドレス
れいぼう 冷房 reibou	冷气，空调 lěngqì,kōngtiáo ルォンチィ, コンティアオ	air conditioning エア コンディショニング
れいんこーと レインコート reinkooto	〔件〕雨衣 (jiàn) yǔyī 〔ジエン〕ユイイー	raincoat レインコウト
れーざー レーザー reezaa	激光 jīguāng ジィグアン	laser レイザ
れーす レース　(飾りの) reesu	花边 huābiān ホアビエン	lace レイス
(競走)	赛跑 sàipǎo サイパオ	race レイス
れーだー レーダー reedaa	雷达 léidá レイダァ	radar レイダー
れきし 歴史 rekishi	历史 lìshǐ リィシー	history ヒストリ
れきだいの 歴代の rekidaino	历代，历届 lìdài, lìjiè リィダイ, リィジエ	successive サクセスィヴ
れぎゅらー レギュラー regyuraa	正式，正规 zhèngshì, zhèngguī ヂョンシー, ヂョングゥイ	regular レギュラ
れくりえーしょん レクリエーション rekurieeshon	文娱，娱乐活动 wényú, yúlè huódòng ウェンユイ, ユイルァ ホゥオドン	recreation レクリエイション

れ

日	中	英
れこーど **レコード** （記録） rekoodo	记录 jìlù ジィルゥ	record レコド
（音盤）	〔张〕唱片 〔zhāng〕chàngpiàn 〔ヂァァン〕チャァンピエン	record, disk レコド，**ディ**スク
れじ **レジ** reji	收款机，收款处 shōukuǎnjī, shōukuǎnchù ショウクワンジィ，ショウクワンチュウ	cash register **キャ**シュ レヂスタ
れしーと **レシート** reshiito	发票，收据 fāpiào, shōujù ファアピアオ，ショウジュィ	receipt リ**スィ**ート
れしぴ **レシピ** reshipi	烹调法，食谱 pēngtiáofǎ, shípǔ ポンティアオファア，シープゥ	recipe レ**スィ**ピ
れじゃー **レジャー** rejaa	余暇，闲暇 yúxiá, xiánxiá ユィシア，シエンシア	leisure **リー**ジャ
れすとらん **レストラン** resutoran	餐厅，餐馆 cāntīng, cānguǎn ツァンティン，ツァングワン	restaurant **レ**ストラント
れすりんぐ **レスリング** resuringu	摔跤 shuāijiāo シュアイジアオ	wrestling **レ**スリング
れせぷしょん **レセプション** resepushon	招待会 zhāodàihuì ヂャオダイホゥイ	reception リ**セ**プション
れたす **レタス** retasu	莴苣，生菜 wōju, shēngcài ウオジュィ，ションツァイ	lettuce **レ**タス
れつ **列** retsu	列，队 liè, duì リエ，ドゥイ	line, row, queue **ラ**イン，**ロ**ウ，**キュ**ー
れつあくな **劣悪な** retsuakuna	恶劣，低劣 èliè, dīliè ウァリエ，ディーリエ	inferior, poor イン**フィ**アリア，**プ**ア
れっかーしゃ **レッカー車** rekkaasha	牵引车 qiānyǐnchē チエンインチョァ	wrecker **レ**カ

日	中	英
れっきょ(する) **列挙(する)** rekkyo (suru)	**列挙，罗列** lièjǔ, luóliè リエジュィ，ルゥオリエ	enumeration; enumerate イニューメレイション，イニューメレイト
れっしゃ **列車** ressha	**〔列〕火车，列车** 〔liè〕huǒchē, lièchē 〔リエ〕ホゥオチョア，リエチョア	train トレイン
レッスン ressun	**课，功课** kè, gōngkè クァ，ゴンクァ	lesson レスン
れっせき(する) **列席(する)** resseki (suru)	**出席，列席** chū'xí, liè'xí チュウシィ，リエシィ	attendance; attend アテンダンス，アテンド
れってる **レッテル** retteru	**标签，标牌** biāoqiān, biāopái ピアオチエン，ピアオパイ	label レイベル
れっとう **列島** rettou	**列岛** lièdǎo リエダオ	islands アイランツ
れっとうかん **劣等感** rettoukan	**自卑感** zìbēigǎn ヅゥベイガン	sense of inferiority センス オヴ インフィアリオーリティ
れとりっく **レトリック** retorikku	**修辞** xiūcí シウツー	rhetoric レトリク
れとると **レトルト** retoruto	**蒸煮袋** zhēngzhǔdài ヂョンヂュウダイ	retort リトート
〜食品	**软罐头食品** ruǎnguàntou shípǐn ルワングワントウ シーピン	retort-packed food リトートパクト フード
ればー **レバー** rebaa	**肝脏，…肝** gānzàng, ... gān ガンヅァァン，…ガン	liver リヴァ
(取っ手)	**杆** gǎn ガン	lever レヴァ
れぱーとりー **レパートリー** repaatorii	**保留节目，上演节目** bǎoliú jiémù, shàngyǎn jiémù パオリウ ジエムゥ，シャァンイエン ジエムゥ	repertory レパトーリ

日	中	英
れふと **レフト** （野球の） refuto	**左外场** zuǒwàichǎng ヅゥオワイチャァン	left field レフト フィールド
れべる **レベル** reberu	**水平，程度** shuǐpíng, chéngdù シュイピィン，チョンドゥ	level レヴェル
れぽーと **レポート** repooto	**报告** bàogào バオガオ	report リポート
れもん **レモン** remon	**柠檬** níngméng ニィンモン	lemon レモン
れんあい(する) **恋愛(する)** ren-ai (suru)	**(谈)恋爱** (tán) liàn'ài (タン) リエンアイ	love; fall in love with ラヴ，フォール イン ラヴ ウィズ
〜結婚	**恋爱结婚** liàn'ài jiéhūn リエンアイ ジエホゥン	love match ラヴ マチ
れんが **煉瓦** renga	**〔块〕砖〔头〕** 〔kuài〕zhuān〔tou〕 〔クアイ〕チュワン(トウ)	brick ブリク
れんきゅう **連休** renkyuu	**连休，连续假日** liánxiū, liánxù jiàrì リエンシウ，リエンシュィ ジアリー	consecutive holi-days コンセキュティヴ ハリデイズ
れんけい(する) **連携(する)** renkei (suru)	**合作，协作** hézuò, xiézuò ホォアヅゥオ，シエヅゥオ	cooperation, tie-up コウアペレイション，タイアプ
れんけつ(する) **連結(する)** renketsu (suru)	**联结** liánjié リエンジエ	connection; con-nect コネクション，コネクト
れんこう(する) **連行(する)** renkou (suru)	**带走** dàizǒu ダイヅォウ	take to テイク トゥ
れんごう(する) **連合(する)** rengou (suru)	**联合** liánhé リエンホォア	union; (be) united ユーニョン，(ビ) ユーナイテド
れんこん **蓮根** renkon	**藕，莲藕** ǒu, lián'ǒu オウ，リエンオウ	lotus root ロウタス ルート

日	中	英
れんさ **連鎖** rensa	**连锁** liánsuǒ リエンスゥオ	chain, link チェイン, リンク
～反応	**连锁反应，链式反应** liánsuǒ fǎnyìng, liànshì fǎnyìng リエンスゥオ ファンイィン, リエンシー ファンイィン	chain reaction チェイン リアクション
れんさい(する) **連載(する)** rensai (suru)	**连载** liánzǎi リエンヅァイ	serial スィアリアル
れんじ **レンジ** renji	**炉灶** lúzào ルゥヅァオ	range レインヂ
れんじつ **連日** renjitsu	**连日，连天** liánrì, liántiān リエンリー, リエンティエン	every day エヴリ デイ
れんしゅう(する) **練習(する)** renshuu (suru)	**练习** liànxí リエンシィ	practice, exercise プラクティス, エクササイズ
れんず **レンズ** renzu	**镜片，透镜** jìngpiàn, tòujìng ジィンピエン, トウジィン	lens レンズ
れんそう(する) **連想(する)** rensou (suru)	**联想** liánxiǎng リエンシアン	association; associate アソウスィエイション, アソウスィエイト
れんぞく(する) **連続(する)** renzoku (suru)	**连续** liánxù リエンシュィ	continuation; continue コンティニュエイション, コンティニュー
れんたい **連帯** rentai	**团结，联合** tuánjié, liánhé トワンジエ, リエンホゥァ	solidarity サリダリティ
～感	**连带感，一体感** liándàigǎn, yìtǐgǎn リエンダイガン, イーティーガン	sense of solidarity センス オヴ サリダリティ
～保証人	**连带保证人** liándài bǎozhèngrén リエンダイ バオヂョンレン	joint surety ヂョイント シュアティ
れんたかー **レンタカー** rentakaa	**租(赁汽)车，租用汽车** zū(lìn qì)chē, zūyòng qìchē ヅゥ(リン チィ)チョア, ヅゥヨン チィチョア	rent-a-car レンタカー

日	中	英
れんたる **レンタル** rentaru	**出租，租赁** chūzū, zūlìn チュウヅゥ, ヅゥリン	rental レンタル
れんとげん **レントゲン** rentogen	**X射线** X shèxiàn X ショァシエン	X rays エクス レイズ
れんめい **連盟** renmei	**联盟** liánméng リエンモン	league リーグ
れんらく（する） **連絡(する)** renraku (suru)	**联络，联系** liánluò, liánxì リエンルゥオ, リエンシィ	contact カンタクト
れんりつ（する） **連立(する)** renritsu (suru)	**联立，联合** liánlì, liánhé リエンリィ, リエンホァア	coalition コウアリション

ろ，ロ

日	中	英
ろ **炉** ro	〔座〕**火炉，炉子** 〔zuò〕huǒlú, lúzi 〔ヅゥオ〕ホゥオルゥ, ルゥヅ	fireplace ファイアプレイス
ろいやりてぃー **ロイヤリティー** roiyaritii	**专利（使用）费** zhuānlì (shǐyòng)fèi ヂュワンリィ (シーヨン)フェイ	royalty ロイアルティ
ろう **蝋** rou	**蜡** là ラァ	wax ワクス
ろうか **廊下** rouka	〔条〕**走廊** 〔tiáo〕zǒuláng 〔ティアオ〕ヅォウラァン	corridor, hallway コーリダ, ホールウェイ
ろうか（する） **老化(する)** rouka (suru)	**老化** lǎohuà ラオホァ	senility; age スィニリティ, エイヂ
ろうがん **老眼** rougan	**老花眼** lǎohuāyǎn ラオホアイエン	presbyopia プレズビオウピア
ろうきゅうかした **老朽化した** roukyuukashita	**老朽，破旧** lǎoxiǔ, pòjiù ラオシウ, ポォジウ	old, decrepit オウルド, ディクレピト
ろうご **老後** rougo	**晚年** wǎnnián ワンニエン	old age オウルド エイヂ

日	中	英
ろうさいほけん **労災保険** rousaihoken	**工伤保险** gōngshāng bǎoxiǎn ゴンシャァン バオシエン	workmen's compensation insurance ワークメンズ カンペンセイション インシュアランス
ろうし **労使** roushi	**劳资** láozī ラオヅー	labor and management レイバ アンド マニヂメント
ろうじん **老人** roujin	**老年人，老人** lǎoniánrén, lǎorén ラオニエンレン, ラオレン	old man オウルド マン
ろうすい **老衰** rousui	**衰老** shuāilǎo シュアイラオ	senility スィニリティ
ろうそく **蝋燭** rousoku	〔支〕**蜡烛** 〔zhī〕làzhú 〔ヂー〕 ラァヂュウ	candle キャンドル
ろうどう(する) **労働(する)** roudou (suru)	**劳动，工作** láodòng, gōngzuò ラオドン, ゴンヅゥォ	labor, work レイバ, ワーク
～**組合**	**工会** gōnghuì ゴンホゥイ	labor union レイバ ユーニョン
～**時間**	**劳动时间** láodòng shíjiān ラオドン シージエン	working hours ワーキング アウアズ
～**者**	**工人，职工** gōngrén, zhígōng ゴンレン, ヂーゴン	laborer, worker レイバラ, ワーカ
ろうどくする **朗読する** roudokusuru	**朗读，朗诵** lǎngdú, lǎngsòng ラァンドゥ, ラァンソン	reading; read, recite リーディング, リード, リサイト
ろうねん **老年** rounen	**老年** lǎonián ラオニエン	old age オウルド エイヂ
ろうばい(する) **狼狽(する)** roubai (suru)	**慌乱，仓皇失措** huāngluàn, cānghuáng shīcuò ホアンルワン, ツァァンホアン シーツゥオ	confusion; (be) upset コンフュージョン, (ビ) アプセト
ろうひ(する) **浪費(する)** rouhi (suru)	**浪费，糟蹋** làngfèi, zāota ラァンフェイ, ヅァオタ	waste ウェイスト

ろ

日	中	英
ろうりょく **労力** rouryoku	**劳力，人力** láolì, rénlì ラオリィ，レンリィ	pains, trouble ペインズ，トラブル
ろうれい **老齢** rourei	**老龄，高龄** lǎolíng, gāolíng ラオリィン，ガオリィン	old age オウルド エイヂ
ろーかる **ローカル** rookaru	**地方** dìfāng ディーファァン	local ロウカル
ろーしょん **ローション** rooshon	**化妆水** huàzhuāngshuǐ ホアヂュアンシュイ	lotion ロウション
ろーす **ロース** roosu	**里脊(肉)** lǐji(ròu) リィジ(ロウ)	sirloin サーロイン
ろーすと **ロースト** roosuto	**烤** kǎo カオ	roast ロウスト
～ビーフ	**烤牛肉** kǎoniúròu カオニゥロウ	roast beef ロウスト ビーフ
ろーたりー **ロータリー** rootarii	**环行岛** huánxíngdǎo ホワンシィンダオ	rotary, roundabout ロウタリ，ラウンダバウト
ろーてーしょん **ローテーション** rooteeshon	**轮班，轮换** lúnbān, lúnhuàn ルゥンバン，ルゥンホワン	rotation ロウテイション
ろーぷ **ロープ** roopu	**〔条〕绳索** 〔tiáo〕shéngsuǒ 〔ティアオ〕ションスゥォ	rope ロウプ
～ウエイ	**索道** suǒdào スゥオダオ	ropeway ロウプウェイ
ろーまじ **ローマ字** roomaji	**罗马字** Luómǎzì ルゥオマァズー	Roman alphabet ロウマン アルファベト
ろーらーすけーと **ローラースケート** rooraasukeeto	**旱冰** hànbīng ハンビィン	roller-skating ロウラ スケイティング
ろーん **ローン** roon	**贷款** dàikuǎn ダイクワン	loan ロウン

日	中	英
ろか(する) **濾過(する)** roka (suru)	**过滤** guòlǜ グゥオリュィ	filtration; filter フィルト**レイ**ション，**フィル** タ
ろくおん(する) **録音(する)** rokuon (suru)	**录音** lù'yīn ルゥイン	recording; record, tape リ**コー**ディング，リ**コー**ド， **テイ**プ
ろくが(する) **録画(する)** rokuga (suru)	**录像** lù'xiàng ルゥシアン	video recording **ヴィ**ディオウ リ**コー**ディン グ
ろくがつ **六月** rokugatsu	**六月** liùyuè リウユエ	June **チュー**ン
ろくまく **肋膜** rokumaku	**胸膜，肋膜** xiōngmó, lèimó シオンモォ，レイモォ	pleura プル**ア**ラ
〜炎	**胸膜炎，肋膜炎** xiōngmóyán, lèimóyán シオンモイエン，レイモイエン	pleurisy プル**ア**リスィ
ろけーしょん **ロケーション** rokeeshon	**位置** wèizhi ウェイヂ	location ロウ**ケイ**ション
ろけっと **ロケット** roketto	〔枚〕**火箭** 〔méi〕huǒjiàn 〔メイ〕ホゥオジエン	rocket **ラ**ケト
ろこつな **露骨な** rokotsuna	**露骨，毫无掩饰** lùgǔ, háowú yǎnshì ルゥグゥ，ハオウゥ イエンシー	plain, blunt プ**レイ**ン，プ**ラ**ント
ろじ **路地** roji	**胡同，小巷** hútòng, xiǎoxiàng ホゥトン，シアオシアン	alley, lane **ア**リ，**レイ**ン
ろしあ **ロシア** roshia	**俄罗斯** Éluósī ヴァルゥオスー	Russia **ラ**シャ
〜語	**俄语** Éyǔ ヴァユィ	Russian **ラ**シャン
ろしゅつ(する) **露出(する)** roshutsu (suru)	**露出，裸露** lùchū, luǒlù ルゥチュウ，ルゥオルゥ	exposure; expose イクス**ポウ**ジャ，イクス**ポウ** ズ

ろ

日	中	英
ろす **ロス** rosu	**损耗，消耗** sǔnhào, xiāohào スゥンハオ，シアオハオ	loss ロース
ろせん **路線** rosen	**线路** xiànlù シエンルゥ	route, line ルート，ライン
〜図	**线路图** xiànlùtú シエンルゥトゥ	route map ルート マプ
ろっかー **ロッカー** rokkaa	**衣柜，橱柜** yīguì, chúguì イーグゥイ，チュウグゥイ	locker ラカ
ろっくんろーる **ロックンロール** rokkunrooru	**摇滚乐** yáogǔnyuè ヤオグゥンユエ	rock'n'roll ラクンロウル
ろっこつ **肋骨** rokkotsu	**肋骨** lèigǔ レイグゥ	rib リプ
ろっじ **ロッジ** rojji	**山中小屋** shānzhōng xiǎowū シャンヂォン シアオウゥ	lodge ラヂ
ろてん **露店** roten	**摊子** tānzi タンヅ	stall, booth ストール，ブース
ろびー **ロビー** robii	**门厅，休息厅** méntīng, xiūxitīng メンティン，シウシティン	lobby ラビ
ろぼっと **ロボット** robotto	**机器人** jīqìrén ジィチレン	robot ロウボト
ろまんす **ロマンス** romansu	**爱情故事** àiqíng gùshi アイチィン グゥシ	romance ロウマンス
ろまんちすと **ロマンチスト** romanchisuto	**浪漫主义者** làngmàn zhǔyìzhě ラァンマン ヂュウイーヂョァ	romanticist ロウマンティスィスト
ろまんちっく(な) **ロマンチック(な)** romanchikku (na)	**浪漫** làngmàn ラァンマン	romantic ロウマンティク
ろんぎ(する) **論議(する)** rongi (suru)	**争论，议论** zhēnglùn, yìlùn ヂョンルゥン，イールゥン	discussion; discuss ディスカション，ディスカス

日	中	英
ろんきょ **論拠** ronkyo	**论据，论证** lùnjù, lùnzhèng ルゥンジュイ，ルゥンヂョン	basis of an argument ベイスィス オヴ アン **アー**ギュメント
ろんぐらん **ロングラン** ronguran	**长期上演** chángqī shàngyǎn チャァンチィ シャァンイエン	long run **ローング ラ**ン
ろんじる **論じる** ronjiru	**谈论，论述** tánlùn, lùnshù タンルゥン，ルゥンシュウ	discuss, argue ディス**カ**ス，**アー**ギュー
ろんそう(する) **論争(する)** ronsou (suru)	**辩论，争论** biànlùn, zhēnglùn ビエンルゥン，ヂョンルゥン	argument; argue, dispute **アー**ギュメント，**アー**ギュー，ディス**ピュ**ート
ろんてん **論点** ronten	**论点** lùndiǎn ルゥンディエン	point at issue **ポ**イント アト **イ**シュー
ろんぶん **論文** ronbun	**论文** lùnwén ルゥンウェン	essay, thesis **エ**セイ，**ス**ィースィス
ろんり **論理** ronri	**论理，逻辑** lùnlǐ, luóji ルゥンリィ，ルゥオジ	logic **ラ**ヂク
～学	**逻辑学** luójixué ルゥオジシュエ	logic **ラ**ヂク
～的な	**逻辑性的** luójixìng de ルゥオジシィン ダ	logical **ラ**ヂカル

わ，ワ

日	中	英
わ **和** (合計) wa	**和，总和** hé, zǒnghé ホァァ，ヅォンホァァ	sum **サ**ム
(調和)	**和谐** héxié ホァァシエ	harmony **ハ**ーモニ
(平和)	**和平** hépíng ホァァピィン	peace **ピ**ース

日	中	英
わ **輪** wa	**圏, 环** quān, huán チュエン, ホワン	circle, ring サークル, リング
わーるどかっぷ **ワールドカップ** waarudokappu	**世界杯** shìjièbēi シージエペイ	World Cup ワールド カプ
わいしゃつ **ワイシャツ** waishatsu	**衬衫** chènshān チェンシャン	shirt シャート
わいせつな **猥褻な** waisetsuna	**猥亵, 淫秽** wěixiè, yínhuì ウェイシエ, インホウイ	obscene オブスィーン
わいぱー **ワイパー** waipaa	**刮水器** guāshuǐqì グアシュイチィ	wiper ワイパ
わいやー **ワイヤー** waiyaa	〔条〕**铁丝** 〔tiáo〕tiěsī 〔ティアオ〕ティエスー	wire ワイア
わいろ **賄賂** wairo	**贿赂** huìlù ホウイルゥ	bribe ブライブ
わいん **ワイン** wain	〔瓶／杯〕**葡萄酒** 〔píng/bēi〕pútaojiǔ 〔ピィン／ペイ〕プゥタオジウ	wine ワイン
わおん **和音** waon	**和音, 和弦** héyīn, héxián ホォアイン, ホォアシエン	chord コード
わかい **若い** wakai	**年轻** niánqīng ニエンチィン	young ヤング
わかい(する) **和解(する)** wakai(suru)	**和解, 和好** héjiě, héhǎo ホォアジエ, ホォアハオ	reconcilation; (be) reconciled with レコンスィリエイション, (ビ) レコンサイルド ウィズ
わかがえる **若返る** wakagaeru	**返老还童** fǎn lǎo huán tóng ファン ラオ ホワントン	grow younger グロウ ヤンガ
わかさ **若さ** wakasa	**年轻** niánqīng ニエンチィン	youth ユース

日	中	英
わかす **沸かす** wakasu	烧开 shāokāi シャオカイ	boil ボイル
わかつ **分かつ** wakatsu	分开 fēnkāi フェンカイ	share with シェア ウィズ
わかば **若葉** wakaba	嫩叶 nènyè ネンイエ	young leaves ヤング リーヴズ
わがまま **我が儘** wagamama	**任性，自私** rènxìng, zìsī レンシィン, ヅースー	selfishness セルフィシュネス
〜な	**任性，自私** rènxìng, zìsī レンシィン, ヅースー	selfish, willful セルフィシュ, ウィルフル
わかもの **若者** wakamono	年轻人 niánqīngrén ニエンチンレン	young person ヤング パースン
わかりにくい **分かり難い** wakarinikui	**费解，难懂** fèijiě, nándǒng フェイジエ, ナンドン	difficult ディフィカルト
わかりやすい **分かり易い** wakariyasui	**平易，浅显** píngyì, qiǎnxiǎn ピィンイー, チエンシエン	easy, simple イーズィ, スィンプル
わかる **分かる** wakaru	**明白，知道** míngbai, zhīdao ミィンパイ, デーダオ	understand, realize アンダスタンド, リーアライズ
わかれ **別れ** wakare	**别离，分离** biélí, fēnlí ビエリィ, フェンリィ	parting, farewell パーティング, フェアウェル
わかれる **分かれる** wakareru	分离 fēnlí フェンリィ	part パート
（区分）	**区别，划分** qūbié, huàfēn チュイビエ, ホアフェン	(be) divided into (ビ) ディヴァイデド イントゥ
わかれる **別れる** wakareru	**分手，分别** fēn'shǒu, fēnbié フェンショウ, フェンビエ	part from パート フラム
わかわかしい **若々しい** wakawakashii	**朝気蓬勃，少壮** zhāoqì péngbó, shàozhuàng ヂャオチィ ポンポォ, シャオヂュアン	young and fresh ヤング アンド フレシュ

日	中	英
わき **脇** waki	旁边，旁侧 pángbiān, pángcè パァンビエン，パァンツゥァ	side サイド
わきのした **脇の下** wakinoshita	腋下，胳肢窝 yèxià, gāzhiwō イエシア，ガァヂウオ	armpit アームピト
わきばら **脇腹** wakibara	侧腹 cèfù ツゥァフゥ	side サイド
わきみち **脇道** wakimichi	岔路，间道 chàlù, jiàndào チャアルゥ，ジエンダオ	bypath バイパス
わきやく **脇役** wakiyaku	配角，配演 pèijué, pèiyǎn ペイジュエ，ペイイエン	supporting role サ**ポ**ーティング **ロ**ウル
わく **沸く** waku	开，沸腾 kāi, fèiténg カイ，フェイテゥン	boil ボイル
わく **湧く** waku	涌 yǒng ヨン	spring, flow スプリング，フ**ロ**ウ
わく **枠** waku	框，框子 kuàng, kuàngzi クアン，クアンヅ	frame, rim フレイム，**リ**ム
（範囲）	范围，限制 fànwéi, xiànzhì ファンウェイ，シエンヂー	framework, limit フレイムワーク，**リ**ミト
わくせい **惑星** wakusei	行星 xíngxīng シィンシィン	planet プラネト
わくちん **ワクチン** wakuchin	疫苗 yìmiáo イーミアオ	vaccine ヴァク**スィ**ーン
わけ **訳** wake	理由，缘故 lǐyóu, yuángù リィヨウ，ユエングゥ	reason, cause **リ**ーズン，**コ**ーズ
わけまえ **分け前** wakemae	份额，配额 fèn'é,pèi'é フェンウァ，ペイウァ	share **シェ**ア
わける **分ける** wakeru	分 fēn フェン	divide, part ディ**ヴァ**イド，**パ**ート

わ

850

日	中	英
（分離）	**分离，分开** fēnlí, fēnkāi フェンリィ, フェンカイ	separate, part セパレイト, パート
（区別）	**辨别，区别** biànbié, qūbié ピエンビエ, チュイビエ	classify クラスィファイ
（分配）	**分配** fēnpèi フェンペイ	distribute, share ディストリビュート, シェア
わごむ **輪ゴム** wagomu	**橡皮筋，橡皮圈** xiàngpíjīn, xiàngpíquān シアンピィジン, シアンピィチュエン	rubber band ラバ バンド
わごん **ワゴン** wagon	**〔辆〕手推车** 〔liàng〕shǒutuīchē 〔リアン〕ショウトウイチョァ	wagon ワゴン
（自動車）	**旅行车，面包车** lǚxíngchē, miànbāochē リュィシンチョァ, ミエンバオチョァ	station wagon ステイション ワゴン
わざ **技** waza	**技艺，技能** jìyì, jìnéng ジィイー, ジヌォン	technique テクニーク
わざと **わざと** wazato	**故意，存心** gùyì, cúnxīn グウイー, ツゥンシン	on purpose オン パーパス
わさび **山葵** wasabi	**山嵛菜** shānyúcài シャンユィツァイ	horseradish ホースラディシュ
わざわい **災い** wazawai	**祸患，灾祸** huòhuàn, zāihuò ホゥオホワン, ヅァイホゥオ	misfortune ミスフォーチュン
わざわざ **わざわざ** wazawaza	**特意** tèyì トゥアイー	deliberately ディリバレトリ
わし **鷲** washi	**雕，鹫** diāo, jiù ディアオ, ジウ	eagle イーグル
わしょく **和食** washoku	**日餐，日式饭菜** Rìcān, Rìshì fàncài リーツァン, リーシー ファンツァイ	Japanese food ヂャパニーズ フード
わずかな **僅かな** wazukana	**一点儿** yìdiǎnr イーディアル	a few, a little ア フュー, ア リトル

日	中	英
わずらわしい **煩わしい** wazurawashii	**麻烦，烦琐** máfan, fánsuǒ マァファン, ファンスゥオ	troublesome トラブルサム
わずらわす **煩わす** wazurawasu	**添麻烦，烦扰** tiān máfan, fánrǎo ティエン マァファン, ファンラオ	trouble トラブル
わすれっぽい **忘れっぽい** wasureppoi	**丢三落四** diū sān là sì ディウ サン ラァ スー	have a poor memory ハヴァ プア メモリ
わすれもの **忘れ物** wasuremono	**遗失物** yíshīwù イーシーウゥ	thing left behind スィング レフト ビハインド
〜をする	**把《东西》忘在《地方》** bǎ ... wàngzài ... バァ … ワァンヅァイ …	forget, leave フォゲト, リーヴ
わすれる **忘れる** wasureru	**忘，忘记** wàng, wàngjì ワァン, ワァンジィ	forget フォゲト
わせりん **ワセリン** waserin	**凡士林** fánshìlín ファンシーリン	vaseline ヴァセリーン
わた **綿** wata	**棉花** miánhua ミエンホァ	cotton カトン
わだい **話題** wadai	**话题** huàtí ホアティー	topic タピク
わだかまり **蟠り** wadakamari	**隔阂，隔膜** géhé, gémó グァホォァ, グァモォ	bad feelings バド フィーリングズ
わたし **私** watashi	**我** wǒ ウオ	I, myself アイ, マイセルフ
〜の	**我的** wǒ de ウオ ダ	my マイ
わたしたち **私たち** watashitachi	**我们** wǒmen ウオメン	we ウィー
〜の	**我们的** wǒmen de ウオメン ダ	our アウア

日	中	英
わたす **渡す** watasu	递交《东西》，交给《人》 dìjiāo..., jiāogěi... ディージアオ …，ジアオゲイ…	hand ハンド
（引き渡す）	移交，交付 yíjiāo, jiāofù イージアオ，ジアオフゥ	hand over, surrender ハンド **オ**ウヴァ, サレンダ
わたる **渡る** wataru	过，渡（过） guò, dù(guò) グゥオ，ドゥ(グゥオ)	cross, go over クロース, **ゴ**ウ **オ**ウヴァ
わっくす **ワックス** wakkusu	蜡 là ラァ	wax ワクス
わっと **ワット** watto	瓦特，瓦 wǎtè, wǎ ワァトゥア，ワァ	watt ワト
わな **罠** wana	圈套，陷阱 quāntào, xiànjǐng チュエンタオ，シエンジン	trap トラプ
～を掛ける	设陷阱，设圈套 shè xiànjǐng, shè quāntào ショァ シエンジン，ショァ チュエンタオ	set a trap セト ア トラプ
わに **鰐** wani	鳄鱼 èyú ウァユイ	crocodile, alligator クラカダイル, **ア**リゲイタ
わび **詫び** wabi	道歉，赔礼 dàoqiàn, péilǐ ダオチエン，ペイリィ	apology アパロヂ
わびしい **侘しい** wabishii	寂寞，孤寂 jìmò, gūjì ジィモァ，グゥジィ	lonely ロウンリ
（みすぼらしい）	寒酸 hánsuān ハンスワン	poor, miserable プア, ミゼラブル
わびる **詫びる** wabiru	道歉，谢罪 dào'qiàn, xiè'zuì ダオチエン，シエヅゥイ	apologize to アパロヂャイズ トゥ
わふうの **和風の** wafuuno	日本式，日式 Rìběnshì, Rìshì リーベンシー，リーシー	Japanese style ヂャパニーズ ス**タ**イル
わへいこうしょう **和平交渉** waheikoushou	和平谈判 hépíng tánpàn ホァピン タンパン	peace negotiation ピース ニゴウシ**エ**イション

わ

日	中	英
わめく **喚く** wameku	**喊叫，叫嚷** hǎnjiào, jiàorǎng ハンジアオ，ジアオラァン	give a cry ギヴ ア クライ
わやく(する) **和訳(する)** wayaku (suru)	**日译，译成日文** Rìyì, yìchéng Rìwén リィイー，イーチョン リィウェン	Japanese translation ヂャパニーズ トランスレイション
わらい **笑い** warai	**笑** xiào シアオ	laugh, laughter ラフ，ラフタ
～話	**笑话** xiàohua シアオホア	funny story ファニ ストーリ
わらう **笑う** warau	**笑，发笑** xiào, fāxiào シアオ，ファアシアオ	laugh ラフ
わらわせる **笑わせる** warawaseru	**逗笑儿，引人发笑** dòuxiàor, yǐn rén fāxiào ドウシアオル，イン レン ファアシアオ	make laugh メイク ラフ
(滑稽な)	**可笑** kěxiào クァシアオ	ridiculous, absurd リディキュラス，アブサード
わりあい **割合** wariai	**比例，比率** bǐlì, bǐlǜ ビィリィ，ビィリュィ	rate, ratio レイト，レイシオウ
わりあて **割り当て** wariate	**份额，配额** fèn'é, pèi'é フェンウァ，ペイウァ	assignment アサインメント
～る	**分配，摊派** fēnpèi, tānpài フェンペイ，タンパイ	assign アサイン
わりかん **割り勘** warikan	**均摊，ＡＡ制** jūntān, AA zhì ジュインタン，ＡＡ デー	split the bill スプリト ザ ビル
わりこむ **割り込む** warikomu	**插嘴** chā'zuǐ チャアヅゥイ	cut in カト イン
(列に)	**插队** chā'duì チャアドゥイ	jump a queue ヂャンプ ア キュー

日	中	英
わりざん **割り算** warizan	**除法** chúfǎ チュウファア	division ディヴィジョン
わりだか **割高** waridaka	**比较贵** bǐjiào guì ビィジアオ グェイ	expensiveness イクスペンスィヴネス
〜な	**价钱较贵** jiàqián jiào guì ジアチエン ジアオ グゥイ	expensive イクスペンスィヴ
わりびき **割引** waribiki	**折扣，减价** zhékòu, jiǎnjià ヂョァコウ，ジエンジア	discount **ディ**スカウント
わりまし **割り増し** warimashi	**加价** jiājià ジアジア	premium プリーミアム
〜料金	**附加费** fùjiāfèi フゥジアフェイ	extra charge **エ**クストラ **チャ**ーヂ
わる **割る** waru	**破，砸** pò, zá ポォ，ヅァア	break, crack ブレイク，クラク
（分割）	**分开，划分** fēnkāi, huàfēn フェンカイ，ホアフェン	divide into ディ**ヴァ**イド イントゥ
わるい **悪い** warui	**坏，不好** huài, bùhǎo ホアイ，ブゥハオ	bad, wrong **バ**ド，**ロ**ーング
わるがしこい **悪賢い** warugashikoi	**狡诈，狡猾** jiǎozhà, jiǎohuá ジアオヂャア，ジアオホア	cunning, sly **カ**ニング，**スラ**イ
わるくち **悪口** warukuchi	**坏话** huàihuà ホアイホア	abuse ア**ビュ**ース
〜を言う	**说坏话** shuō huàihuà シュオ ホアイホア	speak ill of スピーク **イ**ル オヴ
わるつ **ワルツ** warutsu	**圆舞曲，华尔兹** yuánwǔqǔ, huá'ěrzī ユエンウゥチュイ，ホアアルヅー	waltz **ウォ**ールツ
わるもの **悪者** warumono	**坏人** huàirén ホアイレン	rascal, villain **ラ**スカル，**ヴィ**レン

日	中	英
われめ **割れ目** wareme	裂缝，裂口 lièfèng, lièkǒu リエフォン，リエコウ	crack, split クラク，スプリト
われる **割れる** wareru	破，碎 pò, suì ポォ，スウイ	break ブレイク
（裂ける）	裂开 lièkāi リエカイ	crack, split クラク，スプリト
われわれ **我々** wareware	我们 wǒmen ウオメン	we, ourselves **ウィ**ー，アウア**セ**ルヴズ
わん **湾** wan	湾，海湾 wān, hǎiwān ワン，ハイワン	bay, gulf **ベ**イ，**ガ**ルフ
わんがん **湾岸** wangan	海湾沿岸 hǎiwān yán'àn ハイワン イエンアン	coast **コ**ウスト
わんきょくする **湾曲する** wankyokusuru	弯曲 wānqū ワンチュイ	curve, bend **カ**ーヴ，**ベ**ンド
わんぱく **腕白** wanpaku	调皮，淘气 tiáopí,táoqì ティアオピィ，タオチィ	naughty **ノ**ーティ
わんぴーす **ワンピース** wanpiisu	〔件〕连衣裙 〔jiàn〕liányīqún 〔ジエン〕リエンイーチュィン	dress ド**レ**ス
わんまん **ワンマン** wanman	独断专行(的人) dúduàn zhuānxíng(de rén) ドゥドワン ヂュワンシィン(ダ レン)	dictator **ディ**クテイタ
わんりょく **腕力** wanryoku	腕力 wànlì ワンリィ	physical force **フィ**ズィカル **フォ**ース

わ

付　録

● 日常会話

あいさつ ···················· 858
日々のあいさつ／近況・暮らしぶりをたずねる・答える／初対面・再会のときのあいさつ／旅のあいさつ／招待・訪問のあいさつ／別れのあいさつ

食事 ························ 864
食事に誘う／レストランに入るときの表現／注文する／食事の途中で／レストランでの苦情／お酒を飲む／ファーストフードを注文するときの表現／食事の途中の会話

買い物 ···················· 878
売り場を探す／品物を見せてもらう・品物について聞く／試着する／品物を買う

トラブル・緊急事態 ············ 886
困ったときの表現／紛失・盗難のときの表現／子供が迷子になったときの表現／助けを求める／事件に巻き込まれて

● 分野別単語集

アクセサリー	893	食器	906
味	893	人体	907
家	894	数字	907
衣服	894	スポーツ	909
色	895	台所用品	910
インターネット	896	電気製品	911
家具	896	動物	911
家族	897	鳥	912
体	898	度量衡	913
気象	899	肉	913
季節・月	899	飲み物	914
果物	900	花	915
化粧品	900	病院	916
コンピュータ	901	病気	917
サッカー	902	文具	917
時間	904	店	918
自然災害	904	野菜	919
樹木	905	曜日	920
職業	905		

日常会話

あいさつ

日々のあいさつ　―こんにちは！―

●**こんにちは.**
你好！
Nǐ hǎo!
ニィ ハオ！
Hello! / Hi!

●**おはようございます.**
你早！
Nǐ zǎo!
ニィ ヅァオ！
Good morning.

●**こんばんは.**
你好！/ 晚上好！
Nǐ hǎo! / Wǎnshang hǎo!
ニィ ハオ！/ ワンシャァン ハオ！
Good evening.

●**おやすみなさい.**
晚安！
Wǎn' ān!
ワンアン！
Good night.

近況・暮らしぶりをたずねる・答える　― お元気ですか？―

●**お元気ですか.**
你好吗？/ 你身体好吗？
Nǐ hǎo ma? / Nǐ shēntǐ hǎo ma?
ニィ ハオ マ？/ ニィ シェンティー ハオ マ？
How are you?

●**調子はどうですか.**
你最近怎么样？
Nǐ zuìjìn zěnmeyàng?
ニィ ヅゥイジン ヅェンマヤン？
How are you doing?

859

● はい, 元気です. あなたは？
我很好。你呢？
Wǒ hěn hǎo. Nǐ ne?
ウオ ヘン ハオ. ニィ ナ？
I'm fine. How are you?

● まあまあです.
还可以。
Hái kěyǐ.
ハイ クァイー.
I have nothing to complain about. / So-so.

● お元気そうですね.
你很好吧。
Nǐ hěn hǎo ba.
ニィ ヘン ハオ バ.
You look well.

● 仕事はどうですか.
你工作怎么样？
Nǐ gōngzuò zěnmeyàng?
ニィ ゴンヅゥオ ヅェンマヤン？
How are you getting on with your business?

● 忙しいです.
很忙。
Hěn máng.
ヘン マァン.
I'm busy.

● ご両親はお元気ですか.
你父母都好吗？
Nǐ fùmǔ dōu hǎo ma?
ニィ フゥムゥ ドウ ハオ マ？
How are your parents getting on?

● ご主人はお元気ですか.
您先生好吗？
Nín xiānsheng hǎo ma?
ニン シエンション ハオ マ？
How is your husband getting on?

● 奥さんはお元気ですか.
您太太好吗？
Nín tàitai hǎo ma?
ニン タイタイ ハオ マ？
How is your wife getting on?

日常会話

●張さんはお元気でしょうか.
张先生好吗？
Zhāng xiānsheng hǎo ma?
ヂァァン シエンション ハオ マ？
How is Mr. Zhang?

●みんな元気です.
我们都很好。
Wǒmen dōu hěn hǎo.
ウオメン ドウ ヘン ハオ.
Thank you. We are all well.
他们都很好。
Tāmen dōu hěn hǎo.
タァメン ドウ ヘン ハオ.
Thank you. They are all well.

●それは何よりです.
那太好了。
Nà tài hǎo le.
ナァ タイ ハオ ラ.
I'm glad to hear that.

初対面・再会のときのあいさつ　—おひさしぶりです—

●お目にかかれてうれしいです.
见到您，我很高兴。
Jiàndào nín, wǒ hěn gāoxìng.
ジエンダオ ニン, ウオ ヘン ガオシィン.
It's nice to see you.

●李さんではありませんか.
您是李先生吧？
Nín shì Lǐ xiānsheng ba?
ニン シー リー シエンション バ？
Are you Mr. Lee? / Aren't you Mr. Lee?

●私を覚えていらっしゃいますか.
你还认识我吗？
Nǐ hái rènshi wǒ ma?
ニィ ハイ レンシ ウオ マ？
Do you remember me?

●お久しぶりです.
好久不见。
Hǎojiǔ bú jiàn.
ハオジウ ブゥ ジエン.
I haven't seen you for a long time.

旅のあいさつ　—ようこそ！—

● **ようこそ中国へ.**
欢迎您来到中国！
Huānyíng nín láidào Zhōngguó!
ホワンイィン ニン ライダオ ヂョングゥオ！
Welcome to China.

● **ようこそ北京へ.**
欢迎您来到北京！
Huānyíng nín láidào Běijīng!
ホワンイィン ニン ライダオ ペイジィン！
Welcome to Beijing.

● **疲れていませんか.**
你累了吧。
Nǐ lèi le ba.
ニィ レイ ラ バ.
Are you tired? / Aren't you tired?

● **ええ, 大丈夫です.**
不要紧。
Bú yàojǐn.
ブゥ ヤオジン.
No, I'm fine.

● **ちょっと疲れました.**
我有点儿累。
Wǒ yǒudiǎnr lèi.
ウオ ヨウディァル レイ.
I'm a little tired.

● **お出迎えありがとうございます.**
谢谢您来接我。
Xièxie nín lái jiē wǒ.
シエシエ ニン ライ ジエ ウオ.
Thank you for coming to pick me up.

招待・訪問のあいさつ　—すてきなお家ですね—

● **ぜひうちにいらしてください.**
请你来我家玩儿。/ 请你们来我家玩儿。
Qǐng nǐ lái wǒ jiā wánr. / Qǐng nǐmen lái wǒ jiā wánr.
チィン ニィ ライ ウオ ジア ワル. / チィン ニィメン ライ ウオ ジア ワル.
Please come and visit me. / Please come and visit me sometime.

●ぜひうかがいます.
我一定来。
Wǒ yídìng lái.
ウオ イーディン ライ.
I'm definitely going.

●お招きいただきありがとうございます.
谢谢你的邀请。/ 谢谢你的招待。
Xièxie nǐ de yāoqǐng. / Xièxie nǐ de zhāodài.
シエシエ ニィ ダ ヤオチン. / シエシエ ニィ ダ ヂャオダイ.
Thanks very much for inviting me.

●すてきなお家ですね.
多么漂亮的房间啊!
Duōme piàoliang de fángjiān a!
ドゥオマ ピアオリアン ダ ファンジエン ア!
What a wonderful room!

●日本のおみやげです.
这是从日本带来的礼物。
Zhè shì cóng Rìběn dàilái de lǐwù.
ヂョァ シー ツォン リーベン ダイライ ダ ヂャウゥ.
Here's a Japanese gift.

別れのあいさつ —さようなら—

●さようなら.
再见!
Zàijiàn!
ヅァイジエン!
Good-bye. / See you.

●もう行かなくては.
我该走了。
Wǒ gāi zǒu le.
ウオ ガイ ヅォウ ラ.
I should be going now.

●それではまた.
改天见!
Gǎitiān jiàn!
ガイティエン ジエン!
I will see you again.

●また近いうちに.
改天见!
Gǎitiān jiàn!

ガイティエン ジエン！
I will see you soon.

● **じゃあまたあとで.**
回头见！
Huítóu jiàn!
ホゥイトウ ジエン！
I will see you later.

● **また明日.**
明天见！
Míngtiān jiàn!
ミィンティエン ジエン！
I will see you tomorrow.

● **どうぞ, 楽しい旅を！**
祝你一路平安！
Zhù nǐ yílù píng'ān!
ヂュウ ニィ イールゥ ピィンアン！
Have a nice trip!

● **お気をつけて！**
请多保重！
Qǐng duō bǎozhòng!
チィン ドゥオ バオヂォン！
Take care!

● **あなたもね！**
你也请多保重吧。
Nǐ yě qǐng duō bǎozhòng ba.
ニィ イエ チィン ドゥオ バオヂォン バ.
You too! / The same to you!

● **今度は日本で会いましょう.**
下次在日本见！
Xià cì zài Rìběn jiàn!
シア ツー ヅァイ リーベン ジエン！
Next time, let's meet in Japan.

● **ご主人によろしくお伝えください.**
问你先生好。
Wèn nǐ xiānsheng hǎo.
ウェン ニィ シエンション ハオ.
Please give my regards to your husband.

●奥さんによろしくお伝えください.
问你太太好。
Wèn nǐ tàitai hǎo.
ウェン ニィ タイタイ ハオ.
Please give my regards to your wife.

●ご家族によろしくお伝えください.
替我向你家里人问好。
Tì wǒ xiàng nǐ jiālirén wèn hǎo.
ティー ウオ シアン ニィ ジアリレン ウェン ハオ.
Please give my regards to your family.

食事

食事に誘う —食事に行きませんか?—

●お腹がすきました.
我饿了。/ 我肚子饿了。
Wǒ è le. / Wǒ dùzi è le.
ウオ ウァ ラ. / ウオ ドゥヅ ウァ ラ.
I'm hungry.

●のどが乾きました.
我渴了。
Wǒ kě le.
ウオ クァ ラ.
I'm thirsty.

●喫茶店で休みましょう.
在咖啡馆歇一会儿吧。
Zài kāfēiguǎn xiē yíhuìr ba.
ヅァイ カフェイグワン シエ イーホァルバ.
Let's rest in a coffee shop.

●お昼は何を食べようか.
午饭吃什么？
Wǔfàn chī shénme?
ウゥファン チー シェンマ？
What shall we eat for lunch?

●食事に行きませんか.
我们一起去吃饭吧！
Wǒmen yìqǐ qù chī fàn ba!
ウオメン イーチィ チュイ チー ファンバ！
Shall we go and eat together?

●四川料理はどうですか.
川菜好不好？
Chuāncài hǎo-buhǎo?
チュワンツァイ ハオブハオ？
How about Sichuan food?

●何か食べたいものはありますか.
你想吃什么菜？
Nǐ xiǎng chī shénme cài?
ニィ シアン チー シェンマ ツァイ？
Is there anything you'd like to eat?

●嫌いなものはありますか.
有什么不爱吃的吗？
Yǒu shénme bú àichī de ma?
ヨウ シェンマ ブゥ アイチー ダ マ？
Is there anything you don't like?

●なんでも大丈夫です.
什么都可以。
Shénme dōu kěyǐ.
シェンマ ドウ クァイー.
Anything's OK.

●あまりすっぱいものは苦手です.
我怕太酸的。
Wǒ pà tài suān de.
ウオ パァ タイ スワン ダ.
I can't eat anything that is too sour.

●いいレストランを教えてくれませんか.
你知道哪家餐厅好吃吗？
Nǐ zhīdao nǎ jiā cāntīng hǎochī ma?
ニィ ヂーダオ ナァ ジア ツァンティン ハオチー マ？
Could you recommend a good restaurant?

●この店はおいしくて値段も手ごろです.
这家餐厅又便宜又好吃。
Zhè jiā cāntīng yòu piányi yòu hǎochī.
ヂョヤ ジア ツァンティン ヨウ ピエンイ ヨウ ハオチー.
The food in this restaurant is good, plus the prices aren't too bad.

●ごちそうしますよ.
我请客。/ 我请你吃饭。
Wǒ qǐng kè. / Wǒ qǐng nǐ chī fàn.
ウオ チン クァ. / ウオ チン ニィ チー ファン.
I'll treat you.

レストランに入るときの表現 —どのくらい待ちますか？—

● 6時から3名で予約をお願いします。
我要订六点的, 三个人。
Wǒ yào dìng liù diǎn de, sān ge rén.
ウオ ヤオ ディン リウ ディエン ダ, サン ガ レン.
Can I make a reservation for three people for six o'clock?

● 7時に予約をしました。
订在七点。
Dìng zài qī diǎn.
ディン ヅァイ チィ ディエン.
I made a reservation for seven o'clock.

● 何名様ですか。
几位？/ 你们几位？
jǐ wèi? / Nǐmen jǐ wèi?
ジィ ウェイ？/ ニィメン ジィ ウェイ？
How many people are in your party?

● 2人です。
两个人。
Liǎng ge rén.
リアン ガ レン.
There's two of us.

● 3人です。
三个人。
Sān ge rén.
サン ガ レン.
There's three of us.

● ここにお名前を書いてください。
请写一下您的姓名。
Qǐng xiě yíxià nín de xìngmíng.
チィン シエ イーシア ニン ダ シィンミィン.
Please sign your name here.

● どのくらい待ちますか。
要等儿分钟？
Yào děng jǐ fēnzhōng?
ヤオ デゥン ジィ フェンヂォン？
How long will we have to wait?

● 禁煙席・喫煙席どちらがよろしいですか。
您要吸烟席, 还是禁烟席？
Nín yào xīyānxí, háishi jìnyānxí?

867

ニン ヤオ シィイエンシィ, ハイシ ジンイエンシィ?
Would you prefer smoking or nonsmoking?

日常会話

● **たばこをお吸いになりますか.**
您抽烟吗？
Nín chōu yān ma?
ニン チョウ イエン マ?
Would you like a smoking area?

● **禁煙席をお願いします.**
我要禁烟席。/ 我要坐无烟区。
Wǒ yào jìnyānxí. / Wǒ yào zuò wúyānqū.
ウオ ヤオ ジンイエンシィ. / ウオ ヤオ ヅゥオ ウゥイエンチュイ.
Nonsmoking please.

● **どこでたばこが吸えますか.**
在哪儿可以抽烟？
Zài nǎr kěyǐ chōu yān?
ヅァイ ナァル クァイー チョウ イエン?
Where can I smoke?

● **こちらへどうぞ.**
请您到这儿来。
Qǐng nín dào zhèr lái.
チィン ニン ダオ ヂョァル ライ.
Right this way, please.

● **この席は空いていますか.**
这个座位有没有人？
Zhège zuòwei yǒu-méiyou rén?
ヂョァガ ヅゥオウェイ ヨウ メイヨウ レン?
Is this seat taken?

注文する —本日のスープは何ですか？—

● **メニューを見せてください.**
请给我看看菜单。
Qǐng gěi wǒ kànkan càidān.
チィン ゲイ ウオ カンカン ツァイダン.
Can I have a menu, please?

● **ご注文をどうぞ.**
请您点菜。
Qǐng nín diǎncài.
チィン ニン ディエンツァイ.
May I take your order?

●お勧めはなんですか.
有没有推荐的菜？
Yǒu-méiyou tuījiàn de cài?
ヨウ メイヨウ トゥイジエン ダ ツァイ？
What do you recommend?

●この店の自慢料理は何ですか.
你们餐厅的名菜是什么？
Nǐmen cāntīng de míngcài shì shénme?
ニィメン ツァンティン ダ ミィンツァイ シー シェンマ？
What's your specialty?

●本日のスープは何ですか.
今天有什么汤？
Jīntiān yǒu shénme tāng?
ジンティエン ヨウ シェンマ タァン？
What's the soup of the day?

●前菜の盛り合わせをください.
来一个拼盘。
Lái yí ge pīnpán.
ライ イー ガ ピンパン.
Can I have a starter plate, please?

●魚にします.
我想吃鱼。
Wǒ xiǎng chī yú.
ウオ シアン チー ユィ.
I'd like the fish.

●肉にします.
我想吃肉。
Wǒ xiǎng chī ròu.
ウオ シアン チー ロウ.
I'd like the meat.

●ステーキの焼き具合はどのようにしましょうか.
烤肉烤得怎样好？
Kǎoròu kǎode zěnyàng hǎo?
カオロウ カオダ ヅェンヤン ハオ？
How do you like your steak done?

●ミディアムにしてください.
要烤得中等程度的。
Yào kǎode zhōngděng chéngdù de.
ヤオ カオダ ヂォンデゥン チョンドゥ ダ.
Medium, please.

日常会話

● レアにしてください.
要烤得半熟的。
Yào kǎode bànshú de.
ヤオ カオダ バンシュウ ダ.
Rare, please.

● ウエルダンにしてください.
要烤得很熟的。
Yào kǎode hěn shú de.
ヤオ カオダ ヘン シュウ ダ.
Well-done, please.

● 3人で半羽の(北京)ダックで足りますか.
三个人吃半只鸭子，够不够？
Sān ge rén chī bàn zhī yāzi, gòu-bugòu?
サン ガ レン チー バン デー ヤァズ, ゴウ ブゴウ?
Is half a duck enough for three people to eat?

● 骨のスープもください.
还要鸭骨汤。
Hái yào yāgǔtāng.
ハイ ヤオ ヤァグウタァン.
Can I also have bone soup, please?

● ごはんを少なめにしていただけますか.
饭少一点，好吗？
Fàn shǎo yìdiǎn, hǎo ma?
ファン シャオ イーディエン, ハオ マ?
Can I have a small portion of rice?

食事の途中で ―小皿を持ってきてください―

● 小皿を持ってきてください.
给我一个碟子。
Gěi wǒ yí ge diézi.
ゲイ ウオ イー ガ ディエズ.
Can I have a small plate?

● お水をいただけますか.
给我一杯水。/ 给我一杯冰水。
Gěi wǒ yì bēi shuǐ. / Gěi wǒ yì bēi bīngshuǐ.
ゲイ ウオ イー ベイ シュイ. / ゲイ ウオ イー ベイ ビィンシュイ.
I'd like a glass of water.

●箸を1膳いただけますか.
给我一双筷子。
Gěi wǒ yì shuāng kuàizi.
ゲイ ウオ イー シュアン クアイズ.
Can I have a pair of chopsticks?

●これ(残した料理)を包んでいただけますか.
请把这个菜打一下包。
Qǐng bǎ zhège cài dǎ yíxià bāo.
チン バァ ヂョァガ ツァイ ダァ イーシア バオ.
Can you wrap this up for me?

レストランでの苦情 —頼んだものがまだ来ません—

●これは火が通っていません.
这个没熟。
Zhège méi shú.
ヂョァガ メイ シュウ.
This isn't cooked properly.

●スープが冷めています.
汤已经都凉了。
Tāng yǐjīng dōu liáng le.
タァン イージィン ドウ リアン ラ.
The soup is cold.

●私が頼んだのは青島ビールです.
我点的是青岛啤酒。
Wǒ diǎn de shì Qīngdǎo píjiǔ.
ウオ ディエン ダ シー チィンダオ ピィジウ.
I ordered a Qingdao beer. / I ordered some Qingdao beer.

●これは注文していません.
我没点过这个。
Wǒ méi diǎnguo zhège.
ウオ メイ ディエングゥオ ヂョァガ.
I didn't order this.

●頼んだものがまだ来ません.
我们点的菜还没来。
Wǒmen diǎn de cài hái méi lái.
ウオメン ディエン ダ ツァイ ハイ メイ ライ.
Our order isn't here yet.

●確認してまいります.
我去看一看。
Wǒ qù kànyikàn.

ウオ チュイ カンイカン.
I'll go and check.

● 申し訳ありません.
太抱歉了。
Tài bàoqiàn le.
タイ バオチエン ラ.
I'm very sorry.

● もうしばらくお待ちください.
请再稍等一下。
Qǐng zài shāo děng yíxià.
チン ヅァイ シャオ デゥン イーシア.
Please wait a moment.

お酒を飲む —乾杯！—

● 飲み物は何がいいですか.
您想喝点儿什么？/ 您想喝点儿什么酒？/ 您想喝点儿什么饮料？
Nín xiǎng hē diǎnr shénme? / Nín xiǎng hē diǎnr shénme jiǔ? / Nín xiǎng hē diǎnr shénme yǐnliào?
ニン シアン ホォァ ディアル シェンマ？ / ニン シアン ホォァ ディアル シェンマ ジウ？ / ニン シアン ホォァ ディアル シェンマ インリアオ？
What would you like to drink?

● ビールが飲みたいです.
我想喝啤酒。
Wǒ xiǎng hē píjiǔ.
ウオ シアン ホォァ ピィジウ.
I would like beer.

● ワインが飲みたいです.
我想喝葡萄酒。
Wǒ xiǎng hē pútaojiǔ.
ウオ シアン ホォァ プゥタオジウ.
I would like wine.

● 中国焼酎が飲みたいです.
我想喝白酒。
Wǒ xiǎng hē báijiǔ.
ウオ シアン ホォァ バイジウ.
I would like clear grain spirit.

● 温めた紹興酒を 1 本ください.
来瓶烫热的绍兴酒。
Lái píng tàngrè de Shàoxīngjiǔ.
ライ ピン タァンルァ ダ シャオシィンジウ.
Can I have a bottle of hot Shao-xing wine, please?

● 温めた紹興酒を 1 杯ください.
来杯烫热的绍兴酒。
Lái bēi tàngrè de Shàoxīngjiǔ.
ライ ペイ タァンルァ ダ シャオシィンジウ.
Can I have a glass of hot Shao-xing wine, please?

● アルコールはだめなんです.
我不会喝酒。/ 我不能喝酒。
Wǒ bú huì hē jiǔ. / Wǒ bù néng hē jiǔ.
ウオ ブゥ ホゥイ ホォァ ジウ. / ウオ ブゥ ヌォン ホォァ ジウ.
I don't drink. / I can't drink.

● 一口ならいただきます.
我只喝一口。/ 我只喝一杯。
Wǒ zhǐ hē yì kǒu. / Wǒ zhǐ hē yì bēi.
ウオ ヂー ホォァ イー コウ. / ウオ ヂー ホォァ イー ペイ.
I'll just have a sip.

● 乾杯！
干杯！
Gān bēi!
ガン ペイ！
Cheers!

● お勘定をお願いします.
请结一下账。/ 买单。
Qǐng jié yíxià zhàng. / Mǎidān.
チィン ジエ イーシア ヂァァン. / マイダン.
Can I have the check, please?

● 割り勘にしましょう.
今天 AA 制。/ 今天各付各的。
Jīntiān AA zhì. / Jīntiān gè fù gè de.
ジンティエン AA ヂー. / ジンティエン グァ フゥ グァ ダ.
Let's split the bill.

ファーストフードを注文するときの表現　　―ここで食べます―

● テイクアウトでハンバーガー 2 個お願いします.
我要两个汉堡包，带走。
Wǒ yào liǎng ge hànbǎobāo, dàizǒu.

873

ウォ ヤオ リアン ガ ハンバオバオ, ダイヅォゥ.
Two hamburgers to go, please.

日常会話

● **マスタード抜きにしてください.**
不要放芥末。
Búyào fàng jièmo.
ブゥヤオ ファァン ジエモ.
No mustard, please.

● **ホットドッグとオレンジジュースをください.**
给我一个热狗和一杯橘子汁。
Gěi wǒ yí ge règǒu hé yì bēi júzizhī.
ゲイ ウォ イー ガ ルァゴゥ ホァァ イー ベイ ジュィヅチー.
A hot dog and an orange juice, please.

● **スモールをお願いします.**
我要小的。
Wǒ yào xiǎo de.
ウォ ヤオ シアオ ダ.
A small, please.

● **ミディアムをお願いします.**
我要中的。
Wǒ yào zhōng de.
ウォ ヤオ ヂォン ダ.
A medium, please.

● **ラージをお願いします.**
我要大的。
Wǒ yào dà de.
ウォ ヤオ ダァ ダ.
A large, please.

● **氷は入れないでください.**
不要放冰块。
Búyào fàng bīngkuài.
ブゥヤオ ファァン ビィンクアイ.
No ice, please.

● **デザートには何がありますか.**
有什么甜食？
Yǒu shénme tiánshí?
ヨウ シェンマ ティエンシー？
What'll you have for dessert?

●私はマンゴープリンにします.
我要芒果布丁。
Wǒ yào mángguǒ bùdīng.
ウオ ヤオ マァングゥオ ブゥディン.
I'd like some mango pudding.

●デザートはいりません.
我不吃甜食。
Wǒ bù chī tiánshí.
ウオ ブゥ チー ティエンシー.
I don't need dessert.

●コーヒーはブラックがいいです.
咖啡里不用放糖和奶。
Kāfēili bú yòng fàng táng hé nǎi.
カァフェイリ ブゥ ヨン ファァン タァン ホォァ ナイ.
I'd like my coffee black.

●砂糖は入れないでください.
不要放糖。
Bú yào fàng táng.
ブゥ ヤオ ファァン タァン.
No sugar, please.

●ミルクは入れないでください.
不要放奶。
Bú yào fàng nǎi.
ブゥ ヤオ ファァン ナイ.
No milk, please.

●ここで食べます.
在这儿吃。
Zài zhèr chī.
ヅァイ ヂョァル チー.
I'll eat it here.

●持ち帰ります.
带走。/ 打包。
Dàizǒu / Dǎbāo.
ダイヅォウ / ダァパオ.
I'd like this to go.

食事の途中の会話 —どうやって食べるんですか？—

●冷めないうちに召し上がれ.
趁热吃。
Chèn rè chī.

チェン ルァ チー.
Eat it before it gets cold.

●たくさん召し上がってください.
请您多吃点儿吧。
Qǐng nín duō chī diǎnr ba.
チィン ニン ドゥオ チー ディアルバ.
Please have as much as you like.

●お口に合えばいいのですが.
合你的口味吗？
Hé nǐ de kǒuwèi ma?
ホァ ニィ ダ コウウェイ マ？
I don't know whether you'll like it, but...

●すごいごちそうですね.
这么多好吃的菜！
Zhème duō hǎochī de cài!
ヂョァマ ドゥオ ハオチー ダ ツァイ！
Wow! What a treat this is!

●わあ. いい香り.
好香啊！
Hǎo xiāng a!
ハオ シアン ア！
Wow! What a nice smell.

●おいしい！
真好吃！
Zhēn hǎochī!
ヂェン ハオチー！
It's delicious!

●これ, 大好物なんです.
这是我最喜欢吃的。
Zhè shì wǒ zuì xǐhuan chī de.
ヂョァ シー ウオ ヅゥイ シィホワン チー ダ.
This is my favorite.

●点心, 手を出してください.
你吃点儿点心吧。
Nǐ chī diǎnr diǎnxīn ba.
ニィ チー ディアル ディエンシン バ.
Help yourself to some dimsums.

● 小籠包はとても熱いから気をつけてね.
小心，小笼包很烫。
Xiǎoxīn, xiǎolóngbāo hěn tàng.
シアオシン, シアオロンパオ ヘン タァン.
These small steamed buns are very hot.

● やけどしないようにね.
小心烫着。
Xiǎoxīn tàngzhe.
シアオシン タァンヂャ.
Try not to burn yourself.

● スープの味はいかがですか.
这个汤味道怎么样？
Zhège tāng wèidao zěnmeyàng?
ヂョァガ タァン ウェイダオ ヅェンマヤン?
What do you think of the soup?

● これは何ですか.
这是什么？
Zhè shì shénme?
ヂョァ シー シェンマ?
What is this?

● どうやって食べるんですか.
这个怎么吃呢？
Zhège zěnme chī ne?
ヂョァガ ヅェンマ チー ナ?
How can I eat this?

● 手を使ってもいいんですか.
可以用手拿着吃吗？
Kěyǐ yòng shǒu názhe chī ma?
クァイー ヨン ショウ ナァヂャ チー マ?
Can I use my hands?

● こうやって食べるんです.
这样吃。
Zhèyàng chī.
ヂョァヤン チー.
You eat it like this.

● これも食べられますか.
这个也可以吃吗？
Zhège yě kěyǐ chī ma?
ヂョァガ イエ クァイー チー マ?
Can you eat this too?

● それは飾りです.
那是装饰。/ 那是摆样子的。
Nà shì zhuāngshì. / Nà shì bǎi yàngzi de.
ナァ シー ヂュアンシー. / ナァ シー バイ ヤンヅ ダ.
That's a decoration.

● それは食べられません.
那个不能吃。
Nàge bù néng chī.
ナァガ ブゥ ヌォン チー.
We don't eat that.

● 食べるのは初めてです.
我第一次吃这个。
Wǒ dì yī cì chī zhège.
ウオ ディー イー ツー チー ヂョァガ.
This is the first time for me to eat this.

● ごめんなさい, これはちょっと食べられません.
对不起, 这个我有点儿吃不惯。
Duìbuqǐ, zhège wǒ yǒudiǎnr chībuguàn.
ドゥイブチィ, ヂョァガ ウオ ヨウディァル チーブグワン.
I'm sorry, but I can't eat this.

● アレルギーが出るんです.
我一吃就过敏。
Wǒ yì chī jiù guòmǐn.
ウオ イー チー ジウ グゥオミン.
I'll have an allergic reaction.

● おかわりはいかがですか.
再来一个, 好不好？/ 再来一杯, 好不好？
Zài lái yí ge, hǎo-buhǎo? / Zài lái yì bēi, hǎo-buhǎo?
ヅァイ ライ イー ガ, ハオ ブハオ？/ ヅァイ ライ イー ベイ, ハオ ブハオ？
How about another helping? / How about another refill?

● もう十分いただきました.
我已经吃不下去了。
Wǒ yǐjīng chībuxiàqu le.
ウオ イージィン チーブシアチュィ ラ.
I've already had enough.

● お腹が一杯です.
我吃饱了。
Wǒ chībǎo le.
ウオ チーバオ ラ.
I'm full.

●たいへんおいしかったです, ごちそうさま.
真有口福, 我吃好了。/ 今天真有口福, 我吃好了。
Zhēn yǒu kǒufú, wǒ chīhǎo le. / Jīntiān zhēn yǒu kǒufú, wǒ chīhǎo le.
ヂェン ヨウ コウフゥ, ウオ チーハオ ラ. / ジンティエン ヂェン ヨウ コウフゥ, ウオ チーハオ ラ.
The meal was delicious, thank you.

●気に入ってもらえてうれしいです.
你满意, 我很高兴。
Nǐ mǎnyì, wǒ hěn gāoxìng.
ニィ マンイー, ウオ ヘン ガオシィン.
I'm glad you liked it.

買い物

売り場を探す　—スニーカーを探しています—

●いらっしゃいませ.
欢迎光临。
Huānyíng guānglín.
ホワンイィン グアンリン.
May I help you?

●ちょっと見ているだけです.
我只是看一看。
Wǒ zhǐshì kànyikàn.
ウオ ヂーシー カンイカン.
I'm just looking, thank you.

●文房具はどこで売っていますか.
文具在哪儿卖？
Wénjù zài nǎr mài?
ウェンジュィ ヅァイ ナァル マイ？
Where do you sell the stationery?

●北京遊覧地図を探しています.
我在找北京游览图。
Wǒ zài zhǎo Běijīng yóulǎntú.
ウオ ヅァイ ヂャオ　ペイジィン ヨウラントゥ.
I'm looking for a guide map of Beijing.

●スニーカーを探しています.
我想买双运动鞋。
Wǒ xiǎng mǎi shuāng yùndòngxié.
ウオ シアン マイ シュアン ュィンドンシエ.
I'm looking for the sneakers.

●婦人服売り場はどこですか.
　女装在哪儿卖？
　Nǚzhuāng zài nǎr mài?
　ニュィヂュアン ヂャイ ナァル マイ？
　Where can I find the women's clothes?

●紳士服売場は何階ですか.
　男装在儿楼？
　Nánzhuāng zài jǐ lóu?
　ナンヂュアン ヂャイ ジィ ロウ？
　What floor is the men's clothes on?

●こちらにございます.
　在这里。
　Zài zhèli.
　ヂャイ ヂョァリ.
　It's over here.

●子供服売場の奥にございます.
　在童装的后边。
　Zài tóngzhuāng de hòubian.
　ヂャイ トンヂュアン ダ ホウビエン.
　It's at the back of the Children's section.

●３階にあります.
　在三楼。
　Zài sān lóu.
　ヂャイ サン ロウ.
　That's on the 3rd floor.

●地下２階にあります.
　在地下二楼。
　Zài dìxià èr lóu.
　ヂャイ ディーシア アル ロウ.
　That's on the 2nd floor, below here.

●エレベーターで５階に行ってください.
　坐电梯到五楼。
　Zuò diàntī dào wǔ lóu.
　ヅゥオ ディエンティー ダオ ウゥ ロウ.
　Please take the elevator to the 5th floor.

●あちらの階段で上がってください.
　请上那个楼梯。
　Qǐng shàng nàge lóutī.
　チィン シァアン ナァガ ロウティー.
　Please go up by using the stairway over there.

●あちらの階段で下りてください.
请下那个楼梯。
Qǐng xià nàge lóutī.
チン シア ナァガ ロウティー.
Please go down by using the stairway over there.

●申し訳ございません, こちらでは扱っておりません.
实在抱歉, 我们商店没有。
Shízài bàoqiàn, wǒmen shāngdiàn méiyou.
シーヅァイ バオチエン, ウオメン シャァンディエン メイヨウ.
I'm sorry, we don't have any of those here.

品物を見せてもらう・品物について聞く
―色違いのものはありますか?―

●あれを見せてくださいますか.
请把那个拿给我看看。
Qǐng bǎ nàge ná gěi wǒ kànkan.
チン バァ ナァガ ナァ ゲイ ウオ カンカン.
Can you show me that one, please?

●このイヤリングを見せてください.
这个耳环请给我看一下。
Zhège ěrhuán qǐng gěi wǒ kàn yíxià.
ヂョァガ アルホワン チン ゲイ ウオ カン イーシア.
Please show me these earrings.

●右端のものを見せてください.
请给我看看最右边的。
Qǐng gěi wǒ kànkan zuì yòubian de.
チン ゲイ ウオ カンカン ヅゥイ ヨウビエン ダ.
Please show me the one at the right end.

●左端のものを見せてください.
请给我看看最左边的。
Qǐng gěi wǒ kànkan zuì zuǒbian de.
チン ゲイ ウオ カンカン ヅゥイ ヅゥオビエン ダ.
Please show me the one at the left end.

●右から２つ目のものを見せてください.
请给我看看从右数第二个。
Qǐng gěi wǒ kànkan cóng yòu shǔ dì èr ge.
チン ゲイ ウオ カンカン ツォン ヨウ シュウ ディー アル ガ.
Please show me the second one from the right.

● 左から３つ目のものを見せてください。
请给我看看从左数第三个。
Qǐng gěi wǒ kànkan cóng zuǒ shǔ dì sān ge.
チン ゲイ ウオ カンカン ツォン ヅゥオ シュウ ディー サン ガ.
Please show me the third one from the left.

● ほかのを見せてくださいますか。
请给我看看别的, 好吗？
Qǐng gěi wǒ kànkan bié de, hǎo ma?
チン ゲイ ウオ カンカン ビエ ダ, ハオ マ?
Could you show me another one, please?

● 素材はなんですか。
材料是什么？/ 用什么材料做的？
Cáiliào shì shénme? / Yòng shénme cáiliào zuò de?
ツァイリアオ シー シェンマ? / ヨン シェンマ ツァイリアオ ヅゥオ ダ?
What kind of fabric is this?

● あなたのサイズはいくつですか。
是几号的？/ 尺寸多少？
Shì jǐ hào de? / Chǐcun duōshao?
シー ジィ ハオ ダ? / チーツゥン ドゥオシャオ?
What size do you take? / What size do you want?

● 私のサイズは S です。
我要小号的。
Wǒ yào xiǎo hào de.
ウオ ヤオ シアオ ハオ ダ.
I am a small.

● 私のサイズは M です。
我要中号的。
Wǒ yào zhōng hào de.
ウオ ヤオ ヂォン ハオ ダ.
I am a medium.

● 私のサイズは L です。
我要大号的。
Wǒ yào dà hào de.
ウオ ヤオ ダァ ハオ ダ.
I am a large.

● サイズがわかりません。
我不知道是几号的。
Wǒ bù zhīdào shì jǐ hào de.
ウオ ブゥ ヂーダオ シー ジィ ハオ ダ.
I don't know what size I am.

●**大きすぎます.**
  太大。/ 太大了。
  Tài dà. / Tài dà le.
  タイ ダァ. / タイ ダァ ラ.
  This is too large.

●**小さすぎます.**
  太小。/ 太小了。
  Tài xiǎo. / Tài xiǎo le.
  タイ シアオ. / タイ シアオ ラ.
  This is too small.

●**長すぎます.**
  太长。/ 太长了。
  Tài cháng. / Tài cháng le.
  タイ チャァン. / タイ チャァン ラ.
  This is too long.

●**短かすぎます.**
  太短。/ 太短了。
  Tài duǎn. / Tài duǎn le.
  タイ ドワン. / タイ ドワン ラ.
  This is too short.

●**ちょうどいいです.**
  不大不小。/ 大小刚好。
  Bú dà bù xiǎo. / Dàxiǎo gāng hǎo.
  ブゥ ダァ ブゥ シアオ. / ダァ シアオ ガァン ハオ.
  This is my size.

●**違うデザインはありますか.**
  有别的样式的吗？
  Yǒu bié de yàngshì de ma?
  ヨウ ピエ ダ ヤンシー ダ マ？
  Do you have any other styles?

●**これより大きいサイズはありますか.**
  有没有比这件大一点儿的？
  Yǒu-méiyou bǐ zhè jiàn dà yìdiǎnr de?
  ヨウ メイヨウ ビィ ヂョァ ジエン ダァ イーディアル ダ？
  Do you have this in a larger size?

●**これより小さいサイズはありますか.**
  有没有比这件小一点儿的？
  Yǒu-méiyou bǐ zhè jiàn xiǎo yìdiǎnr de?
  ヨウ メイヨウ ビィ ヂョァ ジエン シアオ イーディアル ダ？
  Do you have this in a smaller size?

883

日常会話

●**色違いのものはありますか.**
有没有别的颜色的？
Yǒu-méiyou bié de yánsè de?
ヨウ メイヨウ ビエ ダ イエンスァ ダ？
Do you have any another colors?

●**これで黒のものはありますか.**
这个样式有没有黑色的？
Zhège yàngshì yǒu-méiyou hēisè de?
ヂョァガ ヤンシー ヨウ メイヨウ ヘイスァ ダ？
Do you have this one in black?

試着する —試着してもいいですか？—

●**試着してもいいですか.**
我可以试穿吗？
Wǒ kěyǐ shìchuān ma?
ウオ クァイー シーチュワン マ？
Can I try this on?

●**鏡はありますか.**
有没有镜子？
Yǒu-méiyou jìngzi?
ヨウ メイヨウ ジィンヅ？
Is there a mirror?

●**ぴったりです.**
正合适。/ 刚好。
Zhèng héshì. / Gāng hǎo.
ヂョン ホォアシー. / ガァン ハオ.
It fits me perfectly.

●**ちょっとゆるいです.**
有点儿大。/ 有点儿松。
Yǒudiǎnr dà. / Yǒudiǎnr sōng.
ヨウディァル ダァ. / ヨウディァル ソン.
It's a bit loose.

●**ちょっときついです.**
有点儿小。/ 有点儿紧。
Yǒudiǎnr xiǎo. / Yǒudiǎnr jǐn.
ヨウディァル シアオ. / ヨウディァル ジン.
It's a bit tight.

●似合うかなぁ.
合适不合适？
Héshì-buhéshì?
ホォァシー プホォァシー？
I wonder if this will look good.

●(私には)似合わないみたい.
好像不太合适。
Hǎoxiàng bú tài héshì.
ハオシアン ブゥ タイ ホォァシー.
I don't think this looks good on me.

●お似合いですよ.
真合适。
Zhēn héshì.
ヂェン ホォァシー.
It suits you. / It looks good on you.

●こちらのほうがお似合いです.
这件比较合适。
Zhè jiàn bǐjiào héshì.
ヂョァ ジエン ビィジアオ ホォァシー.
This one looks better on you.

品物を買う —全部でいくらですか？—

●これをください.
给我这个。
Gěi wǒ zhège.
ゲイ ウオ ヂョァガ.
I'll take this, please.

●これを買います.
我买这个。
Wǒ mǎi zhège.
ウオ マイ ヂョァガ.
I'll take this, please.

●これを３つください.
请给我三个。
Qǐng gěi wǒ sān ge.
チィン ゲイ ウオ サン ガ.
I'll take three of these.

●いくらですか.
多少钱？
Duōshao qián?

ドゥオシャオ チエン？
How much? / How much is it?

● **全部でいくらですか.**
一共多少钱？
Yígòng duōshao qián?
イーゴン ドゥオシャオ チエン？
How much is it all together?

● **値段がちょっと高すぎます.**
有点儿贵。
Yǒudiǎnr guì.
ヨウディァル グゥイ.
The price is a bit too high.

● **まけてもらえますか.**
能给我便宜点儿吗？
Néng gěi wǒ piányi diǎnr ma?
ヌォン ゲイ ウオ ピエンイ ディァル マ？
Can you give me any discount?

● **クレジットカードは使えますか.**
可以用信用卡付吗？
Kěyǐ yòng xìnyòngkǎ fù ma?
クァイー ヨン シンヨンカァ フゥ マ？
Do you take credit cards？

● **現金でお支払い願います.**
请用现款支付。/ 请付现金。
Qǐng yòng xiànkuǎn zhīfù. / Qǐng fù xiànjīn.
チィン ヨン シエンクワン ヂーフゥ. / チィン フゥ シエンジン.
Could you please pay in cash?

● **別々に包んでいただけますか.**
请分别包一下。
Qǐng fēnbié bāo yíxià.
チィン フェンビエ バオ イーシア.
Will you wrap them separately?

● **計算が間違っています.**
你算错了。
Nǐ suàncuò le.
ニィ スワンツゥオ ラ.
This was added up wrong.

●おつりが足りません.
找钱不够。/ 找头不够。
Zhǎo qián bú gòu. / Zhǎotou bú gòu.
ヂャオ チエン ブゥ ゴウ. / ヂャオトウ ブゥ ゴウ.
This is not the correct change.

●百元札を渡しました.
我把一百块纸币交给你了。
Wǒ bǎ yì bǎi kuài zhǐbì jiāo gěi nǐ le.
ウオ バァ イー バイ クアイ ヂービィ ジアオ ゲイ ニィ ラ.
I gave you a 100 Renminbi yuan note.

●これを別のと取り替えてほしいのですが.
我要换别的。
Wǒ yào huàn bié de.
ウオ ヤオ ホワン ビエ ダ.
I'd like to exchange this for another one.

●これを新しいのと取り替えてほしいのですが.
我要换新的。
Wǒ yào huàn xīn de.
ウオ ヤオ ホワン シン ダ.
I'd like to exchange this for new one.

●これがレシートです.
这是收据。
Zhè shì shōujù.
ヂョァ シー ショウジュィ.
Here's the receipt.

トラブル・緊急事態

困ったときの表現 ──警察はどこですか？──

●ちょっと困っています.
我有点儿为难。
Wǒ yǒudiǎnr wéinán.
ウオ ヨウディアル ウェイナン.
I've got a problem.

●警察はどこですか.
公安局在哪儿？
Gōng'ānjú zài nǎr?
ゴンアンジュィ ヅァイ ナァル？
Where is the police station?

● 道に迷いました.
　我迷路了。
　Wǒ mílù le.
　ウオ ミィルゥ ラ.
　I think I got lost.

● コンタクトレンズを落としました.
　我丢了隐形眼镜。
　Wǒ diū le yǐnxíng yǎnjìng.
　ウオ ディウ ラ インシィン イエンジィン.
　I've dropped a contact lens.

紛失・盗難のときの表現　—パスポートをなくしました—

● パスポートをなくしました.
　我丢了护照。
　Wǒ diū le hùzhào.
　ウオ ディウ ラ ホゥヂャオ.
　I've lost my passport.

● 電車の中にかばんを忘れました.
　我把皮包忘在火车上了。
　Wǒ bǎ píbāo wàngzài huǒchēshàng le.
　ウオ バァ ピィバオ ワンヅァイ ホゥオチョアシャァン ラ.
　I left my bag on the train.

● ここに上着を忘れたようです.
　我的上衣好像忘在这儿了。
　Wǒ de shàngyī hǎoxiàng wàngzài zhèr le.
　ウオ ダ シャァンイー ハオシアン ワンヅァイ ヂョァル ラ.
　I might have left my jacket here.

● ここにはありませんでした.
　这儿没有。
　Zhèr méiyou.
　ヂョァル メイヨウ.
　It's not here.

● 見つかったらホテルに電話をください.
　您找到的话, 请给宾馆打电话。
　Nín zhǎodào de huà, qǐng gěi bīnguǎn dǎ diànhuà.
　ニン ヂャオダオ ダ ホア, チィン ゲイ ビングワン ダァ ディエンホア.
　Please call the hotel if you find it.

● 何を盗まれましたか.
什么被偷了？
Shénme bèi tōu le?
シェンマ ベイ トウ ラ？
What was stolen?

● 財布をすられました.
钱包被偷了。
Qiánbāo bèi tōu le.
チエンパオ ベイ トウ ラ.
My wallet was stolen.

● かばんを盗まれました.
皮包被偷了。
Píbāo bèi tōu le.
ピィパオ ベイ トウ ラ.
My bag was stolen.

● かばんの特徴を教えてください.
请告诉我是什么样的包？
Qǐng gàosu wǒ shì shénmeyàng de bāo?
チン ガオス ウオ シー シェンマヤン ダ パオ？
What does your bag look like?

● このくらいの大きさの黒い肩掛けかばんです.
是这么大的黑挎包。
Shì zhème dà de hēi kuàbāo.
シー ヂョァマ ダァ ダ ヘイ クアパオ.
It's a black shoulder bag about this size.

● 目撃者はいますか.
有没有人看到？
Yǒu-méiyou rén kàndào?
ヨウ メイヨウ レン カンダオ？
Were there any witnesses?

● あの人が見ていました.
那个人看到了。
Nàge rén kàndào le.
ナァガ レン カンダオ ラ.
That person saw it happen.

子供が迷子になったときの表現 —息子がいなくなりました—

● 息子がいなくなりました.
我儿子丢了。
Wǒ érzi diū le.

ウオ アルヅ ディウ ラ.
I can't find my son.

● 娘がいなくなりました.
我女儿丢了。
Wǒ nǚ'ér diū le.
ウオ ニュィアル ディウ ラ.
I can't find my daughter.

● 彼を探してください.
请帮我找找他。
Qǐng bāng wǒ zhǎozhao tā.
チィン バァン ウオ ヂャオヂャオ タァ.
Please try to find him.

● 彼女を探してください.
请帮我找找她。
Qǐng bāng wǒ zhǎozhao tā.
チィン バァン ウオ ヂャオヂャオ タァ.
Please try to find her.

● 息子は5歳です.
我儿子五岁。
Wǒ érzi wǔ suì.
ウオ アルヅ ウゥ スゥイ.
My son is five years old.

● 名前は太郎です.
他名字叫太郎。
Tā míngzi jiào Tàiláng.
タァ ミィンヅ ジアオ タイラァン.
His name is Taro.

● 白いTシャツとジーンズを着ています.
他穿着白衬衫和牛仔裤。
Tā chuānzhe bái chènshān hé niúzǎikù.
タァ チュワンヂャ バイ チェンシャン ホォァ ニウヅァイクゥ.
He's wearing a white T-shirt and jeans.

● Tシャツには飛行機の絵がついています.
衬衫上有飞机的图案。
Chènshānshàng yǒu fēijī de tú'àn.
チェンシャンシャァン ヨウ フェイジィ ダ トゥアン.
There's a picture of an airplane on his T-shirt.

● これが彼の写真です．
这是他的照片。
Zhè shì tā de zhàopiàn.
ヂョァ シー ターァ ダ ヂャオピエン.
This is his picture.

● これが彼女の写真です．
这是她的照片。
Zhè shì tā de zhàopiàn.
ヂョァ シー ターァ ダ ヂャオピエン.
This is her picture.

助けを求める —助けて！—

● 助けて！
救救我！
Jiùjiu wǒ!
ジウジウ ウオ！
Help!

● 火事だ！
着火了！/ 火灾！
Zháo huǒ le! / Huǒzāi!
ヂャオ ホゥオ ラ！/ ホゥオヅァイ！
Fire!

● どろぼう！
小偷！
Xiǎotōu!
シアオトウ！
Thief!

● おまわりさん！
警察！
Jǐngchá!
ジィンチァア！
Police!

● お医者さんを呼んで！
叫医生！
Jiào yīshēng!
ジアオ イーション！
Call a doctor!

● 救急車を！
叫救护车！
Jiào jiùhùchē!

ジアオ ジウホゥチョァ！
Get an ambulance!

● 交通事故です！
出了车祸！
Chū le chēhuò!
チュウ ラ チョァホゥオ！
There's been an accident!

● こっちに来てください．
快到这儿来！
Kuài dào zhèr lái!
クアイ ダオ ヂョァル ライ！
Please come here.

● けが人がいます．
有人受伤了。
Yǒu rén shòu shāng le.
ヨウ レン ショウ シァァン ラ．
We have an injured person.

● 病人がいます．
有病人。
Yǒu bìngrén.
ヨウ ビィンレン．
We have a sick person.

● 彼は動けません．
他动不了了。
Tā dòngbuliǎo le.
タァ ドンブリアオ ラ．
He can't move.

事件に巻き込まれて ―大使館の人に話をしたいのです―

● 私は被害者です．
我是受害者。
Wǒ shì shòuhàizhě.
ウオ シー ショウハイヂョァ．
I'm the victim.

● 私は無実です．
我受了冤枉。
Wǒ shòu le yuānwang.
ウオ ショウ ラ ユエンワァン．
I'm innocent.

● 何も知りません.
我什么都不知道。
Wǒ shénme dōu bù zhīdào.
ウォ シェンマ ドウ ブゥ ヂーダオ.
I don't know anything.

● 日本大使館の人に話をしたいのです.
我要跟日本大使馆联系。
Wǒ yào gēn Rìběn dàshǐguǎn liánxì.
ウォ ヤオ ゲン リーベン ダァシーグワン リエンシィ.
I'd like to talk to someone from the Japanese Embassy.

● 日本語を通訳してください.
请把日语翻译成中文。
Qǐng bǎ Rìyǔ fānyìchéng Zhōngwén.
チィン バァー リーユィ ファンイーチォン ヂォンウェン.
Please translate from Japanese.

● 日本語のできる弁護士をお願いします.
请找一下会日语的律师。
Qǐng zhǎo yíxià huì Rìyǔ de lùshī.
チィン ヂャオ イーシア ホゥイ リーユィ ダ リュィシー.
I'd like to talk to a lawyer who speaks Japanese.

893

分野別単語集

アクセサリー

ヘアピン　発夹 /fàjiā ファアジア / 英 hairpin
ネックレス　项链 /xiàngliàn シアンリェン / 英 necklace
ペンダント　垂饰 /chuíshì チュイシー / 英 pendant
ピアス　耳钉 /ěrdīng アルディン / 英 pierced earrings
イヤリング　耳环 /ěrhuán アルホワン / 英 earring
ブローチ　别针 /biézhēn ビエヂェン / 英 brooch
ブレスレット　手镯 /shǒuzhuó ショウヂュオ / 英 bracelet
指輪　戒指 /jièzhi ジエヂ / 英 ring
宝石　宝石 /bǎoshí バオシー / 英 jewel
純金　纯金 /chúnjīn チュンジン / 英 pure gold
銀　银 /yín イン / 英 silver
プラチナ　白金 /báijīn バイジン / 英 platinum
ダイヤモンド　钻石 /zuànshí ヅワンシー / 英 diamond
エメラルド　绿宝石 /lǜbǎoshí リュイバオシー / 英 emerald
オパール　蛋白石 /dànbáishí ダンバイシー / 英 opal
ルビー　红宝石 /hóngbǎoshí ホンバオシー / 英 ruby
真珠　珍珠 /zhēnzhū ヂェンヂゥ / 英 pearl

味

旨い　香 /xiāng シアン / 英 nice
美味しい　好吃 /hǎochī ハオチー / 英 nice, delicious
まずい　不好吃 /bù hǎochī ブゥ ハオチー / 英 not good
甘い　甜 /tián ティエン / 英 sweet
辛い　辣 /là ラァ / 英 hot, pungent
苦い　苦 /kǔ クゥ / 英 bitter
渋い　涩 /sè スァ / 英 astringent
酸っぱい　酸 /suān スワン / 英 sour, acid
塩辛い　咸 /xián シエン / 英 salty
甘酸っぱい　酸甜 /suāntián スワンティエン / 英 sweet and sour
濃い　浓, 稠 /nóng, chóu ノン, チョウ / 英 thick, strong
薄い　淡 /dàn ダン / 英 weak
あっさりした　清淡, 素淡 /qīngdàn, sùdàn チンダン, スゥダン / 英 light

分野別単語集

しつこい **しつこい** 膩 /nì ニィ/ 英 heavy

家

家 いえ 房子 /fángzi ファンヅ/ 英 house
門 もん (大)门 /(dà)mén (ダァ)メン/ 英 gate
玄関 げんかん 门口 /ménkǒu メンコウ/ 英 the entrance
ドア どあ 门 /mén メン/ 英 door
インターホン い］いたーほーん 内线电话 /nèixiàn diànhuà ネイシエン ディエンホア/ 英 interphone
部屋 へや 房间 /fángjiān ファァンジエン/ 英 room
和室 わしつ 日式房间 /Rìshì fángjiān リーシー ファァンジエン/ 英 Japanese-style room
洋室 ようしつ 西式房间 /xīshì fángjiān シィシー ファァンジエン/ 英 European-style room
応接間 おうせつま 客厅 /kètīng クァティン/ 英 living room
リビングルーム りびんぐるーむ 起居室 /qǐjūshì チィジュィシー/ 英 living room
ダイニング だいにんぐ 餐厅 /cāntīng ツァンティン/ 英 dining room
書斎 しょさい 书房, 书斋 /shūfáng, shūzhāi シュウファァン, シュウヂャイ/ 英 study
寝室 しんしつ 卧房, 卧室 /wòfáng, wòshì ウオファァン, ウオシー/ 英 bedroom
浴室 よくしつ 浴室 /yùshì ユィシー/ 英 bathroom
トイレ といれ 洗手间 /xǐshǒujiān シィショウジエン/ 英 bathroom
キッチン きっちん 厨房 /chúfáng チュウファァン/ 英 kitchen
物置 ものおき 堆房 /duīfang ドゥイファァン/ 英 storeroom
屋根 やね 屋顶 /wūdǐng ウゥディン/ 英 roof
窓 まど 窗户 /chuānghu チュアンホ/ 英 window
ベランダ べらんだ 阳台 /yángtái ヤンタイ/ 英 veranda
縁側 えんがわ 后厦 /hòushà ホウシャァ/ 英 veranda
庭 にわ 庭园, 院子 /tíngyuán, yuànzi ティンユエン, ユエンヅ/ 英 garden, yard
車庫 しゃこ 车库 /chēkù チョァクゥ/ 英 garage
塀 へい 墙 /qiáng チアン/ 英 wall, fence

衣服

スーツ すーつ 套装 /tàozhuāng タオヂュアン/ 英 suit
ズボン ずぼん 裤子 /kùzi クゥヅ/ 英 trousers
スラックス すらっくす 休闲裤 /xiūxiánkù シウシエンクゥ/ 英 slacks
スカート すかーと 裙子 /qúnzi チュィンヅ/ 英 skirt
ミニスカート みにすかーと 迷你裙 /mínǐqún ミィニィチュイン/ 英 mini skirt

895

ワンピース　連衣裙 /liányīqún リエンイーチュィン / 英 dress, one-piece

シャツ　衬衫 /chènshān チェンシャン / 英 shirt

ブラウス　衬衫 /chènshān チェンシャン / 英 blouse

ポロシャツ　开领短袖衬衫 /kāilǐng duǎnxiù chènshān カイリィン ドワンシウ チェンシャン / 英 polo shirt

Tシャツ　T恤衫 /T xùshān T シュィシャン / 英 T-shirt

セーター　毛衣 /máoyī マオイー / 英 sweater, pullover

ベスト　背心 /bèixīn ペイシン / 英 vest

着物　和服 /héfú ホァフウ / 英 kimono

コート　大衣 /dàyī ダァイー / 英 coat

ジャケット　外套, 茄克 /wàitào, jiākè ワイタオ, ジアクァ / 英 jacket

ダウンジャケット　羽绒衣 /yǔróngyī ユィロンイー / 英 down jacket

レインコート　雨衣 /yǔyī ユィイー / 英 raincoat

長袖　长袖 /chángxiù チャァンシウ / 英 long sleeves

半袖　短袖 /duǎnxiù ドワンシウ / 英 short sleeves

ノースリーブの　无袖(的) /wúxiù (de) ウゥシウ (ダ) / 英 sleeveless

ベルト　帯子, 腰帯 /dàizi, yāodài ダイヅ, ヤオダイ / 英 belt

ネクタイ　领带 /lǐngdài リィンダイ / 英 necktie, tie

マフラー　围巾 /wéijīn ウェイジン / 英 muffler

スカーフ　领巾 /lǐngjīn リィンジン / 英 scarf

手袋　手套 /shǒutào ショウタオ / 英 gloves

靴下　袜子 /wàzi ワァヅ / 英 socks, stockings

靴　鞋 /xié シエ / 英 shoes

色

黒　黑色 /hēisè ヘイスァ / 英 black

グレー　灰色 /huīsè ホウイスァ / 英 gray

白　白色 /báisè バイスァ / 英 white

青　蓝色 /lánsè ランスァ / 英 blue

赤　红色 /hóngsè ホンスァ / 英 red

黄　黄色 /huángsè ホアンスァ / 英 yellow

黄緑　黄绿色 /huánglùsè ホアンリュイスァ / 英 yellowish green

緑　绿色 /lùsè リュイスァ / 英 green

茶　褐色 /hèsè ホォアスァ / 英 brown

紫　紫色 /zǐsè ヅースァ / 英 purple, violet

オレンジ　橘黄色 /júhuángsè ジュイホアンスァ / 英 orange

ピンク　粉红色 /fěnhóngsè フェンホンスァ / 英 pink

水色　淡蓝色 /dànlánsè ダンランスァ / 英 light blue

分野別単語集

紺　藏青色, 深蓝色 /zàngqīngsè, shēnlánsè ヅァァンチンスァ, シェンランスァ/ 英 dark blue

ベージュ　浅驼色 /qiǎntuósè チエントゥオスァ/ 英 beige

金色　金黄色 /jīnhuángsè ジンホアンスァ/ 英 gold

銀色　银色 /yínsè インスァ/ 英 silver

透明　透明 /tòumíng トウミィン/ 英 transparency

インターネット

インターネット　因特网 /yīntèwǎng イントゥァワァン/ 英 the Internet

アドレス　网址 /wǎngzhǐ ワァンヂー/ 英 address

モデム　调制解调器 /tiáozhì jiětiáoqì ティアオヂー ジエティアオチィ/ 英 modem

ブロードバンド　宽带 /kuāndài クワンダイ/ 英 broadband

プロバイダー　网络服务商 /wǎngluò fúwùshāng ワァンルウオ フウウゥシァァン/ 英 provider

ドメイン名　域名 /yùmíng ユィミィン/ 英 domain name

ユーザー名　用户名 /yònghùmíng ヨンホウミィン/ 英 user name

パスワード　密码 /mìmǎ ミィマァ/ 英 password

サーバー　服务器 /fúwùqì フウウゥチィ/ 英 server

Eメール　电子邮件 /diànzǐ yóujiàn ディエンヅー ヨウジエン/ 英 e-mail

WWW　环球网 /huánqiúwǎng ホワンチウワァン/ 英 world wide web

アットマーク　电子邮件符号 /diànzǐ yóujiàn fúhào ディエンヅー ヨウジエン フウハオ/ 英 at sign

ドット　点 /diǎn ディエン/ 英 dot

スラッシュ　斜线号 /xiéxiànhào シエシエンハオ/ 英 slash

ハイフン　连字号 /liánzìhào リエンヅーハオ/ 英 hyphen

ネットサーフ　浏览网页 /liúlǎn wǎngyè リウラン ワァンイエ/ 英 net surfing

ファイル　文件 /wénjiàn ウェンジエン/ 英 file

サーチエンジン　搜索引擎 /sōusuǒ yǐnqíng ソウスゥオ インチィン/ 英 search engine

家具

椅子　椅子 /yǐzi イーヅ/ 英 chair, stool

ソファー　沙发 /shāfā シァアファア/ 英 sofa, couch

机　书桌, 桌子 /shūzhuō, zhuōzi シュウヂュオ, ヂュオヅ/ 英 desk, bureau

テーブル　桌子 /zhuōzi ヂュオヅ/ 英 table

箪笥　衣柜 /yīguì イーグウイ/ 英 chest of drawers

897

本棚 书架 /shūjià シュウジア / 英 bookshelf
食器棚 橱柜, 碗柜 /chúguì, wǎnguì チュウグゥイ, ワングゥイ / 英 cupboard
ベッド 床 /chuáng チュアン / 英 bed
ダブルベッド 双人床 /shuāngrénchuáng シュアンレンチュアン / 英 double bed
カーテン 窗帘 /chuānglián チュアンリエン / 英 curtain
絨毯 地毯 /dìtǎn ディータン / 英 carpet, rug

家族

父 父亲 /fùqin フゥチン / 英 father
母 母亲 /mǔqin ムゥチン / 英 mother
兄 哥哥 /gēge グァガ / 英 (elder) brother
姉 姐姐 /jiějie ジエジエ / 英 (elder) sister
弟 弟弟 /dìdi ディーディ / 英 (younger) brother
妹 妹妹 /mèimei メイメイ / 英 (younger) sister
夫 丈夫 /zhàngfu ヂャンフ / 英 husband
妻 妻子 /qīzi チィズ / 英 wife
息子 儿子 /érzi アルヅ / 英 son
娘 女儿 /nǚ'ér ニュイアル / 英 daughter
祖父 祖父, 外祖父 /zǔfù, wàizǔfù ヅゥフゥ, ワイヅゥフゥ / 英 grandfather
祖母 祖母, 外祖母 /zǔmǔ, wàizǔmǔ ヅゥムゥ, ワイヅゥムゥ / 英 grandmother
孫 孙子, 孙女, 外孙子, 外孙女 /sūnzi, sūnnǚ, wàisūnzi, wàisūnnǚ スゥンヅ, スゥンニュイ, ワイスゥンヅ, ワイスゥンニュイ / 英 grandchild
伯父・叔父 伯父, 叔父, 舅父, 姑夫, 姨夫 /bófù, shūfù, jiùfù, gūfu, yífu ボォフゥ, シュウフゥ, ジウフゥ, グゥフ, イーフ / 英 uncle
伯母・叔母 姑母, 姨母, 伯母, 婶母, 舅母 /gūmǔ, yímǔ, bómǔ, shěnmǔ, jiùmu グゥムゥ, イームゥ, ボォムゥ, シェンムゥ, ジウム / 英 aunt
甥 侄子, 甥 /zhízi, shēng ヂーヅ, ション / 英 nephew
姪 侄女, 甥女 /zhínǚ, shēngnǚ ヂーニュイ, ションニュイ / 英 niece
いとこ 堂兄弟, 堂姐妹, 表兄弟, 表姐妹 /tángxiōngdì, tángjiěmèi, biǎoxiōngdì, biǎojiěmèi タァンシオンディー, タァンジエメイ, ビアオシオンディー, ビアオジエメイ / 英 cousin
舅 公公 /gōnggong ゴンゴン / 英 father-in-law
姑 婆婆 /pópo ポォポ / 英 mother-in-law
親 父母 /fùmǔ フゥムゥ / 英 parent
両親 双亲 /shuāngqīn シュアンチン / 英 parents
兄弟 兄弟 /xiōngdì シオンディー / 英 brother

分野別単語集

姉妹 <ruby>姉妹<rt>しまい</rt></ruby> 姐妹 /jiěmèi ジエメイ/ 㗊 sister
夫婦 <ruby>夫婦<rt>ふうふ</rt></ruby> 夫妻 /fūqī フゥチィ/ 㗊 couple
子供 <ruby>子供<rt>こども</rt></ruby> 孩子, 儿女 /háizi, érnǚ ハイヅ, アルニュイ/ 㗊 child
長男 <ruby>長男<rt>ちょうなん</rt></ruby> 长子 /zhǎngzǐ ヂャンヅー/ 㗊 the oldest son
長女 <ruby>長女<rt>ちょうじょ</rt></ruby> 长女 /zhǎngnǚ ヂャンニュイ/ 㗊 the oldest daughter
養子 <ruby>養子<rt>ようし</rt></ruby> 继子, 养子 /jìzǐ, yǎngzǐ ジィズー, ヤンズー/ 㗊 adopted child
養女 <ruby>養女<rt>ようじょ</rt></ruby> 继女, 养女 /jìnǚ, yǎngnǚ ジィニュイ, ヤンニュイ/ 㗊 adopted daughter
親戚 <ruby>親戚<rt>しんせき</rt></ruby> 亲戚 /qīnqì チンチ/ 㗊 relative
先祖 <ruby>先祖<rt>せんぞ</rt></ruby> 祖先, 祖宗 /zǔxiān, zǔzong ヅゥシエン, ヅゥヅォン/ 㗊 ancestor
父方 <ruby>父方<rt>ちちかた</rt></ruby> 父系 /fùxì フゥシィ/ 㗊 father's side
母方 <ruby>母方<rt>ははかた</rt></ruby> 母系 /mǔxì ムゥシィ/ 㗊 mother's side

体

頭 <ruby>頭<rt>あたま</rt></ruby> 头 /tóu トウ/ 㗊 head
首 <ruby>首<rt>くび</rt></ruby> 脖子 /bózi ボォヅ/ 㗊 neck
肩 <ruby>肩<rt>かた</rt></ruby> 肩膀 /jiānbǎng ジエンバァン/ 㗊 shoulder
胸 <ruby>胸<rt>むね</rt></ruby> 胸脯 /xiōngpú シオンプゥ/ 㗊 breast, chest
腹 <ruby>腹<rt>はら</rt></ruby> 肚子 /dùzi ドゥヅ/ 㗊 belly
背 <ruby>背<rt>せ</rt></ruby> 脊背 /jǐbèi ジィベイ/ 㗊 back
腰 <ruby>腰<rt>こし</rt></ruby> 腰 /yāo ヤオ/ 㗊 waist
手 <ruby>手<rt>て</rt></ruby> 手 /shǒu ショウ/ 㗊 hand, arm
手首 <ruby>手首<rt>てくび</rt></ruby> 手腕子 /shǒuwànzi ショウワンヅ/ 㗊 wrist
掌 <ruby>掌<rt>てのひら</rt></ruby> 手掌 /shǒuzhǎng ショウヂァン/ 㗊 palm of the hand
肘 <ruby>肘<rt>ひじ</rt></ruby> (胳膊)肘子 /(gēbo) zhǒuzi (グァボ) ヂョウヅ/ 㗊 elbow
足 <ruby>足<rt>あし</rt></ruby> 脚 /jiǎo ジアオ/ 㗊 foot
股 <ruby>股<rt>もも</rt></ruby> 大腿 /dàtuǐ ダァトゥイ/ 㗊 thigh
膝 <ruby>膝<rt>ひざ</rt></ruby> 膝盖 /xīgài シィガイ/ 㗊 knee, lap
ふくらはぎ 腿肚子 /tuǐdùzi トゥイドゥヅ/ 㗊 calf
足首 <ruby>足首<rt>あしくび</rt></ruby> 脚腕子 /jiǎowànzi ジアオワンヅ/ 㗊 ankle
髪 <ruby>髪<rt>かみ</rt></ruby> 头发 /tóufa トウファ/ 㗊 hair
顔 <ruby>顔<rt>かお</rt></ruby> 脸 /liǎn リエン/ 㗊 face, look
眉 <ruby>眉<rt>まゆ</rt></ruby> 眉毛 /méimao メイマオ/ 㗊 eyebrow
睫毛 <ruby>睫毛<rt>まつげ</rt></ruby> 睫毛 /jiémáo ジエマオ/ 㗊 eyelash
目 <ruby>目<rt>め</rt></ruby> 眼睛 /yǎnjing イエンジィン/ 㗊 eye
耳 <ruby>耳<rt>みみ</rt></ruby> 耳朵 /ěrduo アルドゥオ/ 㗊 ear
鼻 <ruby>鼻<rt>はな</rt></ruby> 鼻子 /bízi ビィヅ/ 㗊 nose
口 <ruby>口<rt>くち</rt></ruby> 嘴 /zuǐ ヅゥイ/ 㗊 mouth
歯 <ruby>歯<rt>は</rt></ruby> 牙(齿) /yá(chǐ) ヤァ(チー)/ 㗊 tooth

気象

晴れ <small>はれ</small>	晴(天) /qíng(tiān) チン(ティエン)/	英 fine weather
快晴 <small>かいせい</small>	晴朗 /qínglǎng チンラァン/	英 fine weather
曇り <small>くもり</small>	阴天 /yīntiān インティエン/	英 cloudy weather
雨 <small>あめ</small>	雨 /yǔ ユィ/	英 rain
小雨 <small>こさめ</small>	小雨 /xiǎoyǔ シアオユィ/	英 light rain
豪雨 <small>ごうう</small>	暴雨 /bàoyǔ バオユィ/	英 heavy rain
雪 <small>ゆき</small>	雪 /xuě シュエ/	英 snow
雪崩 <small>なだれ</small>	雪崩 /xuěbēng シュエボン/	英 avalanche
霙 <small>みぞれ</small>	雨夹雪 /yǔ jiā xuě ユィ ジア シュエ/	英 sleet
霧 <small>きり</small>	雾 /wù ウゥ/	英 fog, mist
雷 <small>かみなり</small>	雷 /léi レイ/	英 thunder
雷雨 <small>らいう</small>	雷雨 /léiyǔ レイユィ/	英 thunderstorm
台風 <small>たいふう</small>	台风 /táifēng タイフォン/	英 typhoon
スコール <small>すこーる</small>	骤雨 /zhòuyǔ ヂョウユィ/	英 squall
気温 <small>きおん</small>	气温 /qìwēn チィウェン/	英 temperature
湿度 <small>しつど</small>	湿度 /shīdù シードゥ/	英 humidity
風力 <small>ふうりょく</small>	风力 /fēnglì フォンリィ/	英 the force of the wind
気圧 <small>きあつ</small>	气压 /qìyā チィヤァ/	英 atmospheric pressure
高気圧 <small>こうきあつ</small>	高气压 /gāoqìyā ガオチィヤァ/	英 high (atmospheric) pressure
低気圧 <small>ていきあつ</small>	低气压 /dīqìyā ディーチィヤァ/	英 low (atmospheric) pressure, depression
スモッグ <small>すもっぐ</small>	烟雾 /yānwù イエンウゥ/	英 smog

季節・月

季節 <small>きせつ</small>	季节 /jìjié ジィジエ/	英 season
春 <small>はる</small>	春天 /chūntiān チュンティエン/	英 spring
夏 <small>なつ</small>	夏天 /xiàtiān シアティエン/	英 summer
秋 <small>あき</small>	秋天 /qiūtiān チウティエン/	英 autumn, fall
冬 <small>ふゆ</small>	冬天 /dōngtiān ドンティエン/	英 winter
月 <small>つき</small>	月(份) /yuè(fèn) ユエ(フェン)/	英 month
1月 <small>いちがつ</small>	一月 /yīyuè イーユエ/	英 January
2月 <small>にがつ</small>	二月 /èryuè アルユエ/	英 February
3月 <small>さんがつ</small>	三月 /sānyuè サンユエ/	英 March
4月 <small>しがつ</small>	四月 /sìyuè スーユエ/	英 April
5月 <small>ごがつ</small>	五月 /wǔyuè ウゥユエ/	英 May
6月 <small>ろくがつ</small>	六月 /liùyuè リウユエ/	英 June

分野別単語集

900

しちがつ **7月**	七月 /qīyuè チィユエ /	⑱ July
はちがつ **8月**	八月 /bāyuè バァユエ /	⑱ August
くがつ **9月**	九月 /jiǔyuè ジウユエ /	⑱ September
じゅうがつ **10月**	十月 /shíyuè シーユエ /	⑱ October
じゅういちがつ **11月**	十一月 /shíyīyuè シーイーユエ /	⑱ November
じゅうにがつ **12月**	十二月 /shí'èryuè シーアルユエ /	⑱ December

果物

くだもの **果物**	果子, 水果 /guǒzi, shuǐguǒ グゥオヅ, シュイグゥオ /	⑱ fruit
あんず **杏**	杏(子) /xìng(zi) シィン(ヅ) /	⑱ apricot
いちご **苺**	草莓 /cǎoméi ツァオメイ /	⑱ strawberry
オレンジ	橙子 /chéngzi チォンヅ /	⑱ orange
キウイ	猕猴桃 /míhóutáo ミィホウタオ /	⑱ kiwi
グレープフルーツ	葡萄柚 /pútaoyòu プゥタオヨウ /	⑱ grapefruit
さくらんぼ **サクランボ**	樱桃 /yīngtáo イィンタオ /	⑱ cherry
すいか **西瓜**	西瓜 /xīguā シィグア /	⑱ watermelon
なし **梨**	梨 /lí リィ /	⑱ pear
かき **柿**	柿子 /shìzi シーヅ /	⑱ persimmon
びわ **枇杷**	枇杷 /pípa ピィパ /	⑱ loquat
パイナップル	菠萝 /bōluó ボォルゥオ /	⑱ pineapple
バナナ	香蕉 /xiāngjiāo シアンジアオ /	⑱ banana
パパイヤ	（番)木瓜 /(fān)mùguā (ファン)ムゥグア /	⑱ papaya
ぶどう **葡萄**	葡萄 /pútao プゥタオ /	⑱ grapes
マンゴー	芒果 /mángguǒ マァングゥオ /	⑱ mango
みかん **蜜柑**	橘子 /júzi ジュヅ /	⑱ mandarin
メロン	甜瓜, 香瓜 /tiánguā, xiāngguā ティエングア, シアングア /	⑱ melon
もも **桃**	桃(子) /táo(zi) タオ(ヅ)/	⑱ peach
りんご **林檎**	苹果 /píngguǒ ピィングゥオ /	⑱ apple
れもん **レモン**	柠檬 /níngméng ニィンモン /	⑱ lemon

化粧品

くちべに **口紅**	口红 /kǒuhóng コウホン /	⑱ rouge, lipstick
あいしゃどー **アイシャドー**	眼影 /yǎnyǐng イエンイィン /	⑱ eye shadow
ますから **マスカラ**	睫毛膏 /jiémáogāo ジエマオガオ /	⑱ mascara
りっぷくりーむ **リップクリーム**	唇膏 /chúngāo チュンガオ /	⑱ lip cream
りっぷぐろす **リップグロス**	唇彩 /chúncǎi チュンツァイ /	⑱ lip gloss
けしょうすい **化粧水**	化妆水 /huàzhuāngshuǐ ホアヂュアンシュイ /	⑱ skin lotion

901

<ruby>乳液<rt>にゅうえき</rt></ruby> 乳液 /rǔyè ルウイエ/ 英 milky lotion

<ruby>クレンジングクリーム<rt>くれんじんぐくりーむ</rt></ruby> 洁面霜 /jiémiànshuāng ジエミエンシュアン/ 英 cleansing cream

<ruby>コールドクリーム<rt>こーるどくりーむ</rt></ruby> 冷霜 /lěngshuāng ルンシュアン/ 英 cold cream

<ruby>ファンデーション<rt>ふぁんでーしょん</rt></ruby> 粉底（霜）/fěndǐ(shuāng) フェンディー(シュアン)/ 英 foundation

<ruby>パック<rt>ぱっく</rt></ruby> 面膜 /miànmó ミエンモォ/ 英 pack

<ruby>洗顔料<rt>せんがんりょう</rt></ruby> 洗面奶 /xǐmiànnǎi シィミエンナイ/ 英 facial cleansing foam

<ruby>日焼けクリーム<rt>ひやけくりーむ</rt></ruby> 美黑润肤膏 /měihēi rùnfūgāo メイヘイ ルゥンフゥガオ/ 英 suntan cream

<ruby>日焼け止めクリーム<rt>ひやけどめくりーむ</rt></ruby> 防晒膏 /fángshàigāo ファァンシャイガオ/ 英 sunscreen

<ruby>シャンプー<rt>しゃんぷー</rt></ruby> 香波, 洗发剂 /xiāngbō, xǐfàjì シアンボォ, シィファァジィ/ 英 shampoo

<ruby>リンス<rt>りんす</rt></ruby> 护发素, 润丝 /hùfàsù, rùnsī ホゥファァスゥ, ルゥンスー/ 英 rinse

<ruby>石鹸<rt>せっけん</rt></ruby> 肥皂, 香皂 /féizào, xiāngzào フェイヅァオ, シアンヅァオ/ 英 soap

コンピュータ

<ruby>コンピュータ<rt>こんぴゅーた</rt></ruby> 电脑,（电子）计算机 /diànnǎo, (diànzǐ) jìsuànjī ディエンナオ,(ディエンヅー) ジスワンジィ/ 英 computer

<ruby>パソコン<rt>ぱそこん</rt></ruby> （个人）电脑 /(gèrén) diànnǎo (グァレン) ディエンナオ/ 英 personal computer

<ruby>デスクトップ<rt>ですくとっぷ</rt></ruby> 台式机 /táishìjī タイシージィ/ 英 desk-top computer

<ruby>ノートパソコン<rt>のーとぱそこん</rt></ruby> 笔记本电脑 /bǐjìběn diànnǎo ビィジィベン ディエンナオ/ 英 notebook(-type) computer

<ruby>ハードウェア<rt>はーどうぇあ</rt></ruby> 硬件 /yìngjiàn イィンジエン/ 英 hardware

<ruby>ハードディスク<rt>はーどでぃすく</rt></ruby> 硬盘 /yìngpán イィンパン/ 英 hard disk

<ruby>ソフトウェア<rt>そふとうぇあ</rt></ruby> 软件 /ruǎnjiàn ルワンジエン/ 英 software

<ruby>オペレーティングシステム<rt>おぺれーてぃんぐしすてむ</rt></ruby> 操作系统 /cāozuò xìtǒng ツァオヅゥオ シィトン/ 英 operating system, OS

<ruby>プログラム<rt>ぷろぐらむ</rt></ruby> 程序 /chéngxù チョンシュィ/ 英 program

<ruby>インストール<rt>いんすとーる</rt></ruby> 安装 /ānzhuāng アンヂュアン/ 英 installation

<ruby>文書<rt>ぶんしょ</rt></ruby> 文件 /wénjiàn ウェンジエン/ 英 document

<ruby>バーチャルリアリティー<rt>ばーちゃるりありてぃー</rt></ruby> 虚拟现实 /xūnǐ xiànshí シュィニィ シエンシー/ 英 virtual reality

<ruby>キーボード<rt>きーぼーど</rt></ruby> 键盘 /jiànpán ジエンパン/ 英 keyboard

<ruby>キー<rt>きー</rt></ruby> 键 /jiàn ジエン/ 英 key

<ruby>マウス<rt>まうす</rt></ruby> 鼠标 /shǔbiāo シュウビアオ/ 英 mouse

分野別単語集

902

マウスパッド　鼠标垫 /shǔbiāodiàn シュウビアオディエン / 英 mouse pad

モニター　显示器 /xiǎnshìqì シエンシーチイ / 英 monitor

モデム　调制解调器 /tiáozhì jiětiáoqì ティアオヂー ジエティアオチイ / 英 modem

データベース　数据库 /shùjùkù シュウジュイクゥ / 英 database

ネットワーク　网络 /wǎngluò ワンルウオ / 英 network

ハッカー　黑客 /hēikè ヘイクァ / 英 hacker

バグ　错误 /cuòwù ツゥオウゥ / 英 bug

プリンター　打印机 /dǎyìnjī ダァインジィ / 英 printer

レーザープリンター　激光打印机 /jīguāng dǎyìnjī ジグアン ダァインジィ / 英 laser printer

スキャナー　扫描仪 /sǎomiáoyí サオミアオイー / 英 scanner

プリント　印刷, 印出 /yìnshuā, yìnchū インシュア, インチゥ / 英 printing

モバイル　移动通信 /yídòng tōngxìn イードントンシン / 英 mobile

データ　数据 /shùjù シュウジュイ / 英 data

ファイル　文件 /wénjiàn ウェンジエン / 英 file

フォルダ　文件夹 /wénjiànjiā ウェンジエンジア / 英 folder

カーソル　光标 /guāngbiāo グアンビアオ / 英 cursor

アイコン　图标 /túbiāo トゥビアオ / 英 icon

ウインドウ　窗口 /chuāngkǒu チュアンコウ / 英 window

メモリ　内存 /nèicún ネイツゥン / 英 memory

ハブ　集线器 /jíxiànqì ジィシエンチィ / 英 hub

周辺機器　外围设备 /wàiwéi shèbèi ワイウェイ ショアベイ / 英 peripherals

サッカー

サッカー　足球 /zúqiú ヅゥチウ / 英 soccer, football

ワールドカップ　世界杯 /shìjièbēi シージエベイ / 英 the World Cup

キックオフ　开球 /kāiqiú カイチウ / 英 kickoff

前半　上半场 /shàngbànchǎng シャァンバンチァン / 英 first half

後半　下半场 /xiàbànchǎng シアバンチァン / 英 second half

ロスタイム　损耗的时间 /sǔnhào de shíjiān スゥンハオ ダ シージエン / 英 injury time

ハーフタイム　中场休息 /zhōngchǎng xiūxi ヂォンチァァン シウシ / 英 half time

パス　传球 /chuánqiú チュワンチウ / 英 pass

ドリブル　运球 /yùnqiú ユィンチウ / 英 dribble

カウンターアタック　反击 /fǎnjī ファンジィ / 英 counterattack

ヘディング　头球 /tóuqiú トゥチウ / 英 heading

インサイドキック _{いんさいどきっく} 内脚背踢球 /nèijiǎobèi tīqiú ネイジアオベイ ティーチウ / 㦯 inside kick

シュート _{しゅーと} 射门 /shèmén ショアメン / 㦯 shoot

ゴール _{ごーる} 踢进球门 /tījìn qiúmén ティージン チウメン / 㦯 goal

ハットトリック _{はっととりっく} 帽子戏法 /màozi xìfǎ マオヅ シィファア / 㦯 hat trick

オーバーヘッドキック _{おーばーへっどきっく} 倒钩球 /dàogōuqiú ダオゴウチウ / 㦯 overhead kick

ペナルティーキック _{ぺなるてぃーきっく} (罚)点球 /(fá)diǎnqiú (ファア)ディエンチウ / 㦯 penalty kick

コーナーキック _{こーなーきっく} 角球 /jiǎoqiú ジアオチウ / 㦯 corner kick

直接フリーキック _{ちょくせつふりーきっく} 直接任意球 /zhíjiē rènyìqiú デージエ レンイーチウ / 㦯 direct free kick

間接フリーキック _{かんせつふりーきっく} 间接任意球 /jiànjiē rènyìqiú ジエンジエ レンイーチウ / 㦯 indirect free kick

イエローカード _{いえろーかーど} 黄牌 /huángpái ホアンパイ / 㦯 yellow card

レッドカード _{れっどかーど} 红牌 /hóngpái ホンパイ / 㦯 red card

退場 _{たいじょう} 判罚出场 /pànfá chūchǎng パンファア チュウチャァン / 㦯 sending off

警告 _{けいこく} 警告 /jǐnggào ジィンガオ / 㦯 warning

ポジション _{ぽじしょん} 位置 /wèizhi ウェイヂ / 㦯 position

ストライカー _{すとらいかー} 中锋 /zhōngfēng ヂョンフォン / 㦯 striker

フォワード _{ふぉわーど} 前锋 /qiánfēng チエンフォン / 㦯 forward

ミッドフィルダー _{みっどふぃるだー} 中场 /zhōngchǎng ヂョンチャァン / 㦯 midfielder

ディフェンダー _{でぃふぇんだー} 守卫 /shǒuwèi ショウウェイ / 㦯 defender

ゴールキーパー _{ごーるきーぱー} 守门员 /shǒuményuán ショウメンユエン / 㦯 goalkeeper

オフサイド _{おふさいど} 越位 /yuèwèi ユエウェイ / 㦯 offside

スローイン _{すろーいん} 掷界外球 /zhìjièwàiqiú デージエワイチウ / 㦯 throw-in

ハンド _{はんど} 手球 /shǒuqiú ショウチウ / 㦯 handling

反則 _{はんそく} 犯规 /fànguī ファングイ / 㦯 foul

審判 _{しんぱん} 裁判(员) /cáipàn(yuán) ツァイパン(ユエン) / 㦯 referee

線審 _{せんしん} 巡边员 /xúnbiānyuán シュインビエンユエン / 㦯 linesman

監督 _{かんとく} 领队 /lǐngduì リィンドゥイ / 㦯 coach

代表監督 _{だいひょうかんとく} 国家队主教练 /guójiāduì zhǔjiàoliàn グゥオジアドゥイ ヂュウジアオリエン / 㦯 trainer manager (of a national team)

サポーター _{さぽーたー} 球迷 /qiúmí チウミィ / 㦯 supporter

フーリガン _{ふーりがん} 足球流氓 /zúqiú liúmáng ヅゥチウ リウマァン / 㦯 hooligan

時間

年 とし 年 /nián ニエン / 㤷 year
月 つき 月(份) /yuè(fèn) ユエ(フェン)/ 㤷 month
週 しゅう 星期, 周 /xīngqī, zhōu シンチィ, ヂョウ / 㤷 week
…日 …号 /... hào … ハオ / 㤷 date
…日間 にちかん …天 /... tiān … ティエン / 㤷 day
…時 じ …点 /... diǎn … ディエン / 㤷 o'clock
…時間 じかん …小时 /... xiǎoshí シアオシー / 㤷 hour
分 ふん 分 /fēn フェン / 㤷 minute
秒 びょう 秒 /miǎo ミアオ / 㤷 second
日付 ひづけ 日期 /rìqī リーチィ / 㤷 date
…曜日 ようび 星期… /xīngqī... シンチィ…/ 㤷 day
午前 ごぜん 上午 /shàngwǔ シァンウゥ / 㤷 morning
午後 ごご 下午 /xiàwǔ シアウゥ / 㤷 afternoon
朝 あさ 早晨 /zǎochen ヅァオチェン / 㤷 morning
昼 ひる 白天, 中午 /báitiān, zhōngwǔ バイティエン, ヂョンウゥ / 㤷 the daytime, noon
夕方 ゆうがた 傍晚 /bàngwǎn バンワン / 㤷 late afternoon, evening
夜 よる 夜, 晚上 /yè, wǎnshang イエ, ワンシャン / 㤷 night
深夜 しんや 深更半夜, 深夜 /shēngēng bànyè, shēnyè シェンゲン バンイエ, シェンイエ / 㤷 midnight
夜明け よあけ 黎明 /límíng リィミィン / 㤷 dawn, daybreak
日没 にちぼつ 日落 /rìluò リールゥオ / 㤷 sunset
今日 きょう 今天 /jīntiān ジンティエン / 㤷 today
明日 あす 明天 /míngtiān ミィンティエン / 㤷 tomorrow
明後日 あさって 后天 /hòutiān ホウティエン / 㤷 the day after tomorrow
昨日 きのう 昨天 /zuótiān ヅゥオティエン / 㤷 yesterday
一昨日 おととい 前天 /qiántiān チエンティエン / 㤷 the day before yesterday

自然災害

豪雨 ごうう 暴雨 /bàoyǔ バオユィ / 㤷 heavy rain
氾濫 はんらん 泛滥 /fànlàn ファンラン / 㤷 flood
土砂崩れ どしゃくずれ 山崩 /shānbēng シャンボン / 㤷 landslide
陥没 かんぼつ 陷落 /xiànluò シエンルゥオ / 㤷 dipression
地盤沈下 じばんちんか 地面沉降 /dìmiàn chénjiàng ディーミエン チェンジアン / 㤷 subsidence (of the ground)
雪崩 なだれ 雪崩 /xuěbēng シュエボン / 㤷 avalanche

905

山火事 <ruby>やまかじ</ruby>	山火	/shānhuǒ シャンホゥオ	㧑 forest fire
竜巻 <ruby>たつまき</ruby>	龙卷风	/lóngjuǎnfēng ロンジュエンフォン	㧑 tornado
地震 <ruby>じしん</ruby>	地震	/dìzhèn ディーヂェン	㧑 earthquake
津波 <ruby>つなみ</ruby>	海啸	/hǎixiào ハイシアオ	㧑 tsunami

樹木

木 <ruby>き</ruby>	树（木）	/shù(mù) シュウ(ムゥ)	㧑 tree
根 <ruby>ね</ruby>	根	/gēn ゲン	㧑 root
幹 <ruby>みき</ruby>	树干	/shùgàn シュウガン	㧑 trunk
枝 <ruby>えだ</ruby>	枝条, 树枝	/zhītiáo, shùzhī ヂーティアオ, シュウヂー	㧑 branch, bough
芽 <ruby>め</ruby>	芽	/yá ヤァ	㧑 bud
葉 <ruby>は</ruby>	叶子	/yèzi イエヅ	㧑 leaf
実 <ruby>み</ruby>	果实	/guǒshí グゥオシー	㧑 fruit, nut
種子 <ruby>しゅし</ruby>	种子	/zhǒngzi ヂォンヅ	㧑 seed
松 <ruby>まつ</ruby>	松树	/sōngshù ソンシュウ	㧑 pine
杉 <ruby>すぎ</ruby>	杉树	/shānshù シャンシュウ	㧑 Japanese cedar
柳 <ruby>やなぎ</ruby>	柳树	/liǔshù リウシュウ	㧑 willow
竹 <ruby>たけ</ruby>	竹子	/zhúzi ヂュウヅ	㧑 bamboo
銀杏 <ruby>いちょう</ruby>	公孙树, 银杏	/gōngsūnshù, yínxìng ゴンスゥンシュウ, インシィン	㧑 ginkgo
欅 <ruby>けやき</ruby>	光叶榉	/guāngyèjǔ グアンイエジュィ	㧑 zelkova tree
栗の木 <ruby>くりのき</ruby>	栗（子）树	/lì(zi)shù リィ(ヅ)シュウ	㧑 chestnut tree
桜 <ruby>さくら</ruby>	樱花树	/yīnghuāshù イィンホアシュウ	㧑 cherry tree
椿 <ruby>つばき</ruby>	山茶	/shānchá シャンチャア	㧑 camellia
梅 <ruby>うめ</ruby>	梅树	/méishù メイシュウ	㧑 plum tree

職業

医者 <ruby>いしゃ</ruby>	大夫, 医生	/dàifu, yīshēng ダイフ, イーション	㧑 doctor
運転手 <ruby>うんてんしゅ</ruby>	司机	/sījī スージィ	㧑 driver
エンジニア <ruby>えんじにあ</ruby>	工程师	/gōngchéngshī ゴンチョンシー	㧑 engineer
音楽家 <ruby>おんがくか</ruby>	音乐家	/yīnyuèjiā インユエジア	㧑 musician
会社員 <ruby>かいしゃいん</ruby>	公司职员	/gōngsī zhíyuán ゴンスー ヂーユエン	㧑 office worker
画家 <ruby>がか</ruby>	画家	/huàjiā ホアジア	㧑 painter
看護師 <ruby>かんごし</ruby>	护士	/hùshi ホゥシ	㧑 nurse
客室乗務員 <ruby>きゃくしつじょうむいん</ruby>	空乘	/kōngchéng コンチョン	㧑 cabin attendant
教員 <ruby>きょういん</ruby>	教师, 教员	/jiàoshī, jiàoyuán ジアオシー, ジアオユエン	㧑 teacher
銀行員 <ruby>ぎんこういん</ruby>	银行职员	/yínháng zhíyuán インハァン ヂーユエン	㧑 bank clerk

分野別単語集

けいさつかん 警察官	警察, 公安人员	/jǐngchá, gōng'ān rényuán ジンチァア, ゴンアンレンユエン /	英 police officer
げいじゅつか 芸術家	艺术家	/yìshùjiā イーシュウジア /	英 artist
けんちくか 建築家	建筑家	/jiànzhùjiā ジエンデュウジア /	英 architect
こういん 工員	工人	/gōngrén ゴンレン /	英 factory worker
こうむいん 公務員	公务员	/gōngwùyuán ゴンウゥユエン /	英 public worker
さいばんかん 裁判官	法官	/fǎguān ファアグワン /	英 judge, the court
さっか 作家	作家	/zuòjiā ヅゥオジア /	英 writer, author
しゃしんか 写真家	摄影家	/shèyǐngjiā シォアイィンジア /	英 photographer
しょうにん 商人	商人	/shāngrén シャンレン /	英 merchant
しょうぼうし 消防士	消防员	/xiāofángyuán シアオファンユエン /	英 fire fighter
しょくにん 職人	工匠	/gōngjiàng ゴンジアン /	英 workman, artisan
しんぶんきしゃ 新聞記者	新闻记者	/xīnwén jìzhě シンウェン ジィヂョァ /	英 pressman, reporter
せいじか 政治家	政治家	/zhèngzhìjiā ヂョンデージア /	英 statesman, politician
セールスマン	推销员	/tuīxiāoyuán トゥイシアオユエン /	英 salesman
だいく 大工	木匠	/mùjiang ムウジアン /	英 carpenter
つうやく 通訳	翻译	/fānyì ファンイー /	英 interpreter
デザイナー	设计家	/shèjìjiā シォアジィジア /	英 designer
てんいん 店員	店员	/diànyuán ディエンユエン /	英 clerk
ひしょ 秘書	秘书	/mìshū ミィシュウ /	英 secretary
びようし 美容師	理发师	/lǐfàshī リィファアシー /	英 beautician
べんごし 弁護士	律师	/lùshī リュイシー /	英 lawyer, barrister
やくざいし 薬剤師	药剂师	/yàojìshī ヤオジィシー /	英 pharmacist, druggist
りょうし 漁師	渔夫	/yúfū ユイフウ /	英 fisherman

食器

こっぷ コップ	杯子	/bēizi ベイヅ /	英 glass
かっぷ カップ	杯子	/bēizi ベイヅ /	英 cup
てぃーかっぷ ティーカップ	茶杯	/chábēi チァアベイ /	英 tea cup
ぐらす グラス	玻璃杯	/bōlibēi ボォリベイ /	英 glass
わいんぐらす ワイングラス	葡萄酒杯	/pútaojiǔbēi プゥタオジウベイ /	英 wineglass
じょっき ジョッキ	大啤酒杯	/dà píjiǔbēi ダァ ピィジウベイ /	英 jug, mug
みずさし 水差し	水瓶, 水罐	/shuǐpíng, shuǐguàn シュイピィン, シュイグワン /	英 pitcher
てぃーぽっと ティーポット	茶壶	/cháhú チァアホゥ /	英 teapot
こーひーぽっと コーヒーポット	咖啡壶	/kāfēihú カァフェイホゥ /	英 coffeepot
さら 皿	盘子	/pánzi パンヅ /	英 plate, dish

こざら 小皿	碟子 /diézi ディエヅ / 英 small plate
おおざら 大皿	大盘子 /dàpánzi ダァパンヅ / 英 platter
わん お碗	碗 /wǎn ワン / 英 bowl
はし 箸	筷子 /kuàizi クアイヅ / 英 chopsticks
すぷーん スプーン	匙子 /chízi チーヅ / 英 spoon
ふぉーく フォーク	叉子 /chāzi チァヅ / 英 fork
ないふ ナイフ	餐刀 /cāndāo ツァンダオ / 英 knife
すとろー ストロー	吸管 /xīguǎn シィグワン / 英 straw
こーすたー コースター	杯垫 /bēidiàn ベイディエン / 英 coaster

人体

ほね 骨	骨头 /gǔtou グゥトウ / 英 bone
きんにく 筋肉	肌肉 /jīròu ジィロウ / 英 muscle
けっかん 血管	血管 /xuèguǎn シュエグワン / 英 blood vessel
のう 脳	脑子 /nǎozi ナオヅ / 英 brain
しんけい 神経	神经 /shénjīng シェンジン / 英 nerve
はい 肺	肺(脏) /fèi(zàng) フェイ(ヅァン)/ 英 lung
きかんし 気管支	支气管 /zhīqìguǎn チーチィグワン / 英 bronchus
しんぞう 心臓	心脏 /xīnzàng シンヅァン / 英 heart
しょくどう 食道	食道 /shídào シーダオ / 英 gullet
い 胃	胃 /wèi ウェイ / 英 stomach
じゅうにしちょう 十二指腸	十二指肠 /shí'èrzhǐcháng シーアルヂーチァン / 英 duodenum
しょうちょう 小腸	小肠 /xiǎocháng シアオチァン / 英 small intestine
だいちょう 大腸	大肠 /dàcháng ダァチァン / 英 large intestine
もうちょう 盲腸	盲肠, 阑尾 /mángcháng, lánwěi マァンチァン, ランウェイ / 英 cecum
かんぞう 肝臓	肝脏 /gānzàng ガンヅァン / 英 liver
すいぞう 膵臓	胰脏 /yízàng イーヅァン / 英 pancreas
じんぞう 腎臓	肾脏 /shènzàng シェンヅァン / 英 kidney

数字

ぜろ, れい 0	零 /líng リィン / 英 zero		
いち 1	一 /yī イー / 英 one	(序数)第一 /dìyī ディーイー / 英 first
に 2	二 /èr アル / 英 two	(序数)第二 /dì'èr ディーアル / 英 second
さん 3	三 /sān サン / 英 three	(序数)第三 /dìsān ディーサン / 英 third
し, よん 4	四 /sì スー / 英 four	(序数)第四 /dìsì ディースー / 英 fourth
ご 5	五 /wǔ ウゥ / 英 five	(序数)第五 /dìwǔ ディーウゥ / 英 fifth
ろく 6	六 /liù リウ / 英 six	(序数)第六 /dìliù ディーリウ / 英 sixth

7	なな, しち **七**	/qī チィ /	㡙 seven	(序数) **第七**	/dìqī ディーチィ / 㡙 seventh
8	はち **八**	/bā バァ /	㡙 eight	(序数) **第八**	/dìbā ディーバァ / 㡙 eighth
9	く, きゅう **九**	/jiǔ ジウ /	㡙 nine	(序数) **第九**	/dìjiǔ ディージウ / 㡙 ninth
10	じゅう **十**	/shí シー /	㡙 ten	(序数) **第十**	/dìshí ディーシー / 㡙 tenth

11	じゅういち **十一**	/shíyī シーイー /	㡙 eleven
12	じゅうに **十二**	/shí'èr シーアル /	㡙 twelve
13	じゅうさん **十三**	/shísān シーサン /	㡙 thirteen
14	じゅうし, じゅうよん **十四**	/shísì シースー /	㡙 fourteen
15	じゅうご **十五**	/shíwǔ シーウゥ /	㡙 fifteen
16	じゅうろく **十六**	/shíliù シーリウ /	㡙 sixteen
17	じゅうしち, じゅうなな **十七**	/shíqī シーチィ /	㡙 seventeen
18	じゅうはち **十八**	/shíbā シーバァ /	㡙 eighteen
19	じゅうく, じゅうきゅう **十九**	/shíjiǔ シージウ /	㡙 nineteen
20	にじゅう **二十**	/èrshí アルシー /	㡙 twenty
21	にじゅういち **二十一**	/èrshiyī アルシイー /	㡙 twenty-one
30	さんじゅう **三十**	/sānshí サンシー /	㡙 thirty
40	よんじゅう **四十**	/sìshí スーシー /	㡙 forty
50	ごじゅう **五十**	/wǔshí ウゥシー /	㡙 fifty
60	ろくじゅう **六十**	/liùshí リウシー /	㡙 sixty
70	ななじゅう, しちじゅう **七十**	/qīshí チィシー /	㡙 seventy
80	はちじゅう **八十**	/bāshí バァシー /	㡙 eighty
90	きゅうじゅう **九十**	/jiǔshí ジウシー /	㡙 ninety
100	ひゃく **一百**	/yì bǎi イー バイ /	㡙 a hundred
1,000	せん, いっせん **一千**	/yì qiān イー チエン /	㡙 a thousand
10,000	いちまん **一万**	/yí wàn イー ワン /	㡙 ten thousand
100,000	じゅうまん **十万**	/shí wàn シー ワン /	㡙 one hundred thousand
1,000,000	ひゃくまん **一百万**	/yì bǎi wàn イー バイ ワン /	㡙 one million
10,000,000	せんまん, いっせんまん **一千万**	/yì qiān wàn イー チエン ワン /	㡙 ten million
100,000,000	いちおく **一亿**	/yí yì イー イー /	㡙 one hundred million
2倍	にばい **两倍**	/liǎng bèi リアン ベイ /	㡙 double
3倍	さんばい **三倍**	/sān bèi サンベイ /	㡙 triple
1/2	にぶんのいち **二分之一**	/èr fēn zhī yī アル フェン ヂー イー /	㡙 a half
2/3	さんぶんのに **三分之二**	/sān fēn zhī èr サン フェン ヂー アル /	㡙 two thirds
2 4/5	にとごぶんのよん **二又五分之四**	/èr yòu wǔ fēn zhī sì アル ヨウ ウゥ フェン ヂー スー / 㡙 two and four fifths	
0.1	れいてんいち, れいこんまいち **零点一**	/líng diǎn yī リィン ディエン イー /	㡙 point one
2.14	にてんいちよん, にこんまいちよん **二点一四**	/èr diǎn yī sì アル ディエン イー スー /	㡙 two point fourteen

スポーツ

柔道 柔道 /róudào ロウダオ / 英 judo

レスリング 摔跤 /shuāijiāo シュアイジアオ / 英 wrestling

ボクシング 拳击 /quánjī チュエンジィ / 英 boxing

ウエイトリフティング 举重 /jǔzhòng ジュイヂォン / 英 weightlifting

アーチェリー 射箭 /shèjiàn ショァジエン / 英 archery

フェンシング 击剑 /jījiàn ジィジエン / 英 fencing

体操 体操 /tǐcāo ティーツァオ / 英 gymnastics

新体操 艺术体操 /yìshù tǐcāo イーシュウ ティーツァオ / 英 rhythmic gymnastics

バレーボール 排球 /páiqiú パイチウ / 英 volleyball

バスケットボール 篮球 /lánqiú ランチウ / 英 basketball

ハンドボール 手球 /shǒuqiú ショウチウ / 英 handball

卓球 乒乓球 /pīngpāngqiú ピィンパァンチウ / 英 table tennis

バドミントン 羽毛球 /yǔmáoqiú ユィマオチウ / 英 badminton

テニス 网球 /wǎngqiú ワァンチウ / 英 tennis

ラグビー 橄榄球 /gǎnlǎnqiú ガンランチウ / 英 Rugby

アメリカンフットボール 美式足球 /Měishì zúqiú メイシー ヅゥチウ / 英 (American) football

野球 棒球 /bàngqiú パァンチウ / 英 baseball

ソフトボール 垒球 /lěiqiú レイチウ / 英 softball

サッカー 足球 /zúqiú ヅゥチウ / 英 soccer, football

フットサル 五人制足球 /wǔrénzhì zúqiú ウゥレンヂー ヅゥチウ / 英 futsal

ゴルフ 高尔夫球 /gāo'ěrfūqiú ガオアルフゥチウ / 英 golf

水球 水球 /shuǐqiú シュイチウ / 英 water polo

水泳 游泳 /yóuyǒng ヨウヨン / 英 swimming

クロール 爬泳 /páyǒng パヤヨン / 英 the crawl (stroke)

平泳ぎ 蛙泳 /wāyǒng ワァヨン / 英 the breaststroke

背泳ぎ 仰泳 /yǎngyǒng ヤンヨン / 英 the backstroke

バタフライ 蝶泳 /diéyǒng ディエヨン / 英 the butterfly stroke

スキー 滑雪 /huáxuě ホアシュエ / 英 skiing

スケート 滑冰 /huábīng ホアピィン / 英 skating

マラソン 马拉松 /mǎlāsōng マァラァソン / 英 marathon

陸上競技 田径赛 /tiánjìngsài ティエンジンサイ / 英 athletic sports

100メートル走 一百米短跑 /yì bǎi mǐ duǎnpǎo イー バイ ミィ ドワンパオ / 英 the 100-meter dash

障害物競走 障碍赛跑 /zhàng'ài sàipǎo ヂャァンアイ サイパオ / 英 obstacle race

ハンマー投げ　（掷）链球 /(zhì)liànqiú (ヂー)リエンチウ/ ㊦ hammer throw

槍投げ　标枪 /biāoqiāng ビアオチアン/ ㊦ javelin throw

幅跳び　跳远 /tiàoyuǎn ティアオユエン/ ㊦ broad jump

走り高跳び　跳高 /tiàogāo ティアオガオ/ ㊦ high jump

棒高跳び　撑杆跳高 /chēnggān tiàogāo チョンガン ティアオガオ/ ㊦ pole vault

自転車競技　自行车赛 /zìxíngchēsài ヅーシンチョァサイ/ ㊦ bicycle race

ロードレース　公路赛 /gōnglùsài ゴンルゥサイ/ ㊦ road racing

カヌー　皮艇 /pítǐng ピイティン/ ㊦ canoe

パラパワーリフティング　卧式举重 /wòshì jǔzhòng ウオシー ジュイヂォン/ ㊦ para powerlifting

車いすフェンシング　轮椅击剑 /lúnyǐ jījiàn ルゥンイー ジィジエン/ ㊦ wheelchair fencing

シッティングバレーボール　坐式排球 /zuòshì páiqiú ヅゥオシー パイチウ/ ㊦ sitting volleyball

車いすバスケットボール　轮椅篮球 /lúnyǐ lánqiú ルゥンイー ランチウ/ ㊦ wheelchair basketball

車いすテニス　轮椅网球 /lúnyǐ wǎngqiú ルゥンイー ワァンチウ/ ㊦ wheelchair tennis

ウィールチェアーラグビー　轮椅橄榄球 /lúnyǐ gǎnlǎnqiú ルゥンイー ガン ランチウ/ ㊦ wheelchair Rugby

ゴールボール　盲人门球 /mángrén ménqiú マァンレン メンチウ/ ㊦ goalball

台所用品

鍋　锅 /guō グゥオ/ ㊦ pan

薬缶　水壶 /shuǐhú シュイホゥ/ ㊦ kettle

フライパン　煎锅 /jiānguō ジエングゥオ/ ㊦ frying pan

包丁　菜刀 /càidāo ツァイダオ/ ㊦ kitchen knife

俎　砧板 /zhēnbǎn ヂェンバン/ ㊦ cutting board

杓子　勺子 /sháozi シャオヅ/ ㊦ ladle

杓文字　饭勺 /fànsháo ファンシャオ/ ㊦ rice paddle

フライ返し　锅铲 /guōchǎn グゥオチャン/ ㊦ spatula

泡立て器　打蛋器 /dǎdànqì ダダンチィ/ ㊦ whisk

ボウル　盆 /pén ペン/ ㊦ bowl

水切りボウル　滤器 /lùqì リュイチィ/ ㊦ colander

計量カップ　量杯 /liángbēi リアンベイ/ ㊦ measuring cup

調理ばさみ　厨房用剪刀 /chúfángyòng jiǎndāo チュウファァンヨン ジエンダ オ/ ㊦ cooking scissors

911

電気製品

暖房　暖气 /nuǎnqì ヌワンチィ / 英 heating

冷房　冷气 /lěngqì ルォンチィ / 英 air conditioning

扇風機　电(风)扇 /diàn(fēng)shàn ディエン(フォン)シャン / 英 electric fan

掃除機　吸尘器 /xīchénqì シィチェンチィ / 英 vacuum cleaner

洗濯機　洗衣机 /xǐyījī シィイージィ / 英 washing machine

乾燥機　干燥器 /gānzàoqì ガンヅァオチィ / 英 dryer

ドライヤー　吹风机 /chuīfēngjī チュイフォンジィ / 英 hair dryer

電気　电灯 /diàndēng ディエンドゥン / 英 electric light

卓上電気スタンド　台灯 /táidēng タイドゥン / 英 desk lamp

冷蔵庫　冰箱 /bīngxiāng ビィンシアン / 英 refrigerator

冷凍庫　冰柜, 冷柜 /bīngguì, lěngguì ビィングゥイ, ルォングゥイ / 英 freezer

電子レンジ　微波炉 /wēibōlú ウェイボォルゥ / 英 microwave oven

テレビ　电视(机) /diànshì(jī) ディエンシー(ジィ) / 英 television

ビデオデッキ　录像机 /lùxiàngjī ルゥシアンジィ / 英 video tape recorder

DVDデッキ　影碟机 /yǐngdiéjī イィンディエジィ / 英 DVD recorder

テレビゲーム　电视游戏 /diànshì yóuxì ディエンシー ヨウシィ / 英 video game

ステレオ　(组合)音响 /(zǔhé) yīnxiǎng (ヅゥホォァ) インシアン / 英 stereo

パソコン　(个人)电脑 /(gèrén) diànnǎo (グァレン) ディエンナオ / 英 personal computer

プリンター　打印机 /dǎyìnjī ダァインジィ / 英 printer

ファックス　传真 /chuánzhēn チュワンチェン / 英 fax

コピー機　复印机 /fùyìnjī フゥインジィ / 英 copier

動物

ライオン　狮子 /shīzi シーヅ / 英 lion

虎　老虎 /lǎohǔ ラオホゥ / 英 tiger

豹　豹 /bào バオ / 英 leopard, panther

麒麟　长颈鹿 /chángjǐnglù チャァンジィンルゥ / 英 giraffe

象　(大)象 /(dà)xiàng (ダァ)シアン / 英 elephant

鹿　鹿 /lù ルゥ / 英 deer

豚　猪 /zhū ヂゥウ / 英 pig

牛　牛 /niú ニウ / 英 cattle

羊　羊 /yáng ヤン / 英 sheep

山羊　山羊 /shānyáng シャンヤン / 英 goat

熊　熊 /xióng シオン / 英 bear

分野別単語集

らくだ 駱駝	骆驼 /luòtuo ルゥオトゥオ/	Ⓔ camel
かば 河馬	河马 /hémǎ ホァァマァ/	Ⓔ hippopotamus
パンダ	(大)熊猫 /(dà)xióngmāo (ダァ)シオンマオ/	Ⓔ panda
コアラ	考拉, 桉树熊 /kǎolā, ānshùxióng カオラァ, アンシュウシオン/	Ⓔ koala
かんがるー カンガルー	袋鼠 /dàishǔ ダイシュウ/	Ⓔ kangaroo
りす 栗鼠	松鼠 /sōngshǔ ソンシュウ/	Ⓔ squirrel
さる 猿	猴子 /hóuzi ホウヅ/	Ⓔ monkey, ape
ゴリラ	大猩猩 /dàxīngxing ダァシンシン/	Ⓔ gorilla
おおかみ 狼	狼 /láng ラァン/	Ⓔ wolf
たぬき 狸	貉子 /háozi ハオヅ/	Ⓔ raccoon dog
きつね 狐	狐狸 /húli ホウリ/	Ⓔ fox
いのしし 猪	野猪 /yězhū イエヂュウ/	Ⓔ wild boar
うさぎ 兎	兔(子) /tù(zi) トゥ(ヅ)/	Ⓔ rabbit
ねずみ 鼠	老鼠 /lǎoshǔ ラオシュウ/	Ⓔ rat, mouse
いぬ 犬	狗 /gǒu ゴウ/	Ⓔ dog
ねこ 猫	猫 /māo マオ/	Ⓔ cat
くじら 鯨	鲸鱼 /jīngyú ジンユィ/	Ⓔ whale
いるか 海豚	海豚 /hǎitún ハイトゥン/	Ⓔ dolphin

鳥

とり 鳥	鸟 /niǎo ニアオ/	Ⓔ bird
にわとり 鶏	鸡 /jī ジィ/	Ⓔ fowl, chicken
あひる アヒル	鸭(子) /yā(zi) ヤァ(ヅ)/	Ⓔ (domestic) duck
はくちょう 白鳥	天鹅 /tiān'é ティエンゥァ/	Ⓔ swan
つる 鶴	仙鹤 /xiānhè シエンホァァ/	Ⓔ crane
たか 鷹	鹰 /yīng イィン/	Ⓔ hawk
わし 鷲	雕, 鹫 /diāo, jiù ディアオ, ジウ/	Ⓔ eagle
すずめ 雀	麻雀 /máquè マァチュエ/	Ⓔ sparrow
はと 鳩	鸽子 /gēzi グァヅ/	Ⓔ pigeon, dove
からす 烏	乌鸦 /wūyā ウゥヤァ/	Ⓔ crow
つばめ 燕	燕子 /yànzi イエンヅ/	Ⓔ swallow
うぐいす 鶯	黄莺 /huángyīng ホアンイィン/	Ⓔ Japanese nightingale
ひばり 雲雀	云雀 /yúnquè ユィンチュエ/	Ⓔ lark
ふくろう 梟	猫头鹰 /māotóuyīng マオトウイィン/	Ⓔ owl
かもめ 鴎	海鸥 /hǎi'ōu ハイオウ/	Ⓔ sea gull
ぺんぎん ペンギン	企鹅 /qǐ'é チィゥァ/	Ⓔ penguin

913

度量衡

●距離

ミリ　毫米 /háomǐ ハオミィ/ 🏴 millimeter

センチ　公分, 厘米 /gōngfēn, límǐ ゴンフェン, リィミィ/ 🏴 centimeter

メートル　公尺, 米 /gōngchǐ, mǐ ゴンチー, ミィ/ 🏴 meter

キロ　公里, 千米 /gōnglǐ, qiānmǐ ゴンリィ, チエンミィ/ 🏴 kilometer

マイル　英里 /yīnglǐ イィンリィ/ 🏴 mile

●面積

平方メートル　平方米 /píngfāngmǐ ピィンファンミィ/ 🏴 square meter

平方キロメートル　平方公里 /píngfāng gōnglǐ ピィンファン ゴンリィ/ 🏴 square kilometer

アール　公亩 /gōngmǔ ゴンムゥ/ 🏴 are

ヘクタール　公顷 /gōngqǐng ゴンチィン/ 🏴 hectare

●重さ

グラム　克 /kè クァ/ 🏴 gram

キロ　公斤 /gōngjīn ゴンジン/ 🏴 kilogram

トン　（公）吨 /(gōng)dūn (ゴン)ドゥン/ 🏴 ton

●体積

立方センチ　立方厘米 /lìfāng límǐ リィファン リィミィ/ 🏴 cubic centimeter

立方メートル　立方米 /lìfāngmǐ リィファンミィ/ 🏴 cubic meter

リットル　（公）升 /(gōng)shēng (ゴン)ション/ 🏴 liter

●速度

キロ　公里 /gōnglǐ ゴンリィ/ 🏴 kilometer

ノット　海里 /hǎilǐ ハイリィ/ 🏴 knot

●温度

摂氏　摄氏 /Shèshì ショァシー/ 🏴 Celsius

肉

牛肉　牛肉 /niúròu ニウロウ/ 🏴 beef

子牛の肉　小牛肉 /xiǎoniúròu シアオニウロウ/ 🏴 veal

豚肉　猪肉 /zhūròu デュウロウ/ 🏴 pork

鶏肉　鸡肉 /jīròu ジィロウ/ 🏴 chicken

鴨　野鸭 /yěyā イエヤァ/ 🏴 duck

羊の肉　羊肉 /yángròu ヤンロウ/ 🏴 mutton

子羊の肉　羊羔肉, 羔羊肉 /yánggāoròu, gāoyángròu ヤンガオロウ, ガオヤンロウ/ 🏴 lamb

挽肉　肉末 /ròumò ロウモォ/ 英 ground meat
赤身　瘦肉 /shòuròu ショウロウ/ 英 lean meat
サーロイン　牛腰肉 /niúyāoròu ニウヤオロウ/ 英 sirloin
タン　舌肉 /shéròu ショァロウ/ 英 tongue
レバー　肝 /gān ガン/ 英 liver
鶏の股肉　鸡腿 /jītuǐ ジィトゥイ/ 英 leg
ハム　火腿 /huǒtuǐ ホゥオトゥイ/ 英 ham
生ハム　巴马火腿 /Bāmǎ huǒtuǐ パァマァ ホゥオトゥイ/ 英 uncured ham
燻製の　熏制 /xūnzhì シュインデー/ 英 smoked
ベーコン　咸肉, 腌肉 /xiánròu, yānròu シエンロウ, イエンロウ/ 英 bacon
サラミ　蒜肠, 萨拉米肠 /suàncháng, sàlāmǐcháng スワンチァン, サアラァ
ミィチァァン/ 英 salami

飲み物

水　水 /shuǐ シュイ/ 英 water
ミネラルウォーター　矿泉水 /kuàngquánshuǐ クアンチュエンシュイ/ 英
mineral water
炭酸水　汽水 /qìshuǐ チィシュイ/ 英 soda water
アルコール　酒精 /jiǔjīng ジウジィン/ 英 alcohol
赤ワイン　红葡萄酒 /hóng pútaojiǔ ホン プゥタオジウ/ 英 red wine
白ワイン　白葡萄酒 /bái pútaojiǔ パイ プゥタオジウ/ 英 white wine
ロゼ　玫瑰红葡萄酒 /méigui hóng pútaojiǔ メイグゥイ ホン プゥタオジウ/
英 rosé
スパークリングワイン　起泡葡萄酒 /qǐpào pútaojiǔ チィパオ プゥタオジウ/
英 sparkling wine
ビール　啤酒 /píjiǔ ピィジウ/ 英 beer
生ビール　扎啤, 生啤酒, 鲜啤酒 /zhāpí, shēngpíjiǔ, xiānpíjiǔ ヂァァ
ピィ, ションピィジウ, シエンピィジウ/ 英 draft beer
ウイスキー　威士忌 /wēishìjì ウェイシージィ/ 英 whiskey
シャンパン　香槟酒 /xiāngbīnjiǔ シアンビンジウ/ 英 champagne
カクテル　鸡尾酒 /jīwěijiǔ ジィウェイジウ/ 英 cocktail
日本酒　日本酒 /Rìběnjiǔ リーベンジウ/ 英 sake
紹興酒　绍兴酒 /shàoxīngjiǔ シャオシィンジウ/ 英 Shaoxing rice wine
老酒　老酒 /lǎojiǔ ラオジウ/ 英 Chinese rice wine
茅台酒　茅台酒 /máotáijiǔ マオタイジウ/ 英 maotai (wine)
コーラ　可乐 /kělè クァルァ/ 英 cola
ジュース　果汁 /guǒzhī グゥオヂー/ 英 juice
オレンジジュース　橘子汁, 橙汁 /júzizhī, chéngzhī ジュイヅヂー, チョン

915

ヂー / 㽽 orange juice

レモネード 柠檬水 /níngméngshuǐ ニィンモンシュイ / 㽽 lemonade

ジンジャーエール 姜味汽水 /jiāngwèi qìshuǐ ジアンウェイ チィシュイ / 㽽 ginger ale

ミルク 牛奶 /niúnǎi ニウナイ / 㽽 milk

コーヒー 咖啡 /kāfēi カァフェイ / 㽽 coffee

エスプレッソコーヒー 意大利特浓咖啡 /Yìdàlì tènóng kāfēi イーダァリィ トゥァノン カァフェイ / 㽽 espresso

カフェオレ 牛奶咖啡 /niúnǎi kāfēi ニウナイ カァフェイ / 㽽 café au lait

カプチーノ 卡普契诺咖啡 /kǎpǔqìnuò kāfēi カァプゥチィヌゥオ カァフェイ / 㽽 cappuccino

アイスコーヒー 冷咖啡 /lěng kāfēi ルォン カァフェイ / 㽽 iced coffee

紅茶 红茶 /hóngchá ホンチャア / 㽽 tea

ミルクティー 牛奶红茶 /niúnǎi hóngchá ニウナイ ホンチャア / 㽽 tea with milk

レモンティー 柠檬红茶 /níngméng hóngchá ニィンモン ホンチャア / 㽽 tea with lemon

アイスティー 冷红茶 /lěng hóngchá ルォン ホンチャア / 㽽 iced tea

ココア 可可 /kěkě クァクァ / 㽽 cocoa

緑茶 绿茶 /lùchá リュィチャア / 㽽 green tea

烏龍茶 乌龙茶 /wūlóngchá ウゥロンチャア / 㽽 oolong tea

分野別単語集

花

蒲公英 蒲公英 /púgōngyīng プゥゴンイィン / 㽽 dandelion

菜の花 菜花, 油菜花 /càihuā, yóucàihuā ツァイホア, ヨウツァイホア / 㽽 rape blossoms

チューリップ 郁金香 /yùjīnxiāng ユィジンシアン / 㽽 tulip

紫陽花 绣球花 /xiùqiúhuā シウチウホア / 㽽 hydrangea

薔薇 玫瑰, 蔷薇 /méigui, qiángwēi メイグゥイ, チアンウェイ / 㽽 rose

向日葵 向日葵 /xiàngrìkuí シアンリークゥイ / 㽽 sunflower

朝顔 喇叭花, 牵牛花 /lǎbahuā, qiānniúhuā ラァパホア, チエンニウホア / 㽽 morning glory

百合 百合 /bǎihé バイホァァ / 㽽 lily

菖蒲 溪荪 /xīsūn シィスゥン / 㽽 flag, iris

菊 菊花 /júhuā ジュィホァァ / 㽽 chrysanthemum

コスモス 大波斯菊 /dàbōsījú ダァボォスージュィ / 㽽 cosmos

椿 山茶 /shānchá シャンチャア / 㽽 camellia

水仙 水仙 /shuǐxiān シュイシエン / 㽽 narcissus

シクラメン 仙客来 /xiānkèlái シエンクァライ / (英) cyclamen

カーネーション 康乃馨, 麝香石竹 /kāngnǎixīn, shèxiāng shízhú カァンナイシン, シォアシアン シーヂュウ / (英) carnation

マーガレット 木春菊 /mùchūnjú ムゥチュンジュィ / (英) marguerite

スイートピー 香豌豆花 /xiāng wāndòuhuā シアン ワンドウホア / (英) sweet pea

ガーベラ 非洲菊 /fēizhōujú フェイヂョウジュィ / (英) gerbera

蘭 兰花 /lánhuā ランホア / (英) orchid

菫 菫菜 /jǐncài ジンツァイ / (英) violet

牡丹 牡丹 /mǔdan ムゥダン / (英) peony

睡蓮 睡莲 /shuìlián シュイリエン / (英) water lily

病院

病院 医院 /yīyuàn イーユエン / (英) hospital

救急病院 急救医院 /jíjiù yīyuàn ジィジウ イーユエン / (英) emergency hospital

総合病院 综合医院 /zōnghé yīyuàn ヅォンホァァ イーユエン / (英) general hospital

医者 大夫, 医生 /dàifu, yīshēng ダイフ, イーシォン / (英) doctor

看護師 护士 /hùshi ホゥシ / (英) nurse

レントゲン技師 放射科医生 /fàngshèkē yīshēng ファァンシォアクァ イーシォン / (英) radiographer

薬剤師 药剂师 /yàojìshī ヤオジィシー / (英) pharmacist, druggist

患者 病人, 患者 /bìngrén, huànzhě ビィンレン, ホワンヂョァ / (英) patient

診察室 门诊部, 诊室 /ménzhěnbù, zhěnshì メンヂェンブゥ, ヂェンシー / (英) consulting room

手術室 手术室 /shǒushùshì ショウシュウシー / (英) operating room

病棟 病房楼 /bìngfánglóu ビィンファァンロウ / (英) ward

病室 病房 /bìngfáng ビィンファァン / (英) sickroom, ward

薬局 药房 /yàofáng ヤオファァン / (英) pharmacy

内科 内科 /nèikē ネイクァ / (英) internal medicine

外科 外科 /wàikē ワイクァ / (英) surgery

歯科 牙科 /yákē ヤァクァ / (英) dental surgery

眼科 眼科 /yǎnkē イエンクァ / (英) ophthalmology

耳鼻咽喉科 耳鼻喉科 /ěrbíhóukē アルビィホウクァ / (英) otolaryngology

産婦人科 妇产科 /fùchǎnkē フゥチャンクァ / (英) obstetrics and gynecology

小児科 儿科 /érkē アルクァ / (英) pediatrics

泌尿器科 泌尿科 /mìniàokē ミィニアオクァ / (英) urology

917

整形外科 矯形外科 /jiǎoxíng wàikē ジアオシン ワイクァ / 英 orthopedics
レントゲン X射线 /X shèxiàn X ショァシエン / 英 X rays

病気

風邪 感冒 /gǎnmào ガンマオ / 英 cold
インフルエンザ 流行性感冒 /liúxíngxìng gǎnmào リウシンシン ガンマオ / 英 influenza, flu
麻疹 麻疹 /mázhěn マァヂェン / 英 measles
おたふく風邪 痄腮, 流行性腮腺炎 /zhàsai, liúxíngxìng sāixiànyán ヂァアサイ, リウシンシン サイシエンイエン / 英 mumps
頭痛 头痛 /tóutòng トウトン / 英 headache
生理痛 月经痛 /yuèjīngtòng ユエジントン / 英 menstrual pain
食中毒 食物中毒 /shíwù zhòngdú シーウゥ ヂォンドゥ / 英 food poisoning
腹痛 腹痛 /fùtòng フゥトン / 英 stomachache
盲腸炎 阑尾炎 /lánwěiyán ランウェイイエン / 英 appendicitis
ストレス 精神压力 /jīngshén yālì ジンシェン ヤァリィ / 英 stress
虫歯 虫牙, 龋齿 /chóngyá, qǔchǐ チォンヤァ, チュイチー / 英 decayed tooth
捻挫 扭伤, 挫伤 /niǔshāng, cuòshāng ニウシャァン, ツゥオシャァン / 英 sprain
骨折 骨折 /gǔzhé グゥヂョァ / 英 fracture
打撲 碰伤 /pèngshāng ポンシャァン / 英 bruise
脱臼 脱位, 脱臼 /tuōwèi, tuōjiù トゥオウェイ, トゥオジウ / 英 dislocation
結核 结核 /jiéhé ジエホァ / 英 tuberculosis
癌 癌(症) /ái(zhèng) アイ(ヂョン) / 英 cancer
エイズ 艾滋病 /àizībìng アイヅービィン / 英 AIDS(acquired immune deficiency syndrome)
アルツハイマー病 阿尔茨海默病 /ā'ěrcíhǎimòbìng アァアルツーハイモォビィン / 英 Alzheimer's disease
赤痢 痢疾 /lìji リィジ / 英 dysentery
コレラ 霍乱 /huòluàn ホゥオルワン / 英 cholera
チフス 伤寒 /shānghán シャァンハン / 英 typhoid, typhus
マラリア 疟疾 /nüèji ニュエジ / 英 malaria
ジフテリア 白喉 /báihóu バイホウ / 英 diphtheria

分野別単語集

文具

文房具 文具 /wénjù ウェンジュィ / 英 stationery
鉛筆 铅笔 /qiānbǐ チエンビィ / 英 pencil

<ruby>万年筆<rt>まんねんひつ</rt></ruby>	钢笔	/gāngbǐ ガァンビィ/	英 fountain pen
ボールペン	圆珠笔	/yuánzhūbǐ ユエンヂュウビィ/	英 ball-point (pen)
シャープペンシル	活心铅笔, 自动铅笔	/huóxīn qiānbǐ, zìdòng qiānbǐ ホゥオシン チエンビィ, ヅードン チエンビィ/	英 mechanical pencil
<ruby>消しゴム<rt>けしごむ</rt></ruby>	橡皮	/xiàngpí シァンピィ/	英 eraser, rubber
<ruby>インク<rt>いんく</rt></ruby>	墨水	/mòshuǐ モォシュイ/	英 ink
<ruby>クレヨン<rt>くれよん</rt></ruby>	蜡笔	/làbǐ ラァビィ/	英 crayon
<ruby>クレパス<rt>くれぱす</rt></ruby>	蜡粉笔	/làfěnbǐ ラァフェンビィ/	英 pastel crayon
<ruby>色鉛筆<rt>いろえんぴつ</rt></ruby>	彩色铅笔	/cǎisè qiānbǐ ツァイスァ チエンビィ/	英 color pencil
<ruby>絵の具<rt>えのぐ</rt></ruby>	颜料, 水彩	/yánliào, shuǐcǎi イエンリアオ, シュイツァイ/	英 paints, colors
パレット	调色板	/tiáosèbǎn ティアオスァバン/	英 palette
<ruby>ノート<rt>のーと</rt></ruby>	笔记本, 本子	/bǐjìběn, běnzi ビィジィベン, ベンヅ/	英 notebook
スケッチブック	素描簿	/sùmiáobù スゥミアオブゥ/	英 sketchbook
<ruby>手帳<rt>てちょう</rt></ruby>	笔记本	/bǐjìběn ビィジィベン/	英 notebook
<ruby>日記帳<rt>にっきちょう</rt></ruby>	日记本	/rìjìběn リージィベン/	英 diary
<ruby>原稿用紙<rt>げんこうようし</rt></ruby>	稿纸	/gǎozhǐ ガオヂー/	英 manuscript paper
<ruby>ルーズリーフ<rt>るーずりーふ</rt></ruby>	活页（笔记本）	/huóyè (bǐjìběn) ホゥオイエ (ビィジィベン)/	英 loose-leaf notebook
<ruby>葉書<rt>はがき</rt></ruby>	明信片	/míngxìnpiàn ミィンシンピエン/	英 postal card
<ruby>便箋<rt>びんせん</rt></ruby>	信纸	/xìnzhǐ シンヂー/	英 letter paper
<ruby>封筒<rt>ふうとう</rt></ruby>	信封	/xìnfēng シンフォン/	英 envelope
バインダー	文件夹	/wénjiànjiā ウェンジエンジア/	英 binder
<ruby>糊<rt>のり</rt></ruby>	糨糊	/jiànghu ジアンホ/	英 glue
<ruby>画鋲<rt>がびょう</rt></ruby>	图钉	/túdīng トゥディン/	英 thumbtack
<ruby>コンパス<rt>こんぱす</rt></ruby>	圆规	/yuánguī ユエングゥイ/	英 compasses
<ruby>セロテープ<rt>せろてーぷ</rt></ruby>	透明胶带	/tòumíng jiāodài トウミン ジアオダイ/	英 Scotch tape
<ruby>クリップ<rt>くりっぷ</rt></ruby>	卡子, 夹子	/qiǎzi, jiāzi チアヅ, ジアヅ/	英 clip
<ruby>ホッチキス<rt>ほっちきす</rt></ruby>	钉书器	/dìngshūqì ディンシュウチイ/	英 stapler

店

<ruby>八百屋<rt>やおや</rt></ruby>	蔬菜店	/shūcàidiàn シュウツァイディエン/	英 vegetable store
<ruby>魚屋<rt>さかなや</rt></ruby>	鱼店	/yúdiàn ユィディエン/	英 fish shop
<ruby>肉屋<rt>にくや</rt></ruby>	肉店	/ròudiàn ロウディエン/	英 meat shop
<ruby>酒屋<rt>さかや</rt></ruby>	酒店, 酒铺	/jiǔdiàn, jiǔpù ジウディエン, ジウプゥ/	英 liquor store
<ruby>パン屋<rt>ぱんや</rt></ruby>	面包店	/miànbāodiàn ミエンバオディエン/	英 bakery
<ruby>花屋<rt>はなや</rt></ruby>	（鲜）花店	/(xiān)huādiàn (シエン)ホアディエン/	英 flower shop

919

<ruby>薬屋<rt>くすりや</rt></ruby> 药房 /yàofáng ヤオファアン / 英 pharmacy, drugstore

<ruby>文具店<rt>ぶんぐてん</rt></ruby> 文具店 /wénjùdiàn ウェンジュイディエン / 英 stationery store

<ruby>本屋<rt>ほんや</rt></ruby> 书店 /shūdiàn シュウディエン / 英 bookstore

<ruby>雑貨屋<rt>ざっかや</rt></ruby> 杂货铺 /záhuòpù ヅァアホウオプウ / 英 variety store

<ruby>時計屋<rt>とけいや</rt></ruby> 钟表店 /zhōngbiǎodiàn ヂォンビアオディエン / 英 watch store

<ruby>靴屋<rt>くつや</rt></ruby> 鞋店 /xiédiàn シエディエン / 英 shoe store

タバコ屋 烟店 /yāndiàn イエンディエン / 英 cigar store

ケーキ屋 糕点店 /gāodiǎndiàn ガオディエンディエン / 英 pastry shop

<ruby>玩具店<rt>がんぐてん</rt></ruby> 玩具店 /wánjùdiàn ワンジュイディエン / 英 toyshop

<ruby>床屋<rt>とこや</rt></ruby> 理发店 /lǐfàdiàn リィファアディエン / 英 barbershop

クリーニング店 洗衣店 /xǐyīdiàn シイィーディエン / 英 laundry

<ruby>不動産屋<rt>ふどうさんや</rt></ruby> 房地产代理商 /fángdìchǎn dàilǐshāng ファアンディーチャン ダイリィシァアン / 英 real estate agent

<ruby>キオスク<rt>きおすく</rt></ruby> 车站售货亭 /chēzhàn shòuhuòtíng チョアヂャン ショウホウオティン / 英 kiosk

<ruby>スーパー<rt>すーぱー</rt></ruby> 超级市场 /chāojí shìchǎng チャオジィ シーチァアン / 英 supermarket

<ruby>デパート<rt>でぱーと</rt></ruby> 百货商店, 百货大楼 /bǎihuò shāngdiàn, bǎihuò dàlóu バイホウオ シャアンディエン, バイホウオ ダアロウ / 英 department store

---

野菜

分野別単語集

<ruby>胡瓜<rt>きゅうり</rt></ruby> 黄瓜 /huánggua ホアングア / 英 cucumber

<ruby>茄子<rt>なす</rt></ruby> 茄子 /qiézi チエヅ / 英 eggplant, aubergine

<ruby>人参<rt>にんじん</rt></ruby> 红萝卜 /hóngluóbo ホンルゥオボ / 英 carrot

<ruby>大根<rt>だいこん</rt></ruby> 萝卜 /luóbo ルゥオボ / 英 (Japanese) radish

じゃが<ruby>芋<rt>いも</rt></ruby> 土豆儿, 马铃薯 /tǔdòur, mǎlíngshǔ トゥドウル, マアリィンシュウ / 英 potato

<ruby>里芋<rt>さといも</rt></ruby> 芋头 /yùtou ユィトウ / 英 taro

<ruby>カボチャ<rt>かぼちゃ</rt></ruby> 南瓜 /nánguā ナングア / 英 pumpkin

<ruby>牛蒡<rt>ごぼう</rt></ruby> 牛蒡 /niúbàng ニウバァン / 英 burdock

<ruby>白菜<rt>はくさい</rt></ruby> 白菜 /báicài バイツァイ / 英 Chinese cabbage

<ruby>菠薐草<rt>ほうれんそう</rt></ruby> 菠菜 /bōcài ボォツァイ / 英 spinach

<ruby>葱<rt>ねぎ</rt></ruby> (大)葱 /(dà)cōng (ダァ)ツォン / 英 leek

<ruby>玉葱<rt>たまねぎ</rt></ruby> 洋葱 /yángcōng ヤンツォン / 英 onion

<ruby>莢隠元<rt>さやいんげん</rt></ruby> 豆荚, 豆角儿 /dòujiá, dòujiǎor ドウジア, ドウジアオル / 英 green bean

<ruby>枝豆<rt>えだまめ</rt></ruby> 毛豆 /máodòu マオドウ / 英 green soybeans

<ruby>大蒜<rt>にんにく</rt></ruby> (大)蒜 /(dà)suàn (ダァ)スワン / 英 garlic

トマト　西红柿 /xīhóngshì シィホンシー/ 🇬🇧 tomato

ピーマン　青椒 /qīngjiāo チンジアオ/ 🇬🇧 green pepper

キャベツ　圆白菜, 洋白菜, 卷心菜 /yuánbáicài, yángbáicài, juǎnxīncài ユエンパイツァイ, ヤンパイツァイ, ジュエンシンツァイ/ 🇬🇧 cabbage

レタス　莴苣 /wōju ウオジュィ/ 🇬🇧 lettuce

アスパラガス　芦笋 /lúsǔn ルゥスゥン/ 🇬🇧 asparagus

カリフラワー　菜花, 花椰菜 /càihuā, huāyēcài ツァイホア, ホアイエツァイ/ 🇬🇧 cauliflower

ブロッコリー　西兰花 /xīlánhuā シィランホア/ 🇬🇧 broccoli

セロリ　洋芹菜 /yángqíncài ヤンチンツァイ/ 🇬🇧 celery

パセリ　荷兰芹, 欧芹 /hélánqín, ōuqín ホォァランチン, オウチン/ 🇬🇧 parsley

グリーンピース　青豌豆 /qīngwāndòu チンワンドウ/ 🇬🇧 green peas

玉蜀黍　玉米 /yùmǐ ユィミィ/ 🇬🇧 corn

茸　蘑菇 /mógu モォグ/ 🇬🇧 mushroom

もやし　豆芽儿, 豆芽菜 /dòuyár, dòuyácài ドウヤァル, ドウヤァツァイ/ 🇬🇧 bean sprouts

蕪　芜菁 /wújīng ウゥジィン/ 🇬🇧 turnip

冬瓜　冬瓜 /dōngguā ドングア/ 🇬🇧 wax gourd

青梗菜　青梗菜 /qīnggěngcài チィングンツァイ/ 🇬🇧 bok choy

韮　韭菜 /jiǔcài ジウツァイ/ 🇬🇧 leek

蓮根　藕 /ǒu オウ/ 🇬🇧 lotus root

筍　竹笋 /zhúsǔn デュウスゥン/ 🇬🇧 bamboo shoot

曜日

曜日　星期 /xīngqī シィンチィ/ 🇬🇧 day (of the week)

月曜日　星期一 /xīngqīyī シィンチィイー/ 🇬🇧 Monday

火曜日　星期二 /xīngqī'èr シィンチィアル/ 🇬🇧 Tuesday

水曜日　星期三 /xīngqīsān シィンチィサン/ 🇬🇧 Wednesday

木曜日　星期四 /xīngqīsì シィンチィスー/ 🇬🇧 Thursday

金曜日　星期五 /xīngqīwǔ シィンチィウゥ/ 🇬🇧 Friday

土曜日　星期六 /xīngqīliù シィンチィリウ/ 🇬🇧 Saturday

日曜日　星期天 /xīngqītiān シィンチィティエン/ 🇬🇧 Sunday

週　星期, 周 /xīngqī, zhōu シィンチィ, デョウ/ 🇬🇧 week

週末　周末 /zhōumò デョウモォ/ 🇬🇧 weekend

平日　平日 /píngrì ピィンリー/ 🇬🇧 weekday

休日　休息日, 假日 /xiūxirì, jiàrì シウシゥリー, ジアリー/ 🇬🇧 holiday, vacation

祭日　节日 /jiérì ジェリー/ 🇬🇧 national holiday, festival day

2017 年 9 月 10 日　　初版発行

デイリー日中英辞典　カジュアル版

2017 年 9 月 10 日　　第 1 刷発行

編　者　三省堂編修所
発行者　株式会社三省堂　代表者 北口克彦
印刷者　三省堂印刷株式会社
発行所　株式会社三省堂
　　　　〒 101-8371
　　　　東京都千代田区三崎町二丁目 22 番 14 号
　　　　電話　編集　(03) 3230-9411
　　　　　　　営業　(03) 3230-9412
　　　　http://www.sanseido.co.jp/

落丁本・乱丁本はお取り替えいたします。

ISBN978-4-385-12283-0

〈カジュアル日中英・928pp.〉

本書を無断で複写複製することは、著作権法上の例外を除き、禁じられています。また、本書を請負業者等の第三者に依頼してスキャン等によってデジタル化することは、たとえ個人や家庭内での利用であっても一切認められておりません。

三省堂 デイリー3か国語辞典シリーズ

シンプルで使いやすい
デイリー
3か国語
辞典シリーズ

B6変・912頁(日中英は928頁)・2色刷

★ 日常よく使われる語句をたっぷり収録
★ 仏〜韓の各言語と英語はカナ発音付き
★ 日本語見出しはふりがなとローマ字付き
★ 付録に「日常会話」(音声ウェブサービス付き)と「分野別単語集」

デイリー日仏英辞典　　デイリー日西英辞典
デイリー日独英辞典　　デイリー日中英辞典
デイリー日伊英辞典　　デイリー日韓英辞典

コンパクトで見やすい
デイリー
3か国語
会話辞典シリーズ

A6変・384頁・2色刷

★ かんたんに使える表現1,200例
★ 仏〜韓の各言語はカナ発音付き
★ 実際の場面を想定した楽しい「シミュレーション」ページ
★ コラム・索引・巻末単語帳も充実

デイリー日仏英3か国語会話辞典
デイリー日独英3か国語会話辞典
デイリー日伊英3か国語会話辞典
デイリー日西英3か国語会話辞典
デイリー日中英3か国語会話辞典
デイリー日韓英3か国語会話辞典

指示代名詞

これ	这	zhè	ヂョァ
これ、この	这个	zhège	ヂョァガ
これら	这些	zhèxiē	ヂョァシエ
ここ	这里	zhèli	ヂョァリ
	这儿	zhèr	ヂョァル
このように	这么	zhème	ヂョァマ
このような、このように	这样	zhèyàng	ヂョァヤン

それ、あれ	那	nà	ナァ
それ、あれ、その、あの	那个	nàge	ナァガ
それら、あれら	那些	nàxiē	ナァシエ
そこ、あそこ	那里	nàli	ナァリ
	那儿	nàr	ナァル
そのように、あのように	那么	nàme	ナァマ
そのような、そのように	那样	nàyàng	ナァヤン
あのような、あのように			

どの	哪	nǎ	ナァ
どれ、どの	哪个	nǎge	ナァガ
どれ（複数）	哪些	nǎxiē	ナァシエ
どこ	哪里	nǎli	ナァリ
	哪儿	nǎr	ナァル
どのように	怎么	zěnme	ヅェンマ
	怎样	zěnyàng	ヅェンヤン
	怎么样	zěnmeyàng	ヅェンマヤン